KB156796

우리가 알아야 할
토박이 제주어

제주어
기초어휘
활용 사전

우리가 알아야 할 토박이 제주어

제주어 기초어휘 활용 사전

강영봉 김순자

한그루

책을 내며

이《제주어 기초어휘 활용 사전》은 제주어 기초어휘 349개 어휘를 일정한 틀에 따라 정리해 놓은 책이다. 여기서 '활용'은 국어문법에서 말하는 동사와 형용사의 활용과 같은 문법 개념으로서의 '활용'과는 다르다. 기초어휘가 일상 언어생활에서의 '쓰임'이라는 의미에서의 활용이다.

기초어휘는 우리들의 언어생활에 꼭 필요한 최소한의 어휘를 말한다. 명사·대명사·수사·동사·형용사 다섯 개 품사를 포함한 349개 각각의 기초어휘는 '기본 의미·대응 표준어·방언 분화형·문헌 어휘·어휘 설명·용례·관용 표현·관련 어휘·더 생각해 보기' 구조로 짜여 있다. 특히 '용례'는 필자들이 참여하였던 '지역어 조사 사업', '제주어 구술 채록 사업', '민족 생활어 조사 사업' 등의 보고서에서 따왔기 때문에 입말의 생생함을 느낄 수 있다. 나아가 이 용례를 통하여 제주문화를 엿볼 수도 있다. '관련 어휘'는 분류 사전의 기능을 할 것이매 이를 통하여 풍부한 어휘를 접하게 될 것이다. '더 생각해 보기'에서는 동음어(同音語)와 유의어(類義語), 돼지·무덤·지게 등의 부분 명칭도 제시했다. 이해를 돕기 위하여 111컷의 사진 자료도 보탰으니 명실상부한 '제주어 기초어휘 사전'이 될 것이다.

더욱이《제주어 기초어휘 활용 사전》이 한국출판문화산업진흥원의 '2021년 지역출판산업 활성화 지원 사업'으로 선정, 출판하게 되었으니 무척 기쁘다. 작업 시작은 대학에 근무할 때부터니 오랜 세월이 흐른 셈이다. 지지부진하던 작업이 김순자 선생이 참여하고 힘을 보탬으로써 마무리하게 되었다. 다다익선(多多益善)을 실감하고 있다.

조사 때마다 좋은 구술 자료를 제공해 주신 제보자 여러분께 감사한 마음 전하고 만수무강을 기원한다. 분량이 많은 원고를 좋은 기운과 정성을 쏟아 품격 있는 책으로 꾸며준 한그루출판사의 김영훈, 김지희 선생을 비롯한 출판사 식구들 고맙다. 멀리서 가까이서 지켜봐 주시고, 성원을 보내 주시는 모든 분들께도 고마운 뜻 전한다.

부디 이 사전이 제주어와 제주문화를 배우려는 사람들 곁에 자리하여 즐겨 찾아보는 책이 되기를 소망한다.

2021년 10월 9일 한글날에

강영봉 씀

일러두기

1. 이《제주어 기초어휘 활용 사전》은 제주어 기초어휘 349개에 대한 방언형을 제시하고, 그 의미와 어휘 정보, 용례 등 실제 언어생활에서의 쓰임새 제시에 목적을 두고 있다.
2. 기초어휘란 한 언어에서, 기본적인 의사소통에 꼭 필요하다고 인정되는 최소한의 어휘를 말한다.
3. 각 기초어휘는 표제어에 따라 [기본 의미] [대응 표준어] [방언 분화형] [문헌 어휘] [어휘 설명] [용례] [관용 표현] [관련 어휘] [더 생각해 보기] 구조로 되어 있다.
4. 표제어는 방언 변이형 가운데 어느 하나를 내세웠으며, 품사별 가나다순으로 제시하였다. 다만 '가족, 시간, 수량'의 경우는 서열 또는 순차에 따라 배열하였다.
5. [기본 의미]는 표제어 뜻 가운데 중심적 의미 하나를 제시하고, 그 외의 뜻은 [어휘 설명]에 추가로 제시하였다.

   예 001. 가달

   [기본 의미] 사람이나 동물의 몸통 아래 붙어 있는 신체의 부분.

   [어휘 설명] '가달'은 '사람이나 동물의 몸통 아래 붙어 있는 신체의 부분'이라는 뜻을 기본 의미로 하여, '물체의 아래쪽에 붙어서 그 물체를 받치거나 직접 땅에 닿지 아니하게 하거나 높이 있도록 버티어 놓은 부분' 등의 의미를 지닌다.

6. [대응 표준어]는 표제어에 대응하는 표준어를 제시하였다.

예 001. 가달

[대응 표준어] 다리

7. [방언 분화형]은 방언형들을 가나다순으로 제시하였다.

예 001. 가달

[방언 분화형] 가달·다리·(각)

8. [문헌 어휘]에서는 고어사전류의 표제어를 제시하였다. 고어사전류는 남광우(南廣祐)의 《고어사전》(1997, 교학사), 유창돈(劉昌惇)의 《이조어사전》(1974, 연세대학교출판부), 한글학회의 《우리말큰사전》(4·옛말과 이두)(어문각, 1992), 박재연·이현희 주편의 《고어대사전》(선문대학교출판부, 2016)을 참고하였다. 어휘 출전은 가급적 앞선 시기의 문헌을 제시하였다.

예 001. 가달

[문헌 어휘] 가롤(〈처용가〉), 다리(《월인천강지곡》상:59)

9. [어휘 설명]은 표제어의 기본 의미는 물론 그 외의 의미를 제시하고, 문헌 어휘와 방언형과의 관계에 대하여 기술하고, 기타 필요한 사항을 언급하였다.

예 001. 가달

[어휘 설명] '가달'은 '사람이나 동물의 몸통 아래 붙어 있는 신체의 부분'이라는 뜻을 기본 의미로 하여, '물체의 아래쪽에 붙어서 그 물체를 받치거나 직접 땅에 닿지 아니하게 하거나 높이 있도록 버티어 놓은 부분' 등의 의미를 지닌다. 방언형 '가달'은 〈처용가〉 등의 '가롤'에서 온 어형이며, 다른 방언형 '다리'는 문헌 어휘 '다리'가 그대로 쓰인 경우다. 오징어나 문어·안경 등의 '다리'는 그 방언형 또한 '다리'로만 나타난다. 또 몇몇 어휘에서는 한자어 '각(脚)'으로 나타나기도 한다.

10. [용례]는 필자들이 참여했던 국립국어원의 '지역어 조사 사업', '민족 생활어 조사 사업'과 제주특별자치도의 '제주어 구술 채록 사업'의 구술 내용에서 따왔다. 표준어 대역은 직역을 원칙으로 하였으나 부득이한 경우는 의역을 하기도 하였다. 대응 표준어가 없는 경우는 그 어휘에 작은따옴표로 표시하고, 그 뜻을 각주로 밝혔다. 용례는 표제어에 따라 중복되어 나타나기도 한다.

예 001. 가달

[용례]

¶ 소리허멍 가달 덜썩덜썩허곡 헤 가믄 신이 나. (소리하며 다리 덜썩덜썩하고 해 가면 신이 나.)

¶ 줌진 검질 일일이 다 메젠 허민 이 작산* 밧 어떵 허연 다 메느니? 건 거만 메영 가달만 넹기라, 가달만 넹기라 허여낫주게. (자잘한 김 일일이 다 매려고 하면 이 '작산' 밭 어떻게 해서 다 매니? 건 거만 매어 다리만 넘겨라, 다리만 넘겨라 했었지.)

11. [관용 표현]은 관용구, 연어(連語), 공기(共起) 관계, 속담 등을 포함하여 제시하였다.

예 001. 가달

[관용 표현]

가달 테우다 표준어로 바꾸면 '다리 태우다.'인데, '밭담 등 그다지 높지 않은 장애물은 다리를 넘겨서 넘다.'는 뜻으로 쓰이는 말.

가달에 꿰다 표준어로 바꾸면 '다리에 꿰다.'인데, '바지를 아무렇게나 입다.'를 이르는 말.

다리 아래서 봉가 온 아이 표준어로 바꾸면 '다리 아래서 주워온 아이'인데, 어린아이를 놀리면서 하는 말.

12. [관련 어휘]는 표제어와 관련된 계열 관계의 방언형을 제시하고 이에 해당하는 표준어를 제시하였다. 대응 표준어가 없는 경우는 그 의미를 제시하였다. 표제어에 따라 중복되어 나타나기도 한다.

예 001. 가달

[관련 어휘]

가달머리 '다리'의 낮춤말.

가달춤 아이들이 다리를 높이 쳐들며 뛰노는 일.

각트다 각뜨다. 잡은 네발짐승의 몸을 다리·머리 따위의 몇 부분으로 가르다.

13. [더 생각해 보기]에서는 동음어, 유의어, 돼지·무덤·지게 등의 부분 명칭, 일진·날 이름·손가락 이름 등 참고 사항을 상자 안에 제시하였다. 동음어(同音語)는 '소리는 같으나 뜻이 다른 어휘'를 말하며, 어깨번호로 표시하여 구분하였다. 유의어(類義語)는 '뜻이 서로 비슷한 어휘'로, 그 뜻 또는 용례를 제시하였다.

예 001. 가달

●●●● 더 생각해 보기

동음어

가달[1] 다리. 사람이나 동물의 몸통 아래 붙어 있는 신체의 부분.

¶ 아이 머리 우로 가달 넹기지 아년다. (아이 머리 위로 다리 넘기지 않는다.)

가달[2] 가랑이. 하나의 몸에서 끝이 갈라져 두 갈래로 벌어진 부분.

¶ 검질 일름도 막 하. 무신 뚤감낭····이여, 아들감낭이여. 뚤감낭, 그 검질도 납작헌 거는 뚤감낭이엔 허고, 흐끕 노픈 건 메누리감낭이엔. 메누리감 타레 갓당 가달 쩨정 죽으렌. 뚤이 아까우니까. (김 이름도 아주 많아. 무슨 '뚤

9

감낭'이야, '아들감낭'이야. '똘감낭', 그 김도 납작한 거는 '똘감낭'이라고 하고, 조금 높은 건 '메느리감낭'이라고. '며느리감' 따러 갔다가 가랑이 째어져 죽으라고. 딸이 아까우니까.)

가달³ 갈래. 하나에서 둘 이상으로 갈라져 나간 낱낱의 부분이나 계통.
¶ 모새줍시엔 고사리도 영 세 가달로 벌린 거로만 놓으렌 헤수다. (모삿그릇에는 고사리도 이렇게 세 갈래로 벌린 거로만 놓으라고 했습니다.)

가달⁴ 가닥. 한군데서 갈려 나온 낱낱의 줄.
¶ 머리 다울 땐 세 가달로 헨 영 영 영 허멍 다와. (머리 땋을 때는 세 가닥으로 해서 이렇게 이렇게 이렇게 해서 땋아.)

가달⁵ '가달석'의 줄임말. '가달석'은 말 위에 타 앉았을 때 말을 부리기 위하여 양끝은 입에 물리는 재갈에 잡아매고, 두 가닥의 길이를 같게 꼬부려 접은 고삐를 말한다. 이 '가달'은 몽골어 '햐자갈(qajagar)'에서 유래한다. 이원진《탐라지》(1653)에는 '가달(加達)'이라고 기록하였다.
¶ 가달 손에 심엉 영 영 허믄 물이 좌우로 움직움직허여. (고삐 손에 잡아서 이렇게 이렇게 하면 말이 좌우로 움직움직해.)

똘감낭

14. 이해를 돕기 위하여 111컷의 사진 자료를 제시하였다.

15. 표기는 《개정 증보 제주어사전》(2009) 부록의 '제주어표기법'에 따랐다. 다만 모음 'ㅚ'는 표준어처럼 [ㅚ]나 [ㅞ]로 발음되지 않고 언제나 복모음 [ㅞ]로 발음되기 때문에 'ㅚ'로 표기하였다.

    예 뒈다 → 되다

16. 각주의 내용은 지면에 따라 주 표시 앞쪽이나 뒤쪽에 배치하기도 하였다.

17. 이 책에서 쓰인 부호의 쓰임새는 다음과 같다.

부호	쓰임새
[ ]	기술 항목 표시, 음이 다른 한자
( )	한자음, 표준어 대역, 해당 표준어, 설명 내용 기술
~	들어갈 어휘 자리
¶	용례 표시
《 》	문헌 이름
:	출전의 권수와 면수 구분
' '	대응 표준어가 없는 방언형
· (가운뎃점)	어휘 나열 경계
. (마침표)	관련 어휘의 대응 표준어 나열 경계
〉(부등호)	변화 표시
* (꽃표)	각주 표시

차례

우리가 알아야 할
토박이 제주어

제주어
기초어휘
활용 사전

기초어휘

'기초어휘'란 우리들의 언어생활에서 가장 기초가 되는 어휘를 말한다.

> (1) 한 언어에서, 기본적인 의사소통에 꼭 필요하다고 인정되는 최소한의
> 어휘. ≒기본어휘.

(1)은 기초어휘에 대한 《표준국어대사전》의 풀이다. 이는 언어생활에서 반드시 필요한 최소한의 어휘가 기초어휘라는 것이다. 어린아이 때부터 배우게 되는 '아빠·엄마', '나·너·우리', '하나·둘·셋' 따위의 명사, 대명사, 수사가 기초어휘고, '얼굴·손·발'과 같은 신체 부위에 대한 어휘, '가다·오다·먹다·자다'와 같이 형태가 고정되어 있어서 잘 변화하지 않는 어휘 등이 기초어휘에 해당한다. 이들 기초어휘를 바탕으로 일상생활을 하면서 어휘를 확장해 나가고, 풍부하고 다양한 어휘를 사용함으로써 원만한 언어생활을 영위할 수 있다. 이런 점을 감안하면 기초어휘는 인간이 지닌 생각의 '보편성'에 초점이 맞춰 있다.

(1)에서 '기초어휘≒기본어휘'라는 등식으로 표현한 것처럼 '기초어휘'는 '기본어휘'와 비슷한 의미로 쓰이기도 한다.

> (2) 가. 한 언어의 사용 도수를 조사하였을 때 그 빈도가 가장 높은 어휘. 일

상생활에서 가장 널리 사용하므로 정상적인 사회생활을 하기 위하여 꼭 알아야 하는 어휘를 말한다.

나. 한 언어에서, 기본적인 의사소통에 꼭 필요하다고 인정되는 최소한의 어휘. =기초어휘.

(2)는 '기본어휘'에 대한 《표준국어대사전》의 풀이다. (2-가)가 '기본어휘' 본연의 의미로 쓰인 경우고, (2-나)는 '기본어휘'를 '기초어휘'와 동의어(同義語)로 본 경우다. (2-가)에 따르면 기본어휘는 실제 언어생활에서의 사용 빈도가 높은 어휘를 말한다. 일상 언어생활에서 사용이 빈번하기 때문에 꼭 알아야 하는 어휘로 규정하고 있다.

어휘의 사용 빈도를 알아보려면 '말뭉치'라는 언어 자료가 필요하다. '말뭉치'는 일정한 형식을 갖춘 자료로, 컴퓨터가 읽어 낼 수 있는 형태로 되어 있다. 강범모·김흥규(2009)의 《한국어 사용 빈도》는 1500만 어절의 '세종형태분석말뭉치'가 구축되어 있기 때문에 가능한 작업이다. 그들은 이 말뭉치를 이용하여 '품사별 형태소 사용 빈도'를 비롯하여 '전체 형태소 사용 빈도', '실질형태소 사용 빈도', '문법형태소 사용 빈도' 등을 다루고 있다.

(1)과 (2-가)의 관점에서 '수사'에 대해서 살펴보자.

(1)의 기초어휘 입장에 보면 수사는 어릴 때부터 하나, 둘, 셋 하며 열까지 반복해 익힌다. 그러고 난 다음에 열, 스물, 서른 나아가 백, 이백, 천, 만 등으로 발전해 간다. 그래서 수사의 기초어휘로 '하나'에서부터 '열'까지 10개의 어휘를 제시한다.

(2-가)의 기본어휘 입장인 사용 빈도는 말뭉치를 분석한 결과 수사의 사용 빈도 1위에서부터 10위까지 순위는 〈표 1〉과 같다.

〈표 1〉은 앞에 언급한 강범모·김흥규(2009:138)에서 따온 것으로, 기초어휘로 제시한 '하나'에서 '열'까지 10개의 어휘하고는 판이하게 다르다. 〈표 1〉에서 사용 빈도 1위인 '하나'와 7위인 '둘'만 기초어휘와 같을 뿐이다. '만, 백, 천, 억, 일, 백만' 등 한자어가 있고, '첫째, 둘째, 백만' 등은 둘 이상의 형태소가 연결된 합성어도 제시되었다.

〈표 1〉 수사 빈도

순위	형태	빈도
1	하나	20927
2	만	14513
3	백	12892
4	천	10754
5	억	8217
6	일	3936
7	둘	3759
8	첫째	2426
9	둘째	2326
10	백만	2123

어휘의 사용 빈도를 알아보기 위해서는 말뭉치가 구축되어 있어야 함을 전제로 한다. 컴퓨터를 이용하여 말뭉치를 분석하면 사용 빈도에 따른 기본어휘를 선정할 수 있기 때문이다. 제주어인 경우 아직 충분한 말뭉치가 구축되어 있지 않아서 사용 빈도에 따른 기본어휘를 선정하기는 어려운 실정이다. 또 방언 변이형이 다양함도 기본어휘를 결정하는 데 제한 요건이 될 수도 있다. 표준어 '무릎'에 대응하는 방언형이 '도갓물리·독·독머리·독무럽·독무릅·독무리·독ᄆ릅·독ᄆ리·독ᄆ립·독ᄆ릅·독물리·무럽'처럼 12개 어형으로, 이 모든 형태를 하나의 어휘로 처리할 것인가 각각 다른 어휘로 처리할 것인가에 따라 그 결과가 달라진다.

이런 제한 요건을 고려하여 이 사전에서는 '일상 언어생활에서 의사소통에 꼭 필요한 최소한의 어휘'라는 개념의 용어로 '기초어휘'를 쓴다.

이 사전에서 제시하는 기초어휘는 김종학의《한국어 기초어휘론》(2001,

도서출판 박이정)에서 마련한 349개 어휘를 기본으로 삼았다. 이 349개의 기초어휘는 고유어라는 계통적 기준, 동근어근어(同根語根語)라는 음운론적 기준, 단일어라는 형태론적 기준 그리고 의미론적 기준에 따라 마련한 기초어휘로, 품사별 항목 수는 〈표 2〉와 같다.

〈표 2〉 기초어휘

명사									대명사	수사	동사	형용사	계
신체	가족	천문	지리	의식주	공간	시간	동식물	기타					
32	10	10	20	12	13	8	12	11	7	10	151	53	349

〈표 2〉의 내용은 김종학이 제시한 목록과 비교할 때 몇 가지 점에서 차이가 있다.

첫째, 기초어휘가 방언형으로 제시된 점이다.

둘째, '겨레, 누리, 뭍'은 각각 한자어 '궨당, 세상, 육지'로 교체하여 제시하였다. 이는 계통적 기준인 '고유어'라는 기준에 어긋나지만 조사의 어려움과 더불어 용례가 많지 않으리라는 예상 때문에 바꾼 것이다. '낡다[古], 이르다[謂], 묽다[淡]'도 조사와 용례를 고려하여 각각 '늙다[老], 말하다[曰], 무겁다[重]'로 바꿨다.

셋째, '수[雄], 암[雌]'도 각각 '수컷, 암컷'으로 대치하였다. 단일어이어야 한다는 형태론적 기준을 어기고 있지만 현지 조사의 편의성을 고려한 조치다.

넷째, 약간의 품사 이동이 있다. 대명사 항에서 다룬 '남[他]'은 명사 항의 '기타'로 옮기고, 동사 '옥다[凹]'를 형용사로, 형용사 '설다[未熟]'는 동사 '설다[不熟]'로 옮기어 제시하였다.

349개의 '제주어 기초어휘 목록'은 다음과 같다.

기초어휘 목록

명사 | 신체

번호	표제어	대응 표준어	방언 분화형	
001	가달	다리	가달·다리·(각)	34
002	가심	가슴	가슴·가심	39
003	가죽	가죽	가죽	42
004	귀	귀	귀	46
005	꼬리	꼬리	꼬리·꼴리	50
006	꽝	뼈	꽝·뻬	53
007	눈	눈	눈	57
008	니	이	니	63
009	놋	낯	놋·양지	66
010	독무럽	무릎	도갓몰리·독·독머리·독무릅·독무릅·독무리·독ᄆ릅·독ᄆ리·독ᄆ립·독ᄆ릅·독몰리·무럽	69
011	등	등	등	72
012	머리	머리	머리	75
013	목	목	목	80
014	몸	몸	몸	84
015	발	발	발	87
016	베	배	베	93
017	뿔	뿔	뿔	97
018	삐얌	뺨	삐얌	100
019	세	혀	세	102
020	손	손	손	105
021	솔	살	솔	110
022	어께	어깨	어께	113

18

번호	표제어	대응 표준어	방언 분화형	
044	눈	눈	눈	174
045	둘	달	둘	177
046	벨	별	벨·빌	181
047	비	비	비	183
048	빗	빛	빗·빛	187
049	ᄇᆞ름	바람	ᄇᆞ름·ᄇᆞ롬	190
050	안개	안개	안개·(은암·은압·은애)	194
051	하늘	하늘	하늘	196
052	헤	해	헤	199

명사 | 지리

번호	표제어	대응 표준어	방언 분화형	
053	고을	고을	고을·골	204
054	고지	숲	고지·곶	206
055	내	내	내·내창	209
056	돌	돌	돌	211
057	드르	들	드르·들	218
058	땅	땅	따·땅	221
059	모살	모래	모살·몰레	225
060	물	물	물	227
061	ᄆᆞ을	마을	ᄆᆞ슬·ᄆᆞ실·ᄆᆞ을	233
062	바당	바다	바다·바당·바르	235
063	벵뒤	벌판·허허벌판	벵뒤·벵디	239
064	불	불	불	241
065	불치	재	불껑·불청·불체·불치·제	246
066	산	뫼·묘	산	248
067	섬	섬	섬	251
068	세상	세상	세상·싀상	253

번호	표제어	대응 표준어	방언 분화형	
069	쐬	쇠	쇠·쐬	**255**
070	육지	육지	육지	**259**
071	질	길	길·질	**261**
072	흑	흙	헉·흑·흨	**266**

명사 | 의식주

번호	표제어	대응 표준어	방언 분화형	
073	괴기	고기	고기·괴기	**270**
074	국	국	국·(겡)	**272**
075	담	담	담	**276**
076	떡	떡	떡	**280**
077	밥	밥	밥·(메)	**286**
078	소게	솜	소게·솜	**291**
079	소곰	소금	소곰·소금	**293**
080	술	술	술	**295**
081	씰	실	실·씰	**298**
082	옷	옷	옷	**301**
083	울	울	울	**307**
		울타리	우잣·울·울따리·울성·울타리	
084	집	집	집·(칩)	**310**

명사 | 공간

번호	표제어	대응 표준어	방언 분화형	
085	고냥	구멍	고냥·고망·구넉·구녕·구먹·구멍·궁기·(곰·굼·콤)	**316**
086	고단	고장·곳	고단	**321**
087	ᄀᆞᆺ	가	ᄀᆞ·ᄀᆞᆺ	**323**
088	두이	뒤	두·두이·뒤·(조롬·조름)	**325**
089	밋	밑	밋·밑	**329**

번호	표제어	대응 표준어	방언 분화형	
090	밖	밖	밖·밧긔·(박·밧·팟)	**332**
091	사이	사이	사이·세·ᄉ시·ᄉ이	**334**
092	아래	아래	아래·알	**338**
093	안	안	안	**343**
094	앞	앞	앞	**346**
095	우의	위	우·우의·우희	**350**
096	ᄌ꼿	곁	저껏·저껫·저꼿·적·제껫·ᄌᄀ·ᄌᄀᆺ·ᄌ껫·ᄌ꼿·ᄌ꼿·즉	**355**
097	터	터	터	**358**

명사 | 시간

번호	표제어	대응 표준어	방언 분화형	
098	봄	봄	봄	**362**
099	여름	여름	여름·ᅌ름	**364**
100	ᄀ실	가을	ᄀ슬·ᄀ실·ᄀ을	**366**
101	겨을	겨울	겨을·저슬·저실·저을	**368**
102	날	날	날	**370**
103	낮	낮	낫·낮	**374**
104	때	때	때	**376**
105	밤	밤	밤	**379**

명사 | 동식물

번호	표제어	대응 표준어	방언 분화형	
106	꼿	꽃	고장·곳·꼿	**384**
107	공ᄌ	자위	공ᄌ·동ᄌ	**387**
108	낭	나무	나모·나무·남·낭	**389**
109	버렝이	벌레	버렝이·베렝이	**394**
110	뿔리	뿌리	불희·불히·뿌렝이·뿌리·뿔리·뿔희	**397**
111	생이	새	상이·새·생이	**400**

번호	표제어	대응 표준어	방언 분화형	
112	썹	잎	섭·썹·입	**402**
113	수커	수컷	소컷·수커·수컷	**405**
114	씨	씨	씨	**408**
115	알	알	알	**412**
116	암컷	암컷	암커·암컷	**415**
117	풀	풀	쿨·풀	**418**

명사 | 기타

번호	표제어	대응 표준어	방언 분화형	
118	겁	겹	겁·껍·겹·접·즙	**422**
119	ᄀ르	가루	ᄀ로·ᄀ르·ᄀ를	**426**
120	꼴	꼴	꼴	**430**
121	네	내·연기	네	**432**
122	놈	남	남·놈	**434**
123	뜻	뜻	뜻	**437**
124	말	말	말	**439**
125	맛	맛	맛	**444**
126	소리	소리	소리	**447**
127	일	일	일	**450**
128	짝	짝	짝·착	**453**

대명사

번호	표제어	대응 표준어	방언 분화형	
129	그	그	그	**458**
130	나	나	나	**460**
131	느	너	너·느·늬·(이녁·지녁)	**462**
132	누게	누구	누·누게·누구	**464**
133	우리	우리	우리	**466**

번호	표제어	대응 표준어	방언 분화형	
134	이	이	이	**468**
135	저	저	저	**470**

수사

번호	표제어	대응 표준어	방언 분화형	
136	ᄒᆞ나	하나	하나·ᄒᆞ나·(혼)	**472**
137	둘	둘	둘·(두)	**475**
138	셋	셋	셋·싯·(서·석·세·싀)	**478**
139	넷	넷	넷·닛·(너·넉·늬)·(넛)	**481**
140	다섯	다섯	다섯·다슷·다솟·(닷)	**484**
141	ᄋᆞᄉᆞᆺ	여섯	여섯·ᄋᆞ섯·ᄋᆞ슷·ᄋᆞᄉᆞᆺ·(엿·ᄋᆞᆺ)	**487**
142	일곱	일곱	일곱·(일곱)	**490**
143	ᄋᆞ답	여덟	ᄋᆞ답·ᄋᆞ돌·ᄋᆞ돕·(ᄋᆞ답·ᄋᆞ돌·ᄋᆞ돕)	**492**
144	아홉	아홉	아옵·아홉·(아옵·아홉)	**494**
145	열	열	열·(열)	**496**

동사

번호	표제어	대응 표준어	방언 분화형	
146	가다	가다	가다·글다·(카다)	**500**
147	갈르다	가르다	가르다·갈르다	**505**
148	감다	감다	감다	**508**
149	건너다	건너다	건너다	**510**
150	걷다[1]	걷다	걷다·걸다	**512**
151	걷다[2]	걷다	걷다	**515**
152	걸다	걸다	걸다	**517**
153	곯다	곯다	골르다·골흐다 배곯다: 베골르다·베곯다	**520**
154	굴다	줄다	굴다·줄다	**522**

번호	표제어	대응 표준어	방언 분화형	
155	굴르다	구르다	굴르다·둥글다·둥을다	524
156	굽다	굽다	굽다	527
157	그리다	그리다	그리다·기리다	529
158	긁다	긁다	긁다	531
159	기다	기다	기다	534
160	곧다	말하다	곧다·골다·말곧다·말골다·말ᄒ다	536
		사뢰디	솗다·솔오다·솔우다	
		아뢰다	알위다	
161	까다	까다	까다·ᄭᅡ다	539
162	꾀다	끓다	괴다·꾀다·끓다	541
163	끄다	끄다	끄다·끼우다·낍다	544
164	끌다	끌다	끌다·끗다	546
165	나다	나다·되다	나다	548
166	남다	남다	남다	552
167	낫다	낫다	낫다	555
168	녹다	녹다	녹다	557
169	놀다	놀다	놀다	559
170	놀레다	놀라다	노레다·놀레다	562
171	놓다	넣다·놓다	놓다	564
172	눅다	눕다	눅다·눕다	566
173	눌르다	누르다	누뜰다·누르다·누르뜨다·누울리다·눌뜨다·눌르다	569
174	늘다	늘다	늘다	572
175	늙다	늙다	늙다	574
176	느리다	내리다	네리다·느리다	576
177	늫다	날다	늫다	579
178	다끄다	닦다	다끄다·따끄다	581
179	닳다	닳다	닳다·답다	583
180	담다	담다	담다	585

번호	표제어	대응 표준어	방언 분화형	
181	닿다	닿다	닿다	**587**
182	더끄다¹	닫다	닫다·더끄다	**589**
183	더끄다²	덮다	더끄다·더프다	**591**
184	더불다	더불다	더불다	**594**
185	덜다	덜다	덜다	**595**
186	데끼다	던지다·버리다	네끼다·더지다·던지다·데끼다	**597**
187	돋다	돋다	돋다	**599**
188	돌다	돌다	돌다	**601**
189	두다	두다	두다	**604**
190	듣다¹	듣다	듣다	**606**
191	듣다²	묻다	듣다·묻다	**609**
192	들다	들다	들다	**611**
193	들르다	들다	드르다·들르다	**615**
194	돈다	닫다	돈다	**618**
195	돌우다	따르다	돌오다·돌우다·돏다·뜨르다·똘르다	**620**
196	뛰다	뛰다	뛰다·퀴다	**622**
197	뜨리다	때리다	떼리다·뜨리다	**624**
198	똘르다	뚫다	뚤루다·똘우다·똟다·똘르다·뚤우다·뚫다	**627**
199	마시다	마시다	마시다	**630**
200	마트다	맡다	마트다	**632**
201	막다	막다	막다	**634**
202	맞다	맞다	맞다	**637**
203	먹다	먹다	먹다	**640**
204	메다	매다	메다	**645**
205	멘들다	만들다	만들다·멘글다·멘들다·멩글다·몽글다	**649**
206	모두다	모으다	모도다·모두다·모둡다·뫼우다·묍다	**651**
207	물다	물다	물다	**653**
208	밀다	밀다	밀다·밀리다	**656**

26

번호	표제어	대응 표준어	방언 분화형	
209	무끄다	마치다	마치다·무끄다·무치다	**660**
210	무르다	마르다	무르다·몰르다	**662**
211	문직다	만지다	문지다·문직다·문치다·뭉직다	**665**
212	바끄다	뱉다	바끄다·바트다	**667**
213	박다	박다	박다	**669**
214	받다	받다	받다	**671**
215	버리다	버리다	버리다·부리다·(불다·비다)	**674**
216	보끄다	볶다	보끄다	**676**
217	보다	보다	베리다·보다	**678**
218	부수다	부수다	부수다·부숩다·부시다	**681**
219	부트다	붙다	부뜨다·부트다	**683**
220	불다	불다	불다	**686**
221	붓다	붓다	붓다	**689**
222	비다¹	베다	버이다·베다·비다	**691**
223	비다²	비다	비다	**694**
224	비우다	붓다	부수다·부으다·비우다·빕다	**696**
225	빠다¹	빼다·뽑다	빠다·빼다	**698**
226	빠다²	짜다	빠다·짜다	**701**
227	뽈다	빨다	뽈다	**704**
228	사다	서다	사다·스다	**706**
229	살다	살다	살다	**710**
230	새기다	새기다	사기다·새기다	**713**
231	서끄다	섞다	서끄다·서트다	**715**
232	설다	설다	설다	**717**
233	세다	세다	세다	**720**
234	쉬다	쉬다	쉬다	**722**
235	시치다	씻다	시지다·시치다·싯그다·싯다	**724**
236	심다	잡다	심다·잡다	**727**

번호	표제어	대응 표준어	방언 분화형	
237	싱그다	심다	심다·싱그다	**730**
238	솔다	사르다	사르다·살르다·솔다	**732**
239	숢다	삶다	숢다·솖다	**734**
240	숨지다	삼키다	숨지다·숨키다	**736**
241	싸다¹	싸다	싸다·쓰다	**738**
242	싸다²	켜다	싸다·쓰다	**741**
243	싸우다	싸우다	싸우다·쌉다	**743**
244	썩다	썩다	석다·썩다	**745**
245	쏘다	쏘다	쏘다·쑵다	**747**
246	쓰다	쓰다	쓰다·씨다	**749**
247	씹다	씹다	씹다	**752**
248	아물다	아물다	아물다·앙글다 새솔메다·새솔메우다·새솔물다·새솔올르다	**754**
249	알다	알다	알다	**756**
250	알르다	앓다	알르다·알흐다	**758**
251	앗다	앗다	앗다	**760**
252	앚다	앉다	아지다·안즈다·안지다·앉다·앚다	**762**
253	얻다	얻다	얻다	**766**
254	얼다	얼다	얼다·얼위다	**768**
255	오다	오다	오다	**771**
256	올르다	오르다	오르다·올르다	**774**
257	옮다	옮다	옮다	**777**
258	울다	울다	울다	**779**
259	웃다	웃다	웃다	**782**
260	이기다	이기다	이기다	**784**
261	익다	익다	익다	**786**
262	일르다	잃다	일르다·일흐다	**788**
263	입다	입다	입다	**791**

번호	표제어	대응 표준어	방언 분화형	
264	잇다	잇다	잇다	**793**
265	욜다	열다	열다·욜다	**795**
266	자다	자다	자다	**797**
267	자라다	자라다	자라다·ᄌ라다	**800**
268	자울다	기울다	자울다·주울다·중울다·지울다	**802**
269	저물다	저물다	저물다·정글다·ᄌ물다 구물다	**804**
270	젖다	젖다	젖다	**806**
271	주다	주다	주다	**808**
272	죽다	죽다	죽다	**811**
273	줍다	깁다	줍다	**814**
274	지나다	지나다	지나다	**816**
275	지다[1]	지다	지다	**818**
276	지다[2]	지다	지다	**820**
277	찔르다	찌르다	지르다·질르다·찌르다·찔르다	**824**
278	차다[1]	차다	차다·ᄎ다	**826**
279	차다[2]	차다	차다	**829**
280	추다	추다	추다	**831**
281	치다	찌다	치다	**833**
282	칮다	찢다	부리다·찌지다·찢다·치지다·칮다	**836**
283	촘다	참다	촘다	**838**
284	촟다	찾다	찾다·촟다	**839**
285	카다	타다	카다·ᄏ다·타다	**841**
286	케다	캐다	케다	**844**
287	타다	따다	따다·뜬다·타다·튼다	**846**
288	파다	파다	파다·ᄑ다	**848**
289	풀다	풀다	풀다	**850**
290	피다	패다·피다	피다	**852**

번호	표제어	대응 표준어	방언 분화형	
291	허다	허다	허다·ㅎ다	854
292	허트다	흩다	허끄다·허치다·허트다·흐트다	856
293	헐다	헐다	헐다	858
294	휘다	휘다	휘다	860
295	흔글다	흔들다	흔글다·흔들다	862
296	흘르다	흐르다	흐르다·흘르다	864

형용사

번호	표제어	대응 표준어	방언 분화형	
297	걸다	걸다	걸다	868
298	검다	검다	검다	870
299	곧다	곧다	곧다·곧작ㅎ다·괃작ㅎ다·굳작ㅎ다	873
300	곱다	곱다	곱다	875
301	굳다	굳다	굳다	878
302	굽다	굽다	굽다	880
303	궂다	궂다	궂다	882
304	ㄱ트다	같다	ㄱ뜨다·ㄱ트다 / 닮다·답다	884
305	넙다	넓다	넓다·넙다	886
306	노프다	높다	노프다	888
307	누리다	누르다	누리다	890
308	늦다	늦다	늦다	892
309	놎다	낮다	ㄴ잡다·ㄴ찹다·놎다	894
310	다르다	다르다	다르다·달르다·뜰리다·뜨나다·틀리다·트나다	896
311	더럽다	더럽다	더럽다·덜럽다·덜룹다	898
312	덥다	덥다	덥다	900
313	두리다	어리다	두리다·어리다	902
314	돌다	달다	돌다·돌ㅎ다	904

번호	표제어	대응 표준어	방언 분화형	
315	멀다	멀다	멀다	**906**
316	멥다	맵다	메웁다·멥다	**909**
317	무겁다	무겁다	무겁다·베다	**911**
318	무끼다	무디다	무끼다	**913**
319	물르다	무르다	무르다·물르다	**914**
320	몱다	맑다	몱다	**916**
321	바르다	바르다	바르다·발르다	**918**
322	붉다	붉다	붉다	**920**
323	붉다	밝다	붉다	**922**
324	시다	시다	시다	**924**
325	실프다	싫다	말다·슬프다·실프다	**926**
326	쎄다	세다	쎄다·씨다	**928**
327	쓰다	쓰다	쓰다·씨다	**931**
328	얄룹다	얇다	얄루다·얄룹다·얇다	**933**
329	어둑다	어둡다	어둑다·어둡다	**935**
330	얼다	춥다	얼다·을다·춥다	**937**
331	엇다	없다	없다·엇다·읎다·웃다	**939**
332	옥다	옥다	옥다	**943**
333	이르다	이르다	이르다·일르다	**944**
334	잇다	있다	시다·싯다·이시다·잇다	**946**
335	족다	작다	작다·족다	**949**
336	좁다	좁다	좁다	**953**
337	좋다	좋다	좋다	**955**
338	지트다	짙다	지트다	**958**
339	지프다	깊다	지프다	**959**
340	질다	길다	걸다·길다·질다	**961**
341	졸다	잘다	졸다	**964**
342	짜다	짜다	짜다·쯔다·차다·츠다	**968**

번호	표제어	대응 표준어	방언 분화형	
343	쪼랍다	떫다	쪼랍다·초랍다	**971**
344	크다	크다	크다	**972**
345	푸리다	푸르다	푸리다	**976**
346	하다	많다	만흐다·하다	**978**
347	훍다	굵다	굵다·솔지다·훍다	**980**
348	흐리다	흐리다	흐리다	**983**
349	희다	희다	희다	**985**

명사

신체

가달

[기본 의미]   사람이나 동물의 몸통 아래 붙어 있는 신체의 부분.

[대응 표준어]   다리

[방언 분화형]   가달·다리·(각)

[문헌 어휘]   가ᄅᆞᆯ(〈처용가〉), 다리(《월인천강지곡》상:59)

[어휘 설명]   '가달'은 '사람이나 동물의 몸통 아래 붙어 있는 신체의 부분'이라는 뜻을 기본 의미로 하여, '물체의 아래쪽에 붙어서 그 물체를 받치거나 직접 땅에 닿지 아니하게 하거나 높이 있도록 버티어 놓은 부분' 등의 의미를 지닌다. 방언형 '가달'은 〈처용가〉 등의 '가ᄅᆞᆯ'에서 온 어형이고, 다른 방언형 '다리'는 문헌 어휘 '다리'가 그대로 쓰인 경우다. 오징어나 문어·안경 등의 '다리'는 그 방언형 또한 '다리'로만 나타난다. 또 몇몇 어휘에서는 한자어 '각(脚)'으로 나타나기도 한다.

[용례]

¶ 소리허멍 **가달** 덜썩덜썩허곡 헤 가믄 신이 나. (소리하며 다리 덜썩덜썩하고 해 가면 신이 나.)

¶ 이게 대물이민 그거 흐영 등겨근에게 **가달** 영 올려근에 심엉탕 둘앗주게. (이게 대말이면 그거 해서 당겨서 다리 이렇게 올려서 잡아타고 달았지.)

¶ 두린 땐게 **가달** 착착 올리멍 고무줄허주게. **다리**로 고무줄 걸림도 허멍. (어릴 땐 다리 착착 올리며 고무줄놀이하지. 다리로 고무줄 걸리기도 하며.)

¶ 조팟은 이 유월 **가달**만 넹겨지믄* 조 좋넨 헌다. 게난 이 검질을 그렇게 메여 주렌 말이지. **가달**만 넹긴 것이 뭐 좋냐게? 그렇게 검질을 메여 주

렌 헌 거지. (조밭은 이 유월 다리만 넘기면 조 좋다고 한다. 그러니까 이 김을 그
렇게 매어 주라는 말이지. 다리만 넘긴 것이 뭐 좋냐? 그렇게 김을 매어 주라고 한
거지.)

¶ 줌진 검질 일일이 다 메젠 허민 이 작산** 밧 어떵 허연 다 메느니? 건 거
만 메영 가달만 넹기라, 가달만 넹기라 허여낫주게. (자잘한 김 일일이 다 매
려고 하면 이 '작산' 밭 어떻게 해서 다 매니? 건 거만 매어 다리만 넘겨라, 다리만
넘겨라 했었지.)

¶ 어떵사 몸질이 심헌지 다릴 이레착저레착허멍 자. (어찌야 몸부림이 심한지
다리를 이리저리하며 자.)

¶ 우린 일만 일만 허멍 살안. 이젠 흐꼼허민 다리 아프다, 허리 아프다 경.
(우리는 일만 일만 하며 살았어. 이젠 조금하면 다리 아프다, 허리 아프다 그렇게.)

[관용 표현]

가달 테우다 표준어로 바꾸면 '다리 태우다.'인데, '밭담 등 그다지 높지 않은
　　장애물은 다리를 넘겨서 넘다.'는 뜻으로 쓰는 말.

가달에 꿰다 표준어로 바꾸면 '다리에 꿰다.'인데, '바지를 아무렇게나 입다.'
　　는 뜻으로 쓰이는 말.

다리 아래서 봉가 온 아이 표준어로 바꾸면 '다리 아래***서 주워온 아이'인데,
　　어린아이를 놀리면서 하는 말.

＊　'가달만 넹기다'는 '대충이라도 건 김만 매고 지나가다.'라는 의미로 쓰는 말이다. 조는 솎아주어야 수확
　　을 할 수 있기 때문에 애벌매기는 걸게라도 매어야 한다는 뜻이다.

＊＊　'작산'은 '나이가 많은, 수량이나 분량이 많은, 짐작이나 생각보다 정도가 심한' 하는 뜻을 지닌 어휘
　　다.

＊＊＊　여기서 '다리 아래'는 '삳'을 말한다. 이때 '다리'는 한자어 '각(脚)'에 해당한다. '삳'은 '강알'이라고 하는
　　데 '강알'의 '강'은 한자어 脚에서 온 것으로 보인다. 곧 '각+알'이 '각알〉강알'이 되었다고 볼 수 있기 때
　　문이다. 또 '봉그다'는 '뜻밖에 물건을 거저 줍다.', '물건을 구하거나 찾아내다.', '자식을 얻다.' 등의 의
　　미로 쓰이는 어휘다. 여기서는 '자식을 얻다.'는 의미로 쓰였다.

[관련 어휘]

가달머리 '다리'의 낮춤말.

가달춤 아이들이 다리를 높이 쳐들며 뛰노는 일.

각트다 각뜨다. 잡은 네발짐승의 몸을 다리·머리 따위의 몇 부분으로 가르다.

넙적다리·흔다리 넓적다리.

다리꽝·다리뻬 다리뼈.

돗다리 돼지다리.

뒷다리 뒷다리.

둑다리 닭다리.

몰다리 마각(馬脚).

밧내우리·밧장다리 밭장다리. 두 발끝이 바깥쪽으로 벌어진 다리. 또는 바깥쪽
　으로 벌어지게 걷는 사람이나 소 따위.

상가달·상다리 상다리.

쉐다리 소다리.

안내우리·안애고리·안애오리 안짱다리. 두 발끝이 안쪽으로 휜 다리. 또는 그렇게
　걷는 사람이나 소 따위.

앞다리 앞다리.

양가달·양다리 양다리.

온다리 삶은 돼지나 닭의 통째로의 다리.

잠짓가달·허벅다리 허벅다리.

전각 전각(前脚). 잡은 돼지의 앞다리.

지겟가달·지겟발 지겟다리.

후각 후각(後脚). 잡은 돼지의 뒷다리.

동음어

가달¹ 다리. 사람이나 동물의 몸통 아래 붙어 있는 신체의 부분.
¶ 아이 머리 우로 가달 넹기지 아년다. (아이 머리 위로 다리 넘기지 않는다.)

가달² 가랑이. 하나의 몸에서 끝이 갈라져 두 갈래로 벌어진 부분.
¶ 검질 일름도 막 하. 무신 똘감낭 ****이여, 아들감낭이여. 똘감낭, 그 검질
도 납작헌 거는 똘감낭이엔 허고, 흐꼼 노픈 건 메누리감낭이엔. 메누리감
타레 갓당 가달 쩨정 죽으렌. 똘이 아까우니까. (김 이름도 아주 많아. 무
슨 '똘감낭'이야, '아들감낭'이야. '똘감낭', 그 김도 납작한 거는 '똘감낭'이
라고 하고, 조금 높은 건 '메누리감낭'이라고. '며느리감' 따러 갔다가 가랑
이 째어져 죽으라고. 딸이 아까우니까.)

가달³ 갈래. 하나에서 둘 이상으로 갈라져 나간 낱낱의 부분이나 계통.
¶ 모새줍시엔 고사리도 영 세 가달로 벌린 거로만 놓으렌 헤수다. (모삿그
릇에는 고사리도 이렇게 세 갈래로 벌린 거로만 놓으라고 했습니다.)

가달⁴ 가닥. 한군데서 갈려 나온 낱낱의 줄.
¶ 머리 다울 땐 세 가달로 헨 영 영 영 허멍 다와. (머리 땋을 때는 세 가닥으
로 해서 이렇게 이렇게 이렇게 해서 땋아.)

**** '똘감낭'이라는 김 이름을 딸·아들·며느리에 빗대어 이야기한 것으로, 펑퍼짐하게 자라는 김을 '똘감
낭', 휘차게 자라는 김을 '아들감낭' 또는 '메누리감낭'이라고 비유적으로 이야기한 것이다. 표준어 '여
우구슬'에 해당하는 식물 이름이다.

가달[5] '가달석'의 줄임말. '가달석'은 말 위에 타 앉았을 때 말을 부리기 위하여 양끝을 입에 물리는 재갈에 잡아메고, 두 가닥의 길이를 같게 꼬부려 접은 고삐를 말한다. 이 '가달'은 몽골어 '하자갈(qaɟagar)'에서 유래한다. 이원진의 《탐라지》(1653)에는 '가달(加達)'이라고 기록하였다.

¶ 가달 손에 심엉 영 영 허믄 물이 좌우로 움직움직허여. (고삐 손에 잡아서 이렇게 이렇게 하면 말이 좌우로 움직움직해.)

뚤감낭

가심

[기본 의미]   배와 목 사이의 앞부분.

[대응 표준어]   가슴

[방언 분화형]   가슴·가심

[문헌 어휘]   가슴(《석보상절》23:25)

[어휘 설명]   '가심'은 '배와 목 사이의 앞부분'이라는 뜻을 기본 의미로 하여, '심장·폐 등의 기관, 마음이나 생각, 윗옷의 가슴 부분, 젖이 있는 가슴 부위' 등의 뜻을 지닌다. 방언형 '가심'은 문헌 어휘 '가슴'이 '가슴〉가심'의 변화 과정을 거친 어형이며, 다른 방언형 '가슴'은 문헌 어휘 '가슴'이 '가슴〉가슴'으로 변한 결과이다.

[용례]

¶ 가심 답답, 애 답답. (가슴 답답, 애 답답.)

¶ 가심 아픈 게 이제 아덜도 일본 간 소식이 웃지, 그 버금아덜도 일본 귀화헤 가지고 엇어 부니까. (가슴 아픈 게 이제 아들도 일본 가서 소식이 없지, 그 둘째아들도 일본 귀화해 가지고 없어 버리니까.)

¶ 셋아덜이 아덜 엇이난이 족은아덜. 큰아덜 아덜 셔도이 셋아덜 앞의서 그 아기를 나가 암만 아까와도이 반갑게 못 안더라고, 가심 아판. (둘째아들이 아들 없으니까 작은아들. 큰아들 아들 있어도 둘째아들 앞에서 그 아기를 내가 아무리 아까워도 반갑게 못 안더라고, 가슴 아파서.)

¶ 두릴 땐 꿩둑 세기 봉가와신디 옥은 후제 어이구 저 늙은어른덜 곤는 거, 꿩의 가심 매의 가심 허난 아이고 얼마나 저 새끼 일르믄 을큰헴꾸나, 경

헤여. (어릴 때는 꿩알 주워왔는데 약은 후에 어이구 저 늙신네들 밀하는 거, 꿩의 가심 매의 가심 하니까 아이고 얼마나 저 새끼 잃으면 서운하겠구나, 그렇게 해.)

¶ 아덜만 키와시민 그 애로 사항이 엇일 건디, 아덜을 못 키와 부니까 어머니 **가심이** 막 첨 멕힌 일이 만허여이. (아들만 키웠으면 그 애로 사항이 없을 건데, 아들을 못 키워 버리니까 어머니 가슴이 아주 참 막힌 일이 많아.)

¶ 나가 나 **가심을** 을지 못ᄒᆞᆫ디 누게가 나 **가심을** 을 말이우까? (내가 내 가슴을 열지 못하는데 누구가 내 가슴을 열 말입니까?)

¶ 아버지 어머니 살아난 역스는 나 **가심에만** 멪혓단 말이여. (아버지 어머니 살았던 역사는 내 가슴에만 맺혔단 말이야.)

¶ 풋죽 쑤는 의미가 뭐냐믄, 상제덜이 부모가 돌아갓다 허민은 탁 **가심이** 멕히거든. 상제덜 **가심** 멕히지 아녕 내려가기 위헤서 죽은 허는 거고. (팥죽 쑤는 의미가 뭐냐면, 상제들이 부모가 돌아갔다 하면 탁 가슴이 막히거든. 상제들 가슴 막히지 않고 내려가기 위해서 죽은 하는 거고.)

¶ 말 맙서. 나 **가심으로** 난 귀ᄒᆞᆫ 손지우다게. (말 마십시오. 내 가슴으로 낳은 귀한 손자입니다.)

[관용 표현]

가심 답지다 표준어로 바꾸면 '가슴 보깨다.'인데, '가슴 답답하다.' 또는 '먹은 것이 잘 삭지 아니하여 가슴속이 깐깐하게 괴로워 못 견디다.'를 뜻하는 말.

가심 ᄇᆞ려지다 표준어로 바꾸면 '가슴 찢어지다.'인데, '가슴 아프다.'를 뜻하는 말.

가심 씨원ᄒᆞ다 '가슴이 후련하다.'를 뜻하는 말.

가심 씰어ᄂᆞ리다 '안도하다' 또는 '안심하다'를 비유적으로 이르는 말.

가심 존질루다* '진정하다'를 비유적으로 할 때 쓰는 말.

가심 찰랑ᄒᆞ다 표준어로 바꾸면 '가슴 철렁하다.'인데, '몹시 놀라다.'를 비유적으로 이르는 말.

가심 치다 '원통해 하다.'를 비유적으로 이르는 말.

가심 탕탕ᄒ다 '심장이 두근두근하다.' 또는 '조바심하다'를 비유적으로 이르는 말.

가심에 못 박다 '한을 품게 하다.' 또는 '마음에 상처를 주다.'를 비유적으로 이르는 말.

가심에 볼락 들다 표준어로 바꾸면 '가슴에 볼락 들다.'인데, '가슴이 심하게 두근거리다.'를 비유적으로 이르는 말.

가심에 불부뜨다 '몹시 화가 나다.'를 비유적으로 이르는 말.

[관련 어휘]

가슴꽝·가심꽝 가슴뼈.

가슴벵·가슴빙 가슴앓이.

가심폐기 가슴팍. 가슴패기. 가슴의 판판한 부분을 속되게 이르는 말.

독가심·생이가심 새가슴. 새의 가슴처럼 복장뼈가 불거진 사람의 가슴. 또는 겁이 많거나 도량이 좁은 사람의 마음을 비유적으로 이르는 말.

앞가슴·앞가심 앙가슴. 두 젖 사이의 가운데.

역가슴·욯가슴 앙가슴의 양쪽 옆.

젓가슴·젓가심·젯가슴·젯가심·좃가슴·좃가심 젖가슴.

---

* '존질루다'는 '들뜬 마음을 진정하게 하다.'는 의미를 지닌다. 달리 '잔줄르다, 존질우다, 존줄루다'라고도 한다.

가죽

003

[기본 의미] 동물의 몸을 감싸고 있는 질긴 껍질.

[대응 표준어] 가죽

[방언 분화형] 가죽

[문헌 어휘] 가족(《유합》상:26)

[종합 설명] '가죽'은 '동물의 몸을 감싸고 있는 질긴 껍질'이라는 뜻을 기본 의미로 하여, '동물의 몸에서 벗겨 낸 껍질을 가공해서 만든 물건'의 의미로도 쓰인다. 방언형 '가죽'은 문헌 어휘 '갗'과 접미사 '-옥'이 연결되어 '가족〉가죽'의 변화 과정을 거친 어휘이다.

한편 '물체의 겉부분' 또는 '옷·이불 따위의 겉을 이루는 천'을 뜻하는 '거죽'의 방언형은 '거죽·걱적·걱죽·겁죽·꺽죽·껍죽'으로 나타난다. 또 '사람·동물의 몸·알·식물의 몸이나 열매 따위에서 일정한 두께로 안에 있는 것을 둘러싸고 있는 조직'인 '껍질'의 방언형은 '겁질·껍질' 등으로 나타난다.

[용례]

¶ 꿩은 가죽은 안 먹는 셍이랍디다. (꿩은 가죽은 안 먹는 모양입디다.)

¶ 돗지름이 좋아. 막 슬진 거, 가죽 부튼 딜로 헤도 되고. (돼지기름이 좋아. 아주 살찐 거, 가죽 붙은 데로 해도 되고.)

¶ 가죽 벗겨단 잘 물류왕 감티도 멘들곡 보선도 멘들곡 경 헨. (가죽 벗겨다가 잘 말려서 감투도 만들고 목화(木靴)도 만들고 그렇게 했어.)

¶ 족제비는 잡으면은 전문적으로 잡는 사름은 거 잡으민 가죽 삭 벗겨 내면은 그거 물리면은 목도리도 허고. (족제비는 잡으면 전문적으로 잡는 사람

은 거 잡으면 가죽 삭 벗겨 내면은 그거 말리면 목도리도 하고.)

¶ 두루마긴 이제 개가죽으로 만드나 쉐가죽으로 만드나 물가죽으로 만들
아. 가죽으로 허영 입어. 지금 ㄱ트민 코드지. (두루마긴 이제 개가죽으로 만
드나 소가죽으로 만드나 말가죽으로 만들어. 가죽으로 해서 입어. 지금 같으면 코
트지.)

¶ 가죽신이 어디 셔게? 가죽으로 멘들주만은, 창신은 무신걸로사 멘들아
신디 것도 노픈 사름덜만 신어. 가막창신에 코젭이보선*에 막 그건이
호서허는 사름. (가죽신이 어디 있어? 가죽으로 만들지만, 가죽신은 무엇으로야 만
들었는지 것도 높은 사람들만 신어. 검정가죽신에 '코젭이버선'에 아주 그건 호사하는
사람.)

¶ 가죽도 그런 모즈 멘들젠 허민 막 달루와 가지고 헐렁헐렁허게 멘드는
기술이 신 셍이라라. (가죽도 그런 모자 만들려고 하면 막 무두질해 가지고 헐렁
헐렁하게 만드는 기술이 있는 모양이더라.)

¶ 참새 발 걸령 죽을 때, 데가리 걸령 죽을 때 그디서 작허게 벗기민 완전
그거 털허고 가죽허고 멘짝허게 벗겨지메. 경허민 그디 영 나무, 낭께기
봉가근에 불솜아근에 거 구웡덜 갈라먹고 경 헤난. (참새 발 걸려서 죽을 때,
대가리 걸려서 죽을 때 거기서 작게 벗기면 완전 그거 털하고 가죽하고 매끈하게
벗겨져. 그러면 거기 이렇게 나무, 나뭇개비 주워서 불때서 거 구워서들 나눠먹고
그렇게 했었어.)

[관용 표현]
가죽만 남다 '무척 야윈 것'을 비유적으로 이르는 말.
가죽만 부트다 '무척 야윈 것'을 비유적으로 이르는 말.

---

* '코젭이보선'은 코가 뾰족하게 솟아오른 가죽신을 이른다. '목화(木靴)'에 해당하는 말이다.

가막창신 검정가죽신.

가죽감티 짐승의 털가죽으로 만든 겨울철 모자.

가죽두루마기·가죽두루막 갖두루마기.

가죽보선 짐승의 가죽으로 만든 목이 긴 신발.

가죽신·창신 가죽신.

가죽옷 가죽옷.

가죽장화 가죽장화.

갑실 마소의 가죽을 가늘게 오려서 만든 실.

갑슬신·갑실신 실처럼 오려낸 마소 가죽의 올로 삼은 신.

개가죽 개가죽.

국쉬신·껨신·꼠신 가죽을 잘게 오려 끊어서 날에 꿰어 창으로 삼아 만든 신.

노리가죽 노루가죽.

놀가죽 날가죽.

놋가죽 낯가죽. 얼굴 껍질을 이루는 살가죽. 또는 염치없는 사람을 욕할 때
　그런 사람의 얼굴을 이르는 말.

돗가죽[1] 돼지가죽.

돗가죽[2] 성질이 다랍고 질긴 사람을 비유적으로 이르는 말.

몰가죽 말가죽.

벳가죽[1] 뱃가죽. 배를 싸고 있은 겉면.

벳가죽[2] 뱃살.

쉐가죽 소가죽.

솔가죽·솔카죽 살가죽.

지달피 오소리의 털가죽.

털가죽 털가죽.

동음어

가죽¹ 가죽. 동물의 몸을 감싸고 있는 질긴 껍질.
¶ 도렝인 가죽이 비계영 비스름ᄒ여. (괭이상어는 가죽이 수염상어하고 비슷해.)

가죽² 더껑이. 걸쭉한 액체의 거죽에 엉겨 굳거나 말라서 생긴 꺼풀.
¶ 가죽은 콩죽 가죽이 젤 맛 좋아. (더껑이는 콩죽 더껑이가 젤 맛 좋아.)

귀

[기본 의미]　사람이나 동물의 머리 양옆에서 듣는 기능을 하는 감각 기관.

[대응 표준어]　귀

[방언 분화형]　귀

[문헌 어휘]　귀(《월인천강지곡》상:1)

[어휘 설명]　'귀'는 '사람이나 동물의 머리 양옆에서 듣는 기능을 하는 감각 기관'이라는 뜻을 기본 의미로 하여, '귓바퀴, 귀때, 모가 난 물건의 모서리' 등의 의미를 지닌다. 방언형 '귀'는 문헌 어휘 '귀'가 그대로 쓰인 경우다.

　한편 '귀를 낮잡아 이르는 말'인 '귀때기'의 방언형은 '귀때기·귀야지'로 나타난다.

[용례]

¶ 그 말 골아 가난 아방도 <u>귀가</u> 오싹헌 거라. (그 말 말해 가니까 아버지도 귀가 솔깃한 거야.)

¶ 흔착 <u>귈</u> 심언 박흐게 잡아둥기난 <u>귀가</u> 알로 찢어견. (한쪽 귀를 잡아서 박하게 잡아당기니까 귀가 아래로 찢어졌어.)

¶ 보난 베염인디 데가리에 <u>귀</u> 돋곡 흔 베염. (보니까 뱀인데 대가리에 귀 돋고 한 뱀.)

¶ <u>귀에</u> 귀아덜* 나믄 촘지름 불라. <u>귀엔</u> 촘지름이 젤 좋아. (귀에 '귀아덜' 나면 참기름 발라. 귀에는 참기름이 젤 좋아.)

* '귀아덜'은 '귓속에 난 자그마한 부스럼'을 말한다.

¶ 이 양착 귀로 들은 말이난 뜰림엇일 거우다. (이 양쪽 귀로 들은 말이니 틀림 없을 겁니다.)

¶ 귀에 물 들어간 때 귀러레 춤지름 비우믄 물이 나와 불어. (귀에 물 들어간 때 귀에 참기름 부으면 물이 나와 버려.)

[관용 표현]

귀눈이 왁왁 표준어로 바꾸면 '귀눈이 캄캄'인데, '듣지도 보지도 못하는 답답한 상황' 또는 '몹시 왁자한 모양'을 비유적으로 이르는 말.

귀 좋은 동녕바친 이서도 코 좋은 동녕바친 엇나 표준어로 바꾸면 '귀 좋은 거지는 있어도 코 좋은 거지는 없다.'인데, 코가 잘 생겨야 좋은 상임을 이르는 말.

귀가 절벅 '귀가 심하게 먹음. 또는 그런 사람'을 비유적으로 이르는 말.

귀에 아니 들 말 '엉뚱한 말'을 비유적으로 이르는 말.

[관련 어휘]

귀거슬다·귀거실다·귀거칠다 귀거슬다. 귀에 거칠다. 또는 귀에 거슬다.

귀고리 귀걸이.

귀곳다 모든 것이 다 빠짐없이 고루 갖추어져 있다.

귀곳추다 갖출 것을 다 갖추다.

귀넘어듣다 귀넘어듣다. 주의하지 아니하고 흘리며 듣다.

귀눈 귀눈. 귀와 눈을 함께 이르는 말.

귀느렝이·귀옥제기·귀옥젱이 귀느래. 귀가 늘어진 말.

귀돋다 얼굴이나 물체의 좌우에 귀가 나오다.

귀때기·귀아지 귀때기. '귀'를 속되게 이르는 말.

귀똥베기·귀똥베기·귀아다리 귀퉁머리. 귀의 언저리를 속되게 이르는 말.

귀뚱 귀밑. 뺨에서 귀에 가까운 부분.

귀뚱이·귀퉁이 귀퉁이.

귀마구리·귀막쉬·귀막젱이 귀머거리.

귀막다·귀먹다 귀먹다. 귀가 어두워저 소리가 잘 들리지 아니하게 되다.

귀밋 귓속에서 고름이 나오는 귓병.

귀상 사선상. 다리가 긴 네모진 상.

귀소문 귀소문. 귀로 듣고 내는 소문.

귀아덜 귓속에 난 자그마한 부스럼.

귀오개·귀훕제기 귀이개.

귀졸음 아무데서나 앉은 채 졸았다 깼다 하면서 꾸벅꾸벅 조는 졸음.

귀주어니·귀주어리 귓바퀴.

귀질기다 귀질기다. 말귀가 어둡다.

귀창 귀청.

귀타지다 ①바늘귀의 한쪽 끝이 떨어지다. ②물건의 한쪽 모서리가 떨어지다.

귀테우다·귀텝다 귀뜀하다.

귀트다 귀뜨다. 소리를 듣게 되다.

귓서미역·귓설·귓설메·귓설미역 귓결.

귓고낭·귓고망·귓구녁 귓구멍.

귓바위 귓전.

귓밥 귀지. 귓구멍 속에 낀 때.

귓자락 귓불.

ㄱ는귀 가는귀. 작은 소리까지 듣는 귀. 또는 그런 귀의 능력.

ㄱ는귀막다 가는귀먹다.

메역귀·미역귀 미역귀.

바농귀 바늘귀.

솟천 솥귀.

좀귀 잠귀. 잠결에 소리를 들을 수 있는 감각.

코 귀때. 주전자의 부리같이 그릇의 한쪽에 바깥쪽으로 내밀어 만든 구멍.
   액체를 따르는 데 편리하도록 만들어져 있다.

홍게좀·홍게좀 귀잠. 아주 깊이 든 잠.

동음어

귀^1 귀. 사람이나 동물의 머리 양옆에서 듣는 기능을 하는 감각 기관.

¶ 귀가 막 아프다게. (귀가 아주 아프다.)

귀^2 귀. 모난 귀퉁이. 두 직선의 한 끝이 서로 만나는 곳.

¶ 것도 늬 귀 들렁 나사믄 바르게 된다. (그것도 네 귀 들어서 나서면 바르게 된다.)

귀^3 갈개발. 연의 균형을 맞추기 위하여 연의 아래쪽 양 귀퉁이에 붙이는 종잇조각.

¶ 우리 동네선 풍지ᄀ라 귀엔 굴아. (우리 동네에서는 갈개발더러 '귀'라고 말해.)

귀^4 성게. 극피동물 성게강에 딸린 동물을 통틀어 이르는 말.

¶ 알은 성게엔 허곡, 까지 아녕 가시가 부떠 잇인 거는 귀. 그것보다 족게 헤근에 요만씩 요만씩 가시 찍깍허게 헌 건 솜. (알은 성게라고 하고, 꺼내지 않아서 가시가 붙어 있는 거는 '귀'. 그것보다 작게 해서 요만큼씩 요만큼씩 가시 빽빽하게 한 건 말똥성게.)

꼬리

[기본 의미]　동물의 꽁무니나 몸뚱이의 뒤 끝에 붙어서 조금 나와 있는 부분.

[대응 표준어]　꼬리

[방언 분화형]　꼬리·꼴리

[문헌 어휘]　쇼리(《월인석보》1:28)

[어휘 설명]　'꼬리'는 '동물의 꽁무니나 몸뚱이의 뒤 끝에 붙어서 조금 나와 있는 부분'이라는 뜻을 기본 의미로 하여, '사물의 한쪽 끝에 길게 내민 부분, 사람을 찾거나 쫓아갈 수 있을 만한 흔적' 등의 의미를 지닌다. 방언형 '꼬리'는 문헌 어휘 '쇼리'의 자음군 'ㅅ'이 된소리로 변한 결과다. 다른 방언형 '꼴리'는 '쇼리'의 'ㅅ'이 된소리 'ㄲ'으로 변하고 'ㄹ'이 첨가되어 이루어진 어형이다.

[용례]

¶ 보리도 꼬리가 돋아. 암만 ᄀ레레 낭 굴아도 꼬리가 돋아. (보리도 꼬리가 돋아. 아무리 맷돌에 놔서 갈아도 꼬리가 돋아.)

¶ 밥주리 수커가 꼴랑지가 빨강허주게. 암커는 꺼멍허여, 이 꼬리가. (잠자리 수컷이 꼬랑지가 빨갖지. 암컷은 꺼메, 이 꼬리가.)

¶ 꼬리 웃엉도 풍지만 들앙도 띠웁네께. (꼬리 없어도 갈개발만 달아서도 띄웁니다.)

¶ 꼬리 들린 게 구데기고 꼬리 엇인 게 장버렝이. (꼬리 달린 게 구더기고, 꼬리 없는 게 가시.)

¶ 개가 싸우당 힘에 몰리믄 돌아사멍 꼬릴 ᄂ립네께. (개가 싸우다가 힘에 몰

리면 돌아서면서 꼬리 내립니다.)

¶ 꼬리에 무껑 막 둘아뎅겨. (꼬리에 묶어서 막 돌아다녀.)

¶ 족제비 꼬리로 멘든 붓은 알아주는 거. (족제비 꼬리로 만든 붓은 알아주는 거.)

[관용 표현]

꼬리 느리다 '순응하다, 움츠러들다, 패배하다'를 비유적으로 이르는 말.

꼬리 질다 '못된 짓을 오래 두고 계속하다.'를 비유적으로 이르는 말.

꼬리 치다·꼴리 치다 '요망부리다' 또는 '아양을 부리다.'를 비유적으로 이르
　는 말.

[관련 어휘]

꼬랑지·꼴랑지 꼬랑지.

꼬렝이·꼴렝이·꽁뎅이 꼬랑이.

꼬리볼레 보리장나무의 열매.

꼬리시리 조 품종의 하나.

꽁지·총뎅이·총지 꽁지.

물꼴랑지·물꼴렝이·물꽁지·물촐리 말꼬리.

쉐꼴렝이·쉐꼴리·쉐꽁지·쉐촐렝이·쉐촐리·쉐총지 소꼬리.

초리·촐렝이·촐리 초리.

동음어

꼬리[1] 꼬리. 동물의 꽁무니나 몸뚱이의 뒤 끝에 붙어서 조금 나와 있는 부분.
¶ 수두리도 여름에가 알이 차. 숢앙 까민 하얀 게 <u>꼬리</u>에 싯주게. (팽이고둥
　도 여름에가 알이 차. 삶아서 꺼내면 하얀 게 꼬리에 있지.)

꼬리[2] 꾸리. 둥글게 감은 실몽당이.
¶ 씰 감는 거. 것ㄱ라 <u>꼬리</u> 감는 거. 영 영 심엉 감안게. 감는 건 본디 짜는 건
　안 반. (실 감는 거. 것보고 꾸리 감는 거. 이렇게 이렇게 잡아서 감던데. 감
　는 건 봤는데 짜는 건 안 봤어.)

꼬리[3] 실톳. 방추형으로 감은 실몽당이.
¶ 목화솜 헤근엥에 미녕 허민 그거 <u>꼬리</u> 감으렌 허민 거 감음이랑마랑 놀레
　들아나 불엉 막 욕도 먹고마씸게. (목화솜 해서 무명 하면 그거 실톳 감으
　라고 하면 거 감기는커녕 놀러 달아나 버려서 막 욕도 먹고요.)

수두리

꽝

006

[기본 의미] 척추동물의 살 속에서 그 몸을 지탱하는 단단한 물질.

[대응 표준어] 뼈

[방언 분화형] 꽝·뻬

[문헌 어휘] 쎠(《월인석보》2:66)

[어휘 설명] '꽝'은 '척추동물의 살 속에서 그 몸을 지탱하는 단단한 물질'이라는 뜻을 기본 의미로 한다. 방언형 '꽝'은 새롭게 형성된 어형이며, 다른 방언형 '뻬'는 문헌 어휘 '쎠'가 '쎠〉뼈〉뻬'의 변화 과정을 거친 어형이다. '뼈'를 속되게 이르는 '뼈다귀'의 방언형은 '뻬다구·뻬다귀·뻭다구·뻭다구리·뻭다귀' 등으로 나타난다.

[용례]

¶ 저 사름 꽝은 막 개베와이. (저 사람 뼈는 아주 가벼워.)

¶ 나뎅기는 개가 꽝 물어온덴 헤서. (나다니는 개가 뼈 물어온다고 했어.)

¶ 흘떼긴 꽝에 부튼 거난 틀엉 먹기가 어려와. (심줄거리는 뼈에 붙은 것이니 뜯어서 먹기가 어려워.)

¶ 술 엇인 꽝으로 뭴 헙네깡게? 이 삼춘아. (살 없는 뼈로 무엇을 합니까? 이 삼촌아.)

¶ 자린 물장에보단 된장에 보까야 꽝이 더 부드럽곡 더 맛잇어양. (자리돔은 간장에보다는 된장에 볶아야 뼈가 더 부드럽고 더 맛있어요.)

[관용 표현]

꽝 개볍다 표준어로 바꾸면 '뼈 가볍다.'인데, '몸이 가뿐하다.'를 비유적으로 이르는 말.

꽝 버치다 표준어로 바꾸면 '뼈 부치다.'인데, '무척 지치다.'를 이르는 말.

꽝 복삭ᄒ다 표준어로 바꾸면 '뼈 폭삭하다.'인데, '무척 지치다.'를 이르는 말.

뻬 거두다 표준어로 바꾸면 '뼈 거두다.'인데, '주검을 수습하다.'를 이르는 말.

뻬 빠지다 표준어로 바꾸면 '뼈 빠지다.'인데, '무척 고생하다.'를 비유적으로 이르는 말.

[관련 어휘]

가슴꽝·가심꽝 가슴뼈.

갈리꽝·갈리뻬·갈비꽝·갈비뻬 갈비뼈.

감저뻿데기·뻿데기 절간고구마.

곽산뻬·독꽝·독ᄆ릅꽝·독ᄆ리꽝·독ᄆ롭꽝·독세기꽝·묽은뻬·송펜꽝·절벤꽝·학사니뻬·학산꽝·학설뻬·학슬뻬 무릎뼈. 종지뼈.

구마리꽝·귀마리꽝·장귀뻬 복사뼈.

꼴메똥 참오징어의 뼈.

꽝들다 무 따위의 뿌리식물의 살 속에 거뭇거뭇하고 딴딴하고 질긴 심이 박히다.

꽝ᄆ디·꽝ᄆ작·뻬ᄆ디·뻬ᄆ작 뼈마디.

꽝부른궤기·꽝볼른궤기·뻬부른궤기·뻬볼른궤기 뼈뜯이. 뼈에서 뜯어낸 고기.

다리꽝·다리뻬 다리뼈.

둑지꽝·둑지뻬 죽지뼈.

등꽝·등ᄆ로꽝·등ᄆ르꽝·등ᄆ를꽝·등퉤 등골뼈.

똥고냥꽝·똥고망꽝·미지꽝·밋구녁꽝·조롬꽝 꽁무니뼈.

멩꽝·멩치꽝 명치뼈.

몰강꽝·몰광꽝 물렁뼈. 여린뼈.

몰꽝·몰뻬 말뼈.

볼뻬 ①광대뼈. ②엉덩뼈.

부체꽝·푼체꽝 어깨뼈.

뻬다구·뻬다귀·뻭다구·뻭다구리·뻭다귀 뼈다귀. '뼈'를 낮잡아 이르는 말.

뻬뻣다 ①뼈마디가 쑤시다. ②좀이 쑤시어 가만히 있지 못하다.

상뻬 돼지를 추렴했을 때 좋은 고기로 꼽는 부위. 대개 '갈리, 목도레기, 전
각' 등을 말한다.

성문꽝·성문이꽝·정강꽝·정강뻬 정강뼈.

엉치·엉치뻬 엉치뼈.

접 주걱뼈.

접작뻬 잡은 돼지의 목뼈와 어깨뼈 사이의 부위.

통뻬 통뼈. 두 가닥의 뼈로 이루어져 있지 아니하고, 붙어서 한 가닥으로 되
어 있는 아래팔뼈를 이르는 말. 또는 힘이나 대가 센 사람을 비유적으로
이르는 말.

●●●● **더 생각해 보기**

동음어

꽝[1] 뼈. 척추동물의 살 속에서 그 몸을 지탱하는 단단한 물질.
¶ 꽝만 부턴 볼침읏이 되엇저. (뼈만 붙어서 볼품없이 되었다.)

꽝[2] 심. 무 따위의 뿌리식물의 살 속에 거뭇거뭇하고 딴딴하게 박힌 질긴 줄기.
¶ 이 눕삔 꽝 들언 못 먹으키여. (이 무는 심 들어서 못 먹겠어.)

뻬[1] 뼈. 척추동물의 살 속에서 그 몸을 지탱하는 단단한 물질.
¶ 오널은 어떵 뻬가 복삭ᄒ다. (오늘은 어찌 뼈가 폭삭하다.)

뻬² 쟁기. 소나 돼지를 잡았을 때 뼈가 붙은 덩이를 세는 단위. 돼지의 경우는 '전각·후각·숭·솔뒤·갈리·일룬·비피' 등이 여기에 속한다.

¶ 도세기 추럼ᄒ걸랑 우리도 흔 뻬 갈라줍서. (돼지 추럼하거든 우리도 한 쟁기 나눠주십시오.)

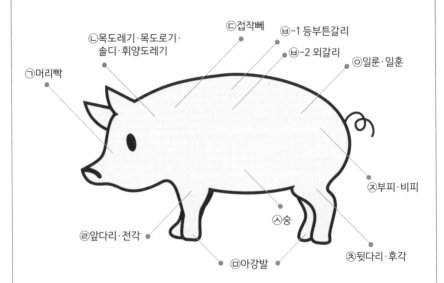

- ㉠ **머리빡**: 돼지머리. 대가리 부위.
- ㉡ **목도레기·목도로기·솔디·휘양도레기**: 목 부위.
- ㉢ **접작뻬**: 앞다리 위 목뼈와 어깨뼈 사이의 부위.
- ㉣ **앞다리·전각**: 앞다리. 전각(前脚). 앞쪽 다리.
- ㉤ **아강발**: 족발. 전각이나 후각의 아래 부위.
- ㉥-1 **등부튼갈리**: 등뼈가 붙은 갈비.
- ㉥-2 **외갈리**: 등뼈가 붙지 않은 갈비
- ㉦ **숭**: 배 부위.
- ㉧ **일룬·일훈**: 뒷다리 위 갈비와 '비피' 사이의 부위.
- ㉨ **부피·비피**: 뒷다리 위 엉덩이 부위.
- ㉩ **뒷다리·후각**: 뒷다리. 후각(後脚). 뒤쪽 다리.

눈

[기본 의미]	빛의 자극을 받아 물체를 볼 수 있는 감각 기관.
[대응 표준어]	눈
[방언 분화형]	눈
[문헌 어휘]	눈(《용비어천가》88장)

[어휘 설명] '눈'은 '빛의 자극을 받아 물체를 볼 수 있는 감각 기관'이라는 뜻을 기본 의미로 하여, '시력, 사물을 보고 판단하는 힘, 무엇을 보는 표정이나 태도, 사람들의 눈길' 등의 의미를 지닌다. 방언형 '눈'은 문헌 어휘 '눈'이 그대로 쓰인 경우다.

[용례]

¶ 가오리도 그 모살 속에 영 잇이민 그냥 우론 몰라. 눈, 눈이 보여. 까망허게. 게믄 저거 가오리구나 헤근에 강 쏘아근에 나오곡. (가오리도 그 모래 속에 이렇게 있으면 그냥 위로는 몰라. 눈, 눈이 보여. 까맣게. 그러면 저거 가오리구나 해서 가서 쏴서 나오고.)

¶ 몰로 밧 불리다근에 차 불언 눈 까져나서, 나. (말로 밭 밟다가 차 버려서 눈 깨졌었어, 나.)

¶ 쉐 볼 눈, 몰 볼 눈 잇어. 거 무신 말이냐 허면 사름마다 보는 눈이 틀리다는 거주. (소 볼 눈, 말 볼 눈 있어. 거 무슨 말이냐 하면 사람마다 보는 눈이 다르다는 거지.)

¶ 내터질 때 강 은어 잡주게. 흑물 된 땐 것도 눈이 어둑는 셍이라. (시위할 때 가서 은어 잡지. 흙물 된 때는 것도 눈이 어둡는 모양이야.)

¶ 잿국을 놓으면 고사리가 검어져. 요샌 파랑허게 임시 기자 곤 것만 먹을 때니까. <u>눈으로만</u> 믹을 때니까. 입으로 안 먹고 <u>눈으로</u> 먹을 때라 놓니까. (잿물 넣으면 고사리가 검어져. 요샌 파랗게 임시 그저 고운 것만 먹을 때니까. 눈으로만 먹을 때니까. 입으로 안 먹고 눈으로 먹을 때여 놓으니까.)

¶ 지달인 막 슬져. 오만 것 다, 쮕이고 무시거고 <u>눈</u>에 보이는 거 다 잡아먹으난에 슬져. (오소리는 아주 살쪄. 오만 것 다, 쥐고 무엇이고 눈에 보이는 거 다 잡아먹으니까 살쪄.)

¶ 옛날도 무신 <u>눈</u> 아픈 사름 그 물 질어당은에 <u>눈</u> 시치민 좋넨 허곡덜 헤낫주. (옛날도 무슨 눈 아픈 사람 그 물 길어다가 눈 씻으면 좋다고 하고들 했었지.)

[관용 표현]

눈 빠지다 '몹시 기다리다.'를 비유적으로 이르는 말.

눈알이 희여뜩이 표준어로 바꾸면 '눈알이 아득하게'인데, '어지럽게' 또는 '열중하게'의 뜻으로 쓰이는 말.

눈 질끈 곰다 표준어로 바꾸면 '눈 질끈 감다.'인데, '죽다'를 비유적으로 이르는 말.

눈에 홰 싸다 표준어로 바꾸면 '눈에 홰 켜다.'인데, '몰두하다'를 비유적으로 이르는 말.

눈에 흑 들어가다 '죽다'를 비유적으로 이르는 말.

눈이 베롱ᄒ다 표준어로 바꾸면 '눈이 반하다.'인데, '여유가 생기다.', '기운이 돌다.', '시장기를 면하다.' 등을 비유적으로 이르는 말.

[관련 어휘]

겉눈 겉눈. 조금 떴으나 겉으로 보기에 감은 것처럼 보이는 눈.

귀눈 귀눈. 귀와 눈을 함께 이르는 말.

곰세눈·곰셍이눈·족세눈 실눈. 가늘고 작은 눈.

끄막이눈·끄맥이눈 꺼벅눈.

눈굼다 눈감다.

놈의눈 남의눈. 여러 사람의 시선.

눈고망·눈구녁 눈구멍.

눈곱·눈꼽·눈콥 눈곱.

눈곱제·눈꼽제기·눈콥제기 눈곱자기. '눈곱'을 속되게 이르는 말.

눈공즈·눈동즈 눈동자.

눈구석 눈구석.

눈굼세·눈굼셍이 눈깜쟁이.

눈곳 눈가. 눈시울.

눈깍 눈초리.

눈깍돌아지다 할끔하다.

눈깔이·눈께알이·눈망둥이 눈깔. '눈알'을 속되게 이르는 말.

눈꿀 눈꼴. 눈질.

눈꿀ᄒ다 눈질하다. 눈흘기다.

눈꿈젝이 눈깜작이. 눈을 자주 깜작거리는 사람.

눈독·눈톡 눈독.

눈돌아지다 놀라거나 두려워서 눈이 휘둥그레지다.

눈두께·눈두에 눈꺼풀.

눈두세 양미간.

눈딱지 눈딱지.

눈뜨다·눈트다 눈뜨다.

눈망울 눈망울.

눈멀다 눈멀다.

눈물 눈물.

눈바위 눈언저리.

눈방울 눈방울.

눈벨레기 눈이 크게 벌어진 사람.

눈벵·눈빙 눈병.

눈부찌다·눈부치다 잠깐 잠을 자다.

눈비양·비양 눈비음.

눈삘룽이·눌삘룽이 왕눈이.

눈살¹ 눈살. 눈 가장자리의 힘살.

눈살² 눈살. ①눈에 독기를 띠며 쏘아보는 시선. ②애정 있게 쳐다보는 눈.

눈서미역·눈설메·눈설미역·눈절 눈결.

눈소문 제 눈으로 직접 보고 내는 소문.

눈실리다·눈저굽다·눈저급다·눈제겹다·눈즈곱다·눈즈급다 눈부시다.

눈썹 눈썹.

눈알 눈알. 눈구멍 안에 박혀 있는 공 모양의 기관.

눈열 눈힘.

눈웃음 눈웃음.

눈젱기리 물건을 볼 때 한쪽 눈을 감고 보는 사람.

눈질 눈길. 눈이 가는 곳. 또는 눈으로 보는 방향.

눈짐작 눈짐작.

눈짓 눈짓.

눈짓허다·눈칫허다 눈짓하다.

눈총 눈총.

눈치 눈치.

눈치흘리다 눈치차리다. 다른 사람의 마음 상태를 알아차리다.

눈치코치 눈치코치. '눈치'를 강조하여 이르는 말.

눈칫밥 눈칫밥

눈텡이¹ 눈두덩.

눈텡이²·눈퉁이 눈퉁이.

눈펄룽이·펄룽이 눈딱부리.

더꺽눈·더께눈·덥게눈·풍체눈 거적눈. 윗눈시울이 축 처진 눈.

뜬눈·튼눈 뜬눈.

무정눈 정기가 없는 눈.

밤눈 밤눈.

붕에눈·붕의눈 봉의눈. 봉황의 눈같이 가늘고 길며 눈초리가 위로 째지고 붉
은 기운이 있는 눈.

속눈 속눈. 눈을 감은 체하면서 조금 뜨는 눈.

외눈·흔착눈 외눈.

외눈벡이·외눈벵이·외통젱이 애꾸눈이.

젓눈 곁눈.

첫눈·쳇눈 첫눈. 처음 본 느낌이나 인상.

튼봉소·튼쉐경 눈뜬장님. 청맹과니.

●●●● **더 생각해 보기**

동음어

눈[1] 눈. 빛의 자극을 받아 물체를 볼 수 있는 감각 기관.

¶ 이젠 눈 아팡 첵 오래 보지 못허여. (이제는 눈 아파서 책 오래 보지 못해.)

눈[2] 눈. 대기 중의 수증기가 찬 기운을 만나 얼어서 땅 위로 떨어지는 흰색의 결정체.

¶ 눈 문곡 허민 노리가 눈에 팍팍 빠져. (눈 쌓이고 하면 노루가 눈에 팍팍
빠져.)

눈[3] 눈금. 숫자를 헤아릴 수 있게 표시한 금.

¶ 싀 눈에 혼 눈. (세 눈금에 한 눈금. 곧 3분의 1을 말함.)

눈[4] 물안경. 잠녀가 물질할 때에 쓰는 특수한 안경. 이 '눈'에는 '족은눈'과 '왕눈' 두 종
류가 있다. '족은눈'은 알이 두 개로 이루어진 물안경으로 '족세눈'이라고도 한다.
'왕눈'은 큰 알 하나로 된 물안경으로, 지역에 따라서 '큰눈'이라고도 한다.

¶ 눈은 속으로 다까. (물안경은 쑥으로 닦아.)

눈[5] 전복이나 오분자기의 숨구멍.
¶ 눈이 하믄 건 오분제기[*], 늬 개나 다섯 개믄 전복. ('눈'이 많으면 건 오분자기, 네 개나 다섯 개면 전복.)

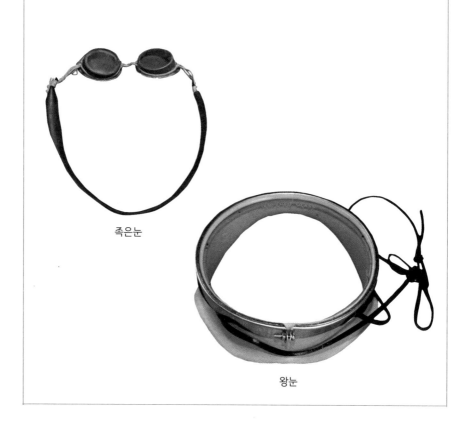

족은눈

왕눈

* '오분제기'는 전복 비슷한 연체동물로, '오분자기'를 말한다. '오분자기'는 최병래(1992)의《한국동식물도감》(제33권 동물편, 연체동물Ⅱ, 교육부)(208~212면), 권오길 등(1993)의《원색 한국패류도감》(226~227면), 한국동물분류학회편(1997)의《한국동물명집》(90면) 등에 전복과에 속하는 연체동물 이름으로 제시되어 있다. 오분자기는 '눈'이라 부르는 호흡공이 7~9개인 반해 전복은 4~5개로 차이가 난다.《물보》등 고문헌의 '아홉 구멍의 조개'라는 뜻의 '구공라(九孔螺)'가 이 '오분자기'가 아닌가 한다.

니

[기본 의미] 척추동물의 입안에 있으며 무엇을 물거나 음식물을 씹는 역할을 하는 기관.

[대응 표준어] 이

[방언 분화형] 니

[문헌 어휘] 니(《훈민정음》언해본:6)

[어휘 설명] '니'는 '척추동물의 입안에 있으며 무엇을 물거나 음식물을 씹는 역할을 하는 기관'이라는 뜻을 기본 의미로 하여, '톱이나 톱니바퀴 따위의 뾰족뾰족 내민 부분' 등의 뜻을 지닌다. 방언형 '니'는 문헌 어휘 '니'가 그대로 쓰인 경우다.

한편 '이'를 낮잡아 이르는 '이빨'의 방언형은 '니빨'로 나타난다.

[용례]

¶ 어떵 허연에 집안이 안 좋젠 허난에 니가 알런게. 거 동티로 헤연에 아픈 셍이라. (어찌 해서 집안이 안 좋으려고 하니까 이가 아렸어. 거 동티로 해서 아픈 모양이야.)

¶ 니 알리믄 막 아팡 아무것도 못 먹어. 사름 죽어. (이 아리면 아주 아파서 아무것도 못 먹어. 사람 죽어.)

¶ 니 빤, 거 셍니를 빤 거지. 츠츠츠츠 아귀툭*이 내려앚아 불언게. (이 뺐어, 거 셍니를 뺀 거지. 차차차차 '아귀턱'이 내려앉아 버리던데.)

* '아구툭'은 '턱을 낮추어 이르는 말'이다.

¶ 쉐가 세 살 되믄 니가 우알 두 개 두 개 늬 개 빠져 붑니다. (소가 세 살 되면 이가 위아래 두 개 두 개 네 개 빠져 버립니다.)

¶ 니에 누렁흐게 니똥 앚인 거라. (이에 누렇게 이똥 앉은 거야.)

¶ 묵은 니랑 돌아가곡 새 니랑 돌아오라 경 굴아. (묵은 이는 돌아가고 새 이랑 돌아오라 그렇게 말해.)

¶ 제피 먹으민 니에 충 엇나고. (초피 먹으면 이에 충 없다고.)

¶ 지달인 니빨도 사납고 힘이 무지허게 쎈 거우다. 게난 소소헌 창으론 되도 아녀마씨. (오소리는 이빨도 사납고 힘이 무지하게 센 겁니다. 그러니 소소한 창으로는 되지도 않아요.)

¶ ᄀᆞ새 엇곡 허믄 어떵 말이우깡? 니빨로 끈차삽주. (가위 없고 하면 어떻게 말입니까? 이빨로 끊어얍죠.)

[관용 표현]

니 아픈 부름씨랑 ᄒᆞ곡 눈 아픈 부름씨랑 말라 표준어로 바꾸면 '이 아픈 심부름이랑 하고 눈 아픈 심부름이랑 마라.'인데, 이 아픈 것보다는 눈 아픈 것이 더 괴롭다는 뜻으로 쓰이는 말.

[관련 어휘]

걸니·송곳니 송곳니.

ᄀᆞᆫ니 간니.

니ᄀᆞᆯ다¹·니빨ᄀᆞᆯ다 이갈다. 아래윗니를 마주 대고 갈아 소리가 나게 하다.

니ᄀᆞᆯ다² 이갈다. 젖니가 빠지고 간니가 나다.

니굽 이촉. 잇몸 속에 들어 있는 이의 뿌리.

니똥·닛게미·닛게염·닛게예미·닛기염 이똥. '치태(齒苔)'를 일상적으로 이르는 말.

니빨 이빨. '이'를 낮잡아 이르는 말.

니빨그믓 잇자국.

니수세 이쑤시개.

니알림 이앓이.

니염 잇몸.

니트멍·니틈 이틈.

닛바데·닛바디 잇바디. 이가 죽 박혀 있는 열(列)의 생김새.

덧니·덧발 덧니.

덧니나다·덧니돋다 덧니가 솟아오르다.

덧돋다 이가 제자리에 나지 아니하고 포개어 나다.

덧발이 덧니박이. 덧니가 난 사람.

막니·스랑니 사랑니.

버덩니 뻐드렁니.

셍니 생니.

아렛니·알니 아랫니.

앞니 앞니.

어금니 어금니.

오금니·옥니 옥니.

웃니 윗니.

젓니·젯니·줏니 젖니.

톱니 톱니.

틀니 틀니.

[기본 의미]　눈·코·입 따위가 있는 얼굴의 바닥.

[대응 표준어]　낯

[방언 분화형]　ᄂᆞᆾ·양지

[문헌 어휘]　ᄂᆞᆾ(《훈몽자회》상:25), 낯(《용비어천가》40장), 양ᄌᆞ(《월인석보》서:16)

[어휘 설명]　'ᄂᆞᆾ'은 '눈·코·입 따위가 있는 얼굴의 바닥'이라는 뜻을 기본 의미로 하여, '남을 대할 만한 체면' 등의 의미를 지닌다. 방언형 'ᄂᆞᆾ'은 문헌 어휘 'ᄂᆞᆾ'이 그대로 쓰인 경우고, 방언형 '양지'는 문헌 어휘 '양ᄌᆞ'가 '양ᄌᆞ〉양지〉양지'의 변화 과정을 거친 어형이다. '양ᄌᆞ'는 한자어 '樣子'로, '얼굴의 모양'을 말한다. 'ᄂᆞᆾ'은 고유어, '양지'는 한자어이다.

　한편 '눈이나 코·입이 있는 머리의 앞면'의 뜻을 지닌 '얼굴'의 방언형은 '얼굴' 또는 '양지'로 나타난다. '양지'가 '낯' 또는 '얼굴'에 대응하고 있는 셈이다.

[용례]

¶ 기자 처음부터 ᄂᆞᆾ 바꾸멍 뚤 나난 아덜 낳곡. 그다음 뚤 나난 아덜 낳곡. 그자 저 ᄂᆞᆾ 바꾸멍. (그저 처음부터 낯 바꾸며 딸 낳으니 아들 낳고. 그다음 딸 낳으니 아들 낳고. 그저 저 낯 바꾸면서.)

¶ 거 보민 아이가 ᄒᆞ쏠 열 올르멍 ᄂᆞᆾ도 불그랑허민 ᄇᆞ름이나 방지허곡. 괴기 종류 아니 멕여. (거 보면 아이가 조금 열 오르며 낯도 불그레하면 바람이나 방지하고. 고기 종류를 아니 먹여.)

¶ 무신 일이 셔도 사름 ᄂᆞᆾ더레 침 바끄진 못헌다 헤서. (무슨 일이 있어도 사

람 낯에 침 뱉지는 못한다 했어.)

¶ 집의서 이땅 발도 싯고 <u>놋도</u> 싯고. 춤* 받안. (집에서 이따가 발도 씻고 낯도 씻고. '춤' 받아서.)

[관용 표현]

놋 바꾸다 '아들과 딸을 번갈아 가며 낳다.'는 뜻으로 쓰이는 말.

놋 벌겅ᄒ다 '흥분하다' 또는 '부끄럼을 타다.'를 비유적으로 이르는 말.

놋 세우다 '체면치레하다'를 이르는 말.

[관련 어휘]

놋가리다 낯가리다.

놋가죽 낯가죽. 얼굴 껍질을 이루는 살가죽.

놋바닥 낯바닥.

놋부끄럽다·놋부처럽다 낯부끄럽다.

놋빗 낯빛.

놋서툴다·놋설다 낯설다.

놋스레 세숫대야.

놋싸옴·놋싸움 여드름.

놋알다 낯알다. 얼굴을 기억하고 알아보다.

놋익다·놋익숙다 낯익다.

양지·얼굴 얼굴.

* '춤'은 '띠로 머리 땋듯 땋아서 동백나무 따위에 거꾸로 매달아 묶어서 빗물이나 이슬을 항아리에 받을 수 있게 만든 물건'을 말한다. '춤'은 지역에 따라 '물메누리'라 한다.

유의어

ᄂᆞᆺ 눈·코·입 등이 있는 얼굴의 바닥.
¶ ᄂᆞᆺ이 붉언 오래 살키여. (낯이 붉어서 오래 살겠다.)

양지 얼굴의 생김새.
¶ 양지가 벤찌롱ᄒᆞᆫ 게 아직도 젊어신게. (얼굴이 번주그레한 게 아직도 젊었
  는데.)

얼굴 눈·코·입이 있는 머리의 앞면.
¶ 어떵 실려시냐? 얼굴이 피렁허다. (어찌 시렸니? 얼굴이 퍼렇다.)

독무럽

010

[기본 의미] 넙다리와 정강이의 사이에 앞쪽으로 둥글게 튀어나온 부분.

[대응 표준어] 무릎

[방언 분화형] 도갓몰리·독·독머리·독무럽·독무릅·독무리·독무립·독ᄆ리·독ᄆ립·독ᄆ릅·독몰리·무럽

[문헌 어휘] 무룹(《석보상절》3:38)

[종합 설명] '독무럽'은 '넙다리와 정강이의 사이에 앞쪽으로 둥글게 튀어나온 부분'이라는 뜻이다. 곧 엉덩이를 바닥에 대고 한쪽 다리를 다른 쪽 다리 위에 포개어 앉았을 때, 정강이와 넓적다리 사이의 관절이 있는 부분 위쪽을 말한다. '무릎'의 방언형은 네 가지로 유형화할 수 있다. 곧 ㉠'독'형(독), ㉡'독+ᄆ르'형(도갓몰리, 독머리, 독무리, 독ᄆ리, 독몰리), ㉢'독+무럽'형(독무럽, 독ᄆ릅, 독ᄆ립, 독ᄆ럽), ㉣'무럽'형(무럽)이 그것이다. ㉠형의 '독'은 '도사려앉다(책상다리하다)'처럼 '도'로 나타나기도 하는데, 특이한 방언형에 속한다. ㉣형인 '무럽'만이 문헌 어휘와 관련이 있다.

[용례]

¶ 이젠 독무릅 아팡 잘 걸지 못험네께. (이젠 무릎 아파서 잘 걷지 못합니다.)

¶ 우리 하르방* 넉둥베기 하도 잘혜 부난이 바지 멧 개이 독무릅 그차져 비엇저게. (우리 할아버지 넉동내기 하도 잘해 버려서 바지 몇 개 무릎 끊어져 버렸지.)

* '하르방'은 할아버지의 제주어. 여기서는 남편의 의미로 쓰였다.

¶ 그때 촐뭇을 흔 이삼 만 뭇 눌어 나믄 <u>독무릅</u> 다 끈어져 불어. (그때 꼴단을 한 이삼 만 뭇 가리어 나년 무릎 다 끊어져 버려.)

¶ 옷이 끈어지지 안허게끔 발레**라고 이서. 가죽. 여기 <u>독무릅</u>에 끼는 거. (옷이 끊어지지 않게끔 '발레'라고 있어. 가죽. 여기 무릎에 끼는 거.)

¶ 이 앞으로 헤근에 이 준둥이 헤근에 영 헹 마주앚지 안헴서? 앚앙 꼭허게시리 이 <u>독무릅</u> 헤영 받아주민 영 벨 꼭 누르뜨주. <u>독무릅</u>으로 경허민 그 짐에 나오주. 경허고 우린 경도 안허고 죽기 아니민 살기로 낳아낫주. 애기 ᄋᆞᆺ 개 나도 경 사름 알게 안 헤봣저. (이 앞으로 해서 이 잔등이 해서 이렇게 해서 마주앉지 않고 있니? 앉아서 꼭하게끔 이 무릎 해서 받아주면 이렇게 배를 꼭 누르지. 무릎으로 그러면 그 김에 나오지. 그리고 우린 그렇게도 않고 죽기 아니면 살기로 낳았었지. 아기 여섯 개 낳아도 그렇게 사람 알게 안 해봤지.)

¶ 나 이거 <u>독무릅</u> 아프건디 멧 헤 안 되언. (나 이거 무릎 아픈지 몇 해 안 되었어.)

¶ 삼도 영 삼으민 <u>독무럽</u>에 영 헤여근에 삼아 놓민 ᄀᆞ슬엔 이 <u>독무럽이</u> 다 케여. 하도 언 거 헤영 영 영 종에 걸어 앚앙, 영 종에 걸어 앚아근에 영 영 이디서 허민 이디가 케여. (삼도 이렇게 삼으면 무릎에 이렇게 해서 삼아 놓으면 가을엔 이 무릎이 다 터. 하도 찬 거 해서 이렇게 이렇게 종아리 걸어 앉아서, 이렇게 종아리 걸어 앉아서 이렇게 이렇게 여기서 하면 여기가 터.)

¶ 뺏데기 그거 허멍 이 <u>독ᄆᆞ리</u> 다 나간 수술헹 왓덴 허난. (절간고구마 그거 하면서 이 무릎 다 나가서 수술해서 왔다고 하니깐.)

[관용 표현]

무럽 꿀리다 표준어로 바꾸면 '무릎 꿇리다.'인데, '항복하거나 굴복하다.'를 비유적으로 이르는 말.

** '발레'는 '추위를 막기 위하여 개가죽으로 만든 행전'을 말한다.

독무럽 치다 '옳다 여길 때', '잘 되었다고 생각할 때', '몹시 기뻐서 무릎을 탁
   치다.'를 이르는 말.

독무럽에 고개 놓다 '무안하여 고개 숙이다.'를 비유적으로 이르는 말.

무럽 까지다 '무릎 차이다.'는 뜻으로 쓰이는 말.

[관련 어휘]

곽산뻬·독꽝·독무릅꽝·독무리꽝·독무롭꽝·독세기꽝·묽은뻬·송펜꽝·절벤꽝·학사니뻬·
   학산꽝·학설뻬·학슬뻬 무릎뼈. 종지뼈.

독다님·독다림 중대님.

무럽장 갓양태를 결을 때, 무릎에 대고 대오리를 다듬는 데 쓰는, 가죽으로
   만든 무릎받이.

소도리맞춤 무릎맞춤.

소도리맞추다 무릎맞춤하다.

조세앚다 어린아이들이 무릎을 폈다 구부렸다 하며 놀다.

등

011

[기본 의미]   사람이나 동물의 몸에서 가슴과 배의 반대쪽 부분.

[대응 표준어]   등

[방언 분화형]   등

[문헌 어휘]   등(《용비어천가》88장)

[어휘 설명]   '등'은 '사람이나 동물의 몸에서 가슴과 배의 반대쪽 부분'이라는 뜻을 기본 의미로 하여, '물체의 위쪽이나 바깥쪽에 볼록하게 내민 부분, 앉는 물건에서 사람의 몸통 뒤쪽을 기대는 부분' 등의 의미를 지닌다. 방언형 '등'은 문헌 어휘 '등'이 그대로 쓰인 경우다.

[용례]

¶ 화등인* 등 오그라진 거. 등이 파진 거라. ('화등이'는 등 오그라진 거. 등이 패인 거야.)

¶ 옛날은 아기덜 등 그룹녠, 나민 봇디저구리 멘들앙양, 아기덜 영 영 헤 가민 긁어지렌. (옛날은 아기들 등 가렵다고, 낳으면 배냇저고리 만들어서요, 아기들 이렇게 이렇게 해 가면 긁어지라고.)

¶ 늙으민 너나엇이 다 등이 굽어. (늙으면 너나없이 다 등이 굽어.)

¶ 등 그룻왕 지 손으로 등 긁어지믄 거 막 건강헌 거. (등 가려워 제 손으로 등 긁게 되면 거 아주 건강한 거.)

---

* '화등이'는 '등뼈가 활처럼 우묵하게 휘어 들어간 말'을 뜻한다. 달리 '활등이'라 한다.

¶ 봇옷이엔 혜근에 베로 혜근에 애기덜 냉중에 커도 등도 근지럽도 아녀 고 피부병도 엇넨 혜근에 베로 멘들앙 입져. (배내옷이라고 해서 베로 해 서 아기들 나중에 커도 등도 근지럽지 않고 피부병도 없다고 해서 베로 만들어서 입혀.)

¶ 그땐 아무 짐이나 다 등으로 지엉 날라, 등짐으로. (그때는 아무 짐이나 다 등으로 져서 날라, 등짐으로.)

¶ 밧디 가오믄 이 등더레 물 비우라 혜영 등물도 허곡게. (밭에 다녀오면 이 등에 물 부어라 해서 등물도 하고.)

¶ 못 먹으믄 베가 등에 부터. (못 먹으면 배가 등에 붙어.)

[관용 표현]

등 돌리다 '배신하다' 또는 '배척하다'를 이르는 말.

등에 물 놓다 '목물하다' 또는 '등물하다'를 뜻하는 말.

등이 돗돗ᄒ다 표준어로 바꾸면 '등이 다스하다.'인데, '편안하다'를 비유적으 로 이르는 말.

[관련 어휘]

고에기·괴에기·무지게·손물체 물동이를 질 때 옷 젖는 것을 막기 위하여 등에 대는 누비어 만든 등받이.

곱소리·곱수리 등뼈가 우뚝 솟아 등이 고부라진 말.

등거리·등지게 등거리. 등만 덮을 만하게 걸쳐 입는 홑옷.

등골 등골.

등곱다·등굽다 등이 앞쪽으로 휘어져 있다.

등곱세·등곱젱이·등굽세 곱사등이.

등꽝·등ᄆ로꽝·등ᄆ르꽝·등ᄆ를꽝·등퉤 등골뼈.

등네기 두 개의 짐을 한번에 옮기지 못하고 두 번에 나눠 일정 거리씩 번갈 아 가면서 옮기는 일.

등따리·등뗑이·등어리·등얼 등때기. '등'을 속되게 이르는 말.

등딱시 등딱지. 세나 거북 따위의 등을 이룬 단단한 껍데기.

등망머리·등ᄆ로·등ᄆ르·등ᄆ를·등몰리 등마루. 척추뼈가 있는 두두룩하게 줄
진 곳.

등물 등물. 목물.

등바데 등바대. 홑옷의 깃고대 안쪽으로 길고 넓게 덧붙여서 등까지 대는
헝겊.

등지다 등지다.

등짐 등짐.

등짐장시 등짐장수.

등짝 등짝. '등'을 속되게 이르는 말.

등창 등창.

등테 등태. 짐을 질 때, 등이 배기지 않도록 짚으로 엮어 등에 걸치거나 지
게의 등이 닿는 곳에 붙이는 물건.

삼등이 등뼈가 두 군데나 우묵하게 휘어 들어간 말.

화등이·활등이 등뼈가 활처럼 우묵하게 휘어 들어간 말.

머리

[기본 의미]　사람이나 동물의 목 위의 부분.

[대응 표준어]　머리

[방언 분화형]　머리

[문헌 어휘]　머리(《용비어천가》95장)

[어휘 설명]　'머리'는 '사람이나 동물의 목 위의 부분'이라는 뜻을 기본 의미
로 하여, '동물의 목 앞에 있는 부분이나 머리에 난 털, 생각하고 판단하는
능력, 단체의 우두머리, 사물의 앞이나 위, 일의 시작이나 처음, 일의 한 차
례나 한 판' 등의 뜻을 지닌다. 방언형 '머리'는 문헌 어휘 '머리'가 그대로 쓰
인 경우다.

　　한편, '머리'를 속되게 이르는 '대가리'의 방언형은 '더망세기·더망셍이·
더멩이·데가리·데강셍이·데강이·데구리·데망세기·데망이·데멩이·드가
리' 등으로, '머리빡'의 방언형은 '데골빡·데구빡·머리빡' 등으로 나타난다.

[용례]

¶ 간 보난 둘아견딜 머리 메멍 싸왐서. (가서 보니 매달려서들 머리 매며 싸우고
　있어.)

¶ 듭은 머리에 올르는 빙. 낫아도 머리 안 나. (두부백선은 머리에 오르는 병. 나
　아도 머리 안 나.)

¶ 흐르 아장 집 짓이켄 흐는 건 머리로 흐는 일. (하루 가지고서 집 짓겠다고 하
　는 것은 머리로 하는 일.)

¶ 술 말덴 흐난 먹단 술 앗안 머리더레 잘잘 비와 불어. (술 싫다고 하니 먹던

술 가져서 머리에 잘잘 부어 버려.)

¶ 창곰* 족게 낸 건 도적, 도난 방지
도 허고. 도둑놈덜 글로 머리 질
르지 못헐 거난에 낭 촘촘허게
박아 불어. ('창곰' 작게 낸 건 도적,
도난 방지도 하고. 도둑놈들 그리로 머
리 찌르지 못할 거니까 나무 촘촘하게
박아 버려.)

창곰

[관용 표현]

머리 가끄다 표준어로 바꾸면 '머리 깎
다.'인데, '승려가 되다.'를 이르는 말.

머리 곳인 지숙 표준어로 바꾸면 '머리
갖은 제육'인데, '온전한 바닷고
기'를 이르는 말.

머리 등에 지다 '긴 머리를 하고 있다.'는 것을 비유적으로 이르는 말.

머리 크다 '지위가 높다.'를 비유적으로 이르는 말.

머리 메다 '머리털 뽑다.'를 이르는 말.

[관련 어휘]

고수락머리·고스락머리·고시락머리·꼬스락머리 고수머리. 곱슬머리.

관머리 관머리. 시체의 머리가 놓이는, 관(棺)의 위쪽.

남통머리 담배통.

대머리·민중버세기·벡데가리 대머리.

* '창곰'은 '부엌이나 고방에 빛을 들이고 바람이 드나들게 하기 위하여 벽을 뚫어서 만든 작은 구멍'을 말
한다.

더망세기·더망셍이·더멩이·데가리·데강셍이·데강이·데구리·데망세기·데망이·데멩이
·드가리 대가리. ①동물의 머리. ②사람의 머리를 속되게 이르는 말.

데갈머리 대갈머리. '머리'를 속되게 이르는 말.

데갈통 대갈통. '머리통'을 속되게 이르는 말.

데구빡 대갈빼기. '머리'를 속되게 이르는 말.

도세기머리·도야지머리 돼지머리. 잡은 돼지의 대가리 부분.

돗술머리 돼지털처럼 검고 뻣뻣한 머리털.

두렁머리·두룽머리 뿔이 없는 소.

두룽건지·둘룽건지 모두머리. 여자의 머리털을 외가닥으로 땋아서 쪽을 찐
  머리.

뒷머리 뒷머리.

마니 도리머리.

마니털다 도리머리하다.

말머리 말머리. 이야기를 시작할 때의 말의 첫마디.

머리까락·머리꺼럭·머리껄·머리껍 머리카락.

머리꼬게기·머리꼬멩이·머리꼬벵이·머리꼬분지·머리꾸베기·머리꾸벵이 머리끄덩이.

머리꼭 머리꼭지.

머리맛 머리맡.

머리빡 머리빡. '머리'를 속되게 이르는 말.

머리여지다·머리엊다·머리읏지다·머리옻다 머리얹다. 머리를 얹다.

머리창·흰머리창 안상제가 상중에 머리에 드리는 길게 오린 흰 헝겊.

머리터럭·머리털 머리털.

머릿골 머릿골.

머릿니 머릿니.

머릿대 머릿달. 종이 연의 머리에 붙인 대.

머릿발 머릿밑. 머리털의 밑동. 또는 머리털이 난 살가죽.

머릿짐 어지럼증.

머리창

머릿짐돌다·머릿짐돌르다 정신이 어찔하여 어지럽다.

문둥데가리·민둥데가리·호박데가리 '민머리'를 속되게 이르는 말.

밧머럭·밧머리·밧멍에 밭머리. 밭이랑의 양쪽 끝이 되는 곳.

방에머리·코머리 가체(加髢).

베속엣머리·베안넷머리 배냇머리. 출생한 후 한번도 깎지 않은 갓난아이의 머
　리털.

ᄇ름머리 바람위.

센머리 센머리. 흰머리.

소갈머리 소갈머리. 마음이나 속생각을 낮잡아 이르는 말.

여진머리·예진머리·으진머리 얹은머리. 땋아서 위로 둥글게 둘러서 얹은 머리.

왼머리 가르마를 왼쪽으로 가른 머리.

웃데방·웃지방 ①문머리. ②위쪽 문둔테.

이망거리·이멍거리 ①머리띠. ②머리동이. 머리가 아플 때 머리를 둘러 동이
　는 물건.

튼머리 딴머리. 밑머리에 덧대어서 얹는 머리털.

허운데기 '머리털'을 속되게 이르는 말.

78

동음어

머리[1] 머리. 사람이나 동물의 목 위의 부분.
¶ 이젠 굽엉 일혜나믄 <u>머리</u> 아파. (이젠 굽어서 일하고 나면 머리 아파.)

머리[2] 마리. 사람 이외의 동물의 수효를 셀 때 쓰는 말.
¶ 사돈칩의 돗 흔 <u>머리</u>ㅎ곡 술 흔 추니ㅎ곡 앗다 줘사 ㅎ여. (사돈집에 돼지 한 마리하고 술 한 준하고 갖다 주어야 해.)

목

[기본 의미] 척추동물의 머리와 몸통을 잇는 잘록한 부분.

[대응 표준어] 목

[방언 변화형] 목

[문헌 어휘] 목(《월인천강지곡》상:28)

[어휘 설명] '목'은 '척추동물의 머리와 몸통을 잇는 잘록한 부분'이라는 뜻을 기본 의미로 하여, '목구멍, 목을 통해 나오는 소리, 물건에서 동물의 목과 비슷한 부분' 등의 뜻을 지닌다. 문헌 어휘 '목'이 그대로 방언형으로 쓰인 경우다.

한편 '목'을 속되게 이르는 '모가지'의 방언형은 '모가지·모감지·모개기·모고마지' 등으로 나타나며, '목의 양옆과 뒤쪽 부분'을 일컬을 때는 '야가기·야가지·야게' 등으로 말한다.

[용례]

¶ 소 그 멩엘 그대로 씌왕 겡 끗어 아정 그냥 다니멍 이제 목도 든든허게 이제 막 울리곡. 뭐 허면은 목도 든든허고. 이제 멩들어근에. (소 그 멩에를 그대로 씌워서 그래서 끌어 가지고 그냥 다니면서 이제 목도 든든하게 이제 아주 울리고. 뭐 하면은 목도 든든하고. 이제 멩들어서.)

¶ 뭇허고 패허고 ᄀ찌 놔근에 숭년 때 솖앙. 난 밥 아정 패밥을 바꾸레 가근에 바꽈당은에 먹으민 목이 경 아프는 거라. (무릇하고 패하고 같이 놔서 흉년 때 삶아서. 나는 밥 가지고 패밥을 바꾸러 가서 바꿔다가 먹으면 목이 그렇게 아프는 거야.)

뭇

¶ 밧 갈당 보믄 <u>목은</u> 카칵 믈르곡, 밥 먹을 땐 되엇다 말여. 경허믄 저 봉천수 춫앙 홰걸음*을 허곡. (밭 갈다가 보면 목은 카칵 마르고, 밥 먹을 땐 되었다 말야. 그러면 저 천상수 찾아서 '홰걸음'을 하고.)

¶ 그땐 지슬 가는 사름 잇고 안 가는 사름 잇고. 그때 지슬감저씨 먹으민 막 <u>목</u> 아파나서. (그땐 감자 가는 사람 있고 안 가는 사람 있고. 그때 감자씨 먹으면 아주 목 아팠었어.)

¶ 다밧뜬 <u>목</u> 울담 우로 내밀젠 발 들런. (다밭은 목 울담 위로 내밀려고 발 들어서.)

¶ 피가 내 ᄂᆞ리듯 <u>목으로</u> 콸콸 ᄂᆞ려. (피가 내 내리듯 목으로 콸콸 내려.)

[관용 표현]
목 놓앙 울다 '실컷 울다.'를 이를 때 쓰는 말.

***

* '홰걸음'은 '활개치며 바삐 걷는 걸음'을 말한다.

아게 부뜨다 표준어로 바꾸면 '목 밭다.'인데, '성가시게 굴다.'를 비유적으로
이르는 말.

[관련 어휘]

동고개 곧은목. 살이 쪄 옆으로나 뒤로 잘 돌아가지 않는 목.

둑지몰투다·목말타다·엇게몰투다·정에고개흐다·청고개흐다 어린아이가 어른의 어
깨 위에 올라 목 뒤로 걸터타다.

뒷고개 목덜미. 목의 뒤쪽 부분과 그 아래 근처.

멕사리심다·모가지심다·모감지심다 거멱하다. 멱살을 움켜잡다.

모가지·모감지·모개기·모고마지 모가지.

목걸다·아게걸다 목메다.

목고냥·목고망·목구녁 목구멍.

목고데·목고디[1]·짓고데 깃고대. 옷깃의 뒷부분. 특히 깃 달 때에 목뒤로 돌아
가는 부분을 이른다.

목고디[2]·목다리·목설메·질목다리 멱. 목의 앞쪽.

목고디꽝·목구레꽝·목굴레꽝 갑상연골. 후두의 뼈대를 이루는 연골.

목곧다 목곧다.

목도레기·목도로기·솔디·휘양도레기 돼지를 잡았을 때, 베어낸 목 부위.

목돌다 목매다.

목돌아지다 목매달다.

목므르다·목몰르다 목마르다.

목수건 목도리.

목쉬다 목쉬다.

목줄 목줄. ①목에 있는 힘줄. ②개 따위의 동물 목에 둘러매는 줄.

목청 목청.

보선목 버선목.

산목 산허리.

손목·홀목 손목.

야가기·야가지·야게·야게기 ①목의 양옆과 뒤쪽 부분. ②목.

장목·풀목·홀목 팔목.

정게고개·정에고개·정의고개·청게고개·청고개·청에고개 목말.

●●●●○ **더 생각해 보기**

유의어

고개 고개. 목의 뒷등이 되는 부분.
목고디·목다리·목설메·질목다리 몍. 목의 앞쪽.
야가기·야가지·야게·야게기 ①목의 양옆과 뒤쪽 부분. ②목.

동음어

목¹ 목. 척추동물의 머리와 몸통을 잇는 잘록한 부분.
¶ 목 다빗뜬 사름, 깍쟁이 하. (목 다밭은 사람, 깍쟁이 많아.)

목² 목. ① 다른 곳으로 빠져나갈 수 없는 중요한 길의 좁은 곳.
¶ 영 보믄 꿩이 뎅겨난 질이 나. 게믄 그런 목에 꿩코**를 놓주. (이렇게 보면 꿩이 다녔던 길이 나. 그러면 그런 목에 '꿩코'를 놓지.)

② 시간적으로 대단히 긴요한 고비.
¶ 사삼사건 때 죽을 목이 멧 번 넘엇주게. 곱앗당도 영 곱아시민 막 조사 오랑은에. 우린 아무 죄도 엇는디 그거주, 뭐. (사삼사건 때 죽을 목이 몇 번 넘었지. 숨었다가도 이렇게 숨어 있으면 막 조사 와서는. 우린 아무 죄도 없는데 그거지, 뭐.)

** '꿩코'는 '꿩을 잡기 위하여 꿩이 잘 다니는 목에 설치하는 올가미'를 말한다.

몸

[기본 의미]　사람이나 동물의 형상을 이루는 전체.

[대응 표준어]　몸

[방언 분화형]　몸

[문헌 어휘]　몸(《용비어천가》40장)

[종합 설명]　'몸'은 '사람이나 동물의 형상을 이루는 전체'라는 뜻을 기본 의미로 하여, '그것의 활동 기능이나 상태, 물건의 기본을 이루는 동체(胴體), 그러한 신분이나 사람, 몸엣것' 등의 뜻을 지닌다. 방언형 '몸'은 문헌 어휘 '몸'이 그대로 쓰인 경우다.

[용례]

¶ 정월 낭 몸이 아프다던가 군인을 간다던가 허면 초일뤠나 보름날은 당에 강 정성헤 달라고 협주. (정월 되어 몸이 아프다든가 군대를 간다든가 하면 초이레나 보름날은 당에 가서 정성해 달라고 하지요.)

¶ 메주가 궂게 트민 몸 궂인 사름 뎅겻젠도 허곡. (메주가 궂게 뜨면 몸 궂은 사람 다녔다고도 하고.)

¶ 보리헐 때 몸이 둘이라시믄 좋키여 헐 때가 하. (보리할 때 몸이 둘이었으면 좋겠어 할 때가 많아.)

¶ 몸 앗아 뎅기는 거 보난 아직 젊어수다. (몸 가져 다니는 거 보니 아직 젊었습니다.)

¶ 쒜비늠도 몸에 좋덴덜 허는디 우린 그냥 메영 던져 불어. (쒜비름도 몸에 좋다고들 하는데 우린 그냥 매어서 던져 버려.)

¶ 몸으로 허는 일은 다 괴롭나게. (몸으로 하는 일은 다 괴롭다.)

쐬비늠

¶ 꿩 지치믄 고망더레 얼굴만 곱지 <u>몸은</u> 그대로 잇는 거라. (꿩 지치면 구멍
에 얼굴만 숨지 몸은 그대로 있는 거야.)

¶ <u>몸</u> ㄱ려운 거는 소곰물이 약이주. (몸 가려운 거는 소금물이 약이지.)

[관용 표현]

몸 무겁다 '임신하다'를 비유적으로 이르는 말.

[관련 어휘]

맨몸 맨몸. 알몸. 아무것도 입지 아니한 몸.

몸가르다·몸갈르다 몸풀다. 밴 아이를 낳다.

몸금다·모욕ᄒ다 목욕하다. 미역감다. 물에 들어가서 몸을 담그고 씻거나 놀다.

몸떵어리·몸뚱아리 몸뚱어리.

몸뗑이·몸뚱이 몸뚱이.

몸매 몸매.

몸받다 인간이 수호신으로부터 수호와 무의 권능을 이어받다.

몸버릇 행습(行習). 몸에 밴 버릇.

몸살 몸살.

몸상 제사 때 신위에게 올리는 재물을 차린 상.

몸서리 몸서리.

몸서리일다 몸서리나다.

몸서리치다 몸서리치다.

몸엣것 몸엣것.

몸정성 특정한 날을 앞두고 몸가짐을 바르게 하려는 참되고 성실한 마음.

몸져눅다·몸져눕다 몸져눕다.

몸질 몸부림.

몸질ᄒᆞ다 몸부림하다.

몸질치다 몸부림치다.

몸짐 체온.

몸짐둣다 체온이 조금 따습다.

몸집 몸집.

몸천 몸체. 온전한 육체로서의 몸.

몸통 몸통.

몸피 몸피.

빈몸 맨몸. 빈몸. 아무것도 지니지 아니한 몸.

빈몸떵어리·빈몸뗑이 맨몸뚱이.

춘신 몸이 온전한 사람.

홀몸 홀몸.

발

[기본 의미] 사람이나 동물의 다리 맨 끝부분.

[대응 표준어] 발

[방언 분화형] 발

[문헌 어휘] 발(《월인천강지곡》상:43)

[종합 설명] '발'은 '사람이나 동물의 다리 맨 끝부분'이라는 뜻을 기본 의미로 하여, '가구 따위의 밑을 받쳐 균형을 잡고 있는 짧게 도드라진 부분, 걸음을 세는 단위, 사람이 활동하는 범위' 등의 뜻을 지닌다. 방언형 '발'은 문헌 어휘 '발'이 그대로 쓰인 경우다.

[용례]

¶ 목마*는 발이 여러 개라. (목마는 발이 여러 개야.)

¶ 제마, 제마라고 네 발인디 각각 이렇게 놀여 걷는 물이라. (제마, 제마라고 네 발인데 각각 이렇게 놀려 걷는 말이야.)

¶ 돌킹이는 오몽도 잘 못허여. 경 허영 끔짝끔짝허고. 껍다리가 기냥 더드럭더드럭헌 게 막 쎄어. 깅이 발이 기냥 아강발이 기냥 딱딱허여. (부채게는 거동도 잘 못해. 그렇게 해서 끔짝끔짝하고. 껍데기가 그냥 더드락더드락한 게 아주 세어. 게 발이 그냥 집게발이 그냥 딱딱해.)

---

* '목마'는 원래 나무로 말의 모양을 깎아 만든 물건을 말하나, 여기서는 밭을 밟는 말의 기능을 하는 농기구인 '남테'를 뜻한다. '남테'는 1m 남짓 통나무에 굵은 나뭇가지로 여러 개의 발을 만들어 둘러 박아서 만든다.

87

¶ 모멀 걷당 보민 **발** 빠진 공중이덜이 잇어. (메밀 걷다가 보면 발 빠진 귀뚜라미들이 있어.)

¶ 이젠 **발에도** 오리발 신엉 물질허여. (이젠 발에도 오리발 신어서 물질해.)

¶ 일 간세헌덴 허멍 조롬을 **발로** 팍 차. (일 게으르다고 하며 꽁무니를 발로 팍 차.)

¶ 몰 신 사름은 몰로 불리고, 몰 엇인 사름은 그냥 **발로도** 불려. (말 있는 사람은 말로 밟고, 말 없는 사람은 그냥 발로 밟아.)

¶ 상은에 물 비우믄 지 **발러레** 지주 놈 **발러레** 지카? (서서 물 부으면 제 발로 지지 남 발로 질까?)

[관용 표현]

발 가는 냥 표준어로 바꾸면 '발 가는 대로'인데, '정처 없이 걷는 모습'을 이르는 말.

발 돋은 개 '움직이는 사람이나 물건'을 비유적으로 이르는 말.

발 딜여놓다 '관계하다'를 비유적으로 이르는 말.

발 몽그라지다 표준어로 바꾸면 '발 몽글리다.'인데, '부지런히 쫓아다니다.'를 비유적으로 이르는 말.

발 궂인 쉐 표준어로 바꾸면 '발 궂은 소'인데, '볼품없이 만든 물건'을 비유적으로 이르는 말.

발 큰 놈이 도독놈 '물자를 낭비하는 것'을 비유적으로 이르는 말.

[관련 어휘]

개발 헛발질.

개발시리 조이삭 끝이 개발같이 세 가닥으로 벌어지고 쌀알이 거무스름한 차진 조의 한 가지.

걸음걸이 걸음걸이.

걸음메 걸음마.

걸음발 걸음발. 발을 놀려 걸음을 걷는 일. 또는 그렇게 걷는 발.

게발독발·독발게발 괴발개발.

늬발 네발.

늬발공산·늬발탄것 네발짐승.

늬발타다 사람이 네발짐승의 고기를 먹지 못하다.

다리절레기·절룩발이 절름발이.

대접발 대접처럼 넓적하게 생긴 말의 발.

드리판·발걸이·발판 발판.

독발 닭발.

맨발 맨발.

먼발·먼발치 먼발치. 조금 멀리 떨어진 곳.

몰발 말발. ①말의 발. ②깊게 패인 말 발자국.

몰발굽·몰발통 말발굽.

발가락·발꼬락 발가락 .

발가락눈·발눈 까치눈. 발가락 밑의 접힌 금에 살이 터지고 갈라진 자리.

발가락트멍·발거림 발샅. 발가락과 발가락의 사이.

발그믓·발금 발바닥에 줄이 그어진 자국.

발꼽데기·발콥데기 '발'의 낮춤말.

발너르다·발널르다 발너르다.

발뒤창 발뒤꿈치.

발뒤치기·발치기 발뒤축.

발등 발등.

발등뗑이·발등어리 발등어리. '발등'을 속되게 이르는 말.

발막아눅다·발막아눕다 한 이부자리에 서로 발을 마주하여 눕다.

발모가리·발모가지·발모게기·발모겡이 발모가지.

발모돔·발모둠치기·발모듬 뭇발길질.

발밋[1]·발치 발치. 누울 때 발이 가는 쪽.

발밑² 발밑. 발바닥이 향하거나 닿는 자리.

발바닥·발창 발바닥.

발버둥·발부둥 발버둥.

발벵·발빙 발병.

발봉오지·발부리 발부리.

발쎄 발씨. 걸을 때 발걸음을 옮겨 놓는 모습.

발쓰개 감발.

발어름·발자곡·발자국 발자국.

발질 발길. 발질.

발질ㅎ다 발길질하다.

발차다 ①걸을 때 길바닥의 돌부리 따위를 차거나 돌부리에 발이 걸리다.
  ②'허겁지겁 걷거나 닫다.'를 비유적으로 이르는 말.

발촐레기·전태·절축발이·절툭발이·촐레기 절뚝발이.

아강발²

발콥·발톱 발톱.

발판 밑신개. 두 발을 디디거나 앉을 수 있게 그넷줄의 맨 아래에 걸쳐 있는 물건.

보선발 버선발. 버선만 신고 신을 신지 않은 발.

산발[1]·산자국·슨발·슨자국 선발. 집 안에서 종일 일하느라고 서서 돌아다니는 발.

산발[2]·오름발 산기슭.

상발 상발. 상에 붙어서 상을 떠받치는 다리.

상발가락 ①둘째 발가락. ②가운뎃발가락.

새끼발기락 새끼발가락.

세발쇠·싀발쇠 삼발이.

셍발 생인발. 발가락 끝에 종기가 나서 곪는 병.

손발 손발.

아강발[1] 족발. 각을 뜬 돼지의 발.

아강발[2]·어금발 집게발.

양발 ①양발. ②양말.

어금발가락엄지발가락 엄지발가락.

혼발·혼착발 외발.

동음어

발¹ 발. 사람이나 동물의 다리 맨 끝부분.
¶ 발 냄새 날 때가 사름. 늙어 가믄 발 냄새랑마랑. (발 냄새 날 때가 사람. 늙어 가면 발 냄새는커녕.)

발² 발. 가늘고 긴 대오리 따위를 엮어서 만든 가리개.
¶ 이젠 발 치는 집 잘 못 봐. (이제는 발 치는 집 잘 못 봐.)

발³ 발비. 알매가 새지 않게 지붕 가장자리로 돌아가며 산자 위에 덧까는 물건.
¶ 집 ᄀ셍이 돌아가멍 발 놓아. 게사 든든허여. (집 가장자리 돌아가며 발비 놓아. 그래야 단단해.)

발⁴ 발. 길이의 단위. 한 발은 두 팔을 양옆으로 펴서 벌렸을 때 한쪽 손끝에서 다른 쪽 손끝까지의 길이.
¶ ᄒᆞᆫ 발 ᄒᆞᆫ 뽐이 ᄒᆞᆫ 칸. 그거 네모지게 ᄒᆞ민 ᄒᆞᆫ 평. (한 발 한 뼘이 한 칸. 그것 네모지게 하면 한 평.)

베

[기본 의미]	사람이나 동물의 몸통에서 위장·대장·콩팥 등이 들어 있는 가슴과 엉덩이 사이 부위.
[대응 표준어]	배
[방언 분화형]	베
[문헌 어휘]	빈(《석보상절》11:41)

[어휘 설명] '베'는 '사람이나 동물의 몸통에서 위장·대장·콩팥 등이 들어 있는 가슴과 엉덩이 사이 부위'라는 뜻을 기본 의미로 하여, '음식을 소화시키는 기관, 곤충에서 머리와 가슴이 아닌 부분, 긴 물건 가운데의 볼록한 부분, 아이가 드는 여성의 태내, 짐승이 새끼를 낳거나 알을 까는 횟수를 세는 단위' 등의 뜻을 지닌다. 방언형 '베'는 문헌 어휘 '빈'가 '빈〉베'의 변화 과정을 거친 어형이다.

한편 '배'를 속되게 이르는 '배때기'의 방언형은 '베따지·베떼기·베야뎅이·베야지' 등으로 나타난다.

[용례]

¶ 베부레기 베 보호. 그걸 세밀히 말허민 베 보호지. 아이덜 베 실려왕은 안 되지. (배두렁이 배 보호. 그걸 세밀히 말하면 배 보호지. 아이들 배 시려서는 안 되지.)

¶ 쉰다리* 숲앙 먹어사주, 생차 먹는 거는 막걸리나 마찬가지난에 베가 아

---

* '쉰다리'는 '쉰밥에 누룩을 넣어 발효시킨 음료'를 말한다. '순다리'라고도 하는데, 여름철에 주로 해 먹는다.

파. ('쉰다리' 삶아 먹어야지, 날짜 먹는 거는 막걸리나 마찬가지니까 배가 아파.)

¶ 감저로만 먹언 살앗주기게. 그 감저만 먹으니까 베가 막 아파양, 뭐 회충도 생기곡예. (고구마로만 먹어서 살았지. 그 고구마만 먹으니까 배가 아주 아파요, 뭐 회충도 생기고요.)

¶ 이젠 베에 물 찬 어렵덴 굴암수다. (이제는 배에 물 차서 어렵다고 말합니다.)

¶ 사진 못허난게 베로 밀리멍 앞으로 기어갑주게. (서지는 못하니까 배로 밀리며 앞으로 기어갑지요.)

[관용 표현]
베 두드리다·베 뚜드리다 '여유 있게 지내다.'를 비유적으로 이르는 말.

[관련 어휘]
두룽베·부룽베 북통배. 북통처럼 몹시 둥그렇고 불룩한 배.

뒷베 후배. 몸을 푼 뒤에 아픈 배.

멤쉐·반작쉐·벵작쉐 배냇소.

베고프다 배고프다.

베골르다·베곯다 배곯다.

베넷저고리·봇데저고리·봇디저고리·봇디저구리 깃저고리. 배냇저고리.

베다르다·베달르다 배다르다. 형제자매의 아버지는 같으나 어머니가 다르다.

베따지·베떼기·베야뎅이·베야지·벳부기 배때기. '배'를 속되게 이르는 말.

베또롱·베똥 배꼽.

베벨르다·베부르다·베볼르다·베카다·베ㅋ다 배따다.

베봉탕이·베붕텡이 배불뚝이.

베부레기·베부루기 배두렁이. 어린아이가 입는, 배만 겨우 가리는 좁고 짧은 두렁이.

베부르다·베불다·베불르다 배부르다.

베쏙엣머리·베안엣머리 배냇머리.

94

베아레기·베어루러기 ①배의 털빛이 얼럭얼럭한 짐승. ②배의 털빛이 얼럭얼럭한 소.

베아프다 배아프다.

베아피 배앓이.

베안엣빙신·베안윗벵신·베안윗숭물·본숭·본숭물·본싱 배냇병신.

베알 배래기. 물고기의 배 부분.

베알흐다 생배앓다. ①뱃병으로 앓다. ②남이 잘되는 것을 시새워 배아파하다.

베토막이·베통이·베퉁이 배퉁이. '배'를 속되게 이르는 말.

벳가죽 뱃가죽. 배를 싸고 있는 겉면.

벳보기·벳복·벳복지·벳부기 뱃가죽. '뱃살'을 속되게 이르는 말.

벳솔 뱃살.

첫새끼·첫새끼 맏배. 첫배. 짐승이 새끼를 낳거나 까는 첫째 번. 또는 그 새끼.

흔베 한배. 어미의 한 태(胎)에서 남. 또는 그런 새끼.

동음어

베¹ 배. 사람이나 동물의 몸통에서 위장·대장·콩팥 등이 들어 있는 가슴과 엉덩이
　　사이 부분.
¶ 이젠 잘살아 가난 베 나온 사름 하. (이젠 잘살아 가니까 배 나온 사람 많
아.)

베² 배. 사람이나 짐 따위를 싣고 물 위로 떠다니도록 나무나 쇠 따위로 만든 물건.
¶ 이여싸 흐는 노래는 베 탕 네로 젓엉 먼바당의 물질 갈 때만 흐는 거주. (이
여싸 하는 노래는 배 타고 노로 저어서 먼바다에 물질 갈 때만 하는 거지.)

베³ 배. 배나무의 열매.
¶ 과실은 삼종 올려. 사과, 베, 귤 경. (과실은 삼종 올려. 사과, 배, 귤 그렇게.)

베⁴ 베. 삼실로 짠 천.
¶ 엣날 베로 멘든 두건은 비 맞아도 굳작흐는디 지금 벤 비 흔번 맞으민 기냥
꺼꺼져 불어. (옛날 베로 만든 두건은 비 맞아도 곧은데 지금 베는 비 한번
맞으면 그냥 꺾어져 버려.)

베⁵ 켤레. 신·양말·버선 따위의 짝이 되는 두 개를 한 벌로 세는 단위.
¶ 요번 선거엔 신 흔 다섯 베 그찻덴 글아라. (요번 선거엔 신 한 다섯 켤레 끊
었다고 말하더라.)

뿔

[기본 의미] 소·염소·사슴 등의 짐승 머리 위 양쪽에 삐죽하게 솟은 단단한
물질.

[대응 표준어] 뿔

[방언 분화형] 뿔

[문헌 어휘] 쓸(《석보상절》13:53)

[종합 설명] '뿔'은 '소·염소·사슴 등의 짐승 머리 위 양쪽에 삐죽하게 솟은
단단한 물질'이라는 뜻을 기본 의미로 하여, '물건의 머리 부분이나 표면에
서 불쑥 나온 부분, 화가 난 것, 식물의 순이 곧 나온 모습' 등의 뜻을 지닌
다. 방언형 '뿔'은 문헌 어휘 '쓸'이 '쓸〉쑬〉뿔'의 변화 과정을 거친 결과다.

[용례]

¶ 쉔 뿔이 꽌작혜사 봄에 좋아. (소는 뿔이 곧아야 보기에 좋아.)

¶ 접박부린 이 뿔 끗이 두이로 이렇게 돌아가니까 이제 옆구릴 이렇게 허
민 옆구리 박을 수 잇는 게 이 접, 접을 박아 분다고. (자빡뿔은 이 뿔 끝이
뒤로 이렇게 돌아가니까 이제 옆구리를 이렇게 하면 옆구리 박을 수 있는 게 이 주
걱뼈, 주걱뼈를 박아 버린다고.)

¶ 남텐 어느 정도 적당헌 규격 헤낭 거기에 뿔덜 막 박아낭 양쪽에 쇠고리
헹 끗어. (남태는 어느 정도 적당한 규격 해놔서 거기에 뿔들 막 박아놔서 양쪽에
쇠고리 해서 끌어.)

¶ 소는 뿔로 허는데 물은 발질이주게, 뒷발질. 밧 불리당 맞은 사름 하. (소
는 뿔로 하는데 말은 발질이지, 뒷발질. 밭 밟다가 맞은 사람 많아.)

남테

¶ 둘을 쉔 눈을 보곡, 찌를 쉔 <u>뿔을</u> 보라 헤서. (달을 소는 눈을 보고, 찌를 소는 뿔을 보라 했어.)

¶ 쉐석은 뿔에 꽈배기처록 돌령 무ㄲ주. (소고삐는 뿔에 꽈배기처럼 돌려서 묶지.)

¶ 불쳐사 쉐가 용헤젼 <u>뿔로</u> 받젠 아녀. (불까야 소가 용해져서 뿔로 받으려고 않아.)

¶ 가린석*을 <u>뿔러레</u> 둥겨당 메엉 밧을 갈아. ('가린석'을 뿔로 당겨다가 매어서 밭을 갈아.)

[관용 표현]

뿔 나다 '성이 나다.'를 비유적으로 이르는 말.

* '가린석'은 '소를 몰거나 부리려고 좌우 뿔에 잡아매어 쟁기의 손잡이인 양지머리까지 닿는, 두 가닥의 기다란 줄'을 말한다. 달리 '굴배, 부림패'라 하는데, 지역에 따라 왼쪽의 것을 '가린석', 오른쪽의 것을 '부림패'라 하기도 한다.

건지뿔 앞쪽으로 길게 벋은 소의 뿔.

노각뿔 사슴뿔처럼 희읍스름하고 파르스름한 빛깔의 뿔.

단닥뿔·조밤뿔 묘족뿔. 소의 짧은 뿔.

대뿔이 대나무 뿌리처럼 옆으로 벋어서 위쪽으로 길게 솟은 소의 뿔.

돌각뿔 소뿔이 달그락달그락 소리를 내는 뿔.

돌벵이뿔 물추리나무. 물추리막대. 쟁기의 성에 앞 끝에 가로로 박은 막대기.

뿔잦히기·잦박부리·잦박뿔·접박부리 자빡뿔.

산태뿔 위로 향하여 길게 나온 소의 뿔.

쉐뿔 소뿔.

쉐뿔놈삐 왜무.

엉게뿔 마치 게의 집게발 모양을 하고 있는 소의 뿔.

오금뿔 앞으로 비스듬히 휘어진 소의 뿔.

접게뿔 안쪽으로 오그라져 있는 소의 뿔.

찔레·찔레기·찔레질 뿔질.

찔레부트다 뿔질하다.

천각·천상각·천상뿔·천향각 고추뿔. 둘 다 곧게 벋은 소의 뿔.

뻬얌

[기본 의미] 사람의 얼굴에서 관자놀이와 턱, 코와 귀 사이 살이 많은 부분.

[대응 표준어] 뺨

[방언 변화형] 뻬얌

[문헌 어휘] 뺨(《유합》상:21)

[어휘 설명] '뻬얌'은 '사람의 얼굴에서 관자놀이와 턱, 코와 귀 사이 살이 많은 부분'이라는 뜻을 기본 의미로 하여, '좁고 기름한 물건의 폭' 등의 뜻을 지닌다. 방언형 '뻬얌'은 문헌 어휘 '뺨'과 비교할 때 음절수가 많다. '뺨'을 비속하게 이르는 '뺨따귀'의 방언형은 '뻬야망데기·뻬얌다가리·뻬얌다귀·뻬얌데기' 등으로 나타난다.

[용례]

¶ 돗인 구들서 자나믄 뻬얌이 불고롱헨에 보기 좋아. (다슨 방에서 자고 나면 뺨이 발그레해서 보기 좋아.)

¶ 중진 잘못허당은 뻬얌 석 대 맞는덴. 귀싸대기 석 대. (중신 잘못하다가는 뺨 석 대 맞는다고. 귀싸대기 석 대.)

¶ 뻬얌 흔번 안 때려. 남은 건 다 뚜드려도 집의 애기나 가속은 춤 요만도 거찌지도 안헤여. (뺨 한번 안 때려. 남은 건 다 뚜드려도 집의 아기나 가속은 참 요만큼도 건드리지도 않아.)

¶ 나가 뻬얌을 때린 거라양. 그 물 우의 건지멍 가이를. 나가 그걸 마음에 막 걸려집디다게. (내가 뺨을 때린 거예요. 그 물 위로 건지며 걔를. 내가 그걸 마음에 아주 걸립디다.)

¶ <u>뻬얌에도</u> 고망 신 거 모르지예? 고망 잇어, 꿧고망이라고. (뺨에도 구멍 있는 거 모르지요? 구멍 있어, 보조개라고.)

[관련 어휘]

볼 볼. 뺨의 한복판.

볼뻬 ①광대뼈. ②엉덩뼈.

볼망데기·볼망둥이·볼치·볼타구니·볼타귀·볼탁서리·볼테기·볼튼가리 볼때기. '볼'을 속되게 이르는 말.

뻬야망데기·뻬얌다가리·뻬얌다귀·뻬얌데기 뺨따귀.

뻬얌떼리다·뻬얌뜨리다 뺨때리다.

뻬얌맞다 뺨맞다.

뻬얌후리다 뺨후리다.

세

019

[기본 의미] 동물의 입안 아래쪽에 있는 길고 둥근 살덩어리.

[대응 표준어] 혀

[방언 분화형] 세

[문헌 어휘] 혀(《훈민정음》해례본:용자례)

[어휘 설명] '세'는 '동물의 입안 아래쪽에 있는 길고 둥근 살덩어리'라는 뜻을 지닌다. 방언형 '세'는 문헌 어휘 '혀'가 '혀>세'로 구개음화하여 쓰이는 경우다.

[용례]

¶ 물 새끼가 ᄀ른세*라고 그 세를 물어 가지고 난다 허여. (말 새끼가 'ᄀ른세'라고 그 혀를 물어 가지고 나온다 해.)

¶ 낮에 더우니까게 소가 세 내왕 못 가주. 쉐가 세만 헬렐레허멍. (낮에 더우니까 소가 혀 내어서 못 가지. 소가 혀만 헬렐레하면서.)

¶ 세 쫄른 사름은 말이 셀아. (혀 짧은 사람은 말이 새어.)

¶ 아이고, 쏘악 허민게 세로 찌르는 셍이라, 베염이. 그거 오죽 겁나는 것가게? (아이고, 쏘악 하면 혀로 찌르는 모양이야, 뱀이. 그거 오죽 겁나는 것이냐?)

¶ 세에 셋가시 일믄 막 성가셔. (혀에 혓바늘 일면 아주 성가셔.)

---

* 'ᄀ른세'는 말이 '망아지를 낳을 때, 망아지 입에 가로로 물고 나오는 영양분 덩어리'라고 한다. 달리 '군세'라고도 한다.

¶ 눈 아프민 어른덜은 젯 멕이는 젓 놔근에 구완허곡, 애기덜을 <u>세로</u> 영 뭐 헤주곡. (눈 아프면 어른들은 젖 먹이는 젖 놔서 구완하고, 아기들을 혀로 이렇게 뭐 해주고.)

[관용 표현]

세 꼬부리다 '존댓말을 하다.'를 비유적으로 이르는 말.

세 내훈들다 표준어로 바꾸면 '혀 내두르다.'인데, '어이없다'를 비유적으로 이르는 말.

세 멜록ᄒ다 표준어로 바꾸면 '혀 날름하다.'인데, '놀려주다'를 비유적으로 이르는 말.

세 빠지게 '힘을 들여서'를 비유적으로 이르는 말.

세 즈르다·세 쯔르다 표준어로 바꾸면 '혀 짧다.'인데, '말을 더듬다.'를 비유적으로 이르는 말.

[관련 어휘]

세끗 혀끝.

세끄다·세츠다 혀차다.

세다데기·세다드레기 혀짤배기. 혀가 짧아서 발음을 제대로 못하는 사람.

세알·셋가시·셋바농·셋발 혓바늘. 혓바닥에 좁쌀알같이 돋아 오르는 붉은 살.

셋굽·셋덩치·셋둥치 혀뿌리. 혀의 뿌리 부분.

셋머슴·셋머심 섯밑. 돼지나 소의 혀를 식용할 때 일컫는 말.

셋바닥 혓바닥.

셋줄기 혓줄기. 혀의 밑동.

동음어

세[1] 혀. 동물의 입안 아래쪽에 있는 길고 둥근 살덩어리.
¶ 잘 알아진덴 세 잘 안 꼬부려. (잘 안다고 혀 잘 안 꼬부려.)

세[2] 사(事). '일'이나 '것' 따위를 나타내는 말.
¶ 흐는 세 엇이 밥만 하영 먹어졋저게. (하는 일 없이 밥만 많이 먹었다.)

세[3] 새. 피륙의 날을 세는 단위. 새가 높을수록 올이 가늘고 옷감이 곱다.
¶ 미녕은 닷세미녕**, 옷세미녕, 일곱세미녕 잇고. 또 토목도 잇고. (무명은 '닷
새무명', '엿새무명', '일곱새무명' 있어. 또 토목도 있고.)

세[4] 세. 남의 건물이나 물건 따위를 빌려 쓰고 그 값으로 내는 돈.
¶ 집 빌려쳥 세 받을 땐 보통은 주년으로 받아. (집 빌려주고 세 받을 때는 보
통은 주년으로 받아.)

세[5] 쐐기. 무엇을 쪼개거나 사개가 물러나지 않도록 그 사이에 물리는 나뭇조각 따위.
¶ 여기 빠지지 아녀게 흔쪽으로 세 물령. 세 박아근에 영 빠지지 아녀게. 벌어
지지 아녀게 딱 메왕 헤사주. (여기 빠지지 않게 한쪽으로 쐐기 물려서. 쐐
기 박아서 이렇게 빠지지 않게. 벌어지지 않게 딱 메워서 해야지.)

세[6] 새. '사이'의 준말.
¶ 오널 아니믄 넬 세엔 오지 아녀카마씀? (오늘 아니면 내일 새엔 오지 않을
까요?)

** '닷세미녕'은 '날실을 다섯 새로 하여 짠 무명'을 말한다. '새'는 옷감의 날을 세는 단위로, 새가 높을수록
올이 가늘고 천이 곱다. 제주에서는 '닷세미녕, 옷세미녕, 일곱세미녕, ᄋ답세미녕'까지 짰다고 한다.

손

020

[기본 의미]　사람의 팔목 끝에 달린 부분.

[대응 표준어]　손

[방언 분화형]　손

[문헌 어휘]　손(《훈몽자회》상:26)

[어휘 설명]　'손'은 '사람의 팔목 끝에 달린 부분'이라는 뜻을 기본 의미로 하여, '손가락·일손·어떤 일을 하는 데 드는 사람의 힘이나 노력·기술, 어떤 사람의 영향력이나 권한이 미치는 범위, 사람의 수완이나 꾀, 나이나 신분 또는 직위 등에서 어떤 사람이 차지하고 있는 위치, 사람이 음식이나 물건을 장만하거나 돈을 쓰는 규모' 등의 뜻을 지닌다. 방언형 '손'은 문헌 어휘 '손'이 그대로 쓰인 경우다. 가끔 한자어 '수(手)'로 나타나기도 한다.

　　한편 '손'의 낮춤말은 '손꼽데기·손콥데기' 등으로 나타난다.

[용례]

¶ 손 곱은 사름. (손 곱은 사람.)

¶ 봇디저고린 남즈 여즈 뜨나지 아녀. 그자 스미만 질게 헤영 손 가냥. (배냇저고리는 남자 여자 다르지 않아. 그저 소매만 길게 해서 손 간수.)

¶ 이거 봅서, 손궹이. 손에 궹이 박아질 정도로 일헤수다게. (이거 보십시오, 장알. 손에 못이 박힐 정도로 일했습니다.)

¶ 옛날은 방바닥도 다 손으로 헤나서. 쐬손이 어디 잇어? 군으믄 솟두껑, 솟두껑 가져서 밀엇거든. (옛날은 방바닥도 다 손으로 했었어. 쇠손이 어디 있어? 굳으면 소댕, 소댕 가져서 밀었거든.)

¶ 애기 울리지 말앙 확 <u>손더레</u> 아무거나 심지라게. (아기 울리지 말고 얼른 손
　에 아무거나 잡혀라.)

[관용 표현]

손 꼬부리다 '계산하다'를 비유적으로 이르는 말.

손 놀리다 '열심히 일하다.'를 비유적으로 이르는 말.

손 벌리다 '구걸하다'를 비유적으로 이르는 말.

손 페우다 '너그럽다'를 비유적으로 이르는 말.

손에 줴다 '인색하다'를 비유적으로 이르는 말.

손이 놀민 입이 논다 '일해야 먹는다.'를 비유적으로 이르는 말.

[관련 어휘]

거슴손·거심손 아이들이 서로 손으로 건드리며 장난하는 짓.

느단손·오른손 오른손.

덩드렁손 보통보다 큰 손.

뒷손¹ 뒷손. 뒤로 내미는 손.

뒷손² 뒷짐. 두 손을 등 뒤로 젖혀 마주 잡은 것.

뒷손벌리다 뒷손벌리다.

뒷손엇다·뒷손웃다 뒷손없다.

뒷손지다·뒷정지다·뒷짐지다 뒷짐지다.

빈손 빈손.

셍손 생손. 생인손. 손가락 끝에 종기가 나서 곪는 병.

손가락·손고락 손가락.

손가락질·손고락질 손가락질.

손가락트멍·손거림 손샅. 손가락과 손가락의 사이.

손가르치다 손사래치다. 손을 펴서 휘젓다.

손거슴·손거심 손거스러미. 손톱이 박힌 자리 주변에 살갗이 일어난 것.

손거친짓·손검은짓 도둑질.

손검다 손거칠다. 손버릇이 나쁘다.

손곱다¹ 일 다루는 솜씨가 꼼꼼하고 익숙하다.

손곱다²·손곳다 손곱다. 춥거나 얼어서 손가락이 마음대로 움직이지 않아서
　곱다.

손궂다 손거칠다. 일 다루는 솜씨가 꼼꼼하지 못하고 서툴다.

손궹이 장알. 손바닥의 굳은살.

손그뭇·손금 손금.

손꼬부리다·손꼽다 손꼽다. 수를 헤아리기 위하여 손가락을 하나씩 꼽다.

손꼽데기·손콥데기 '손'의 낮춤말.

손독·손톡 손독.

손등 손등.

손등어리 손등어리.

손맛 손맛.

손메 손매.

손멕 손맥.

손목·홀목 손목.

손문지금·손문짐·손어름·손언짐 손더듬이. 무엇을 찾으려고 손으로 더듬는 일.

손바농질 손으로만 하는 바느질.

손바닥 손바닥.

손발 손발.

손발콥 손발톱.

손버릇 손버릇.

손보다 염습하다. 염하다. 시신을 씻긴 뒤 수의를 갈아입히고 염포로 묶다.

손보리·손봉오지·손부리 손부리.

손부끄럽다·손부치럽다 손부끄럽다.

손부찌다·손부치다 손붙이다.

손서툴다 손서투르다. 손서툴다. 손설다. 손에 익지 아니하다.

손심 손힘.

손심다 손잡다.

손싸다·손쓰다 손싸다. 손이 빠르다.

손저울·친저울 손저울.

손짐작 손어림. 손짐작. 손으로 만지거나 들어 보아 대강 헤아림.

손치다 손을 흔들다. 손사래를 치다.

손콥·손톱 손톱.

손콥그뭇·손톱그뭇 손톱자국.

손테 손때.

수덕 손속. 수덕(手德). 아무 일에나 손대는 대로 잘 맞아 나오는 운수.

왼겡이·왼광이·왼괭이·왼둥이·왼자치·왼젱이·왼착둥이 왼손잡이.

왼손 왼손.

터럭손 군손.

헛손 헛손질. 쓸데없이 손을 대어 매만지는 일.

혼손·혼착손 외손. 한쪽 손.

동음어

손¹ 손. 사람의 팔목 끝에 달린 부분.

¶ 멍석 줄당 보믄 <u>손이</u> 다 헐어. (멍석 겯다 보면 손이 다 헐어.)

손² 고사리밥. 새로 돋아난 고사리에서, 어린아이 주먹 모양으로 돌돌 말려 뭉쳐 있는
잎.

¶ ᄀᆞᆺ 먹을 건 <u>손</u> 아니 부벼사 좋아. <u>손</u>, 것가 진짜. (갓 먹을 건 고사리밥 아니
비벼야 좋아. 고사리밥, 것이 진짜.)

손³ 멍에의 아래쪽에서 두 개 구멍 사이를 손가락 개수로 잰 길이를 나타내는 말. 세
손에서부터 아홉 손까지 있다.

¶ 멍에 헐 때 늬 <u>손</u>, 다섯 <u>손아리</u>가 보통. 아옵, <u>손아리</u>*ᄁᆞ장 잇덴 허는디 난 못
봐 보고. (멍에 할 때 네 '손', 다섯 '손아리'가 보통, 아홉 '손아리'까지 있다
고 하는데 나는 못 봐 보고.)

손가락

구분	제주어	표준어
1	어금손가락·엄지손가락	대무지·무지·엄지손가락
2	곤지손가락·아금지손가락· 아오게손가락·안주와기손가락· 안쥐왜기손가락·언주에기손가락	검지·식지·집게손가락
3	상손가락·장가락	가운뎃손가락·장지·중지
4	노네기손가락·노녈왜기손가락· 노니에기손가락·노니와기손가락	무명지·약지·약손가락
5	귀호비·새끼손가락	계지·새끼손가락·소지

* '손아리'에서 '아리'의 뜻은 확실하지 않으나 폭의 의미로 쓴 것 같다.

슬

021

[기본 의미] 사람이나 동물의 뼈를 싸서 몸을 이루는 부드러운 부분.

[대응 표준어] 살

[방언 분화형] 슬

[문헌 어휘] 슳(《월인석보》8:34)

[어휘 설명] '슬'은 '사람이나 동물의 뼈를 싸서 몸을 이루는 부드러운 부분'이라는 뜻을 기본 의미로 하여, '조개 또는 게 따위의 껍데기나 다리 속에 든 연한 물질, 과일의 껍질과 씨 사이에 있는 부분, 살가죽의 겉면, 살코기, 농작물을 심는 부분의 부드러운 흙' 등의 뜻을 지닌다. 방언형 '슬'은 문헌 어휘 '슳'에서 끝소리 'ㅎ'이 탈락한 형태로 쓰인 경우다.

[용례]

¶ 이 물은 웅맨디 크기만 큰큰ㅎ고 <u>슬이</u> 없어. (이 말은 웅마(雄馬)인데 크기만 크나크고 살이 없어.)

¶ 이 <u>슬</u> 벌겅케 나게 헤근에 그냥 눈 팡팡 오라도 메역 ᄌᆞ물젠 허민 그레 빠지멍. (이 살 벌겋게 나게 해서 그냥 눈 팡팡 와도 미역 캐려고 하면 그리 빠지면서.)

¶ 마노라헐 때 괴기 궈 가민 애기가 숭보민 그냥 <u>슬이</u> 뿔룩뿔룩 튀어나. (홍역할 때 고기 구워 가면 아기가 흉보면 그냥 살이 뿔룩뿔룩 튀어나.)

¶ 이 <u>슬이</u> 독슬이 잇고, 춤슬이 이서이. 독괴기 먹으민 독슬 뒈 왕상헌덴 독괴기 먹지 말렌 헤서. (이 살이 닭살이 있고, 참살이 있어. 닭고기 먹으면 닭살 되어서 에부수수한다고 닭고기 먹지 말라고 했어.)

¶ 자리철이 잇어. 알 낳기 전의. 알 나 불민 자리젓도 가시도 더 세고 <u>슬이</u> 엇어 부난 자리젓 헤도 검어. (자리돔철이 있어. 알 낳기 전에. 알 낳아 버리면 자리젓도 가시도 더 세고 살이 없어 버리니까 자리젓 해도 검어.)

¶ <u>슬</u> 지픈 밧이 갈기가 활씬 좋주게. (살 깊은 밭이 갈이가 훨씬 좋지.)

¶ 멜도 불그롱흔 게 구살 닮은 거 드랑드랑 담아진 것도 하주. 머 고기 <u>슬</u>도 녹지 아니흥곡 또시 버짝흐지도 아녀곡 경 맛 좋읍니다게. (멸치도 발그레한 게 성게알 같은 거 드랑드랑 담아진 것도 많지. 뭐 고기 살도 녹지 않고 다시 뻣뻣하지도 않고 그렇게 맛 좋습니다.)

¶ 불에다 구우면 아프질 아니혼다 흐여. <u>슬</u> 끈어도. (불에다 구우면 아프지를 않는다 해. 살 끊어도.)

¶ 홋옷이 비 맞으니까니 <u>슬</u>에 풀히 부틀 거거든. (홑옷이 비 맞으니까 살에 살짝 붙을 거거든.)

[관용 표현]
슬 혼 점 '사내아이의 고추'를 비유적으로 이르는 말.

[관련 어휘]
것슬 겉살. 옷에 싸이지 않고 늘 겉에 드러나 있는 살.
군슬 군살.
굳은슬 굳은살.
낫슬 나잇살. 나이가 들면서 찌는 살을 이르는 말.
둑슬 닭살. ①닭의 껍질같이 오톨도톨한 사람의 살갗. ②'소름'을 속되게 이르는 말.
물슬 두부살. 피부가 희고 무른 살. 또는 그런 체질을 가진 사람.
벳슬 뱃살.
북슬 무살. 단단하지 못하고 물렁물렁하게 찐 살.
새슬 새살.

솅솔 생살.

속솔 속살.

솔가죽·솔카죽 살가죽.

솔괴기·솔코기·솔쾨기 살코기.

솔덩어리·솔덩이·솔뎅이 살덩어리.

솔메 살결.

솔성 살성. 살갗의 성질.

솔입다 오래된 팽나무 따위의 줄기에 울퉁불퉁하게 새롭게 살이 붙다.

솔토마기·솔토매기 '살집'의 낮춤말.

솔팝 살집. 살이 붙어 있는 정도나 부피.

촘솔 참살. 군살 없이 통통하게 찐 살.

톡솔 턱살.

흔솔되다 한살되다. ①두 물건이 한데 어울려서 하나로 되다. ②사귀는 정분
이 아주 두터워 한몸같이 되다.

●●●● **더 생각해 보기**

동음어

솔¹ 살. 사람이나 동물의 뼈를 싸서 몸통을 이루고 있는 부드러운 부분.

¶ 어머님전 솔을 빌고 아바님전 뻬를 빌언 낫수다. (어머님께 살을 빌리고 아
버님께 뼈를 빌려서 났습니다.)

솔² 살. 나이를 세는 단위.

¶ 열일곱 솔 나는 헤우년은 막 ᄀ물아나나수다게. (열일곱 살 나는 해운에는
아주 가물었었습니다.)

¶ 멧 솔 멧 솔 헐 때 솔은게 촘솔잇곡, 어린솔 잇곡, 경. (몇 살 몇 살 할 때 살
은 옹근나이 있고, 앰한나이 있고, 그렇게.)

112

어깨

[기본 의미] 사람의 몸에서, 목의 아래 끝에서 팔의 위 끝에 이르는 부분.

[대응 표준어] 어깨

[방언 분화형] 어깨

[문헌 어휘] 엇게(《훈몽자회》상:25)

[어휘 설명] '어깨'는 '사람의 몸에서, 목의 아래 끝에서 팔의 위 끝에 이르는 부분'이라는 뜻을 기본 의미로 하여, '옷소매가 붙은 솔기와 깃 사이의 부분' 등의 뜻을 지닌다. 방언형 '어깨'는 문헌 어휘 '엇게'가 '엇게>어깨'로 변화하여 쓰인 경우다.

[용례]

¶ 큰아덜이난 어깨가 무거우키여. (큰아들이니까 어깨가 무겁겠다.)

¶ 출구덕*에 헤근에 저것이 끈 헤근에 어깨에 영 허영 불치 담아근에 잽아 놓는 거라. ('출구덕'에 해서 저것이 끈 해서 어깨에 이렇게 해서 재 담아서 집어 놓는 거야.)

¶ 어깨말인** 그 중간에 난 거라. 입기 좋주게, 어깨에. ('어깨말이'는 그 중간에 난 거야. 입기 좋지, 어깨에.)

¶ 영장이 나도 그 동네서 운상. 옛날에야 그 사름 다 어깨로 다 메어 가지

* '출구덕'은 '허리에 차서 사용하는, 중간 크기의 바구니'를 말한다.
** '어깨말이'는 '어깨끈이 둘 달린 옷'을 말한다. 대개 어깨끈이 달린 속치마·치마·물소중의 따위를 이를 때 쓴다.

고 허여. (장사가 나도 그 동네서 운상. 옛날에야 그 사람 다 어깨로 다 매어 가지고 해.)

¶ 통치메 요만은 길게 혜근에 주름 혜근에 어께 다 어깨에 영 둘아근에 입어근에 허고. 우의는 적삼 입곡, 적삼. (통치마 요만큼 길게 해서 주름 해서 어깨 다 어깨에 이렇게 달아서 입어서 하고. 위에는 적삼 입고, 적삼.)

¶ 놈 어께나 둑지 경 지프는 건 아니. (남 어깨나 죽지 그렇게 짚는 건 아니.)

¶ 진을커도 등으로 먹을 것도 등으로 지엉 뭐이든지 어께로 실어 날라야 되어. (땔감도 등으로 먹을 것도 등으로 져서 무엇이든지 어깨로 실어 날라야 되어.)

출구덕

[관용 표현]
어깨 개붑다 '홀가분하다'를 이르는 말.
어깨 너머로 '건성으로'를 비유적으로 이르는 말.
어깨 무겁다 '무거운 책임을 져서 마음에 부담이 크다.'를 이르는 말.

[관련 어휘]
둑지 죽지. 팔과 어깨가 이어진 부분.
메끈·메친·메큰·미친 어깨끈.
부체꽝·푼체꽝 어깨뼈.
어깨말·어깨말이 어깨끈이 둘 달린 옷.

어깨ㅅ방 어깻부들기. 어깨의 언저리.

웃둑지 어깻죽지.

●●●● **더 생각해 보기**

유의어

어깨 어깨. 사람의 몸에서, 목의 아래 끝에서 팔의 위 끝에 이르는 부분.
¶ 어깨 페우라게, 경 굴아 (어깨 퍼라, 그렇게 말해.)

둑지 ① 죽지. 팔과 어깨가 이어진 관절 부분. 또는 새의 날개가 몸에 붙은 부분.
¶ 둑지 지프지 말라. (죽지 짚지 마라.)

② 어깨.
¶ 더우믄 옷 벗엉 둑지에 걸치기도 허주게. (더우면 옷 벗어서 어깨에 걸치기
도 하지.)

입

023

[기본 의미]   음식이나 먹이를 섭취하며, 소리를 내는 기관.

[대응 표준어]   입

[방언 분화형]   입

[문헌 어휘]   입(《훈민정음》해례본:합자해)

[어휘 설명]   '입'은 '음식이나 먹이를 섭취하며, 소리를 내는 기관'이라는 뜻을 기본 의미로 하여, '입술, 음식을 먹는 사람의 수효, 사람이 하는 말, 한 번에 먹을 만한 음식물의 분량을 세는 단위' 등의 뜻을 지닌다. 방언형 '입'은 문헌 어휘 '입'이 그대로 쓰인 경우다.

     한편 '입을 속되게 이르는 말'인 '아가리'의 방언형은 '굴레·아가리·아구리·아귀' 등으로 나타난다. '굴레'는 이원진의 《탐라지》(1653)에 "口曰勒(구왈륵)"이라 하여 한자어 '勒'으로 표기하였다.

[용례]

¶ 입은게, 입이 크다 입이 족다 경덜 근곡. 눈도 크다 족다. (입은, 입이 크다 입이 작다 그렇게들 말하고. 눈도 크다 작다.)

¶ 으라이 앞의서 입 개붑게 놀령은 못 써. (여럿이 앞에서 입 가볍게 놀려서는 못 써.)

¶ 나 입으로 굴은 말 나가 거두와삽주. (내 입으로 말한 말 내가 거두어얍지요.)

¶ 입에 먹는 거는 주넹이보린 몬작허곡 술보린 쪼끔 거친 뭐가 잇주. (입에 먹는 거는 맥주보리는 만질만질하고 쌀보리는 쪼끔 거친 뭐가 있지.)

¶ 누게 먹으카 부덴 지 입더레 옴막 담아 불어. (누가 먹을까 봐 제 입으로 옴쏙

담아 버려.)

입 뻥긋ᄒ다 '말하다'를 이르는 말.

입으로만 꿩이여 매여 '말만 앞서다.'를 비유적으로 이르는 말.

[관련 어휘]

군입·굴른입 군입. ①본식구 외에 덧붙어서 얻어먹는 사람. ②군입. 군입정. 때 없이 군음식으로 입을 다심.

군입다시다 군입정하다. 무엇을 먹고 싶어서 입을 다시다.

굴레·아가리·아구리·아귀 아가리. '입'을 속되게 이르는 말.

멘입 맨입.

빈입 빈입.

앞찬소리 입찬소리. 자기의 지위나 능력을 믿고 지나치게 장담하는 말.

웃하늘·입천장 입천장.

입가물다·입ᄀ물다·입다물다 입을 다물다.

입가야미·입개미·입게아미·입아귀·입어귀 입아귀.

입건지 입방아.

입걸다·입걸싸다·입메걸다·입메좋다 이것저것 가리지 않고 아무것이나 다 잘 먹다.

입구미 구미(口味).

입내 입내.

입노렴·입노림 입노릇.

입노렴ᄒ다·입노림ᄒ다 입노릇하다.

입노리다·입놀리다 음식을 먹거나 말을 하느라고 입을 움직이다.

입노프다 입되다. 맛있는 음식만을 먹으려고 하는 버릇이 있다.

입다심 입놀림.

입담 입담.

입담ᄒ다 말로 오는 재앙을 예방하다.

입돌다 식성이 좋다.

입맛 입맛.

입메·입세 입매. 입의 생긴 모양.

입메ᄌ르다·입메ᄍ르다 이것저것 가리며 잘 먹지 아니하다.

입버릇 입버릇.

입벌리다 입벌리다.

입벗 말벗. 더불어 이야기할 만한 친구.

입부끄럽다·입부처럽다 어렵사리 말을 꺼냈지만 그 말값을 얻지 못하여 무안
하고 부끄럽다.

입부찌다·입부치다 맛을 보다.

입사우레기·입수와리 '입술'을 낮잡아 이르는 말.

입살 입살.

입솔기·입술·입술기 입술.

입실프다 입맛이 없다.

입심 입심. 기운차게 거침없이 말하는 힘.

입여께 남의 입방아에 오르내림.

입정성 특정한 날을 앞두고 꺼리는 음식을 먹지 아니하거나 나쁜 말을 하지
않으려는 참되고 성실한 마음.

입주뎅이·입주둥이 주둥아리. '사람의 입'을 속되게 이르는 말.

입질 입길. 이러쿵저러쿵 남의 흉을 보는 입의 놀림.

입ᄐ레기·입ᄐ리왜기 입비뚤이. 입이 비뚤어진 사람을 낮잡아 이르는 말.

자단입 잔입. 자고 일어나서 아직 아무것도 먹지 아니한 입.

촌말 입찬말. 자기의 지위나 능력을 믿고 지나치게 장담하는 말.

헛입놀리다 헛말하다.

혼굴레·혼입 한입. ①입에 음식물 따위가 가득 찬 상태. ②똑같은 말을 하는
여러 사람의 입.

동음어

입¹ 입. 음식이나 먹이를 섭취하며, 소리를 내는 기관.
¶ 경 되민 입이 열이라도 홀 말이 웃다. (그렇게 되면 입이 열이라도 할 말이 없다.)

입² 잎. 식물의 영양 기관의 하나.
¶ 조 다섯 입 나가민 검질메기 시작허여. (조 다섯 잎 나면 김매기 시작해.)

젖

024

[기본 의미] 분만 후에 포유류의 유방에서 분비하는 유백색의 불투명한 액체.

[대응 표준어] 젖

[방언 분화형] 젓·젯·즛

[문헌 어휘] 졋(《월인석보》10:120)

[어휘 설명] '젖'은 '분만 후에 포유류의 유방에서 분비하는 유백색의 불투명한 액체'라는 뜻을 기본 의미로 하여, '포유류의 가슴 또는 배의 좌우에 쌍을 이루고 있는, 젖을 분비하기 위한 기관' 등의 뜻을 지닌다. 방언형 '젓'은 문헌 어휘 '졋'이 '졋〉젓'으로 변화 과정을 거친 어형이다.

[용례]

¶ 잘 나오던 젓이 급작시리 안 나와. 어디 부정탄 거주게. (잘 나오던 젖이 급작스레 안 나와. 어디 부정탄 거지.)

¶ 이 젓을 잘 못 멕이는 애기도 그 속 헤근에 막 잘 헤주민 어떵 안허고. (이 젖을 잘 못 먹이는 아기도 그 쑥 해서 아주 잘 해주면 어떻게 않고.)

¶ 젓 잘 안 나왕 허민 도세기 아강발 헤다근에 딸령 멕여. (젖 잘 안 나와서 하면 돼지 족발 해다가 달여서 먹여.)

¶ 애기 울리지 말앙 젓 물리라게. (아기 울리지 말고 젖 물려라.)

¶ 애긴 젓으로 헨 먹곡 자곡 허는 거난에. (아기는 젖으로 해서 먹고 자고 하는 거니까.)

¶ 젓도 약이라. 눈 아픈 디 젓 놔. (젖도 약이야. 눈 아픈 데 젖 놔.)

¶ 어머닐 쏘아 버리니까 어머닌 바로 이 젓 우의로 맞앙 총이 이 두 사이로

나간 거라. (어머니를 쏘아 버리니까 어머니는 바로 이 젖 위로 맞아서 총이 이 두 사이로 나간 거야.)

¶ 젓몸살헐 때 벌집 케운 거에 청에 혜영 <u>젓더레</u> 볼르믄 좋아. (젖몸살할 때 벌집 태운 거에 꿀에 해서 젖에 바르면 좋아.)

[관용 표현]

젓 먹은 기신 '최선을 다하는 모습'을 이르는 말.

[관련 어휘]

빈젓·빈젯 빈젖. 우는 아기를 달래기 위하여 젖이 나오지 않지만 그냥 물리는 젖.

양의젓·양의젯 양젖.

젓가르다·젓갈르다 젖떨어지다. 어미의 젖 먹기를 그치고 따로 떨어져 나오다.

젓가슴·젓가심·젯가슴·젯가심·좃가슴·좃가심 젖가슴.

젓고고리·젓꼭지·젯고고리·젯꼭지·좃고고리·좃꼭지 젖꼭지.

젓내·젓내움살 젖내.

젓니·젯니·좃니 젖니.

젓도세기·젯도세기 아직 어미 젖을 먹는 어린 돼지.

젓떼다·젯떼다·좃떼다 젖떼다. 젖먹이나 짐승의 새끼를 젖으로 기르기를 그치다.

젓먹은심·젓먹은힘·젯먹은심·젯먹은힘·좃먹은심·좃먹은힘 죽을힘. 죽기를 각오하고 쓰는 힘.

젓먹이·젓멕이·좃먹이 젖먹이.

젓멍얼·젯멍얼·좃멍얼 젖멍울. 젖이 제대로 분비되지 않아 생기는 멍울.

젓몸살·젯몸살·좃몸살 젖몸살.

젓몸살ᄒ다·젯몸살ᄒ다·좃몸살ᄒ다 젖몸살하다.

젓물·젯물 젖물. 젖에서 나오는 액체.

젓어멍·젯어멍·좃어멍 젖어머니. 젖어미. 남의 아이에게 그 어머니 대신 젖을 먹여 주는 여자.

젓텅어리·젓통·젓통이·젯통·좃통 젖퉁이. '젖무덤'을 낮잡아 이르는 말.

짓

025

[기본 의미] 조류의 몸 표면을 덮고 있는 털.

[대응 표준어] 깃

[방언 분화형] 짓

[문헌 어휘] 짓(《두시언해》초간 7:15)

[어휘 설명] '짓'은 '조류의 몸 표면을 덮고 있는 털'을 기본 의미로 하여, '새의 날개, 꽁지의 긴 털' 등의 의미를 지닌다. 방언형 '짓'은 문헌 어휘 '짓'이 그대로 쓰인 경우다.

[용례]

¶ 장꿩 진진헌 짓으로 붓 메엉 지름 브르는 거 멘들아. 것이 짓비. (장끼 기나긴 깃으로 붓 매어서 기름 바르는 거 만들어. 그것이 장목비.)

¶ 가메기가 물이영 장난햄서. 흐끔 시난 주둥일 짓더레 부벼. 거 가메기 몸 곱는 거라이. (까마귀가 물하고 장난하고 있어. 조금 있으니까 부리를 깃에 비벼. 거 까마귀 미역감는 거야.)

[관련 어휘]

독머름 병아리를 까마귀나 매로부터 보호하기 위하여 까마귀의 긴 깃털 서너 개를 묶어서 처마에 매달아 두는 물건.

독짓 닭깃. 닭의 날개에 난 긴 털.

짓비 장목비. 장끼의 기다란 꽁지깃을 묶어 만든 비.

동음어

짓¹ 깃. 조류의 몸 표면을 덮고 있는 털.
¶ 생인게 짓에 지름 시난 젖지 아녀는 거라. (새는 깃에 기름 있으니 젖지 않는 거야.)

짓² 깃. 외양간·돼지우리 같은 데 깔아주는 짚이나 마른 풀 따위.
¶ 짓 줘사 허여. 그땐 보릿낭을 주로 줘. (깃 줘야 해. 그때는 보릿짚을 주로 줘.)

짓³ 짓. 몸을 놀리는 일.
¶ 어멍 아방 엇이믄 벨아벨 짓을 다허주게. (어머니 아버지 없으면 별의별 짓을 다하지.)

짓⁴ 깃. 저고리나 두루마기의 목에 둘러대어 앞에서 여밀 수 있도록 한 부분.
¶ 동전 아이 둘아. 짓만 둘아. 적삼에도 짓은 둘아사 되어. (동정 아니 달아. 깃만 달아. 적삼에도 깃은 달아야 되어.)

짓⁵ 깃. 바래지 않은 채로 있는 무명이나 광목 따위의 풀기.
¶ 짓찻미녕. (깃목. 깃무명.)
¶ 짓찻옷. (깃옷.)

춤

026

[기본 의미] 입속의 침샘에서 분비되는 무색의 끈기 있는 소화액.

[대응 표준어] 침

[방언 분화형] 꿈·춤

[문헌 어휘] 춤(《능엄경언해》8:68)

[어휘 설명] '춤'은 '입속의 침샘에서 분비되는 무색의 끈기 있는 소화액'을 말한다. 방언형 '춤'은 문헌 어휘 '춤'이 그대로 쓰인 경우고, 다른 방언형 '꿈'은 새롭게 형성된 방언형이다. 이 '꿈'은 '거품(입으로 내뿜는 속이 빈 침방울)'의 방언형인 '게꿈'의 '꿈'과 관련이 있어 보인다.

[용례]

¶ 춤이 약이라. (침이 약이야.)

¶ 그 새각시 보는 사름덜은이 춤 톡 불랑 강 창고냥 몬딱 터지와 불어. (그 새색시 보는 사람들은 침 톡 발라서 가서 창구멍 몽땅 터지게 해 버려.)

¶ 모기 물리민 ᄀ려와. 긁으멍 춤 불라. (모기 물리면 가려워. 긁으며 춤 발라.)

¶ 아이고, 춤이엔도 허고 꿈이엔도 허고. (아이고, '춤'이라고도 하고 '꿈'이라고도 하고.)

¶ 무신것사 불라 줘난지 몰라. 늙은 할망덜 꿈도 불라주고, 옛날에. (뭣이야 발라 줬는지 몰라. 늙은 할머니들 침도 발라주고, 옛날에.)

¶ 애기 궂게 서는 사름은 아무것도 못 먹어. 투 투 꿈만 바끄멍. (아기 궂게 서는 사람은 아무것도 못 먹어. 투 투 침만 뱉으면서.)

[관용 표현]

춤 바끄다 표준어로 바꾸면 '침 뱉다.'인데, '멸시하다, 비난하다'를 비유적으
로 이르는 말.

춤 솝지다 표준어로 바꾸면 '침 삼키다.'인데, '몹시 탐내다.'를 비유적으로 이
르는 말.

[관련 어휘]

게끔 거품. 입으로 내뿜는 속이 빈 침방울.

게춤·게침 가래. 가래침.

늬치럼·늬치름 느침. 잘 끊어지지 아니하고 길게 흘러내리는 침.

늬치럼쟁이·늬치름쟁이 침흘리개.

쉐늬치럼·쉐늬치름 소침. 소의 입에서 질질 흐르는 침.

춤흘리다·춤흘치다 침흘리다.

●●●● **더 생각해 보기**

동음어

꿈¹ 침. 입속의 침샘에서 분비되는 무색의 끈기 있는 소화액.
¶ 잘 안 들어갈 땐 <u>꿈이라도</u> 블르민 잘 들어가. (잘 안 들어갈 땐 침이라도 바
르면 잘 들어가.)

꿈² 꿈. 잠자는 동안에 깨어 있을 때와 마찬가지로 여러 가지 사물을 보고 듣는 정신 현상.
¶ 줌을 자야 <u>꿈을</u> 볼 거 아니꽈? (잠을 자야 꿈을 볼 거 아닙니까?)

코

027

[기본 의미] 포유류의 얼굴 중앙에 튀어나온 부분.

[대응 표준어] 코

[방언 분화형] 코

[문헌 어휘] 곻(《석보상절》19:9)

[어휘 설명] '코'는 '포유류의 얼굴 중앙에 튀어나온 부분'이라는 뜻을 기본 의미로 하여, '콧물, 버선이나 신 따위의 앞 끝이 오뚝하게 내민 부분, 혼이 나거나 손해를 보는 일' 등의 뜻은 지닌다. 방언형 '코'는 문헌 어휘 '곻'가 거센소리로 변하여 쓰인 경우다.

한편 '코'를 속되게 이르는 '코빼기' 또는 '코쭝배기'는 '코뻬기'로 나타난다.

[용례]

¶ 미안헤도 코 ᄆ 직아. (미안해도 코 만져.)

¶ 코에 영 손대민 숨쉬는 거 안 쉬는 거 알아지주게. (코에 이렇게 손대면 숨쉬는 거 안 쉬는 거 알 수 있지.)

¶ 어퍼지믄 코로 밧 갈앗덴도 골아. (엎어지면 코로 밭 갈았다고도 해.)

¶ 다리 자리믄게 코더레 침 볼라. 침도 약이라. (다리 저리면 코에 침 발라. 침도 약이야.)

¶ ᄉ미로 코 씰어 부난 ᄉ미가 빈찍빈찍 ᄒ여시녜. (소매로 코 닦아 버리니 소매가 번쩍번쩍하였네.)

¶ 물맞이난 코는 탁 막아 불어선게. (물맞으니까 코는 탁 막아 버렸던데.)

¶ 갯ᄂ물김치 맛 좋게 혜연에 <u>코가</u> 툭툭 터지게 혜영 먹주. (갓김치 맛 좋게
해서 코가 툭툭 터지게 해서 먹지.)

¶ 코피 날 때 속 뺏앙 <u>코</u> 막곡 ᄒ엿주. (코피 날 때 쑥 빨아서 코 막고 했었지.)

¶ <u>코</u> 좋은 동녕바친 읏녠 흔다. (코 좋은 동냥아치는 없다고 한다.)

[관용 표현]

코 꿰다 '남의 약점을 잡다.'를 이르는 말.

코 아래 드는 세 엇이 표준어로 바꾸면 '코 아래 드는 일 없이'인데, '아무 이익
도 없음'을 이르는 말.

코 큰 놈이 내 사위 '사위 삼고 싶은 마음'을 비유적으로 이르는 말.

코가 냅작 '기가 죽은 모양'을 비유적으로 이르는 말.

코가닷질 표준어로 바꾸면 '코가 닷 길'인데, '매우 어려운 형편'을 비유적으
로 이르는 말.

코로 밧 갈다 '넘어지다'를 비유적으로 이르는 말.

코도 벌겅 눈도 벌겅 '무엇을 탐닉하거나 허겁지겁하는 모양'을 비유적으로 이
르는 말.

코에 송인 오르다 표준어로 바꾸면 '코에 송인* 오르다.'인데, '죽다'를 비유적
으로 이르는 말.

[관련 어휘]

개코 개코. 냄새를 잘 맡는 사람을 비유적으로 이르는 말.

야코 '콧대'를 속되게 이르는 말.

코각시·코아덜 코 안에 난 작은 부스럼.

코끗 코끝.

---

* '송인'은 '막 임종한 주검의 콧속에 거멓게 오른 독'을 말한다.

코딱지·코페렝이·코푸렝이·코피렝이·코핀재기 코딱지. 콧구멍에 콧물과 먼지가
  섞여 말라붙은 것.

코마구리·코막사니·코막셍이·코막쉬·코막은젱이·코막젱이·코메기·코멩꿸이 코맹맹
  이. 코머거리. 코가 막히는 증세가 있는 사람을 낮잡아 이르는 말.

코막다 코가 막히다. 또는 코에서 흐르는 피를 솜 따위로 막다.

코막은소리 콧소리.

코막은소리ᄒ다 콧소리하다. 코 먹은 소리를 내다.

코멜싸기·코멜쎄기[1] 코납작이.

코멜쎄기[2] 납작코.

코뻬기 코빼기. 코쭝배기. '코'를 속되게 이르는 말.

코터럭·코털 코털.

코펭챙이·펭창코 벽장코. 콧등이 넓적하고 그 가가 우묵하게 들어간 코. 또는
  그런 코를 가진 사람.

코풀다 코풀다.

코풀레·코풀레기·코흘레기·코흘쩨기·코흘체기 코흘리개.

코ᄒ다 코하다. 아기에게 잠자자 하는 뜻으로 하는 말.

콧고냥·콧고망·콧구녁 콧구멍.

콧내 코로 맡는 냄새.

콧대 콧대.

콧물 콧물.

콧ᄆ르·콧몰렝이·콧몰리 콧마루.

콧벵·콧빙 콧병.

콧소리ᄒ다 코골다.

콧쉬염 콧수염.

콧짐 콧김.

콧준동이·콧준둥이 콧잔등이.

동음어

코¹ 코. 포유류의 얼굴 중앙에 튀어나온 부분.
¶ <u>코가</u> 씽 흐다. (코가 씽 하다.)

코² 고. 옷고름이나 노끈 따위의 매듭이 잘 풀리지 아니하게 한 가닥을 잡아 빼어 맨 고리.
¶ 그냥 줍아둥 기믄 <u>코</u> 풀어져. (그냥 잡아당기면 고 풀어져.)

코³ 귀때. 주전자의 부리같이 그릇의 한쪽에 바깥쪽으로 내밀어 만든 구멍.
¶ 주전지라도 <u>코</u> 막앙 들렁 가라. (주전자라도 귀때 막아서 들어서 가라.)

코⁴ 올가미. 새끼나 노 따위로 옭아서 고를 내어 짐승을 잡는 장치.
¶ <u>코</u> 놓으민 잘 돌아봐사 허여. (올가미 놓으면 잘 돌아봐야 해.)

코⁵ 코. 그물이나 뜨개질한 물건의 눈마다의 매듭.
¶ 흔 <u>코라도</u> 넹겨 불믄 안 되어. (한 코라도 넘겨 버리면 안 되어.)

코⁶ 호. 입을 오므리어 입김을 불어내는 소리.
¶ <u>코, 코.</u> 이젠 아프지 아년다. (호, 호. 이젠 아프지 않는다.)

털

[기본 의미] 사람이나 동물의 피부에 나는 가느다란 실 모양의 것.

[대응 표준어] 털

[방언 분화형] 껄·털

터럭: 꺼럭·터럭

[문헌 어휘] 털(《구급간이방언해》1:83), 터럭(《월인천강지곡》상:33)

[어휘 설명] '털'은 '사람이나 동물의 피부에 나는 가느다란 실 모양의 것'이라는 뜻을 기본 의미로 하여, '물건의 거죽에 부풀어 일어난 가는 실 모양의 것, 털실' 등의 뜻을 지닌다. 방언형 '털'은 문헌 어휘 '털'이 그대로 쓰인 경우다. 다른 방언형 '껄'은 새로 형성된 어형이다.

한편 '사람이나 길짐승의 몸에 난 길고 굵은 털'의 뜻을 지닌 '터럭'의 방언형은 '꺼럭·터럭'으로 나타난다. 또 '닭털, 말털, 소털'의 방언형은 각각 '둑털·둑터럭, 물털, 쉐터럭·쉐털'로 나타난다. 반면 '돼지털'은 '돗솔·돗술*'로도 나타남이 특이하다.

[용례]

¶ 검은어럭**은 검은 털에 하얀색이 들어간 거고. ('검은어럭'은 검은 털에 하얀색이 들어간 거고.)

---

*   '돗솔·돗술'은 '돼지털'을 말한다. '돗술'을 모아두었다가 엿이나 성냥으로 바꾸기도 했다. 붓을 만들 때도 이용하였다.

** '검은어럭'은 '털빛이 흑백색으로 얼럭얼럭한 소'를 말한다.

¶ 그디서 작허게 벳기민 완전 그거 **털허고** 가죽허고 멘짝허게 벳겨지메.
(거기서 작게 벗기면 완전 그거 털하고 가죽하고 매끈하게 벗겨져.)

¶ 꿩은 **털** 벳겨두고 다 헹 물 헤영 싹싹 슮아. (꿩은 털 벗겨두고 다 해서 물 해서 싹싹 삶아.)

¶ 그 하르방은 족제비 잡아근에 겨울에는 이녁 신 영 만들엉. **털은** 안트레 들어가게 허고. (그 할아버지는 족제비 잡아서 겨울에는 이녁 신 이렇게 만들어서. 털은 안으로 들어가게 하고.)

¶ 노린 **털에** 검은 털 박아진 게 식쉐. (노란 털에 검은 털 박힌 게 칡소.)

¶ 물은 무사녠 허민 허뜩헌 **털을** 탁탁 털어 부는 따문에 물날이 좋댄 허영 장 담는 거주. (말은 왜냐고 하면 허튼 털을 탁탁 털어 버리는 때문에 말날이 좋다고 해서 장 담그는 거지.)

¶ 오론 **털에** 지름 피곡 막 슬진덴 허주. (오소리는 털에 기름 피고 아주 살찐다고 하지.)

¶ **털로** 짠 옷이 털옷게. (털로 짠 옷이 털옷.)

¶ 청총은 검은 터럭에 흰 **털이** 흐나썩 난 거주. (총이말은 검은 털에 흰 털이 하나씩 난 거지.)

[관용 표현]
터럭 나다 '어른이 되다.'를 비유적으로 이르는 말.

[관련 어휘]
간세터럭 솜털.
돗솔·돗술 돼지털.
돗술머리 돼지털처럼 검고 뻣뻣한 머리털.
독터럭·독털 닭털.
머리까락·머리꺼럭·머리껄·머리껌 머리카락.
머리터럭·머리털 머리털.

멘털·멩털 말의 이마에 난 털.

몰털 말털.

쉐총 소총. 소꼬리의 긴 털.

쉐터럭·쉐털 소털.

코터럭·코털 코털. 콧구멍 속에 난 털.

터럭겡이·터럭긍이·터럭깅이·털깅이 털게.

털벌립·털벙것 털벙거지.

털북세기 털북숭이. 털이 많이 난 것. 또는 그런 사람.

털씰 털실.

허운데기 '머리털'을 속되게 이르는 말.

●●●● **더 생각해 보기**

유의어

껄·털 털. 사람이나 동물의 피부에 난 가늘고 보드라운 실 모양의 것.
¶ 물은 두 설 되민 털을 완전 굴아 불어. (말은 두 살 되면 털을 완전 갈아 버려.)
¶ 얼룩얼룩헹은에 흰 껄ㅎ곡 검은 껄이 박힌 건 청총이. (얼룩얼룩해서 흰 털하고 검은 털이 박힌 건 총이말.)

꺼럭·터럭 터럭. 사람이나 동물의 몸에 난 길고 굵은 털.
¶ 이상ㅎ게 덴그르에 꺼럭 안 돋아. (이상하게 화상에 터럭 아니 돋아.)
¶ 줌자는 디 간 보난 윈착 ᄌ드렝이에 터럭이 난 잇어. (잠자는 데 가서 보니 왼쪽 겨드랑이에 터럭이 나 있어.)

거울 거웃. 사람의 생식기 둘레에 난 털.
¶ 거울 나가믄 컷뎅 어멍이영 ᄀ찌 뎅기젠을 아녀. (거웃 나면 컸다고 어머니랑 같이 다니려고를 않아.)

특

029

[기본 의미]　사람의 입 아래에 있는 뾰족하게 나온 부분.

[대응 표준어]　턱

[방언 분화형]　특

[문헌 어휘]　특(《훈민정음》해례본:용자례)

[어휘 설명]　'특'은 '사람의 입 아래에 있는 뾰족하게 나온 부분'이라는 뜻을 기본 의미로 하여, '입의 위와 아래에 있어 발음하거나 씹는 일을 하는 기관'의 뜻을 지닌다. 방언형 '특'은 문헌 어휘 '특'이 그대로 쓰인 경우다.

　한편 '턱'의 낮춤말은 '아구특·아굴턱·아굴특·아귀특' 등으로 나타나며, '아래턱'을 속되게 이르는 '턱주가리'의 방언형은 '트가리·트고마지·특사리' 또는 '알아구리'로 나타난다.

[용례]

¶ 아인 특 바투는 거 아니여. (아이는 턱 받치는 거 아니야.)

¶ 시건방지게 특으로 영정 ᄒ 멩 막 시기는* 거라. (시건방지게 턱으로 이리저리 하면서 마구 시키는 거야.)

¶ 개를 숢안에 나완에 짐은 퐁퐁 나가고 아방은 방문 올안 영 헤영 영 특 받아 앚아둠서 개괴기 멧 점만 이레 ᄀ 정오라. (개를 삶아서 나와서 김은 퐁퐁 나가고 아버지는 방문 열어서 이렇게 해서 이렇게 턱 받아 앉아두고서 개고기 몇 점만 이리 가져와라.)

---

* 턱으로 부리는 것을 한자어로는 '이사(頤使)'라고 한다.

¶ 눈 알이 질엉 영 턱이 진 쉐는 잘 안 먹어. (눈 아래가 길어서 이렇게 턱이 긴 소는 잘 안 먹어.)

¶ 턱 흔번 빠져나믄 흐꼼만 거쩌도 잘 빠져. (턱 한번 빠져나면 조금만 건드려도 잘 빠져.)

[관용 표현]
턱 빠지다 '오래 기다리다.'를 비유적으로 이르는 말.

[관련 어휘]
아구톡·아굴턱·아굴톡·아귀톡 '턱'의 낮춤말.
아래톡·알톡 아래턱.
알아구리·트가리·트고마지·톡사리 턱주가리. '아래턱'을 속되게 이르는 말.
작박아구리 주걱턱.
톡바데·톡받이 턱받이.
톡쉬염 턱수염. 아래턱에 난 수염.
톡싯은거·톡싯은것 턱찌꺼기.
톡솔 턱살. 아래턱의 살.

동음어

턱¹ 턱. 사람의 입 아래에 있는 뾰족하게 나온 부분.
¶ 턱 알이 뿔아지믄 작박아구리가 되어. (턱 아래가 빨면 주걱턱이 되어.)

턱² 턱. 남에게 베푸는 음식 대접.
¶ 아무 상 엇이 흔 턱 내기가 어려와. (아무 상 없이 한 턱 내기가 어려워.)

턱³ 턱. 평평한 곳에 갑자기 조금 높이 되거나 깎인 자리.
¶ 낭 까깡 턱을 지우는 거라. 빠지지 못ᄒ 게끔. (나무 깎아서 턱을 지우는 거야. 빠지지 못하게끔.)

턱⁴ 턱. 무슨 까닭이나 이치. 또는 그만한 정도나 처지.
¶ ᄒ나 두 개 흔 건 턱 아니 맞나. (하나 두 개 한 것은 턱 아니 맞아.)

¶ 나간 지가 멧 년인디 그 사름 살아올 턱이 엇수다게. (나간 지가 몇 년인데 그 사람 살아올 턱이 없습니다.)

피

[기본 의미] 사람이나 동물의 몸통에서 핏줄을 따라 돌면서 영양분과 산소를 공급해 주는 붉은 색깔의 액체.

[대응 표준어] 피

[방언 분화형] 피

[문헌 어휘] 피(《월인천강지곡》상:2)

[어휘 설명] '피'는 '사람이나 동물의 몸통에서 핏줄을 따라 돌면서 영양분과 산소를 공급해 주는 붉은 색깔의 액체'라는 뜻을 지닌다. 방언형 '피'는 문헌 어휘 '피'가 그대로 쓰인 경우다.

[용례]

¶ 모물은 피 삭넨 혜근에 애기 나민 궁둥ᄌ베기* 헤당 애기어멍안티 먹으렌 주주게. (메밀은 피 삭는다고 해서 아기 낳으면 '궁둥ᄌ베기' 해다가 아이어머니한테 먹으라고 주지.)

¶ 돗 잡을 때 우선 피 받아놓고. 피만 낭 그레 돗 북부기나 무신 내장 썰어 놓은 것도 엇어서. (돼지 잡을 때 우선 피 받아놓고. 피만 놔서 그리로 돼지 허파나 무슨 내장 썰어 놓은 것도 없었어.)

¶ 괴기술에 감물이나 도세기 피 멕이믄 질겨. (낚싯줄에 감물이나 돼지 피 먹이면 질겨.)

---

* '궁둥ᄌ베기'는 '반죽한 메밀가루를 끓는 물에 넣어서 주걱 따위로 듬성듬성 잘라 만든 수제비'를 말한다.

¶ 그땐 피로 벌겅헐 때난 다덜 무스완덜 헤난. (그때는 피로 벌건 때니까 다들 무서워서들 했었어.)

¶ 오멍 보난 피로다가 비가 오거든. (오면서 보니 피로다가 비가 오거든.)

¶ 돗간 먹은 사름도 보민 일로 피가 나와 가민 저거 뭐 귀신이라고. (돼지간 먹은 사람도 보면 이리로 피가 나와 가면 저거 뭐 귀신이라고.)

¶ 아이덜 싸움은 코로 피가 나믄 지는 거. (아이들 싸움은 코로 피가 나면 지는 거.)

[관용 표현]

피 뽈아먹다 '착취하다'를 비유적으로 이르는 말.

피 흘치다 표준어로 바꾸면 '피 흘리다.'인데, '상처를 입다.'를 이르는 말.

[관련 어휘]

놀피 날피. 마르거나 굳지 않은 피.

놀핏내·핏내 피비린내.

셍피 ①생피. 살아 있는 동물의 몸에서 갓 빼낸 피. ②선혈. 생생한 피.

피똠 피땀.

피버끔 피거품. 피가 공기를 머금어 생기는 거품.

핏독 핏독. 화농균이 피 속에 들어가서 번식하여 혈액의 흐름을 따라 온몸에 퍼져 부스럼이 생기는 병.

핏독오르다·핏독올르다 피멍들다.

핏발 핏발. 생리적인 이상 현상으로 몸의 한 부분에 피가 몰려 붉게 된 결.

동음어

피¹ 피. 사람이나 동물의 몸통에서 핏줄을 따라 돌면서 영양분과 산소를 공급해 주는
　　붉은 색깔의 액체.
¶ 밤의 들어온 거 보난 <u>피가</u> 벌겅. (밤에 들어온 거 보니 피가 벌게.)

피² 피. 볏과의 한해살이풀.
¶ <u>피</u> 굴 땐 너이가 상 굴아. (피 갈 때는 넷이서 서서 갈아.)

폴

[기본 의미]	어깨와 손목 사이의 부분.
[대응 표준어]	팔
[방언 분화형]	폴
[문헌 어휘]	ᄇᆞᆶ 《훈민정음》해례본:용자례)
[어휘 설명]	'폴'은 '어깨와 손목 사이의 부분'이라는 뜻을 지닌다. 방언형

'폴'은 문헌 어휘 'ᄇᆞᆶ'이 거센소리로 변하여 쓰인 경우다.

[용례]

¶ 이젠 폴 아팡 아무 일도 못허여. (이제는 팔 아파서 아무 일도 못해.)

¶ 쎈일* 허당은 폴 꺼꺼 먹는 수가 셔. ('쎈일' 하다가는 팔 꺾어 먹는 수가 있어.)

¶ 혼적삼**을 가지고 폴 끗스메*** 잡고 또 오른쪽으로 이 어깨 우측 어깨 잡아 가지고 혼을 불럿어. ('혼적삼'을 가지고 팔 '끝소매' 잡고 또 오른쪽으로 이 어깨 우측 어깨 잡아 가지고 복을 불렀어.)

¶ 족은아덜 폴에 뎅그르 잇어. (작은아들 팔에 화상 있어.)

¶ 나만 소상허곡. 대상 땐 폴도 다치고 허난 그때 ᄒᆞᆫ번 오란 봔. (나만 소상하고. 대상 땐 팔도 다치고 하니까 그때 한번 와서 봤어.)

---

   * '쎈일'은 '처리해 나가기에 힘에 겨운 일'을 뜻한다. 달리 '벤일'이라 한다.

  ** '혼적삼'은 '복부를 때 쓰는 적삼'을 말한다. 대개 망인이 입던 적삼을 이용하며, 복부를 때는 지붕 위에 올라가 망인의 본관·이름·나이를 이야기한 다음 "보, 보, 보" 하고 세 번을 외친다.

 *** '끗스메'는 '소매의 끝'을 말한다.

¶ 나 독무럽에 앚안 이 <u>폴러레</u> 슬흐게 의지혜라게. (내 무릎에 앉아서 이 팔에
슬며시 의지하더라.)

[관용 표현]

폴 걷다 '적극적으로 참여하다.'를 비유적으로 이르는 말.

폴 걷어부치다 '적극적으로 나서다.'를 비유적으로 이르는 말.

폴 되우다 표준어로 바꾸면 '팔 비틀다.'인데, '고통을 주다.'를 비유적으로 이
르는 말.

[관련 어휘]

늣단폴·오른폴 오른팔.

왼폴 왼팔.

장목·폴목·홀목 팔목.

폴고비·폴곡지·폴곱은제기·폴곱은지·폴곱지·폴굽지 팔꿈치.

폴따시 팔때기. '팔'을 속되게 이르는 말.

폴뚝·폴뚝지 팔뚝.

폴심 팔심.

폴씨롬·폴씨름 팔씨름.

흔착폴 외팔.

허리

[기본 의미]   사람이나 동물의 갈빗대 아래에서부터 엉덩이까지의 잘록한
부분.

[대응 표준어]   허리

[방언 분화형]   허리

[문헌 어휘]   허리(《월인석보》1:31)

[어휘 설명]   '허리'는 '사람이나 동물의 갈빗대 아래에서부터 엉덩이까지의
잘록한 부분'이라는 뜻을 기본 의미로 하여, '중간 부분, 일의 가운데, 바지
나 치마 따위에서 맨 위에 걸치게 된 부분' 등의 뜻을 지닌다. 방언형 '허리'
는 문헌 어휘 '허리'가 그대로 쓰인 경우다.

[용례]

¶ 이젠 흐꼼 허민 다리 아프다, 뭐 <u>허리</u> 아프다 헤져. (이제는 조금 하면 다리
아프다, 뭐 허리 아프다 하게 되어.)

¶ 물 탓당 털어지민 <u>허리</u> 상허영 큰일 나주게. (말 탔다가 떨어지면 허리 상해
서 큰일 나지.)

¶ 생이족박으로 엿을 헹 먹으민 이 <u>허리나</u> 종에 아픈 디 좋넨 허여. (새박덩
굴로 엿을 해서 먹으면 이 허리나 종아리 아픈 데 좋다고 해.)

¶ 치메는 다 어께말이*주게. 엿날은 <u>허리만</u> 메엿주마는 이젠 다 어께말이.

* '어께말이'는 '어깨끈이 둘 달린 옷'을 말한다. 대개 어깨끈이 달린 속치마·치마·물소중이 따위를 이를
때 쓴다.

경허난 허리치메라고 허리만 허단 이제. 어께말이는 중간에 난 거라. 입기 좋주게, ᄂ리지 안허영. (치마는 다 '어깨말이'지. 옛날은 허리만 매였지마는 이제는 다 '어깨말이'. 그러니까 허리치마라고 허리만 하다가 이제. '어깨말이'는 중간에 난 거야. 입기 좋지. 내리지 않아서.)

¶ 허리에 차난 출구덕이주게. (허리에 차니 '출구덕'이지.)

¶ 미녕 찬 거 허리레 영 흐영 감아뒤근에 또 차곡. (무명 짠 거 허리에 이렇게 해서 감아두고서 또 짜고.)

¶ 흐루 종일 허는 일이난게 허리 힘 엇인 사름은 못허주. (하루 종일 하는 일이니 허리 힘 없는 사람은 못하지.)

¶ ᄀ레 굴민 쏠이 중간 허리로 나와. (맷돌 가면 쌀이 중간 허리로 나와.)

[관용 표현]

허리 졸라 무끄다 '절약하다'를 이르는 말.

허리가 커지다 '살찌다' 또는 '임신하다'를 비유적으로 이르는 말.

허리가 휘어지다 '고생하다' 또는 '배가 고프다.'를 비유적으로 이르는 말.

[관련 어휘]

ᄀ는허리 가는허리. 잔허리. 잘록 들어간, 허리의 뒷부분.

바짓허리 바지허리.

발허리 발허리. 발 중간의 조금 잘록한 부분.

산목 산허리.

존동·존둥·존둥이 허리통.

치멧허리 치마허리.

허리끈·허리친 허리끈.

허리띠 허리띠.

허리춤·허리쿰 허리춤. 바지나 치마처럼 허리가 있는 옷의 허리 안쪽.

동음어

허리[1] 허리. 사람이나 동물의 갈빗대 아래에서부터 엉덩이까지의 잘록한 부분.

¶ 허리 삐믄 침바치안티 가민 그 곳인 피 흐끔 빼어 부는 거라. 그 침 쏘왁쏘
왁 맞이난에 그 순간은 흐끔 허끈허여. (허리 삐면 침쟁이한테 가면 그 곳은
피 조금 빼 버리는 거야. 그 침 쏘왁쏘왁 맞으니까 그 순간은 조금 거뜬해.)

허리[2] 허리. 바지·고의·치마 등의 맨 위에 대는 헝겊.

¶ 그 시절에 다 굴중의** 입엇주게. 게난 여기는 잇고 여기는 허리 돌아근에
곰 딱 메영 입곡. (그 시절에 다 '굴중의' 입었지. 그러니 여기는 잇고 여기
는 허리끈 달아서 고름 딱 매어서 입고.)

** '굴중의'는 '허리에 주름이 잡히고 가랑이의 폭이 넓은 부녀들이 입는 중의'를 말한다.

명사

가족

아방

033

[기본 의미]   자기를 낳아 준 남자를 이르는 말.

[대응 표준어]   아버지

[방언 변이형]   아바지·아방·아버지·아부지

[문헌 어휘]   아비(《월인석보》서:14)

[어휘 설명]   '아방'은 '자기를 낳아 준 남자를 이르는 말'이라는 뜻을 기본 의미로 하여, '자녀를 둔 남자를 자식에 대한 관계로 이르거나 부르는 말, 자녀의 이름 뒤에 붙여서 자기 남편을 호칭하거나 지칭하는 말, 자기를 낳아 준 남자처럼 삼은 이, 자기의 아버지와 나이가 비슷한 남자를 친근하게 이르는 말, 어떤 일을 처음 이루거나 완성한 사람을 비유적으로 이르는 말' 등의 뜻을 지닌다. 상황에 따라서는 중년 여자가 '남편'의 뜻으로 '아방'을 쓰기도 한다. 방언형 '아방'은 문헌 어휘 '아비'에 접미사 '-앙'이 연결되어 이루어진 어형이다. '아바지·아방·아버지·아부지'는 대상을 가리켜 이르는 지칭(指稱)이므로, 부르는 말인 '아바님·아버지·아버님' 등의 호칭(呼稱)과는 구분해야 한다.

[용례]

¶ 그 하르방 아방이 노리 사농을 잘 헤나서. 개 둘앙 뎅기멍 노리 심어와.
   (그 할아버지 아버지가 노루 사냥을 잘 했었어. 개 데리고 다니면서 노루 잡아와.)

¶ 오 남매 공부시경 내놓젠 허난 차비가 그렇게 어려와. 아방은 노름만 허레 뎅기곡. (오 남매 공부시켜서 내놓으려고 하니 차비가 그렇게 어려워. 아버지는 노름만 하러 다니고.)

¶ 아방 엇고게, 홀어멍 아덜이렌 퀜당이나 누게가 괄세만 준 거주게. 홀어멍 아덜이엔. (아버지 없고, 홀어머니 아들이라고 권당이나 누가 괄시만 준 거지. 홀어머니 아들이라고.)

¶ 요세 아이덜 아방을 아방 보듯 아녀. (요새 아이들 아버지를 아버지 보듯 않아.)

¶ 어멍 아방안티 욕 들으멍 살 때가 좋은 때라마씀. (어머니 아버지한테 욕 들으며 살 때가 좋을 때에요.)

¶ 난 날 난 시 받아오민 신랑 아방이 강 택일을 허는 거라. (난 날 난 시 받아오면 신랑 아버지가 가서 택일을 하는 거야.)

¶ 일본서 완 이제 아이 아방 만난 살암수다. (일본서 와서 이제 아이 아버지 만나서 살고 있습니다.)

¶ 난 아버지 말을 스물혼 살에 가시아방한티 강 아버지렌 허난 눈물이 괄괄괄. (나는 아버지 말을 스물한 살에 장인한테 가서 아버지라고 하니 눈물이 괄괄괄.)

[관련 어휘]

가시아방 장인.

네비 '너의 아비'를 일컫는 말.

다슴아방·다심아방 의붓아버지.

당아방·원아방·친아방 친아버지.

말잣아방·말젯아방·말찻아방 넷 가운데 셋째 아버지. 또는 넷째인 막내아버지.

새아방 새아버지.

셋아방 둘째아버지.

수양아방·쉬양아방 수양아버지.

씨아바지·씨아방 시아버지.

아기아방·아이아방·애기아방 아이아버지.

아바님 아버님.

아방쳰 내척. 아버지 쪽의 친척.

에비아덜·에비아돌 어비아들. 아버지와 아들을 아울러 이르는 말.

족은아바지·족은아방 작은아버지.

지서방·지세아방 착실한 가장을 가리켜 이르는 말.

지애비 지아비. 웃어른 앞에서 자기 남편을 낮추어 이르는 말.

큰아바지·큰아방 큰아버지.

핫아방 핫아비. 아내가 있는 남자.

홀아방 홀아버지.

홀아비·홀애비 홀아비.

어멍

034

[기본 의미] 자기를 낳아준 여자를 이르는 말.

[대응 표준어] 어머니

[방언 분화형] 어머니·어멍·어무니

[문헌 어휘] 어미(《월인석보》서:14)

[어휘 설명] '어멍'은 '자기를 낳아 준 여자를 이르는 말'이라는 뜻을 기본 의미로 하여, '자녀를 둔 여자를 자식에 대한 관계로 이르는 말, 자기를 낳아 준 여성처럼 삼은 이, 자기의 어머니와 나이가 비슷한 여자를 친근하게 이르는 말, 사랑으로써 뒷바라지하여 주고 걱정하여 주는 존재를 비유적으로 이르는 말, 무엇이 배태되어 생겨나게 된 근본을 비유적으로 이르는 말' 등의 뜻을 지닌다. 상황에 따라서는 중년 남자가 '아내'의 뜻으로 '어멍'을 쓰기도 한다. 방언형 '어멍'은 문헌 어휘 '어미'에 접미사 '-엉'이 연결되어 이루어진 어휘이다. '어멍'과 '어머니'는 대상을 가리켜 이르는 지칭(指稱)이므로, 부르는 말인 '어머니·어머님' 등의 호칭(呼稱)과는 구분해야 한다.

[용례]

¶ 애긴 어멍이 잇어사 혼다. (아기는 어머니가 있어야 한다.)

¶ 놈의 어멍 들아간 것을 멕이난 젓어멍이주. (남의 어머니 데려가서 젖을 먹이니 젖어머니지.)

¶ 난 우리 어멍네 부제칩이라 놓난 아무것도 몰라. 밥이나 얻어먹으멍 살아 부난. (난 우리 어머니네 부자집이어 놓으니까 아무것도 몰라. 밥이나 얻어먹으면서 살아 버리니까.)

¶ 그 집은 어멍으로 헨 일어삿젠 굴아. (그 집은 어머니로 해서 일어섰다고 해.)

¶ 아방신디 들어도 몰른다 어멍신디 들어도 몰른다 허여. (아버지한테 물어도 모른다 어머니한테 물어도 모른다 해.)

¶ 초신 신어근에 강 흐르에 끈엉 오민 어멍안티 맬 조그만이 맞아. (짚신 신어서 가서 하루에 끊어서 오면 어머니한테 맬 조그만큼 맞아.)

[관용 표현]
어멍아 어멍아 ᄒᆞ는 것　'아주 어린것'이나 '아주 작은 것'을 이르는 말.

[관련 어휘]
가시어멍　장모.

네미　네미. '너의 어미'를 일컫는 말.

다슴어멍·다심어멍　의붓어머니.

당어멍·원어멍·친어멍　친어머니.

말잣어멍·말젯어멍·말찻어멍　넷 가운데 셋째 어머니. 또는 넷째인 어머니.

새어멍　새어머니.

설룬어멍·설운어멍　서럽고 불쌍한 어머니.

셋어멍　둘째어머니.

수양어멍·쉬양어멍·시영어멍　수양어머니.

씨어머니·씨어멍　시어머니.

아기어멍·아이어멍·애기어멍　아이어머니.

어머님　어머님.

어멍펜　외족. 외척. 어머니 쪽의 친척.

어의새기·에새끼·의새끼　아이아들. 어미와 아들을 아울러 이르는 말.

에똘·의똘　아이딸. 어머니와 딸을 아울러 이르는 말.

젓어멍·젯어멍·좃어멍　젖어머니. 젖어미. 남의 아이에게 그 어머니 대신 젖을 먹여 주는 여자.

족은어멍 작은어머니.

지득어멍 낳아 준 어머니가 아닌, 어떤 관계나 의리로 맺은 어머니.

지서멍·지세어멍 집안의 가정사를 착실히 다스리는 아내. 또는 아내가 둘 이
　상일 때, 후덕한 조강지처를 이르는 말.

큰어머니·큰어멍 큰어머니.

핫어멍 핫어미. 남편이 있는 여자.

홀어멍 홀어머니.

홀에미 홀어미.

흔어멍 한어머니. 같은 어머니.

아덜

035

[기본 의미]   남자로 태어난 자식을 이르는 말.

[대응 표준어]   아들

[방언 분화형]   아덜·아들·아돌

[문헌 어휘]   아들(《석보상절》6:9)

[어휘 설명]   '아덜'은 '남자로 태어난 자식을 이르는 말'이라는 뜻을 기본 의미로 하여, '일정한 집단 속에서 자라난 훌륭한 남자를 비유적으로 이르는 말'의 뜻을 지닌다. 방언형 '아덜'은 문헌 어휘 '아들'이 '아들〉아덜'의 변화 과정을 거친 어형이며, 다른 방언형 '아들'은 문헌 어휘 '아들'이 '아들〉아돌'로의 변화 과정을 거친 어형이다. 방언형 '아들'은 문헌 어휘 '아들'이 그대로 쓰인 경우다.

　　한편 '아들'을 낮추어 이르는 '아들놈'은 '아덜놈·아돌놈' 등으로 나타난다.

[용례]

¶ 아덜덜이 알안 다 착착 ᄒᆞ난 막 펜안ᄒᆞ여. (아들들이 알아서 다 척척 하니 아주 편안해.)

¶ 아덜 잔친 저물앙 헐 거난 도세기 ᄒᆞᆫ 머리로 족고, 두 머린 잡아사. (아들 잔치는 저물도록 할 거니 돼지 한 마리로 적고, 두 마리는 잡아야.)

¶ 남 남 헌 게 아덜 일곱을 난 거라. (낳고 낳고 한 게 아들 일곱을 낳은 거야.)

¶ 아덜 거는 놔둬 뒹 ᄒᆞ나 허영 똘 거 족은아덜 거 족은똘 거 따로따로. 쏠 또 낭푼으로 ᄒᆞ나나 이제 사발로 ᄒᆞ나나 경 혜근에 가정 가믄 그 쏠 가정

영 접아근에 영 혜근에 세영은에 좋으켜 궂이켜 경 허는 거. (아들 거는 놔 둬 두고 하나 해서 딸 거 작은아들 거 작은딸 거 따로따로. 쌀 또 양푼으로 하나나 이제 사발로 하나나 그렇게 해서 가져서 가면 그 쌀 가져서 이렇게 집어서 이렇게 해서 세어서 좋겠다 궂겠다 그렇게 하는 거.)

¶ 아기 둘아근에 저 잔치밧디 영 가면은 아기가 가죽을 먹엉 연치카 부덴 아방이 그 아덜 반에 고기를 먹어 불어. (아기 데려서 저 잔치판에 이렇게 가면 아기가 가죽을 먹어서 얹히까 봐 아버지가 그 아들 반기에 고기를 먹어 버려.)

¶ 콩 숢앙 아덜한티도 보네곡. 똘덜은 똘덜 된장 공짜 가져가민 아덜 못 산 덴 허멍 돈 다 받아근에 똘덜은 주곡. (콩 삶아서 아들한테도 보내고. 딸들은 딸들 된장 공짜 가져가면 아들 못 산다고 하며 돈 다 받아서 딸들은 주고.)

¶ 이젠 안 낳겠. 요번에 완에 ᄒ나 더 뜰이고 아덜이고 낳아 보렌 허난 미국 오바마 대통령도 똘만 둘이엔 허멍 안 낳겐. (이젠 안 낳겠다고. 요번에 와서 하나 더 딸이고 아들이고 낳아 보라고 하니 미국 오바마 대통령도 딸만 둘이라고 하며 안 낳겠다고.)

[관용 표현]
아덜 봉그다* 표준어로 바꾸면 '아들 줍다.'인데, '아들 얻다.'를 이르는 말.
아들 삼다 '수양아들로 만들다.'를 이르는 말.
아돌 못난 건 이녁 집만 망흐여도 똘 못난 건 양 사둔이 다 망흔다 '여자가 못되어 먹으면 친가와 시가가 모두 망하게 된다.'는 것을 비유적으로 이르는 말.

[관련 어휘]
나돌놈·내아돌놈 아들을 귀엽게 이르는 말.
다슴아덜·다슴아돌·다심아덜·다심아돌 의붓아들.

* '봉그다'는 '물건을 뜻밖에 거저줍다.', '물건을 구하거나 찾아내다.', '자식을 얻다.'의 뜻으로 쓰이는 말이다. 여기서는 '자식을 얻다.'의 뜻으로 썼다.

단아덜·단아돌·외아돌 외아들.

동공아덜·동공아돌 외독자.

막둥이아덜·막둥이아돌 막내아들.

말잣아덜·말젯아덜·말찻아덜 넷 가운데 셋째 아들. 또는 넷째인 아들.

버금아덜·셋소나이·셋아덜·셋아돌 둘째아들.

셋놈 '둘째아들'을 낮추어 이르는 말.

상아덜·큰소나이·큰아돌 큰아들.

수양아돌·쉬양아돌 수양아들.

아덜놈·아돌놈 아들놈.

아덜상제·아돌상제 아들 상제를 딸 상제에 상대하여 이르는 말.

아덜손지 ①아들이 낳은 자식. ②사내 손자.

아덜ᄌ식·아돌ᄌ식 아들자식.

아덜폴다·아돌폴다 장가보내다.

에비아덜·에비아돌 어비아들. 아버지와 아들을 아울러 이르는 말.

원아덜·원아돌·친아덜 친아들.

족은놈 작은놈. '작은아들'을 낮추어 이르는 말.

족은소나이·족은아돌 작은아들.

첫아덜·쳇아덜·첫아돌·쳇아돌 첫아들.

큰놈 '큰아들'을 낮추어 이르는 말.

후레아덜·후레아돌·후리아돌 후레아들. 배운 데 없이 제풀로 막되게 자라 교양
　이나 버릇이 없는 사람을 낮잡아 이르는 말.

똘

036

[기본 의미]   여자로 태어난 자식을 이르는 말.

[대응 표준어]   딸

[방언 분화형]   똘

[문헌 어휘]   뚤(《용비어천가》96장)

[어휘 설명]   '똘'은 '여자로 태어난 자식을 이르는 말'이라는 뜻을 기본 의미로 하여, '어떤 조직이나 사회 등에 속한 여자들을 비유적으로 이르는 말' 등의 뜻을 지닌다. 방언형 '똘'은 문헌 어휘 '뚤'이 '뚤〉똘'의 과정을 거친 어형이다. '딸'을 낮추어 이르는 '딸년'은 '똘년'으로 나타난다. 한편 '여자아이'를 낮추어 이르는 '계집아이'의 방언형은 '기집아이·제집아이·지집아이' 등으로 나타난다.

[용례]

¶ 이 동네선 똘이 말을 안 들어가믄 저 드리* 손당**에 씨집보내켄 허여. (이 동네서는 딸이 말을 안 들어가면 교래 송당에 시집보내겠다고 해.)

¶ 우린 똘 엇이난 메누릴 똘로 셍각ᄒᆞ멍 살암수다게. (우리는 딸 없으니 며느리를 딸로 생각하며 삽니다.)

¶ 이 똘을 떼어뒹 어딜 갑네깡게? 허멍 이제ᄁᆞ지 살아수다. (이 딸을 떼어두고 어디를 갑니까? 하며 이제까지 살았습니다.)

---

*   '드리'는 제주시 조천읍 교래리를 말한다.

**   '손당'은 제주시 조천읍 송당리를 말한다.

¶ 똘 ᄒ나 폴멍 열네 개 목숨을 죽여시난에. (딸 하나 팔며 열네 개 목숨을 죽였으니.)

¶ 메누리신딘 안 주멍도 똘신딘 줘. 그게 낳은 어멍. (며느리한테는 아니 주면서도 딸한테는 줘. 그게 낳은 어머니.)

¶ 고모네 집의 완 어린 때부터 살멍 허니까 똘로 헨에 거기서 살안 결혼식도 헤주고. (고모네 집에 와서 어릴 때부터 살면서 하니까 딸로 해서 거기서 살아서 결혼식도 해주고.)

¶ 이젠 뭐 완전 똘덜토 ᄉ뭇 큰소리만 빵빵 치고. (이제는 뭐 완전 딸들도 사뭇 큰소리만 빵빵 치고.)

[관용 표현]

똘 봉그다 표준어로 바꾸면 '딸 줍다.'인데, '딸 얻다.'를 이르는 말.

[관련 어휘]

다슴똘·다심똘 의붓딸.

단똘·외똘 외딸.

동공똘 고명딸. 외동딸.

ᄄᆞ님·똘님 따님.

똘년 딸년.

똘상제 딸 상제를 아들 상제에 상대하여 이르는 말.

똘손지 ①딸이 낳은 자식. ②여자 손자.

똘아기·똘애기 딸아기.

똘아이 딸아이.

똘ᄌᆞ식 딸자식.

똘폴다 시집보내다.

막둥이똘·막똘 막내딸.

말잣똘·말젯똘·말찻똘 넷 가운데 셋째 딸. 또는 넷째인 딸.

비린똘 움딸. 죽은 딸의 남편과 결혼한 여자.

셋년 '둘째딸'을 낮추어 이르는 말.

셋똘 둘째딸.

수양똘·쉬양똘 수양딸.

에똘·의똘 어이딸. 어미와 딸을 아울러 이르는 말.

원똘·친똘 친딸.

족은년 '작은딸'을 속되게 이르는 말.

족은똘 작은딸.

첫똘·쳇똘 첫딸.

큰년 '큰딸'은 낮추어 이르는 말.

큰똘 큰딸.

호상똘 '수의를 만들어 줄 딸'의 뜻으로, 외딸을 귀하게 여겨 이르는 말.

몯이

037

[기본 의미]   여러 형제자매 가운데서 제일 손위인 사람.

[대응 표준어]   맏이

[방언 분화형]   몯이

[문헌 어휘]   몯(《월인석보》2:5)

[어휘 설명]   '몯이'는 '여러 형제자매 가운데서 제일 손위인 사람'이라는 뜻을 기본 의미로 하여, '나이가 남보다 많거나 그런 사람'의 뜻을 지닌다. 방언형 '몯이'는 문헌 어휘 '몯'에 '이'가 덧붙어서 이루어진 어형이다. '몯(〉맏)'은 접두사로 쓰이기도 하는데, 방언형에서는 '몯-' 대신에 '큰-'이 쓰인다. 곧 '큰누이(맏누이), 큰상제(맏상제), 큰성(맏형)' 따위에서 확인할 수 있다.

   한편 '맏물'과 '맏배'의 방언형은 각각 '초물'과 '첫새끼·쳇새끼' 등으로 나타나 '맏-'의 대응형으로 '초(初)' 또는 '첫·쳇'이 쓰인다.

[용례]

¶ 우린 칠 남매. 몯이가 아덜. (우리는 칠 남매. 맏이가 아들.)

¶ 우리 아버지네가 살아가는 것이 일벳기 없어. 밧은 족지도 안허고 너르고. 나는 젤 몯이로 나 부난 일만 일만. (우리 아버지네가 살아가는 것이 일밖에 없어. 밭은 작지도 않고 너르고. 나는 젤 맏이로 나 버리니까 일만 일만.)

¶ 우리 하르방네가 구 남매여. 구 남맨디 우리*가 몯이여. (우리 할아버지네가 구 남매야. 구 남매인데 우리가 맏이야.)

* 여기서 '우리'는 '남편'의 의미로 쓰였다.

¶ 나가 질 우의. 질 묻이. 나 알로 싀 성제. (내가 젤 위. 젤 맏이. 내 아래로 세 형제.)

¶ 우리 할마니네 돌아간 때 딱 베치메도 큰아덜에 묻이로 하나, 족은아덜에도 묻이로 하나, 아기 하나에 베치메 하나썩만 줘난 셍이라. (우리 할머니네 돌아갈 때 딱 베치마도 큰아들에 맏이로 하나, 작은아들에도 맏이로 하나, 아기 하나에 베치마 하나씩만 줬던 모양이야.)

[관련 어휘]

첫새끼·쳇새끼 맏배. 짐승이 새끼를 낳거나 까는 첫째 번. 또는 그 새끼.

초물 맏물. 과일·푸성귀·해산물 따위에서 그해의 맨 처음에 나는 것.

큰누이 맏누이. 큰누이.

큰메누리 맏며느리. 큰며느리.

큰상제 맏상제. 부모나 조부모가 죽어서 상중에 있는 맏아들.

큰성 맏형. 큰형.

아시

[기본 의미] 같은 부모에게서 태어난 사이거나 일가친척 가운데 항렬이 같
은 남자나 여자끼리의 사이에서 나이가 적은 쪽을 이르거나 부
르는 말.

[대응 표준어] 아우

[방언 분화형] 아시

[문헌 어휘] 아ᅀᆞ(《훈민정음》해례본:용자례)

[어휘 설명] '아시'는 '같은 부모에게서 태어난 사이거나 일가친척 가운데
항렬이 같은 남자나 여자끼리의 사이에서 나이가 적은 쪽을 이르거나 부
르는 말'이라는 뜻을 기본 의미로 하여, '친척은 아니지만 친근한 사이에서
자기보다 나이가 적은 사람을 가리키거나 부르는 말'의 뜻을 지닌다. 방언
형 '아시'는 문헌 어휘 '아ᅀᆞ'가 '아ᅀᆞ〉아시'의 변화 과정을 거친 어형이다.

[용례]

¶ 소춘 아시가 이녁 동기간보단도, 흔베 동기간보단도 더 날 생각허여. (사
촌 아우가 이녁 동기간보다도, 한배 동기간보다도 더 날 생각해.)

¶ 또 아이 쥄젠 막 아시 독헌 거 들리난 막 두드려 불멍 허곡, 그런 집 하.
(또 아니 준다고 막 아우 독한 거 들리니까 막 두들겨 버리면서 하고, 그런 집 많아.)

¶ 난 뭐 성도 아시도 엇고 나 혼자고. (나는 뭐 형도 아우도 없고 나 혼자고.)

¶ 나 우의 큰오라방 셋오라방, 나 아래 이제 오래비 ᄒᆞ나 아시 ᄒᆞ나, 나 가
운디 거 ᄒᆞ나 살안 ᄆᆞᆫ딱 죽어 불엇저. (내 위에 큰오라버니 둘째오라버니, 나
아래 이제 오라비 하나 아우 하나, 나 가운데 거 하나 살아서 몽땅 죽어 버렸지.)

¶ 나가 암만 앚앙 울어도 아시 경 아까운 아시 죽어도 나가 ᄀ치 죽지 못허
  는 거라라게. (내가 아무리 앉아서 울어도 아우 그렇게 아까운 아우 죽어도 내가
  같이 죽지 못하는 거더라.)

¶ 눔 앞의서 아시 내미리는 거 아니여. (남 앞에서 아우 나무라는 거 아니야.)

¶ 게난 성광 아시로 난 걸 어떵헐 말이우까? (그러니까 형과 아우로 난 것을 어
  찌할 말입니까?)

¶ 아시신디 강 나 죽어져도 느 원망 안 허고 아이덜고라 다 글으크메 보증
  앚이렌 허난 보증 앚앗젠게. (아우한테 가서 나 죽어도 너 원망 안 하고 아이들
  보고 다 말하겠으니 보증 앉아라 하니 보증 앉았다고.)

[관련 어휘]

누이동셍 누이동생.

동셍·동승·동싱·동싱 동생.

성아시·성제·형제 형제.

씨동셍·씨동승·씨동싱 시동생.

아시보다·아시봉그다 아우보다. 아이가 있는 사람이 또 아이를 배거나 낳다.

의리동셍·의리동승·의리동싱 의리로 맺은 동생.

젯동셍·젯동싱 동생뻘이 되는 계원.

족은아시 막내아우.

161

언니

[기본 의미] 같은 부모에게서 태어난 사이거나 일가친척 가운데 항렬이 같은 여자끼리의 사이에서 나이가 많은 쪽을 이르거나 부르는 말.

[대응 표준어] 언니

[방언 분화형] 언니

[문헌 어휘] 어니(《한영자전》:30)

[어휘 설명] '언니'는 '같은 부모에게서 태어난 사이거나 일가친척 가운데 항렬이 같은 여자끼리의 사이에서 나이가 많은 쪽을 이르거나 부르는 말'이라는 뜻을 기본 의미로 하여, '남남끼리의 여자들 사이에서 자기보다 나이가 위인 여자를 높여 정답게 이르는 말, 오빠의 아내를 이르는 말' 등의 뜻을 지닌다. 방언형 '언니'는 《한영자전》(1887:30)의 '어니[兄]'에 'ㄴ'이 첨가되어 이루어진 어휘다. '언니'는 여성 언어로, 일상생활에서는 '성, 성님'이 자주 쓰인다.

[용례]

¶ 그 언니가 나보다 세 슬 우이라이. (그 언니가 나보다 세 살 위야.)

¶ 언니 하나 잇는디 그때 일본 간 어디 간 철 몰라. 일본 가 불언. (언니 하나 있는데 그때 일본 가서 어디 간 차례 몰라. 일본 가 버렸어.)

¶ 우린 성제. 언니허고 나뿐. (우리는 형제. 언니하고 나뿐.)

¶ 그 시절엔 나가 어려 부난 잡으렌 잘 못 가서. 언니덜 허는 것만 봣주. (그 시절에는 내가 어려 버리니 잡으려는 잘 못 갔어. 언니들 하는 것만 봤지.)

¶ 아이고, 언니. 언니, 우리 씨집 안 가쿠다. 우리 씨집 안 가쿠다. 씨집가믄

경 허는 거우꽈? (아이고, 언니. 언니, 우리 시집 안 가겠습니다. 우리 시집 안 가겠습니다. 시집가면 그렇게 하는 겁니까?)

누이

[기본 의미]   같은 부모에게서 태어난 사이거나 일가친척 가운데 항렬이 같은 사이에서 남자가 나이 아래의 여자를 이르거나 부르는 말.

[대응 표준어]   누이

[방언 분화형]   누이

[문헌 어휘]   누의(《석보상절》24:18)

[어휘 설명]   '누의'는 '같은 부모에게서 태어난 사이거나 일가친척 가운데 항렬이 같은 사이에서 남자가 나이 아래의 여자를 이르거나 부르는 말'이라는 뜻을 기본 의미로 한다. 방언형 '누이'는 문헌 어휘 '누의'가 '누의〉누이'의 변화 과정을 거친 어형이다.

[용례]

¶ 우리 아덜 지 혼자고 허난 누이덜 싯고 누님 싯고 허주만은 우리 큰딸 다음이라. (우리 아들 저 혼자고 하니 누이들 있고 누님 있고 하지만 우리 큰딸 다음이야.)

¶ 큰누이나 족은누이나 누이신디 가믄 잘 얻어먹주. (큰누이나 작은누이나 누이한테 가면 잘 얻어먹지.)

¶ 그때 누이영 아시덜이영 그때 ᄋᆞ섯 식귀가 거기서 죽어서마씸. (그때 누이랑 아우들이랑 그때 여섯 식구인가 거기서 죽었어요.)

¶ ○○ 누이네 다 암창게* 갓주게. (○○ 누이네 다 '암창게' 갔지.)

¶ ᄀᆞ레 ᄀᆞᆯ멍 밥행 누이덜 멕이곡, 기자 집의서 ᄂᆞ물 튿아당도 먹고. (맷돌 갈며 밥해서 누이들 먹이고, 그저 집에서 나물 뜯어다가도 먹고.)

¶ 오라방이 우시강 <u>누이</u> 줘뒹 오젠 허민 막 울멍 온뎅 헤영, 섭섭헤영. (오라버니가 위요가서 누이 줘두고 오려고 하면 막 울며 온다고 해서, 섭섭해서.)

¶ 나 아무 사름 <u>누이우다</u> 허민, 아이고, 요 나 조케야, 요 나 조케야 허여. (나 아무 사람 누이입니다 하면, 아이고, 요 내 조카야, 요 내 조카야 해.)

[관련 어휘]

누이동생 누이동생. 같은 부모에게서 태어난 사이이거나 일가친척 가운데 항렬이 같은 사이에서, 남자의 나이 어린 여자 형제.

씨누이 시누이.

씨누이성제 시누이올케. 시누이와 올케를 아울러 이르는 말.

오노이·오누이 오누이. 오라비와 누이를 아울러 이르는 말.

족은누이 막냇누이. 작은누이.

큰누이 맏누이. 큰누이.

---

* '암창게'는 '신랑이 외지에 나가 있어서 혼인 날짜에 돌아오지 못할 경우나 신랑이 상중에 있을 경우 신부 혼자서 치르는 혼례'를 말한다. '암창게'는 '암ᄒ+장게(장가)' 구성이다.

아기

[기본 의미]   어린 젖먹이 아이.

[대응 표준어]   아기

[방언 분화형]   아기·애기

[문헌 어휘]   아기(《석보상절》9:25)

[어휘 설명]   '아기'는 '어린 젖먹이 아이'라는 뜻을 기본 의미로 하여, '나이가 많지 않은 딸이나 며느리를 정답게 이르는 말' 등의 뜻을 지닌다. 방언형 '아기'는 문헌 어휘 '아기'가 그대로 쓰인 경우다. 다른 방언형 '애기'는 '아기〉애기'에 의해 이루어진 어형이다.

[용례]

¶ 아기가 가죽을 먹엉 연치카 부덴 아방이 그 아덜 반에 고기를 먹어 불어.
(아기가 가죽을 먹어서 없히까 봐 아버지가 그 아들 반기에 고기를 먹어 버려.)

¶ 메누리 아기 나민 홍세미녕* 그걸로 지성귀 허곡. (며느리 아기 낳으면 '홍세미녕' 그걸로 기저귀 하고.)

¶ 씨어멍이 아기를 보는 게 살라 살라 허는 말에 이제꼬장 춤앙 살암수다.
(시어머니가 아기를 보는 게 살아라 살아라 하는 말에 이제까지 참아서 살고 있습니다.)

¶ 아기로 헹 웃을 일이 하주, 돈 낭은 웃지 못허여. (아기로 해서 웃을 일이 많

* '홍세미녕'은 '혼인날 신랑집에서 신붓집으로 보내는 함에 담는 무명'을 말한다. 아기가 태어나면 기저귀 감 등으로 썼다.

지, 돈 놔서는 웃지 못해.)

¶ 아기신디 아무 말이나 막 ᄒ는 거 아니여. (아기한테 아무 말이나 마구 하는 거 아니야.)

[관련 어휘]

곤애기 아기를 곱고 아깝게 여겨 일컫는 말.

ᄀᆞᆺ난아기·ᄀᆞᆺ난애기·ᄆᆞᆯ아기·ᄆᆞᆯ애기 갓난아기. 갓난아이.

ᄯᅩᆯ아기·ᄯᅩᆯ애기 딸아기.

설룬애기·설운아기 서럽고 불쌍한 아이를 비유적으로 이르는 말.

아기돌다·애기돌다 아기를 데리고 보살피며 놀다.

아기베다·아이베다·아이베다 임신하다.

아기설다·아이설다·애기설다 아기서다. 아이가 아기집에서 생기기 시작하다.

아기업게·아기할망·애기억궤·애기업게 아이보개. 아이를 돌보는 일을 맡아 하는 사람.

억궤·업게 업저지. 어린아이를 업어 주며 돌보는 여자 하인.

궤당

042

[기본 의미]   친족과 외척을 아울러 이르는 말.

[대응 표준어]   권당

[방언 분화형]   권당·궤당

[문헌 어휘]   권당(《번역소학언해》9:36)

[어휘 설명]   '궤당'은 '친족과 외척을 아울러 이르는 말'이다. 방언형 '궤당'은 문헌 어휘 '권당'에서 온 말이다. '시가 권당'을 '씨궤당'이라 하는데, 이 또한 문헌 어휘 '싀권당(《부모은중경언해》:16)'에서 온 방언형이다.

한편 '궤당'과 비슷한 의미로, '덥·덥덜사니', '방답·방상', '우던' 등이 쓰이기도 한다. '덥·덥덜사니'는 '같은 친족에 속하는 무리', '방답·방상'은 '종친', '우던'은 '종족'과 비슷한 의미를 지닌다. 특히 '방상'은 《한불ᄌ뎐》(1880:303)의 표제어로 나오는 '방셩[村]'이 '방셩〉방셩〉방상'의 변화 과정을 거친 방언형이다.

[용례]

¶ 요 궤당 오죽 간세헌 어른이라. 막 간세허영 노인당에도 안 가. (요 권당 오죽 게으른 어른이야. 아주 게을러서 노인당에도 안 가.)

¶ 벌초 그냥게 몬아, 이 궤당덜이 몬아 뎅기멍 이제 웃대 큰 묘가 잇주게. 웃대 초상. (벌초 그냥 모아, 이 권당들이 모아 다니며 이제 윗대 큰 묘가 있지. 윗대 조상.)

¶ 나 궤당이 날 울리더라고. (내 권당이 날 울리더라고.)

¶ 씨녁 궤당 사귀지 말렌 허는 말이 셔. (시가 권당 사귀지 말라고 하는 말이 있어.)

¶ 벌초 돈 줭 궨당더레 매껴 불어수다. (벌초 돈 줘서 권당에게 맡겨 버렸습니다.)

¶ 어려운 땐 궨당신디 부뜨는 게 좋아. (어려울 때는 권당한테 붙는 게 좋아.)

¶ 가문잔치*가 뭣인고 허면은 가문, 방상ㄱ라 곧는 거. 거난 궨당덜 멕이는 잔치라. ('가문잔치'가 뭣인가 하면 가문, 종친더러 말하는 거. 그러니 권당들 먹이는 잔치야.)

[관련 어휘]

덥·덥덜사니 한집안이나 가족에 속하는 무리.

문네 문내(門內). 성과 본이 같은 가까운 집안.

문중 문중(門中). 성과 본이 같은 가까운 집안.

방답·방상 종친. 유복친 안에는 들지 아니하는 일가붙이.

씨궨당 시가 권당.

우던 종족. 성과 본이 같은 겨레붙이.

* '가문잔치'는 '혼례 전날 가까운 친척끼리 모여 치르는 잔치'를 말한다.

명사

천문

구룸

[기본 의미]   공기 중의 수분이 엉기어서 미세한 물방울이나 얼음 결정의 덩
어리가 되어 공중에 떠 있는 것.

[대응 표준어]   구름

[방언 분화형]   구룸·구름

[문헌 어휘]   구룸(《용비어천가》42장)

[어휘 설명]   '구름'은 '공기 중의 수분이 엉기어서 미세한 물방울이나 얼음
결정의 덩어리가 되어 공중에 떠 있는 것'이라는 뜻을 지닌다. 방언형 '구
룸'은 문헌 어휘 '구룸'이 그대로 쓰인 경우이고, 방언형 '구름'은 문헌 어휘
'구룸'이 '구룸〉구름'의 변화 과정을 거친 어형이다.

[용례]

¶ 건들마*엔 헌 건 마ㅂ름 불멍 <u>구룸이</u> 팔팔팔팔 ㄴ는 거. (건들마라고 한 건
마파람 불며 구름이 팔팔팔팔 나는 거.)

¶ 검은 <u>구룸이</u> 바당알**로 올라와가믄 ㅂ름이 부나 비가 오나 숭시가 나.
(검은 구름이 바다 아래로 올라오면 바람이 부나 비가 오나 흉사가 나.)

¶ ㅂ름이랑 밥으로 먹곡, <u>구룸으로</u> 똥을 싸곡. (바람일랑 밥으로 먹고, 구름으
로 똥을 싸고.)

*   '건들마'는 '장마 기간에 구름 끼고 바람만 부는 날씨'를 이른다.

**   '바당알'은 ① '바다와 하늘이 맞닿는 아주 먼 곳'. ②'바닷속'의 뜻이다. 여기서는 전자의 뜻으로 쓰였다.

¶ 마브름 거칠거칠허멍 <u>구름</u> 팍팍 느는 것이, 그것이 건들마 아니냐? (마파
람 거칠거칠하며 구름 팍팍 나는 것이, 그것이 건들마 아니냐?)

¶ 검은 <u>구름</u>도 더러 싯고 헤서 그 <u>구름</u> 사이로 헤서 <u>구름</u> 사이로 헤가 빠지
민 헤지기가 안 좋으민 날 우침직헐 셍이여, 경 곧곡. (검은 구름도 더러 있
고 해서 그 구름 사이로 해서 구름 사이로 해가 빠지면 해지기가 안 좋으면 날 궂을
모양이야, 그렇게 말하고.)

[관용 표현]
구룸 산 목 졸르민 날 우친다 표준어로 바꾸면 '구름 한라산 목 조르면 날 궂다.'
인데, 한라산 중허리로 구름이 두르면 날씨가 좋지 않음을 비유할 때 표
현하는 말.
구룸이 돕쑥ᄒ다 '비구름이 낮게 드리워 금방이라도 비가 올 듯하다.'는 뜻으
로 쓰이는 말.

[관련 어휘]
물갓 산꼭대기에 걸린 구름.
번구름 뭉게구름.
ᄇ름구름 바람꽃. 큰 바람이 일어나려고 할 때 먼 산에 구름같이 끼는 뽀얀
기운.
ᄇ름첫 해가 뜨거나 질 때 길게 생기는 구름 띠.

눈

[기본 의미] 대기 중의 수증기가 찬 기운을 만나 얼어서 땅 위로 떨어지는 얼음의 결정체.

[대응 표준어] 눈

[방언 분화형] 눈

[문헌 어휘] 눈(《용비어천가》50장)

[어휘 설명] '눈'은 '대기 중의 수증기가 찬 기운을 만나 얼어서 땅 위로 떨어지는 얼음의 결정체'를 뜻한다. 방언형 '눈'은 문헌 어휘 '눈'이 그대로 쓰인 경우다.

[용례]

¶ 이젠 눈 옛날만이 안 와. (이제는 눈 옛날만큼 안 와.)

¶ 눈이 집꼬장 오믄 몰이 걷지 못헹 눈에 빠정 죽어마씸. (눈이 집까지 오면 말이 걷지 못해서 눈에 빠져서 죽어요.)

¶ 눈이 와도 곧 사름 다니주. 그냥 흑질에. (눈이 와도 곧 사람 다니지. 그냥 흙길에.)

¶ 감젓눌* 눈이나 온 때는 딱 더껑 내 불곡, 날 좋은 땐 헤쌍 내 불어. ('감젓눌' 눈이나 온 때는 딱 덮어서 내 버리고, 날 좋은 때는 헤쳐서 내 버려.)

¶ 남신게 비 온 날도 신곡게, 눈 온 날도 신곡게. (나막신 비 온 날도 신고, 눈 온

---

* '감젓눌'은 '겨울을 나기 위하여 땅을 파서 만든 구덩이에 고구마를 넣어서 이엉 따위로 덮은 가리'를 말한다.

날도 신고.)

¶ 눈 묻은 거 발로 영 영 근어** 벼 뒹 그디 조코코리 헤근에 영. (눈 묻은 거 발로 이렇게 이렇게 '근어' 버려 두고 거기 조이삭 해서 이렇게.)

¶ 눈 온 때는 눈이 지펑 쉐도 죽고 물도 통절엉*** 죽어 붑니다. (눈 온 때는 눈이 깊어서 소도 죽고 말도 '통절어서' 죽어 버립니다.)

[관용 표현]

눈 우의 노리괴기 브름 우의 바릇괴기 표준어로 바꾸면 '눈 위의 노루고기, 바람 위의 바닷고기'인데, '어렵게 얻은 고기'라는 의미로 쓰이는 말.

[관련 어휘]

ᄀᆞ르눈·ᄀᆞ를눈 가루눈. 가루 모양으로 내리는 눈.

눈녹은물·눈물 눈석임물. 쌓인 눈이 속으로 녹아서 흐르는 물.

눈밧 눈밭. 눈이 덮인 땅.

눈방울 누리. 큰 물방울들이 공중에서 갑자기 찬 기운을 만나 얼어 떨어지는 얼음덩어리.

눈비 눈비. 눈과 비를 아울러 이르는 말.

눈주제 한바탕 쏟아지는 눈.

눈질 눈길. 눈에 덮인 길.

눈짐벵이·멀루지·물짐벵이·비눈·짐벵이 진눈깨비.

눈푸끄다 눈이 앞을 분간하지 못할 정도로 어지럽게 내리다.

무눈 내리자마자 바로 녹는 눈.

방울눈 알갱이가 굵은 눈.

ᄉᆞ라기눈·ᄉᆞ락눈·ᄉᆞ레기눈 싸라기눈.

** '근다'는 '긁어 헤집다.'는 뜻을 지닌 어휘다.
*** '통절다'는 '말이 눈에 빠져서 나오지 못하다.' 하는 뜻을 지닌 어휘다.

아이모른눈·아이몰른눈 도둑눈. 밤사이에 사람들이 모르게 내린 눈.

첫눈·쳇눈 첫눈. 그해 겨울에 처음으로 내리는 눈.

풍눈 풍설(風雪). 눈과 함께, 또는 눈 위로 불어오는 차가운 바람.

함박눈·험벅눈 함박눈.

둘

[기본 의미]   햇빛을 반사하여 밤에 밝은 빛을 내는 지구의 위성(衛星).

[대응 표준어]   달

[방언 분화형]   둘

[문헌 어휘]   둘(《훈민정음》해례본:용자례)

[종합 설명]   '둘'은 '햇빛을 반사하여 밤에 밝은 빛을 내는 지구의 위성'이라는 뜻을 기본 의미로 하여, '달빛, 한 해를 열둘로 나눈 것 가운데 하나의 기간을 세는 단위' 등의 뜻을 지닌다. 방언형 '둘'은 문헌 어휘 '둘'이 그대로 쓰인 경우다.

[용례]

¶ 요즘 둘에도 가는 세상인 중 몰람꾸나게. (요즘 달에도 가는 세상인 줄 모르는구나.)

¶ 일본 살 때 둘 보멍 하영 울엇젠. (일본 살 때 달 보며 많이 울었다고.)

¶ 고롬풀은 메영 담 우의 놔둬도 흔 둘이 되도 죽지 아녀. (닭의장풀은 매어서 담 위에 놔둬도 한 달이 되어도 죽지 않아.)

¶ 물은 딱 열두 둘 되믄 나. (말은 딱 열두 달 되면 나.)

¶ 흔 둘에 흔번은 똑 오란에 제지냅니다. (한 달에 한번은 꼭 와서 제지냅니다.)

¶ 날짜가 나쁘다 보믄 둘을 넘길 수도 이십주게. (날짜가 나쁘다 보면 달을 넘길 수도 있습지요.)

고롬풀

[관용 표현]

돌이 갓 씨다 '달무리하다'를 이르는 말.

돌이 갓 씨민 사을 안네 비온다 달무리하면 사흘 안에 비 온다는 말. 달무리를 보고 일기를 가늠했던 옛 사람들의 지혜가 담겨 있는 표현이다.

[관련 어휘]

공돌 공달. 윤달을 달리 이르는 말.

구뭄돌 그뭄달.

굴룬돌 군달. 윤달을 달리 이르는 말.

넘은돌·지난돌 지난달.

다음돌·버금돌 다음달.

대보롬돌·대보름돌 대보름달.

동지선돌 동지선달.

178

동짓둘 동짓달.

두려운둘·둥근둘 둥근달. 음력 보름을 전후하여 둥그렇게 된 달.

돌갓·돌머리·돌모리 달무리. 달 언저리에 둥그렇게 생기는 구름 같은 허연 테.

돌갓쓰다·돌머리ᄒ다·돌모리ᄒ다 달무리하다.

돌개들러먹다·돌개먹다·월식ᄒ다 월식하다. 달이 지구의 그림자에 가려 일부나 전부가 가려지다.

돌돌이 다달이.

돌맞이 달맞이.

돌반착 '솔벤'을 달리 이르는 말.

돌밤 달밤.

돌수 달수.

돌엑 어느 달의 모질고 사나운 운수.

돌품 달품. 한 달에 얼마씩 정하여 품삯을 받기로 하고 파는 품.

메둘 매달.

반둘 반달. ①절반만 둥근 달. ②보름 동안. 한 달의 반.

보롬둘·보름둘 보름달.

새둘 새달. 이달의 바로 다음달.

선둘 섣달.

어스름둘밤 으스름달밤.

엑둘 액달. 운수가 사나운 달.

영등둘 영등달. 음력 이월을 이르는 말.

윤둘 윤달. 태음 태양력에서 계절과 역일을 일치시키기 위하여 삽입한 달. 윤달이 있는 해는 총 열세 달이 된다.

이둘 이달. 이번 달.

정월둘 정월달.

초승둘·초싱둘·초싱둘 초승달.

훗둘 훗달.

179

동음어

돌[1] 달. 햇빛을 반사하여 밤에 밝은 빛을 내는 지구의 위성(衛星).
¶ 돌도 갓을 써. (달도 갓을 써.)

돌[2] 꼭지. 쟁연 가운데에 붙이는 둥그런 표.
¶ 돌고망 뚤른 걸로 돌을 부쪄나수다. (방구멍 뚫은 것으로 꼭지를 붙였었습니다.)

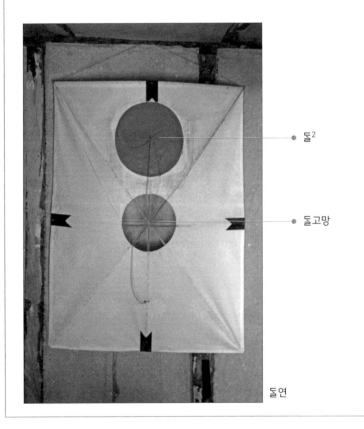

돌연

벨

046

[기본 의미] 밤하늘에 반짝거리며 빛을 내는 천체.

[대응 표준어] 별

[방언 분화형] 벨·빌

[문헌 어휘] 별(《훈민정음》해례본:용자례)

[어휘 설명] '벨'은 '밤하늘에 반짝거리며 빛을 내는 천체'라는 뜻을 기본 의미로 하여, '장성급 군인의 계급장 또는 장성급 군인, 위대한 업적을 남긴 대가를 비유적으로 이르는 말' 등의 뜻을 지닌다. 방언형 '벨'은 문헌 어휘 '별'의 제주식 발음 형태이며, 방언형 '빌'은 새롭게 형성된 어형이다.

[용례]

¶ 하늘 우읜 벨이 송송, 땅 아랜 궁기가 송송. (하늘 위엔 별이 총총, 땅 아래는 구멍이 송송.)

¶ 이젠 오분제기 두 개만 떼민 하늘에 벨 따온 거만이 알아. (이젠 오분자기 두 개만 따면 하늘에 별 따온 것만큼 알아.)

¶ 츠례로 땅, 둘, 헤, 벨 맞아. 우지시가 벨. (차례로 땅, 달, 해, 별 맞아. 웃기떡이 별.)

¶ 벨떡은 손봉오지만 부쩌근에 꼭꼭 벨을 접는 거라. (기름떡은 손부리만 붙여서 꼭꼭 별을 집는 거야.)

¶ 칠성벨, 칠성날이고. 저 칠성벨 봐사켜 허멍. 그 벨이 딱 일곱 개라. (칠성별, 칠성날이고. 저 칠성별 봐야겠어 하며. 그 별이 딱 일곱 개야.)

우지시

[관용 표현]

벨진밧 표준어로 바꾸면 '별 진 밭'인데, '넓고 토질이 좋은 밭'을 비유적으로
　이르는 말.

[관련 어휘]

다몰 밤에 한군데 여럿이 총총히 모여서 반짝이는 별.

미리내·미릿내·은하수 은하수.

벨떡 별 모양의 기름떡. 주로 웃기떡으로 쓴다.

벨장게 별똥. '유성'을 일상적으로 이르는 말.

새벨 샛별. '금성'을 일상적으로 이르는 말.

어스럼새벨·어스름새벨 개밥바라기. 저녁 무렵 서쪽 하늘에 보이는 '금성'을
　이르는 말.

칠성벨 북두칠성을 달리 일컫는 말.

비

[기본 의미] 대기 중의 수증기가 높은 곳에서 찬 공기를 만나 식어서 엉기어 땅 위로 떨어지는 물방울.

[대응 표준어] 비

[방언 분화형] 비

[문헌 어휘] 비(《석보상절》6:23)

[어휘 설명] '비'는 '대기 중의 수증기가 높은 곳에서 찬 공기를 만나 식어서 엉기어 땅 위로 떨어지는 물방울'이라는 뜻을 지닌다. 방언형 '비'는 문헌 어휘 '비'가 그대로 쓰인 경우다.

[용례]

¶ 비가 크믄 막 그냥 사름 끗을 정도로 물이 커. (비가 크면 아주 그냥 사람 끌 정도로 물이 커.)

¶ 디딜팡뿐이난 비 오믄 비 맞고 허주. (부춛돌뿐이니 비 오면 비 맞고 하지.)

¶ 뻿데기 널엉 비 오믄 난리가 나. (절간고구마 널어서 비 오면 난리가 나.)

¶ 비 오람직허민 눌 눌곡 데미곡. 경헹 느람지 헤당 더끄곡. (비 옴직하면 가리 가리고 더미고. 그래서 이엉 해다가 덮고.)

¶ 흑교 갓당 비 오믄 초신이 젖으카 부덴 멘발로 와. 초신은 들르곡. (학교 갔다가 비 오면 짚신이 젖을까 봐 맨발로 와. 짚신은 들고.)

¶ 우장은 비에 씨는 거. 새로 줄은 거. (도롱이는 비에 쓰는 거. 띠로 결은 거.)

¶ 보리 헐 때 더운 것도 더운 거주만은 비나 왕 허민 보리가 곱은 보리, 곱은 보리 헷나주. (보리 할 때 더운 것도 더운 거지만 비나 와서 하면 보리가 곰삭

은 보리, 곰삭은 보리 했었지.)

비 오는 날에 외상제 울 듯 '가없는 외
로움'을 비유적으로 이르는 말.

[관련 어휘]
겁비　겁이 날 정도로 갑작스레
　　세차게 쏟아지는 큰비.
고레비·고레장비　억수.
궂인비　궂은비.
기우제·비우제　기우제.
ᄀᄂ는비·ᄀ랑비·ᄀ랑사니　가랑비.
ᄀ슬비·ᄀ을비　가을비
넘어가는비·지나가는비　여우비. 볕
　　이 나 있는 날 잠깐 오다가 그
　　치는 비.
눈비　눈비.
더럭비·쏘나기·쒸나기·쒸네기　소나기.
마지다·마치다·마틀다·장마지다　장마지다.
발비　바람 없는 날, 빗방울이 곧장 줄지어 내리는 것처럼 보이는 큰비.
봄비　봄비.
비ᄇ름　비바람.
비지다　비가 내리기 시작하다.
빗살　비꽃. 비가 내리기 시작할 때 성기게 떨어지는 빗방울.
빗살ᄒ다　비꽃이 떨어지기 시작하다.
빗주제　한바탕 쏟아지는 비.

우장

산들이·산산이 장마 때 이슬비보다 조금 굵게 산산이 내리는 비.

서물사리 서무날에 오는 비.

소낙비 소낙비.

쐬낙마 장마철에 계속하여 여러 날 내리는 큰비.

언비 찬비.

여름비·ᄋ름비 여름비.

우비 우비(雨備). 비를 가리기 위하여 사용하는 물건을 통틀어 이르는 말.

우장 우장(雨裝). ①비를 맞지 아니하기 위하여 차려서 입음. 또는 그런 복
장. ②도롱이.

우장쓰다 우장(雨裝)하다.

우짐기·우징기 비 내릴 조짐이나 기운.

장예수 한정 없이 많이 내리는 비.

조금사리 조금 날에 오는 비.

줌방비·줌벙비·줌벙이·줌벵이·짐벵이 는개. 안개비보다는 조금 굵고 이슬비보
다는 가는 비.

줌비·잠비 잠자라고 오는 비.

흑비 황사.

동음어

비[1] 비. 대기 중의 수증기가 높은 곳에서 찬 공기를 만나 식어서 엉기어 땅 위로 떨어
　　지는 물방울.
¶ 그까짓 <u>빈</u> 온동만동. (그까짓 비는 온 듯 만 듯.)

비[2] 비. 먼지나 쓰레기를 쓸어 내는 기구.
¶ 우린 <u>비</u> 아년 비치락 경 굴아. (우린 비 않고 '비치락' 그렇게 말해.)

비[3] 북. 베틀에서 날실의 틈을 왔다갔다하면서 씨실을 풀어주는 기구.
¶ 건 꼬릿박이엔 곧는 사름, <u>비</u>엔 곧는 사름 다 틀려. (건 '꼬릿박'이라 말하는
　　사람, '비'라고 말하는 사람 다 달라.)

비[4] '비바리'·'비창' 등 복합어에서 전복을 뜻하는 말.
¶ 비바리: ①전복 따는 사람. ②처녀.

빗

[기본 의미]   시각 신경을 자극하여 물체를 볼 수 있게 하는 일종의 전자기파.

[대응 표준어]   빛

[방언 분화형]   빗·빛

[문헌 어휘]   빗(《남명집언해》상:3), 빛(《석보상절》18:19)

[어휘 설명]   '빗'은 '시각 신경을 자극하여 물체를 볼 수 있게 하는 일종의 전자기파'라는 뜻을 기본 의미로 하여, '물체가 광선을 흡수 또는 반사하여 나타내는 빛깔, 표정이나 눈·몸가짐에서 나타나는 기색이나 태도, 무엇을 느끼게 하는 분위기, 희망이나 영광 따위를 비유적으로 이르는 말' 등의 뜻을 지닌다. 방언형 '빗'과 '빛'은 문헌 어휘 '빗'과 '빛'이 그대로 쓰인 경우다.

[용례]

¶ 아, 촐은 뭐 아침 득 울민 빗이 저 헤가 뜨기 전의 촐밧디 강 촐 보아질 정도 되민 그냥 비기 시작헤여. (아, 꼴은 뭐 아침 닭 울면 빛이 저 해가 뜨기 전에 꼴밭에 가서 꼴 보일 정도 되면 그냥 베기 시작해.)

¶ 콩풀 그걸 흔불 두불 이렇게 칠헤 주면은 빤짝빤짝허고 빗이 낫어. (콩풀 그걸 초벌 두벌 이렇게 칠해 주면 반짝반짝하고 빛이 났어.)

¶ 촐도 ᄋ물아갈 때 빛에 말렷다가 막 집만썩 쌓아낫다가 그걸 내내 빠다가 흔 뭇씩 주고. (꼴도 여물어갈 때 빛에 말렸다가 막 집만큼씩 쌓아놨다가 그걸 내내 빼다가 한 뭇씩 주고.)

¶ 가라물 가마귀 빛 나 가지고 반짝반짝허주게. 경 헤영 그걸 제일 일등으

로 섹깔을 보는 거라. (가라말 까마귀 빛 나 가지고 반짝반짝하지. 그렇게 해서 그걸 제일 일등으로 색깔을 보는 거야.)

[관련 어휘]

검정빗 검은빛.

노린빗 노란빛.

눗빗 낯빛. 얼굴의 빛깔이나 기색.

빗깔·빛깔 빛깔.

제섹 본색(本色).

헷빗 햇빛.

흔이나게 번쩍번쩍 빛이 나게.

동음어

빗¹ 빛. 시각 신경을 자극하여 물체를 볼 수 있게 하는 일종의 전자기파.

¶ 놋그릇 제로 다ㄲ민게 반들반들헌 게 막 빗이 나. (놋그릇 재로 닦으면 반들반들한 게 아주 빛이 나.)

빗² 빗. 머리를 빗을 때 쓰는 도구.

¶ 촹빗도 빗이난 걸로도 머리 굴려. (참빗도 빗이니까 걸로도 머리 가려.)

빗³ 빚. 남에게 갚아야 할 돈.

¶ 빗 엇덴 굴으민 부모 엇이녠 들어봐. 부모가 빗이주게. (빚 없다고 말하면 부모 없느냐고 물어봐. 부모가 빚이지.)

빗⁴ 칼로 베어 낸 시루떡의 조각. 또는 그것을 세는 말. 시루떡 가운데를 직사각형으로 자른 것을 '상빗'이라 하고, 가장자리의 것을 '윳빗'이라 한다.

¶ 쳇상엔 시리떡은 보통 두 빗 올려. 하믄 늬 빗도 올릴 수도 잇고. (제상엔 시루떡은 보통 두 '빗' 올려. 많으면 네 '빗'도 올릴 수도 있고.)

빗⁵ 전복. '암핏, 수핏' 등 합성어에서, 전복을 뜻하는 말.

¶ ㄱ튼 깝이믄 암핏 먹으크라, 경덜 굴아. (같은 값이면 암전복 먹겠어, 그렇게들 말해.)

¶ 전복 새끼ㄱ라 빗제기. (전복 새끼보고 '빗제기'.)

ᄇᆞ름

[기본 의미]   기압의 변화 또는 사람이나 기계에 의하여 일어나는 공기의 움직임.

[대응 표준어] 바람

[방언 분화형] ᄇᆞ름·ᄇ름

[문헌 어휘]   ᄇᆞ름(《용비어천가》2장)

[어휘 설명] 'ᄇᆞ름'은 '기압의 변화 또는 사람이나 기계에 의하여 일어나는 공기의 움직임'이라는 뜻을 기본 의미로 하여, 공이나 튜브 따위와 같이 속이 빈 공간에 넣는 공기, 사회적으로 일어나는 일시적인 유행이나 분위기 또는 사상적인 경향, 들뜬 마음이나 일어난 생각' 등의 뜻을 지닌다. 방언형 'ᄇᆞ름'은 문헌 어휘 'ᄇᆞ름'이 그대로 쓰인 경우고, 다른 방언형 'ᄇ름'은 문헌 어휘 'ᄇᆞ름'이 'ᄇᆞ름〉ᄇ름'의 변화 과정을 거친 어형이다.

[용례]

¶ 집줄 촘촘허민 오래 가니까. 지붕도 아멩 ᄇᆞ름이 불어도 거 걸로 뗑겨 무끄니까. (집줄 촘촘하면 오래 가니까. 지붕도 아무리 바람이 불어도 거 걸로 당겨서 묶으니까.)

¶ 낚베로 펄바당* 갓당 오젠 허민 ᄇᆞ름 만나민 그냥 죽어 불고. (낚배로 뻘바다 갔다가 오려고 하면 바람 만나면 그냥 죽어 버리고.)

---

* '펄바당'은 '밑바닥이 개흙으로 깔려 있는 깊은 바다'를 말한다.

¶ 물류는 게 어렵주, ᄇᆞ름에 불리는 것사게 쉬와. (말리는 게 어렵지, 바람에 불리는 거야 쉬워.)

¶ 이딘 ᄇᆞ름 불엇뎅 ᄒᆞᆫ 볼침엇이 불어. (여기는 바람 불었다 하면 볼품없이 불어.)

¶ 돗 들민 그냥 ᄇᆞ름으로 갈 거난. (돛 달면 그냥 바람으로 갈 거니까.)

¶ ᄇᆞ름이 ᄒᆞᆫ 줄로 쫙 가사 불리기도 좋주게. (바람이 한 줄로 쫙 가야 불리기도 좋지.)

¶ 건들건들 ᄇᆞ름이랑 불건 동남풍이나 불어나오라. (건들건들 바람일랑 불거든 동남풍이나 불어오라.)

[관용 표현]

ᄇᆞ름 부찌다 '바람 심하게 불다.'를 이르는 말.

ᄇᆞ름 터지다 '바람 불기 시작하다.'를 이르는 말.

[관련 어휘]

갈갈 좁은 틈으로 황소바람이 들어오는 모양.

갈ᄇᆞ름·섯갈·섯갈ᄇᆞ름 갈바람.

갯ᄇᆞ름 갯바람.

거슨ᄇᆞ름 앞바람. 배가 가는 반대쪽으로 부는 바람.

건건ᄒᆞ다·건드렁ᄒᆞ다 바람이 건들건들 불어서 시원하다.

건들마·건들ᄇᆞ름 건들마. 장마 기간에 구름 끼고 바람만 부는 날씨.

곧은하늬·바른하늬·하늬ᄇᆞ름 하늬바람.

ᄀᆞ슬ᄇᆞ름·ᄀᆞ을ᄇᆞ름 가을바람.

놀 갑자기 부는 모진 바람.

놀불다 모진 바람이 갑자기 일어나 불다.

높샛ᄇᆞ름·동하늬·두세ᄇᆞ름·세하늬ᄇᆞ름 동북풍.

늦하늬ᄇᆞ름·섯하늬·섯하늬ᄇᆞ름 서북풍.

늣롯 ①산꼬대. 맑고 바람 없는 밤이나 새벽에, 대기의 몹시 추운 기운이나
　　바람. ②가을철 산에서 바다 쪽으로 부는 찬바람.

도제·도지 도지. 늦가을 음산한 날 서북쪽으로 불어오는 바람.

돗겡이·돗겡이브름·돗공이·돗공이브름·돗궹이·돗궹이주제·메오리브름 회오리바람.

동마브름·든샛브름·샛마프름·을진풍 동남풍.

된브름 된바람. 북쪽에서 불어오는 바람.

든마브름·든마프름·섯마브름·섯마프름 서남풍.

마브름·마프름 마파람. 남풍을 이르는 말.

맞브름·양숨 맞바람. 한쪽으로만 불지 아니하고 맞은쪽에서도 불어오는 바람.

바당브름 바닷바람.

버렁 여름철에 볕이 나면서 부는 바람.

봄브름 봄바람.

비브름 비바람.

부상걸다 바람이 웅성웅성하게 일어나다.

브름고망·브름궁기 바람구멍. 바람이 통하는 구멍.

브름구름 바람꽃.

브름깍·브름꼿·브름알 바람아래. 바람이 불어가는 쪽.

브름도레기 바람개비.

브름돌리다·브름둘리다 도서다. 바람이 방향을 바꾸다.

브름들다 바람들다. 무 따위 속살이 물기가 없이 푸석푸석하게 되다.

브름머리·브름우 바람위. 바람이 불어오는 쪽.

브름살 바람살. 세차게 부는 바람의 기운.

브름의지 바람이 맞받지 아니하여 눈비 따위를 피할 수 있는 곳.

브름주제 한바탕 부는 바람.

브름질 바람길.

브름코젱이·브름코지 바람받이. 바람을 몹시 받는 곳.

산두세·산부세 산바람.

샛ᄇ름 샛바람. 동풍을 이르는 말.

신샛ᄇ름 동북동쪽에서 불어오는 바람.

실ᄇ름 실바람.

언ᄇ름·춘ᄇ름 찬바람.

양도세·양두세 바람 방향이 바뀔 때 양쪽에서 불어오는 바람.

우풍 웃바람.

저슬ᄇ름·저을ᄇ름 겨울바람.

지름샛ᄇ름 봄철에 며칠 연이어서 잔잔하게 부는 바람.

지물찌ᄇ름 조류 방향과 같은 방향으로 부는 바람.

촐하늬 꼴 벨 철에 부는 하늬바람.

큰ᄇ름·큰ᄇ룸 큰바람.

안개

[기본 의미] 지표면 가까이에 아주 작은 물방울이 부옇게 떠 있는 현상.

[대응 표준어] 안개

[방언 분화형] 안개·(은암·은압·은애)

[문헌 어휘] 안개(《능엄경언해》8:99)

[어휘 설명] '안개'는 '지표면 가까이에 아주 작은 물방울이 부옇게 떠 있는 현상'이라는 뜻을 지닌다. 방언형 '안개'는 문헌 어휘 '안개'가 그대로 쓰인 경우다. 다른 방언형 '은암'은 한자어 '운암(雲暗)', 방언형 '은애'는 한자어 '운애(運靉)'에서 온 것으로 보인다.

[용례]

¶ 옛날엔 장마가 그치룩 심허영, 장마 이젠 그치룩 안개 안 끼주만은. 안개 끼민 사름도 안 보일 정도로. (옛날에는 장마가 그처럼 심해서, 장마 이제는 그처럼 안개 안 끼지만. 안개 끼면 사람도 안 보일 정도로.)

¶ 장마에 감저 놓는 거. 옛날은 안개 팡팡 지면 감저 놓고. 다시 유월절* 넘어근에, 유월절 넘엉 감저 놓젠 허민 벳 나민, 밧 갈민 밧디 더운 짐이 팡팡 나. (장마에 고구마 놓는 거. 옛날은 안개 팡팡 끼면 고구마 놓고. 다시 '유월절' 넘어서, '유월절' 넘어서 고구마 놓으려고 하면 볕 나면, 밭 갈면 밭에 더운 김이 팡팡 나.)

---

* '유월절'은 '소서에서 입추까지의 절기'를 말한다. '유월절 넘어서는'은 '소서 지나서는'의 뜻이다.

¶ 고사리 꺼끄레 목장의 가신디 안갠 푹 쪄서. 그땐 장갑도 엇은 때라이. (고사리 꺾으러 목장에 갔는데 안개는 푹 꼈어. 그땐 장갑도 없을 때야.)

¶ 안개에 옷 젖지 아녀곡 짐벵이에 옷 젖어. (안개에 옷 젖지 않고 는개에 옷 젖어.)

¶ 봄에 간 땐 안개로 콤콤허여. 어디가 어딘지 몰라. (봄에 갈 때는 안개로 캄캄해. 어디가 어딘지 몰라.)

¶ 물꽁지에 비치락 식 개 둘아메영 토성** 흔번 도난 온 천지가 은암이 져 불어. (말꼬리에 비 세 개 달아매어 토성 한번 도니 온 천지가 운암이 져 버려.)

¶ 은압 지믄 가늠 못허여. (운암 끼면 가늠 못해.)

¶ 아침에 은애 찌믄 날 좋넨 곤나. (아침에 운애 끼면 날 좋다고 한다.)

[관용 표현]

은압 지다 '안개 끼다.'를 이르는 말.

●●●●● **더 생각해 보기**

유의어

남기 남기(嵐氣). 해 질 무렵 멀리 보이는 푸르스름하고 흐릿한 기운.
안개비 안개비.
은암·은압 운암(雲暗). 아주 짙은 안개.
은애 ①운암. ②운애(運靉). 구름이나 안개가 끼어 흐릿한 기운.
이내 이내. 해 질 무렵 멀리 보이는 푸르스름하고 흐릿한 기운.
줌방비·줌벙비·줌벙이·줌벵이·짐벵이 는개. 안개비보다는 조금 굵고 이슬비보다
　는 가는 비.

** '토성'은 제주시 애월읍 고성리에 있는 '항바두리'를 말한다. 흙으로 쌓은 성이다. 《동국여지승람》 '제주목 고적'에는 '고토성(古土城)'이라 하였다.

하늘

051

[기본 의미]　지평선이나 수평선 위로 보이는 무한대의 넓은 공간.

[대응 표준어]　하늘

[방언 분화형]　하늘

[문헌 어휘]　하ᄂᆞᆯ(《용비어천가》 4장)

[종합 설명]　'하늘'은 '지평선이나 수평선 위로 보이는 무한대의 넓은 공간'이라는 뜻을 지닌다. 방언형 '하늘'은 문헌 어휘 '하ᄂᆞᆯ'이 '하ᄂᆞᆯ〉하늘'의 변화 과정을 거친 어형이다.

[용례]

¶ 멘날 하늘이 벌겅허여. 경허믄 어느 집 불캄쪄 허곡. (만날 하늘이 벌게. 그러면 어느 집 불탄다 하고.)

¶ 농ᄉᆞ엔 헌 건 하늘이 안 도와줭은 좀체로 ᄒᆞ기가 힘든 거주게. (농사라고 한 건 하늘이 안 도와줘서는 좀처럼 하기가 힘든 거지.)

¶ 젤 우의가 우지시. 벨은 하늘을 의미허는 거니까. 벨 하늘에 잇지. (젤 위가 웃기떡. 별은 하늘을 의미하는 거니까. 별 하늘에 있지.)

¶ 이젠 오분제기 두 개만 떼민 하늘에 강 벨 따온 거만이 알아. (이제는 오분자기 두 개만 따면 하늘에 가서 별 따온 거만큼 알아.)

¶ 엿날은 하늘로 ᄂᆞ린 물이 좋다고 혜서. (옛날은 하늘로 내린 물이 좋다고 했어.)

¶ 신구간*은 신이 없는 날게. 저 신, 하늘레 올라 불엉 없는 날. ('신구간'은 신이 없는 날. 저 신, 하늘로 올라 버려서 없는 날.)

¶ 우미 나는 건 하늘과 땅 차이라. (우뭇가사리 나는 건 하늘과 땅 차이야.)

¶ 일어나멍서라 하늘 봐져. 헤지근허믄 밧디 가젠. (일어나면서 곧 하늘 보게 돼. 해읍스름하면 밭에 가려고.)

¶ 하늘フ찌 노픈 스랑 바당フ찌 지픈 스랑 허멍 소리도 헤나고. (하늘같이 높은 사랑 바다같이 깊은 사랑 하면서 소리도 했었고.)

¶ 천하 부젠 하늘이 내와. (천하 부자는 하늘이 내어.)

¶ 천화일, 하늘에서 불을 내린다고 천화일엔 집을 안 일어. (천화일(天火日), 하늘에서 불을 내린다고 천화일엔 집을 안 이어.)

[관용 표현]

하늘 높고 땅 ㄴ차운 줄 알다 '자연의 섭리를 깨닫다.'를 비유적으로 이르는 말.

하늘 울다 '비 오다.'를 비유적으로 이르는 말.

하늘 울엉 날 좋은 날 시멍 ㅂ름 불엉 절 잘 날 시카 '자연의 섭리를 깨달아야 한다.'를 비유적으로 이르는 말.

하늘 일 땅 일 '세상사'를 비유적으로 이르는 말.

하늘광 ㅋ뜽ㅎ다 표준어로 바꾸면 '하늘과 나란하다.'인데, '키가 크다.'를 비유적으로 이르는 말.

하늘이 좀쑥ㅎ다** 표준어로 바꾸면 '하늘이 '잠쑥하다.'인데, '곧 비 올 듯하다.'를 이르는 말.

---

* '신구간'은 '대한 후 5일부터 입춘 전 3일까지의 기간'을 말한다. 이 기간에는 이사·집수리·변소 고치기 등 손질하는 역사를 해야 연중 흉이 없고 해가 없다는 속신이 생겼다. 원래는 입춘을 앞두고 집안 정리를 하며 새봄맞이의 다짐을 하는 뜻 깊은 시기이다.

** '좀쑥ㅎ다'는 '①비구름이 낮게 드리워 금방이라도 비가 올 듯이 흐리다. ②옷을 많이 껴입은 상태이다. ③일정한 공간에 가득 차다.' 등의 뜻을 지닌 어휘다. 여기서는 ①의 뜻으로 쓰였다. '좀쑥ㅎ다'는 달리 '둠쑥ㅎ다'라 한다.

[관련 어휘]

웃하늘 입천장.

천상쿨·천상풀·하늘풀 망초.

하늘강셍이 땅강아지.

하늘레기 ①하눌타리. ②노랑하눌타리

하늘셍이 종달새.

하늘쉐 장수풍뎅이. 투구풍뎅이.

하늘강셍이

헤

052

[기본 의미] '태양'을 일상적으로 이르는 말.

[대응 표준어] 해

[방언 분화형] 헤

[문헌 어휘] 히(《용비어천가》50장)

[어휘 설명] '헤'는 '태양을 일상적으로 이르는 말'이라는 뜻을 기본 의미로 하여, '지구가 태양을 한 바퀴 도는 동안, 날이 밝아서 어두워질 때까지의 동안, 또는 그 동안을 세는 단위' 등의 뜻을 지닌다. 방언형 '헤'는 문헌 어휘 '히'가 '히)헤'의 변화 과정을 거친 경우다.

[용례]

¶ 초집은 헤가 갈수록 자꾸 우의 더프니까 노파지는 거주. (초가는 해가 갈수록 자꾸 위에 덮으니까 높아지는 거지.)

¶ 쉔 뿔 봥 멧 헤 되엇구나 알아. 장시덜 오민 속이지 못허여. (소는 뿔 봐서 몇 해 되었구나 알아. 장수들 오면 속이지 못해.)

¶ 지붕은 두 헤에 혼 번 일어. (지붕은 두 해에 한 번 이어.)

¶ 헤로 기준 허믄 양력, 둘로 기준 허믄 음력. (해로 기준 하면 양력, 달로 기준 하면 음력.)

¶ 쉐뿔은 혼 헤에 혼 ᄆ 작썩 셔. (소뿔은 한 해에 한 마디씩 있어.)

¶ 두 헤를 할망덜 죽 쒕 멕이멍 크고. (두 해를 할머니들 죽 쒀서 먹이며 크고.)

¶ 조농사 헤근에 유월 염천에 그 진진헌 헤에 검질메당 보믄 울어져. (조농사 해서 유월 염천에 그 기나긴 해에 김매다 보면 울게 돼.)

¶ 멍석 페와근에 보리 헤근에 하루 두 번 세 번 체우쳐근에* 또 널엉 또 헤가 저만인 가민 흔 번 체우청 또 널엉. 그치룩 허멍 삼일 동안을 물려. (멍석 펴서 보리 해서 하루 두 번 세 번 '체우쳐서' 또 널어서 또 해가 저만큼 가면 한 번 '체우쳐서' 또 널어서. 그처럼 하며 삼일 동안을 말려.)

[관용 표현]
혜 가르다·혜 갈르다 '해가 바뀌다.'를 이르는 말.
혜 구물다 표준어로 바꾸면 '해 저물다.'인데, '일년이 다 끝나다.'를 이르는 말.

[관련 어휘]
넘은혜·지난이·지난혜 지난해.
다음혜 다음해. 다음에 오는 해.
뒷혜 이듬해.
묵은혜 묵은해.
붉은혜돋이·혜돋이붉음 아침노을.
붉은혜지기·혜지기붉음 저녁노을.
새혜 새해.
올이·올혜·올히 올해.
진진혜 긴긴해.
첫혜·쳇혜 첫해.
혜갓·헷머리·헷모리 햇무리. 햇빛이 대기 속의 수증기에 비치어 해의 둘레에 둥글게 나타나는 빛깔이 있는 테두리.
혜거르다·혜걸르다 해거리하다. 한 해를 거르다.
혜남석 양지받이. 추울 때 양지바른 곳에 나와 햇볕을 쬐는 일. 또는 그런 곳.

---

* '체우치다'는 '①멍석 끝을 들어 올리거나 키를 흔들어 그 안에 있는 곡식 따위를 가운데로 걷어 모으다. ② 말로 상대방을 올렸다가 내렸다가 하다.'는 등의 뜻을 지닌 어휘이다. 여기서는 ①의 의미로 쓰였다.

헤낮 대낮.

헤돋이 해돋이.

헤원·헤은·헤훈 해껏. 해가 질 때까지.

헤왕낮 한낮. 해가 내리쪼이는 한낮.

헤전 해전. 해가 지기 전.

헤지기 해지기. 해가 서쪽 지평선이나 산너머로 들어가 보이지 않게 되는 것.

헤지우다·헤폴다 그날 하루를 보내다.

헤질フ리 해질녘. 해가 질 무렵.

헤천·헤춘 해종일. 하루 종일.

헤천밧 하루갈이. 소를 데리고 하룻낮 동안에 갈 수 있는 밭의 넓이.

헤추로·헤추르 저물도록.

헷발 햇발.

헷빗 햇빛.

헷살 햇살.

흐르헤 하루해.

명사

지리

고을

[기본 의미] 조선시대에, 주(州)·부(府)·군(郡)·현(縣) 등을 두루 이르던 말.

[대응 표준어] 고을

[방언 분화형] 고을·골

[문헌 어휘] 고을(《훈몽자회》중:7), 골(《훈몽자회》상:6)

[어휘 설명] '고을'은 '조선시대에, 주(州)·부(府)·군(郡)·현(縣) 등을 두루 이르던 말'을 기본 의미로 하여, '예전에 관아가 있는 곳, 예전에 현청이 있는 곳, 한 마을 안에 자연스럽게 터전을 마련한 동네'의 뜻을 지닌다. 방언형 '고을'·'골'은 문헌 어휘 '고을'과 '골'이 그대로 쓰인 경우다.

[용례]

¶ 동카름, 서카름 헤 가지고 고을이 두 개로 쪼개졋는데, 그 이유인즉 가운딜로 고름물*이라고 물이 흐르는 때문에 자연적으로 집을 못 짓어서. (동동네, 섯동네 해 가지고 고을이 두 개로 쪼개졌는데, 그 이유인즉 가운데로 '고름물'이라고 물이 흐르는 때문에 자연적으로 집을 못 지었어.)

¶ 그 어른이 우리 고을 번창 시겻젠 헤여. (그 어른이 우리 고을 번창 시켰다고 해.)

¶ 신 헤영 둘아메영. 경허난 가당 그차지민 거 신을 거. 선비덜도 저 고을더레 가당 그차지민 털락털락헤 불민 그거 신을 거. (신 해서 달아매서. 그러니까 가다가 끊어지면 거 신을 거. 선비들도 저 고을로 가다가 끊어지면 털락털락

---

* '고름물'은 제주시 외도동에 있는 물 이름이다.

해 버리면 그거 신을 거.)

¶ 떡을 헷당은에 그 우리 동네 아래 <u>골이믄</u> 이제 스무 집이 되나 열서너 집 이 되주게. 경허민 이제 그 동넬 다 갈라먹어. (떡을 했다가 그 우리 동네 아 래 고을이면 이제 스무 집이 되나 열서너 집이 되지. 그러면 이제 그 동네를 다 나눠 먹어.)

¶ 동네가 이웃헌 고성**도 <u>골</u>이 잇어서. (동네가 이웃한 '고성'도 고을이 있었 어.)

[관련 어휘]

골밥 큰일 때, 고을 사람들을 먹이기 위해 지은 밥.

골부리다·도양부리다·온골부리다 초상 등 큰일이 났을 때, 마을 전체 사람을 부 리다.

도양·온골 마을 전체. 또는 마을 사람 모두.

동골·동동네·동카름 한 마을에서 동쪽에 자리해서 이루어진 동네.

서카름·섯가름·섯골·섯동네 한 마을에서 서쪽에 자리해서 이루어진 동네.

안골 안골. 한 마을에서 안쪽에 위치해 있어서 중심이 되는 동네.

** '고성'은 성산읍 고성리를 말한다. 예전에 현청 소재지였다. 왜구의 침입이 빈번해지자 현청을 성읍리로 옮겼다.

205

고지

054

[기본 의미] 나무들이 무성하게 우거지거나 꽉 들어찬 곳.

[대응 표준어] 숲

[방언 분화형] 고지·곳

[문헌 어휘] 곳(《훈민정음》해례본:종성해)

[어휘 설명] '고지'는 '나무들이 무성하게 우거지거나 꽉 들어찬 곳'을 뜻한다. 방언형 '고지'는 문헌 어휘 '곳'에 접미사 '-이'가 연결된 형태며, 다른 방언형 '곳'은 문헌 어휘 '곳'이 그대로 쓰인 경우다. 이원진(李元鎭)의 《탐라지(耽羅志)》(1653)에는 "以藪爲高之"라 하여 '高之(고지)'로 기록하고 있다.

한편 '수풀'의 방언형은 '수월·수풀·술·숨풀·숩·지슴' 등으로 나타난다.

[용례]

¶ 고지 강 춤낭 헤당 헌 건 춤낭숫. (숲에 가서 참나무 해다가 한 건 참나무숯.)

¶ 옛날은 낭 일름도 전부 따로따로 잇지마는 고지 강 낭을 이것저것 허면은 새 부뜬 낭이 잇어. (옛날은 나무 이름도 전부 따로따로 있지만 숲에 가서 나무를 이것저것 하면 사이 붙은 나무가 있어.)

¶ 고지 가근에 몽콜 제대로 된 걸 헤 오젠 허민 막 어려와. (숲에 가서 쟁깃술 제대로 된 걸 해 오려고 하면 아주 어려워.)

¶ 돈 날 게 엇어 부난 고지 가근에 숫 문엉 풀주게. (돈 날 게 없어 버리니 숲에 가서 숯 묻어서 팔지.)

¶ 곳젠* 곳, 관리허는 거. 누게 늘낭 그차 가지 못허게. ('곳제'는 숲, 관리하는 거. 누구 날나무 잘라 가지 못하게.)

¶ 요 곳디 강 늘낭으로 헤당 깨영 물려근에 풀멍 살아수다. (요 숲에 가서 날
　나무로 해다 깨어서 말려서 팔며 살았습니다.)

¶ 용수** 우의 곳더레 간 디 거기서 강술이렌 말 들언. ('용수' 위에 숲으로 간
　데 거기서 '강술'이라는 말 들었어.)

[관련 어휘]

곳고사리　숲속이나 가시밭 속에서 자라 키가 크고 거무스레한 빛을 띠는 고
　사리.

곳낭　산나무. 산에서 자란 나무.

곳멀위　산머루.

곳물　깊은 숲속에 방목하는 말. 또는 야생의 말.

곳밧　① 산속의 숲 지대. ② 깊은 숲속의 나무와 덩굴 따위를 베어내고 일구
　어 잡곡을 심는 땅.

곳쉐　깊은 숲속에 방목하는 소. 또는 야생의 소.

곳자왈　화산활동으로 돌무더기 많은 곳에 나무가 빽빽이 들어 차고, 덩굴
　따위가 마구 엉클어져 숲을 이루고 있는 곳.

곳질　숲길.

낭고지　나무숲.

숫곳　숯을 구울 가마가 있는 숲.

톨곳　나무와 덤불 따위가 우거져 마소나 사람 출입이 어려운 깊은 곳.

＊　'곳제'는 '숲을 공동으로 관리하기 위하여 맺은 계'를 말한다.

＊＊　'용수'는 제주시 한경면 용수리를 말한다.

동음어

고지¹ 숲. 나무들이 무성하게 우거지거나 꽉 들어찬 곳.
¶ 낭흐레 고지 감쩌. (나무하러 숲에 간다.)

고지² 꼬챙이. 가늘고 길면서 끝이 뾰족한 쇠나 나무 따위의 물건.
¶ 요렇게 늬귀반듯허게 썰엉 이젠 고지에 꿰여. (요렇게 네모반듯하게 썰어서 이제는 꼬챙이에 꿰어.)

고지³ 꼬치. 꼬챙이에 꿴 음식물.
¶ 어려운 때난 혼 사름에 혼 고지썩 주지 못허주게. (어려운 때니 한 사람에게 한 꼬치씩 주지 못하지.)

고지⁴ 쐐기. 무엇을 쪼개거나 사개가 물러나지 않도록 그 사이에 물리는 나뭇조각 따위를 이르는 말.
¶ 큰 낭 깰 때 고지 물려사 허여. (큰 나무 깰 때 쐐기 물려야 해.)

고지⁵ 이랑. 한 두둑과 그에 따른 고랑을 통틀어 일컫는 말. 또는 밭의 흙을 서너 볏 마주 갈아 올려서 조금 넓고 두두룩하게 만든 부분.
¶ 고지에 골 파멍 싱거. (이랑에 골 파며 심어.)

고지⁶ 거웃. 쟁기질하여 갈아 넘긴 흙 한 줄. 또는 그것을 세는 단위.
¶ 감전 혼 사름이 혼 고지. 두 고진 파지 못허여. (고구마는 한 사람이 한 거웃. 두 거웃은 파지 못해.)

내

055

[기본 의미] 시내보다는 크고 강보다는 작은 물줄기.

[대응 표준어] 내

[방언 분화형] 내·내창

[문헌 어휘] 냏(《용비어천가》2장)

[어휘 설명] '내'는 '시내보다는 크고 강보다는 작은 물줄기'를 뜻한다. 방언형 '내'는 문헌 어휘 '냏'에서 끝소리 'ㅎ'이 탈락하여 쓰인 경우고, 다른 방언형 '내창'은 새롭게 형성된 어형이다. 이 '내창'은 '내'의 뜻과 더불어 '냇바닥'의 뜻으로 쓰이기도 한다.

[용례]

¶ 내가 워넌 커 놓난 집도 끗어 불곡 눌도 끗어 불곡 남아난 게 ᄒ나토 웃어. (내가 워낙 커 놓으니 집도 끌어 버리고 가리도 끌어 버리고 남은 것이 하나도 없어.)

¶ 우리 동넨 큰 내 엇고. (우리 동네는 큰 내 없고.)

¶ 이 내로 저 우펜의 고망물* 이서. (이 내로 저 위편에 '고망물' 있어.)

¶ 우리 동넨 내 어시난 물이 삼ᄉ방으로 다 담아들어. (우리 동네는 내 없으니까 물이 사방으로 다 몰려들어.)

¶ 우리 동넨 내창이 엇어도, 큰비가 와도 뭐 그 피해 보지는 안헷엇지. (우리 동네는 내가 없어도, 큰비가 와도 뭐 그 피해 보지는 않았었지.)

* '고망물'은 제주시 조천읍 선흘리에 있는 물 이름이다. 물이 구멍에서 흘러서 붙은 이름 같다.

¶ 서릿낭**은 주로 <u>내창에</u> 강 허여. ('서릿낭'은 주로 내에 가서 해.)

[관련 어휘]

내창물 냇물.

내창터지다·내치다·내터지다·시위ㅎ다 시위하다. 비가 많이 와서 냇물이 넘쳐흘러 육지 위로 침범하다.

조랑내·조롱내 아주 작은 개울.

●●●● **더 생각해 보기**

동음어

내¹ 내. 시내보다는 크고 강보다는 작은 물줄기.
¶ <u>낸</u> 이서도 물이 엇어. (내는 있어도 물이 없어.)

내² 내. 코로 맡을 수 있는 온갖 기운.
¶ 애기 업엉 둥기렌 ᄒ믄 코 썩은 <u>내</u>, 쉐코 썩은 <u>낸</u> 무사 ᄋ름에 남광? (아기 업어서 당기라고 하면 코 썩은 내, 소코 썩은 내는 왜 여름에 나는지?)

내³ 내. 말하는 이가 자기를 가리키는 말.
¶ 십오 명 된 때 <u>내가</u> 소를 안허게 되난 나도 떨어져 불엇는디, 지금도 목장을 허고 잇어. (십오 명 된 때 내가 소를 않게 되니까 나도 떨어져 버렸는데, 지금도 목장을 하고 있어.)

** '서릿낭'은 '서까래로 쓸 나무'의 뜻이다.

돌

056

[기본 의미]   흙 따위가 굳어서 된 광물질의 단단한 덩어리.

[대응 표준어]   돌

[방언 분화형]   돌

[문헌 어휘]   돓(《훈민정음》해례본: 합자해)

[어휘 설명]   '돌'은 '흙 따위가 굳어서 된 광물질의 단단한 덩어리'라는 뜻을 기본 의미로 하여, '건축 등의 재료로 쓰이는 암석, 바둑을 둘 때 바둑판에 놓이는 납작한 것, 라이터의 불을 일으키는 데 쓰는 아주 작은 부싯돌, 몸 안의 장기 속에 들어 있는 단단한 물질' 등의 뜻을 지닌다. 방언형 '돌'은 문헌 어휘 '돓'의 끝소리 'ㅎ'이 탈락하여 쓰인 경우다. 한자어 '석(石)'으로도 나타난다.

[용례]

¶ 굴묵* ᄀ시락 헤영 아궁이에 담아낭, 이젠 아궁이 막는 돌이 잇어. 넙주룩헌 거. 걸로 막앙 쒜똥 불라. ('굴묵' 까끄라기 해서 아궁이에 담아놔서, 이젠 아궁이 막는 돌이 있어. 넓죽스름한 거. 걸로 막아서 소똥 발라.)

¶ 답**은 둥글렁ᄒ게 영 돌 다완에 큰 낭을 세왓던 곳이고. ('답'은 둥그렇게 이렇게 돌 쌓아서 큰 나무를 세웠던 곳이고.)

---

*   '굴묵'은 '구들방에 불을 때게 만든 아궁이 및 그 바깥 공간'을 말한다. 달리 '구들묵·굴목'이라 한다.

**   '답'은 '마을의 허하다고 하는 위치에, 큰돌로 조금 너르고 둥그렇게 탑처럼 높이 쌓아 올린 담'을 말한다. 달리 '거욱·거욱대·답대·매조제기'라 한다.

답

¶ 낫으로 돌 신 듸 후리민 낫이 이제 꺼꺼정 나가니까. 그런 듸 돌 이신 듸
  는 기자 우리 여자덜이 다 비여. (벌낫으로 돌 있는 데 후리면 벌낫이 이제 꺾
  어져 나가니까. 그런 데 돌 있는 데는 그저 우리 여자들이 다 베어.)

¶ 돌만 일리민 뭐 수두룩허게시리 그것이 잇어. 촘 ᄀ메기부터 수두리ᄁ지
  그 안네에. (돌만 일으키면 뭐 수두룩하게끔 그것이 있어. 개울타리고둥으로부터
  팽이고둥까지 그 안에.)

¶ 가상 터는 건 무꺼 가지고 돌에 그냥 메어치는 거. (개상 떠는 건 묶어 가지
  고 돌에 그냥 메어치는 거.)

¶ 돌로 멘든 화리난 돌화리. (돌로 만든 화로니까 돌화로.)

[관용 표현]
돌 씹다 '성질이 폐롭다.'를 비유적으로 이르는 말.
돌을 차민 지 발부리만 아픈다 '쓸데없이 화를 내면 자기만 해롭다.'는 뜻으로 쓰
  이는 말.

[관련 어휘]

곰돌·돌코 소를 길들일 때, 쟁기 대신 끄는 구멍이 난 돌.

ᄀ렛돌 ①맷돌. ②맷돌의 재료가 되는 돌.

구들돌 구들장. 방고래 위에 깔아 방바닥을 만드는 얇고 넓은 돌.

누룩돌 푸석돌. 풍화 작용을 받아 푸석푸석하여진 돌.

다듬잇돌·돌안반·세답돔베 다듬잇돌.

담돌[1]·독상귀·독세기·돌멩이·돌세기·돌셍기·돌셍이 돌멩이.

담돌[2] 담돌.

더껫돌·어귓돌 이맛돌.

덕돌 부엌 아궁이의 봇돌과 나란하게 하여 옆에 세운 돌.

돌겡이·돌켕이·돌킹이 부채게.

돌고냥·돌고망·돌구녁·돌구멍 돌구멍.

돌구시 돌구유. 돌을 파서 만든 구유.

돌ᄀ레·돌ᄏ레·돌팡에 연자매.

돌끌 석착. 돌로 만든 끌.

돌닷 돌닻. 돌로 된 닻.

돌도고리·돌토고리 함지박 모양으로 만든 돌그릇. 주로 돼지 먹이를 주는 돌
  그릇이다.

돌도치 돌도끼. 돌로 만든 도끼.

돌ᄃ리·돌ᄐ리 돌다리.

돌밧 돌밭. ①돌이 많은 밭. ②밑바닥에 돌이 많은 바다.

돌빌레·빌레 너럭바위.

돌산태 돌을 나르는 데 쓰는 삼태기 비슷한 도구.

돌일 석역. 돌을 다루어 물건을 만드는 일.

돌자귀·돌차귀 돌을 쪼아 다듬는 데 쓰는 자귀.

돌젱이·돌쳉이 돌장이.

돌질·돌칠 돌질.

돌코넹이 등잔을 올려놓는 돌. 또는 마을의 허한 곳에 세우는 고양이 모양의 돌.

돌크르·돌ㅋ를 돌가루.

돌테 돌번지. 밭을 고르게 할 목적으로 사용하는 농기구의 하나.

돌트멍 돌틈.

돌하르방 할아버지 형상으로 만든 돌.

돌혹 돌확. 돌로 만든 조그만 절구.

돌화리 돌화로.

드름돌·들름돌·듬돌·등돌·심돌 들돌. 힘겨루기를 위해 사용하는 돌덩이.

드들팡·드딜팡·디딜팡·지들팡 부춛돌.

등경돌 관솔불을 올려놓을 수 있게 만든 돌기둥. 또는 선문대할망이 바느질
  할 때 불을 켜기 위해 만들었다는 성산일출봉에 있는 전설의 돌.

머돌·머둘·머들 돌무더기.

먹돌 아주 딴딴하고 미끈한 검은 돌.

돌코넹이

돌혹

모람돌·모릿돌 모룻돌.

물팡·서답팡 빨랫돌.

물팡돌 물을 길어 나르는 '허벅', 즉 물동이를 지고 부리고 하는 대가 되게끔
   얹은 돌.

물팡돌 노둣돌. 말에 오르거나 내릴 때에 발돋움하기 위하여 대문 앞에 놓
   은 큰 돌.

바닥돌 연자매의 아랫돌.

방돌 방돌. 방고래 위에 덮어 깔아서 바닥을 만드는 얇고 넓은 돌.

방앗돌·방엣돌 연자매의 둥그런 돌.

보말담·사그락담·사스락담·사슬담 아주 자질구레한 돌로 쌓은 담.

부돌 부싯돌.

산돌 산돌.

등경돌

상돌 ①상돌. ②향로석.

상석 상석. 무덤 앞에 제물을 차려 놓기 위하여 넓적한 돌로 만들어 놓은 상.

섬석·제절돌 섬돌. 상돌 앞 계절에 양옆 산담까지 가로로 박은 돌.

섭돌 얇고 모지게 생긴 돌.

속돌 속돌.

솟덕 봇돌. 아궁이의 양쪽에 세우는 돌.

숙전·순전 처마 밑의 땅이 파이는 것을 방지하기 위해 처마 밑을 돌아가며 나지막하게 박아 놓은 돌.

신돌·쓸돌·씬돌·씰돌 숫돌. 칼이나 낫 따위의 연장을 갈아 날을 세우는 데 쓰는 돌.

여잇돌[1]·엿돌·이잇돌[1]·이힛돌[1]·잇돌[1] 댓돌. ①집채의 낙숫물이 떨어지는 곳 안쪽으로 돌려 가며 놓은 돌. ②집채의 앞뒤에 오르내릴 수 있게 놓은 돌 층계.

여잇돌[2]·이잇돌[2]·이힛돌[2]·잇돌[2]·전돌 디딤돌.

왕돌·왕석 거석. 큰돌.

정그레·젱그레 ①풀맷돌. ②맷돌.

정돌 '산담'의 시문[神門] 위에 얹는, 두 개의 길고 나부죽한 돌.

주칫돌·주툿돌·지줏돌·지툿돌 주춧돌.

즌돌 잔돌.

창돌·천돌 연자매의 둥그런 아랫돌과 윗돌을 올려놓게 돌로 쌓은 받침대.

축담·축돌 축담.

칭돌 층댓돌.

팡돌 말을 타고 내리거나 짐을 지고 부리거나, 빨래를 할 때에 대가 되게 마련한 크고 넓적한 돌.

드르

057

[기본 의미]   편평하고 넓게 트인 땅.

[대응 표준어]   들

[방언 분화형]   드르·들

[문헌 어휘]   드릏(《용비어천가》69장)

[어휘 설명]   '드르'는 '편평하고 넓게 트인 땅'이라는 뜻을 기본 의미로 하여, '밭으로 되어 있는 넓은 땅' 등의 뜻을 지닌다. 방언형 '드르'는 문헌 어휘 '드릏'의 끝소리 'ㅎ'이 탈락한 어형이며, 다른 방언형 '들'은 문헌 어휘 '드릏'가 '드릏〉드르〉들'의 변화 과정을 거친 어형이다.

[용례]

¶ 츨구덕* 아져근에 <u>드르</u>에 콩입 틀으레 가낫주. 콩입 틀으레 갓당 밧임제 만낭 다울리민** 들아나지 못허민 구덕 왕 빼가 불곡. ('츨구덕' 가져서 들에 콩잎 뜯으러 갔었지. 콩잎 뜯으러 갔다가 밭임자 만나서 '다울리면' 달아나지 못하면 바구니 와서 빼앗아 가 버리고.)

¶ 무시거, 베염? 야야, 겁난다야. 물려보진 안헷저마는 어디 <u>드르</u> 뎅기당 베염 문다 멩심허라이. (무엇, 뱀? 야야, 겁난다. 물려보지는 않았지만 어디 들 다니다가 뱀 문다 명심해라.)

---

*   '츨구덕'은 '허리에 차서 사용하는, 중간 크기의 바구니'를 말한다.

**   '다울리다'는 '①급히 몰아서 쫓다. ②하는 일을 빨리 하도록 죄어치다.'는 뜻을 지닌 어휘다. 달리 '다둘리다·다불리다·따울리다'라 한다. 여기서는 ①의 의미로 쓰였다.

¶ 옛날은 반치가 <u>드르</u> 반찬 아니꽈? (옛날은 파초가 들 반찬 아닙니까?)

¶ 옛날 저 그 <u>드르</u>에서 장사 끗나민 낭을 끈어서 독게를 만들아. 요런 열십자 헤 가지고 사다리 만들엇지. 그 우에 올려놔 가지고 노래 불르멍 와 가지고. 그런 식으로 이제 옛날은 보통은 그런 장난덜을 허고. (옛날 저 그 들에서 장사 끝나면 나무를 잘라서 독교를 만들어. 요런 열십자 해 가지고 사다리 만들었지. 그 위에 올려놔 가지고 노래 부르면서 와 가지고. 그런 식으로 이제 옛날은 보통은 그런 장난들을 하고.)

반치

¶ 장항에 장 거려다근에 장 영 사발에 낭 대겨근에 그냥 그 늘장 물러레, 국사발러레 거려 낭 휘휘 젓엉 먹어세게. 밧, <u>드르도</u> 가민 경 허고. (장독에 된장 떠다가 된장 이렇게 사발에 놔서 발라서 그냥 그 날된장 물에, 국사발에 떠놔서 휘휘 저어서 먹었어. 밭, 들도 가면 그렇게 하고.)

[관련 어휘]

난드르·난케 난들. 마을에서 멀리 떨어진 넓은 들.

드러귀ㄴ물·드레기ㄴ물·들러귀ㄴ물·들머귀ㄴ물·들허귀ㄴ물 잎이 작고 검푸르며, 털같은 것이 돋은 품질이 좋지 못한 야생 나물.

드르카다 주로 들밭에 농사일을 하러 나가다.

드릇녁 들녘. 들이 있는 쪽이나 지역.

드릇ᄂᆞ물·드릇ᄂᆞ몰 들나물.

드릇놈삐 들무.

드릇쉐 들소.

드릇일 들일.

드릇짐승 들짐승.

드릇팟 들밭.

들꽤·유 들깨.

들꽤죽·유죽 들깨죽.

들꽤지름·들지름·유지름·유치름 들기름.

알드르 바닷가 근처의 들이나 마을.

웃드르 한라산 쪽에 있는 들이나 마을.

웃드르사름 한라산 쪽에 있는 마을에 사는 사람을 이르는 말.

웃드릇놈 한라산 쪽에 있는 마을에 사는 사람을 나쁘게 이르는 말.

땅

058

[기본 의미] 강이나 바다와 같이 물이 있는
곳을 제외한 지구의 겉면.

[대응 표준어] 땅

[방언 분화형] 따·땅

[문헌 어휘] 따(《훈민정음》해례:합자해), 짱(《석
보상절》6:26)

[어휘 설명] '땅'은 '강이나 바다와 같이 물이
있는 곳을 제외한 지구의 겉면'이라는 뜻을
기본 의미로 하여, '그 지방이나 그곳, 토지
나 택지, 흙이나 토양, 논이나 밭을 통틀어
이르는 말' 등의 뜻을 지닌다. 방언형 '따'와
'땅'은 문헌 어휘 '따'와 '짱'이 각각 '따'와 '땅'
으로 변화하여 쓰인 경우다.

양애

양엣근

[용례]

¶ 땅이 하믄 땅부제, 일이 하믄 일부제. (땅이 많
으면 땅부자, 일이 많으면 일부자.)

¶ 땅 파정 집이 무너지카 부덴 그 양에를 다
싱거. (땅 파져서 집이 무너질까 봐 그 양하를
다 심어.)

¶ 침떡은 옛 어른덜은 땅을 표시헌 거엔 허

양애 열매

물외

고. (시루떡은 옛 어른들은 땅을 표시한 거라고 하고.)

¶ 이제 검질 영 허영 눌엉 놔두면은 <u>땅에</u> 허믄 검질이 썩으카 부덴 돌 헤근에 눌굽*을 다 만들어 놓주게. (이제 검불 이렇게 해서 가리어 놔두면은 땅에 하면 검불이 썩을까 봐 돌 해서 '눌굽'을 다 만들어 놓지.)

¶ 호박이나 물외 싱경 놔두민 줄이 <u>땅으로</u> 막 번어가. (호박이나 물외 심어서 놔두면 줄이 땅으로 막 번어가.)

¶ 말톡은 알러레 거 <u>땅더레</u> 박는 거난 든든헌 낭이 좋아. (말뚝은 아래로 거 땅에 박는 거니까 단단한 나무가 좋아.)

* '눌굽'은 '낟알이 붙어 있는 곡식 또는 짚이나 꼴 따위를 둥그렇게 쌓아올린 큰 더미 자리의 밑바닥'을 말한다. 보통 돌로 둥그렇게 깔아서 만든다.

[관용 표현]

땅 갈르곡 물 갈르다 '이혼하다'를 비유적으로 이르는 말.

땅 봉그다** 표준어로 바꾸면 '땅 줍다.'인데, '묏자리 찾다.'를 비유적으로 이 르는 말.

땅 좃다·땅 파다 '농사짓다'를 비유적으로 이르는 말.

땅광 물을 갈르다 '이혼하다'를 비유적으로 이르는 말.

땅을 보다 '묏자리를 찾는다.'를 비유적으로 이르는 말.

땅이 벳덩이라 표준어로 바꾸면 '땅이 벗덩이야.'인데, '밭을 가니 흙밥이 벗 덩이처럼 되었다.'는 의미로, '가뭄이 매우 심함'을 비유적으로 이르는 말.

땅 벌러졋저 표준어로 바꾸면 '땅 깨어졌다.'인데, 넘어진 아이를 달래기 위 해서 하는 말.

눌굽

** '봉그다'는 '뜻밖에 물건을 거저줍다.', '물건을 구하거나 찾아내다.', '자식을 얻다.'의 뜻으로 쓰이는 말 이다. 여기서는 '물건을 구하거나 찾아내다.'의 뜻으로 쓰였다.

노는땅 농사를 지을 수 있는데도 아무것도 심지 않고 놀리는 땅.

놀땅[1] 물기가 있어 촉촉하게 젖어 있는 땅.

놀땅[2]·멘땅 맨땅. ① 아무것도 깔지 아니한 땅바닥. ② 거름을 주지 아니한 생땅.

된땅 차지거나 끈끈한 성질의 흙으로 이루어진 땅.

뜬땅·식은땅 차지거나 끈끈한 성질이 조금도 없는 부석부석한 흙으로 이루어진 땅.

셍땅 생땅. 한번도 갈아본 적이 없는 본디 그대로의 땅.

모살

059

[기본 의미] 자연히 잘게 부스러진 돌 부스러기.

[대응 표준어] 모래

[방언 분화형] 모살·몰레

[문헌 어휘] 몰애(《석보상절》13:8)

[어휘 설명] '모살'은 '자연히 잘게 부스러진 돌 부스러기'를 뜻한다. 방언형 '모살'은 새롭게 형성된 어형이며, 다른 방언형 '몰레'는 문헌 어휘 '몰애'에 'ㄹ'이 첨가되어 쓰인 경우다.

[용례]

¶ 보말에 똥이엔 헌 거 잇지. 게민 그 똥에 모살이 경 하. (고둥에 똥이라고 한 거 있지. 그러면 그 똥에 모래가 그렇게 많아.)

¶ 고망 촛앙 모살 지피 파당 보믄 드롱게가 나와. (구멍 찾아서 모래 깊이 파다 보면 엽낭게가 나와.)

¶ 장어 심젠 흐민 모살이라도 줴엉 심어사주. 경 아녀믄 민질락허영 털리 곡 허메. (장어 잡으려고 하면 모래라도 쥐어서 잡아야지. 그렇게 않으면 미끌해서 놓치고 해.)

¶ 가오리도 그 모살 속에 잇이민 기냥 우론 몰라. 가오리처럼 이 모살로 원이 다 기려져근에 눈이 보이는 거라.(가오리도 그 모래 속에 있으면 그냥 위로는 몰라. 가오리처럼 이 모래로 원이 다 그려져서 눈이 보이는 거야.)

¶ 눈이 파딱파딱 오는디, 이 바당에 간에 물에 들언 보난 혜삼이 이레착저레착 이레착저레착 막 그냥 모살 잇인 디영 머흘*에영 막게. 속곳 입은

냥 얼만 못 살주게. 눈 올 때고 추윙은엥에. (눈이 파딱파딱 오는데, 이 바다에
가서 물에 들어서 보니 해삼이 이리저리 이리저리 아주 그냥 모래 있는 데랑 '머흘'
에랑 아주. 속곳 입은 대로 얼마는 못 살지. 눈 올 때고 추워서.)

[관련 어휘]
검은모살·검은몰레 검은 빛깔의 모래.

모살구침·모살뜸·몰레뜸 모래찜질.

모살밧·모실왓·몰레왓 모래밭.

모살판·몰레판 모래톱. 모래판.

벡모살·벡몰레 백모래.

왕모살·왕몰레·흙은모살·흙은몰레 왕모래.

흰모살·흰몰레 흰모래.

---

* '머흘'은 '자잘한 돌이 쌓인 돌무더기'를 말한다.

물

[기본 의미] 자연계에 강·호수·바다·지하수 따위의 형태로 널리 분포하는 액체.

[대응 표준어] 물

[방언 분화형] 물

[문헌 어휘] 믈(《훈민정음》해례본:용자례)

[어휘 설명] '물'은 '자연계에 강·호수·바다·지하수 따위의 형태로 널리 분포하는 액체'라는 뜻을 기본 의미로 하여, '못이나 내 또는 바다 따위를 두루 이르는 말, 조수(潮水)를 달리 이르는 말' 등의 뜻을 지닌다. 방언형 '물'은 문헌 어휘 '믈'이 '믈>물'의 변화 과정을 거친 어형이다.

[용례]

¶ 집가지 알러레 물이 떨어지니까 흑을 파 불거든. 게난 양에 그레 심어.
  (처마 아래로 물이 떨어지니까 흙을 파 버리거든. 그러니 양하 그리로 심어.)

¶ 팔팔 꾀는 물을 비왕 반죽을 헤사 좋아. (팔팔 끓는 물을 부어서 반죽을 해야 좋아.)

¶ 막 꿰엉 물 낭 헹 누룩 낭 놔두민 오메기술* 되는 거. (막 이겨서 물 놔서 해서 누룩 놔서 놔두면 '오메기술' 되는 거.)

¶ 물에 체허민 약도 엇넨 굴아. (물에 체하면 약도 없다고 말해.)

* '오메기술'은 '차좁쌀가루를 익반죽해 만든 오메기떡에 누룩을 섞어 반죽한 후 물을 넣어 발효시킨 술'이다.

오메기술

¶ 떡 놓은 우터레 솔입 서꺼근엥에 떡 놓곡 허민 다 쳐지믄 솔입차 <u>물러레</u>, 넹수레 둥그민 솔입 트로 떡 트로 허여. (떡 놓은 위로 솔잎 섞어서 떡 놓고 하면 다 찌면 솔잎째 물에, 냉수에 담그면 솔잎 따로 떡 따로 해.)

¶ 비 와나믄 쉐나 물 발통에 물 뜰라 와야 되난에 물 <u>봉그레</u>** 뎅겨나서. (비 와나면 소나 말 발굽 밑의 물 떠 와야 되니까 물 '봉그러' 다녔었어.)

¶ <u>물도 씹엉</u> 먹어사 ㅎ여. (물도 씹어서 먹어야 해.)

¶ 촐 비어 놔 가지고 그 <u>낫</u>으로 빈 촐은 비 맞이민 거 촘 힘들지. <u>물</u> 들어 놓민 뒤집어야 되고 뭐 허고. (꼴 베어 놔 가지고 그 벌낫으로 벤 꼴은 비 맞으면 거 참 힘들지. 물 들어 놓으면 뒤집어야 되고 뭐 하고.)

** '봉그다'는 '뜻밖에 물건을 거저줍다.', '물건을 구하거나 찾아내다.', '자식을 얻다.'의 뜻으로 쓰이는 말이다. 여기서는 '물건을 구하거나 찾아내다.'의 뜻으로 쓰였다.

¶ 온몸 가려울 때나 피부에 물 질질헐 때는 가시새***엔 헌 것도 저
  불에 슬앙 그거 불르믄 피부병 좋는다 헤 가지고 그런 것도 허고.
  (온몸 가려울 때나 피부에 물 질질할 때는 '가시새'라고 한 것도 저 불에 살
  라서 그거 바르면 피부병 좋다 해 가지고 그런 것도 하고.)

[관용 표현]

물 거려 놓다 표준어로 바꾸면 '물 떠 놓다.'인데, '봉제사하다'를 비
  유적으로 이르는 말.

물 그리다 '목이 마르다.' 또는 '봉제사 받다.'를 비유적으로 이르
  는 말.

물 멕이다 '봉변을 당하게 하다.'는 뜻으로 쓰는 말.

물 얻어먹다 '봉제사 받다.'를 비유적으로 이르는 말.

물 지치다 표준어로 바꾸면 '물 끼얹다.'인데, '봉변당하게 하다.'를
  비유적으로 이르는 말.

물들어사 곰바리**** 잡나 표준어로 바꾸면 '물 밀어야 '곰바리' 잡는
  다.'인데, '시기를 놓치다.'를 비유적으로 이르는 말.

[관련 어휘]

갯물 갯물.

골물·엿물 엿물.

괸물·골른물 고인물.

국물 국물.

낫

*** '가시새'는 '파리풀'을 말한다. 달리 '가스새, 가신새'라 한다.

**** '곰바리'는 '바닷가에 사는, 자그마한 고둥 따위의 해산물'을 말한다. 달리 '곰바르, 굿바르'라 한다.

군물 군물. 풀이나 죽 따위의 위에 섞이지 아니하고 따로 생겨 떠도는 물.

굴룬물 군물. 끼니때 이외에 마시는 물.

궂인물 고장물. 구정물.

근물 간물. 소금기가 섞인 물.

나는물·산물·셈물·셍수 생수.

내창물·냇물 냇물.

눈녹은물·눈물 눈석임물. 쌓인 눈이 속으로 녹아서 흐르는 물.

더운물·돗은물·돗인물 더운물.

둠빗물 두붓물. 순물.

드는물·든물·들물 밀물.

등물 등물. 목물.

돈물¹ 단물. 단맛이 나는 물.

돈물²·민물 민물.

떳물·툿물 뜨물.

멘국물 국수물.

멘물·빈물 맹물.

물거꿈·물게꿈·물부글레기 물거품.

물고랑챙이·물고랑치·물골챙이 물고랑.

물골·물홈 물곬. 물이 흘러 빠져나가는 작은 도랑.

물구덕 물동이, 즉 '물허벅'을 넣고 지어 다니게 대나무로 만든 바구니.

물돌다 군물돌다. 풀이나 죽 따위에 군물이 생기다.

물들다¹ 물들다.

물들다² 물밀다. 바닷물이 육지로 밀려 들어오다.

물바가지·물박·물박세기 물바가지.

물바데 물받이.

물소중기·물소중의·물속곳 예전에 잠녀들이 물질할 때 입었던, 오른쪽 옆이 트인 속곳.

물수건 잠녀들이 물질할 때 머리에 쓰는 수건.

물싸다 물써다. 밀려 들어왔던 바닷물이 물러 나가다.

물옷 물옷. 잠녀들이 물질할 때 입는 옷.

물좀이 물말이. 물에 말아서 풀어 놓은 밥.

물코 물꼬.

물태작 목이 말라 한꺼번에 물을 많이 마시는 일.

물하님 물어미. 물긷는 일을 맡아 하는 여자 하인.

물항 물독.

물허벅 물동이.

바당물 바닷물.

밥눈물·밥물 밥물. 밥이 끓을 때 넘쳐흐르는 걸쭉한 물.

베릿물 벼룻물.

불칫물·젯물 잿물.

소곰국·소곰물 소금물.

속물·숙물 쑥물.

수데 물뿌리개.

신물 신물.

실려운물·언물·촌물 찬물.

싸는물·싼물·쌀물·쏠물 썰물.

쏠싯은물 쌀뜨물.

와살잇물 밀물과 썰물의 차이가 심할 때 생기는 세찬 물결. 또는 그렇게 몰
    려드는 물.

조락물 나비물. 팥이나 무릇 등 잘 익지 아니하는 것을 삶을 때 잘 익으라고
    다시 골고루 퍼지게 끼얹는 물.

죽은물 죽은물. 비가 내려서 고인물을 산물과 비교하여 이르는 말.

지슷물·지실물·지싯물 낙숫물. 처마 끝에서 떨어지는 물.

집지슬물·집지실물 기스락물.

쩐물·촌물 짠물.

청물 꿀물.

큰물 큰물.

풋물 팥물.

흑질물 흙질할 때 쓰는 물.

ᄆᆞ을

[기본 의미]　주로 시골에서, 여러 집이 모여 사는 곳.

[대응 표준어]　마을

[방언 분화형]　ᄆᆞ슬·ᄆᆞ실·ᄆᆞ을

[문헌 어휘]　ᄆᆞᅀᆞᆶ(《석보상절》6:23)

[어휘 설명]　'ᄆᆞ을'은 '주로 시골에서, 여러 집이 모여 사는 곳'이라는 뜻을 기본 의미로 하여, '이웃에 놀러 다니는 일' 등의 뜻을 지닌다. 방언형 'ᄆᆞ을'은 문헌 어휘 'ᄆᆞᅀᆞᆶ'이 'ᄆᆞᅀᆞᆶ〉ᄆᆞ을'의 변화 과정을 거친 어형이며, 다른 방언형 'ᄆᆞ슬'과 'ᄆᆞ실'은 문헌 어휘 'ᄆᆞᅀᆞᆶ'이, 'ᄆᆞᅀᆞᆶ〉ᄆᆞ슬, ᄆᆞ실'의 변화 과정을 거친 어형이다.

[용례]

¶ 멜굿* 허젠 허믄 ᄆᆞ을이 들싹허게 허여. ('멜굿' 하려고 하면 마을이 들썩하게 해.)

¶ 습격을 든 거라. 산사름덜이 두 ᄆᆞ을을 ᄒᆞ르아칙의 든 거라. (습격을 든 거야. 산사람들이 두 마을을 하루아침에 든 거야.)

¶ 그 할망**은 이 ᄆᆞ을 직허는 할망이라. (그 할머니는 이 마을 지키는 할머니야.)

¶ ᄆᆞ을에 구장이 잇언 공출 받으레 뎅기곡게. (마을에 구장이 있어서 공출 받으러 다니고.)

---

*　'멜굿'은 '제주시 조천읍 함덕리에서 전승되는, 멸치가 많이 잡히기를 기원하는 굿'을 말한다.

**　'할망'은 할머니의 제주어. 여기서는 당신(堂神)의 뜻으로 쓰였다.

¶ 걸궁은 ᄆ을에서 건 노나리. (걸립은 마을에서 건 노라리.)

¶ 포제 지내기 전의는 집의서 제도 못 지내어. 포제가 젤 큰제주게, ᄆ을에. (포제 지내기 전에는 집에서 제도 못 지내어. 포제가 젤 큰제지, 마을에.)

¶ 영장나믄 영장허는 아시날, 낼랑 오라 줍서, 이 ᄆ을을 다 돌아. (초상나면 장사하는 전날, 내일은 와 주십시오, 이 마을을 다 돌아.)

¶ 우리 이 ᄆ슬선 둠비 ᄀ튼 거 아녀. (우리 이 마을에선 두부 같은 거 않아.)

[관용 표현]

ᄆ실 돌다 '배회하다'를 비유적으로 이르는 말.

[관련 어휘]

가름 거리로 구분되는 마을 안의 한 동네.

뜬ᄆ슬·뜬ᄆ을·튼ᄆ슬·튼ᄆ을 타촌. 다른 마을.

ᄆ슬들다·ᄆ슬틀다·ᄆ실가다·ᄆ실카다 마을가다. ①이웃 마을에 놀러나 볼 일 보러 가다. ②마을과 개인의 안녕을 기원하는 당(堂)에 가다.

밤ᄆ실·밤ᄆ을 밤마을. 밤에 이웃이나 집 가까운 곳에 놀러 가는 일.

상ᄆ을 대촌(大村).

중산간ᄆ을·중산촌 해안에서 한라산 쪽으로 200~600m쯤 안으로 들어간 중간 지대에 위치한 마을.

바당

[기본 의미]　지구 위에서 육지를 제외한 부분으로 짠물이 괴어 하나로 이어진 넓고 큰 부분.

[대응 표준어]　바다

[방언 분화형]　바다·바당·바르

[문헌 어휘]　바룰(《용비어천가》2장), 바닿(《월인석보》1:23)

[어휘 설명]　'바당'은 '지구 위에서 육지를 제외한 부분으로 짠물이 괴어 하나로 이어진 넓고 큰 부분'이라는 뜻을 기본 의미로 하여, '썩 너른 넓이로 무엇이 많이 모여 있는 곳' 등의 뜻을 지닌다. 방언형 '바당'은 문헌 어휘 '바닿'이 '바닿〉바당'의 변화 과정을 거친 어형이며, 다른 방언형 '바르'는 문헌 어휘 '바룰'에서 유래한다. 방언형 '바당'은 합성어를 이룰 때는 '멩지와당, 서이와당'처럼 '바당〉봐당〉와당'의 변화과정을 거쳐 '와당'으로 나타나기도 한다.

[용례]

¶ 이젠 강 암만 문쳐도 군벗도 엇어. 경 바당이 그렇게 묽앗어, 묽앗어. (이제는 가서 아무리 만져도 군부도 없어. 그렇게 바다가 그렇게 맑았어, 맑았어.)

¶ 우리가 입찰을 헤서 바당을 사난 사름덜이 막 왕 부터. (우리가 입찰을 해서 바다를 사니 사람들이 막 와서 붙어.)

¶ 아이덜 멕이젠 아방이* 바당 뎅겨서. (아이들 먹이려고 아버지가 바다를 다녔어.)

* '아방'은 '아버지'의 뜻이나 여기서는 '남편'의 의미로 쓰였다.

군벗

톳

¶ 흔번 바당에 갓단, 여에 갓단 물은 솜빡 들언 죽어지켄 허난 남ᄌᆞ분덜이 오란에 ᄀᆞᆺ드레 놔줜 나 살아서. (한번 바다에 갔다가, 여에 갔다가 물은 가득 밀어서 죽겠다고 하니 남자분들이 와서 가에 놔줘서 나 살았어.)

¶ 그 물줄기 바당더레 돌리난 산 거. 경 아녀믄 못 살아. (그 물줄기 바다로 돌리니까 산 거. 그렇게 않으면 못 살아.)

¶ 그때 톨은 이녁 자유라. 바당에만 갓다 허면. 거니까 그걸 비어단에 숢아 가지고 쏠이 족으난이 서꺼서 밥을 헤서게. (그때 톳은 이녁 자유야. 바다에만 갔다 하면. 그러니까 그걸 베어다가 삶아 가지고 쌀이 적으니까 섞어서 밥을 했어.)

¶ 건줌 농사도 짓곡게, 바당에도 뎅기곡. (거의 농사도 짓고, 바다에도 다니고.)

¶ 일본 배가 바당으로 오라근에 무시거 헤 부난 산더레 올라야 될 거난 그때 굴덜 파고. (일본 배가 바다로 와서 무엇 해 버리니 산으로 올라야 될 거니까 그때 굴들 파고.)

[관용 표현]

바당 가다 '해산물을 채취하러 바다에 가다.'를 의미하는 말.

바당 고개 '파도'를 비유적으로 이르는 말.

바당에 들다 '해산물을 채취하러 바닷속으로 들어가다.'를 의미하는 말.

[관련 어휘]

갯ᄀᆞᆺ괴기·바당괴기·바르코기·바릇괴기 바닷고기. 바닷물고기.

걸바당 밑바닥에 돌무더기가 깔려 있는 바다.

곶바당 심해(深海).

ᄀᆞᆺ바당 갓바다.

난바당 난바다.

대천바당 대천바다. 아주 너른 바다.

동이바당·동이와당 동해 바다.

먼바당 먼바다.

메역바당·메역밧 미역밭. 미역이 많이 나는 바다.

멩지바당·멩지와당·지름장바당 명주결처럼 아주 잔잔한 바다를 비유하여 일컫
는 말.

물바당 물바다.

바당ᄀᆞ 바닷가.

바당물 바닷물.

바당ᄇᆞ름 바닷바람.

바당알 ①바닷속. 바다 표면의 아래 부분. ②바다와 하늘이 맞닿는 아주 먼 곳.

바당절 바다의 높은 물결.

바당풀 바다풀. 바다에서 자라는 해조류를 통틀어 이르는 말.

바르팟 바다밭. 바다를 육지 밭에 비교하여 이르는 말.

서이와당·서혜와당 서해 바다.

앞바당·앞바르 앞바다.

애기바당 ①물질 기량이 떨어지는 '하군'들이 작업하는 얕은 바다. ②어린 잠
녀들이 물질하는 바다.

우미바당 우뭇가사리가 잘 자라는 바다.

제주바당·지주와당 제주해협.

톨바당·톳바당 톳이 잘 자라는 바닷가.

펄바당 밑바닥이 개흙으로 깔려 있는 깊은 바다.

한강바당 허허바다. 끝없이 넓고 큰 바다를 비유적으로 이르는 말.

할망바당 바닷가에 있는, 해산물이 풍부하고 드나들기 편리한 어장으로 늙
은 잠녀들만 해산물을 캘 수 있게 설정해 놓은 바다.

흑교바당 학교의 건축·비품 구입비 등으로 쓰기 위하여 일정 기간에만 해산
물을 캘 수 있게 획정한 바다.

벵뒤

063

[기본 의미] 사방으로 펼쳐진 넓고 평평한 땅.

[대응 표준어] 벌판, 허허벌판

[방언 분화형] 벵뒤·벵디

[문헌 어휘] 블(《월인석보》8:94)

[어휘 설명] '벵뒤'는 '사방으로 펼쳐진 넓고 평평한 땅'을 말한다. 방언형 '벵뒤'는 '벵디'로도 나타난다. '평평하고 넓은 땅'을 뜻하는 '벌'은 언어생활에서는 잘 나타나지 않는다. '나무와 덩굴 따위가 마구 엉클어진 곳'을 '섬벌·숨벌'이라 하는데, '섬벌·숨벌'의 '벌'이 표준어 '벌'에 해당하는 것이 아닌가 한다.

[용례]

¶ 난드르* 벵뒤 널르지 안ᄒᆞ난 거자 나 손으로 갈아수다게. ('난드르' 벌판 너르지 않으니 거의 내 손으로 갈았습니다.)

¶ 꿈에 어욱밧이 큰 너른 벵뒤가 잇는데 이놈의 고고리가 어욱고고리가 하얗게 나와서. (꿈에 억새밭이 큰 너른 벌판이 있는데 이놈의 이삭이 새품이 하얗게 나왔어.)

¶ 저 벵뒤 넘어가야, 곳속에 가야 좋은 낭 끈어다가 집도 짓고. (저 벌판 넘어가야, 숲속에 가야 좋은 나무 끊어다가 집도 짓고.)

* '난드르'는 서귀포시 안덕면 대평리를 말한다.

¶ 테도 이 <u>벵뒤서</u> 고운 테로 헹 낄아. (때도 이 벌판서 고운 떼로 해서 깔아.)

¶ 물이 새끼 나믄 봄 나믄 <u>벵뒤</u>에 오랑은에 낳니까 다 알주게. (말이 새끼 낳으면 봄 되면 벌판에 와서 낳으니까 다 알지.)

¶ 그디 강 떡 헤 놓곡, 메 헤 놓곡, 괴기도 허곡, 소주 받아 놓곡 헹 가근에 저 드르에, ᄆ쉬 허는 드르에, <u>벵디</u>에 고운 디 가근에 저 ᄆ쉬도 둘앙 강 제지내는 거주. 산신제 지내. (거기 가서 떡 해 놓고, 메 해 놓고, 고기도 하고, 소주 받아 놓고 해서 가서 저 들에, 마소 하는 들에, 벌판에 고운 데 가서 저 마소도 데리고 가서 제지내는 거지. 산신제 지내.)

[관련 어휘]
무여지벵뒤·뮈여지벵뒤·미여지벵뒤·세경넙은드르 난벌. 탁 트인 벌판.

불

[기본 의미] 물질이 산소와 화합하여 높은 온도로 빛과 열을 내면서 타는 것.

[대응 표준어] 불

[방언 분화형] 불

[문헌 어휘] 블(《용비어천가》69장)

[종합 설명] '불'은 '물질이 산소와 화합하여 높은 온도로 빛과 열을 내면서 타는 것'이라는 뜻을 기본 의미로 하여, '화재(火災), 빛을 내어 어둠을 밝히는 물체, 불이 타는 듯이 열렬하고 거세게 타오르는 정열이나 감정을 비유적으로 이르는 말' 등의 뜻을 지닌다. 방언형 '불'은 문헌 어휘 '블'이 '블〉불'의 변화 과정을 거친 어형이다.

[용례]

¶ 소낭숯은 허피여. 불이 뺄리 삭아져. (소나무 숯은 헤퍼. 불이 빨리 삭아.)

¶ 콩꼬질은 불을 때기도 허곡 쉐 멕이기도 허곡. (콩짚은 불을 때기도 하고 소 먹이기도 하고.)

¶ 우만 이제 숨통 냉겻당 불 완전히 오른 거 닮으민 그 웃구멍 탁 막아. (위만 이제 숨통 남겼다가 불 완전히 오른 거 같으면 그 윗구멍 탁 막아.)

¶ 정각 불에 슬앙 춤지름 허영 화상에 불르민 그대로 좋아 불어. (청각 불에 살라서 참기름 해서 화상에 바르면 그대로 좋아 버려.)

¶ 감저 댓 개 내낭 요 불러레 꼭꼭 찔럿당 먹으라, 경 헤. (고구마 댓 개 내놔서 요 불에 꼭꼭 찔렀다가 먹어라, 그렇게 해.)

¶ 불이 다 탄 거 닮으면 양쪽 구멍을 다 막아 불어. (불이 다 탄 거 같으면 양쪽

구멍을 다 막아 버려.)

¶ 제사 때 되믄 요만헌 화로에 똑 그 불 피와 놔 가지고 다 정성 들여서. 옛
날덜은 그거를 고기도 굽고 헌 거지. (제사 때 되면은 요만큼한 화로에 꼭 그
불 피워 놔 가지고 다 정성 들였어. 옛날들은 그거를 고기도 굽고 한 거지.)

[관용 표현]

불 맞은 놈 '총 맞은 사람'을 비유적으로 이르는 말.

불 보다 '매우 바쁜 것'을 비유적으로 이르는 말.

불 엇인 화리, 똘 엇인 사위 표준어로 바꾸면 '불 없는 화로, 딸 없는 사위'인데,
'직접적인 인연이나 관계가 끊어져 쓸데없거나 긴요하지 않게 된 것'을
비유적으로 이르는 말.

[관련 어휘]

각제기불·각지불·등잔불 등잔불.

검질불 검불로 때는 불.

곳불·꼿불 꽃불

곽·불갑·불곽·성냥·화갑·화곽 성냥. 화갑.

곽살·불곽살·성냥살·화갑살·화곽살 성냥개비.

ㄱ시락불 까끄라기로 피운 불.

남불·낭불 장작불.

단불·쎈불 단불. 한창 괄게 타오르는 불.

담벳불 담뱃불.

더움불·두엄불·몬독불 검부러기 따위를 모아 태우는 불.

도체비불 도깨비불.

등핏불 남폿불.

똥불 마른 소똥이나 말똥에 붙인 불.

뜬불 뜬불. 불기운이 약하면서도 오래가는 불.

망불·봉불·봉화 봉화.

모깃불 모깃불.

보릿낭불 보릿짚으로 때는 불.

봉덕불 마루방이나 부엌에 따로 박아서 불을 피우게 된 돌화로에 피운 불.

봉덕화리·부섭 마루방이나 부엌에 따로 박아서 불을 피우게 된 돌화로.

부술·불숟가락 부손.

부제·불접·불접게·불제·불집게·불즈봄·불즈붐·불즙게 부젓가락.

부지뗑이·불이뗑이 부지깽이.

부찍·불찍·찍 부싯깃. 부시를 칠 때 불똥이 박혀서 불이 붙도록 부싯돌에 대
  는 물건.

불가레·불갈레죽·불삽 부삽. 아궁이나 화로의 재를 치거나, 숯불이나 불을 담
아 옮기는 데 쓰는 조그마한 삽.

불게미·불게여미·불똥·불테미·불퇴미 불똥. ①심지의 끝이 다 타서 엉기어 붙은

부섭

243

찌꺼기. ②불에 타고 있는 물건에서 튀어나오는 아주 작은 불덩이.

불고세·불고수에·불궤수웨·불소슬게·불소시게·불수세·불쏘시게 불쏘시개.

불끌럭지·불끌레기 불꾸러미.

불등 등불.

불똥 불똥. 불티.

불똥꿰다 불타면서 불똥이 소리를 내며 튀어 오르다.

불똥앚다 불똥앉다.

불망골·불망굴·불잉걸이·불잉경·불잉겡이 불등걸. 불잉걸. 불이 이글이글하게 핀 숯덩이.

불부뜨다·불부트다 불붙다.

불사르다·불살르다 불사르다.

불솔다 불사르다. 불에 태워 없애다.

불숨다 불때다. 아궁이에 불을 넣다.

불싸다·불쑤다 불켜다.

불지르다·불짇다·불질르다 불지르다.

불쪼다·불초다·불추다 불쬐다.

불찍대·불찍통 부시통.

불최우다·불칩다 불쬐이다.

불카다 불타다.

불케우다·불켑다·불테우다 불태우다.

불턱 잠녀들이 옷을 갈아입거나 물질하다 뭍으로 나와 불을 쬐면서 쉬는, 돌로 둥그렇게 둘러쌓아 만든 시설.

불테미·불퉤미 불똥.

불화리 불화로.

상불·향불 향불.

속불 초가지붕 안에서부터 일어난 불.

솔칵불 관솔불. 관솔에 붙인 불.

숯불 숯불.

알불 남포등을 켤 때 심지를 아래로 내려 켜는 불.

웃불 남포등을 켤 때 심지를 위로 올려 켜는 불.

잉경불 잉걸불.

접시불·젭시불·즙시불 접싯불.

줄불 줄불. 잇따라 죽 일어나는 불.

지름불 기름불.

초롱불 초롱불.

화릿불 화롯불.

횃불 횃불.

●●●● **더 생각해 보기**

동음어

불[1] 불. 물질이 산소와 화합하여 높은 온도로 빛과 열을 내면서 타는 것.
¶ 초집에 불나민 멍석 더끄멍 불을 끄와. (초가에 불나면 멍석 덮으며 불을 꺼.)

불[2] 불. '고환'을 일상적으로 이르는 말.
¶ 장게가는 놈이 불 놔뒁 간덴 허여. (장가가는 놈이 불 놔두고 간다고 해.)

불[3] 벌. 옷을 세는 단위.
¶ 두루막은 보통 혼 불이라. (두루마기는 보통 한 벌이야.)

불[4] 같은 일을 거듭해서 할 때에 거듭되는 일의 하나하나를 세는 단위.
¶ 싀 불 메는 검질도 싯곡 두 불 메는 검질도 싯곡 허난 드리엇어. (세 벌 매는
김도 있곡 두 벌 매는 김도 있고 하니 드리없어.)

[기본 의미] 불에 타고 남는 가루 모양의 물질.

[대응 표준어] 재

[방언 분화형] 불껑·불청·불체·불치·제

[문헌 어휘] ᄌᆡ(《월인석보》7:25), 블틔(《한청문감》10:52)

[어휘 설명] '불치'는 '불에 타고 남는 가루 모양의 물질'을 뜻한다. 방언형 '불치'는 문헌 어휘 '블틔[熛]'가 '블틔〉불티〉불치'의 변화 과정을 거친 어형이며, 방언형 '불껑'은 '불ᄭᅵ[消火]-+-엉(접미사)' 구성으로 이루어진 어형이다. 또 다른 방언형 '불청'은 '(블틔〉불티〉)불치+-엉', 방언형 '불체'는 '불+체[糠]' 구성으로 이루어진 어형들이다. 방언형 '제'는 문헌 어휘 'ᄌᆡ'가 'ᄌᆡ〉제'의 변화 과정을 거친 어형이다.

[용례]

¶ 불치 신 디 소금망데기* 놔두민 좋아. (재 있는 데 '소금망데기' 놔두면 좋아.)

¶ 놋그릇덜 불치 걷어뒁 묻어. (놋그릇들 재 걷어두고 묻어.)

¶ 불솜아난 불치로 그릇 못 밀어. 화리 제라사 좋아. (불때었던 재로 그릇 못 밀어. 화로 재여야 좋아.)

¶ 불치더레 모멀씨 서껀 일정허게 줍아 놔. (재에 메밀씨 섞어서 일정하게 집어 놔.)

* '소금망데기'는 '소금을 넣어두는, 중두리 정도 크기의 중배가 부르지 않은 옹기'를 말한다.

¶ 엉알이난 누웡 자멍 밥도 헹 먹고 흐여나난 불치도 수북ᄒ여. (낭떠러지 아래니까 누워 자며 밥도 해서 먹고 했었으니까 재도 수북해.)

¶ 걸름 되렌 불치레 오줌 비와. (거름 되라고 재에 오줌 부어.)

¶ 놋그릇은 불치로 미나 모살로 미나 헤여. (놋그릇은 재로 미나 모래로 미나 해.)

¶ 큰 문게 심어지민양 집의 와근에 그 먹 떼여 뒁 불치에 버무려근에 작작 밀어근에 싯으민 붉은 껍덕이 싹 벗어졍 헤영허게 슬만 나오주게. (큰 문어 잡아지면요 집에 와서 그 먹 떼어 두고 재에 버무려서 작작 밀어서 씻으면 붉은 껍데기가 싹 벗어져서 허옇게 살만 나오지.)

[관련 어휘]

담벳제 담뱃재.

불치걸름·제거름·제걸름 재거름.

불칫고망·젯고망 재를 내게 되어 있는 구멍.

불칫막 재나 재거름을 쌓아두는 막.

불칫물·젯물 잿물. 짚이나 나무를 태운 재를 우려낸 물.

불칫통 재를 임시로 쌓아두는 곳.

제딸이·제떨이 재떨이.

산

[기본 의미]   사람의 무덤.

[대응 표준어]   뫼, 묘

[방언 분화형]   산

[문헌 어휘]   묗(《훈민정음》해례본:용자례), 산(《용비어천가》98장)

[어휘 설명]   '산'은 '사람의 무덤'이라는 뜻을 지닌다. 방언형 '산'은 문헌 어휘 '산'이 그대로 쓰인 경우다.

한편 '산'이 [산(山)]의 의미로 쓰일 때는 '산'을 비롯하여 '오롬·오름'으로 나타난다. '오롬·오름'은 향가 〈혜성가〉 제5구 '岳音(악음)'과 김상헌(金尙憲)의 《남사록》(1601) '吾老音(오로음=오롬)', 이원진(李元鎭)의 《탐라지》(1653)에서는 '兀音(올음=오름)' 등으로 표기하였다. 땅이름 등에는 '메'가 나타나기도 하는데, 방언형 '메'는 문헌 어휘 '묗'가 '묗〉메'의 변화 과정을 거친 어형이다.

[용례]

¶ 한라산더레 가당 보믄 막 웃데 산이 잇어. (한라산으로 가다 보면 아주 윗대 묘가 있어.)

¶ 이제 할머니 산을 천리헤 보믄 알 도레가 실 거우뎅 허여. (이제 할머니 뫼를 면례해 보면 알 도리가 있을 겁니다고 해.)

¶ 고명은 저 무신 산에 강 쓸 때에 고명 올리지. (고명은 저 무슨 뫼에 가서 쓸 때에 고명 올리지.)

¶ 산을 판 일롼 보난 믄 쉐 됨서렌. (뫼를 파서 일으켜 보니까 거의 소 되고 있더

라고.)

¶ <u>산은</u> 올려 써도 집은 올려 짓지 아년덴 굴아. (뫼는 올려 써도 집은 올려 짓지 않는다고 말해.)

¶ <u>산도</u> 그디저디 잇어놓난 벌초허기가 심들어마씸. (뫼도 여기저기 있으니 벌초하기가 힘들어요.)

[관련 어휘]

골총 고총. 묘지를 찾을 수 없거나 대가 끊기어 벌초를 못하여 잡초가 무성하게 우거진 무덤.

산쓰다·산씨다 뫼쓰다.

산역시·산역수 산역. 시체를 묻고 뫼를 만들거나 이장하는 일.

산자리·산터 묏자리.

산체 남의 밭에 뫼를 쓰고 그 대가로 치르는 돈.

천리 면례. 이장. 무덤을 옮겨서 다시 장사를 지냄. 또는 그런 일.

천리터 주검을 다른 데로 옮겨 버린, 무덤이 있던 자리.

토롱 토롱(土壟). 흙을 모아 쌓아서 임시로 간략히 만든 무덤.

●●●● **더 생각해 보기**

무덤을 세는 단위

자리 장. 무덤을 헤아리는 단위를 나타내는 말.

¶ 헤가 가믄 갈수록 <u>자리</u> 수는 늘어날 거주, 뭐. (해가 가면 갈수록 장 수는 늘어날 거지, 뭐.)

¶ 벌초 흔 <u>자리</u> 흐젠 할락산꼬지 가오란. (벌초 한 장 하려고 한라산까지 다녀왔어.)

무덤의 구조

㉠ **용미**: 용미(龍尾). 무덤의 봉분 뒤를 용의 꼬리처럼 만든 자리.

㉡ **봉분**: 봉분. 흙을 둥글게 쌓아 올려서 만든 무덤.

㉢ **혼유석**: 혼유석(魂遊石).

㉣ **비석**: 비석(碑石).

㉤ **상돌¹**: 상돌(床-). 제물을 차려 놓기 위하여 넓적한 돌로 만든 대.

㉥ **상돌²**: 향로석(香爐石).

㉦ **제절¹**: 계절(階節). 무덤 앞에 조금 높고 평평하게 만들어 놓은 땅.

㉧ **섬석·제절돌**: 계체석(階砌石). 섬돌. 상돌 앞에 계절과 배계절을 구분하기 위하여 가로로 박은 돌.

㉨ **동자석**: 동자석(童子石). 사내아이 형상을 새겨서 무덤 앞 양쪽에 마주 보게 세우는 돌.

㉩ **제절²**: 배계절(拜階節). 자손들이 늘어서서 절할 수 있게 무덤 앞에 마련된 평평하고 널찍한 부분.

㉪ **산담·산잣**: 무덤 주위를 장방형으로 에워 두른 담.

㉫ **시문[神門]**: 무덤의 주인이 출입하는 문.

㉬ **정돌**: 산담의 시문 위에 얹는, 두 개의 길고 나부죽한 돌.

섬

067

[기본 의미]   주위가 수역(水域)으로 완전히 둘러싸인 육지의 일부.

[대응 표준어]   섬

[방언 분화형]   섬

[문헌 어휘]   셤(《용비어천가》53장)

[어휘 설명]   '섬'은 '주위가 수역으로 완전히 둘러싸인 육지의 일부'를 뜻한다. 방언형 '섬'은 문헌 어휘 '셤'이 '셤〉섬'의 변화 과정을 거친 어형이다.

[용례]

¶ 제주도서 젤 큰 섬이 우도*우다게. (제주도서 젤 큰 섬이 '우도'입니다.)

¶ 섬을 혼 바퀴 돌앙 나옵서예. (섬을 한 바퀴 돌아서 나오십시오.)

¶ 바당에 뎅기멍 저 섬에도 가고, 물질허레 거기도 가고. 이디 섬도 휘어 가고 휘어 오고. (바다에 다니면서 저 섬에도 가고, 물질하러 거기도 가고. 여기 섬도 헤어 가고 헤어 오고.)

¶ 사름 사는 섬은게 우도, 비양도, 가파도, 마라도**게. 그 외는 사람 안 살아. (사람 사는 섬은 '우도', '비양도', '가파도', '마라도'. 그 외는 사람 안 살아.)

---

*   '우도'는 서귀포시 성산읍 성산리에 있는, 성산 앞에 있는 제주시 우도면(牛島面)을 말한다.

**   '비양도'는 제주시 한림읍 협재리 협재해수욕장 북쪽에 있는 섬, '가파도'는 서귀포시 대정읍 하모리 남쪽 앞바다에 있는 섬이다. '마라도'는 서귀포시 대정읍 가파리 남쪽 앞바다에 있는, 우리나라 최남단에 있는 섬이다.

¶ 저 <u>섬이</u> 토끼섬***인디 가젠 흐믄 물싼 때 걸어가믄 되어. (저 섬이 '토끼섬'
인데 가려고 하면 물썰 때 걸어가면 되어.)

[관련 어휘]

섬놈　섬놈.

외뜬섬·외튼섬　외딴섬.

●●●●　**더 생각해 보기**

동음어

섬[1]　섬. 주위가 수역으로 완전히 둘러싸인 육지의 일부.
¶ 사름 사는 <u>섬이</u> 멧 안 되어. (사람 사는 섬이 몇 안 되어.)

섬[2]　섬. 곡식 따위의 용량을 계산하는 단위. 제주에서 한 섬은 소두 열닷 말이다.
¶ 열닷 말이 흔 <u>섬</u>. 소두 열닷 말. (열닷 말이 한 섬. 소두 열닷 말.)

*** '토끼섬'은 제주시 구좌읍 하도리에 있는 섬으로, 문주란 자생지로 유명하다.

세상

068

[기본 의미]   사람이 살고 있는 모든 사회를 통틀어 이르는 말.

[대응 표준어]   세상

[방언 분화형]   세상·싀상

[문헌 어휘]   셰샹(《영가집언해》하:106)

[어휘 설명]   '세상'은 '사람이 살고 있는 모든 사회를 통틀어 이르는 말'이다. 방언형 '세상'은 문헌 어휘 '셰샹'이 '셰샹〉세상'의 변화 과정을 거친 어형이며, 다른 방언형 '싀상'은 한자어 '세상(世上)'의 변음에 따른 어형이다.

    한편 '세상'과 비슷한 '세계(世界)'라는 방언형이 쓰이기도 하는데, 이때는 '살고 있는 곳'이라는 의미를 지닌다.

[용례]

¶ 아메도 조금 세상이 변헤 가는 거 닮아. (아무래도 조금 세상이 변해 가는 것 같아.)

¶ 우리 아버진 세상을 떠 불고. 경허난 할머니 할아버지안티 나 컨. (우리 아버진 세상을 떠 버리고. 그러니 할머니 할아버지한테 나 컸어.)

¶ 여즈는 방에만 지당 보민 세상 세월 다 갓지. (여자는 방아만 찧다 보면 세상 세월 다 갔지.)

¶ 요즘은 막 그자 세상, 양념 세상이주마는 옛날에는 게도 마늘 그뜬 거 쪽파 그튼 거는 좀 낭 먹엇어. (요즘은 아주 그저 세상, 양념 세상이지만 옛날에는 그래도 마늘 같은 거 쪽파 같은 거는 좀 놔서 먹었어.)

¶ 사름 사는 세상엔 벨아벨 일 다 십네다게. (사람 사는 세상에는 별의별 일 다

있습니다.)

¶ 어머님이, 세상에, 너 세상 나도 그 집의 강 너 살아질 중 아느냐? 허여.

(어머님이, 세상에, 너 세상 나도 그 집에 가서 너 살 수 있는 줄 아느냐? 해.)

[관용 표현]

싀상 떠나다 '죽다'를 비유적으로 이르는 말.

싀상이 나 싀상 '기분이 매우 좋은 상태'를 비유적으로 이르는 말.

[관련 어휘]

세상엇어도·세상읏어도·싀상엇어도·싀상읏어도 세상없어도. 무슨 일이 있더라
도 꼭.

세상에·싀상에 세상에. 뜻밖의 일이 생겨서 놀랐을 때 하는 말.

●●●● **더 생각해 보기**

유의어

세상 사람이 살고 있는 모든 사회를 통틀어 이르는 말.
¶ 우린 안 헤 본 거 엇어. 세상도 오라 세상 봣주기. (우리는 안 해 본 거 없어.
  세상도 여러 세상 봤지.)

세계 지구상의 모든 나라. 또는 사람이 살고 있는 곳.
¶ 게난 어느 세계 사름이우꽝? (그러니까 어느 세계 사람입니까?)
¶ 그런 건 우리 세계도 다 이수다. (그런 것은 우리 세계에도 다 있습니다.)

쇠

[기본 의미]   광물에서 나는 온갖 쇠붙이를 통틀어 이르는 말.

[대응 표준어]   쇠

[방언 분화형]   쇠 · 쐬

[문헌 어휘]   쇠(《월인석보》1:26)

[어휘 설명]   '쐬'는 '광물에서 나는 온갖 쇠붙이를 통틀어 이르는 말'이라는 뜻을 기본 의미로 하여, '열쇠 또는 자물쇠' 등의 뜻을 지닌다. 방언형 '쇠'는 문헌 어휘 '쇠'가 그대로 쓰인 경우고, 다른 방언형 '쐬'는 된소리를 반영한 어형이다. '쇠'와 '쐬' 모두 쓰이나 된소리의 빈도가 높은 편이다. 한자어 '철(鐵)'이 쓰이기도 한다.

[용례]

¶ 낫은 영 이 <u>쐬가</u> 이렇게 이렇게 널른 것에 또 이것에 즈룩이 영 부뜬 거. (벌낫은 이렇게 이 쇠가 이렇게 이렇게 너른 것에 또 이것에 자루가 이렇게 붙은 거.)

¶ 탈곡기 나오기 전이난. 둥그렁헌 것에 <u>쐬</u> 오그려 가지고 박아 가지고 떨어지게끔 돌아가멍. 그레 떨어지게. (탈곡기 나오기 전이니까. 둥그런 것에 쇠 오그려 가지고 박아 가지고 떨어지게끔 돌아가며. 그리 떨어지게.)

¶ <u>쐬</u>에 녹피믄 벌겅허여. (쇠에 녹나면 벌게.)

¶ 시릿징, <u>쐬도</u> 잇고. 이제난 하간 거 잇지마는 대로 만들아. 만들아 가지고 포를 낄아. (겅그레, 쇠도 있고. 이제니까 온갖 거 있지마는 대로 만들어. 만들어 가지고 포를 깔아.)

[관련 어휘]

거슴통쐬·거심통쐬·통쐬 자물쇠.

걸쎄·걸쐬 걸쇠. 대문이나 방의 여닫이문을 잠그기 위하여 빗장으로 쓰는 'ㄱ'자 모양의 쇠.

게철·게철쐬·쐿대·열쐬·올쐬 열쇠.

곱은쇠·꼴강쇠 호미. 김을 매거나 감자나 고구마 따위를 캘 때 쓰는 쇠로 만든 농기구.

관쐬 쉽게 부러지는 강한 쇠.

구리쇠·구리쐬 구리쇠.

놋쐬 놋쇠.

들쐬 들쇠. 서랍이나 문짝에 다는 반달 모양의 손잡이.

뜬쐬 뜬쇠. 무른쇠.

무쇠 무쇠.

꼴강쇠

베못 베목. 문고리를 걸거나 자물쇠를 채우기 위하여 둥글게 구부려 만든 걸쇠.

석쇠·섭쇠·적쇠·접쇠 다리쇠. 석쇠. 주전자나 냄비 따위를 화로 위에 올려놓을 때 걸치는 기구. 또는 고기나 굳은 떡 조각 따위를 굽는 기구. 네모지거나 둥근 쇠 테두리에 철사나 구리 선 따위로 잘게 그물처럼 엮어 만들기도 함.

세발쇠·식발쇠 삼발이. 둥근 쇠 테두리에 발이 세 개 달린 기구. 화로(火爐)에 얹어놓고 주전자·냄비·작은 솥·번철 따위를 올려놓고 음식물을 끓이는 데 쓴다.

쇠갈고리·쇠공젱이 쇠갈고리.

쇠고지 쇠꼬챙이.

쇠골히 쇠고리.

쇠마께·쇠망치 쇠망치.

쇠못·철못 쇠못.

쇠소리 쇳소리.

쇠손 쇠손. 쇠흙손. 쇠로 만든 흙손. 진흙·회반죽·모르타르 따위를 벽에 바르거나 벽돌을 쌓을 때 쓴다.

쇠솟 쇠솥.

쇠알기 쇠쐐기. 돌을 캐거나 떠낼 때 쓰는, 쇠로 만든 쐐기.

쇠줄 쇠줄.

쇠톱 쇠톱.

쇳독 쇳독. 쇠붙이에 다쳐서 생긴 독기.

쇳물 쇳물.

철메 쇠메. 쇠로 만든 메.

동음어

쒼¹ 쇠. 광물에서 나는 온갖 쇠붙이를 통틀어 이르는 말.
¶ <u>쒼</u> 구우민 흐랑ᄒ영 독독ᄒ민 납삭ᄒ게 되주. (쇠 구우면 늘큰해서 독독하
면 납작하게 되지.)

쒼² 패철. 지관이 몸에 지니고 다니는 지남철.
¶ 정시질을 허젠 허믄 첵이영 <u>쒼도</u> 잇어사 되고. (지관 노릇을 하려 하면 책
이랑 패철도 있어야 되고.)

육지

[기본 의미] 강이나 바다와 같이 물이 있는 곳을 제외한 지구의 겉면.

[대응 표준어] 육지

[방언 분화형] 육지

[문헌 어휘] 육지(《남명소승》)陸地)

[어휘 설명] '육지'는 '강이나 바다 등 물이 있는 곳을 제외한 나머지 겉면'이라는 뜻을 기본 의미로 하여, '섬에 상대하여 대륙과 연결되어 있는 땅, 제주도에서 한반도를 이르는 말' 등의 뜻을 지닌다. 임제(林悌)의 《남명소승(南溟小乘)》(1577)(12월 9일 기사)에, "제주 사람들은 우리나라를 육지라고 이른다.(洲人稱我旺爲陸地)"라는 글귀가 보인다.

한편 섬 지역인 '우도'에서는 제주도를 'ᄀᆞᆺ이', 비양도와 가파도에서는 'ᄀᆞᆺ디'라 부르거나 '본섬' 또는 '큰섬'이라 한다.

[용례]

¶ 바당 반대말이 육지 아니? (바다 반대말이 육지 아니?)

¶ 우린 육지 갈 때, 서울이 고칫ᄀᆞ르 쌌주게. 이젠 제주도도 싼디 옛날은 육지가 싸. (우리는 육지 갈 때, 서울이 고춧가루 쌌지. 이제는 제주도도 싼데 옛날은 육지가 싸.)

¶ 그 사름은 베 선장도 헤나고 육지를 자꾸 왕래허곡 허니까 기와집 짓언. 기와집 허민 그 사름네 집. (그 사람은 배 선장도 했었고 육지를 자꾸 왕래하고 하니까 기와집 지었어. 기와집 하면 그 사람네 집.)

¶ 육지 강 보아도 검은쉔 엇수다. (육지 가서 보아도 검정소는 없습니다.)

¶ 이디 나오는 물건 실러 아정 육지 강 풀기도 허고, 육지서 상 들어왕 여기서 풀기도 허곡. (여기 나오는 물건 실어 가지고 육지 가서 팔기도 하고, 육지서 사서 들어와서 여기서 팔기도 하고.)

¶ 식쉐라는 건 저 요즘 말허는 그 저 육지서 말허는 칙소. ('식쉐'라는 건 저 요즘 말하는 그 저 육지서 말하는 칡소.)

¶ 화단 천 일부러 육지로 허영 주문헤야 되어. (보장 천 일부러 육지로 해서 주문해야 되어.)

[관용 표현]
육짓거 '육지 사람' 또는 '육지에서 온 사람'의 뜻으로, 제주에서 '육지 사람' 을 빗대어 이르는 말.

[관련 어휘]
밧긔 제주도를 제외한 한반도를 이르는 말.
밧긔물질·육지물질 잠녀들이 제주도를 떠나 육지에 가 살면서 하는 물질.

질

[기본 의미] 사람이나 동물 또는 자동차 따위가 지나갈 수 있게 땅 위에 낸 일정한 너비의 공간.

[대응 표준어] 길

[방언 분화형] 길·질

[문헌 어휘] 긿(《용비어천가》10장)

[어휘 설명] '질'은 '사람이나 동물 또는 자동차 따위가 지나갈 수 있게 땅에 낸 일정한 너비의 공간'이라는 뜻을 기본 의미로 하여, '물 위나 공중에서 일정하게 다니는 곳, 걷거나 탈것을 타고 어느 곳으로 가는 노정(路程), 어떤 자격이나 신분으로서 주어진 도리나 임무, 방법이나 수단, 어떠한 일을 하는 도중이나 기회' 등의 뜻을 지닌다. 방언형 '질'은 문헌 어휘 '긿'의 'ㄱ'이 구개음화하고, 'ㅎ'이 탈락하여 쓰이는 경우다.

[용례]

¶ 이제사 질이 좋앗주마는 옛날엔 막 궂어수다게. (이제야 길이 좋았지마는 옛날에는 아주 궂었습니다.)

¶ 질 다끄레 나옵서 허믄 나강 질 다끄곡게. (길 닦으러 나오십시오 하면 나가서 길 닦고.)

¶ 운 갈라지렌 질레 상 떡을 가는 사름 오는 사름 다 테와 줘. (운 갈리라고 길에 서서 떡을 가는 사람 오는 사람 다 태워 줘.)

¶ 등짐으로 보리 정 오당 보릿뭇이 빠지믄 질레서 애기 남쩬 허여. (등짐으로 보리 져서 오다가 보릿단이 빠지면 길에서 아기 낳는다고 해.)

¶ 브름이 흔 줄로 쫙 가사 보리 불리기도 좋주게. 경허민 질 뱃것디 내냥
은에 불려. (바람이 한 줄로 쫙 가야 보리 불리기도 좋지. 그러면 길 밖에 내놔서
불려.)

¶ 새로 질이 일로 나난 묵은질은 막아 뒁 집, 창고 짓언 살암서. (새로 길이
이리로 나니까 옛길은 막아 두고 집, 창고 지어서 살고 있어.)

[관용 표현]

질 넘어가는 사름 '나그네'를 비유적으로 이르는 말.

질 바쁘다 '급한 일이 생기다.'를 비유적으로 이르는 말.

질 유다 표준어로 바꾸면 '길 잃다.'인데, '길 헤매다.'를 이르는 말.

질 잡다 '갈 길을 정하다.'를 이르는 말.

질레서 죽다 '객사하다'를 비유적으로 이르는 말.

질에 나앚다 '알거지가 되다.'를 비유적으로 이르는 말.

질레서 싸와도 모른다 안 지 얼마 안 되는 사람끼리 또는 너무 오랜만에 만난
사람끼리 하는 인사말. 맺은 지 얼마 되지 아니한 사돈끼리 만났을 때 즐
겨 쓰는 말.

[관련 어휘]

거름질·거림질 갈림길.

거벙짓질·거부렝잇질·비끄렝잇질·비크레깃질·비트렝잇질·빅데깃질 비탈길.

거정질·그정질·기정질·엉기정질·엉장질·엉창질 벼랑길.

곧은질·곧작흔질 곧은길.

골목 골목.

곱은질 고부랑길.

곶질 숲길.

ᄀ른질·지름질 지름길.

남소릿질 들녘으로 나가는 좁은 길.

눈질 눈길. 눈이 쌓인 길.

느릿질·ㄴ롯질·ㄴ릇질 내리막길.

늬커리·늬커림·늬커림질·늬커릿질·ㅅ도전거리 네거리.

돌질 돌길.

동산질 고갯길.

뒷질 뒷길.

묵은질 옛길.

물질 물길.

바른질 바른길.

밤질 밤길.

벳질 뱃길.

ㅂ름질 바람길.

설덕질·설드럭질 서덜길. 돌이 많은 길.

세커리·세커림·세커림질·세커릿질·싀커리·싀커림·시커림질·시커릿질 세거리.

셋질 샛길. 사이에 난 길.

소롯질·소릿질 소로.

알질 아랫길.

오롯질·오릇질 오르막길.

올래 오래. 집에서 큰길로 나가는 작은 골목.

외뜬질·외톤질 외딴길.

웃질 윗길. 위쪽에 있는 길.

작지질 자갈길.

저승질·저싕질 저싱질 저승길.

질ㄱ·질ㄱ 길가.

질ㄱ집 길갓집.

질갈르다·질카르다·질칼르다 가로타다. 길을 가로질러 가다.

질거리 길거리.

질버치다 걷기가 힘들다.

질빠다 길을 내다.

질어염·질에염·질의염 길섶. 길의 가장자리.

질컬음 길걸음. 일정한 걸음 속도에 맞춤이 없이 자유롭게 걷는 걸음.

큰질 큰길.

한질 한길. 사람이나 차가 많이 다니는 넓은 길.

흑질 흙길.

●●●● **더 생각해 보기**

동음어

질[1] 길. 사람이나 동물 또는 자동차 따위가 지나갈 수 있게 땅 위에 낸 일정한 너비의
  공간.
¶ 아이 차 뎅기는 질러레 나가게 말라. (아이 차 다니는 길로 나가게 말라.)

질[2] 길. 질. 물건의 품질 등급.
¶ 질 나쁜 걸랑 보내지 맙서. (질 나쁜 걸랑 보내지 마세요.)

질[3] 길. 짐승이나 물건을 부리거나 쓰기 좋게 된 성질. 또는 익숙해진 솜씨.
¶ 쉐 질이야 질들이기 나름이주, 뭐. 다른 거 엇어. (소 길이야 길들이기 나름
  이지, 뭐. 다른 것 없어.)

질[4] 기지개. 피곤할 때, 몸을 쭉 펴고 팔다리를 뻗는 일.
¶ 물애긴 아픔도 흐고, 잘 자지믄 질도 트고, 젓 먹당 젓도 바까 불고 흐멍 물
  외 크듯 크는 거여. (갓난아기는 아프기도 하고, 잘 자게 되면 기지개도 켜
  고, 젖 먹다가 젖도 뱉어 버리고 하며 물외 크듯 크는 거야.)

질⁵ 젤. 제일(第一)의 준말.

¶ 이 고단에서 우리 밧이 질 큰 밧이랏주. (이 고장에서 우리 밭이 젤 큰 밭이
었지.)

질⁶ 닢. 멍석을 세는 단위.

¶ 흔 저슬이믄 멍석 흔 질은 줄아. (한 겨울이면 멍석 한 닢은 걸어.)

질⁷ 밭이랑의 길이를 나타내는 말.

¶ 질이 질믄 장질이엔 ᄒᆞ곡, 쉐 돌리는 딘 멍에엔 ᄒᆞ곡 질은 것뿐이라. ('질'이
길면 '장질'이라고 하고, 소 돌리는 데는 밭머리라고 하고 '질'은 것뿐이야.)

흑

[기본 의미]   지구의 표면을 덮고 있는, 바위가 부스러져 생긴 가루인 무기물
과 동식물에서 생긴 유기물이 섞여 이루어진 물질.

[대응 표준어]   흙

[방언 분화형]   헉·흑·흑

[문헌 어휘]   흙(《훈민정음》해례본:합자해)

[어휘 설명]   '흑'은 '지구의 표면을 덮고 있는, 바위가 부스러져 생긴 가루인
무기물과 동식물에서 생긴 유기물이 섞여 이루어진 물질'이라는 뜻을 지닌
다. 방언형 '흑'은 문헌 어휘 '흙'이 '흙〉흑〉흑'의 변화 과정을 거친 어형이며,
다른 방언형 '헉'은 문헌 어휘 '흙'이 '흙〉흑〉헉'의 변화 과정을 거친 어형이
다. 다른 방언형 '흑'은 문헌 어휘 '흙'에서 'ㄹ'이 탈락한 어형이다.

[용례]

¶ 양에 집가지 아래 심으민 <u>흑이</u> 도망가들 안 허여. (양하 처마 아래 심으면 흙
이 도망가지를 안 해.)

¶ 남을 영 세운 다음엔 여기 검질 놓고 <u>흑을</u> 올려. (나무를 이렇게 세운 다음엔
여기 검불 놓고 흙을 올려.)

¶ 서슬 헹 대낭으로 여끄고 그다음은 <u>흑</u> 올리고 고디 올려. (서까래 해서 대
나무로 엮고 그다음은 흙 올리고 알매 올려.)

¶ 숫 굽젠 허민 <u>흑으로</u> 고망을 다 메와 불어. (숯 구우려고 하면 흙으로 구멍을
다 메워 버려.)

¶ 수세 <u>흑더레</u> 낭 쉐로 불라. (여물 흙에 놔서 소로 밟아.)

¶ 감저 모종 싹 낭. 요즘은 비니루 더꺼도 옛날은 비니루 엇인 때난 그대로 흑만 더꺼. (고구마 모종 싹 나서. 요즘은 비닐 덮어도 옛날은 비닐 없을 때니까 그대로 흙만 덮어.)

[관용 표현]

흑 지치다 표준어로 바꾸면 '흙 끼얹다.'인데, '어린아이의 무덤을 만들다.'를 비유적으로 이르는 말.

[관련 어휘]

고데·고뎃흑·고디·고딧흑·고톳흑 알매. 산자(撒子) 위에 올려 지붕물매에 맞게 펴 다지는 흙.

놀흑 마르지 않고 촉촉하게 젖어 있는 흙.

뜬헉·뜬흑·뜬흑 차진 성질이 조금도 없는 부슬부슬한 흙.

붉은헉·붉은흑 붉은흙.

진흑·질헉·질흑 진흙.

춘역·춘학·춘헉·춘흑·춘호 찰흙.

헉마리·흑마리 흙마루. 방에 들어가는 문 앞의 좀 높이 편평하게 다진 흙바닥.

헉발·흑발·흑발 흙바탕.

헉밧·흑밧[1]·흑밧 흙밭.

헉벙뎅이·흑덩이·흑뎅이·흑벙뎅이 흙덩이.

헉일·흑일·흑일 흙일. 흙을 이기거나 바르는 따위의 흙을 다루는 일.

헉질·흑질·흑질 흙질. 흙을 묽게 이기거나 집을 지을 때 이긴 흙을 벽체 따위에 바르는 일.

헉집·흑집·흑집 흙집.

헉칠·흑칠·흑칠 흙칠. 어떤 것에 흙을 묻힘. 또는 그렇게 하는 일.

흑굿·흑밧[2]·흑굿 여러 사람이 새벽할 흙을 마련하는 일. 또는 그런 일을 하는 곳.

흑밥 집을 지을 때 흙질하는 날 친척들이나 집주인이 일꾼을 대접하기 위하여 준비한 밥.

흑손 흙손.

흑판 흙받기. 흙손질할 때에, 이긴 흙이나 시멘트를 받쳐 드는 연장.

흑피력 집을 지을 때 흙일을 완성하고 난 뒤 일꾼들에게 고마움의 뜻으로 나누어 주는 떡.

명사

의식주

괴기

[기본 의미]　식용하는 온갖 동물의 살.

[대응 표준어]　고기

[방언 분화형]　고기·괴기

[문헌 어휘]　고기(《석보상절》 6:10)

[어휘 설명]　'괴기'는 '식용하는 온갖 동물의 살'이라는 뜻을 기본 의미로 하여, '물고기'나 '살[肌]을 속되게 이르는 말' 등의 뜻을 지닌다. 방언형 '괴기'는 문헌 어휘 '고기'가 '고기〉괴기'로 모음동화된 형태로 변한 경우고, 다른 방언형 '고기'는 문헌 어휘 '고기'가 그대로 쓰인 경우다.

[용례]

¶ 말 말라, 즈식으로 헹 괴기가 착착 녹나. (말 마라, 자식으로 해서 고기가 착착 녹는다.)

¶ 그 물을, 이 간이나 뭐가 눈이 나쁜 사름은 물 그거를 괴기를 먹어. (그 말을, 이 간이나 뭐가 눈이 나쁜 사람은 말 그거를 고기를 먹어.)

¶ 괴기에 하근 양념이영 다 썰어 낭 멕여. (고기에 온갖 양념이랑 다 썰어 넣어서 먹여.)

¶ 밧 임제가 테우리* 나시 정심 헤 가곡, 고기 굽곡 막 잘 출령. 고기만 구우믄 잘 출린 거. (밭 임자가 '테우리' 몫 점심 해 가고, 고기 굽고 아주 잘 차려서. 고기만 구우면 잘 차린 거.)

¶ 여기는 틈나민은 바당 물때 되민 고기 나꾸레 가곡 뭐 허레 가곡 보말 잡으레 가고. (여기는 틈나면은 바다 물때 되면 고기 낚으러 가고 뭐 하러 가고 고둥

잡으러 가고.)

¶ 잔치 때 <u>고기</u> 숢아 나민 그 <u>고기</u> 숢아난 국물에 그 ᄆ음 썰어 놓고 늡삐 썹 썰어 놓곡 허영 국 끌리면은 그렇게 맛 좋고. (잔치 때 고기 삶고 나면 그 고기 삶았던 국물에 그 모자반 썰어 놓고 무청 썰어 놓고 해서 국 끓이면 그렇게 맛 좋고.)

¶ 반은게 <u>고기</u> 석 점 허영 수에 ᄒ나 놔. (반기는 고기 석 점 해서 순대 하나 놔.)

[관련 어휘]

갯ᆺ괴기 바닷고기.

고깃반·괴깃반 잔칫집이나 초상이 난 집에서 손님에게 대접하기 위하여 돼지고기 따위를 저미어서 접시에 가지런히 포개놓은 반기.

고깃점·괴깃점 고깃점.

괴깃덩어리 고깃덩어리.

놀고기·놀괴기 날고기.

도야지괴기·돗괴기·돼야지괴기 돼지고기.

둑괴기 닭고기.

물고기·물괴기·물코기·물쾨기 물고기.

ᄆ른괴기·몰른괴기 마른고기.

몰괴기·몰쾨기 말고기.

바당고기·바당괴기·바르코기·바르쾨기·바릇괴기 바닷고기.

셍고기 생고기

쉐고기·쉐괴기 소고기.

존고기·존괴기 잔고기.

* '테우리'는 ①말이나 소를 많이 가진 사람. ②들에 방목한 마소[馬牛]를 돌보는 사람을 말한다. 여기서는 ①의 의미로 쓰였다.

271

국

[기본 의미]   고기·생선·채소 따위에 물을 많이 붓고 간을 맞추어 끓인 음식.

[대응 표준어]   국

[방언 분화형]   국·(겡)

[문헌 어휘]   국(《동국신속삼강행실도》효1:44), 깅(《삼강행실도》효:16)

[종합 설명]   '국'은 '고기·생선·채소 따위에 물을 많이 붓고 간을 맞추어 끓인 음식'이라는 뜻을 기본 의미로 하여, '국물' 등의 뜻을 지닌다. 방언형 '국'은 문헌 어휘 '국'이 그대로 쓰인 경우다. '멜쿡, 장쿡'처럼 합성어를 이룰 때 '쿡'으로 나타나기도 한다.

한편 '제사에 쓰는 국'은 '거영·계영·계영국·겡·겡국'이라 한다. 이 방언형들은 문헌 어휘 '깅(羹)'과 관련이 깊다. 방언형 '겡'은 문헌 어휘 '깅'이 '깅〉겡'의 변화 과정을 거친 어형이다.

[용례]

¶ 콩지름만 낳은 국이 잘 안 됩니다게. 메역을 서꺼야 맛이 나. (콩나물만 놔서는 국이 잘 안 됩니다. 미역을 섞어야 맛이 나.)

¶ 콩으론 메주 허곡, 국 끌령 먹고. (콩으로는 메주 하고, 국 끓여 먹고.)

¶ 셍니 빤 때 입 못 벌건 밥을 헤도 국에 즘앙 먹곡 헤나서. (생니 뽑은 때 입 못 벌기어 밥을 해도 국에 말아서 먹고 했었어.)

¶ 무수 놔근에 다 익은 디 콩ᄀᆞ르 반죽 헤근에 우터레 삭 허게시리 그 무수 낭 익은 국더레 비와놔근에 소금 낭 괴어 올르민 그게 콩국*. (무 놔서 다 익은 데 콩가루 반죽 해서 위에 삭 하게끔 그 무 놔서 익은 국에 부어놔서 소금 놔서

괴어 오르면 그게 콩국.)

¶ 멜쿡**도 먹어. 그 느물 놓고 국 끌리민 경 맛이 잇어. ('멜쿡'도 먹어. 그 배추 넣고 국 끓이면 그렇게 맛이 있어.)

¶ 모믈 헤근에 모믈국쉬 헹 먹고. 그거 영 영 뭇아 낭은에 무수 놓고 ᄀ르 놓곡 헹 국도 헹 먹고. (메밀 해서 메밀국수 해서 먹고. 그거 이렇게 이렇게 마아 놔서 무 놓고 가루 놓고 해서 국도 해서 먹고.)

[관용 표현]

국 하영 먹으민 가시어멍 눈 멜라진다 표준어로 바꾸면 '국 많이 먹으면 장모 눈 찌그러진다.'인데, '국 많이 먹는 사위'를 놀리며 하는 말.

멜쿡

* '콩국'은 '콩가루에 배추나 무 따위를 썰어 넣어서 함께 끓인 국'을 말한다. 주로 겨울철에 해 먹는다.
** '멜쿡'은 '생멸치에 배추를 넣어 끓인 국'을 말한다. '멜쿡'은 '멜+ㅎ+국'의 구성이다.

갈칫국 도막 낸 갈치에 배추와 호박을 넣어서 끓인 국.

게영거리·겡거리 제사나 명절 때 끓여 신위 앞에 올리는 갱(羹)의 재료.

괴깃국 고깃국.

구살국·성게국·쿳국 성게의 알을 미역 등 채소와 함께 넣어 끓인 국.

국거리 국거리.

국건데기·국건지 국건더기.

국내 국내. 국의 냄새.

국사발 국사발.

국솟 국솥.

국자 국자

국죽 갱죽.

넹국 냉국.

느물쿡·느물국·느몰쿡·베춧국 나물국. 배춧국.

눌된장국 날된장으로 만든 국.

눔삐국 뭇국.

돗국·돗국물·몰망쿡·몸국 돼지고기를 삶은 육수에 모자반과 무청을 함께 넣어 끓인 국.

된장쿡·장쿡 된장국.

독국 닭국.

메역국·미역국 미역국.

멜쿡 생멸치에 배추를 넣어 끓인 국.

바당괴기국·바르쾨기국·바룻괴깃국 바닷고기를 넣어 끓인 국.

보말국 고둥을 재료로 하여 끓인 국.

비제깃국 비짓국.

빈국 맹물만 넣고 끓인 국.

소곰국 소금국.

솜국 말똥성게의 알과 미역 따위의 채소를 함께 넣어 끓인 국.

자리횟국 자리돔과 채소 등을 잘게 썰어 갖은 양념을 넣어 만든 촛국.

짐칫국 김칫국.

콩국 콩국. 콩가루에 배추나 무 따위를 썰어 넣어서 함께 끓인 국.

톨국·톨넹국·톳국·톳넹국 톳을 재료로 하여 만든 냉국.

호박국 호박국.

호박입국 어린 호박잎에 메밀가루 따위를 풀어 넣어서 끓인 국.

횟국 촛국.

●●●●○ **더 생각해 보기**

유의어

국 국. 고기·생선·채소 따위에 물을 많이 붓고 간을 맞추어 끓인 음식.

¶ 국 하영 먹으민 벤소 출입이 줒아. (국 많이 먹으면 변소 출입이 잦아.)

거영·거영국·게영·게영국·겡·겡국 갱. 제사나 명절 때에 끓여 신위 앞에 올리는 국.

¶ 겡 거리렌 헴수다. (갱 뜨라고 합니다.)

담

[기본 의미]　집이나 일정한 공간을 둘러막기 위하여 흙·돌·벽돌 따위로 쌓
아 올린 것.

[대응 표준어]　담

[방언 분화형]　담

[문헌 어휘]　담(《훈민정음》해례본:용자례)

[어휘 설명]　'담'은 '집이나 일정한 공간을 둘러막기 위하여 흙·돌·벽돌 따
위로 쌓아 올린 것'을 뜻한다. 방언형 '담'은 문헌 어휘 '담'이 그대로 쓰인
경우다.

[용례]

¶ 쉐 메는 거 담이 영 이시민 이 담허고 요 담허고 담구녕으로 노끈 헹 메
곡 경헤여. (소 매는 거 담이 이렇게 있으면 이 담하고 요 담하고 담구멍으로 노끈
해서 매고 그렇게 해.)

¶ 담에 영 보민 멀위가 셔. (담에 이렇게 보면 머루가 있어.)

¶ 흑 뀌여다가 담에도 불르고 퇴기도 허고. (흙 이겨다가 담에도 바르고 외도
하고.)

¶ 감젓줄 담더레 끗어당 걸치는 사름도 잇고. (고구마줄기 담으로 끌어다가 걸
치는 사람도 있고.)

¶ 족제비가 대개 담이 이렇게 잇으면은 요런 곱은데기. 일로도 가곡 일로
도 가는 이런 곱은데기에 잘 걸려. (족제비가 대개 담이 이렇게 있으면 요런 고
팽이. 이리로도 가고 이리로도 가는 이런 고팽이에 잘 걸려.)

멀위

¶ 석공은 담을 닿고, 목수는 집을 짓고, 나머지 잡부덜은 흑질을 허여. (석공은 담을 쌓고, 목수는 집을 짓고, 나머지 잡부들은 흙질을 해.)

¶ 우리는 그 남 엇이 기자 담에 그 코 멘들아 낭 그레 그자 쉐 졸라멧주. (우리는 그 나무 없이 그저 담에 그 고 만들어 놔서 그리 그저 소 졸라맸지.)

[관용 표현]

담 넘다 '남의 집에 물건 따위를 슬쩍하기 위해서 담을 넘어가다.'를 비유적으로 이르는 말.

담 두르다 '담으로 경계를 짓다.'는 의미로 쓰이는 말.

담 추리다 '담을 정리하다.'는 의미로 쓰이는 말.

[관련 어휘]

가시담 사람이나 동물이 건너다니거나 뛰어넘어 달아나지 못하게 가시나 무릎 얹은 담.

거욱·거욱대·답·답대·매조제기 마을의 허하다고 하는 위치에, 큰돌로 조금 너르고 둥그렇게 탑처럼 높이 쌓아 올린 담.

담고냥·담고망·담구녁·담구녕 담구멍. ①담에 난 구멍. ②쌓은 담 사이에 숭숭 생긴 구멍.

담고비 쌓은 담이 곧지 않고 한쪽으로 휘어져 굽이진 곳.

담굽 ①담을 쌓을 때 맨 아래 놓이는 밑돌. ②담을 쌓을 때 밑돌이 놓이는 밑바닥.

담그늘 담이 만드는 그늘.

담널다·담멀다·담몰다·담치다·담헤다·담히다 쌓아 올린 담을 허물어뜨리다.

담널어지다·담머으러지다·담몽그려지다·담무너지다·담물러지다·담몰아지다·담커지다·담클다 쌓아 올린 담이 허물어지다.

담답다·담닿다 담쌓다.

밧담

278

담돌·돌담 담돌. 담을 쌓는 돌. 또는 담을 쌓은 돌.

담밟다 높게 쌓인 담 위를 조심스럽게 다니다.

담어염·담에염·담의염 쌓은 담의 가장자리나 옆.

담질·담칠 담치기. 담을 뛰어넘는 행위.

도롱담 별로 크지 아니한 돌로 높지 않게 외줄로 동그랗게 쌓아 올린 담.

돗통담·통싯담 돼지우리를 둘러쌓은 담. 또는 그 울타리.

뒷담 뒷담.

마장담 마장(馬場)의 경계를 가르는 담.

밧담 밭담.

보말담·사그락담·사스락담·사슬담 아주 자질구레한 돌로 쌓은 담.

산담·산잣 무덤 주위를 에워 두른 담.

상잣 조선시대에 한라산 근방의 높은 지대의 목장 경계를 위해 쌓아 올린 담.

성담 높으면서도 기다랗게 쌓아올린 담.

앞담 앞담.

어귓담 거릿길에서 집으로 들어오는 목의 양옆 담.

외담 홑담.

우영담·우잣담·울담 울담.

잣 성. 잣.

잣담·잣벡담 잔돌로 밭 가장자리 따위에 높으면서도 기다랗게 쌓아 올린 담.

접담·집담 겹담.

중잣 조선시대에 한라산 중턱 근방의 목장 경계를 위해 쌓아 올린 담.

축담·축돌 축담.

하잣 조선시대에 한라산 기슭 근방의 목장 경계를 위해 쌓아 올린 담.

떡

[기본 의미]   곡식 가루를 찌거나, 그 찐 것을 치거나 빚어서 만든 음식을 통틀어 이르는 말.

[대응 표준어]   떡

[방언 분화형]   떡

[문헌 어휘]   떡(《월인석보》1:42)

[어휘 설명]   '떡'은 '곡식 가루를 찌거나, 그 찐 것을 치거나 빚어서 만든 음식을 통틀어 이르는 말'을 기본으로 하여, '성격이 매우 유순하고 마음이 무던히 좋은 사람을 비유적으로 이르는 말' 등의 뜻을 지닌다. 방언형 '떡'은 문헌 어휘 '떡'이 '떡〉떡'의 변화 과정을 거친 어형이다.

'떡'의 뜻을 지닌 한자어 '병(餠)'은 [빙]으로, '편(編)'은 [벤]·[펜]으로 발음되어 방언형으로 나타나는데, '빙떡'·'솔벤'·'절펜' 등에서 확인된다.

[용례]

¶ <u>떡이</u> 그거랏주. 무신 송펜이 어디 잇고 무신거가 어디 잇어? (떡이 그것였지. 무슨 송편이 어디 있고 무엇이 어디 있어?)

¶ 물 못 맞추민 <u>떡이</u> 막 떡되 불곡 진짜로. 쪼금 못 맞추민 헤삭헤삭 설어 불곡. 게난 것도 기술자라사. (물 못 맞추면 떡이 아주 떡되어 버리고 진짜로. 쪼금 못 맞추면 허분허분 설어 버리고. 그러니 것도 기술자라야.)

¶ 감저 헹 버무령 낭 <u>떡을</u> 치믄 경 맛 좋을 수가 엇어. (고구마 해서 버무려 놔서 떡을 찌면 그렇게 맛 좋을 수가 없어.)

¶ 요즘 이 나록쏠로 <u>떡</u> 허민 끈닥끈닥허주게. (요즘 이 볍쌀로 떡 하면 쫀득쫀

득하지.)

¶ 떡 <u>숢</u>아근엥에 그 <u>떡</u> <u>숢</u>은 물도 식으민 그 술 담을 때 그 오메기* 뀌어 놔 근엥에 담으민 더 맛 좋주. (떡 삶아서 그 떡 삶은 물도 식으면 그 술 담글 때 그 '오메기' 이겨 놔서 담그면 더 맛 좋지.)

¶ <u>떡</u>에 감저 들어가기 시작헌 건 불과 흔 칠팔십 년. (떡에 고구마 들어가기 시 작한 건 불과 한 칠팔십 년.)

¶ 조로 <u>떡</u>도 헹 먹고 오메기떡도 헹 먹고. (조로 떡도 해서 먹고 '오메기떡'도 해 서 먹고.)

[관용 표현]

떡 간 디 떡 떼어먹곡 말 간 디 말 부튼다 표준어로 바꾸면 '떡 간 데 떡 떼어먹고 말 간 데 말 붙는다.'인데, '소문을 나게 하기는 쉽다.'는 것을 비유적으로 이르는 말.

떡 사 먹다 '손해 보다.'를 비유적으로 이르는 말.

떡ᄀ튼 사름 '무던히 좋은 사람'을 비유적으로 이르는 말.

[관련 어휘]

가문떡·고적떡 집안에 초상났을 때, 친척들이 부조로 만들어 가는 떡.

감저떡 절간고구마가루로 만든 떡.

거스름떡·거시림떡 신부의 집에서 사돈집에 맨 처음으로 만들어 가는 떡.

고달놓은떡·고달떡·고달부찐떡·고달여진떡·등입진떡·징돌은떡·징부찌·징부찐떡 좁쌀 가루와 쌀가루를 반씩 넣어 켜를 안친 후 팥 고물 따위를 얹어서 찐 시루 떡.

* '오메기'는 '차좁쌀가루에 더운물을 넣어 되게 반죽한 후 가운데 구멍을 뚫어 고리 모양으로 만든 후 삶아 낸 떡'을 말한다. 사람에 따라서는 구멍 대신에 가운데를 눌러서 만들기도 한다. 달리 '오메기떡'이라 하는 데, '오메기술'의 재료로 사용한다.

고장떡 쌀가루 따위에 붉은 물을 들여 반죽해서 동그랗게 만들어 톱니처럼 모양을 낸 떡.

곤떡·셍펜·솔펜·송펜 송편.

골미떡 골무떡.

기주떡·기쥐떡 기주를 넣어서 부풀면 떡 모양을 내서 찐 떡.

기증펜·기징펜·증펜·징펜 증편.

꽤떡 깨떡.

낭외·빗상외 밀가루나 보릿가루에 기주를 넣은 다음 더운 방에 두어 부풀어 오르면 직사각형 모양으로 만들어 겅그레 위에 넣고 찐 떡. 제사 때 시루떡 대신으로 쓴다.

느젱이떡·는젱이떡 나깨떡. 메밀을 갈아 가루를 체에 쳐내고 남은 속껍질인 나깨로 만든 떡.

다대·다대떡 쌀가루나 메밀가루로 둥글게 만들어 찌거나 삶은 떡. 당에 갈 때 가지고 가는 떡이다.

도레기떡·동고랑곤떡·돌떡·절벤·절변·절펜 절편.

돌레떡 도래떡.

등절미·등절비 메밀가루나 쌀가루를 반죽해서 반달 모양으로 만들어 삶아낸 후 팥고물을 묻힌 떡.

돌반착떡·반돌떡·솔벤·솔변·수랑곤떡 쌀가루나 메밀가루를 반죽하여 얇게 민 다음에 반달 모양의 떡살로 떠서 끓는 물에 삶거나 겅그레 위에서 찐 떡.

떡돌랑지·떡돌렝이 떡을 담을 때 사용하는, 대로 만든 작은 바구니.

떡구덕 떡을 담을 때 사용하는, 대로 만든 바구니.

떡도고리 떡가루를 반죽할 때 쓰는 함지박.

떡동이 떡을 넣어서 다니는 둥그스름한 그릇. 대오리로 결어서 네모나게 만들기도 한다.

떡본 떡살. 떡에 무늬를 새기기 위해 찍어 내는 판.

떡상지·떡상즈 떡고리. 떡을 담아 두는 채롱.

떡쉬 ①떡소. 떡 속에 넣는 재료. ②떡고물. 떡의 켜 사이에 깔거나 떡의 겉
　에 묻히는 고물.

떡정반 떡을 괴어 올리는 쟁반.

떡차롱 떡을 담아 두는 채롱.

떡체시 떡보.

막떡 떡을 만들 때 남은 재료를 모아 맨 마지막으로 만든 떡.

만두떡·만뒤떡 메밀가루를 반죽하여 둥그렇게 만든 후 안에 팥소를 넣어 반
　달처럼 집어서 삶거나 찐 후 팥고물을 묻힌 떡.

멍석떡·빈·빈떡·빙·빙떡·영빈·전기·전기떡 기름을 친 번철에서 메밀가루 반죽
　으로 전을 둥글넓적하고 얇게 지진 후에 거기에 무채나 팥소를 넣어 길
　쭉하게 둘둘 말아 만든 떡.

모멀돌레·모믈돌레·모몰돌레 메밀가루로 만든 도래떡.

모멀떡·모믈떡·모몰떡 메밀떡.

문침떡·모힌친떡·무적떡·무힌친떡·문친떡 쌀가루에 고구마나 호박·무 등을 썰
　어서 넣고 켜켜이 팥고물을 얹어 시루에서 찐 떡.

물떡 메밀가루 따위를 반죽하여 반달 모양으로 접고 그 안에 무채 따위를
　넣고 크고 기름하게 만들어서 삶은 떡.

밀췌기 밀가루를 반죽하여 손으로 꾹꾹 쥐며 모양을 내어 만든 후 찐 떡.

방시리떡 제주시 서쪽에서, 입춘에 동네 사람끼리 쌀을 모아서 만들어 먹는
　시루떡.

벙것떡 벙거지 모양으로 잘게 만든 떡.

벨떡·지름떡 기름떡.

보름떡 정월 대보름날 동네 사람끼리 쌀을 모아서 만들어 먹는 시루떡.

보리췌기 보릿가루를 반죽해서 손으로 꾹꾹 쥐며 모양을 내어 만든 후 찐 떡.

보시떡·보시시리 보시기에서 쪄낸 떡.

삼메떡·상외떡 상화떡. 밀가루에 기주를 넣은 다음 더운 방에 두어서 부풀어
　오르면 둥그렇게 만들어 겅그레 위에 넣고 찐 떡.

모멀돌레

만뒤떡

상외떡

돌반착떡

벙것떡

송에기떡

숟구락떡

질멧가지

284

설귀떡·설기떡 설기. 설기떡.

세미·세미떡 메밀가루나 쌀가루를 반죽해서 얇게 민 다음에 반달 모양으로 떠서 그 속에 팥소를 넣어 집은 후 삶거나 찐 떡.

속떡·숙떡·쑥떡 쑥떡.

송에기떡 구슬처럼 둥글게 만든 떡 두 개를 붙인 후 살짝 눌러서 만든 후 경그레에서 찐 떡.

순메·술메·숨메·쉬 밥이나 떡의 소 또는 고물로 사용하는 삶은 팥 따위.

숟가락떡 쌀가루로 손가락 모양으로 만들고 숟가락 자루로 금을 내어 삶은 떡.

시리떡·친떡·침떡 시루떡.

약게·약궤·얍게·얍궤 약과.

우지시·우찍 웃기떡.

작굿떡·열굿떡 시루떡·인절미·절편·'솔벤'·중계·약과·강정·요해·과질 등 열 가지를 다 구비한 떡을 이르는 말.

제물떡·지물떡 상이 났을 때 친척이나 형제들이 제물로 만들어 가는 떡.

조떡·좁쌀떡·흐린조떡 좁쌀떡.

중게·중궤 중계.

줴기떡 줴기떡. 밀기울 따위에 기주를 섞어서 손으로 쥐어서 만든 떡.

질맷가지 쌀가루로 길맛가지 모양으로 만든 떡.

준떡 소상이나 대상 또는 큰 제사 때 제물로 올리는 '제펜·인절미·절벤·솔벤·우지시' 등 오편(五䭏) 가운데 '제펜[祭䭏]'인 시루떡에 비하여 크기가 작은 절편과 '솔벤', '웃기떡' 따위의 자잘한 떡을 이르는 말.

코시떡·코스떡 고사떡.

피떡 핍쌀가루로 만든 떡.

흑은떡 ①다 갖추어진 떡. ②'준떡'을 달리 이르는 말.

밥

[기본 의미] 쌀·보리쌀·좁쌀 따위의 곡식을 씻어서 솥 따위의 용기에 넣고
물을 알맞게 부어, 낟알이 풀어지지 않고 물기가 잦아들게 끓여
익힌 음식.

[대응 표준어] 밥

[방언 분화형] 밥·(메)

[문헌 어휘] 밥(《훈민정음》해례본:용자례), 뫼(《소학언해》4:12)

[어휘 설명] '밥'은 '쌀·보리쌀·좁쌀 따위의 곡식을 씻어서 솥 따위의 용기에
넣고 물을 알맞게 부어, 낟알이 풀어지지 않고 물기가 잦아들게 끓여 익힌
음식'이라는 뜻을 기본 의미로 하여, '끼니로 먹는 음식' 등의 뜻을 지닌다.
방언형 '밥'은 문헌 어휘 '밥'이 그대로 쓰인 경우다.

한편 '제사 때 신위에게 올리는 밥'은 '메'로 나타나는데, 문헌 어휘 '뫼'
가 '뫼〉메'로 변화하여 쓰이는 어형이다. '메'는 '갱'과 짝을 이룬다.

[용례]

¶ 밥이 일흔다 ᄒᆞ여. (밥이 일한다 해.)

¶ 밥 쉬민게 어려운 때난게 순다리*라도 헤영 걸로 때 먹곡 헷수게. (밥 쉬
면 어려운 때니까 '순다리'라도 해서 걸로 때 먹고 했습니다.)

¶ 지금은 질로지만썩 밥을 거령 먹엄주마는 엿날은 낭푼이에 거령 먹으
렌 거려줘. (지금은 제각각씩 밥을 떠서 먹고 있지만 옛날은 양푼에 떠서 먹으라

---

* '순다리'는 '쉰밥에 누룩을 넣어 발효시킨 음료'를 말한다. 달리 '쉰다리'라 하는데, 여름철에 해 먹는다.

고 떠줘.)

¶ 누룩 사단에 밥 식게 헤근에 석석헌** 밥에 혜영 물 낭 그 누룩을 버물영 또똣헌 디 흐루만 놔두민 그게 막 굅니다게. (누룩 사다가 밥 식게 해서 '석석한' 밥에 해서 물 놔서 그 누룩을 버무려서 따뜻한 데 하루만 놔두면 그게 막 굅니다.)

¶ 콩도 장만혜영 밥에 낭 먹어도 맛싯곡. (콩도 장만해서 밥에 놔서 먹어도 맛있고.)

¶ 괴기덜이 지네 먹는 밥으로 알앙 왕 탁 물어. (고기들이 저들 먹는 밥으로 알고 와서 탁 물어.)

누룩

¶ 보리밥 혜영 그 밥더레 곤쏠을 살살 서꺼. 그게 반지기. (보리밥 해서 그 밥에 흰쌀을 살살 흩어. 그것이 반지기.)

¶ 바나나도 이거 원숭이 밥엔 헤근에 원래 상에 안 올라가는 거라. (바나나도 이거 원숭이 밥이라고 해서 원래 상에 안 올라가는 거야.)

[관용 표현]

밥 빌어당 죽 쑤엉 먹을 놈 '어리석은 사람'을 비유적으로 이르는 말.

** '석석허다'는 '뜨거운 열이 식어서 서늘하다.'는 뜻을 지닌 어휘다.

287

밥도 쉬민 못 먹나 '변하여 쓸모없는 것'을 비유적으로 이르는 말.

[관련 어휘]

감저밥 좁쌀이나 보리쌀에 고구마를 썰어 넣어서 지은 밥.

감티밥 뚜껑밥. ①사발 바닥에다 작은 그릇이나 접시를 엎어 놓고 담은 밥.
　②밑에는 잡곡밥을 담고 위에만 쌀밥을 담은 밥.

고두밥 지에밥. 찹쌀이나 멥쌀을 물에 불려서 시루에 찐 밥.

곤밥·쑬밥 흰밥.

골밥[1] 엿을 고기 위하여 지은 조밥을 엿기름에 섞은 밥.

골밥[2] 큰일 때, 고을 사람들을 먹이기 위해 지은 밥.

공흔밥 공밥. 제값을 치르지 않거나 일을 하지 아니하고 거저먹는 밥.

굴룬밥 군밥.

누넝밥·누넹이·누렁밥·누렝이·누룽이·눈밥·밥누넹이·밥누렝이 눌은밥.

놈삐밥 무밥.

당산메·산메 마을제 등을 할 때 올리는, 메 그릇에 쌀을 넣어 쪄낸 밥.

더운밥 더운밥.

메·멧밥 메.

멘밥 맨밥.

멘조팝 강조밥. 맨조밥.

모인조팝·모힌조팝 메좁쌀로만 지은 밥.

물줌은밥 물만밥.

물덜은밥·익은밥 진밥.

밀팝 밀밥. 밀로 짓거나 밀을 많이 섞어서 지은 밥.

반지기·반지기밥 쌀에 주로 보리 따위 잡곡을 반씩 섞어서 지은 밥.

밥게·밥방올·밥방울·밥티 밥알.

밥그륵·밥그릇 밥그릇.

밥내 밥내.

밥눈물·밥물 밥물. 밥이 끓어오를 때 넘쳐흐르는 걸쭉한 물.

밥도고리 밥을 퍼 담는 큰 함지박.

밥도리 여름철 밥을 담아 바람이 통하는 곳에 걸어두는, 쇠로 만든 밥통.

밥박세기 나무를 파서 만든 밥을 담는 바가지.

밥사발 밥사발.

밥솟 밥솥.

밥숟가락 밥술.

밥오곰·밥우굼·밥자·밥주걱·우굼·울굼 밥주걱.

밥적·밥직 밥술.

밥주시 밥찌꺼기.

밥체시·밥푸데 밥보. 밥주머니. ①아무 일도 하지 않고 밥이나 축내는 쓸모없
　　는 사람을 낮잡아 이르는 말. ②밥을 깜짝할 사이에 많이 먹어 치우기를
　　잘하는 사람을 낮잡아 이르는 말.

밥풀 ①밥풀. ②밥알.

밥풀떼기 발풀때기. 밥알을 낮잡아 이르는 말.

밥하님 밥짓는 일을 맡아보는 사람.

보리밥 보리밥.

산디밥 산도밥. 밭벼쌀로 지은 밥.

새벽밥·새벽조반 새벽밥.

선밥·셍밥[1] 선밥.

셍밥[2] 고두밥.

쉰밥 쉰밥.

식겟밥 제삿밥.

식은밥·실려운밥 찬밥.

엿밥 엿밥.

이삿밥 이사한 후에 이웃과 나누어 먹는 밥.

익은밥 익은밥.

조반밥 아침밥.

조팝 조밥.

지름밥 기름밥.

콩밥·콩순메밥 콩밥. 밥에 콩을 섞어서 지은 밥.

톨밥·톳밥 톳을 재료로 하여 지은 밥.

통보리밥 통보리로 지은 밥.

패밥 바닷말인 넓패 쇤것을 섞어서 지은 밥.

피밥 피밥.

프래밥 파래를 섞어 지은 밥.

풋밥 팥밥.

흐린조팝·희린조팝 차조밥.

흑밥 집을 지을 때 흙질하는 날 친척들이나 집 주인이 일꾼들을 대접하기 위하여 준비한 밥.

혼솟밥 한솥밥.

소게

[기본 의미] 목화씨에 달라붙은 털 모양의 흰 섬유질.

[대응 표준어] 솜

[방언 분화형] 소게·솜

[문헌 어휘] 소옴(《월인석보》2:41)

[어휘 설명] '소게'는 '목화씨에 달라붙은 털 모양의 흰 섬유질'이라는 뜻을 기본 의미로 하여, '식물성·동물성·광물성의 섬유나 화학 섬유의 뭉치' 등의 뜻을 지닌다. 방언형 '소게'는 새롭게 형성된 어형이며, 다른 방언형 '솜'은 문헌 어휘 '소옴'이 '소옴〉솜'의 변화 과정을 거친 어형이다.

[용례]

¶ 이불이 황당허연 보난 소게가 이디 소게가 아니. (이불이 황당해서 보니까 솜이 여기 솜이 아니.)

¶ 신 오래 신젠 큰 거 사민 그 쏘곱에 소게 담아근에 그 신 신엉 밥주리 좋아근에 뛰어가젠 헤봐봐. (신 오래 신으려고 큰 거 사면 그 속에 솜 담아서 그 신 신어서 잠자리 좋아서 뛰어가려고 해봐봐.)

¶ 겁덩에 출레* 지지젠 허믄 고망 소게로 막앙 된장 불랑 지져. (전복갑에 '출레' 지지려고 하면 구멍 솜으로 막아서 된장 발라서 지져.)

¶ 소게 대엉 숨 안 쉬믄 아, 이 어른 종명헷구나, 경 허고. (솜 대어서 숨 안 쉬면 아, 이 어른 종명했구나, 그렇게 하고.)

＊ '출레'는 '밥에 딸리어서 먹는 장·젓 따위의 짠 반찬'을 말한다.

¶ 미녕 올 내는 건게, 그 멘네 <u>소게</u> 헤영 씰 뽑아근에 허는 것ㄱ라게. (무명 올 내는 건, 그 면화 솜 해서 실 뽑아서 하는 것보고.)

¶ 보공 놓는 건 <u>솜</u>이나 산디찍도 좋지. (보공 놓는 건 솜이나 밭볏짚도 좋지.)

¶ 멘네씨 빼는 거끄장은 알아도. 그 씨 빼사 기계에 가근에 <u>솜</u> 만들엉 왕 이불 허는 거난에. (면화씨 빼는 거까지는 알아도. 그 씨 빼야 기계에 가서 솜 만들어 와서 이불 하는 거니까.)

¶ <u>솜</u> 얅게 낭은에 누비여 낭 이젠 또 흔 씰밥 흔 씰밥 저구리 만드난. 바진 대소간 누비지 아녀곡 저고린 누벼. (솜 얇게 놔서 누벼 놓고 이제는 또 한 실밥 한 실밥 저고리 만드니까. 바지는 대소간 누비지 않고 저고리는 누벼.)

[관련 어휘]

멩지소게 명주솜.

설멩지 설면자. 풀솜.

소게바지 솜바지.

소게옷 솜옷.

소게이불 솜이불.

소게저고리 솜저고리.

소게클·소게틀·솜클 솜틀.

소겟장 솜반. 얇게 펴서 잠을 재운 반반한 솜 조각.

클방 솜틀집.

소곰

[기본 의미]   짠맛이 나는 흰색의 결정체.

[대응 표준어]   소금

[방언 분화형]   소곰·소금

[문헌 어휘]   소곰(《훈몽자회》중:22)

[어휘 설명]   '소곰'은 '짠맛이 나는 흰색의 결정체'라는 뜻을 기본 의미로 하여, '물건이 썩는 것을 막고 음식의 맛을 나게 한다는 점에서 사회도덕을 순화 향상시키는 참신자의 사명을 비유적으로 이르는 말' 등의 뜻을 지닌다. 방언형 '소곰'은 문헌 어휘 '소곰'이 그대로 쓰인 경우고, 방언형 '소금'은 문헌 어휘 '소곰'이 '소곰〉소금'의 변화 과정을 거친 어형이다.

[용례]

¶ 당에 갈 땐 떡에 소곰 안 놔. (당에 갈 때는 떡에 소금 안 놔.)

¶ 자리 흔 말이믄 소곰 흔 되 놔야 되어마씨. (자리돔 한 말이면 소금 한 되 놔야 되어요.)

¶ 입춘에 물에 소곰 캉 뿌리기도 허여. (입춘에 물에 소금 타서 뿌리기도 해.)

¶ 둑세기 골지 말렌 소곰에 묻어둬. (달걀 곯지 말라고 소금에 묻어둬.)

¶ 소곰이 막 비싸난 돈 줘도 소곰을 살 수 엇어나서. (소금이 아주 비싸니 돈 줘도 소금을 살 수 없었었어.)

¶ 소곰을 그 우터레 영 놓면은 쾌어올르면은 그것이 콩국이 싹 뒈싸지멍 괴어. (소금을 그 위로 이렇게 놓으면 끓어오르면 그것이 콩국이 싹 뒤집어지며 끓어.)

¶ 풋죽은 딴 거 안 허영 소금 낭 간만 헤도 맛잇어. (팥죽은 딴 거 안 해서 소금 놔서 간만 해도 맛있어.)

¶ 바당 건 소금으로 간허여사 맛 좋아. 근장으로 허믄 맛엇어. (바다 건 소금 으로 간해야 맛 좋아. 간장으로 하면 맛없어.)

¶ 퍼데기*도 집의 왕 싯으면 이제 물도 하영 들곡 이제 소금도 하영 들고 허니까 주로 바당에 강 싯어. ('퍼데기'도 집에 와서 씻으면 이제 물도 많이 들 고 이제 소금도 많이 들고 하니까 주로 바다에 가서 씻어.)

[관용 표현]

소곰 집아 놓다　표준어로 바꾸면 '소금 집어넣다.'인데, '간하다'를 달리 이르 는 말.

[관련 어휘]

소곰국　소금국. 소금으로 간해서 끓인 국.

소곰망데기　소금을 넣어두는 중두리 정도의 옹기.

소곰물　소금물.

소곰바치·소곰장시[1]　소금장수. 소금을 파는 일을 업으로 하는 사람.

소곰밧　소금밭. 염전.

소곰장시[2]·소곰장스　소금장사. 소금을 파는 일.

소곰벙뎅이　소금이 엉기어서 덩어리가 된 것.

소곰찡겡이　소금버캐. 소금기가 내돋아서 엉기어 말라붙은 것.

소곰ᄒ다·소금ᄒ다　간하다. 음식의 맛을 내기 위하여 음식물에 간을 치다.

왕소곰　왕소금. 알이 거칠고 굵은 소금.

ᄌ소곰·좀진소곰　가는소금. 정제를 여러 번 한 소금.

굵은소곰　굵은소금. 알이 거칠고 굵은 소금.

* '퍼데기'는 '속이 차지 않은 배추'를 말한다. 달리 '퍼데기ᄂ물'이라 한다.

술

[기본 의미] 알코올 성분이 들어 있어서 마시면 취하는 음료.

[대응 표준어] 술

[방언 분화형] 술

[문헌 어휘] 수을(《석보상절》3:14)

[어휘 설명] '술'은 '알코올 성분이 들어 있어서 마시면 취하는 음료'라는 뜻을 지닌다. 방언형 '술'은 문헌 어휘 '수을'이 '수을〉술'의 변화 과정을 거친 어형이다.

[용례]

¶ 먹당 보믄 술이 술 불러. (먹다 보면 술이 술 불러.)

¶ 우리 제청 들면은 초헌 각시가 가근엥에 그 술을 담주. (우리 제청 들면 초헌 각시가 가서 그 술을 담그지.)

¶ 잇는 놈이 술은 먹엉 망창거려도, 술값은 외상 줘 낭 받질 못헙니다게. (있는 놈이 술은 먹어서 흥청거려도, 술값은 외상 줘 놔서 받지를 못합니다.)

¶ 술 젓어보민 기냥 게꿈이 박삭박삭박삭바삭 메날 젓거든. (술 저어보면 그냥 거품이 박삭박삭박삭박삭 만날 젓거든.)

¶ 콩ᄂᆞ물국은 장쿡에 허영 허민 술 먹어난 사름 해장국으로 먹곡. (콩나물국은 된장국에 해서 하면 술 먹었던 사람 해장국으로 먹고.)

¶ 술로 망헌 사름 하. (술로 망한 사람 많아.)

¶ 술안주허고 술이영 그 사름덜 멕여사 술 힘으로 그 일을 헐 거난에. (술안주하고 술이랑 그 사람들 먹여야 술 힘으로 그 일을 할 거니까.)

술 혼잔 먹으민 외조케 밧 사 주켄 혼다 표준어로 바꾸면 '술 한잔 먹으면 외조카 밭 사주겠다고 한다.'인데, '호언장담하는 것'을 비유적으로 이르는 말.

[관련 어휘]

강술 물을 타면 바로 마시게 차조와 누룩을 섞어 발효시켜 가루를 낸 술.

겁술 빠르게 거푸 들이켜는 술.

고소리술·고수리술 솥에 '오메기술'을 넣고 그 위에 소줏고리를 얹어 증류해 서 뽑은 술.

공술 공술.

돈술 단술.

상뒷술 상둣술.

술광절다리·술주정이 술주정뱅이.

술다끄다·술빠다 소주내리다.

술망나니 술망나니.

술버릇 술버릇.

술부름씨[1] 술심부름. 술 마시는 사람들 옆에 붙어서 술을 받아 오거나 잔이 나 안주를 가져오는 일.

술부름씨[2]·술주정 술주정.

술안주·술안줘 술안주.

술장시 술장사.

술주시 술지게미. 지게미. 술을 거르고 남은 찌꺼기.

술주정 술주정.

술지멍·술짐 술김. 술에 취한 김.

술집·술칩 술집.

술추니·술춘 술준. 술을 담아 두는 준(樽).

술펭 술병.

술푸데 술고래. 술을 아주 많이 마시는 사람을 비유적으로 이르는 말.

술항 술독. 술항아리.

술허벅 술을 담아 두는 '허벅'. 부리가 물허벅보다 작게 만든다.

오메기술 차좁쌀가루를 익반죽해 만든 '오메기떡'에 누룩을 섞어 반죽한 후 물을 넣어 발효시킨 술.

주제술 소나기술. 보통 때에는 마시지 아니하다가 입에만 대면 한정 없이 많이 마시는 술.

●●●●● **더 생각해 보기**

동음어

술¹ 술. 알코올 성분이 들어 있어서 마시면 취하는 음료.
¶ 술은 살아 석 잔 죽어 석 잔. (술은 살아 석 잔 죽어 석 잔.)

술² 줄. 노·새끼 따위와 같이 무엇을 묶거나 동이는 데 쓸 수 있는 가늘고 긴 물건.
¶ 술은 줄이난게 먹술은 먹줄이주게. ('술'은 줄이니까 '먹술'은 먹줄이지.)

술³ 수풀. 나무들이 무성하게 우거지거나 꽉 들어찬 곳.
¶ 술은 고넹이술* 헐 때 그 술이라. ('술'은 '고넹이술' 할 때 그 '술'이야.)

술⁴ 술. 숟가락으로 헤아릴 만한 적은 분량.
¶ 무사 밥 안 먹엄수과게? 두어 술만 더 먹읍서. (왜 밥 안 먹습니까? 두어 술 만 더 드십시오.)

---

* '고넹이술'은 제주시 한경면 낙천리에 있는 숲 지경 이름이다.

씰

[기본 의미] 고치·털·솜·삼 따위나 화학 원료로 써서 가늘고 길게 뽑아 만든 것.

[대응 표준어] 실

[방언 분화형] 실·씰

[문헌 어휘] 실(《훈민정음》해례본:종성해)

[어휘 설명] '씰'은 '고치·털·솜·삼 따위나 화학 원료로 써서 가늘고 길게 뽑아 만든 것'이라는 뜻을 기본 의미로 하여, '실같이 가늘고 길게 생긴 것' 등의 뜻을 지닌다. 방언형 '씰'은 문헌 어휘 '실'이 '실〉씰'과 같이 된소리로 변화하여 쓰인 경우고, 다른 방언형 '실'은 문헌 어휘 '실'이 그대로 쓰인 경우다.

[용례]

¶ 씰이 감씰*은 엇주게. 지금은 나오는디, 옛날은 그 감물 들여근엥에 헤불민 씰밥도 안 나곡 씰도 안 나곡 제석 되어근에. (실이 '감실'은 없지. 지금은 나오는데, 옛날은 그 감물 들여서 해 버리면 실밥도 안 나고 실도 안 나고 본색 되어서.)

¶ 안으로는 씰 나와도 뱃것디로 씰 안 나오게 허는 거, 그게 숨은바농질**.

---

* '감씰'은 '감물을 들인 실'을 말한다.

** '숨은바농질'은 '바늘땀이 밖으로 보이지 않게 하는 바느질'을 말한다. 보통 옷단을 접어서 기울 때 사용하는 바느질법이다.

(안으로는 실 나와도 바깥으로 실 안 나오게 하는 거, 그게 '숨은바농질'.)

¶ 씰 맬 말목을 박앙 씰을 믄저 쳐. (실 맬 말목을 박아서 실을 먼저 쳐.)

¶ 연늘리기가 아까우민 씰로 무껑 ᄂ물팟디 ᄂ물에 올령 놔두주게. (연날리기가 아까우면 실로 묶어서 배추밭의 배추에 올려서 놔두지.)

¶ 무사 씰에 바농을 꿰어, 바농에 씰 꿰주. (왜 실에 바늘을 꿰어, 바늘에 실 꿰지.)

¶ 그 전에는 도비상귀라고 헤 가지고 그 모든 물건을 지어 가지고 다닐 때 그런 사름덜이 바농도 폴곡 씰도 폴곡 다 허니까 그런 건 준비헷고. (그 전에는 도붓장수라고 해 가지고 그 모든 물건을 지어 가지고 다닐 때 그런 사람들이 바늘도 팔고 실도 팔고 다 하니까 그런 건 준비했고.)

¶ 밥주리 이제 수ᄏ를 잡앙 씰에 영 꿰어근에 그거 막 허멍 이제 암ᄏ 봐지민 온다온다 허멍 그 밥주리 보멍 강 포부뜨젠. (잠자리 이제 수컷을 잡아서 실에 이렇게 꿰어서 그거 막 하며 이제 암컷 보이면 온다온다 하면서 그 잠자리 보면서 가서 맞붙으려고.)

[관련 어휘]

갑실 마소의 가죽을 가늘게 오려서 만든 실.

ᄀ는씰·좀진씰 세실. 올이 가느다란 실.

두갑씰·이갑씰 이겹실. 두 올을 겹으로 꼰 실.

멘네씰·미녕씰 무명실.

멩주씰·멩지씰 명주실.

북실 밑실. 재봉틀의 북에 감은 실.

삼갑씰·식갑씰 삼겹실. 세겹실.

실껍·씰껍 실오리.

솔진씰·왕씰·훍은씰 굵은실.

씰곰 깃저고리에 다는, 명주실이나 무명실로 만든 옷고름.

씰구물 실그물. 명주실로 짠 그물.

씰금 실금. ①그릇 따위가 깨지거나 터져서 생긴 가는 금. ②실같이 가늘게 그은 금.

씰까락·씰뒈쓸락·씰떼기·씰뗄락 실뜨기.

씰꼬레기·씰도레기·씰도로기·씰톨레·씰패 실패. 바느질할 때 쓰기 편하도록 실을 감아 두는 작은 도구. 또는 실패에 감아 놓은 실몽당이.

씰꼬리 실꾸리. 실톳. 가락처럼 감아 놓은 실타래.

씰머리창·씰창 삼년상을 치르고 난 다음 담제 때까지 안상제가 머리에 드렸던 면실 몇 오리로 만든 물건.

씰ᄆ작 실매듭.

씰밥·씰팝 실밥. 꿰맨 실이 밖으로 드러난 부분.

씰뽑다 실켜다.

씰챗 실반대. 뽑아낸 고치실을 헝클어지지 아니하도록 동그랗게 포개어 감아 놓은 뭉치.

연씰 연실. 연줄로 쓰는 실.

털씰 털실.

옷

[기본 의미] 몸을 싸서 가리거나 보호하기 위하여 피륙 따위로 만들어 입는
물건.

[대응 표준어] 옷

[방언 변화형] 옷

[문헌 어휘] 옷(《용비어천가》92장)

[어휘 설명] '옷'은 '몸을 싸서 가리거나 보호하기 위하여 피륙 따위로 만들
어 입는 물건'이라는 뜻을 지닌다. 방언형 '옷'은 문헌 어휘 '옷'이 그대로 쓰
인 경우다.

[용례]

¶ 옷이 철철이 엇이난 겨울에도 그 감옷* 입엉 하영 살앗주. (옷이 철철이 없
으니 겨울에도 그 '감옷' 입어서 많이 살았지.)

¶ 밧일헐 때 옷은 갈옷**이 좋아. (밭일할 때 옷은 '갈옷'이 좋아.)

¶ 토멩지***에 물들입니다게. 걸로 섹섹이 물들영 그걸로 장옷이엔 헤근에
크게 만들안 저 새각시 옷 안네 입은 우의 영 쓰곡 영 얼굴 감추곡 경 헤
근에 가메 타곡 헹 가는 게 잇어낫어. ('토멩주'에 물들입니다. 걸로 색색이 물
들여서 그걸로 장옷이라고 해서 크게 만들어서 저 새색시 옷 안에 입은 위에 이렇

---

* '감옷'은 감물을 들인 옷을 통틀어 이르는 말이다. 달리 '갈옷'이라 한다.
** '갈옷'은 감물을 들인 옷을 통틀어 이르는 말이다. 달리 '감옷'이라 한다.
*** '토멩지'는 예전에 제주에서 생산한 명주를 말한다.

장옷

게 쓰고 이렇게 얼굴 감추고 그렇게 해서 가마 타고 해서 가는 게 있었었어.)

¶ 풀ᄀ레 굴앙 그 물 허영 옷에 풀도 허곡. (풀매 갈아서 그 물 해서 옷에 풀도
하고.)

¶ 삼벤 수의로만. 그자 영 옷으로 멘들앙 입는 사람은 벨로 드물고게. (삼베
는 수의로만. 그저 이렇게 옷으로 만들어서 입는 사람은 별로 드물고.)

¶ 도세기 막뎅이로 떼리지 아녀민 그 똥싸는 거 닥닥 털민 옷더레 다 가곡
게. (돼지 막대기로 때리지 않으면 그 똥싸는 거 닥닥 털면 옷에 다 가고.)

¶ 안동포 그런 옷은 그 두루마기 허는 건디 그런 옷은 또 아무나 허지 못
허곡. 돈 비싸덴. (안동포 그런 옷은 그 두루마기 하는 건데 그런 옷은 또 아무나
하지 못하고. 돈 비싸다고.)

가죽옷 ˙가죽옷.

갈옷[1]·감옷 감물을 들인 옷.

갈옷[2] 떡갈나무의 잎과 뿌리에서 얻은 천연물감을 들인 옷.

갈적삼 감물을 들인 적삼.

갈중의·감중의 감물을 들인 중의.

강알터진바지·강알튼바지·밋바지·애기점벵이 개구멍바지. 오줌이나 똥을 누기에
  편하도록 밑을 터서 만든 어린아이의 바지.

강알터진옷·강알튼옷 내리닫이. 바지와 저고리를 한데 붙이고 뒤를 터서 똥이
  나 오줌을 누기에 편하게 만든 어린아이의 옷.

건옷 입관 전에 상제가 입는 한쪽 소매를 벗은 옷.

고무옷 잠녀들이 물질할 때 입는, 고무로 된 옷. 검정색 고무로 만들다가 요
  즘은 검정색과 주황색을 배색해서 만든다.

고장중의·바툼중의 고쟁이.

관데옷·관디옷 관디.

굴중의 허리에 주름이 잡히고 가랑이의 폭이 넓은 부녀들이 입는 중의.

꼴레바지·누비바지·늬비바지·뚜데바지 누비바지.

꼴레옷·누비옷·늬비옷 누비옷.

너붕옷·노봉옷 어린아이가 겨울철에 입는, 두루마기처럼 생긴 옷.

도복·도폭·큰옷 도포.

두루마기·두루막·후루메·후리메 두루마기.

뚜데옷 겨울철에 입는, 솜을 넣어 누빈 옷.

멩주옷·멩지옷 명주옷.

물섹옷 무색옷. 물감을 들인 천으로 만든 옷.

물소중기·물소중의·물속곳 예전에 잠녀들이 물질할 때 입었던, 오른쪽 옆이 트
  인 속곳.

물옷 물옷. 잠녀들이 물질할 때 입는 옷.

바지 바지.

반중의·점벵이·정벵이·좀방이·좀벵이 잠방이.

베넷저고리·봇뎃옷·봇뎃저고리·봇뎃적삼·봇뎃창옷·봇딧저고리·봇딧저구리·봇딧적삼·
   봇딧창옷·봇옷 깃저고리. 배냇저고리.

베옷 베옷.

베적삼 베적삼.

베중의 베로 만들어 여름에 입는 중의.

베창옷 베로 지은 소창옷.

베치메 베치마. 상중인 여자가 입는 치마.

붓뎃옷

**** '우머니'는 '도포나 장삼과 같은 겉옷의 소매 끝부분에 팔이 꿰어진 아래로 간단한 물건이나 비망록 등을
   담아 두기 위하여 소매 넓이보다 아주 넓고 크게 해서 밑으로 처지게 만든 네모난 주머니'를 말한다.

복·복옷·상복·상제옷 상복.

소게옷 솜옷.

소단 상제가 외출할 때 입고 다니는 소창옷 비슷한 겉옷.

소중기·소중의·속중의 ①여자들이 속곳으로 입는, 오른쪽이 트인 중의. ②예전에 잠녀들이 물질할 때 입었던 속곳.

속옷·쏙옷 속옷.

숨의옷·심의옷 사위가 입는, 소매에 '우머니****'가 달린 상복.

아래옷·알옷 아래옷.

애기옷 애기옷.

옷거죽 옷의 바깥 천.

옷골름·옷골흠·옷곰 옷고름.

옷공젱이 옷을 걸기 위하여 벽에 박아놓은 쇠못이나 나무못 따위.

옷ㄱ슴·옷ㄱ심·옷ㄱ음 옷감.

옷불 옷벌.

옷섭·옷압섭 옷섶.

옷안 옷안.

옷자락 옷자락.

옷짓 옷깃.

옷출림 옷차림.

웃옷 웃옷. ①웃옷. ②윗옷.

입성 입성. '옷'을 속되게 이르는 말.

장옷 장옷.

저고리·저구리 저고리.

저싕옷·호상·호상옷 수의. 주검에 입히는 옷.

적삼 적삼.

접옷·좁옷 겹옷.

주게미옷·주기미옷 죽은 아이에게 입히는 옷.

중의 중의.

지도웃 상제가 베로 만들어 상복 겉에 입는 옷.

짓찻옷·짓쳇옷 깃옷. 진솔. 진솔옷. 생목으로 만든 옷.

창옷 소창옷. 창옷. 예전에, 중치막 밑에 입던 웃옷의 하나.

치메 치마.

홋옷 홑옷.

●●●● **더 생각해 보기**

동음어

옷¹ 옷. 몸을 싸서 가리거나 보호하기 위하여 피륙 따위로 만들어 입는 물건.
¶ 무신 옷이 철철이 잇어게. (무슨 옷이 철철이 있어.)

옷² 옻. 옻나무에서 나는 진.
¶ 옷올를 때 둑 잡앙 먹으민 좋녠 허여. 옷 타는 사름은 막 타. (옻오를 때 닭 잡아서 먹으면 좋다고 해. 옻 타는 사람은 많이 타.)

울

[기본 의미]   풀이나 나무 따위를 얽거나 엮어서 담 대신에 경계를 지어 막는 물건.

[대응 표준어]   울

      (울타리: 우잣·울·울따리·울성·울타리)

[방언 분화형]   울

[문헌 어휘]   울(《훈민정음》해례본:용자례)

[어휘 설명]   '울'은 '풀이나 나무 따위를 얽거나 엮어서 담 대신에 경계를 지어 막는 물건'이라는 뜻을 지닌다. 방언형 '울'은 문헌 어휘 '울'이 그대로 쓰인 경우다.

    한편 '울타리'의 방언형은 '우잣·울·울따리·울성·울타리' 등으로 나타난다. 방언형 '우잣'은 '울[籬]+잣[城]' 구성으로, '울잣'이 '울잣〉우잣'으로의 변화 과정을 거친 어형이며, '울성'은 '울[籬]+성(城)' 구성으로 이루어진 어휘다. '우잣'은 '울'의 뜻과 함께 '울안'의 뜻으로도 쓰인다.

[용례]

¶ 뜬쉐*가 울 넘나 헌다. ('뜬소'가 울 넘는다 한다.)

¶ 지달이 상강지기** 시작허믄 이게 자기 울에서 오벡 메다도 안 나와. (오소리 '상강지기' 시작하면 이게 자기 울에서 오백 미터도 안 나와.)

---

*   '뜬쉐'는 동작이 아주 느린 소. 또는 행동이 굼뜬 사람을 비유적으로 일컫는 말이다.

**   '상강지다'는 '공중의 수증기가 땅의 물건 곁에 닿아서 엉기어 허옇게 되다.'라는 뜻을 지닌 어휘다. 달리 '산강느리다·산강지다·상강느리다'라 한다.

¶ 걸름은 집의 울 에염이 이시면은 좀 너른 데 쌓아둡주. (거름은 집에 울 가장자리가 있으면 좀 너른 데 쌓아두지요.)

¶ 울에 송악 올리믄 울담이 막 드든헹 좋아. (울에 송악 올리면 울담이 아주 단단해서 좋아.)

¶ 울타리 널르게 헨에 가돠 낭 키우난 그런지 촐도 앞드레 안 낭 아무데라도 그 안티레만 께 풀멍 들러네경 내불민 자기네가 다 뎅기멍 촛앙 먹곡. (울타리 너르게 해서 가둬 놔서 키우니까 그런지 꼴도 앞으로 안 놔서 아무데라도 그 안으로만 매끼 풀면서 드던져서 내버리면 자기네가 다 다니면서 찾아서 먹고.)

¶ 춤***이엔 건 여기서는 이 저 울타리에 나무가 잇이면은 새를 가지고 무꺼 놔. 경 혜근에 항아리에 물을 받는 거를 보고 춤 받는다고 그러지. ('춤'이라는 건 여기서는 이 저 울타리에 나무가 있으면 띠를 가지고 묶어 놔. 그렇게 해서 항아리에 물을 받는 거를 보고 '춤' 받는다고 그러지.)

¶ 저 울타리에 조그만이 삼은 같아. 목화는 막 밧디 강 하영 갈고. (저 울타리에 조그맣게 삼은 같아. 목화는 막 밭에 가서 많이 갈고.)

¶ 울타리 가근에 느물 뜯어당은 된장 풀어낭 국 끌렁 경 허멍 살앗주. 무신 괴기반찬도 잘 못 먹어수다. (울타리 가서 배추 뜯어다가 된장 풀어놔서 국 끓여서 그렇게 하면서 살았지. 무슨 고기반찬도 잘 못 먹었습니다.)

¶ 울타리에도 콩도 안 싱거. 밧디 강 콩입 뜯어당 썰어낭 또 그것도 보리쓸에 썰어 낭 밥헤 먹고, 옛날에. (울타리에도 콩도 안 심어. 밭에 가서 콩잎 뜯어다가 썰어놔서 또 그것도 보리쌀에 썰어 놔서 밥해 먹고, 옛날에.)

*** '춤'은 '띠로 머리 땋듯 땋아서 동백나무 따위에 거꾸로 매달아 묶어서 빗물이나 이슬을 항아리에 받을 수 있게 만든 물건'을 말한다. '춤'은 지역에 따라 '물메누리'라 한다.

[관용 표현]

우잣 두르다·우잣 둘르다·울담 두르다·울담 둘르다 '집의 경계를 짓다.'는 의미로
　쓰이는 말.

울성 장안 표준어로 바꾸면 '울타리 장안'인데, '넓은 울타리'를 비유적으로
　이르는 말.

[관련 어휘]

삽 울짱. 말뚝 따위를 죽 잇따라 박아 만든 울타리.

우리통·울창 마을에서 아주 멀리 떨어진 벌판에 밭과 밭 사이 경계를 가르
　기 위하여 돌담 대신 박아놓은 말뚝 또는 잡목.

우영담·우잣담·울담 울담.

우잣 울안. 울타리를 둘러친 안.

춤과 춤항

집

[기본 의미] 사람이나 동물이 추위·더위·비바람 따위를 막고 그 속에 들어
가 살기 위하여 지은 건물.

[대응 표준어] 집

[방언 분화형] 집·(칩)

[문헌 어휘] 집(《용비어천가》100장)

[어휘 설명] '집'은 '사람이나 동물이 추위·더위·비바람 따위를 막고 그 속
에 들어가 살기 위하여 지은 건물'이라는 뜻을 기본 의미로 하여, '사람이나
동물이 살기 위하여 지은 건물의 수효를 세는 단위, 가정을 이루고 생활하
는 집안, 칼·벼루·총 따위를 끼거나 담아 둘 수 있게 만든 것' 등의 뜻을 지
닌다. 방언형 '집'은 문헌 어휘 '집'이 그대로 쓰인 경우다. '집'이 합성어를
이룰 때는 '칩'으로도 나타나는데, '도가칩(도갓집), 동네칩(동넷집), 뒤칩(뒷
집), 식게칩(제삿집)' 등에서 확인된다.

[용례]

¶ 부모 살아난 집이 저디 지금 잇는디. (부모 살았던 집이 저기 지금 있는데.)

¶ 나도 뽄따서 그런 집을 짓으레 뎅겨나고. (나도 본따서 그런 집을 지으러 다
녔었고.)

¶ 조코고리 톤아근에 집에 가정와근에 도께로 두드려나고. (조이삭 따서 집
에 가져와서 도리깨로 두드렸었고.)

¶ 어윅게, 가을 되면은 비엉 무꼉 집의 시꺼당 눌엇당 그거 일년내낭. 어떤
집원 일년 땔 거를 가을 되민 헤당 눌어, 우연에. (억새, 가을 되면 베어서 묶

올래

어서 집에 실어다가 가렸다가 그거 일년내. 어떤 집에는 일년 땔 거를 가을 되면 해다가 가려, 터알에.)

¶ 신문 받는 거고 무시거 허는 거고 다 우리 뚤네 집으로만 주솔 헨에 허멍 받으멍 신문 아지레 오고 첵도 아지레 오곡 경 헤렌. (신문 받는 거고 무엇 하는 거고 다 우리 딸네 집으로만 주소를 해서 하며 받으며 신문 가지러 오고 책도 가지러 오고 그렇게 하더라고.)

¶ 올래가 좁으난게 질에 퍼근에 다 집더레 져 날라야 되어. (오래가 좁으니까 길에 퍼서 다 집으로 져 날라야 되어.)

[관련 어휘]

늬거리집·말무 네 채로 이루어져 있는 집.

대상집·대상칩 대상을 치르는 집.

도가칩·도갓집 도갓집. 도가(都家)로 삼은 집. 제주에서는 주로 예전에 마을의 대소사를 의논할 때 사용하는 집을 가리킨다. 오늘날의 마을회관 구실을 했던 공간이다.

돌집 돌집.

동네칩 동넷집.

동녁거리 한집 안의 여러 채 가운데 동쪽에 있는 집.

동녁집 우리 집을 기준으로, 동쪽 울타리 밖에 있는 남의 집을 일컫는 말.

두거리집 두 채로 이루어져 있는 집.

두칸집·이간집 이간집. 칸이 둘인 집.

뒤칩·뒷녁집·뒷칩 뒷집.

떡집·떡칩 떡집.

모커리 곁채.

박거리·밧거리 바깥채.

부젯집·부제칩 부잣집.

빈집 빈집.

빵집·빵칩 빵집.

사돈칩·사돈칫·사둔칩 사돈집.

삼칸집 삼간집.

새각시집·신부칩 신붓집.

새서방집·신랑칩 신랑집.

서녁거리·섯녁거리 한집 안의 여러 채 가운데 서쪽에 있는 집.

서녁집·섯녁집 우리 집을 기준으로, 서쪽 울타리 밖에 있는 남의 집.

소상집·소상칩 소상을 치르는 집.

술집·술칩 술집.

싀거리집·싀커리집 세 채로 이루어져 있는 집.

식겟집·식게칩·지숫집 제삿집.

〈간집·〈칸집 사간집. 칸이 넷인 집.

씨녁·씨집 시집.

312

쑬집·쑬칩 쌀집.

안거리 안채.

안집·안칩 골목 끝에 자리한 집.

알녁거리 아래채.

알녁집·알녁칩 아랫집.

앞뒤칩 앞뒷집.

앞집 앞집.

양반칩 양반집.

옆집·욮집 옆집.

영장집·영장칩 상갓집.

양철집 양철집.

외뜬집·외툰집 외딴집.

외거리·흔거리집 외챗집. 단 한 채만으로 된 집.

우녁거리·웃녁거리 위채.

우녁집·우녁칩·웃녁집·웃녁칩 윗집.

윳집·이웃집 이웃집.

이문간 문간채.

잔치칩·잔칫집 잔칫집.

장난집·초상집 초상집.

저껏집·저끗집·ㅈ꼿집 곁집.

지세집·지에집 기와집.

질곳집 길갓집.

집가제·집가지 처마.

집구석 집구석.

집낭 집을 짓는 데에 쓸 나무.

집두임·집두힘·집뒤임 집뒤짐.

집매 지붕물매.

집문세 집문서.

집사름·집읫사름 집사람.

집안 집안.

집읫뚤 부모가 같이 사는 딸을 가리키며 하는 말.

집임제 집임자.

집자리 집자리.

집줄·줄 집줄. 초가지붕을 정(井)자 모양으로 묶는 데 쓰는, '각단'이라는 짧은 띠로 만든 줄.

집지슬·집지실 기스락. 처맛기슭.

집직 집지킴. 집을 지키는 일.

집치레 집치레.

집터 집터.

처가·처가칩·처갓집 처가.

초가·초집 초가.

초가집 초가집.

축집 돌을 쌓은 위에 외를 만든 집.

큰집 큰집. 칸수가 많은 집.

클방 솜틀집.

함석집 함석집.

헉돌집·흑돌집·흑돌집 ①벽체를 흙과 돌을 번갈아 놓으면 쌓아 지은 집. ②흙과 돌로 지은 집.

헉집·흑집·흑집 흙집.

명사

공간

고냥 085

[기본 의미] 뚫어지거나 파낸 자리.

[대응 표준어] 구멍

[방언 분화형] 고냥·고망·구녁·구녕·구먹·구멍·궁기·(곰·굼·콤)

[문헌 어휘] 굵(《석보상절》3:14), 구무(《석보상절》11:1), 곰(《구급간이방》3:121)

[어휘 설명] '고냥'은 '뚫어지거나 파낸 자리'라는 뜻을 기본 의미로 하여, '어려움을 헤쳐 나갈 길을 비유적으로 이르는 말, 허점이나 약점을 비유적으로 이르는 말' 등의 뜻을 지닌다. 방언형 '고냥·고망'은 문헌 어휘 '곰'과 관련 있으며, 다른 방언형 '구녁·구녕·구멍'은 문헌 어휘 '구무' 또는 '굵'과 관련이 깊다. 다른 방언형 '궁기'는 '굵[穴]+-이(주격)' 구성으로, '굼기〉궁기'의 변화 과정을 거친 어형이다.

한편 합성어를 이룰 때는 '곰·굼·콤' 형태로도 나타나는데, '창곰·창굼(부엌이나 고방에 빛을 들이고 바람이 드나들게 하기 위하여 벽을 뚫어서 만든 작은 구멍)', '오로콤(오소리가 숨어사는 구멍)' 등에서 확인할 수 있다.

[용례]

¶ 고냥이 너미 컹은 흘락정 못 써. (구멍이 너무 커서는 헐거워서 못 써.)

¶ 쉔 납수룩헌 돌에 고냥 똘랑 철사로 무껑 끗게 헹 ᄀ르쳐. (소는 납작스름한 돌에 구멍 뚫어서 철사로 묶어서 끌게 해서 가르쳐.)

¶ 암만 ᄃᆞ든ᄒᆞᆫ 낭 고냥도 씨당 보믄 ᄎᆞᄎᆞ 널러 가. (아무리 단단한 나무 구멍도 쓰다 보면 차차 널러 가.)

¶ 거 전복껍덕에 춤 옳게 요 소코리만이 흡네다게. 경 ᄒᆞ믄 그거 이디 고냥

이 알로는 족아도 우트레 가민 고냥이 커. (거 전복갑에 참 옳이 요 소쿠리만큼 합니다. 그렇게 하면 그거 여기 구멍이 아래로는 작아도 위로 가면 구멍이 커.)

¶ 남테도 이만은 둥그렁헌 나무를 이 정도 길쭉헌 거 그거에 군데군데 고망을 똘라 가지고 거기다 발을 박는 거라. (남테도 이만큼 둥그런 나무를 이 정도 길쭉한 거 그거에 군데군데 구멍을 뚫어 가지고 거기에다 발을 박는 거야.)

¶ 지전이엔 흔 건 종이에 고망 똘른 거. (지전이라고 하는 것은 종이에 구멍 뚫은 거.)

¶ 요추룩 고망 난 디 가보면은 조개거풀이나 무신거 막 나오민 요 고냥에 손 꼭 찔렁 손 들어가는 냥 막 파당 보민 이만큼은 파져이. 그 소곱에 낙지가 들어잇어. (요처럼 구멍 난 데 가보면 조개껍데기나 무엇 막 나오면 요 구멍에 손 꼭 찔러서 손 들어가는 대로 막 파다 보면 이만큼은 파져. 그 속에 낙지가 들어있어.)

¶ 시리에 콩 뱃것디레 나가지 아녀게 무시거 영 고망에 뭐 깔아근에 콩 헤여근에 물에 막, 물 좍 빼면은 그디 영 놔근에 뭐 방구석에 놔. (시루에 콩 바깥으로 나가지 않게 무엇 이렇게 구멍에 뭐 깔아서 콩 해서 물에 막, 물 좍 빼면 거기 이렇게 놔서 뭐 방구석에 놔.)

¶ 쉐똥 탁탁 담고망, 그 고망더레 부지데경* 놔두민 브름 불곡 벳 나곡 무시거 허민 거기서 와상허게** 몰라. 게믄 굴묵도 때고. (소똥 탁탁 담구멍, 그 구멍에 '부지데경' 놔두면 바람 불고 볕 나고 무엇 하면 거기서 파삭하게 말라. 그러면 '굴묵'도 때고.)

¶ 그 멩진 좋아도 궁기도 날 수 잇어. (그 명주는 좋아도 구멍도 날 수 있어.)

¶ 침 흔 궁길 꼭기 주난 죽어가단 사름이 일어나. (침 한 구멍을 꼭 주니까 죽어가던 사람이 일어나.)

---

* '부지데기다'는 '무엇에 달라붙도록 냅다 잡아 던지다.'는 뜻을 지닌 어휘다.

** '와상ᄒ다'는 '물기 없이 바싹 말라 앙상하다.'는 뜻을 지닌 어휘다.

고냥에 든 베염 지럭시 몰른다 표준어로 바꾸면 '구멍에 든 뱀 길이 모른다.'인데, '사람 속내를 잘 알 수 없음'을 비유적으로 이르는 말.

고냥고냥·고망고망 구멍구멍.

고냥치기·고망치기·구녁치기·구녕치기 ①아이들이 엽전 또는 동그란 사금파리 따위로, 구멍에 던져 넣어 내기하는 놀이의 한 가지. ②구멍 따위로 몰래 들어가는 일. 또는 몰래 하는 일.

고망당장·고망쉬·구석당장·구석바치 구들직장. 안방샌님.

고망우럭 '구석바치'를 비유적으로 이르는 말.

고망줌녜 집안에만 있다가 어쩌다 물질 나온 잠녀를 일컫는 말.

곰돌 소를 길들일 때, 쟁기 대신 끄는 구멍난 돌.

곰박·곰팍 떡 따위를 건질 때 쓰는 나무로 만든 도구. 국자 모양으로 우묵한 바닥에 구멍을 숭숭 뚫어서 물에 삶은 떡 따위를 건질 수 있도록 만들었다.

구멩·구몡 많은 비가 온 다음 평지에서 물이 솟아오르는 구멍.

구멩밧·구몡밧 많은 비가 온 다음 평지에서 물이 솟아오르는 구멍이 있는 밭.

굼부리 분화구.

귓고냥·귓고망·귓구녁 귓구멍.

글궁기 글구멍. 글이 들어가는 머리 구멍이라는 뜻으로, 글을 잘 이해하는 지혜를 비유적으로 이르는 말.

꾓고냥·꾓고망 보조개.

날곰들곰·들곰날곰 ①물품이 들어가고 나가고 할 구멍. 곧 재물 따위가 소용될 곳. ②몸을 숨길 말한 구멍.

네씹·넷단지·노씹 놋구멍. 놋좆을 맞추도록 노의 중간에 낸 구멍.

눈고망·눈구녁 눈구멍.

담고냥·담고망·담구녁·담구멍 담구멍.

318

돌고냥·돌고망·돌구녁·돌구멍 돌구멍.

돌고망·돌방 방구멍. 연의 한복판에 둥글게 뚫은 구멍.

또꼬냥·또꼬망·똥고냥·똥고망·똥구냥·똥구녕·똥구멍 똥구멍.

목고냥·목고망·목구녁·목구녕·목구멍 목구멍.

밋구녁 밑구멍.

브름고망·브름궁기 바람구멍.

살고냥·살고망 살길. 살아가기 위한 방도.

새끼똥고냥·새끼똥고망 새끼똥구멍. 항문 위의 조금 옴폭 들어간 부분.

설칫고망 좀생이구멍. 쟁기의 좀생이막대를 끼는 구멍.

숨골·숨굴¹·숭굴¹ 밭이나 숲 따위에 있는, 빗물이 많이 모여 한꺼번에 흘러
　들어가는 구멍.

숨굴²·숭굴² 숨구멍. 숫구멍. 갓난아이의 정수리가 굳지 않아서 숨 쉴 때마
　다 발딱발딱 뛰는 곳.

숫굼 숯가마.

오로콤 오소리가 숨어사는 구멍.

장통고망·장통구녁 연자매의 뺑이에 낸 구멍.

중수리고망·중수리구녁 고줏구멍. 고줏대를 박기 위하여 연자매의 밑돌 한가
　운데에 뚫어 놓은 구멍.

중이고냥·중이고망·중이구녁·쳉이고냥·쳉이고망·쳉이구덕·쥐고냥·쥐고망·쥐구녁·쥐구
　녕·쥐구멍 쥐구멍.

즌고망·즌구녁 잔구멍.

창고냥·창고망·창곰¹·창굼 창구멍. ①창문의 창호지가 찢어지거나 뚫려서 생
　긴 구멍. ②창을 설치하기 위하여 벽에 낸 구멍.

창곰² 창문에 낸 자그마한 구멍에 유리를 붙여 밖을 내다보게 만든 구멍.

창곰³·창굼² 부엌이나 고방에 빛을 들이고 바람이 드나들게 하기 위하여 벽
　을 뚫어서 만든 작은 구멍.

치궁기·치통문·칫궁기·통문이 킷구멍. 키를 끼워 내리는 구멍.

콧고냥·콧고망·콧구녁·콧구녕 **콧구멍**.

쾌 '물소중의'에 단 단츳구멍.

틀목구녁·틀목구멍 연자매의 고춧대를 끼울 수 있게 방틀 안쪽에 위치한 '안
    틀목'에 있는 구멍.

곰돌

곰박

고단

[기본 의미] 공간적인 또는 추상적인 일정한 자리나 지역.

[대응 표준어] 고장, 곳

[방언 분화형] 고단

[문헌 어휘] 곧(《용비어천가》26장)

[어휘 설명] '고단'은 '공간적인 또는 추상적인 일정한 자리나 지역'이라는 뜻과 함께 '어떤 물건이 많이 나거나 있는 곳'이란 뜻을 지닌다. 방언형 '고단'은 문헌 어휘 '곧'과의 관련성을 고려할 때 '곧+안' 구성으로 이루어진 형태다.

한편 '일정한 지역이나 장소'를 뜻하는 '바닥'의 방언형은 '바독·바둑'으로 나타난다.

[용례]

¶ 포래는 나는 고단이 잇어. (파래는 나는 곳이 있어.)

¶ 고사리 고단* 잘 안 굴아 줘. (고사리 '고단' 잘 안 말해 줘.)

¶ 헤변더렌 솔오리 고단**이난에 솔오리로 헷주마는. (해변에는 쌀보리 고장이니까 쌀보리로 했지마는.)

¶ 탕건 망건 우리 고단에선 안 짜 보고. (탕건 망건 우리 지역에선 안 짜 보고)

---

* '고사리 고단'은 '고사리가 많이 나는 곳이나 고장'을 이르는 말이다.

** '솔오리 고단'은 '쌀보리가 많이 나는 고장'을 이르는 말이다.

¶ 메역센 지픈 디도 안 나. 넙피 ᄀ튼 <u>고단에</u> 나. (미역쇠는 깊은 데도 안 나. 넓 패 같은 자리에 나.)

¶ 이딘 바당괴기 <u>고단이난에</u> 그런 걸로 갱거리*** 다 헙니다. (여기는 바닷고 기 고장이니까 그런 것으로 갱거리 다 합니다.)

[관련 어휘]

고단·고장 고장. 곳. 자리.

곤데·반디·밧디 군데.

바닥·바독 바닥.

바른디 정면으로 볕이나 바람이 잘 받는 곳.

본굽·본자국·제자국 제자리.

아모디 아무데.

자리 자리.

ᄒ고단·ᄒ골 한곳. 일정한 곳. 또는 같은 곳.

*** '갱거리'는 '제사나 명절 때 끓여 신위 앞에 올리는 갱(羹)의 재료'를 말한다. 달리 '게영거리'라 한다.

[기본 의미]   경계에 가까운 바깥쪽 부분.

[대응 표준어]   가

[방언 분화형]   ᄀᆞ·ᄀᆞᆺ

[문헌 어휘]   ᄀᆞᆺ(《석보상절》19:4), ᄀᆞ(《번역노걸대》상:32)

[어휘 설명]   'ᄀᆞᆺ'은 '경계에 가까운 바깥쪽 부분'이라는 뜻을 기본 의미로 하여, '평면의 가운데서 가장 먼 곳이나 그 부분, 어떤 중심 되는 곳에서 가까운 부분, 그릇 따위의 아가리의 주변' 등의 뜻을 지닌다. 방언형 'ᄀᆞ'와 'ᄀᆞᆺ'은 문헌 어휘 'ᄀᆞ'와 'ᄀᆞᆺ'이 그대로 쓰인 경우다.

한편 '가장자리'의 방언형은 '가셍이·깍·바우·바위' 등으로 나타난다. 특이한 것은 제주 도서 지역에서 제주도를 일컬을 때, 우도면에서는 'ᄀᆞᆺ이', 제주시 한림읍 비양도에서는 'ᄀᆞᆺ디', 서귀포시 대정읍 '가파도'에서도 'ᄀᆞᆺ디'라 하는 점이다.

[용례]

¶ ᄀᆞᆺ*이 헤영케 그냥 멜 지쳐 불민 멜 줏어도 ᄒᆞᆫ 구덕. (바닷가가 하얗게 그냥 멸치 치뜨려 버리면 멸치 주워도 한 바구니.)

¶ 남ᄌᆞ분이 게도 오란 영 안앙 ᄀᆞᆺ디레 놔줜 경 헤연 나 살앗어. (남자분이 그래도 와서 이렇게 안아서 가에 놔줘서 그렇게 해서 나 살았어.)

*   여기서 'ᄀᆞᆺ'은 바닷가를 뜻한다.

¶ ᄂ람지 <u>ᄀᆽ으로</u> 영 뱅 ᄒ게 ᄎᄎᄎ 둘러. (이엉 가로 이렇게 뱅 하게 차차차
둘러.)

[관련 어휘]

갯ᄀᆽ 갯가.

곰바르·ᄀᆽ바르 바닷가에 사는, 자그마한 고등 따위의 해산물.

ᄀᆽ도리 텃도리.

ᄀᆽ물질·덕물질 잠녀들이 바닷가 가까이 얕은 물로 헤엄쳐 나가 치르는 물질.

ᄀᆽ바당 갓바다. 뭍에서 가까운 바다.

ᄀᆽ지다 구석지다. 위치가 한쪽으로 치우쳐 으슥하거나 중앙에서 멀리 떨어
져 외지다.

ᄀᆽ줌녀·ᄀᆽ줌네 바닷물이 얕은 곳에서만 해산물을 채취하는 잠녀.

물ᄀᆞ·물ᄀᆽ 물가.

바당ᄀᆽ 바닷가.

질ᄀᆞ·질ᄀᆽ 길가.

질ᄀᆽ밧 길가에 위치한 밭.

●●●● **더 생각해 보기**

동음어

ᄀᆽ¹ 가. 경계에 가까운 바깥쪽 부분.
¶ <u>ᄀᆽ디</u> 가지 말라. (가에 가지 마라.)

ᄀᆽ² 갓. 이제 막.
¶ <u>ᄀᆽ</u> 질어온 물이우다. (갓 길어온 물입니다.)

두이

088

[기본 의미]   향하고 있는 방향과 반대가 되는 쪽이나 곳.

[대응 표준어]   뒤

[방언 분화형]   두·두이·뒤·(조롬·조름)

[문헌 어휘]   뒿(《용비어천가》28장)

[어휘 설명]   '두이'는 '향하고 있는 방향과 반대가 되는 쪽이나 곳'이라는 뜻을 기본 의미로 하여, '시간이나 순서상으로 다음이나 나중, 보이지 않는 배후나 겉으로 드러나지 않는 부분, 일의 끝이나 마지막이 되는 부분, 딴 일을 할 수 있게 이바지하거나 도와주는 힘, 어떤 일이 진행된 다음에 나타난 자취나 흔적 또는 결과, 좋지 않은 감정이 있은 다음에도 여전히 남아 있는 감정' 등의 뜻을 지닌다. 방언형 '두이'는 문헌 어휘 '뒿'가 2음절 형태로 바뀐 형태이며, 다른 방언형 '뒤'는 문헌 어휘 '뒿'에서 'ㅎ'이 탈락한 형태이다. 또 다른 방언형 '두'가 나타나기도 한다. 이들 방언형을 고려할 때 '두〉두이〉뒤'라는 변화 과정을 상정할 수 있을 것 같다.

    한편 '뒤'의 뜻으로, '조롬·조름'이 나타나기도 하는데, "큰상제 조름으로 온 손님이우다.(큰상제 뒤로 온 손님입니다.)" 등에서 확인된다. 이 '조롬·조름'은 '꽁무니'의 방언형이기도 하다.

【용례】

¶ 불치는 두이로 나가게 만들주, 두이로. (재는 뒤로 나가게 만들지, 뒤로.)

¶ 뒷바농질*ᄒ는 건 바농 두이로 영 께고 두이로 찔렁 자꾸 영 영 가는 것이 뒷바농질. ('뒷바농질'하는 것은 바늘 뒤로 이렇게 꿰고 뒤로 찔러서 자꾸 이렇

게 이렇게 가는 것이 '뒷바농질'.)

¶ 접박뿔인 이 뿔 끗이 두이로 이제 영 돌아가니까 이제 옆구릴 이렇게 히
민 옆구리 박을 수 잇는 게 이 접, 접을 박아 분덴 허여. (자빡뿔은 이 뿔 끝
이 뒤로 이제 이렇게 돌아가니까 이제 옆구릴 이렇게 하면 옆구리 박을 수 있는 게
이 주걱뼈, 주걱뼈를 박아 버린다 해.)

¶ 콩은 절기로. 하지 흔 열흘 앞뒈근에 갈곡 열흘 두에 갈곡 경 허멍 그거.
(콩은 절기로. 하지 한 열흘 앞뒤서 갈고 열흘 뒤에 갈고 그렇게 하며 그거.)

¶ 고사리 꺼꺼근에 이 두로 이레 찔렁 옷 소곱디레 찔르민 옷 사이가 널르
니까 그 푸리가 물지 못허게. (고사리 꺾어서 이 뒤로 이리 찔러서 옷 속으로 찌
르면 옷 사이가 너르니까 그 파리가 물지 못하게.)

¶ 영 지내보믄 뭐 뒤가, 뒤끗이 엇덴 홀 수는 엇고게. (이렇게 지내보면 뭐 뒤
가, 뒤끝이 없다고 할 수는 없고.)

¶ 왼착손으론 즈룩 돌려 가민 앞더레 돌돌 털어지고 목화만 뒤터레 나가
지. (왼손으론 자루 돌려 가면 앞으로 돌돌 떨어지고 목화만 뒤로 나가지.)

¶ 노름 뒤 다 허연 노름허단 보난 다 망헤 불엇주. (노름 뒤 다 해서 노름하다
가 보니까 다 망해 버렸지.)

¶ 웃어른이 완에 요건 영 허민 일어난다 허멍 앞채경 꺼꺼질 걸 셍각 안허
고 그냥 뒤에서 잡아 밀리는 거라. 게난 쉐가 그냥 오글레기** 일어난. (웃
어른이 와서 요건 이렇게 하면 일어난다 하며 앞채 꺾어질 걸 생각 않고 그냥 뒤에
서 잡아 미는 거야. 그러니 소가 그냥 '오글레기' 일어났어.)

---

* '뒷바농질'은 '바늘땀이 뒤로 돌아가서 박음질하는 바느질법'을 말한다.
** '오글레기'는 '아주 가볍게 일어나는 모양' 또는 '상하지 아니하고 본디 그대로'의 뜻을 지닌 어휘다. 여기
서는 전자의 의미로 쓰였다.

둣날·뒷날 뒷날.

둣녁날·뒷녁날 다음날.

뒤뜨라가다 뒤따라가다.

뒤뜨라오다 뒤따라오다.

뒤뜨르다 뒤따르다.

뒤끗 뒤끝.

뒤내다 주인 몰래 재물을 빼돌리다.

뒤대다·뒤대이다 뒤대다.

뒤들다 뒤꽂다. 윷놀이에서, 말을 뒷밭에 놓다.

뒤둥기다 뒤두다.

뒤물르다 뒤무르다.

뒤받다 뒷바라지하다.

뒤보다 뒤보아주다.

뒤붓다 발정기가 된 짐승 암컷의 생식기관이 퉁퉁 부어오르다.

뒤잡이 뒤채잡이. 가마나 상여 따위의 뒤채를 잡는 일. 또는 그 일을 하는 사람.

뒤치기 뒤축.

뒤칩·뒷녁집·뒷집 뒷집.

뒤컬음 뒷걸음.

뒤컬음질ᄒ다 뒷걸음질하다.

뒤컬음치다 뒷걸음치다.

뒤펜 뒤편.

뒷가지 뒷가지.

뒷고개·뒷아게·뒷아게기 뒷덜미.

뒷공론·훗공론 뒷공론.

뒷난간 마루 뒤쪽으로 이어서 만든 툇마루.

뒷다리 뒷다리.

뒷담 뒷담.

뒷더멩이·뒷데가리·뒷데구리·뒷데망이·뒷데멩이·뒷데위 뒤통수.

뒷동산 뒷동산.

뒷마당 뒷마당.

뒷말·훗말 뒷말.

뒷맛·훗맛 뒷맛.

뒷무뚱·뒷문뚱 뒷문 바깥 근처.

뒷문 뒷문.

뒷발질 뒷발질.

뒷밧 뒷밭.

뒷손[1] 뒷손. 뒤로 내미는 손.

뒷손[2] 뒷손. ①일을 마친 뒤에 다시 하는 손질. ②몰래 또는 뒤에서 손을 써서 하는 일.

뒷손[3]·뒷정·뒷짐 뒷짐. 두 손을 등 뒤로 젖혀 마주 잡은 것.

뒷손엇다·뒷손웃다 뒷손없다. 일의 뒤를 마무리 하는 성질이 없다.

뒷손지다·뒷정지다·뒷짐지다 뒷짐지다. 두 손을 등 뒤로 잦혀서 마주잡다.

뒷쉐·뒷장쉐·후상쉐 겨릿소 가운데 뒤쪽에 위치한 소.

뒷우영 뒤꼍.

뒷입맛·훗입맛 뒷입맛.

뒷자락 뒷자락.

뒷질 뒷길.

밋

089

[기본 의미] 물체의 아래나 아래쪽.

[대응 표준어] 밑

[방언 분화형] 밋·밑

[문헌 어휘] 밑(《용비어천가》58장), 밋(《벽온신방》3)

[어휘 설명] '밋'은 '물체의 아래나 아래쪽'이라는 뜻을 기본 의미로 하여, '나이·정도·지위·직위 따위가 적거나 낮음, 지배·보호·영향 따위를 받는 처지임을 나타내는 말, 일의 기초 또는 바탕, 한복 바짓가랑이가 갈리는 곳에 붙이는 헝겊 조각, 밑구멍' 등의 뜻을 지닌다. 방언형 '밋'과 '밑'은 문헌 어휘 '밋'과 '밑'이 그대로 쓰인 경우다.

[용례]

¶ 어떵 밋이 브뜬 듯허다. (어찌 밑이 밭은 듯하다.)

¶ 옛날은 바지도 영 헹 허민 밋 튼 바지 헹 입져. (옛날은 바지도 이렇게 해서 하면 밑 튼 바지 해서 입혀.)

¶ 홀타지게 허는 거 보난 건 밋이엔 허주. (빨아지게 하는 거 보니 건 밑이라고 하지.)

¶ 물옷 밋에 험벅 더 대어. (물옷 밑에 헝겊 더 대어.)

¶ 엉둥이에 이거 밋으로 내려가는 거지. (엉덩이에 이거 밑으로 내려가는 거지.)

¶ 그 하르방 훈장이라도게 나보단 두 설 밋에고 허난 우린 상관도 안혜난디 이 하르방 만난 일생 무까서. (그 할아버지 훈장이라도 나보다는 두 살 밑이고 하니 우린 상관도 않았었는데 이 할아버지 만나서 일생 마쳤어.)

¶ 저고리 소곱에 속적삼. 밑<u>에도</u> 속바지가 두 개지. (저고리 속에 속적삼. 밑에
　도 속바지가 두 개지.)

¶ 아무 쪽이든 <u>밑에</u> 느려가야 산다 말이우다. (아무 쪽이든 밑에 내려가야 산다
　말입니다.)

¶ 제일 <u>밑에</u> ᄀ는체로 친 건 범벅을 허나 ᄌ베기. 그거 시방 쉐도 아이 먹
　을 거라. (제일 밑에 가는체로 친 건 범벅을 하나 수제비. 그거 시방 소도 아니 먹
　을 거야.)

[관용 표현]

밋 씰다 '밑구멍 닦다.'를 이르는 말.

밋 ᄍ르다 표준어로 바꾸면 '인중 짧다.'인데, '수명이 짧겠다.'를 비유적으로
　이르는 말.

[관련 어휘]

강알바데 밑바대.

굴메판·그네판·발판 밑싣개. 두 발을 디디거나 앉을 수 있게 그넷줄의 맨 아
　래에 걸쳐 있는 물건.

굽뎅이·굽동·덩체기·덩카리·덩케기·밋동 밑동.

귀똥 귀밑.

머릿발 머릿밑.

물창 물밑.

밋가다·밋지다 밑지다.

밋구녁 밑구멍.

밋바닥·밋창[1] 밑바닥.

밋알 밑알. 암탉이 알 낳을 자리를 바로 찾아들도록 둥지에 넣어 두는 달걀.

밋자리 밑자리. 여러 자리 가운데 아래쪽에 있는 자리.

밋창[2]·알창 밑창. 신의 바닥 밑에 붙이는 창.

330

밋천 밑천.

발밋 발밑.

베창 배밑. 배의 밑바닥.

불희들다 밑들다.

상깃밋·상짓밋·생깃밋 상기둥의 아래 부분.

셋머슴·셋머심 섯밑. 돼지나 소의 혀 전체를 식용으로 일컫는 말.

소중의바데 속곳의 밑바대.

솟강알·솟밋·솟창¹ 솥밑. 불길이 닿는 솥의 겉이나 솥 아래쪽.

솟창² 솥바닥. 솥 안의 밑바닥.

시릿마개 시룻밑. 시루 안에 넣은 재료가 밑으로 떨어지지 못하게 시루 바닥에 까는 물건.

알착 밑짝.

콧밋 인중. 코와 윗입술 사이에 오목하게 골이 진 곳.

밖

090

[기본 의미]   어떤 선이나 금을 넘어선 쪽.

[대응 표준어]   밖

[방언 분화형]   밖·밧긔·(박·밧·팟)

[문헌 어휘]   밧(《용비어천가》69장)

[어휘 설명]   '밖'은 '어떤 선이나 금을 넘어선 쪽'이란 뜻을 기본의미로 하여, '겉이 되는 쪽 또는 그런 부분, 일정한 한도나 범위에 들지 않는 나머지 다른 부분이나 일, 무엇에 의하여 둘러싸이지 않은 공간 또는 그쪽' 등의 뜻을 지닌다. 방언형 '밖'은 문헌 어휘 '밧'이 '밧〉밖'의 변화 과정을 거친 어형이다. 이 '밖'은 합성어에서는 '박, 밧, 팟'으로 나타나는데, '박거리·밧거리(바깥채), 밧목(밖목), 안팟(안팎)' 등에서 확인할 수 있다. 특히 '밧긔'인 경우는 '섬인 제주도를 제외한 한반도를 일컫는 말'로, 표준어 '육지'에 대응하기도 한다.

한편 '바깥'의 방언형은 '밧갓, 밧것, 밧긋, 뱃것' 등으로 나타나는데, 문헌 어휘 '밧겻'과 관련이 깊다.

[용례]

¶ 네가 방에 안 쌓이고 그 네가 전부 <u>밖에서만</u>. 음식을 만들어도 딴 디서 허니까. (내가 방에 안 쌓이고 그 내가 전부 밖에서만. 음식을 만들어도 딴 데서 하니까.)

¶ 수셀 잘 놓면은 비가 저런 축담 <u>밖으로</u> 나강근에 허민 비가 맞아도 흘러내리지 아녀. (여물을 잘 놓으면 비가 저런 축담 밖으로 나가서 하면 비가 맞아도

흘러내리지 않아.)

¶ 청소기 나오고 허여도 역시 지금도 이 <u>밖에</u> 쓰는 건 비치락이 좋고. (청소기 나오고 해도 역시 지금도 이 밖에 쓰는 건 빗자루가 좋고.)

¶ 저 숫 헤영 <u>밖에도</u> 놔뒀다가 그 숫을 가지고 제사허젠 허면은 고기도 굽곡. 그것도 정성스레. (저 숯 해서 밖에도 놔뒀다가 그 숯을 가지고 제사하려고 하면 고기도 굽고. 그것도 정성스럽게.)

[관련 어휘]

박거리·밧거리·밧집·밧채 바깥채.

밧긔 육지. 섬인 제주도를 제외한 한반도를 일컫는 말.

밧목 밖목. 통로의 바깥쪽에 있는, 목으로 들어서는 초입 부분.

밧사돈 바깥사돈.

밧상제 바깥상제.

밧주인 바깥양반.

안팟 안팎.

안팟거리 안팎채.

안팟부주·안팟부지 잔치나 초상 등 큰일이 났을 때 부부가 따로따로 하는 부조.

안팟살렴 안팎살림.

[기본 의미] 한 곳에서 다른 곳까지. 또는 한 물체에서 다른 물체까지의 거리나 공간.

[대응 표준어] 사이

[방언 분화형] 사이·세·ᄉᆞ시·ᄉᆞ이

[문헌 어휘] ᄉᆞᅀᅵ(《용비어천가》60장)

[어휘 설명] '사이'는 '한 곳에서 다른 곳까지. 또는 한 물체에서 다른 물체까지의 거리나 공간'이라는 뜻을 기본 의미로 하여, '한 때로부터 다른 때까지의 동안, 어떤 일에 들이는 시간적인 여유나 겨를, 서로 맺은 관계 또는 사귀는 정분' 등의 뜻을 지닌다. 방언형 '사이'는 문헌 어휘 'ᄉᆞᅀᅵ'가 'ᄉᆞᅀᅵ〉ᄉᆞ이〉사이'의 변화 과정을 거친 어형이며, 다른 방언형 'ᄉᆞ시'는 문헌 어휘 'ᄉᆞᅀᅵ'가 'ᄉᆞᅀᅵ〉ᄉᆞ시'의 변화 과정을 거친 어형이며, 방언형 'ᄉᆞ이'는 문헌 어휘 'ᄉᆞᅀᅵ'가 'ᄉᆞᅀᅵ〉ᄉᆞ이'의 변화 과정을 거친 어형이다. 다른 방언형 '세'는 'ᄉᆞ이'가 'ᄉᆞ이〉싀〉세'의 과정을 거친 어형이다.

[용례]

¶ 집줄 어울릴 때 너미 뺄리 가 불민 이것이 사이가 늘어져 가지고 안 되고. (집줄 어울릴 때 너무 빨리 가 버리면 이것이 사이가 늘어져 가지고 안 되고.)

¶ 경 허영 세우면은, 관작허게 세우면은 이 사이가 빈틈이 엇어야 숫이 삭지 아녀주. (그렇게 해서 세우면은, 곧게 세우면은 이 사이가 빈틈이 없어야 숯이 삭지 않지.)

¶ 밀장이 안터레 털어지지 말렌 그 사이를 막는 게 두께비난게. (밀장이 안

으로 떨어지지 말라고 그 사이를 막는 게 장지두꺼비집이니까.)

¶ 영림소 사름덜이 간 직혜엇는데, 그 사이에 좀 뭐 쉽게 말허민 도둑질이 주. (영림소 사람들이 가서 지켰는데, 그 사이에 좀 뭐 쉽게 말하면 도둑질이지.)

¶ 삼간집은 대부분 이렇게 나가고. 이것이 욜로 요 사이. 게난 요건 난간으로 나가고. (삼간집은 대부분 이렇게 나가고. 이것이 요리로 요 사이. 그러니까 요건 툇마루로 나가고.)

¶ 이랑 사이로 술술 갈아가멍 흑 올려. (이랑 사이로 살살 갈아가면서 흙 올려.)

¶ 불치 놓는 디가 잇주게. 이 솟허고 이 축담 사이에. 거리가 한 오십 전, 한 팔십 전 간격으로 띄와. (재 놓는 데가 있지. 이 솥하고 이 축담 사이에. 거리가 한 오십 전, 한 팔십 전 간격으로 띄워.)

¶ 홈마리엔 헌 거는 이 귀클허고 저 귀클 사이에만 놔. (우물마루라고 한 거는 이 귀틀하고 저 귀틀 사이에만 놔.)

¶ 감저 눌어 낭 이렇게 만져 보면은 이 감저가 놔근에 한 일주일 사이는 막 열이 올라와. 그때는 ㅈ주 강 이 두껑이, 주젱이도 올아주곡 뭘로 허지 아녀민 열이 만혜 부리민 썩어 부니까. (고구마 가려 놔서 이렇게 만져 보면은 이 고구마가 놔서 한 일주일 사이는 아주 열이 올라와. 그때는 자주 가서 이 뚜껑, 주저리도 열어주고 뭘로 하지 않으면 열이 많아 버리면 썩어 버리니까.)

[관용 표현]
세 그르다·세 글르다 표준어로 바꾸면 '사이 그르다.'인데, '방아를 찧는 방앗공이가 어우러지지 않고 어긋나다.'를 표현할 때 쓰는 말.

세 맞다 표준어로 바꾸면 '사이 맞다.'인데, '방앗공이가 잘 어울리다.'를 비유적으로 이르는 말.

[관련 어휘]
그ㅅ시·그ㅅ이 그사이.

그세 그새. '그사이'의 준말.

밤세 밤새.

밤수시·밤수이 밤사이.

버금아덜·셋놈·셋소나이·셋아덜·셋아돌 둘째아들.

세뜨다 새뜨다. 사이가 좀 떨어져 멀다.

세질 결혼 이야기가 있는 두 집 사이를 오가며 연락을 취하는 일.

세촛 두 가닥 또는 세 가닥의 줄을 하나로 합칠 때 그 줄 사이에 끼워 잘 드
   릴 수 있게 도와주는 나무 막대.

세흣다 새들다. 물건을 사는 사람과 파는 사람 사이에 들어서 흥정을 붙이다.

셋구들 칸이 넷인 집에서 마루와 부엌 사이에 있는 구들.

셋년·셋똘·셋지집아이 둘째딸.

셋문 샛문. 마루와 찻방 사이에 단 문.

셋살레 세 칸으로 된 찬장에서 가운데에 있는 공간을 이르는 말.

셋아방 둘째아버지.

셋어멍 둘째어머니.

셋질 샛길.

셋칩 결혼한 둘째아들이나 며느리.

수이좋다 사이좋다.

요수시·요수이 요사이.

요세 요새. '요사이'의 준말.

동음어

스시¹ 사이. 한 곳에서 다른 곳까지. 또는 한 물체에서 다른 물체까지의 거리나 공간.

¶ 오시나 미시 스시 되어 가믄 알아질 거우다. (오시(午時)나 미시(未時) 사
이 되어 가면 알아질 겁니다.)

스시² 근방. 근처. 가까운 곳.

¶ 잘 촛아보라, 이 스시에 실 거여. (잘 찾아보라, 이 근방에 있을 거야.)

아래

[기본 의미]   어떤 기준보다 낮은 위치.

[대응 표준어]   아래

[방언 분화형]   아래·알

[문헌 어휘]   아래(《용비어천가》40장)

[종합 설명]   '아래'는 '어떤 기준보다 낮은 위치'라는 뜻을 기본 의미로 하여, '신분·연령·지위·정도 따위에서 어떠한 것보다 낮은 쪽, 조건·영향 따위가 미치는 범위, 글 따위에서 뒤에 오는 내용' 등의 뜻을 지닌다. 방언형 '아래'는 문헌 어휘 '아래'가 그대로 쓰인 경우다. 다른 방언형 '알'은 '아래'의 축약형이다. '아래'는 '속'의 의미로도 사용된다.

[용례]

¶ 저 지둥 닮은 거 세우고 앚은 아래 납작헌 거 영 놔근에 이디 각제기 헨 불싸는 거. (저 기둥 같은 거 세우고 앉은 아래 납작한 거 이렇게 놔서 여기 등잔 해서 불켜는 거.)

¶ 물 아래 들어가렌 허영 재미로 들어강 오래 춤으민 아이고, 느 막 숨 질다, 숨 질다 허멍 물질 잘허켜. (물 아래 들어가라고 해서 재미로 들어가서 오래 참으면 아이고, 너 아주 숨 길다, 숨 길다 하며 물질 잘하겠다.)

¶ 신발 벗는 디가 난간 아래주게, 아래. (신발 벗는 데가 툇마루 아래지, 아래.)

¶ 이 줄은 멍에가 알러레 내리지 못허게 허는 거. (이 줄은 멍에가 아래로 내리지 못하게 하는 거.)

¶ 옛날은 밥상 엇이 아래 놩 먹언. (옛날은 밥상 없이 아래 놔서 먹었어.)

¶ 옛날 막 한문 허고 무시거 허곡 헌 어른, 노인네 빌엉 허민. 게민 방에 책상 놓은에 뱅 허게 모여앚아근에 허민 영 영 다 영 책상 아래 발 찔러야 여기 ᄋ라이 앚을 거 아니우꽈? (옛날 아주 한문 하고 무엇 하고 한 어른, 노인네 빌려서 하면. 그러면 방에 책상 놔서 뱅 하게 모여앉아서 하면 이렇게 이렇게 다 이렇게 책상 아래 발 찔러야 여기 여럿이 앉을 거 아닙니까?)

¶ 시리떡 보통은 기자 아래 두 개. 두 개 놓 그다음은 솔벤* 그거 세 개씩 여섯 개. (시루떡 보통은 그저 아래 두 개. 두 개 놔서 그다음은 '솔벤' 그거 세 개씩 여섯 개.)

¶ 물 아래도 물 우의도 삼 년을 살안. (물 아래도 물 위에도 삼 년을 살았어.)

¶ 똠떼기가 나민 산디밧디 강, 이슬이 뒷날 아척이 막 바락이 진 때 강 톡톡톡ᄒ게 알러레 박세기 받앙 그 이슬 털어당 술술 불라주곡 멕이곡 ᄒ민 거 당장 좋아. (땀띠가 나면 밭벼밭에 가서, 이슬이 뒷날 아침에 아주 흠뻑 진 때 가서 톡톡톡하게 아래로 바가지 받아서 그 이슬 떨어다가 살살 발라주고 먹이고 하면 거 당장 좋아.)

[관용 표현]

아래 시치다 표준어로 바꾸면 '아래 씻다.'인데, '뒷물하다'를 비유적으로 이르는 말.

알 박다·알 찌르다 표준어로 바꾸면 '아래 박다, 아래 찌르다'인데, '초가의 처마를 억새 따위로 박아서 들어 올리다.'는 의미로 쓰이는 말.

알로 훌트다 표준어로 바꾸면 '아래로 훑다.'인데, '설사하다'를 비유적으로 이르는 말.

---

* '솔벤'은 '쌀가루나 메밀가루를 반죽하여 얇게 민 다음에 반달 모양의 떡살로 떠서 끓는 물에 삶거나 겅그레 위에서 찐 떡'을 말한다. 달리 '돌반착떡·반돌떡·솔변·솔펜·수랑곤떡'이라 한다.

ㄱ레알착 맷돌의 아래짝.

낭강알 수하(樹下). 나무의 아래나 밑.

돌강알 돌 아래.

바당알 ①바닷속. ②바다와 하늘이 맞닿는 아주 먼 곳.

ㅂ름깍·ㅂ름끗·ㅂ름아래·ㅂ름알 바람아래. 바람이 불어가는 쪽.

손아래·손알 손아래.

솟강알·솟밋·솟창 솥밑. 불길이 닿는 솥의 겉이나 솥 아래쪽.

아래옷·알옷 아래옷.

아래칭·알칭 아래층.

아래턱·아래톡·알톡 아래턱.

아래풀리다·알불리다·알풀리다 아랫도리에 기운이 없다.

아랫니·알니 아랫니.

아랫도리 아랫도리.

아랫돌·알돌 아랫돌.

아랫멕웃다 아랫도리에 힘이 조금도 없다.

알가름 아랫마을.

알가지 친족의 근본에서 작은아들로 갈라져 나온 갈래.

알관제 뜸의 아래쪽을 가로로 묶은 줄.

알귀클 하인방.

알녁¹ ①아래쪽. ②아랫녘. 바다 쪽. 또는 왼쪽.

알녁²·알짝¹·알쪽 아래쪽.

알녁거리 아래채.

알녁집·알녁칩 아랫집.

알니 아랫니.

알단 아랫단.

알대¹ 노깃. 노잎.

알대² 하활. 돛의 맨 아래에 댄 활대.

알데방·알지방 아래쪽의 문지방.

알동네 아랫동네.

알두께 아랫눈시울.

알드르 바닷가 근처의 들이나 마을.

알목 아랫목. 온돌방에서 아궁이 가까운 쪽의 방바닥.

알박·알통 소줏고리의 아랫부분.

알불 남포등을 켤 때 심지를 아래로 내려 켜는 불.

알비료 알비료.

알상 향안(香案).

알씨 밭을 갈기 전에 먼저 뿌리는 씨앗.

알아구리 턱주가리. '아래턱'의 낮춤말.

알장 세 칸으로 된 찬장에서 맨 아래에 있는 공간.

알제 제사 때 신위를 위한 제 이외로 지내는 문전제·조왕제 따위를 이르는 말.

알제반 신을 대접하기 위하여 올렸던 제물을 두 번째로 조금씩 떼어낸 음식.

알질 아랫길.

알짝²·알착 아래짝.

알창 밑창.

알통골 탕건의 아랫부분을 짤 때 쓰는 틀.

알한질 해안선을 따라 제주도를 일주할 수 있게 나 있는 비교적 크고 교통량이 많은 길.

알호름세기 망사리 아래쪽을 묶는 줄.

우아래·우알 위아래.

우알에부트다 손위나 손아래 사람에게나 한가지로 사귀다.

포알귀클·포알귀틀 아랫중방.

동음어

알¹ 아래. 어떤 기준보다 낮은 위치.
¶ 소리허믄 물덜이 그냥 알러레 둘둘 ᄂ려와. (소리하면 말들이 그냥 아래로 달달 내려와.)

알² 알. 조류·파충류·어류·곤충 따위의 암컷이 낳는, 둥근 모양의 물질.
¶ 밑알 놔둬사 그 알로 헹 독세기 나는 거난게. (밑알 놔둬야 그 알로 해서 달걀 낳는 거니까.)

안

[기본 의미]   어떤 물체나 공간의 둘러싸인 가에서 가운데로 향한 쪽.

[대응 표준어]   안

[방언 분화형]   안

[문헌 어휘]   안ㅎ(《용비어천가》5장)

[어휘 설명]   '안'은 '어떤 물체나 공간의 둘러싸인 가에서 가운데로 향한 쪽'이라는 뜻을 기본 의미로 하여, '일정한 표준이나 한계를 넘지 않은 정도, 어떤 힘이나 효력이 미치는 범위, 옷의 안쪽에 대는 감' 등의 뜻을 지닌다. 방언형 '안'은 문헌 어휘 '안ㅎ'의 끝소리 'ㅎ'이 탈락한 형태가 쓰인 경우다. '안'이 합성어를 이룰 때는 '안ㅎ'의 'ㅎ'음 영향으로, '안카름, 안튀, 안틀다, 안팟거리, 안팟부주, 안팟살렴'처럼 거센소리로 변한다.

    한편 '거죽이나 껍질로 쌓인 물체의 안쪽 부분'인 '속[裏]'의 방언형은 '소곱·속·솝·쏘곱·쏙' 등으로 나타난다.

[용례]

¶ 스칸집*이난게 구들 두 개 허곡, 마리 정제 허민 스칸. 저 안이 고팡이고.

    ('사칸집'이니까 방 두 개 하고, 마루 부엌 하면 '사칸'. 저 안이 고방이고.)

¶ 원담 안네 멜도 들곡 괴기도 들어왓당 갇히곡. (돌발 안에 멸치도 들고 고기

    도 들어왔다가 갇히고.)

* '스칸집'은 '칸이 넷인 집'을 말한다.

¶ 물 ᄒᆞ나만 심엉 <u>안으로</u> 뱅뱅 돌멍 불립주. (말 하나만 잡아서 안으로 뱅뱅 돌면서 밟지요.)

¶ 뱃것디로 헤영 <u>안트레</u> 강 졸라메영 소도 메곡. (바깥으로 해서 안으로 가서 졸라매어서 소도 매고.)

[관련 어휘]

네복·안칩¹ 안찝. 소나 돼지의 내장.

안가름·안카름 안뜸. 한 마을의 안쪽 구역.

안거리·안집·안칩·안커리 안채.

안골 안골. 한 마을에서 안쪽에 위치해 있어 중심이 되는 동네.

안골목 큰길에서 갈려져 깊숙이 들어간 좁은 길.

안공젱이 안걸이.

안구들·정짓구들·족은구들 안방. 부엌에 딸린 방.

안ᄀᆞ슴·안ᄀᆞ심·안ᄀᆞ음 안감.

안뒤·안튀 안뒤꼍.

안뜰다·안틀다 안들다. 일정한 수효나 값의 한도 안에 들다.

안목¹ ①안목. 안쪽의 자리. ②골목의 안쪽.

안목² 말떼로 밭을 밟을 때 앞장선 말의 오른쪽을 이르는 말.

안밧 출입구가 없어 남의 밭을 지나야 이를 수 있는 곳에 있는 밭.

안방·안팡·앙팡 고방.

안사돈 안사돈.

안우연·안위연·안위영 안채 뒤쪽에 있는 터앝.

안잠지 허벅다리 위의 안쪽.

안저울 손저울의 안쪽 손잡이를 잡고 무게를 달 때 이르는 말.

안집·안칩² 골목 끝에 자리한 집.

안창 내장(內臟).

안칠성 고방에 모시는 뱀신을 이르는 말.

안틀목 연자매 방틀의 안쪽에 위치한 나무.

안팟 안팎.

안팟거리 안팎채.

안팟부주·안팟부지 잔치나 초상 등 큰일이 났을 때 부부가 따로따로 하는 부조.

안팟살렴 안팎살림.

안팟잔치 앉은잔치. 신랑과 신부가 서로 상대편에 오가며 잔치를 하지 아니
　하고, 어느 한 편이 있는 곳에서 몰아서 하는 잔치.

예상제·예펜상제 안상제.

옷안 옷안.

우잣 울안. 울타리의 안. 또는 그 둘레.

젓고롬·젓골롬·젓곰·좃곰 안고름. 안옷고름.

좀안 줌안. 손아귀 안.

집안 집안.

앞

094

[기본 의미] 향하고 있는 쪽이나 곳.

[대응 표준어] 앞

[방언 분화형] 앞

[문헌 어휘] 앒(《석보상절》6:3)

[어휘 설명] '앞'은 '향하고 있는 쪽이나 곳'이라는 뜻을 기본 의미로 하여, '차례나 열에서 앞서는 곳, 이미 지나간 시간이나 장차 올 시간, 신체나 물체의 전면, 차례에 따라 돌아오거나 맡은 몫, 어떤 조건에 처한 상태' 등의 뜻을 지닌다. 방언형 '앞'은 문헌 어휘 '앒'의 'ㄹ'이 탈락한 어형이다.

[용례]

¶ 어떵 앞이 왁왁ᄒ다. (어째 앞이 캄캄하다.)

¶ 앞을 이물이엔 ᄒ곡 뒤를 고물이엔 홀 거라. (앞을 이물이라고 하고 뒤를 고물이라고 할 거야.)

¶ 감저 쳐당 앞의 놓곡 허민 거 먹언 때도 살곡. (고구마 쪄다 앞에 놓고 하면 거 먹어서 때도 살고.)

¶ 베중의* 하나만 입으면은 앞으로믄 영 오그령 허리띠를 메는디 두으론 다 보이주게. 두으론 다 보여. 앞으론 오그려지니까 안 보이는디. ('베중의' 하나만 입으면 앞으로면 이렇게 오그려서 허리띠를 매는데 뒤론 다 보이지. 뒤론 다 보여. 앞으론 오그려지니까 안 보이는데.)

---

* '베중의'는 '베로 만든 중의'를 말한다.

¶ 감주 헤영 감주펭**에 딱 허게시리 이제 그 도자기라고 잇잖아. 그런 병에 질어 가지고 싹 상 앞의 놔서 헹 절허고, 거 올리고. (감주 해서 '감주병'에 딱 하게끔 이제 그 도자기라고 있잖아. 그런 병에 길어 가지고 싹 상 앞에 놔서 해서 절하고, 거 올리고.)

¶ 저딘 먼문이고, 이 앞에 건 대문이고. (저기는 대문이고, 이 앞에 건 마루문이고.)

¶ 그거 가정 영 영 대문 씨는 앞더레 빠지고 솜은 두으로 이렇게 나강 허민. 그거를 하영 헤여근에 이제 그 소게 테우는 집에 가근에 테와다근에 이불도 만들고. (그거 가져서 이렇게 이렇게 대면 씨는 앞으로 빠지고 솜은 뒤로 이렇게 나가서 하면. 그거를 많이 해서 이제 그 솜 타는 집에 가서 타다가 이불도 만들고.)

대문

대문

** '감주펭'은 '감주를 길어두는 병'을 말한다.

앞 막아지다 '장애물이 놓이다.'를 빗대어 이르는 말.

앞의 나사다 '앞장서다'를 이르는 말.

[관련 어휘]

네앞 노앞. 배의 앞머리인 이물을 향하고 섰을 때 배의 오른쪽.

문전 문전(門前).

선장·앞장 앞장.

앞가름·앞갈름 앞가르마.

앞가슴·앞가심 앙가슴. 두 젖 사이의 가운데.

앞가지 앞가지.

앞길·앞질 앞길.

앞니 앞니.

앞다리 앞다리.

앞동산 앞동산.

앞뒤칩 앞뒷집.

앞들다 앞들다.

앞ᄃ투다 앞다투다. 서로 먼저 하려고 하다.

앞못보다 앞못보다.

앞바당·앞바르¹ 앞바다.

앞바르² 잠녀들이 가까운 바다에서 하는 물질.

앞밧 앞밭.

앞사·앞서·앞세 앞서.

앞사다·앞서다 앞서다.

앞섭 앞섭.

앞세우다·앞셉다·앞장세우다 앞세우다.

앞속·잇속 잇속.

앞쑬 풋보리로 만들 쌀.

앞이멩이·앞임뎅이 앞이마.

앞지락 앞자락.

앞장사다 앞장서다.

앞족벡이 앞다리 두 개에 흰털이 있는 말.

앞집 앞집.

앞차다·앞츠다 앞차다.

앞찬소리 입찬소리.

앞창낭 연자매 방틀의 왼쪽에 박은 채.

젯놀개·젯놀개기 앞날개. 새나 곤충의 앞에 있는 한 쌍의 날개.

우의

[기본 의미]	어떤 기준보다 더 높은 쪽.
[대응 표준어]	위
[방언 분화형]	우·우의·우희
[문헌 어휘]	우ㅎ(《용비어천가》40장)

[종합 설명] '우의'는 '어떤 기준보다 더 높은 쪽'이라는 뜻을 기본 의미로 하여, '길고 높은 것의 꼭대기나 그쪽에 가까운 곳, 어떤 사물의 거죽이나 바닥의 표면·신분·지위·연령·등급·정도 따위에서 어떠한 것보다 더 높거나 나은 쪽, 글 따위에서 앞에서 밝힌 내용, 시간적 순서가 앞에 오는 것' 등의 뜻을 지닌다. 방언형 '우의'와 '우희'는 문헌 어휘 '우ㅎ'이 '우ㅎ+-의〉우희〉우의' 변화 과정을 거친 어형이다. 다른 방언형 '우'는 문헌 어휘 '우ㅎ'에서 'ㅎ'이 탈락한 어형이다.

한편 '위에 있거나 덧붙은' 또는 '위쪽으로 올린'의 뜻을 지닌 접두사는 '웃-'으로 나타난다.

[용례]

¶ 열굿떡*에 우지시라고 이것가 젤 우의가 우지시. ('열굿떡'에 웃기떡이라고 이것이 젤 위가 웃기떡.)

---

* '열굿떡'은 시루떡·인절미·절편·'솔벤'·웃기떡·중계·약과·강정·요해·과질 등 열 가지를 다 구비한 떡을 이르는 말이다.

¶ 솟두껑 가르싸 놔근에 알로 불숨으멍 그 우의서 전기떡** 지져나서. (솥뚜
　껑 뒤치어 놔서 아래로 불때며 그 위에서 '전기떡' 지졌었어.)

¶ 대바드렝이*** 헤영 딱 눌렁 우의 돌 지둘라. ('대바드렝이' 해서 딱 눌러서 위
　에 돌 지질러.)

¶ 그 눌 우의랑 올라가지 말라이. (그 가리 위에는 올라가지 마라.)

¶ 늙은 점복은이 여 우의 그냥 탁 부떵 이신 것도 잇어. (늙은 전복은 여 위에
　그냥 탁 붙어 있는 것도 있어.)

¶ 빈떡허고 설귀떡만 올릴 수 잇는 거. 송편 우에 저 빈떡 올릴 수 잇는 거.
　('빈떡'하고 백설기만 올릴 수 있는 거. 송편 위에 저 '빈떡' 올릴 수 있는 거.)

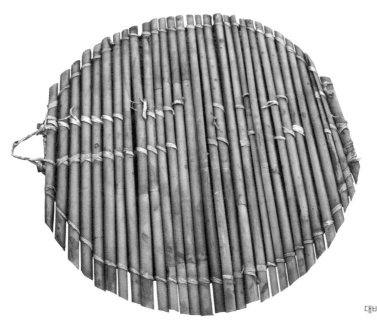

대바드렝이

** '전기떡'은 '기름을 친 번철에서 메밀가루 반죽으로 전을 둥글넓적하고 얇게 지지고, 거기에 무채나 팥소
　를 넣어 길쭉하게 둘둘 말아 만든 떡'을 말한다. 달리 '멍석떡·빈·빈떡·빙·빙떡·영빈·전기'라 한다.

*** '대바드렝이'는 '대로 만든 겅그레'를 말한다.

¶ 눈물은 나 우로 ᄂ리는 물이여. (눈물은 내 위로 내리는 물이야.)

¶ 감낭 우터레 올르는 거 아니여. (감나무 위에 오르는 거 아니야.)

¶ 집줄이 내려오민 저 두의도 잇고 앞의도 사름이 뗑겨서. 집줄은 우에서가 다 허는 거. (집줄이 내려오면 저 뒤에도 있고 앞에도 사람이 당겨서. 집줄은 위에서가 다 하는 거.)

[관용 표현]

우 거시리다 표준어로 바꾸면 '위 애벌갈이하다.'인데, '씨뿌리기 전에 밭을 갈아두다.'를 이르는 말.

우로 훌트다 표준어로 바꾸면 '위로 훑다.'인데, '토하다'를 비유적으로 이르는 말.

[관련 어휘]

ᄀ레우착 맷돌의 위짝.

놈의우·놈의우의 임신한 상태를 이르는 말.

ᄇ름머리·ᄇ름우 바람위. 바람이 불어오는 쪽.

상가지 윗가지. 나뭇가지 가운데서 위쪽으로 가장 길게 뻗은 가지.

상착·우대 상책. 노의 손잡이가 있는 위쪽 부분.

손우·손위 손위.

우가·웃전 웃돈.

우녁·웃녁 윗녘.

우녁거리·웃녁거리 위채.

우녁집·우녁칩·웃녁집·웃녁칩 윗집.

우아래·우알 위아래.

우알녁거리 위채와 아래채를 함께 이르는 말.

우알진물 윗물은 따뜻하고 아랫물은 찬물을 이르는 말.

우윗돌·웃돌 윗돌.

우짝 위쪽.

우착 위짝.

우찬·웃찬 상찬. 매우 좋은 반찬.

우카름·웃가름 윗마을.

우풍 윗바람.

웃걸름 웃거름.

웃관제 뜸의 위쪽을 가로로 묶은 줄.

웃국 웃국.

웃니 윗니.

웃데 윗대.

웃데방·웃지방 ①문머리. ②위쪽 문둔테.

웃동네 윗동네.

웃드르·웃드리 한라산 쪽에 있는 들이나 마을.

웃드르사름·웃드리사름 한라산 쪽에 있는 마을에 사는 사람을 이르는 말.

웃마치 웃짐. 짐 위에 덧싣는 짐.

웃박·웃통¹ 소줏고리의 윗부분.

웃봉 어떤 물건을 손대기 전에 처음으로 뜨거나 덜어낸 것.

웃불 남포등을 켤 때 심지를 위로 올려 켜는 불.

웃살레 세 칸으로 된 찬장에서 맨 위에 있는 공간.

웃수 윗수.

웃씨 '알씨****'를 뿌리고 밭을 간 다음에 다시 그 위에 뿌리는 씨.

웃어른 웃어른.

웃옷 ①웃옷. ②윗옷.

웃제 제사 때 신위를 위하여 지내는 제.

**** '알씨'는 '밭을 갈기 전에 먼저 뿌리는 씨앗'을 말한다. 달리 '굽씨·밋씨'라고도 한다.

웃제반 신을 대접하기 위하여 올렸던 제물을 첫 번째로 조금씩 떼어낸 음식.

웃지도리·웃지두리 조자리. 대문 위의 장부.

웃질 윗길. 위쪽에 있는 길.

웃치·웃통²·웃통 웃통. 윗몸에 입는 옷.

웃하늘 입천장.

웃한질 제주목과 정의현, 대정현 사이를 왕래하기 위하여 한라산 중간에 낸, 비교적 넓은 길.

ᄌᆞᆺ

096

[기본 의미] 어떤 대상의 옆.

[대응 표준어] 곁

[방언 분화형] 저껏·저껏·저꼿·적·제껏·ᄌᆞᆺ·ᄌᆞᆽ·ᄌᆞ껏·ᄌᆞ꼿·ᄌᆞ꼿·즉

[문헌 어휘] 곁(《용비어천가》44장), 겯(《월인석보》17:57)

[어휘 설명] 'ᄌᆞᆺ'은 '어떤 대상의 옆'이라는 뜻을 기본 의미로 하여, '가까이에서 보살펴 주거나 도와줄 만한 사람' 등의 뜻을 지닌다. 방언형 '저껏·저껏·저꼿·젓·제껏·ᄌᆞᆺ·ᄌᆞᆽ·ᄌᆞ껏·ᄌᆞ꼿·ᄌᆞ꼿·젓' 등은 문헌 어휘와 상관없이 새로 생긴 방언형들이다.

　한편 '옆'은 '역·옆·윽·욮'으로 나타난다.

[용례]

¶ 보건소에나 간 물리치료나 헤보카 허멍 가난 나허고 또 누게 가서고. 보건소 ᄌᆞ꼿디난. (보건소에나 가서 물리치료나 해볼까 하며 가니 나하고 또 누가 갔더고. 보건소 곁에니까.)

¶ 대접에 험벅 꼴아 가지고 그레 보밀 낭 불을 살롸. 경허민 그게 퐁퐁퐁 카가민 그 알르레 물이 나와. 깃ᄀᆞ라 보믜지름이라 헤 가지고. 그거 다깡 볼르는 거 봐낫어. 우리 그 ᄌᆞ꼿디 가도 안헤. (대접에 헝겊 깔아 가지고 그리로 보늬를 놔서 불을 살롸. 그러면 그게 퐁퐁퐁 타가면 그 아래로 물이 나와. 것 보고 보늬기름이라 해 가지고. 그거 고아서 바르는 거 봤었어. 우리 그 곁에 가지도 않아.)

¶ 이 하르방은 저 알동네 혹교 ᄌᆞ꼿디고, 우린 요 중간에 살안. 또 우리광

막 천지 차이주. (이 할아버지는 저 아랫동네 학교 곁에고, 우린 요 중간에 살았어. 또 우리와 아주 천지 차이지.)

¶ 쉐똥 물똥 줏으레 다니고말고. 가멩이 정 강 거 줏어당 굴묵 ᄌᆞ꼿디 데며두서 담아낭 굴묵 진는* 거. (소똥 말똥 주우러 다니고말고. 가마니 지고 가서 거주워다가 '굴묵' 곁에 더미어두고 담아놔서 '굴묵' 때는 거.)

¶ 우리 어머니네 그땐 뎅기당 오줌 무륵우민 우잣에라도 올래라도 뎅기당그냥 싸 부는 거 아니? 여자덜이나 남자덜이나 경 허민 반치 저꼿디 강오줌 싸지 말렌 반치 둘아나 분덴 허멍 막 웃어. (우리 어머니네 그때는 다니다가 오줌 마려우면 터앝에라도 오래라도 다니다가 그냥 싸 버리는 거 아니? 여자들이나 남자들이나 그렇게 하면 파초 곁에 가서 오줌 싸지 말라고 파초 달아나 버린다고 하며 막 웃어.)

¶ 입 똑 그 쉐 앞으로 안 헤도 저꼿디레만 던정 내벼도 먹어. (입 꼭 그 소 앞으로 안 해도 곁에로만 던져서 내버려도 먹어.)

¶ 저 학교 저꼿디 살단, 흑교레 이제 땅 막 내놓렌 헤 부난 내놔두고 이제이레 왓저게. (저 학교 곁에 살다가, 학교에 이제 땅 막 내놓으라고 해 버리니까 내놔두고 이제 이리로 왔어.)

¶ 노인당 저꼿디, 바로 여긴 물이주게. 축항. (노인당 곁에, 바로 여기는 물이지.축항.)

¶ 우리 똘네 ᄌᆞ꼿디 사난 막 좋아. (우리 딸네 곁에 사니까 아주 좋아.)

[관련 어휘]
가지사돈 곁사돈.
겻방살이·젓방살이 곁방살이.

---

* '짇다'는 '①불이 꺼지지 아니하게 아궁이 따위에 연이어 장작 따위를 집어넣다. ②고구마 따위를 익히기 위하여 뜨거운 재 속에 묻어 두다.'의 뜻을 지닌 어휘다. 여기서는 ①의 의미로 사용되었다.

모커리·목거리 **곁채**.

욽네·젓거리·젓네·젯거리 **곁노**.

저껏집·저끗집·즛끗집 **곁집**.

젓가지·젯가지 **곁가지**.

젓간·좃간[1] **곁간**(-間).

젓갈리·좃갈리 **곁가리**. 갈빗대 아래쪽에 붙은 가늘고 짧은 뼈.

젓눈 **곁눈**.

젓눈질 **곁눈질**.

젓바데·좃바데 **곁바대**. 홑저고리의 겨드랑이 안쪽에 덧대는 'ㄱ' 자 모양의 형겊.

젓방·좃방 **곁방**.

젓순 **곁순**.

젯간·좃간[2]·휏간 **곁간**(-肝).

젯구룸 **곁두리**. 농사꾼이나 일꾼들이 끼니 외에 참참이 먹는 음식.

터

097

[기본 의미]　집이나 건물을 지었거나 지을 자리.

[대응 표준어]　터

[방언 분화형]　터

[문헌 어휘]　터ㅎ(《월인천가지곡》상:61)

[어휘 설명]　'터'는 '집이나 건물을 지었거나 지을 자리'라는 뜻을 기본 의미로 하여, '빈 땅, 활동의 토대나 일이 이루어지는 밑바탕, 자리나 장소' 등의 뜻을 지닌다. 방언형 '터'는 문헌 어휘 '터ㅎ'에서 'ㅎ'이 탈락하여 쓰인 경우다.

[용례]

¶ 산터, 집터 잇지 아녀게. 그 아무 터라도 터가 좋아사 무음이 펜안ㅎ여. (묏자리, 집터 있지 않아. 그 아무 터라도 터가 좋아야 마음이 편안해.)

¶ 집 짓젠 허믄 우선은 집 앞일 터를 펜펜ㅎ게 골라사. (집 지으려고 하면 우선은 집 앞을 터를 편편하게 골라야.)

¶ 사름이 그때는 죽으민 화장이라는 건 엇고, 운상헤다근에 그 정시 데려당 터 봐근에 거기에 문상. 그 사름덜이 멧 사름이 헤 가지고 이 양쪽으로 이렇게 헤서 거 모셔근에 저 장터에까지 가. (사람이 그때는 죽으면 화장이라는 건 없고, 운상해다가 그 지관 데려다가 터 봐서 거기에 문상. 그 사람들이 몇 사람이 해 가지고 이 양쪽으로 이렇게 해서 거 모셔서 저 장지에까지 가.)

¶ 집터가 한 사백 평 되난 그 눌 눌젠 허민 그 눌 누는 그 터는 이제 검질 영 허영 눌엉 놔두면은, 땅에 허면 검질이 썩으카 부덴 돌 헤근에 눌굽*을

다 만들어 놓주게. (집터가 한 사백 평 되니까 그 가리 가리려고 하면 그 가리 가리는 그 터는 이제 검불 이렇게 해서 가려 놔두면, 땅에 하면 검불이 썩을까 봐 돌 해서 '눌굽'을 다 만들어 놓지.)

¶ 산을 놈의 <u>터에</u> 강 써 불언 난리가 나난. (뫼를 남의 터에 가서 써 버려서 난리가 났어.)

¶ 그 <u>터로</u> 헨 발복헷젠 글주. (그 터로 해서 발복했다고 말하지.)

[관용 표현]

터 봉그다 표준어로 바꾸면 '터 줍다.'인데, '묏자리를 구하다.'를 이르는 말.

[관련 어휘]

공터 공터.

메종터·모종터·묘종터 옮겨 심기 위하여 씨앗을 뿌려 어린 식물을 가꾸는 곳.

멧자리·묏자리 묏자리.

빈터 빈터.

뽈레터 빨래터.

산터 묏자리.

장터¹ 장터.

장터² 장지.

집터 집터.

천리터 주검을 다른 데로 옮겨 버린, 무덤이 있던 자리.

우연·우연밧·우연팟·우영·우영팟·위연 터앝.

터쎄다 터세다. 그 터에서 여러 가지 좋지 않은 일이 자주 생기는 경향이 있다.

* '눌굽'은 '낟알이 붙어 있는 곡식 또는 짚이나 꼴 따위를 둥그렇게 쌓아올린 큰 더미 자리의 밑바닥'을 말한다. 보통 돌로 둥그렇게 깔아서 만든다.

털세·텃세¹ 텃세. 먼저 자리잡은 사람이 뒤에 들어온 사람을 업신여겨 교만을 부리는 짓.

털세하다·텃세하다 텃세하다.

텃삭·텃세² 텃세. 터를 빌려 쓰고 내는 세.

명사

시간

봄

[기본 의미]　한 해의 네 철 가운데 첫째 철.

[대응 표준어]　봄

[방언 분화형]　봄

[문헌 어휘]　봄(《금강경삼가해》2:6)

[어휘 설명]　'봄'은 '한 해의 네 철 가운데 첫째 철'이라는 뜻을 기본 의미로 하여, '인생의 한창 때를 비유적으로 이르는 말' 등의 뜻을 지닌다. 방언형 '봄'은 문헌 어휘 '봄'이 그대로 쓰인 경우다.

[용례]

¶ 우리 농촌은 봄 나믄 막 바빠. (우리 농촌은 봄 되면 아주 바빠.)

¶ 요샌 봄을 잘 몰랑 살아지는 거 닮아. 용시 안 허난게. (요새는 봄을 잘 몰라서 사는 거 같아. 농사 안 하니까.)

¶ 건 봄의 나오는 거난 쉽게 촛아져. (건 봄에 나오는 거니 쉽게 찾아져.)

¶ 입춘 허믄 철이 봄으로 넘어가는 거지. (입춘 하면 철이 봄으로 넘어가는 거지.)

¶ 봄이나 가을이나 그 저 수확 때 허곡. 촐 フ뜬 거 운반헐 때는 들. (봄이나 가을이나 그 저 수확 때 하고. 꼴 같은 거 운반할 때는 말.)

¶ 자골을 봄 나면은 이 농사지어 먹는 밧디다가 씰 뿌령 갈아. 갈앗다근에 그거 이제 촐 빌 때 비여당 놧당 주는디 자골촐*이라고 헤여서 밧 가는

* '자골촐'은 '소 꼴로 쓰는 차풀'을 말한다.

쉐뱃기, 딴 쉐는 안 줘. (차풀을 봄 되면 이 농사지어 먹는 밭에다가 씨를 뿌려서 갈아. 갈았다가 그거 이제 꼴 벨 때 베어다가 났다가 주는데 '자골촐'이라고 해서 밭 가는 소밖에, 딴 소는 안 줘.)

¶ 봄에도 무시거 그자 풀마농** 케당 먹고. 옛날에는, 요 옛날 풀마농 엇어진 후제도 그자 그럭저럭 무신거 마늘***도 데왕 먹곡 대산이. (봄에도 무엇 그저 달래 캐다가 먹고. 옛날에는, 요 옛날 달래 없어진 후에도 그저 그럭저럭 무엇 마늘도 데쳐서 먹고 대산(大蒜)이.)

[관련 어휘]

넘은봄·지난봄 지난봄.

봄갈치 봄철에 잡히는 갈치.

봄내낭 봄내.

봄벌초 봄에 하는 벌초.

봄벳 봄볕.

봄비 봄비.

봄부름 봄바람.

봄자리 봄에 잡히는 자리돔.

봄줌 봄잠.

봄철 봄철.

봄팟 봄밭. 농사를 짓기 위하여 애벌갈이해 놓은 밭.

봄풋 이른봄에 심는 팥.

이른봄 이른봄.

초봄 초봄.

푸돋잇마·풀돋잇마 봄장마.

** '풀마농'은 '풋마늘'의 뜻이나 여기서는 봄나물의 하나인 '달래'의 의미로 쓰였다.

*** 여기서 '마늘'은 마늘밑과 잎 사이의 줄기인 '마늘대' 또는 '산대(蒜薹)'를 뜻한다.

여름

099

[기본 의미]   한 해의 네 철 가운데 두 번째 철.

[대응 표준어]   여름

[방언 분화형]   여름·으름

[문헌 어휘]   녀름(《석보상절》9:34)

[어휘 설명]   '여름'은 '한 해의 네 철 가운데 두 번째 철'을 뜻한다. 방언형 '여름'은 문헌 어휘 '녀름'이 '녀름〉여름'의 변화 과정을 거친 어형이며, 또 다른 방언형 '으름'은 새롭게 생긴 어형이다.

[용례]

¶ 우린 먹을 게 한한헌 여름이 좋아. (우리는 먹을 게 하고한 여름이 좋아.)

¶ 여름 나젠 흐른 잘 먹어사. (여름 나려고 하면 잘 먹어야.)

¶ 겨울 검질이 진풀 하영 나주. 무신 여름에 フ트민 제완지여 무시거여 막 나주만은 겨울 검질은 진풀, 주로 진풀. (겨울 김이 별꽃 많이 나지. 무슨 여름에 같으면 바랭이다 무엇이다 막 나지만 겨울 김은 별꽃, 주로 별꽃.)

¶ 씬 여름더레 부떠 가믄 다 골아 불어. (씬 여름으로 붙어 가면 다 곯아 버려.)

¶ 두루막이엔 헤근에 여름에 입는 건 두루마기이고, 겨울에 입는 건 후리매*. (두루마기라고 해서 여름에 입는 건 '두루마기'이고, 겨울에 입은 건 '후리매'.)

¶ 여름엔 기자 넹국 헤연 먹엇주. 외도 헤영 넹국 허곡 메역넹국도 허곡.

---

* '후리매'는 달리 '후루매'라 하는데, '안팎 두 겹으로 되어 있는 겨울용 두루마기'를 말한다. 방언형 '후리매'는 만주어 어휘집인 《동문유해》(상: 55)의 '褡子쿠리매'에서 온 말이다.

(여름에는 그저 냉국 해서 먹었지. 외도 해서 냉국 하고 미역냉국도 하고.)

¶ <u>여름</u>에는 박하가 이파리 막 왕성허니까 그 물을 뭐 헴쩬 허면은 우선 그
거 멕이라, 박하물 헤영 멕이라 헤. (여름에는 박하가 이파리 아주 왕성하니까
그 물을 뭐 한다고 하면은 우선 그거 먹여라, 박하수 해서 먹여라 해.)

[관련 어휘]

넘은여름·지난여름 지난여름.

여름내낭·ᄋᆞ름내낭 여름내.

여름비·ᄋᆞ름비 여름비.

여름철 여름철.

여름타다·ᄋᆞ름타다 여름타다.

한여름·한ᄋᆞ름 한여름. 한창 더운 시기의 여름.

흔여름 한여름. 여름 한 철.

●●●● **더 생각해 보기**

동음어

여름[1] 여름[夏]. 한 해의 네 철 가운데 두 번째 철.

¶ 진진흔 <u>여름</u> 헤도 다 저물엇저. (기나긴 여름 해도 다 저물었다.)

여름[2] 열매[實]. 식물이 수정한 후 씨방이 자라서 생기는 것.

¶ 노픈 낭의 <u>여름은</u> 보진 좋아도 타진 굿나. (높은 나무의 열매는 보기는 좋
아도 따기 굿다.)

ᄀᆞ실

100

[기본 의미]   한 해의 네 철 가운데 세 번째 철.

[대응 표준어]   가을

[방언 분화형]   ᄀᆞ슬·ᄀᆞ실·ᄀᆞ을

[문헌 어휘]   ᄀᆞᅀᆞᆶ(《월인석보》서:16)

[종합 설명]   'ᄀᆞ실'은 '한 해의 네 철 가운데 세 번째 철'이라는 뜻을 지닌다. 방언형 'ᄀᆞ슬·ᄀᆞ실'은 문헌 어휘 'ᄀᆞᅀᆞᆶ'의 'ᅀ'이 'ᄉ'으로 변하고, 'ᅀᆞᆶ'의 '아래 아'가 각각 'ㅡ'나 'ㅣ'로 변화한 어형이다. 또 다른 방언형 'ᄀᆞ을'은 문헌 어휘 'ᄀᆞᅀᆞᆶ'이 'ᄀᆞᅀᆞᆶ〉ᄀᆞ을〉ᄀᆞ을'로의 변화 과정을 거친 형태다.

한편 '보리 따위의 농작물을 거두어들이는 일'을 뜻하는 '가을'의 방언형 'ᄀᆞ슬·ᄀᆞ실·ᄀᆞ을'과는 동음 관계를 이룬다.

[용례]

¶ ᄀᆞ실 들민 하늬ᄇᆞ름 올리민 촐 비엉 낫당 멕이곡. (가을 들면 하늬바람 올리면 꼴 베어 놨다가 먹이고.)

¶ 쉔 봄이나 ᄀᆞ실이나 그 저 수확 때 허곡. 촐 ᄀᆞ뜬 거 운반헐 때는 뭐든 짐 운반헐 때는 ᄆᆞᆯ. 그 거름도 운반헤야 되고. 저 ᄆᆞᆯ도 헐 일이 만허여. (소는 봄이나 가을이나 그 저 수확 때 하고. 꼴 같은 거 운반할 때는 뭐든 짐 운반할 때는 말. 그 거름도 운반해야 되고. 저 말도 할 일이 많아.)

¶ ᄀᆞ슬로 들어사믄 사농헐 준비헙주게. (가을로 들어서면 사냥할 준비합지요.)

¶ 게난 촐이렌 헌 게, ᄀᆞ슬 촐이 잇곡 여름에 빈 건초가 잇곡. (그러니까 꼴이라고 하는 게, 가을 꼴이 있고 여름에 벤 건초가 있고.)

¶ 옛날 반치 먹젠 허민 ᄀᆞ슬 들어가민 그거 세어 붑니다게. (옛날 파초 먹으려고 하면 가을 들어가면 그거 쇠어 버립니다.)

¶ ᄀᆞ을 농사는 상강일 넘으민 옵지 안헌덴 경 헤여. (가을 농사는 상강 넘으면 여물지 않는다고 그렇게 해.)

¶ 곡식을 이제 ᄀᆞ을에도 늦게 헤 들이고 경 헤여. (곡식을 이제 가을에도 늦게 해 들이고 그렇게 해.)

[관용 표현]

ᄀᆞ슬 놈삐 거죽 두터우민 저슬에 춥나 표준어로 바꾸면 '가을 무 껍질 두꺼우면 겨울에 춥다.'인데, 무를 가지고 겨울 날씨를 예측할 때 쓰는 말.

[관련 어휘]

ᄀᆞ슬날·ᄀᆞ을날 가을날.

ᄀᆞ슬마·ᄀᆞ슬장마·ᄀᆞ실장마·ᄀᆞ을장마·올레마 가을장마.

ᄀᆞ슬밤·ᄀᆞ을밤 가을밤.

ᄀᆞ슬벳·ᄀᆞ을벳 가을볕.

ᄀᆞ슬비·ᄀᆞ을비 가을비.

ᄀᆞ슬자리·ᄀᆞ실자리 가을철에 잡히는 자리돔.

ᄀᆞ슬청·ᄀᆞ실청·ᄀᆞ을청 가을꿀. 가을철에 피는 꽃에서 받는 꿀.

ᄀᆞ슬커·ᄀᆞ슬컷·ᄀᆞ을컷 가을에 거두어들이는 곡식 따위.

ᄀᆞ슬팟·ᄀᆞ실왓·ᄀᆞ실팟 가을밭.

ᄀᆞ슬ᄑᆞ름·ᄀᆞ을ᄇᆞ름 가을바람.

ᄀᆞ실갈치·ᄀᆞ을갈치 가을철에 잡히는 갈치.

넘은ᄀᆞ슬·넘은ᄀᆞ실·지난ᄀᆞ슬·지난ᄀᆞ실 지난가을.

보리ᄀᆞ슬·보리ᄀᆞ을 ①익은 보리를 거두어들이는 일. ②익은 보리를 거두어들이는 철.

초ᄀᆞ슬·초ᄀᆞ을 초가을.

겨을

101

[기본 의미] 한 해의 네 철 가운데 네 번째 철.

[대응 표준어] 겨울

[방언 분화형] 겨을·저슬·저실·저을

[문헌 어휘] 겨슬(《월인석보》서:16)

[종합 설명] '겨을'은 '한 해의 네 철 가운데 네 번째 철'이라는 뜻을 지닌다. 방언형 '겨을'은 문헌 어휘 '겨슬'의 'ㅿ'과 'ㅎ'이 탈락한 결과이며, 다른 방언형 '저슬·저실·저을'은 'ㄱ'이 'ㅈ'으로 구개음화한 어형이다.

[용례]

¶ 겨을 들엉근엥에 허민 그 꿩덜이 크지. 그거 헤당 먹으민 보신으로 허영 겨을 그대로 넘어가. (겨울 들어서 하면 그 꿩들이 크지. 그거 해다가 먹으면 보신으로 해서 겨울 그대로 지나가.)

¶ 옷 허민게 셍멩진 대소간 겨을엔 못 입지게. (옷 하면 생명주는 대소간 겨울엔 못 입지.)

¶ 겨을에 굴묵 진어야 그 방이 흐끔 뜻일 거 아니? (겨울에 '굴묵' 때야 그 방이 조금 따스울 거 아니?)

¶ 보리 갈 때 겨을이난게 새벡이 강 그 걸름 헤쓰젠 허민은 손 실름은 헐 거주게. (보리 갈 때 겨울이니까 새벽에 가서 그 거름 헤치려고 하면 손 시리기는 할 거지.)

¶ 팔월 나민 또 촐 비어. 물리와근에 헤 뒤서 저을에 쉐 먹일 거난. (팔월 되면 또 꼴 베어. 말려서 해 뒤서 겨울에 소 먹일 거니까.)

¶ 콩ᄂᆞ물 저을엔 얼엉 잘 아이 크민이 이디 방에도 앚다당, 오가리* 들러다

근에 이디 놔근엥에 곤 천으로 더꺼 가지고 영 이불 두꺼운 걸로 더펑 키
우곡. 경 헹 제수헷주. (콩나물 겨울에는 추워서 잘 아니 크면 여기 방에도 갖다
다가, '오가리' 들어다가 여기 놔서 고운 천으로 덮어 가지고 이렇게 이불 두꺼운 걸
로 덮어서 키우고. 그렇게 해서 제사했지.)

¶ 쉔 <u>저을은</u> 집의서 메고 봄 이제 청멩 넘어가민 드르에 강 놓곡 경 허멍
질람쭈게. (소는 겨울은 집에서 매고 봄 이제 청명 넘어가면 들에 가서 놓고 그렇
게 하면서 기르고 있지.)

¶ 쏠도 <u>저을</u> 먹을 거 항에 막 하영 헤다 놔지민 무음 놓곡. (쌀도 겨울 먹을 거
항아리에 아주 많이 해다 놓으면 마음 놓고.)

[관용 표현]
저슬 똣은 헤 보리 굼벵이 쯔른다 표준어로 바꾸면 '겨울 따스운 해 보리 굼벵이
자른다.'인데, '겨울이 따뜻하면 보리 농사에는 나쁘다.'는 것을 비유적
으로 이르는 말.

[관련 어휘]
겨을내낭·저슬내낭·저을내낭 겨우내.
넘은겨을·넘은저슬·넘은저실·넘은저을·지난겨을·지난저슬·지난저실·지난저을 지난
겨울.
저슬날·저을날 겨울날.
저슬마·저실마 겨울철에 여러 날 계속해서 내리는 비.
저슬ᄇᆞ름·저실ᄇᆞ름·저을ᄇᆞ름 겨울바람.
저슬탈 겨울딸기.
저슬틀다·저을틀다 겨울철이 되다.
저슬나다·저실나다 겨울나다.

* '오가리'는 단지보다 조금 큰 질그릇의 한 종류를 말한다.

날

[기본 의미] 지구가 한 번 자전하는 동안. 자정에서 다음 자정까지의 동안으로 24시간.

[대응 표준어] 날

[방언 분화형] 날

[문헌 어휘] 날(《용비어천가》12장)

[종합 설명] '날'은 '지구가 한 번 자전하는 동안. 자정에서 다음 자정까지의 동안으로 24시간'을 기본 의미로 하여, '하루 중 환한 동안, 날씨, 날짜, 어떠한 시절이나 때, 하루의 밤낮 동안을 세는 단위' 등의 뜻을 지닌다. 방언형 '날'은 문헌 어휘 '날'이 그대로 쓰인 경우다.

[용례]

¶ 목장 돌아봐 아정 오젠 허민 날이 저물아 불어. (목장 돌아봐 가지고 오려고 하면 날이 저물어 버려.)

¶ 무신 날에 난 이 고생인지 몰라. (무슨 날에 나서 이 고생인지 몰라.)

¶ 횃불 영 쌍 시믄 밤읜 ᄀ메기가 경 잘 나주게. 벳 막 뜨겁게 나난 날 ᄌ녁은 가민 완전히 거멍케 나. (횃불 이렇게 켜서 있으면 밤엔 개울타리고둥이 그렇게 잘 나지. 볕 아주 뜨겁게 났던 날 저녁은 가면 완전히 거멓게 나.)

¶ 메주 안 숢는 날은 뱀날도 안 숢고, 소날도 안 숢아. 소가 늬치름을 허주게. (메주 안 삶는 날은 뱀날도 안 삶고, 소날도 안 삶아. 소가 느침을 하지.)

¶ 군대 간 새스방이 도세기 잡는 날 오후에야 와 부난 막 새스방이 올 거냐 말 거냐 막 난리 나낫주게. (군대 간 새신랑이 돼지 잡는 날 오후에야 와 버리니

아주 새신랑이 올 거냐 말 거냐 아주 난리 났었지.)

[관용 표현]

날 궂다 '날짜가 좋지 않다.'는 것을 빗대어 이르는 말.

날 발루다 표준어로 바꾸면 '날 앞두다.'인데, '정해진 날짜가 가까워지고 있다.'는 의미로 쓰이는 말.

날이 늙다 '날씨의 상태로 봐 얼마 없어서 비가 올 듯하다.'는 의미로 쓰이는 말.

[관련 어휘]

구믐날 그믐날.

궂인날 궂은날.

그날저날 그날그날.

ㄱ슬날·ㄱ을날 가을날.

날받다 날받다.

넘은날·지난날 지난날.

단옷날 단옷날.

동짓날 동짓날.

둣날·뒷날 뒷날.

둣녁날·뒷녁날 다음날.

만날·메날·멘날 만날.

메일 매일.

묵은날 새로 동터 오는 날을 맞이하여 지나가는 날을 일컫는 말.

백종날·백중날 백중날.

보롬날·보름날 보름날.

사을날·사흘날 사흘날.

셍신날·셍진날 생신날.

셍일날 생일날.

식겟날·제솟날·지솟날 제삿날.

신영오는날 직날. 말라리아의 증세가 발작하는 날.

아시날 전날.

여드렛날·으드렛날 여드렛날.

영장날 장삿날.

우친날 ①궂은날. ②진날. 땅이 질척거릴 정도로 비나 눈이 오는 날.

웃날 웃날. 흐린 날씨.

웃날개다·웃날들르다 웃날들다. 비나 눈 따위가 온 뒤에 날이 개기 시작하다.

이틀날 이튿날.

일뤳날 이렛날.

잔칫날 잔칫날.

저슬날·저을날 겨울날.

정월멩질날 설날.

좋은날 ①마른날. 비나 눈이 내리지 않아 갠 날. ②좋은날. 날씨가 고른 날.
  ③큰일을 치르기에 알맞은 날이라고 믿어 선택한 날.

첫날·쳇날 첫날.

초흐롯날·초흐를날·초흐릇날 초하룻날.

흔날 한날.

흔날흔시 한날한시.

일진(日辰)

제주어	표준어	제주어	표준어
중이날, 쥉이날, 즈일	쥐날, 자일(子日)	ㅁ날·몰날	말날, 오일(午日)
쉐날, 축일	소날, 축일(丑日)	염쉐날	양날, 미일(未日)
범날·호렝이날·인일	범날, 인일(寅日)	납날, 납일, 원셍이날	원숭이날, 신일(申日)
톳날, 묘일	토끼날, 묘일(卯日)	둑날, 유일	닭날, 유일(酉日)
용날, 진일	용날, 진일(辰日)	개날, 술일	개날, 술일(戌日)
베염날, 벰날, 스일	뱀날, 사일(巳日)	돗날, 해일	돼지날, 해일(亥日)

날 이름

제주어	표준어
그끄직아시날, 그직아시날또아시날	–
그끄지게, 그직아시날	그끄저께
그지게	그저께
어제, 어저끼, 아시날	어저께, 어제
오널, 오늘, 오눌	오늘
넬, 네일, 닐	내일
모리	모레
글피	글피
글피뒷날, 저녁날·제녁날, 즈냑날	그글피

낮

[기본 의미]   해가 뜰 때부터 질 때까지의 동안.

[대응 표준어]   낮

[방언 분화형]   낫·낮

[문헌 어휘]   낮(《용비어천가》101장)

[종합 설명]   '낮'은 '해가 뜰 때부터 질 때까지의 동안'이라는 뜻을 기본 의미로 하여, '아침이 지나고 저녁이 되기 전까지의 동안, 한낮' 등의 뜻을 지닌다. 방언형 '낮'은 문헌 어휘 '낮'이 그대로 쓰인 경우고, 방언형 '낫'은 합성어나 일부 모음으로 시작하는 조사 앞에 나타난다.

[용례]

¶ 아침 이슬짐에 안 무끄믄 촐이 괄앙 낮 되어 가민 고사리허고 서꺼지니까 이거 께 내는 기술이 힘들어. (아침 이슬기에 안 묶으면 꼴이 괄아서 낮 되어 가면 고사리하고 섞어지니까 이거 매끼 내는 기술이 힘들어.)

¶ 갈옷은 아척의 물 적정근에 널고, 낮의 물 적정 널곡, 여러 번 헤 가민 색깔이 빨강헤여. (갈옷은 아침에 물 적셔서 널고, 낮에 물 적셔서 널고, 여러 번 해 가면 색깔이 빨개.)

¶ 꿩마농 주지* 딱 헤근에 놔두민 하나토 안 썩어. 겨울내낭 그거 파멍 낮

---

* '주지'는 '달래처럼 기다란 것 여러 가닥을 흩어지지 아니하게 하기 위하여 고리처럼 만든 매듭'을 말한다

<u>의는</u> 감저 치멍 먹고. (달래 '주지' 딱 해서 놔두면 하나도 안 썩어. 겨우내 그거 파면서 낮에는 고구마 찌며 먹고.)

¶ 오는 일이메 보라. <u>낮더레</u> 가 가믄 오라 갈 거여. (오는 일이매 보아라. 낮으로 가 가면 와 갈 거야.)

¶ 촐 실러오민 집의 왕근엥게 마당에 퍼 놓민 밤읜 거 눌곡, <u>낮읜</u> 강 실러 오곡. (꼴 실어오면 집에 와서는 마당에 퍼 놓으면 밤에는 거 가리고, 낮에는 가서 실어오고.)

[관용 표현]
낮의나 밤의나 '언제나, 늘'을 달리 이르는 말.

[관련 어휘]
낮도체비 **낮도깨비.**
낮일 **낮일.**
낮전 **낮전. 한낮이 지나기 전.**
낮줌 **낮잠.**
낮후·낮후제 **낮후. 한낮이 지난 후.**
대낮·헤낮 **대낮.**
밤낮·밤낮 **밤낮.**
방낮·헤왕낮 **한낮.**
벡도방낮·벡주방낮 **백주. 환히 밝은 낮.**

때

[기본 의미]	시간의 어떤 순간이나 부분.
[대응 표준어]	때
[방언 분화형]	때
[문헌 어휘]	ᄣᅢ(《훈민정음》해례본:합자해)

[어휘 설명]　'때'는 '시간의 어떤 순간이나 부분'이라는 뜻을 기본 의미로 하여, '끼니 또는 식사 시간, 좋은 기회나 알맞은 시기, 일정한 일이나 현상이 일어나는 시간, 일정한 시기 동안, 계절, 끼니를 세는 단위' 등의 뜻을 지닌다. 방언형 '때'는 문헌 어휘 'ᄣᅢ'가 'ᄣᅢ〉때'의 변화 과정을 거친 어형이다.

[용례]

¶ 발발 기어 뎅길 때가 좋은 때여. (발발 기어 다닐 때가 좋은 때야.)

¶ 백중이나 물 하영 들 때를 기다려 가지고 그 위에 놔뒀다가 밀어내어. (백중이나 물 많이 밀 때를 기다려 가지고 그 위에 놔두었다가 밀어내어.)

¶ 그 콩개역*은 그자 이 무시거 헐 때 양념 먹젠 허주. 그걸로 때 먹게는 안 헤봣수다. (그 '콩개역'은 그저 이 무엇 할 때 양념 먹으려고 하지. 그걸로 때 먹게는 안 해봤습니다.)

---

*　'콩개역'은 '콩을 볶아 갈거나 빻아 만든 가루 음식'을 말한다.
**　'오메기'는 '차좁쌀가루에 더운물을 넣어 되게 반죽한 후 가운데 구멍을 뚫어 고리 모양으로 만든 후 삶아낸 떡'을 말한다. 사람에 따라서는 구멍 대신에 가운데를 눌러서 만들기도 한다. 달리 '오메기떡'이라 하는데, '오메기술'의 재료로 사용한다.

¶ 오메기** ᄒ꼼 식어 가민은 그걸 막 뀌어. 더운 때는 영 영 밥자로 눌리멍 허당. ('오메기' 조금 식어 가면 그걸 막 이겨. 더운 때는 이렇게 이렇게 밥주걱으로 누르면서 하다가.)

¶ 그때는 미역 깝이 잘 나갈 때난 상군***덜은 ᄒ혜 미역 ᄌ물민**** 밧 ᄒ나 썩 삿뎬. 천 평짜리 ᄒ나썩. (그때는 미역 값이 잘 나갈 때니까 '상군'들은 한해 미역 'ᄌ물면' 밭 하나씩 샀다고. 천 평짜리 하나씩.)

¶ 기신새, 새 지붕에 그 새 말고 그 집 일 때 영 영 저 ᄒ꼼 노픈 거 영 ᄂ리운 거 그거 가져근에 막 무껑 홰 헤영 영 영 비추멍 그 ᄀ메기 잡아나서. (썩은새, 띠 지붕에 그 띠 말고 그 집 일 때 이렇게 이렇게 저 조금 높은 거 이렇게 내린 거 그거 가져서 막 묶어서 홰 해서 이렇게 이렇게 비추며 그 개울타리고둥 잡았어.)

ᄀ메기

*** '상군'은 '물질 기량이 뛰어난 잠녀'를 이르는 말이다. 달리 '상줌녜·상줌수·왕줌녜·큰줌녜'라 한다.
**** 'ᄌ물다'는 '바닷속에 들어가 전복·소라·미역 따위의 해산물을 따내다.' 하는 뜻을 지닌 어휘다.

377

때 에우다 표준어로 바꾸면 '때 에끼다.'인데, '끼니를 해결하다.'를 이르는 말.

[관련 어휘]

그메 그만때. 그맘때.

때먹을때 끼니때.

물때 물때.

아모때·아모제·아무때·아무제 아무때.

아적때·아척때·아칙때·아침때 아침때.

이만때 이맘때.

저낙때·저낙때·저녁때·즈낙때·즈녁때 저녁때.

한창때·흔창때 한창때.

흔때 한때.

밤

[기본 의미] 해가 져서 어두워진 때부터 다음 날 해가 떠서 밝아지기 전까
지의 동안.

[대응 표준어] 밤

[방언 분화형] 밤

[문헌 어휘] 밤(《용비어천가》101장)

[어휘 설명] '밤'은 '해가 져서 어두워진 때부터 다음 날 해가 떠서 밝아지기
전까지의 동안'을 뜻한다. 방언형 '밤'은 문헌 어휘 '밤'이 그대로 쓰인 경
우다.

[용례]

¶ 늙어 가민 밤이 막 질어 베여. (늙어 가면 밤이 아주 길어 보여.)

¶ 느네 어멍은 일ᄒ젠 ᄒ난 밤을 몰랐젠 ᄒ다. (너의 어머니는 일하려고 하니
밤을 몰랐다고 한다.)

¶ 아이고, 삣데기 허영 비 왐직허민 어떵헐 거라? 갑자기 비 왐직허민 밤
의도 들이주. (아이고, 절간고구마 해서 비 옴직하면 어찌할 거야? 갑자기 비 옴직
하면 밤에도 들이지.)

¶ 졸업은 못 허고 허니까 동네 선생님 빌어근엥에 밤에 야학을 헷주. (졸업
은 못하고 하니까 동네 선생님 빌려서 밤에 야학을 했지.)

¶ 내가 흔 팔십 년 살고 보니까 스물네 시간에 반은 밤이고 반은 낮 아닙니
까? 경허난 음양이렌 잇어양. (내가 한 팔십 년 살고 보니까 스물네 시간에 반
은 밤이고 반은 낮 아닙니까? 그러니까 음양이라고 있어요.)

¶ 횃바리* 그거 헤근에 헤영 그 ㄱ메기, <u>밤의</u> 강 ㄱ메기 하영 잡아나서. ('횃
    바리' 그거 해서 해서 그 개울타고둥, 밤에 가서 개울타리고둥 많이 잡았었어.)

[관용 표현]

밤 자다 '시간적 여유가 없다.'를 비유적으로 이르는 말.

밤일이 분다 '밤일이 분다.'의 뜻으로, '밤일이 능률이 높다.'는 의미로 쓰이
    는 말.

[관련 어휘]

ㄱ슬밤·ㄱ을밤 가을밤.

구뭄밤 그믐밤.

넘은밤·지난밤 지난밤.

둘밤 달밤.

밤고넹이 밤중에 나다니기를 좋아하는 사람을 비유적으로 이르는 말.

밤낫·밤낮 밤낮.

밤눈 밤눈. 밤에 무엇을 볼 수 있는 시력.

밤들다 밤들다.

밤ㅁ실·밤ㅁ을 밤마을.

밤새다 밤새다.

밤새우다·밥샙다 밤새우다.

밤세 밤새.

밤세낭·밤의세낭 밤새껏.

밤ㅅ시·밤ㅅ이 밤사이.

---

* '횃바리'는 '캄캄한 밤에 횃불을 이용하여 고둥·소라·문어 따위의 해산물을 잡는 일'을 말한다. 달리 '횃바
    르'라 한다.

밤역시 아이가 밤에 잠을 자지 못하면서 보채는 일.

밤일 밤일.

밤중 밤중.

밤질 밤길.

밤좀 밤잠.

어스름돌밤 으스름달밤.

어젯밤 어젯밤.

진진밤 긴긴밤.

ᄒ룰밤·ᄒ릇밤 하룻밤.

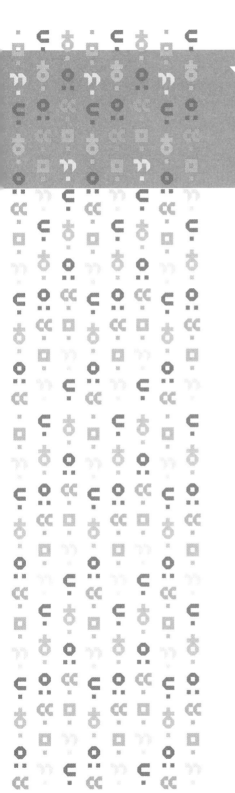

명사

동식물

꼿

106

[기본 의미]　종자식물의 번식 기관.

[대응 표준어]　꽃

[방언 분화형]　고장·곳·꼿

[문헌 어휘]　곳(《훈민정음》해례본:종성해), 곳(《석보상절》11:2), 꼿(《은중경언해》9)

[어휘 설명]　'꼿'은 '종자식물의 번식 기관'이라는 뜻을 기본 의미로 하여, '꽃이 피는 식물을 통틀어 이르는 말, 아름답고 화려하게 번영하는 일을 비유적으로 이르는 말, 홍역 따위를 앓을 때 살갗에 좁쌀처럼 발갛게 돋아나는 것, 곰팡이' 등의 뜻을 지닌다. 방언형 '꼿'과 '곳'은 문헌 어휘 '꼿'과 '곳'이 그대로 쓰인 경우고, 또 다른 방언형 '고장'은 '곳[花]＋-앙' 구성으로 이루어진 어형이다. 한자어 '화(花)'로도 나타난다.

[용례]

¶ 골보리* 간 트멍에 멘네씰 헤다근에 싱거근에 허민 <u>꼿이</u> 허영케 필 거 아니라게. ('골보리' 간 틈에 목화씰 해다가 심어서 하면 꼿이 허옇게 필 거 아니라.)

---

*　'골보리'는 '줄뿌림으로 고랑에만 가는 보리'를 말한다.

**　'동지짐끼'는 '배추에서 돋아난 아주 연한 장다리로 담근 김치'를 말한다. 달리 '동지짐치, 동짐치'라 한다. '동지짐끼'는 봄에 담그는데, 주로 멸치젓과 풋내를 없애고 발효를 돕기 위하여 보릿가루로 풀을 쑤어 넣거나 보리밥을 넣기도 한다.

¶ 동지짐끼** 거 꼿 필락말락헐 때에 그걸 똑똑똑 꺼꺼 가지고 소금국에 허영 딱 등강 누르떵 낫다가 먹어서. ('동지김치' 거 꽃 필듯말듯할 때에 그걸 똑똑똑 꺾어 가지고 소금물에 해서 딱 담가서 눌러서 놨다가 먹었어.)

¶ 모멀이 꼿 헤양케 피엇다가 것이 모멀 다 울아근에 익으민 거멍허여. (메밀이 꽃 허옇게 피었다가 것이 메밀 다 열어서 익으면 거메.)

¶ 요만이헌 단지, 무신 꼿인지 어떤 것인지 몰라도 푸린 걸로 기려진 그런 것에 그 엿을 담앙 궤 우의 놓는 거라. (요만큼한 단지, 무슨 꽃인지 어떤 것인지 몰라도 푸른 걸로 그려진 그런 것에 그 엿을 담아서 궤 위에 놓는 거야.)

¶ 지금은 꼿으로 허는디, 엿날은 그거 허여. 천으로 만서, 만서엔 허여. (지금은 꽃으로 하는데, 옛날은 그거 해. 천으로 만사, 만사라고 해.)

¶ 누룩이 잘 되영은에 꼿이 피어양. (누룩이 잘 되어서 꽃이 피어요.)

¶ 드레기 고장 핀다. 오래 헤 가민 벨라정 멘네 볼라. (다래 꽃 핀다. 오래 해 가면 벌어져서 목화 발라.)

¶ 떡 칠 때 고장 튼아당 우터레 살살 더꺼. (떡 찔 때 꽃 뜯어다가 위로 살살 덮어.)

¶ 수박은 도막도막 무디로 나는 거난. 호박도 무디로 을메. 호박도 우영에 낭 놔두믄 무디로 고장 피엉 을매. 수박이나 호박이나 똑ㄱ뜬 모냥으로. (수박은 도막도막 마디로 나는 거니까. 호박도 마디로 열어. 호박도 터앝에 나서 놔두면 마디로 꽃 피어서 열어. 수박이나 호박이나 똑같은 모양으로.)

¶ 드레기 메는 것도 저 알로 흔 멧 개. 그자 우막아사 허주. 고장 피젠 낭이 이만이 헷젠 강 우막으민 젓순만 남앙 셍전 드레 안 ㅇ는 거란게. (다래 맺는 것도 저 아래로 한 몇 개. 그저 순질러야 하지. 꽃 피려고 나무가 이만큼 했다고 가서 순지르면 곁순만 남아서 생전 다래 안 여는 거던데.)

[관련 어휘]

감고장·감낭고장·감낭꼿 감꽃.

개꼿남·개꼿낭·좀녜고장 갯메꽃.

고장낭·꼿남·꼿낭 꽃나무.

고장밧·꼿밧 꽃밭.

곳불·꼿불 꽃불. 이글이글 타오르는 불.

꼿곡지 꽃꼭지. 꽃이 달리는 짧은 가지.

꼿몽우리·꼿봉·꼿봉오리·꼿봉오지 꽃봉오리.

꼿입 꽃잎.

꼭고장·칙고장 칡꽃.

ᄂᆞ물고장 배추꽃.

놈삐고장 무꽃

도체비꼿 나리꽃. 수국.

돔박고장·돔박꼿 동백꽃.

모멀고장·모멀꼿·모믈고장·모믈꼿·모몰고장·모몰꼿 메밀꽃.

몰싸움고장·쏠궤꼿·쏠궤풀·아진베기고장 오랑캐꽃. 제비꽃.

베체기고장·베체기꼿 질경이꽃.

벡갑이꼿·벡갑초꼿·벡합꼿·벡합초꼿·벡합최꼿 백합꽃.

선달꼿·선달레꼿·신달레꼿·진달레꼿 진달래꽃.

세비꼿 찔레꽃.

어욱고장·어욱꼿 억새꽃.

연동고장·윤동고장·은동고장·인동고장·인동꼿 금은화. 인동꽃.

지름고장 유채꽃.

하레비고장·하르비고장·할미꼿 할미꽃.

헛고장·헛꼿 헛꽃. 열매를 맺지 못하는 꽃.

호박고장 호박꽃.

홍화 잇꽃.

공ᄌᆞ

107

[기본 의미] 눈알이나 새 따위의 알에서 빛깔에 따라 구분된 부분.

[대응 표준어] 자위

[방언 분화형] 공ᄌᆞ·동ᄌᆞ

[문헌 어휘] ᄌᆞᅀᆞ(《월인석보》23:94)

[어휘 설명] '공ᄌᆞ'는 '눈알이나 새 따위의 알에서 빛깔에 따라 구분된 부분'으로, 눈알의 검은자위와 흰자위, 달걀의 노른자위와 흰자위 따위를 이른다. 방언형 '공ᄌᆞ'는 한자어 '공ᄌᆞ(孔子)'에서 온 어형이다. 다른 방언형 '동ᄌᆞ'는 한자어 '동자(瞳子)'에서 온 형태로, '눈동자'를 뜻하는 한자어 '동공(瞳孔)'에서 이를 확인할 수 있다.

한편 '눈자위'의 방언형은 '눈ᄌᆞ술'인데, 이때 'ᄌᆞ술'은 문헌 어휘 'ᄌᆞᅀᆞ'와 관련이 깊다.

[용례]

¶ 파훌 사름은 눈공ᄌᆞ가 틀려. (파할 사람은 눈동자가 달라.)

¶ 눈공ᄌᆞ에 팔 셍견에 고셍 헤나서. (자위에 삼 생겨서 고생했었어.)

[관련 어휘]

검은공ᄌᆞ·검은동ᄌᆞ·검은알 검은자위.

노린알·붉은알 노른자위.

눈공ᄌᆞ·눈동ᄌᆞ 눈동자. 자위.

흰공ᄌᆞ·흰동ᄌᆞ·흰알 흰자위.

눈ᄌ솔 눈자위.

●●●● **더 생각해 보기**

동음어

동ᄌ[1] 자위. 눈알이나 새 따위의 알에서 빛깔에 따라 구분된 부분.
¶ 그 사름 잘 보믄 <u>동ᄌ에</u> 점이 잇어. (그 사람 잘 보면 자위에 점이 있어.)

동ᄌ[2] 동자. 따로 지어서 식구 중에서 혼자만 먹는 맛 좋은 밥.
¶ <u>동ᄌ</u> 먹은 귀헌 아덜이우다. (동자 먹은 귀한 아들입니다.)

동ᄌ[3] ① 대공. 마룻보 위에 세워서 용마루를 받치는, 하나의 짧은 기둥.
¶ 상ᄆ를더레 <u>동ᄌ</u> 또 세와 줘. (용마루에 대공 또 세워줘.)

② 동자기둥. 대들보 위에 세워서 마룻보를 받치는, 두 개의 짧은 기둥.
¶ <u>동ᄌ</u> 요만이 바툴 때 요걸 헤사 이 우트레 올려놓는 거. (동자기둥 요만큼
  받칠 때 요걸 해야 이 위로 올려놓는 거.)

388

낭

[기본 의미]   줄기나 가지가 조금 단단한 목질로 된 여러해살이 식물.

[대응 표준어]   나무

[방언 분화형]   나모·나무·남·낭

[문헌 어휘]   낡(《용비어천가》2장), 나모(《용비어천가》89장), 남(松日鮐子南《계림
유사》)

[어휘 설명]   '낭'은 '줄기나 가지가 조금 단단한 목질로 된 여러해살이 식물'
이라는 뜻을 기본 의미로 하여, '집을 짓거나 가구·그릇 따위를 만들 때 재
료로 사용하는 재목, 땔나무' 등의 뜻을 지닌다. 방언형 '낭'은 '남'이 '남)낭'
의 변화 과정을 거친 어형이며, 다른 방언형 '나모'와 '남'은 문헌 어휘 '나모,
남'이 그대로 쓰인 경우다.

[용례]

¶ 낭을 깨엉, 옛날은 일일이 싸질 못허니까 그거 깨엉 자귀로 몬 까깡 그
널판은 만들어 놓니까 마룬 두텁고. (나무를 깨어서, 옛날은 일일이 켜질 못하
니까 그거 깨어서 자귀로 몽땅 깎아서 그 널판을 만들어 놓으니까 마루는 두껍고.)

¶ 낭에 퀭이 셍기득기 손에도 퀭이 셍겨. (나무에 옹이 생기듯이 손에도 못이
생겨.)

¶ 뭐 손가락 두께 허민 아주 좋은 낭이주만은 그걸 그 사옥이로 허민 좀도
잘 안 먹을걸. (뭐 손가락 두께 하면 아주 좋은 나무이지만 그걸 그 사옥으로 하면
좀도 잘 안 먹을걸.)

¶ 츠낭숯이 젤 최고. 츠낭 그 숯 구는 낭이라. 경혜사 그 숯이 불이 오래 가.

(참숯이 젤 최고. 상수리나무 그 숯 굽는 나무야. 그렇게 해야 그 숯이 불이 오래 가.)

¶ 남신은 남으로 멘든 거. 곧 헌 때 무겁주마는 남이 몰르민 안 무거와. (나막신은 나무로 만든 거. 곧 할 때 부섭시마는 니무가 마르면 안 무거워.)

¶ 멍에 쒠 남으로 허믄 쉐가 못 견디주게. 게난 젤 무른 남으로 헷어. (멍에 센 나무로 하면 소가 못 견디지. 그러니 젤 무른 나무로 했어.)

¶ 굴무기사 나무가 뜨나주. (느티나무야 나무가 다르지.)

¶ 남태도 이만은 둥그렁헌 나무를 이 정도 길쭉헌 거이, 그것에 그 군데군데 고망을 뜰라 가지고 거기다 발을 박는 거라. (남태도 이만큼 둥그런 나무를 이 정도 길쭉한 거, 그것에 그 군데군데 구멍을 뚫어 가지고 거기에다 발을 박는 거야.)

¶ 나무로 된 건 대충허는 거. 대충헤 놓은 다음에 쒸손으로 마무리허는 거. (나무로 된 건 대충하는 거. 대충해 놓은 다음에 쇠손으로 마무리하는 거.)

[관련 어휘]

걸낭·낭공젱이 말코지. 물건을 걸기 위하여 벽에 달아두는 나무 갈고리.

고장낭·꼿남·꼿낭 꽃나무.

곳낭 산나무. 산에서 자란 나무.

나무떼기·낭떼기 나무때기.

굴무기·굴묵낭·느끼낭 느티나무.

남박·남박세기 나무바가지.

남밧·낭밧 나무밭.

남베·낭베 나무배.

남세역·낭알기 나무쒜기.

남ᄒ다·낭ᄒ다 나무하다.

낭가젱이·낭가지 나뭇가지.

낭갈레죽 나무로 만든 가래.

낭거죽·낭걱죽·낭겁죽·낭꺼풀 나무껍질.

낭고지 나무숲.

낭그늘 나무그늘.

낭께기 나뭇개비.

낭덩체기·낭덩치·낭둥체기·낭둥치·낭둥케기 나뭇등걸.

낭마께·낭망치 나무망치.

낭막뎅이 나무막대기.

낭못 나무못.

낭베설·낭베솔 나뭇고갱이. 나무줄기의 한가운데에 있는 연한 부분.

낭불희·낭뿔리 나무뿌리.

낭서부렝이·낭서부젱이·낭설피 섶나무.

낭섭·낭썹·낭입 나뭇잎.

낭쉐

낭쒜 나무소. 나무로 만든 소. 예전 입춘에 풍년을 비는 뜻으로 나무소를 만들어 춘경(春耕) 의식을 가졌다고 하다. 요즘은 입춘에 제주시 주최로 '낭쒜코ㅿ'를 지낸다.

낭장시 나무장수. 땔나무를 파는 것을 직업으로 하는 사람.

낭절 나뭇결.

낭제봄·낭젯가락·낭ㅈ봄 나무젓가락.

낭주적·낭주죽 나무지저귀. 나무를 깎을 때에 생기는 나무 부스러기.

낭짐 나뭇짐.

낭토막 나무토막.

놀낭 날나무.

놀소남·놀소낭 생소나무.

덧낭 덧나무. 장도리로 무엇을 빼거나 박을 때 나무의 겉에 자국이 나는 것을 막기 위하여 덧대거나 물건이 들리는 것을 막기 위하여 누르개로 쓰는 나무.

도막낭·토막낭 토막나무.

ㅁ른남·ㅁ른낭·몰른남·몰른낭 마른나무.

사옥이 ①사옥. ②벗나무.

섭나모·썹낭 잎나무.

셍낭 생나무.

정남·정낭·정살낭·정술낭·징낭 길에서 집으로 들어오는 길목 양편에 세운 정주목에 가로로 걸치는 나무 막대기.

짇을낭 땔나무.

창낭·치창낭 창나무. 배의 방향을 잡는 키의 자루.

통남·통낭 통나무.

동음어

낭¹ 나무. 줄기나 가지가 조금 단단한 목질로 된 여러해살이 식물.
¶ 지둥 헐 낭은 곧은 낭이라사 좋아. (기둥 할 나무는 곧은 나무라야 좋아.)

낭² 줄기. 고등 식물에 있어서 기본 기관의 하나.
¶ 맥주맥은 낭이 질게 납주게. (맥주보리는 줄기가 길게 나지요.)

낭³ 장. 말린 미역 낱낱을 세는 단위.
¶ 메역 열 낭이믄게 흔 뭇 경 굴아. (미역 열 장이면 한 뭇 그렇게 말해.)

버렝이

[기본 의미] 곤충을 비롯하여 기생충과 같은 하등 동물을 통틀어 이르는 말.

[대응 표준어] 벌레

[방언 분화형] 버렝이·베렝이

[문헌 어휘] 벌에(《석보상절》24:50), 벌어지(《두시언해》10:7)

[어휘 설명] '버렝이'는 '곤충을 비롯하여 기생충과 같은 하등 동물을 통틀어 이르는 말'이라는 뜻을 지닌다. 방언형 '버렝이'는 문헌 어휘 '벌에'에 접미사 '-엥이'가 연결되어 '벌에+-엥이>버렝이'로 변화한 어형이다. 다른 방언형 '베렝이'는 '버렝이'가 '버렝이>베렝이'의 변화 과정을 거친 어형이다.

한편 '버렝이'와 같은 의미로 '버러지', '벌거지'도 나타난다. 방언형 '버러지'는 문헌 어휘 '벌어지'가 '벌어지>버러지'의 변화 과정을 거친 어형이다.

[용례]

¶ 버렝이가 어느 정도 되민 구데기 되고. (벌레가 어느 정도 되면 구더기 되고.)

¶ 콩농사 헤근엥에 허민 약 제 흔에 못허곡 허민 버렝이 일어 불민 믄딱 착 콩 되어 병은에. (콩농사 해서 하면 약 제 한에 못하고 하면 벌레 일어 버리면 몽땅 콩짜개 되어 버려서.)

¶ 요샌 하간 버렝이로 용시가 안 되어. (요샌 온갖 벌레로 농사가 안 되어.)

¶ 옛날은 버렝이* 오망오망 일엉 경 허민 그 장 거리레 갓당 그 버렝이 다

---

* 이 용례에서 '버렝이'는 '가시'의 의미로 쓰였다. '가시'는 된장 따위의 음식물에 생기는 구더기를 말한다.

다듬아 뒀은에 먹어. 그거 먹을 때가 건강헷지. (옛날은 가시 오망오망 일어서 그렇게 하면 그 된장 뜨러 갔다가 그 가시 다 다듬어 두고서 먹어. 그거 먹을 때가 건강했지.)

¶ 죽은 베렝이에 쉬포리 늘려들 듯. (죽은 벌레에 쉬파리 날아들 듯.)

¶ 옛날엔 호박입에 베렝이 엇어나신디 이젠 호박입에도 다 베렝이 잇어. (옛날엔 호박잎에 벌레 없었었는데 이젠 호박잎에도 다 벌레 있어.)

¶ 누에가 원래 씨가 잇어. 베렝이 씨가 잇어. (누에가 원래 씨가 있어. 벌레 씨가 있어.)

[관용 표현]

버렝이 먹다 '충치가 생기다.'를 달리 이르는 말.

[관련 어휘]

꺽버렝이·꺽버리·꺽장버렝이 털이 북슬북슬하게 돋은 벌레.

도께버렝이 딱정벌레.

동글락버렝이·콩버렝이·콩베렝이 쥐며느리.

드롱게 마당에 수직으로 땅을 파서 사는 자그마한 벌레.

똥버렝이·차세돌린버렝이 구더기. 쉬파리의 애벌레. 차차 꼬리가 생기고 번데기가 되었다가 파리가 된다.

마눈제기·마망제기·마무제기·마문제기·마미제기·마문제기·망멩이 봄철에 새비나무 같은 데 여러 덩어리가 되어서 모여 있는 작은 누에만큼 한 털 있는 벌레.

몰똥버렝이 말똥구리.

버러지 버러지.

벌거지 벌거지.

부구리 진드기가 자라서 된 벌레.

샛꼴리·서미역 진드기의 어린 벌레.

소낭버렝이·소낭베렝이·솔충버렝이 송충이.

송동이 채소와 어린 이파리를 먹는, 동글나부죽한 아주 자그마한 벌레.

쉐똥버렝이 쇠똥구리.

장버렝이 가시. 된장 따위에 생긴, 꼬리가 없는 구더기.

풋버렝이·풋베렝이 팥망아지.

뽈리

[기본 의미] 식물의 밑동으로서 보통 땅속에 묻히거나 다른 물체에 박혀 수
분과 양분을 빨아올리고 줄기를 지탱하는 작용을 하는 기관.

[대응 표준어] 뿌리

[방언 분화형] 불희·불히·뿌렝이·뿌리·뽈리·뿔희

[문헌 어휘] 불휘(《용비어천가》2장)

[어휘 설명] '뽈리'는 '식물의 밑동으로서 보통 땅속에 묻히거나 다른 물체
에 박혀 수분과 양분을 빨아올리고 줄기를 지탱하는 작용을 하는 기관'이
라는 뜻을 기본 의미로 하여, '다른 물건에 깊숙이 박힌 물건의 밑동, 사물
이나 현상을 이루는 근본을 비유적으로 이르는 말' 등의 뜻을 지닌다. 방언
형 '불희, 불히, 뿌리, 뽈리, 뿔희' 등은 문헌 어휘 '불휘'가 된소리 또는 'ㅎ'
탈락 등의 과정을 거친 어형이다.

[용례]

¶ 낭허레 다녓주. 낭뽈리 짤라난 뽈리를 도치 가져와서 집의서 쪼개민 땔
  감이 막 오래 가. (나무하러 다녔지. 나무뿌리 잘랐던 뿌리를 도끼 가져와서 집에
  서 쪼개면 땔감이 아주 오래 가.)

¶ 재미로 뽈리 파 오렌 허민 뽈리 강 막 글겡이 아정 강 허곡. (재미로 뿌리
  파 오라고 하면 뿌리 가서 막 호미 가지고 가서 하고.)

¶ 박하 그거는 뽈리라도 헤 가지고 물을 헤 가지고. 박하 심어난 자리라도
  가서. 박하 뽈리는 겨울에도 파민 시난. (박하 그거는 뿌리라도 해 가지고 물을
  해 가지고. 박하 심었던 자리라도 가서. 박하 뿌리는 겨울에도 파면 있으니까.)

¶ 눈 오면 이제 땅이 곳으민 보리가 땅이 들러지주게. 게민 이 보리 <u>뿌리가</u> 땅허고 비어져. (눈 오면 이제 땅이 곱으면 보리가 땅이 들리지. 그러면 이 보리 뿌리가 땅하고 비어.)

¶ 대산이 처음 나올 때 비싸도 거 사당 요만이 헌 통으로 ᄒ나 혜영 기자 그 여름에 먹엉. <u>뿌리로도</u> 그거에 간장 안 낭 혜영허게 허젠 허민 그대로 소금물에만 혜사. (마늘대 처음 나올 때 비싸도 거 사다가 요만큼 한 통으로 하나 해서 그저 그 여름에 먹어서. 뿌리로도 그거에 간장 안 놔서 허옇게 하려고 하면 그 대로 소금물에만 해야.)

¶ 옛날은 콥대산이가 엇으니까 꿩마농을 <u>뿌리로</u> 파오는 거라이. (옛날은 마늘이 없으니까 달래를 뿌리로 파오는 거야.)

¶ ᄆᆯ은 베고프민 발로 파멍 <u>뿌리꼬장</u> 다 뽑아 먹어. (말은 배고프면 발로 파면서 뿌리까지 다 뽑아 먹어.)

[관련 어휘]

검질발 밭에 난 잡풀의 잔뿌리.

낭불희·낭뿔리 나무뿌리.

너던·너덩 다래나무의 뿌리.

대뿔리 대뿌리.

발번다 나무뿌리 같은 것이 옆쪽으로 향해 길게 자라 나가다.

발부뜨다·발부트다 뿌리내리다.

보릿발 보리의 잔뿌리.

불희들다 밑들다. 무·감자 따위의 뿌리가 굵게 자라다.

새뿔리 모근(茅根). 띠의 뿌리를 한방에서 이르는 말.

솔 순비기나무의 뿌리.

오나릿불희 시호. 오이풀.

준발 잔발. 뿌리에 덧붙은 잘고 가는 뿌리.

준불희·존뿔리 잔뿌리.

칙불희·칙뿔리 칡뿌리.

콩주름발·콩지름발·콩질름발 삼태불. 콩나물 따위의 뿌리에 난 잔뿌리.

생이

[기본 의미]   몸에 깃털이 있고 다리가 둘이며, 하늘을 자유로이 날 수 있는
짐승을 통틀어 이르는 말.

[대응 표준어]   새

[방언 분화형]   상이·새·생이

[문헌 어휘]   새(《용비어천가》7장)

[종합 설명]   '생이'는 '몸에 깃털이 있고 다리가 둘이며, 하늘을 자유로이 날
수 있는 짐승을 통틀어 이르는 말'이다. 방언형 '생이'는 문헌 어휘 '새'에 접
미사 '-앵이'가 연결되어 이루어진 어형이며, 다른 방언형 '상이'는 '생이'가
'생이>상이' 변화 과정을 거친 어형이다. 방언형 '새'는 문헌 어휘 '새'가 그
대로 쓰인 경우다.

[용례]

¶ 조 갈아 놔두난 생이*가 떼죽으로 몰려왕 다 먹어 불언. (조 갈아 놔두니까
새가 떼거리로 몰려와서 다 먹어 버렸어.)

¶ 옛날 어릴 때 그 생이 잡는 거는 생이테기 요렇게 헤영 만들어 가지고 눈
막 온 때 눈을 치와두고 그 테기를 톡톡 놓믄은, 조를 톡 허게 건드리믄
잽히는 거라. (옛날 어릴 때 그 새 잡는 거는 새덫 요렇게 해서 만들어 가지고 눈
막 온 때 눈을 치워두고 그 덫을 톡톡 놓으면, 조를 톡 하게 건드리면 잡히는 거야.)

---

*   여기서 '생이'는 참새를 말한다.

¶ 생이 흔 머리로 잔치 ᄒ엿뎬 ᄒ는 ᄆ을도 셔게. (새 한 마리로 잔치하였다고 하는 마을도 있어.)

¶ 이제 생이 잡으렌 허민 아이덜 거 먹을 거녠 허주마는 그땐 먹을 게 없으니까. (이제 새 잡으라고 하면 아이들 거 먹을 거냐고 하지마는 그때는 먹을 게 없으니까.)

¶ 생이치, 생이치엔 헤영 조, 물총 헹 조코고리 졸라메영 놔두민 그디 생이가 눈 오라가민 그디 왕 먹어 가민 생이가 야가지 걸어졍 덧에 들아졍 죽어. (새덫, 새덫이라고 해서 조, 말총 해서 조이삭 졸라매어 놔두면 거기 새가 눈 와 가면 거기 와서 먹어 가면 새가 모가지 걸어져서 덫에 매달려서 죽어.)

[관련 어휘]

고낭독새·고망독새·그스렁독새·그시럼독새 굴뚝새.

돔박생이 동박새.

독가심·생이가심 새가슴. 새의 가슴처럼 복장뼈가 불거진 사람의 가슴.

먹쿠실생이 직박구리.

밥주리생이·촘새·촘생이 참새.

비죽새·비죽생이·좁생이·종주리새·종지리새·주지새·하늘생이 종달새.

생이집 ①새집. 새가 깃들이는 집. ②까치집. 작소머리. 자고 난 뒤 헝클어져 들린 머리를 비유적으로 이르는 말.

생이총 새총.

생이치·생이테기 새덫.

제비·제비새·제비생이 제비.

콩생이 콩새.

[기본 의미]	식물의 영양 기관의 하나. 줄기의 끝이나 둘레에 붙어 호흡 작용과 탄소 동화 작용을 한다.
[대응 표준어]	잎
[방언 분화형]	섭·썹·입
[문헌 어휘]	닢(《용비어천가》84장), 섭(《훈민정음》해례본 용자례)
[어휘 설명]	'썹'은 '식물의 영양 기관의 하나'로, 줄기의 끝이나 둘레에 붙어 호흡 작용과 탄소 동화 작용을 한다. 대개 녹색으로 모양은 넓적하고 잎몸, 잎자루, 턱잎 따위로 이루어졌다. 방언형 '썹'은 문헌 어휘 '섭'이 '섭〉썹'으로 된소리로 변한 어형이며, 다른 방언형 '섭'은 문헌 어휘 '섭'이 그대로 쓰인 경우다. 또 다른 방언형인 '입'은 문헌 어휘 '닢'이 '닢〉잎〉입'의 변화 과정을 거친 어형이다.

한편 '잎사귀'의 방언형은 '섭상구리·썹상구리·입상구리·입상귀·입생기·입생이'로 나타나고, '이파리'의 방언형은 '썹파리·이파리'로 나타난다.

[용례]

¶ 신사란 <u>썹이</u> 커. 진진흔 칼만이 허주. (뉴질랜드삼은 잎이 커. 기나긴 칼만큼 하지.)

¶ ㄲ시게엔 헌 건 소낭이라도 영 <u>썹</u> 이신 거 멧 가지 심엉 영 납작허게 만들엉 그걸로 슬슬 끗엉 씨만 묻어져도 되는 거라. (꿍게라고 한 건 소나무라도 이렇게 잎 있는 거 몇 가지 잡아서 이렇게 납작하게 만들어서 그걸로 슬슬 끌어서 씨만 묻어져도 되는 거야.)

¶ 고롬풀은 그 줄이 끄는끄는헤영 땅소곱으로 막 영 벋어가멍 우터레 기

　자 썹만 동그랑헌 거. (땅빈대는 그 줄이 가는가는해서 땅속으로 마구 이렇게 벋

　어가면서 위로 그저 잎만 동그란 거.)

¶ 눔삐썹, 그 썹허고 서꺼근에 돗국물* 그 잔치 때 멧 가메 끌리민 동네방

　네 다 와근에 먹곡. (무청, 그 잎하고 섞어서 '돗국물' 그 잔치 때 몇 가마 끓이면

　동네방네 다 와서 먹고.)

¶ 담베씨 들이는 거는 안 봣는데 커 가민은 노란 썹부떠 땁니다게. (담배씨

　들이는 거는 안 봤는데 커 가면 노란 잎부터 땁니다.)

¶ 담베 예피는 거 이디 ㅋ찡허게 헤근에게 영 영 이디 감아근엥에 헹 영 즈

　근즈근 낭 딱 헤영 썹은 ㄴ람지처럼 이치록 탁 부처근에 꽁꽁 눌렁 데멍

　놔두는 거. (담배 엮는 거 여기 나란하게 해서 이렇게 이렇게 여기 감아서 해서 이

　렇게 차곡차곡 놔서 딱 해서 잎은 이엉처럼 이처럼 탁 붙여서 꽁꽁 눌러서 더며 놔

　두는 거.)

[관련 어휘]

겉입　겉잎.

꼿입　꽃잎.

꽷입　깻잎.

낭섭·낭썹·낭입　나뭇잎.

눔삐썹　무청.

담베썹·담벳섭　담뱃잎.

댓섭·댓입　댓잎.

돌레입·떡입　떡잎.

*'돗국물'은 '돼지고기를 삶은 육수에 모자반과 무청을 함께 넣어 끓인 국'을 말한다. 지역에 따라서 '돗국
·몰망쿡·몸국'이라고도 한다.

마농썹 마늘잎.

섭나모·썹낭 잎나무.

섭담베·엽초·입담베 잎담배.

속입·쏙입 속잎.

솔썹·솔입 ①솔잎. 소나무의 잎. ②솔가리. 말라서 떨어져 쌓인 솔잎.

썹파리·이파리 이파리.

유썹·유입 들깻잎.

콩썹·콩입 콩잎.

풀썹 풀잎.

폿입 팥잎.

호박입 호박잎.

수커

113

[기본 의미] 암수 구별이 있는 동물에서 새끼를 배지 않은 쪽.

[대응 표준어] 수컷

[방언 분화형] 소컷·수커·수컷

[문헌 어휘] 수ㅎ(《훈몽자회》상:18)＋거

[종합 설명] '수커'는 '암수 구별이 있는 동물에서 새끼를 배지 않은 쪽'이라는 뜻을 지닌다. 방언형 '수커'는 문헌 어휘 '수ㅎ'에 '거(것)'가 연결되어 이루어진 어휘이며, 다른 방언형 '수컷'은 문헌 어휘 '수ㅎ'에 '것'이 연결된 형태이다. 다른 방언형 '소컷'은 '수컷'이 '수컷〉소컷'의 변화 과정을 거친 어형이다.

한편 일부 명사에 연결되어 '수컷의 뜻을 더하는 접두사'로 '수-'와 '숫-', 그리고 '장-'이 쓰인다. 특히 접두사 '장-'은 '장-＋꿩(장끼)', '장-＋득(수탉)', '장-＋빙에기(수평아리)'처럼 쓰인다. 접두사 '장-'을 고려한다면 '장끼'도 '장-＋끼[雄雉]'로 분석된다.

용례]

❚ 밥주린 수커가 꼴랑지가 빨강허주게. (잠자리는 수컷이 꼬랑지가 빨갛지.)

❚ 암커나 수커나 새끼 내와근에 하영 폴곡 무신거 허젠 허민 암쉐, 암쉐 헤근에 메고. (암컷이나 수컷이나 새끼 낳게 해서 많이 팔고 무엇 하려고 하면 암소, 암소 해서 매고.)

❚ 쉐 하영 시민 거념허기가 힘드난에 기냥 흔 머리만 농사짓는 거 수커 부렝이 흐나만. (소 많이 있으면 권념하기가 힘드니까 그냥 한 마리만 농사짓는 거

수컷 부룩소 하나만.)

¶ 밥주리는 포부뜨젠 허면은 암커안티는 포부뜨지 아녀. 수커안티만 포부떵. (잠자리는 맞붙으려고 하면 암컷한테는 맞붙지 않아. 수컷한테만 맞붙어.)

¶ 게웃*은게 파란 것이 암커고, 흰 것이 수커고. ('게웃'은 파란 것이 암컷이고, 흰 것이 수컷이고.)

¶ 돌처귀도 암커, 수커가 잇주게. (돌쩌귀도 암컷, 수컷이 있지.)

¶ 전복 암커는이 납작허고 술이 지프지 안허고, 수커 전복껍데기는 지퍼. (전복 암컷은 납작하고 살이 깊지 않고, 수컷 전복갑은 깊어.)

¶ 암컷이 수컷 춫을 때, 그땐 막 코 문질르멍 담클어근에** 나와난 도세기는 암만 성담ㄱ치록 싸 놔도 담클엉 나와. (암컷이 수컷 찾을 때, 그땐 막 코 문지르며 '담클어서' 나왔던 돼지는 아무리 성담같이 쌓아 놓아도 '담클어서' 나와.)

¶ 소컷이 깝 하영 줘. (수컷이 값 많이 줘.)

[관련 어휘]

각녹·깍녹 수노루.

부렝이·부룽이 수소. 소의 수컷.

수꿩·장꿩 수꿩. 장끼.

수오로 늙은 수컷 오소리를 이르는 말.

수전복·수천복·수첨복·수통이·수핏 전복의 수컷.

수캐·숭캐 수캐.

수코넹이 수고양이.

수토새기·수톳·수돼야지 수돼지.

수톡·장독 수탉.

* '게웃'은 전복의 내장과 생식기관을 말한다. 달리 '게우'라고도 한다.
** '담클다'는 '쌓아 올린 담이 허물어지다.'는 뜻이다. 달리 '담널어지다, 담머으러지다, 담몽그려지다, 담무너지다, 담물러지다, 담몰아지다, 담커지다, 머으러지다, 몰아지다'라 한다.

숫놈 수놈.

숫물 수말.

장비에기·장빙에기 수평아리.

씨

[기본 의미]	식물의 열매 속에 들어 있어서 앞으로 싹이 터서 새로운 개체로 자라날 단단한 물질.
[대응 표준어]	씨
[방언 분화형]	씨
[문헌 어휘]	삐(《월인석보》1:12)

[어휘 설명] '씨'는 '식물의 열매 속에 들어 있어서 앞으로 싹이 터서 새로운 개체로 자라날 단단한 물질'이라는 뜻을 기본 의미로 하여, '새로운 동물을 낳아 번식시키는 근원이 되는 것, 앞으로 커질 수 있는 근원을 비유적으로 이르는 것, 어떤 가문의 혈통이나 근원을 낮잡아 이르는 말' 등의 뜻을 지닌다. 방언형 '씨'는 문헌 어휘 '삐'가 '삐〉씨'의 변화 과정을 거친 어형이다.

[용례]

¶ 누에가 원래 씨가 이수다. 씨가 잇어. (누에가 원래 씨가 있습니다. 씨가 있어.)

¶ 그때 각 읍면에 흔 가마니썩 씨를 보낸 거라. (그때 각 읍면에 한 가마니씩 씨를 보낸 거야.)

¶ 아무거라도 좋은 걸로 씨 세와 놔둬. (아무거라도 좋은 걸로 씨 세워 놔둬.)

¶ 씨로 뿌령 헐 때난, 씨뿌령 밧 갈민게 씨를 영 듬상듬상 뿌려놧당은에 나근에 크민 포부뜬 건 떼영 ᄒ나씩 키와. (씨로 뿌려서 할 때니까, 씨뿌려서 밭 갈면 씨를 이렇게 듬성듬성 뿌려놨다가 나서 크면 맞붙은 거 떼어서 하나씩 키워.)

¶ 씨에 순 나기 시작ᄒ믄 거 못써. (씨에 순 나기 시작하면 거 못써.)

¶ 모멀 _씨러레_ 슬흐게 불치 비왕 잘 서터. (메밀 씨에 사르르 재 부어서 잘 섞어.)

¶ 춤외냉국 이제도 맛잇어. 익은 것도 맛잇고 선 것도 맛잇고. 싹 허게 거 세기 가까 가지고 _씨_ 딱 빠지고. 딱딱 썰어 가지고 넹국 헤봐. 이제도 맛 잇어. (참외냉국 이제도 맛있어. 익은 것도 맛있고 선 것도 맛있고. 싹 하게 거시기 깎아 가지고 씨 딱 빠지고. 딱딱 썰어 가지고 냉국 해봐. 이제도 맛있어.)

¶ 이젠 기냥 뻬여근에 _끄시게질만_. 끄시게엔 헌 건 나무, 소낭이라도 영 썹 이신 거 멧 가지 심엉 영 납작허게 만들엉 그걸로 슬슬 끗엉 _씨만_ 묻어져 도 되는 걸 옛날에는 그치록 굴게기 들어가지 아니헐 정도로 볼라. (이제 는 그냥 뿌려서 끙게질만. 끙게라고 한 건 나무, 소나무라도 이렇게 잎 있는 거 몇 가 지 잡아서 이렇게 납작하게 만들어서 그걸로 슬슬 끌어서 씨만 묻어져도 되는 걸 옛 날에는 그처럼 호미 들어가지 아니할 정도로 밟아.)

끄시게질(앞쪽)과 곰베질.(만농 홍정표 사진, 제주대학교박물관 제공)

씨 부찌다 표준어로 바꾸면 '씨 붙이다.'인데, '씨뿌리다'를 달리 이르는 말.

씨 그리치다 표준어로 바꾸면 '씨 그르치다.'인데, 뿌린 씨가 발아가 되지 아니하다.'를 이르는 말.

씨 전종ᄒᆞ다 '씨 전하다.'는 의미로 쓰는 말.

씨 지르다 표준어로 바꾸면 '씨 찌르다.'인데, 호박 따위의 씨를 땅에 묻다.'는 의미로 쓰는 말.

[관련 어휘]

검질씨 김씨. 김의 씨앗.

굽씨·밋씨·알씨 밭을 갈기 전에 먼저 뿌리는 씨앗.

나록씨·나룩씨 볍씨.

보리씨 보리씨.

수박씨 수박씨.

쉡씨 백씨. 아무 거름도 주지 않고 맨땅에 뿌리는 씨앗.

씨감저·씨감제·씨감주 씨고구마. 씨앗으로 쓸 고구마.

씨드리다·씨삐다 씨뿌리다.

씨망텡이·씨맹텡이 씨망태. 씨를 뿌릴 때에 씨앗을 담는 망태.

씨벗다 뿌린 씨가 조금도 나지 아니하거나 빗물에 쓸려 버리다.

씨부게·씨부게기 씨오쟁이. 짚으로 엮어 씨앗을 담아 두는 물건.

씨사다 뿌린 씨가 잘 나다.

씨암톡 씨암탉.

씨와치 씨뿌리기를 전문적으로 하는 사람.

씨지다 ①씨지다. ②씨가 떨어져서 나중에 다시 나게 하다.

씨지우다 씨지게 하다.

씻구뎅이·씻굿 씨굿. 씨를 두는 구덩이.

씻독 씨닭. 씨를 받기 위하여 기르는 닭.

웃씨 '알씨'를 뿌리고 밭을 간 다음에 다시 그 위에 뿌리는 씨.

좁씨 좁씨.

콩씨 콩농사를 짓기 위하여 밭에 뿌리는 콩.

쿡씨·쿨락씨 박의 씨앗.

호박씨 호박씨.

알

[기본 의미] 조류·파충류·어류·곤충 따위의 암컷이 낳는, 둥근 모양의 물질.

[대응 표준어] 알

[방언 분화형] 알

[문헌 어휘] 알ㅎ(《석보상절》13:10)

[어휘 설명] '알'은 '조류·파충류·어류·곤충 따위의 암컷이 낳는, 둥근 모양의 물질'이라는 뜻을 기본 의미로 하여, '속이 들어 있거나 박혀 있는 작고 둥근 물체' 등의 뜻을 지닌다. 방언형 '알'은 문헌 어휘 '알ㅎ'의 끝소리 'ㅎ'이 탈락하여 쓰인 경우다.

[용례]

¶ 수두리엔 헌 거는 여름에가 <u>알이</u> 꽉 차. (팽이고둥이라고 한 거는 여름에 알이 꽉 차.)

¶ 암툭 흔 마리썩 질룅 그 <u>알</u> 나민 그걸로 폴아근엥에 차비허고, 또 반찬허곡. 도시락 반찬. (암탉 한 마리씩 길러서 그 알 낳으면 그걸로 팔아서 차비하고, 또 반찬하고. 도시락 반찬.)

¶ 가끔 <u>알에</u> 노린알이 두 개가 포부텅 신 것도 잇어. (가끔 알에 노른자가 두 개가 맞붙어 있는 것도 있어.)

¶ 밋알 놔둬사. 독이 그 <u>알로</u> 헹 <u>알</u> 나는 거난에. (밑알 놔둬야. 닭이 그 알로 해서 알 낳는 거니까.)

¶ <u>알은</u> 싱게엔 허고, 까지 아녕 가시가 부떠 잇인 거는 귀. 그거보다 족게 혜근에 요만씩요만씩 가시 찍깍허게 헌 건 솜. (알은 '성게'라고 하고, 깨지

않은 가시가 붙어 있는 거는 '귀'. 그것보다 작게 해서 요만큼씩 요만큼씩 가시 빽빽하게 한 건 말똥성게.)

¶ 보말도 흙은흙은헌 게 잇어. 게민 그 보말국*은 보말은 막 술, 알도 하고. ᄀ메기는 알도 쪼끔뱃긔 아녀주게. (고둥도 굵디굵은 게 있어. 그러면 그 '보말국'은 고둥은 아주 살, 알도 많고. 개울타리고둥은 알도 조금밖에 않지.)

[관용 표현]
알 까다 '부화하다'를 달리 이르는 말.

[관련 어휘]
계란·독세기·둙의알 달걀.
꿩독세기·꿩알 꿩알.
눈알 눈알.
밋알 밑알. 암탉이 알 낳을 자리를 바로 찾아들도록 둥지에 넣어 두는 달걀.
밤알 밤알.
불독세기·붕알 불알.
쉐불 소불알.
알찬자리 5월에서 6월 사이에 잡히는, 알 밴 자리돔.

* '보말국'은 고둥을 재료로 하여 끓인 국을 말한다.

동음어

알¹ 알[卵]. 조류·파충류·어류·곤충 따위의 암컷이 낳는, 둥근 모양의 물질.
¶ 겡이 요즘 막 술질 때주. 소곱에 <u>알</u> 찰 때난게. (게 요즘 아주 살찔 때지. 속
  에 알 찰 때니까.)

알² 아래[下]. 어떤 기준보다 낮은 위치.
¶ 물 <u>알</u>도 물 우의도 삼 년을 살안. (물 아래도 물 위에도 삼 년을 살았어.)

암컷

116

[기본 의미]   암수의 구별이 있는 동물에서 새끼를 배는 쪽.

[대응 표준어]   암컷

[방언 분화형]   암커·암컷

[문헌 어휘]   암ㅎ(《월인석보》7:16)＋것

[종합 설명]   '암컷'은 '암수의 구별이 있는 동물에서 새끼를 배는 쪽'을 뜻한다. 방언형 '암컷'은 문헌 어휘 '암ㅎ'에 '것'이 연결되어 이루어진 어형이다. 한편 접두사 '암-'은 일부 명사에 연결되어 '암컷의' 뜻을 더하기도 한다.

[용례]

¶ 심방말축은 암컷이 더 커. (방아깨비는 암컷이 더 커.)

¶ 돼지던 소던 이제 새끼 못 나는 암컷은 다 지시렝이. (돼지든 소든 이제 새끼 못 낳는 암컷은 다 둘치.)

¶ 숫물 ᄒ나가 암컷 스무남은 몰앙 뎅겨. (수말 하나가 암컷 스무남은 몰아서 다녀.)

¶ 그땐 암컷에 홀린덴 글아사 맞아 베어. (그때는 암컷에 홀린다고 말해야 맞아 보여.)

¶ 쉐 질루멍 암컷으로 헹 돈 하영 버실엇주. (소 기르며 암컷으로 해서 돈 많이 벌었지.)

¶ 곡줴긴 수컷이 암컷신디 쫄려. (사마귀는 수컷이 암컷한테 쫄려.)

¶ 물 암컨 ᄌ매, 수컨 웅매. (말 암컷은 자마(雌馬), 수컷은 웅마(雄馬).)

¶ 수첨복은 움틀랑허고 암컨 겁덕도 베짝허여˚. (수컷 전복은 움퍽하고 암컷은 전복갑도 '베짝해'.)

심방말축

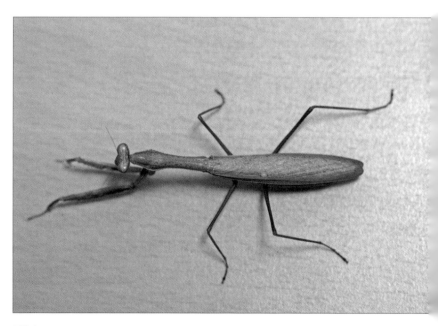

극제기

암꿩·암퀑 암꿩.

암내 암내. 암컷의 몸에서 나는 냄새.

암놈 암놈.

암몰 암말.

암쉐 암소.

암창게 신랑이 외지에 나가 있어서 혼인 날짜에 돌아오지 못할 경우나 신랑
이 상중에 있을 경우 신부 혼자서 치르는 혼례.

암천복·암첨복·암핏 암전복.

암캐 암캐.

암커믜 암거미.

암코넹이 암고양이.

암토새기·암토아지·암톳·암돼아지 암돼지.

암톡 암탉.

암톡연 가오리연에 꼬리 부분을 암탉의 꼬리처럼 만들어 매단 연.

암피에기·암핑아리·암핑에기 암평아리.

---

* '베짝허다'는 '가운데가 들어간 데 없이 야트막하고 바라지다.'는 뜻이다.

풀

117

[기본 의미]   초본 식물을 통틀어 이르는 말.

[대응 표준어]   풀

[방언 분화형]   쿨·풀

[문헌 어휘]   플(《월인석보》1:6)

[종합 설명]   '풀'은 '초본 식물을 통틀어 이르는 말'이다. 대개 줄기가 연하고, 한 해를 지내고 죽는다. 방언형 '풀'은 문헌 어휘 '플'이 '플〉풀'의 변화 과정을 거친 어형이며, 다른 방언형 '쿨'은 새롭게 형성된 어형이다.

[용례]

¶ 이젠 이름 몰르는 <u>풀</u>이 저 과수원에 강 보믄 하. 다 외래종. (이젠 이름 모르는 풀이 저 과수원에 가서 보면 많아. 다 외래종.)

¶ 씨 소끄곡 벌레기*엔 헤근에 그 묵은 <u>풀</u> 이신 거 덥삭덥삭 이신 벌레기풀 거부터 우선 메어양. (씨 솟고 '벌레기'라고 해서 그 묵은 풀 있는 거 덥석덥석 있는 '벌레기풀' 거부터 우선 매어요.)

¶ 그 <u>풀</u>을 아무디나 강 비어 와도 다 쉐촐이 되어. (그 풀을 아무데나 가서 베어 와도 다 소꼴이 되어.)

¶ 바싹 물른 <u>풀</u>에 불부찌믄 잘 부터. (바싹 마른 풀에 불붙이면 잘 붙어.)

¶ 밧디 난 <u>풀</u> 검질게. 그 풀로 헹 사름 애긋아. (밭에 난 풀 김. 그 풀로 해서 사람 애타.)

* '벌레기'는 '①발갈 적에 일어나는 엉클어진 풀포기. ②한 해 전에 생긴 묵은 풀'을 말한다.

¶ 노는 밧은 봄에 갈고. 갈앗다가 이제 풀이 성헌 거 그거 그냥 더프면 걸름이 되니까. (노는 밭은 봄에 갈고. 갈았다가 이제 풀이 성한 거 그거 그냥 덮으면 거름이 되니까.)

¶ 씨가 과이 엇인 밧은 그런대로 고정된 멧 가지 풀만 납니다. (씨가 과히 없는 밭은 그런대로 고정된 몇 가지 풀만 납니다.)

¶ 촐 잇는 디 강 허면은, 오늘 여기 허면 흔 일주일 후에는 여기 왕 또 멕여도 거기 새 풀이 또 나니까 또 먹고. (꼴 있는 데 가서 하면, 오늘 여기 하면 한 일주일 후에는 여기 와서 또 먹여도 거기 새 풀이 또 나니까 또 먹고.)

[관련 어휘]

얼풀·존풀 잔풀. 어린 풀.

푸돈잇마·풀돈잇마 봄장마.

푸습새·푸십새 푸새. 산과 들에 저절로 나서 자라는 풀을 통틀어 이르는 말.

풀검질 익지 않은, 푸른색을 띠는 억새 따위.

풀내 풀에서 나는 냄새.

풀독 풀독.

풀밧·풀왓 풀밭.

풀썹 풀잎.

풀어웍 푸른색을 띠는 억새.

풀치다 밭을 갈아 일으킨 흙덩이에 있는 잡초를 골라내다.

동음어

풀¹ 풀[草]. 초본 식물을 통틀어 이르는 말.
¶ 스월둘에 안 먹는 풀이 셔게, 다 먹주. (사월에 안 먹는 풀이 있어, 다 먹지.)

풀² 풀[糊]. 무엇을 붙이거나 옷감 따위를 빳빳하게 만드는 데 쓰는 끈적끈적한 물질.
¶ 이젠 풀 아니헤도 옛날을 몬딱 풀로 허연 이불안이고 옷이고. (이제는 풀 아니해도 옛날은 몽땅 풀로 해서 이불안이고 옷이고.)

명사

기타

[기본 의미]	물체의 면과 면 또는 선과 선이 포개진 상태.
[대응 표준어]	겹
[방언 분화형]	겁·껍·겹·접·줍
[문헌 어휘]	곱(《월인석보》1:32), 겹(《능엄경언해》8:15)

[어휘 설명] '겹'은 '물체의 면과 면 또는 선과 선이 포개어진 상태'라는 뜻을 기본 의미로 하여, '비슷한 사물이나 일이 거듭됨, 면과 면 또는 선과 선이 그 수만큼 거듭됨을 나타내는 말' 등의 뜻을 지닌다. 방언형 '겁'은 문헌 어휘 '곱'이 '곱〉겁'의 변화 과정을 거친 어형이며, 다른 방언형 '겹'은 문헌 어휘 '겹'이 그대로 쓰인 경우다. 또 다른 방언형 '접'은 문헌 어휘 '겹'이 '겹〉접〉접'의 변화 과정을 거친 어형이며, 또 다른 방언형 '줍'은 '접'에 이끌린 어형이다.

한편 '같은 수량이나 분량을 몇 번이고 거듭 합치는 일'의 '곱'은 방언형 또한 '곱'으로 나타난다.

[용례]

¶ 각지불은 젭시에 씰 늬 겁 ᄒ엉도 ᄒ곡. (등잔불은 접시에 실 네 겹 해서도 하고.)

¶ 하얀 거 ᄒᆞᆫ 겁으로만 헤영 여름에 제사 때 입주게. (하얀 거 한 겹으로만 해서 여름에 제사 때 입지.)

¶ 영 멧 겁 심엉 뎅가리 똑히게 줄라메영 ᄒᆞᆫ 가달이나 네 가달에 영 벌렁 메주덩어리 낭 무껑 돌아메어. (이렇게 몇 겹 잡아서 줄거리 똑하게 잘라매어

서 한 가닥이나 네 가닥에 이렇게 벌려서 메줏덩어리 놔서 묶어서 달아매어.)

¶ 광목잘리 두 겹 헹근에 그레 두 개 헹 초담은 크곡 따시 두 번찬 흔 되썩 커근에 맛보멍 둠아. (광목자루 두 겹 해서 그리로 두 개 해서 처음은 잠그고 다시 두 번짼 한 되씩 잠가서 맛보며 담가.)

¶ 저 으름 때에 거세기 허는 건 두루메기고, 후루맨 겹 거. (저 여름 때에 거시기 하는 건 두루마기고, '후루매'는 겹 거.)

¶ 이 보선은 외보선이 아니주게. 겹을 허는디, 겹 헐 때에 오른짝에 거는 이디 씰밥이 오른쪽드레 오게시리 만들고 왼쪽 거는 왼쪽더레 가게시리 헤근에 그 씰밥 보멍 이제 그거 오른쪽인지 왼쪽인지 헤근에 신는 거라. (이 버선은 홑보선이 아니지. 겹을 하는데, 겹 할 때에 오른짝에 거는 여기 실밥이 오른쪽으로 오게끔 만들고 왼쪽 거는 왼쪽으로 가게끔 해서 그 실밥 보면서 이제 그거 오른쪽인지 왼쪽인지 해서 신는 거야.)

¶ 활대, 영 헤 가지고 노끗 두 겹으로 헤서 이걸 막 되와 가지고 놓면은 이제 자동으로 탁 더퍼지게시리 끈이 되는 거라이. (활대, 이렇게 해 가지고 노끈 두 겹으로 해서 이걸 막 비틀어 가지고 놓으면 이제 자동으로 탁 덮어지게끔 끈이 되는 거야.)

¶ 멍꿀 헤다가도 또 세 겹으로 드렁도 허곡 허다가 나이론 나니까 또 나이론으로 헷주. (멀꿀 해다가도 또 세 겹으로 드려서도 하고 하다가 나일론 나니까 또 나일론으로 했지.)

[관련 어휘]

끼와입다[1]·주겨입다·포입다 **껴입다.** 옷 입은 위에 다른 옷을 겹쳐서 입다.

끼와입다[2] **껴입다.** 몸에 맞지 않는 옷을 억지로 입다.

두갑씰·이갑씰 **이겹실.**

삼갑씰·식갑씰 **삼겹실.**

접담·즙담 **겹담.**

접두루막·접후리매·즙두루막·즙후리매 **겹두루마기.**

접바지·좁바지 겹바지.

접옷·좁옷 겹옷.

접이불·좁이불 겹이불.

접저고리·좁저고리 겹저고리.

주겨놓다·포놓다·포주겨놓다 포개다. 놓인 것 위에 또 놓다.

좁것 겹것.

포개다 포개다. 여러 겹으로 접다.

포꼴다 겹깔다.

포먹다 앉은자리에서 여러 번 먹다.

포부뜨다·포부트다 맞붙다.

●●●● **더 생각해 보기**

위의 [관련 어휘] 가운데 '포꼴다, 포먹다, 포부뜨다' 등은 '포+꼴다, 포+먹다, 포+부뜨
다' 구성으로, '거듭[重]'(《계축일기》:112)의 뜻을 지닌 '포'가 연결된 어형이다. '주겨
놓다·주겨입다'는 '주겨+놓다, 주겨+입다' 구성으로, '주겨'는 문헌 어휘 '쥬기다
[疊]'(《동문유해》하:54)에서 온 것이다. '포주겨놓다'는 '포[重]+주겨[疊]+놓다' 구성
이다. '주겨입다·포입다(껴입다)'는 '옷 입은 위에 다른 옷을 겹쳐서 입다.'는 의미이며,
'몸에 맞지 않는데도 억지로 입다.'의 뜻인 경우는 '끼와입다'로 나타난다.

포꼴다 겹깔다. 포개어 덧깔다.
¶ 방석은 포꼴앙 앚는 게 아니라. (방석은 겹깔아서 앉는 게 아니야.)

포먹다 앉은자리에서 여러 번 먹다.
¶ 반은 포먹지 아녀. (반기는 '포먹지' 않아.)

포부트다 맞붙다. 서로 마주 닿다.
¶ 절벤은 포부튼 거 떼영 먹지 말렌 헤서. (절편은 맞붙은 거 떼어서 먹지 말
라고 했어.)

<u>주겨놓다</u> 포개다. 놓인 것 위에 또 놓다.

¶ 밥허영 밥통더레 믄딱 펑 톡톡 <u>주겨낫당</u> 줘. (밥해서 밥통에 몽땅 퍼서 톡톡 포갰다가 줘.)

<u>주겨입다</u> 껴입다. 옷 입은 위에 다른 옷을 겹쳐서 입다.

¶ 저실 나민 막 실령 옷 입은 디 입곡 허멍 <u>주겨입어낫주</u>. (겨울 되면 아주 시려서 옷 입은 데 입고 하며 껴입었었지.)

<u>끼와입다</u> 껴입다. ① 옷 입은 위에 다른 옷을 겹쳐서 입다.

¶ 옷 <u>끼와입어사</u> 둣둣 홉네다. (옷 껴입어야 따뜻합니다.)

② 몸에 맞지 않는 옷을 억지로 입다.

¶ 옷 우의 옷 <u>끼와입젠</u> 허믄 잘 안 들어가. (옷 위에 옷 껴입으려고 하면 잘 안 들어가.)

절벤

[기본 의미]   딱딱한 물건을 보드라울 정도로 잘게 부수거나 갈아서 만든 것.

[대응 표준어]   가루

[방언 분화형]   ᄀ로·ᄀ르·ᄀ를

[문헌 어휘]   ᄀᄅ(《월인석보》10:44)

[어휘 설명]   'ᄀ르'는 '딱딱한 물건을 보드라울 정도로 잘게 부수거나 갈아서 만든 것'이라는 뜻을 지닌다. 방언형 'ᄀ르'는 문헌 어휘 'ᄀᄅ'가 'ᄀᄅ〉ᄀ르'의 변화 과정을 거친 어형이며, 다른 방언형 'ᄀ로'는 문헌 어휘 'ᄀᄅ'가 'ᄀᄅ〉ᄀ로'의 변화 과정을 거친 어형이다. 또 다른 방언형 'ᄀ를'은 'ᄀ르'에 'ㄹ'이 첨가되어 형성된 어형이다.

[용례]

¶ ᄀ르 굴아당은에 절벤 솔벤* 다 집의서 멘들앙. (가루 갈아다가 절편 '솔벤' 다 집에서 만들어서.)

¶ 정 ᄀ레서 굴아근에 그 굴아낸 ᄀ르로 헤근에 묵 쑨 거는 그냥 묵. 그 잘리에 영 영 헤근에 모믈 쑬로 헤근에 그 물 빼영 헌 거는 청묵**. (풀맷돌에 갈아서 그 갈아낸 가루로 해서 묵 쑨 거는 그냥 묵. 그 자루에 이렇게 이렇게 해서 메밀쌀로 해서 그 물 빼서 한 거는 '청묵'.)

---

*   '솔벤'은 '쌀가루나 메밀가루를 반죽하여 얇게 민 다음에 반달 모양의 떡살로 떠서 끓는 물에 삶거나 겅그레 위에서 찐 떡'을 말한다. 달리 '돌반착떡·반돌떡·솔변·수랑곤떡'이라 한다.

**   '청묵'은 '메밀쌀을 자루에 담은 후 물에 놀려서 나온 묽은 물로 쑤어서 만든 묵'을 말한다.

정그레

¶ 범벅 허젠 허믄 ᄀᆞ르 ᄀᆞ라 와야. (범벅 하려고 하면 가루 갈아 와야.)

¶ ᄌᆞ베기는 아무 ᄀᆞ르라도 헤근에 반죽헹 영 영 끈어 놔근에. 젤 간단이 헹 먹는 거 모믈 ᄎᆞ베기. (수제비는 아무 가루라도 해서 반죽해서 이렇게 이렇게 끊어 놔서. 젤 간단히 해서 먹는 거 메밀수제비.)

¶ 콩으로 장 허곡, ᄀᆞ르 ᄀᆞᆯ앙 콩ᄀᆞ르 헹 먹곡. (콩으로 장 하고, 가루 갈아서 콩가루 해서 먹고.)

¶ 피 ᄀᆞᆯ믄 중이 색깔 닮은 ᄀᆞ를이 나와. (피 갈면 쥐 색깔 같은 가루가 나와.)

¶ ᄀᆞ를에 물 비왕 막 뀌어마씨. (가루에 물 부어서 막 이겨요.)

¶ 물룻국물에 ᄀᆞ를 탕 먹어서양. 경 허멍 살아수다. (무릇국물에 가루 타서 먹었어요. 그렇게 하며 살았습니다.)

[관용 표현]

ᄀᆞ를 몰다 표준어로 바꾸면 '가루 말다.'인데, '가루에 물을 넣어서 반죽하다.'

427

는 의미로 쓰이는 말.

[관련 어휘]

개역 미숫가루. 보리를 볶아서 만든 가루.

게미·ㄱㆍ리·ㄱㆍ이 개미. 연줄을 질기고 세게 만들기 위하여 연줄에 먹이는, 사기 따위를 빻아 만든 고운 가루.

고칫ㄱㆍ르·고칫ㄱㆍ를 고춧가루.

골ㄱㆍ르·골ㄱㆍ를 엿기름가루.

ㄱㆍ르눈·ㄱㆍ를눈 가루눈. 가루 모양으로 내리는 눈.

ㄱㆍ르약·ㄱㆍ를약 가루약.

ㄱㆍ를사탕 가루사탕.

ㄱㆍ를음식 가루붙이. 가루로 만든 음식.

ㄱㆍ를체 가루체. 가루를 치는 데 쓰는 체.

ㄱㆍㄴ¹ ①바닷물에서 미역을 감고 난 뒤 살갗 따위에 생기는 짠 하얀 가루. ② 땀을 많이 흘려 피부에 생기는 하얀 소금기.

ㄱㆍㄴ²·ㅅㆍㅅ 미역 등 바다풀을 말릴 때 겉에 생기는 하얀 소금기.

꽷ㄱㆍ르 깻가루.

돌ㅋㆍ르·돌ㅋㆍ를 돌가루.

등게ㄱㆍ를 등겨보다 더 가늘고 고운 가루.

모멀ㄱㆍ르·모멀ㅋㆍ를·모믈ㄱㆍ르·모믈ㅋㆍ를·모몰ㄱㆍ르·모몰ㅋㆍ를 메밀가루.

밀ㄱㆍ르·밀ㄱㆍ를·밀ㅋㆍ를 밀가루.

보릿ㄱㆍ르·보릿ㄱㆍ를 보릿가루.

보믜ㄱㆍ르·보믜ㄱㆍ를 쌀을 찧을 때 맨 나중에 나오는 속겨의 고운 가루.

분ㄱㆍ르 분가루.

사탕ㄱㆍ르·사탕ㄱㆍ를·새탕ㄱㆍ르·새탕ㄱㆍ를 사탕가루.

셍ㄱㆍ를 날가루. 익히지 아니한 곡식을 빻은 가루.

외밀ㄱㆍ르 양밀가루.

제피ᄀ르·제피ᄀ를·췌피ᄀ르·췌피ᄀ를 조핏가루. 산초나무를 빻아서 만든 가루.

진ᄀ르·진ᄀ를 진가루. 아주 고운 가루.

콩ᄀ르·콩ᄀ를 콩가루.

●●●● **더 생각해 보기**

동음어

ᄀ르[1] 가루. 딱딱한 물건을 보드라울 정도로 잘게 부수거나 갈아서 만든 것.

¶ 뻿데기로 ᄀ르 멘들앙 떡도 헤 먹곡. (절간고구마로 가루 만들어서 떡도 해 먹고.)

ᄀ르[2] 가로. 왼쪽에서 오른쪽의 방향으로. 또는 옆으로 길게.

¶ 베염은 ᄀ르 뜨리믄 죽어 부는 거. (뱀은 가로 때리면 죽어 버리는 거.)

꼴

120

[기본 의미]   겉으로 보이는 사물의 모양.

[대응 표준어]   꼴

[방언 분화형]   꼴

[문헌 어휘]   골(《월인석보》2:14)

[어휘 설명]   '꼴'은 '겉으로 보이는 사물의 모양'이라는 뜻을 기본 의미로 하며, '사물의 모양새나 됨됨이를 낮잡아 이르는 말, 어떤 형편이나 처지 따위를 낮잡아 이르는 말.'의 뜻을 지닌다. 방언형 '꼴'은 문헌 어휘 '골'이 '골>꼴'로의 변화 과정을 거친 어형이다.

한편 '꼴'을 낮잡아 이르는 '꼬락서니'의 방언형은 '꼬라지·꼬락사니·꼬락지' 등으로 나타난다.

[용례]

¶ 통시에 들어상 걸름 내나믄 <u>꼴이</u> <u>꼴이</u> 아니라. (돼지우리에 들어서서 거름 내고 나면 꼴이 꼴이 아니야.)

¶ 웃드르*선 바당괴기 <u>꼴을</u> 못 봐. ('웃드르'에서는 바닷고기 꼴을 못 봐.)

¶ 재산 다 풀아먹고 문딱 헨 이 모냥 이 <u>꼴</u> 멘들아뒁 에뚤년이 어디사 나간 살암신디 허명 막 욕을 헤. (재산 다 팔아먹고 몽땅 해서 이 모양 이 꼴 만들어두고 어이딸년이 어디야 나가서 살고 있는지 하며 막 욕을 해.)

---

* '웃드르'는 '한라산 쪽에 있는 들이나 마을'을 말한다.

¶ 하르방신디 경 굴앗지. 더 살지도 말곡 이만이만 살다근에 궂인 꼴 보지 안ᄒ영 이만이만 살당 죽어지민 막 좋수다. (할아버지한테 그렇게 말했지. 더 살지도 말고 이만큼만 살다가 궂은 꼴 보지 않아서 이만큼만 살다가 죽어지면 아주 좋습니다.)

¶ 나 영 궂인 꼴에 춫아올 사름 읏나게. (나 이렇게 궂은 꼴에 찾아올 사람 없어.)

¶ 어떵 이 꼴로 사돈칩의 가지크냐게? (어찌 이 꼴로 사돈집에 가겠니?)

[관련 어휘]

꼴깝ᄒ다 꼴값하다.

꼴성그리다·꼴성으리다·꼴싱그리다·꼴싱으리다·꼴징으리다 찌푸리다.

꼴좋다 꼴좋다.

눈꼴 눈꼴.

벨꼴 별꼴. 별나게 이상하거나 아니꼬워 눈에 거슬리는 꼬락서니.

네

121

[기본 의미] 　물건이 탈 때 일어나는 부옇고 매운 기운.

[대응 표준어] 　내, 연기

[방언 분화형] 　네

[문헌 어휘] 　늬(《월인석보》9:7)

[어휘 설명] 　'네'는 '물건이 탈 때 일어나는 부옇고 매운 기운'이라는 뜻과 함께 '무엇이 탈 때 생기는 흐릿한 기체나 기운'의 의미를 지닌다. 방언형 '네'는 문헌 어휘 '늬'가 '늬>네'의 변화 과정을 거친 어형이다.

　　한편 '코로 맡을 수 있는 온갖 기운'을 뜻하는 '내'의 방언형 또한 '내'로 나타난다.

[용례]

¶ 눌 우로 네가 팡팡 남서. (가리 위로 내가 팡팡 나고 있어.)

¶ 젖인 보릿낭은 네 하영 나. 그 네에 눈 잘 트지 못허여. (젖은 보릿대는 내 많이 나. 그 내에 눈 잘 뜨지 못해.)

¶ 굴묵 진영 허믄 그냥 일로도 네 나고 절로도 네 나고이. ('굴묵' 때서 하면 그냥 이리로도 내 나고 저리로도 내 나고.)

¶ 굴묵 진단 네 잘 먹어. ('굴묵' 때다가 내 잘 먹어.)

¶ 모기 방지로 헤서 네 피와낫주. (모기 방지로 해서 내 피웠었지.)

¶국 끌리당 보믄 네로 헤영 가시어멍 눈 멜라져. (국 끓이다가 보면 내로 해서 장모 눈 찌그러져.)

¶ 보릿낭은 통시에도 놓고, 불도 숩고. 불숨아 가민 젖인 거 솟강알에서 딱

딱딱딱 소리 나주게. 네만 팡팡 나고. (보릿대는 돼지우리에도 넣고, 불도 때고. 불때 가면 젖은 거 솥밑에서 딱딱딱딱 소리 나지. 내만 팡팡 나고.)

[관련 어휘]

모깃네·모깃불 모깃불.

솔네 관솔불이 탈 때 그을음이 섞이어 올라가는 연기.

●●●●● 더 생각해 보기

동음어

네[1] 내[煙]. 또는 연기(煙氣). 물건이 탈 때 일어나는 부옇고 매운 기운.
¶ 네 눈에 들어가믄 울어지는 거. (내 눈에 들어가면 울게 되는 거.)

네[2] 노(櫓). 손으로 저어 물을 헤쳐 배를 나아가게 하는, 나무로 만든 도구.
¶ 아이고, ᄀᆞ자 살아도게 네 ᄒᆞ나 못 젓입데가게? 요 성님아. (아이고, 여태 살아도 노 하나 못 젓습디까? 요 형님아.)

놈

[기본 의미]	자기 이외의 다른 사람.
[대응 표준어]	남
[방언 분화형]	남·놈
[문헌 어휘]	눔(《용비어천가》 20장)

[어휘 설명] '놈'은 '자기 이외의 다른 사람'이라는 뜻을 기본 의미로 하여, '일가가 아닌 사람, 아무런 관계가 없거나 관계를 끊은 사람, 말하고 있는 사람이 자신을 가리키는 말' 등의 뜻을 지닌다. 방언형 '놈'은 문헌 어휘 '눔'이 '눔〉놈' 변화 과정을 거친 어형이다. 또 다른 방언형 '남'은 문헌 어휘 '눔'이 '눔〉남'의 변화 과정을 거친 어형이다. '놈'은 '이, 그, 저'와 결합하여 대명사 '이놈, 그놈, 저놈'을 형성한다.

[용례]

¶ 조칩은 이제 옛날에는 마당이 너르니까 마당에 즈근즈근허게시리 크찡허게 이제 처음에 낄 땐 <u>놈</u>이 왕 영 봐도 막 곱닥허게. (조짚은 이제 옛날에는 마당이 너르니까 마당에 차곡차곡하게끔 나란하게 이제 처음에 깔 때는 남이 와서 이렇게 봐도 매우 곱다랗게.)

¶ 우린 그자 <u>놈</u> 상 오민 옷만 헤줘나 부난 그런저런 건 몰라. (우리는 그저 남 사서 오며 옷만 해줬어 버리니까 그런저런 건 몰라.)

¶ 패밥*이 그거 너미 까다로와. 까락까락허주게. 숭년들 때 해 먹엇덴은 허

---

* '패밥'은 '바닷말인 넓패 쉰 것을 섞어서 지은 밥'을 말한다.

는디, 나도 **놈** 헌 거 혼번 간 얻어먹어 봤어. 헤변 ㄴ려간 때. (패밥이 그거 너무 까다로워. 까락까락하지. 흉년들 때 많이 먹었다고는 하는데, 나도 남 한 거 한 번 가서 얻어먹어 봤어. 해변 가려간 때.)

¶ 그 말을 허믄 **놈이나** 웃나. (그 말을 하면 남이나 웃는다.)

¶ 이 메역 **놈을** 주랴 허영 기냥 정 와수다. (이 미역 남을 주랴 해서 그냥 져서 왔습니다.)

¶ **놈으로** 헹 죄 받는 사름도 하. 그게 놈 욮의 앚앗당 베락 맞는 거라. (남으로 해서 죄 받는 사람도 많아. 그게 남 옆에 앉았다가 벼락 맞는 거야.)

¶ **놈신디** 근지 맙센 헌 말이 더 뺄리 나돌아. (남한테 말하지 마십사고 한 말이 더 빨리 나돌아.)

[관용 표현]

놈 싼 홰에 깅이 잡나 표준어로 바꾸면 '남 컨 홰에 게 잡는다.'인데, '남의 덕으로 이익을 보게 되다.'는 것을 이르는 말.

놈의 숭틀민 이녁 숭 된다 표준어로 바꾸면 '남의 흉내질하면 이녁 흉 된다.'인데, '남의 흉이 제 흉이 된다.'는 것을 이르는 말.

놈의 쉐 들럭퀴는 건 보기 좋나 표준어로 바꾸면 '남의 소 날뛰는 것은 보기 좋다.'인데, '다른 사람의 일에 관심이 없다.'는 것을 비유적으로 이르는 말.

놈의 집광 관장살인 괴단 밥도 뒁 간다 표준어로 바꾸면 '남의 집과 벼슬살이는 끓던 밥도 두고 간다.'인데, '시키는 대로 하다.'를 비유적으로 이르는 말.

[관련 어휘]

놈놈 남남.

놈모르다·놈몰르다 남모르다.

놈부끄럽다·놈부치럽다 남부끄럽다.

놈우세 남우세. 남에게서 비웃음과 놀림을 받게 됨.

놈우세허다·놈우세ᄒᆞ다 남우세하다. 남에게서 놀림이나 비웃음을 받게 되다.

435

놈의눈 남의눈. 여러 사람의 시선.

놈의대동 남과 별로 차이가 없어 대체로 같거나 비슷함.

놈의우·놈의우의 여자가 아이 밴 것을 점잖게 일컫는 말.

놈의일 남의일. 관계가 없거나 무관심한 일.

놈의일허다·놈의일ᄒ다 품팔다.

놈의집살다 남의집살다.

놈의집살이 소라게. '소라게'를 비유적으로 이르는 말.

●●●● **더 생각해 보기**

동음어

놈¹ 남. 자기 이외의 다른 사람.

¶ <u>놈</u> ᄒ덴 흔 건 다 ᄒ여시난에. (남 한다고 한 것은 다 했으니까.)

놈² 놈. '사람'를 낮잡아 이르는 말.

¶ 잇는 <u>놈이</u> 노름을 헙주. 없는 <u>놈은</u> 돈도 주지 아녕 노름을 못헙니다. (있는 놈이 노름을 합지요. 없는 놈은 돈도 주지 않아서 노름을 못합니다.)

[기본 의미] 말이나 글, 또는 어떠한 행동 따위로 나타내는 속내.

[대응 표준어] 뜻

[방언 분화형] 뜻

[문헌 어휘] 뜯《용비어천가》 4장)

[어휘 설명] '뜻'은 '말이나 글, 또는 어떠한 행동 따위로 나타내는 속내'라는 뜻을 기본 의미로 하여, '무엇을 하려고 속으로 먹은 마음, 어떠한 일이나 행동이 지니는 가치나 중요성' 등의 의미를 지닌다. 방언형 '뜻'은 문헌 어휘 '뜯'이 '뜯〉뜻'의 변화 과정을 거친 어형이다.

[용례]

¶ 그딘 벨난 **뜻이** 엇일 거우다. (거기는 별난 뜻이 없을 겁니다.)

¶ 말허는 그 **뜻을** 난 잘 몰르크라. (말하는 그 뜻을 난 잘 모르겠어.)

¶ 사발시린* 큰상 놔근에 상에 다 올립니다. 게난 그거는 초상덜 나시 올리는 **뜻이**주. ('사발시리'는 큰상 놔서 상에 다 올립니다. 그러니 그거는 조상들 못 올리는 뜻이지.)

¶ 저 어른이 무신 **뜻으로** 그런 말을 허염신고예? (저 어른이 무슨 뜻으로 그런 말을 하고 있을까요?)

¶ 그런 **뜻에** 찬동헐 순 엇덴 굴아고. (그런 뜻에 찬동할 순 없다고 말하더고.)

¶ 나가 이제 생각허민 그 귀신이 아마 이 땅에 지신이라는 게, 귀신이 잇단

─────

* '사발시리'는 '사발에 쌀가루를 넣어서 쪄낸 떡'을 말한다.

그런 뜻일 테주. (내가 이제 생각하면 그 귀신이 아마 이 땅에 지신이라는 게, 귀신이 있다는 그런 뜻일 테지.)

¶ 포제는 무슨 뜻이냐 허면이 그 포제는이 하늘허고 땅을 섬기는 거지. 일년 뭐인가 우리가 곡식 잘되게 헤 주고, 땅도 곡식 다 크게 헤 주라고. 거일 년에 혼번 정월에. (포제는 무슨 뜻이냐 하면 그 포제는 하늘하고 땅을 섬기는 거지. 일 년 뭐인가 우리가 곡식 잘되게 해 주고, 땅도 곡식 다 크게 해 주라고. 거일년에 한번 정월에.)

¶ 황토로 헤당 뿌리는 건데, 건 아주 정성스럽게 신이 들어오라고, 청결허다는 뜻으로 그 황토를 뿌렷지. (황토를 해다가 뿌리는 건데, 건 아주 정성스럽게 신이 들어오라고, 청결하다는 뜻으로 그 황토를 뿌렸지.)

[관련 어휘]

뜻맞다 뜻맞다. 뜻이 맞다.

말뜻 말뜻.

혼뜻 한뜻.

사발시리(위)와 흰돌레

말

[기본 의미] 사람의 생각이나 느낌 따위를 표현하고 전달하는 데 쓰는 음성 기호.

[대응 표준어] 말

[방언 분화형] 말

[문헌 어휘] 말(《용비어천가》 28장)

[어휘 설명] '말'은 '사람의 생각이나 느낌 따위를 표현하고 전달하는 데 쓰는 음성 기호'를 기본 의미로 하여, '음성 기호로 생각이나 느낌을 표현하고 전달하는 행위. 또는 그런 결과물, 일정한 주제나 줄거리를 가진 이야기, 단어·구·문장 따위를 통틀어 이르는 말, 소문이나 풍문 따위를 이르는 말, 다시 강조하거나 확인하는 뜻을 나타내는 말, 어떤 행위가 잘 이루어지지 않음을 탄식하는 말, 앞에서 언급한 사실을 강조하여 말하는 뜻을 나타내는 말, 어감을 고르게 할 때 쓰는 군말' 등의 뜻을 지닌다. 방언형 '말'은 문헌 어휘 '말'이 그대로 쓰인 경우다.

[용례]

¶ 정성허젠 허민 헐 말이 없이 거세기 허니까 허지. 요세 사름덜 어디 정성? (정성하려고 하면 할 말이 없이 거시기 하니까 하지. 요새 사람들 어디 정성?)

¶ 시리떡 칠 때 이상허게 부정헌 말을 걷거나 허면 떡이 혼착은 안 익엉은에, 떡이 숨통을 그치는 셍이라. (시루떡 찔 때 이상하게 부정한 말을 하거나 하면 떡이 한쪽은 안 익어서, 떡이 숨통을 끊는 모양이야.)

¶ 말 들엉 보면 그 씨집 장게가는 날은 그 스또도 신랑 지나가가면은 내

럿다 헤여. (말 들어 보면 그 시집 장가가는 날은 그 사또도 신랑 지나가면 내
렸다 해.)

¶ 우리 조부님은 메칠 굶어도 그 춤, 고지서 무거운 낭헌에 짊언 그냥 와낫
젠 허민, 다덜 그 말덜 들엉 겁난덜. (우리 조부님은 며칠 굶어도 그 참, 숲에서
무거운 나무해서 짊어서 그냥 왔었다고 하면, 다들 그 말들 들어서 겁나서들.)

¶ 그 숭어가 그 원담 안네, 축항 베 메는 안네 왕 막 헐 말 엇이 뛰어. (그 숭
어가 그 돌발 안에, 축항 배 매는 안에 와서 막 할 말 없이 뛰어.)

¶ 추렴허는 디 가믄 아무 일이나 헤사 허는디 그걸 못허여. 살생혜영 거세
기 허는 딘 아예 그냥 멀리허렌 헌 팔자가 그런 거 フ타. 게난 놈덜 굴으
민 그냥 웃음만 헐 말이주마는. (추렴하는 데 가면 아무 일이나 해야 하는데 그
걸 못해. 살생해서 거시기 하는 데는 아예 그냥 멀리하라고 한 팔자가 그런 거 같아.
그러니까 남들 말하면 그냥 웃음만 할 말이지마는.)

¶ 드르에 가민 여기는 억새가 하. 이딘 말론 어웍인디. (들에 가면 여기는 억
새가 많아. 여기 말로는 '어웍'인데.)

[관용 표현]

말 고우민 비제기 사레 갓당 둠비 상 온다 표준어로 바꾸면 '말 고우면 비지 사러
갔다가 두부 사서 온다.'인데, '말을 고맙게 하면 생각했던 것보다 더 잘해
주는 것'을 비유적으로 이르는 말.

말은 굴앙 맛 괴긴 씹엉 맛 표준어로 바꾸면 '말은 말해야 맛, 고기는 씹어서
맛.'인데, '할 말은 해야 함'을 비유적으로 이르는 말.

말 늘다 '말을 잘한다.'를 비유적으로 이르는 말.

말 모른 디 '타향'을 비유적으로 이르는 말.

말 모른 짐승 '말을 못하는 짐승'을 강조하여 이르는 말.

말 졸리다 '말 자본이 딸리다.'를 이르는 말.

말 한 사름 말로 망헌다 표준어로 바꾸면 '말 많은 사람 말로 망한다.'인데, 말
을 삼가야 한다.'를 비유적으로 이르는 말.

말은 으구리 똥은 싸구리 표준어로 바꾸면 '말은 약보 똥은 싸개'인데, '말만 하고 실천을 하지 않는 사람'을 비유적으로 이르는 말.

말이 아니믄 대답을 말곡 질이 아니믄 가지 말라 '말과 행동을 바르게 해야 함'을 강조하여 이르는 말.

말이 흔 집 두 집 넘나 '소문나다'를 비유적으로 이르는 말.

[관련 어휘]

거짓갈·그짓갈·그짓말·기짓말 거짓말.

군말·굴룬말 군말.

궂인말 궂은말. 듣기에 언짢은 말.

곧다·골다·말곧다·말골다 말하다.

뒷말·훗말 뒷말.

막말 막말.

말곡지 말꼭지.

말귀 말귀.

말굴암직ᄒ다 말할 만하거나 말할 값어치가 있다.

말깝 말값. 말을 한 보람.

말끗 말끝.

말나다 말나다.

말다툼·말ᄃ툼 말다툼.

말더듬다 말더듬다.

말더듬이 말더듬이.

말데꾸 말대꾸.

말말 말말.

말말끗 말말끝.

갈머리 말머리.

갈명·말미 말명.

말버렁거지·말버르젱이 '말버릇'을 속되게 이르는 말.

말버릇 말버릇.

말벗·입벗 말벗.

말빠다 여러 말을 하게 하여 속마음을 알아보다.

말솜씨 말솜씨.

말수 말수.

말씀·말쑴 말씀.

말씨 말씨.

말아니다 말아니다. 말이 이치에 맞지 아니하다.

말장시 말재기. 말쟁이.

말제끼다 무슨 일이 있어서 서로 말대꾸하다.

말질ᄒ다 말질하다.

말참견 말참견.

말참예 말참례.

말피막ᄒ다 말로써 난처함을 피하거나 막다.

바른말·바른소리 바른말.

벨말 별말.

빈말 빈말.

빈말ᄒ다 빈말하다.

선말 먼저 말하는 이야기.

셍거짓갈·셍거짓말·셍그짓갈·셍그짓말 생거짓말.

소도리 말전주.

소도리ᄒ다 말전주하다.

속엣말¹ 속엣말.

속엣말²·속펜말 속말.

쌍말 상말.

엿말·옛말 옛말.

예삿말·예숫말 예사말.

온말·정말 정말.

진말 긴말.

첫말·쳇말 첫말.

촌말 입찬말.

춈말 참말.

헛말¹ 잠꼬대.

헛말²·헛입 헛소리. 공연히 그냥 한번 해 보는 말.

헛말ᄒ다 헛말하다.

●●●● **더 생각해 보기**

동음어

말¹ 말. 사람의 생각이나 느낌 따위를 표현하고 전달하는 데 쓰는 음성 기호.
¶ 말장신 말 좋은 사름이라. (말쟁이는 말 좋은 사람이야.)

말² 말. 부피의 단위.
¶ 열닷 말이 흔 섬. (열닷 말이 한 섬.)

맛

[기본 의미]　음식 따위를 혀에 댈 때 느끼는 감각.

[대응 표준어]　맛

[방언 분화형]　맛

[문헌 어휘]　맛《석보상절》6:28

[어휘 설명]　'맛'은 '음식 따위를 혀에 댈 때 느끼는 감각'이라는 뜻을 기본 의미로 하여, '어떤 사물이나 현상에 대하여 느끼는 기분, 제격으로 느껴지는 만족스러운 기분' 등의 뜻을 지닌다. 방언형 '맛'은 문헌 어휘 '맛'이 그대로 쓰인 경우다.

[용례]

¶ 는물 낭 콩국* 끌리민 경 맛이 잇어. (배추 놔서 콩국 끓이면 그렇게 맛이 있어.)

¶ 피국죽**을 먹어봐사 그 맛을 알게 되어. 안 먹어본 사름덜은 잘 몰라. ('피국죽'을 먹어봐야 그 맛을 알게 되어. 안 먹어본 사람들은 잘 몰라.)

¶ 술은게 취허는 맛에 먹는 거주, 무신 맛에 먹어게? (술은 취하는 맛에 먹는 거지, 무슨 맛에 먹어?)

¶ 조팝은 든 감저 맛으로 목 알러레 느려가. (조밥은 단 고구마 맛으로 목 아래로 내려가.)

* '콩국'은 '콩가루에 배추나 무 따위를 썰어 넣어서 함께 끓인 국'을 말한다. 주로 겨울철에 먹는다.
** '피국죽'은 '국에 핍쌀을 넣어서 쑨 죽'이다.

¶ 전복 맛사 다 ㄱ뜨주게, 다. (전복 맛이야 다 같지, 다.)

¶ 감저밥은 감저 썰엉 허믄 밥맛이 맛만 잇주. 감저 놓으난 둘큼둘큼허여.

   (고구마밥은 고구마 썰어서 하면 밥맛이 맛만 있지. 고구마 넣으니까 달큼달큼해.)

[관련 어휘]

구미·귀미·입구미 구미(口味).

뒷맛·훗맛 뒷맛.

뒷입맛·훗입맛 뒷입맛.

든맛 단맛.

맛나다 맛나다.

맛데강이엇다·맛데강이웃다 '맛없다'를 속되게 이르는 말.

맛들다 맛들다.

맛보다 맛보다.

맛싯다·맛잇다 맛있다.

맛엇다·맛웃다 맛없다.

메운맛 매운맛.

물맛 물맛.

살을맛 살맛.

새맛 새맛.

손맛 손맛.

신맛 신맛.

쓴맛·씬맛 쓴맛.

입맛 입맛.

짠맛·쯘맛·찬맛·춘맛 짠맛.

칼칼 아주 쓰디쓴 맛을 표현하는 말.

소리

[기본 의미]　물체의 진동에 의하여 생긴 음파가 귀청을 울리어 귀에 들리는 것.

[대응 표준어]　소리

[방언 분화형]　소리

[문헌 어휘]　소리(《월인천강지곡》상:17)

[어휘 설명]　'소리'는 '물체의 진동에 의하여 생긴 음파가 귀청을 울리어 귀에 들리는 것'이라는 뜻을 기본 의미로 하여, '말, 사람의 목소리, 여론이나 소문, 새나 짐승의 울음' 등의 뜻을 지닌다. 방언형 '소리'는 문헌 어휘 '소리'가 그대로 쓰인 경우다.

[용례]

¶ 목청 좋으난 소리가 쩌렁쩌렁허주. (목청 좋으니 소리가 쩌렁쩌렁하지.)

¶ 아버지, 허는 소리를 못헤 보고 커시난게. (아버지, 하는 소리를 못해 보고 컸으니까.)

¶ 얼 엇엉 영 바닥 페왕 보민 멘짝허영 올 고른 거. 영 줴민 바달바달바달바달 소리 나는 거. (얼 없어서 이렇게 바닥 펴 보면 매끈해서 올 고른 거. 이렇게 쥐면 바달바달바달바달 소리 나는 거.)

¶ 놀부난*양 집의 시난 팡팡허는 소리가 난. 그 놀 다 불언에 옥상에 가보난 항이 지네끼리 둥글어가멍 지네끼리 부닥치멍 다 깨져 분 거라. ('놀부니까요' 집에 있으니 팡팡하는 소리가 났어. 그 바람 다 불어서 옥상에 가보니 항아

'놀불다'는 '모진 바람이 갑자기 일어나 불다.'는 의미다.

리가 저들끼리 굴러가며 저들끼리 부딪치면서 다 깨져 버린 거야.)

¶ 아니, 어떵허난 원순 외나무다리에서 만남수가게? 허멍. 게난 가이가 허는 소리가 벌엉 물쿠덴. (아니, 어떡하니까 원수는 외나무다리에서 만납니까? 하면서. 그러니까 개가 하는 소리가 벌어서 물겠다고.)

[관용 표현]

소리 엇인 똥내 표준어로 바꾸면 '소리 없는 똥내'인데, '가만가만하는 척하면서도 일을 저지르는 것'을 비유적으로 이르는 말.

[관련 어휘]

거자랑 흰소리. 터무니없이 자랑으로 떠벌리거나 거드럭거리며 허풍을 떠는 말.

군소리·굴룬소리 군소리.

궂인소리 궂은소리.

꿩꿩 꺽꺽. 장끼가 우는 소리.

꿩꿩푸드등 꺽꺽푸드럭. 장끼가 울며 홰치는 소리.

둑소리 닭소리.

벨소리 별소리.

서우젯소리 서우젯소리.

선소리 메기는소리. 선소리.

소리꾼 소리꾼.

소리지르다·소리질르다 소리지르다.

소리치다 소리치다.

소리ᄒ다 소리하다. 민요·노래·잡가 등을 부르다.

솜비소리·솜비질소리·숨비소리·숨비질소리 잠녀가 바다 위로 떠올라 물속에서 참았던 숨을 길게 내쉴 때 내는, 휘파람 같은 소리.

숨소리 숨소리.

448

쉐소리 심한 고통에 따르는 앓는 소리.

쐬소리 쇳소리.

아가·아가기여 아야.

앚인소리 세상 물정을 모르고 하는 소리.

앚찬소리 입찬소리. 자기의 지위나 능력을 믿고 지나치게 장담하는 말.

우시겟소리 우스갯소리.

절소리 파돗소리.

죽어가는소리·죽어지는소리 죽는소리.

죽어가는소리ㅎ다·죽어지는소리ㅎ다 죽는소리하다.

존다니·존당이·존소리 잔소리.

코막은소리 콧소리.

콧소리 잘 때 요란하게 코를 골며 내는 소리.

큰소리 큰소리.

헛말·헛입 헛소리.

헹상소리 상엿소리.

혀뜩ㅎ소리·희어뜩ㅎ소리 허튼소리.

●●●● **더 생각해 보기**

동음어

소리[1] 소리. 물체의 진동에 의하여 생긴 음파가 귀청을 울리어 귀에 들리는 것.
¶ 막 불러도 아무 소리도 안 나라게. (마구 불러도 아무 소리도 안 나더라.)

소리[2] 소리. 가사에 곡조를 붙여 목소리로 부를 수 있게 만든 음악.
¶ 밧불리는 물은 소리로 몰아. (발밟는 말은 소리로 몰아.)

[기본 의미] 무엇을 이루거나 적절한 대가를 받기 위하여 어떤 장소에서 일
정한 시간 동안 몸을 움직이거나 머리를 쓰는 활동.

[대응 표준어] 일

[방언 분화형] 일

[문헌 어휘] 일(《용비어천가》1장)

[어휘 설명] '일'은 '무엇을 이루거나 적절한 대가를 받기 위하여 어떤 장소에
서 일정한 시간 동안 몸을 움직이거나 머리를 쓰는 활동'이라는 뜻을 기본 의
미로 하여, '해결해야 하거나 처리해야 하는 사건, 어떤 현상이 특정 당사자
에게 생긴 사정, 어떤 사고나 사태에 관련한 행위, 실제로 겪거나 본 적이 있
는 어떤 경험' 등의 뜻을 지닌다. 방언형 '일'은 문헌 어휘 '일'이 그대로 쓰인
경우다.

[용례]

¶ 일이 하믄 일부제, 밧이 하믄 땅부제. (일이 많으면 일부자, 밭이 많으면 땅
부자.)

¶ 버른*이엔 헌 건 쓸데가리엇이 일을 만들멍 뎅긴덴 허는 말이주기. ('버
른'이라고 한 건 쓸데없이 일을 만들며 다닌다고 하는 말이지.)

¶ 촌의 살민 일에 몰려. (촌에 살면 일에 몰려.)

* '버른'은 '쓸데없이 만들어 내는 난잡한 행동이나 장난'을 말한다.
** '질 다끄다'는 '예전에 마을별로 할당된 마을 길을 보수하다.'는 의미다.

¶ 질 다끄레** 나옵서 허믄 나강 헐 일로 알앙덜 다 나와. (길 닦으러 나오십시오 하면 나가서 할 일로 알아서들 다 나와.)

¶ 밧 ᄒᆞ나가 만 평. 그거 다 농사지레, 두린 때, 게나제나 우리 어머니네 일만 일만 헤 부난 다리가, 처녀 때 다리가 고장 난 거. (밭 하나가 만 평. 그거 다 농사지으러, 어릴 때, 그러나저러나 우리 어머니네 일만 일만 해 버리니 다리가, 처녀 때 다리가 고장 난 거.)

[관용 표현]

일 난 집 사위 '제 구실을 제대로 하지 못하는 사람'을 비유적으로 이르는 말.

[관련 어휘]

군일·굴룬일 군일.

궂인일 궂은일.

그잣일 거저일. 쉽고 단순하게 여길 만한 일.

날일 날일.

넘은일·지난일 이미 지나 버린 일.

놈의일 남의일.

동네일 동네일.

드릇일 들일.

막일¹ 큰일로서 마지막으로 치르는 일.

막일² 막일. 이것저것 가리지 아니하고 닥치는 대로 하는 일.

먹씰일·먹을일 먹쓸일. 먹고 쓰고 할 일로, 잔치·장례와 같이 돌아보아야 할 큰일.

ᄆᆞ른일·몰른일 마른일. 바느질이나 길쌈 따위와 같이 손에 물을 묻히지 않고 하는 일.

밤일 밤일.

밧갓일·밧겻일·뱃겻일 바깥일.

451

밧일 밭일.

벤일·쎈일 처리해 나가기에 힘에 겨운 일.

벨일 별일.

불매질·불미질 대장일. 풀무질.

불미질ᄒ다·불미ᄒ다 대장일하다. 풀무질하다.

볼일 볼일.

삭일·쿰일·품일 삯일.

산일·손일 선일. 서서 하는 일.

쌍일 상일. 쌍일. 별로 기술이 필요하지 않은 막일.

아진일 앉은일. 자리에 앉아서 하는 일.

예샷일·예솟일 예삿일. 예상일.

일꾼 일꾼.

일부제 일부자.

일성·일성머리 일솜씨.

일속·일속네 일속. 일의 내용이나 실속.

일없다·일엇다·일읎다·일웃다 일없다.

일ᄒ다 일하다.

젖인일 바다에서 하는 일.

즌일 잔일.

춘일·춤일 하루 종일 걸리는 일. 또는 그런 일감.

큰일 큰일.

큰일나다 큰일나다.

헉일·흑일·혹일 흙일.

헛일 헛일.

짝

[기본 의미]   둘 또는 그 이상이 서로 어울려 한 벌이나 한 쌍을 이루는 것. 또
            는 그중의 하나.

[대응 표준어] 짝

[방언 분화형] 짝·착

[문헌 어휘]   짝(《훈민정음》해례본:합자해)

[어휘 설명]   '짝'은 '둘 또는 그 이상이 서로 어울려 한 벌이나 한 쌍을 이루
는 것. 또는 그중의 하나'라는 뜻을 기본 의미로 하여, '짝을 세는 단위, 배필
을 속되게 이르는 말, 비할 데 없이 대단하거나 매우 심함을 나타내는 말'
등의 뜻을 지닌다. 방언형 '짝'은 문헌 어휘 '짝'이 '짝〉짝'의 변화 과정을 거
친 어형이며, 다른 방언형 '착'은 문헌 어휘 '짝'이 '짝〉착'으로, 어두 자음군
'ㅄ'이 'ㅊ'으로 격음화한 어형이다.

[용례]

❡ 제비쌀*은 영 제비뽑는 거난 영 혜근에 영 봐근에 으답 방울 허민 짝 맞
  게 나오난 좋겐 허곡 짝 틀리게 나오믄 궂이켄 허곡. ('제비쌀'은 이렇게 제
  비뽑는 거니까 이렇게 해서 이렇게 봐서 여덟 알 하면 짝 맞게 나오니까 좋겠다 하
  고 짝 다르게 나오면 궂겠다고 하고.)

❡ 묵도 영 보니까 다섯 고지 올리는 사름, 세 고지 올리는 사름 허더라고.

* '제비쌀'은 '제비로 쓰는 쌀'을 말한다. '제비'란 '신에게 올린 사발의 흰쌀을 손가락으로 집거나 공중으로
  던져 손으로 잡고 그 잡힌 쌀알의 수효로 좋고 나쁨을 알아보는 일'을 뜻한다.

제비쏠

 짝글르게**. 짝 맞게 아녕. (묵도 이렇게 보니까 다섯 꼬치 올리는 사람, 세 꼬치 올리는 사람 하더라고. '짝그르게'. 짝 맞게 아니해서.)

¶ 우신 저쪽에나 이쪽에나 가근헌 궨당으로 어느 정도로 사는 짝 맞은 사름***으로 보내어. (위요는 저쪽에나 이쪽에나 가근한 권당으로 어느 정도로 사는 짝 맞은 사람으로 보내어.)

¶ 나 산 때 짝이나 지와시민. 나 산 때, 뭐. 나 죽어 불어도 살긴 살지. 그게 아니라이, 죽어가멍 속이 아프지. (내 산 때 짝이나 지었으면. 내 산 때, 뭐. 나 죽어 버려도 살긴 살지. 그게 아니라, 죽어가면서 속이 아프지.)

¶ 대문도 널문이난 크게 두 짝으로 허여. (마루문도 널문이니까 크게 두 짝으로 해.)

 ** '짝글르다'는 '한 짝이 되어야 할 신 따위가 짝짝이가 되다.'는 뜻을 지닌 어휘다.
*** 여기서 '짝 맞은 사름'은 부부를 비유적으로 이르는 말이다.

454

[관련 어휘]

고리짝·고리착 고리짝. 대오리 따위로 엮어서 상자같이 만든 물건.

ㄱ레착 맷돌짝.

문짝·문착 문짝.

부담짝·부담착 부담짝. 옷이나 책 따위의 물건을 담아서 말에 실어 운반할 때
　쓰는 작은 농짝.

신착 신짝.

알짝·알착¹ 아래짝.

알착² 밑짝.

양짝·양착 양짝.

우착 위짝.

짝가름·착가름 ①둘로 나눔. ②둘을 하나로 나눔.

짝그르다·짝글르다·착그르다 한 짝이 되어야 할 신 따위가 짝짝이가 되다.

짝글레기·착글레기 짝짝이.

짝체우다·짝쳅다·착체우다·착쳅다 짝 채우다.

찝신착·초신착 짚신짝.

차롱착 채롱의 위아래 짝을 각기 이르는 말.

동음어

짝¹ 짝. 둘 또는 그 이상이 서로 어울려 한 벌이나 한 쌍을 이루는 것. 또는 그중의 하나.
¶ 아직은 짝이 엇인 셍이라. (아직은 짝이 없는 모양이야.)

짝² 쪽. 쪼개진 물건의 한 부분.
¶ 이 늠뼤 멧 짝으로 썰코마씸. (이 무 몇 쪽으로 썰까요?)

짝³ 쪽. 방향을 가리키는 말.
¶ 시렁 잇는 짝이 굴묵이주게. (벽장 있는 쪽이 '굴묵'이지.)

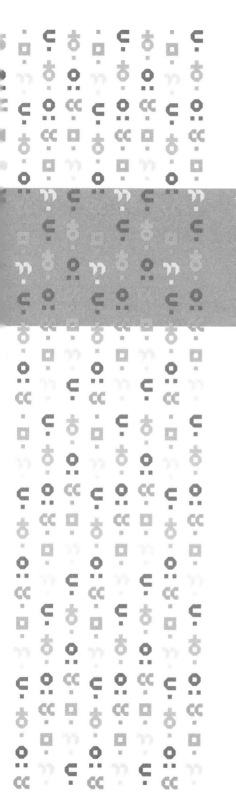

대명사

그

[기본 의미]   말하는 이와 듣는 이가 아닌 사람을 가리키는 인칭 대명사. 또
는 앞에서 이미 이야기하였거나 듣는 이가 생각하고 있는 대상
을 가리키는 지시 대명사.

[대응 표준어]   그

[방언 분화형]   그

[문헌 어휘]   그(《월인천강지곡》상:4)

[어휘 설명]   '그'는 '말하는 이와 듣는 이가 아닌 사람을 가리키는 대명사' 또
는 '앞에서 이미 이야기하였거나 듣는 이가 생각하고 있는 대상을 가리키
는 말(지시 대명사)'이다. 방언형 '그'는 문헌 어휘 '그'가 그대로 쓰인 경우다.

한편 '그'는 관형사로, '말하는 이가 듣는 이 쪽에 가까이 있는 사물이나
사람 따위를 가리킬 때 쓰는 말'이기도 하다.

[용례]

¶ 암만 봐도게 그가 나보담은 활씬 낫고게. (암만 봐도 그가 나보다는 훨씬 낫
고.)

¶ 요즘은 그보다 좋은 쑬들이 하니까 주식용으로는 안허고 새용으로 허
고. (요즘은 그보다 좋은 쌀들이 많으니까 주식용으로는 않고 새용으로 하고.)

¶ 새각시 우시 두 개, 새시방 우시 두 개. 그에 들랑 올 사람은 들랑 오고.
경 안 헌 사름은 말고. (새색시 위요 두 개, 새신랑 위요 두 개. 그에 따라서 올 사
람은 따라 오고. 그렇게 안 한 사람은 말고.)

¶ 숫 굽는 거 그까지는 안 헤보고. (숯 굽는 거 그까지는 안 해보고.)

¶ 초석 올리라, 뭐 내리우라 이제 그처럼 헌 거 닮아. (돛 올려라, 뭐 내려라 이
   제 그처럼 한 거 같아.)

¶ 멩지로 대소간 허는 건 옛날은 남자 어른덜 바지저구리, 후루매 그치룩
   헌 거 허당 남은 건 호상. (명주로 대소간 하는 건 옛날은 남자 어른들 바지저고
   리, 두루마기 그처럼 한 거 하다가 남은 건 수의.)

¶ 미녕 감 들여근에 일헐 때 입는 거. 몸뻬 ㄱ튼 거. 광목은 그보담 ㅎ끔 고
   급으로. (무명 감 들여서 일할 때 입는 거. 몸뻬 같은 거. 광목은 그보다 조금 고급
   으로.)

[관련 어휘]
그거 그거.
그것 그것.
글미 그이.

[기본 의미]　말하는 이가 대등한 관계에 있는 사람이나 아랫사람을 상대하여 자기를 가리키는 일인칭 대명사.

[대응 표준어]　나

[방언 분화형]　나

[문헌 어휘]　나(《용비어천가》115장)

[어휘 설명]　'나'는 '말하는 이가 대등한 관계에 있는 사람이나 아랫사람을 상대하여 자기를 가리키는 일인칭 대명사'이다. 방언형 '나'는 문헌 어휘 '나'가 그대도 쓰인 경우다. 이 방언형 '나'는 문장에 따라 '주격', '관형격'으로 구분되기도 하고["그건 나 홀 일이난 그냥 내불라."(그건 내 할 일이니 그냥 내버려라.), "나 복력이 날 울럼꾸나 ㅎ멍 살암수다."(내 복력이 날 울리는구나 하며 살고 있습니다.)], "나가 다 알앙 허쿠다.(내가 다 알아서 하겠습니다.)"에서처럼 주격 조사 '가'가 독립형에 바로 연결되는 것이 '내가' 형태로 나타나는 표준어와는 다른 점이다.

　　한편 '나'는 '자기 자신'의 뜻인 명사로 쓰이기도 한다.

[용례]

¶ 나가 처음에 결혼헐 땐 혼수품 그런 거 엇어. 그자 이불허고 요허고 무신 궤 ㅎ나허고. 그거 헤 가는 게 기본. (내가 처음에 결혼할 때는 혼수품 그런 거 없어. 그저 이불하고 요하고 무슨 궤 하나하고. 그거 해 가는 게 기본.)

¶ 살당 보난 그자 혼자, 집의 나 혼자 사는 거. (살다 보니 그저 혼자, 집에 나 혼자 사는 거.)

¶ 무사산디 경 날 미워ᄒ여. (왜인지 그렇게 날 미워해.)

¶ 시방은 다 나신디 나가떨어져. (시방은 다 나한테 나가떨어져.)

¶ 봉덕, 나도 막 어린 때 ᄒ번 봐낫주. 경 쉽질 아녀서. (봉당, 나도 아주 어릴 때 한번 봤었지. 그렇게 쉽질 않아.)

¶ 이딘 우리 집사름허고 나허고만 살암수다. (여기는 우리 집사람하고 나하고만 살고 있습니다.)

[관련 어휘]

나돌놈·내아돌놈 표준어로 바꾸면 '내 아들놈'인데, '남자 아이를 귀엽게 이르는 말' 또는 욕설을 할 때 습관적으로 쓰는 말.

●●●● **더 생각해 보기**

동음어

나¹ 나. 말하는 이가 대등한 관계에 있는 사람이나 아랫사람을 상대하여 자기를 가리키는 일인칭 대명사.
¶ 나 돈에 무신 경 걱정ᄒ는 사름 아니우다. (나 돈에 무슨 그렇게 걱정하는 사람 아닙니다.)

나² 나이. 세상에 나서 살아온 햇수.
¶ 나은 싀 설이난 욱은 애긴 아니우다. (나이는 세 살이니 약은 아기는 아닙니다.)

나³ 살. 나이를 세는 단위.
¶ 그 집 손지가 우리보담 ᄒ 서너 나 우의 사름이난 이제ᄭ지 살진 아녀실 거라. (그 집 손자가 우리보다 한 서너 살 위의 사람이니까 이제까지 살진 않았을 거야.)

[기본 의미] 듣는 이가 친구나 아랫사람일 때, 그 사람을 가리키는 이인칭 대명사.

[대응 표준어] 너

[방언 분화형] 너·느·니·(이녁·지녁)

[문헌 어휘] 너(《월인석보》8:98), 이녁(《계축일기》:54)

[어휘 설명] '느'는 '듣는 이가 친구나 아랫사람일 때, 그 사람을 가리키는 이인칭 대명사'이다. 방언형 '느·니'는 새롭게 형성된 어형이고, 다른 방언형 '너'는 문헌 어휘 '너'가 그대로 쓰인 경우다.

한편 '너' 뜻으로 '이녁'과 '지녁'이 쓰이기도 한다.

[용례]

¶ 요번은 느가 허여시믄 좋키여, 경 글아. (요번은 네가 했으면 좋겠다, 그렇게 말해.)

¶ 애기 시뭇 궂으민 아이고, 야인 느네 어멍 더운 뭇국물도 못 얻어 먹으키여 경 혜낫수다게. (아기 심보 궂으면 아이고, 얘는 너네 어머니 더운 무릇국물도 못 얻어 먹겠다 그렇게 했었습니다.)

¶ 물 아래 들어가렌 허영 재미로 들어강 오래 춤으민 아이고, 느 막 숨 질다, 숨 질다 허멍, 야인 물질 잘허켜, 경. (물 아래 들어가라고 해서 재미로 들어가서 오래 참으면 아이고, 너 아주 숨 길다, 숨 길다 하며, 앤 물질 잘하겠다, 그렇게.)

¶ 늘 울엉 사온 거여게. (널 위해서 사온 거야.)

¶ 나 <u>느신디</u> 빗진 장녜 웃다. (나 너한테 빚진 장리 없다.)

¶ 돈도 웃고 아무것도 엇이난 아버지가 <u>늘랑</u> 일만 허라 허연 일만 허당 보난에 영 신세가 되어 불엇는디. (돈도 없고 아무것도 없으니까 아버지가 너랑 일만 해라 해서 일만 하다가 보니까 이렇게 신세가 되어 버렸는데.)

[관련 어휘]

너나엇이·너나웃이 너나없이.

네미·느에미 너의 어미를 나삐 일컫는 말.

네비·느애비 너의 아비를 나삐 일컫는 말.

누게

[기본 의미] 잘 모르는 사람을 가리키는 인칭 대명사.

[대응 표준어] 누구

[방언 분화형] 누·누게·누구

[문헌 어휘] 누(《용비어천가》99장)

[어휘 설명] '누게'는 '잘 모르는 사람을 가리키는 인칭 대명사'를 비롯하여 '특정한 사람이 아닌 막연한 사람을 가리키는 말, 가리키는 대상을 굳이 밝혀서 말하지 않을 때 쓰는 인칭 대명사' 등의 뜻을 지닌다. 방언형 '누'는 문헌 어휘 '누'가 그대로 쓰인 경우고, 방언형 '누게'는 문헌 어휘 '누'에 의문의 '-게'가 연결되어 이루어진 형태다. 다른 방언형 '누구'는 문헌 어휘 '누'와 의문의 '-고'가 연결되어 '누고'가 '누고〉누구'로의 변화 과정을 거친 어형이다.

[용례]

¶ 누게가 경 곧아니? (누가 그렇게 말하더냐?)

¶ 누게 촐 잘 무끈덴 허민 그 사름덜 빌어 가. (누구 꼴 잘 묶는다고 하면 그 사람들 빌려 가.)

¶ 얼멩이 누게 뎅기단 봉가간고라 엇어. (어레미 누가 다니다가 주워갔는지 없어.)

¶ 밥주리 빈주룽허게 이런 디 끼와 아정 뎅기멍 누게 도렌 허민 주지도 안 허곡. 결과적으로 다 죽여 불멍. (잠자리 나란하게 이런 데 끼워 가지고 다니며 누구 달라 하면 주지도 않고. 결과적으로 다 죽여 버리면서.)

¶ 누겔 더 불러시믄 되크넨 들어봐. (누구를 더 불렀으면 되겠니 물어봐.)

¶ 죽어져도 좋으난 니 빠줍센 허난 누게 보징앚이렌 헌 셍이라. (죽어도 좋
으니 이 빼주십사고 하니 누구 보증서라고 한 모양이야.)

¶ 누게로 헹 웃느니게? 아이 낭 웃주, 돈 낭은 못 웃어. (누구로 해서 웃느냐?
아이 놔서 웃지, 돈 놔서는 못 웃어.)

¶ 건 누게신디나 다 신 거여게. (건 누구에게나 다 있는 거야.)

[관련 어휘]

누게누게·누구누구 **누구누구.**

우리

[기본 의미] 말하는 이가 자기와 듣는 이, 또는 자기와 듣는 이를 포함한 여러 사람을 가리키는 일인칭 대명사.

[대응 표준어] 우리

[방언 분화형] 우리

[문헌 어휘] 우리(《용비어천가》3장)

[어휘 설명] '우리'는 '말하는 이가 자기와 듣는 이, 또는 자기와 듣는 이를 포함한 여러 사람을 가리키는 일인칭 대명사', '말하는 이와 관련된 것을 친근하게 가리키는 말' 등의 뜻을 지닌다. 방언형 '우리'는 문헌 어휘 '우리'가 그대로 쓰인 경우다.

[용례]

¶ 우리가 글을 알앙 그걸 적엄시믄 알주만은. (우리가 글을 알아서 그걸 적고 있으면 알지만.)

¶ 그건 우리 들음만 허고. 그 직접 헌 건 우린 안 보고게. (그건 우리 듣기만 하고. 그 직접 한 건 우린 안 보고.)

¶ 귤이 우리를 살린 거라. 귤 아니믄 살 수가 엇지. (귤이 우리를 살린 거야. 귤 아니면 살 수가 없지.)

¶ 우리로 그 우터레 어른덜은 다 경 살앗고. (우리로 그 위에 어른들은 다 그렇게 살았고.)

¶ 우리신디 욕헐 사름 엇다게. (우리한테 욕할 사람 없다.)

¶ 옛날은 낭저, 우리 시절엔 낭저 헤난. 우리 욱은* 후젠 그런 거 엇어. (옛날

은 낭자, 우리 시절엔 낭자 했었어. 우리 약은 후젠 그런 거 없어.)

¶ 광목 상 중의도 헹 입곡, 바지도 헹 입곡, 적삼도 헹 입고게. 우리 치메도 헹 입곡. (광목 사서 중의도 해서 입고, 바지도 해서 입고, 적삼도 해서 입고. 우리 치마도 해서 입고.)

¶ 우리 여기는 물망이 거치니까 돗국물**에 흥꼼만 끌려도 그것이 민작허는 거라. 막 잘 익엉. (우리 여기는 모자반이 거치니까 '돗국물'에 조금만 끓여도 그것이 문적하는 거야. 아주 잘 익어서.)

---

* '욱다'는 '어린아이가 지능적, 육체적으로 좀 자라다.'는 뜻을 지닌 어휘다.
** '돗국물'은 '돼지고기를 삶은 육수에 모자반과 무청을 함께 넣어 끓인 국'을 말한다. 지역에 따라서 '돗국·몰망쿡·몸국'이라고도 한다.

[기본 의미]   말하는 이에게 가까이 있거나 말하는 이가 생각하고 있는 대상을 가리키는 지시 대명사.

[대응 표준어]   이

[방언 분화형]   이

[문헌 어휘]   이(《석보상절》6:5)

[어휘 설명]   '이'는 '말하는 이에게 가까이 있거나 말하는 이가 생각하고 있는 대상을 가리키는 지시 대명사', '바로 앞에서 이야기한 대상을 가리키는 말' 등의 뜻을 지닌다. 방언형 '이'는 문헌 어휘 '이'가 그대로 쓰인 경우다.

한편 '이'는 관형사로, '말하는 이에게 가까이 있거나 말하는 이가 생각하고 있는 대상을 가리킬 때 쓰는 말'이기도 하다.

[용례]

¶ 꼴레이불*은 요 정도 두꺼와. 이보담도 얄롸. 꼴레이불을 누비이불이렌도 혜여. ('꼴레이불'은 요 정도 두꺼워. 이보다도 얇아. '꼴레이불'을 누비이불이라고도 해.)

¶ 이만이 무꺼근에 그걸 물 촉촉허게 적져근에 초근허게 낫당 덩드렁**으로 막 두드리민 막 폭삭ᄒ주게. 폭삭ᄒ민 그걸로 배 꽈. 이보단 더 ᄀᆞ늘게. (이만큼 묶어서 그걸 물 촉촉하게 적셔서 눅눅하게 놨다가 '덩드렁'으로 막 두드리면 아주 폭삭하지. 폭삭하면 그걸로 바 꼬아. 이보다는 더 가늘게.)

* '꼴레이불'은 '누비어서 만든 이불'을 말한다.

[관련 어휘]

이거 **이거.**

이것 **이것.**

일미 **이이.**

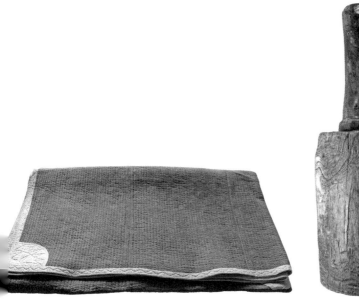

꿀레이블

덩드렁마께

※ '덩드렁'은 '짚 따위를 두들기는 데 쓰는, 딴딴하고 둥글넓적한 돌판'이다. 여기서는 '덩드렁마께'를 가리키는 말로 쓰였다. '덩드렁마께'는 '덩드렁'에서 사용하는 나무방망이다.

[기본 의미] 말하는 이와 듣는 이로부터 멀리 있는 대상을 가리키는 지시 대
명사.

[대응 표준어] 저

[방언 분화형] 저

[문헌 어휘] 뎌(《훈민정음》언해본:2)

[어휘 설명] '저'는 '말하는 이와 듣는 이로부터 멀리 있는 대상을 가리키는
지시 대명사'를 말한다. 방언형 '저'는 문헌 어휘 '뎌'가 '뎌〉져〉저'의 변화 과
정을 거친 어형이다.

한편 '저'는 관형사로, '말하는 이와 듣는 이로부터 멀리 있는 대상을 가
리킬 때 쓰는 말'로 쓰이기도 한다.

[용례]

¶ 춤깅인 갈색 비슷헌 게, 아주 저보다도 더 이뻐. (참게는 갈색 비슷한 게, 아
주 저보다도 더 이뻐.)

¶ 나도 저보담이사 잘허주게. (나도 저보다야 잘하지.)

[관련 어휘]

저거 저거.

저것 저것.

절미 저이.

수사

ᄒ나

136

[기본 의미]   수효를 세는 맨 처음 수.

[대응 표준어]   하나

[방언 분화형]   하나·ᄒ나·(ᄒᆞᆫ)

[문헌 어휘]   ᄒ나ᅙ《월인천강지곡》상:49)

[어휘 설명]   'ᄒ나'는 '수효를 세는 맨 처음 수'를 뜻한다. 'ᄒ나'가 명사로 쓰일 때는 '사물의 하나의 덩어리'라는 뜻을 기본 의미로 하여, '뜻·마음·생각 따위가 한결같거나 일치한 상태, 여러 가지로 구분한 것들 가운데 어떤 것을 가리키는 말, 오직 그것뿐, 전혀·조금도의 뜻을 나타내는 말, 일종의 뜻을 나타내는 말' 등의 뜻을 지닌다. 방언형 'ᄒ나'는 문헌 어휘 'ᄒ나ᅙ'의 끝소리 'ᅙ'이 탈락한 어형이다. 그러나 실제 언어생활에서는 "ᄒ나토 웃다.(하나도 없다.)"처럼 'ᅙ'이 나타나기도 한다. 또 다른 방언형인 '하나'는 문헌 어휘 'ᄒ나ᅙ'이 'ᄒ나ᅙ〉하나'의 변화 과정을 거친 어형이다. 한자어 '일(一)'도 쓰인다.

한편 단위를 나타내는 말 앞에 쓰여, 그 수량이 하나임을 나타내는 말은 'ᄒᆞᆫ(ᄒᆞᆫ 말)'으로 나타난다.

[용례]

¶ 집줄은 두 개를 만들어사 ᄒ나가 되어. (집줄은 두 개를 만들어야 하나가 되어.)

¶ 서너 번 세어 봐도 ᄒ나이 부작ᄒ여. (서너 번 세어 봐도 하나가 부족해.)

¶ 쉐나 뭐 시끌 거 엇인 사름은 그거 등얼로 등에다 지엉 ᄒ나씩 지어당 날

라다 놔. (소나 뭐 실을 거 없는 사람은 그거 등때기로 등에다 져서 하나씩 져다가 날라다 놔.)

¶ 아덜만 ㅇ슷에 뚤 ᄒ나에 일곱 오누이 이신 집이랍디다게. (아들만 여섯에 딸 하나에 일곱 오누이 있는 집이랍디다.)

¶ 애기 ᄒ나로 웃엇당 울엇당 ᄒ는 거. (아기 하나로 웃었다가 울었다가 하는 거.)

¶ 바당 ᄒ나 믿엉 살앗뎬 허주. 옛날엔 바당에가 돈이 하영 나난. (바다 하나 믿어서 살았다고 하지. 옛날엔 바다에서가 돈이 많이 나니까.)

¶ 살셍을 말렌 헌 세상인 셍이라. 둑 하나도 잡을 줄 몰른뎬 허난. (살생을 말라고 한 세상인 모양이야. 닭 하나도 잡을 줄 모른다고 하니까.)

¶ 모든 사름이 강 밧을 하나, 이젠 그 ᄂᆞ물팟을 사는 거라. 나 다섯 밧 사서, 늬 밧 사서, 경 혜여. (모든 사람이 가서 밭을 하나, 이제 그 배추밭을 사는 거야. 나 다섯 밭 샀어, 네 밭 샀어, 그렇게 해.)

¶ 저디 올래 아이덜 강 보민 마늘뎅구리* 그것딜 하나썩 들르고 와서. 그것이 간식이라이. (저기 오래 아이들 가서 보면 마늘밑 그것들 하나씩 들고 왔어. 그것이 간식이야.)

[관련 어휘]

초ᄒ로·초ᄒ르·초ᄒ를 초하루.

초ᄒ로날·초ᄒ를날·초ᄒ룻날 초하룻날.

ᄒ나ᄒ나 하나하나.

ᄒ르·ᄒ를 하루.

ᄒ거리집 외채. 외챗집. 단 한 채만으로 된 집.

ᄒ놈역 한 사람이 맡은 역할.

* '마늘뎅구리'는 '마늘밑'의 의미지만, 여기서는 '장아찌로 담근 마늘밑'을 말한다.

혼두어 한두. 그 수량이 하나나 둘임을 나타내는 말.

혼둘 한둘. 하나나 둘쯤 되는 수.

혼때 한때. 어느 한 시기.

혼물 한무날. 한물. ①음력 9일과 24일의 물때. 주로 제주도 동쪽 지역에서 이르는 말. ②음력 10일과 25일의 물때. 주로 제주도 서쪽 지역에서 이르는 말.

혼ᄆ슴·혼ᄆ심·혼ᄆ음 한마음. 하나로 합친 마음.

혼베 한배. 어미의 한 태에서 남.

혼쉐역 하루갈이.

혼잔 한잔. 간단하게 한 차례 마시는 차나 술 따위.

혼적·혼직 ①한술. ②한 모금.

혼지 외동무니. 윷놀이에서, 한 동만으로 가는 말.

혼찍 한몫. ①한 사람 앞에 돌아가는 배분. ②한 사람이 맡은 역할.

둘

137

[기본 의미] 하나에 하나를 더한 수.

[대응 표준어] 둘

[방언 분화형] 둘·(두)

[문헌 어휘] 둟(《월인천강지곡》상:14)

[어휘 설명] '둘'은 '하나에 하나를 더한 수'라는 뜻을 지닌다. 방언형 '둘'은 문헌 어휘 '둟'에서 끝소리 'ㅎ'이 탈락하여 쓰인 경우다. 한자어 '이(二)'도 쓰인다.

한편 단위를 나타내는 말 앞에 쓰여, 그 수량이 둘임을 나타낼 때는 '두 (두 말)'로 나타난다.

[용례]

¶ 칸이 세 개니까 하나, 둘, 셋 헤서. (칸이 세 개니까 하나, 둘, 셋 했어.)

¶ 우시 아방펜 어멍펜 양쪽에 사름 둘썩 가. 겨단 말쩨엔 여ᄌᆞ도 둘썩 뎅겻 주. (위요 내척 외척 양쪽의 사람 둘씩 가. 그러다가 말째에는 여자도 둘씩 다녔지.)

¶ 막 큰 것덜은 둘로 벌렁은에 써. (아주 큰 것들은 둘로 뻐개서 써.)

¶ 무끔 ᄒᆞ나 둘 헤영 숫자가 서른 개민 ᄒᆞᆫ 바리라. (묶음 하나 둘 해서 숫자가 서른 개면 한 바리야.)

¶ 콩찝도 잘 먹고, 조칩도 잘 먹고, 또 둘 다. 이제 그런 것가 엇어 부난이 그 드르에 가근에 촐 비어다근엥에 몰리왕 눌엇당 멕여. (콩짚도 잘 먹고, 조짚도 잘 먹고, 또 둘 다. 이제 그런 것이 없어 버리니까 그 들에 가서 꼴 베어다가 말려서 가리었다가 먹여.)

¶ 어떤 밧디 쉐 <u>둘도</u> 갈곡 너른 밧은 세 사름썩 갈레 가. (어떤 밭에 소 둘도 갈고 너른 밭은 세 사람씩 갈러 가.)

¶ 아이덜은 아들 <u>둘에</u> 똘 셋마씀. (아이들은 아들 둘에 딸 셋이요.)

[관련 어휘]

두갑씰 이겹실. 두 올을 겹으로 꼰 실.

두갓·두갓세 부부.

두거리집 두 채로 구성되어 있는 집.

두들펭·두벵들이·두펭들이 두 병의 분량을 담을 수 있는 병.

두말떼기·두말띠기 두 말들이 크기의 솥.

두물 두무날. 두물. ①음력 10일과 25일의 물때. 주로 제주도 동쪽 지역에서 이르는 말. ②음력 11일과 26일의 물때. 주로 제주도 서쪽 지역에서 이르는 말.

두번차줌·두줌 두잠. 누에가 두 번째 자는 잠.

두벳데기·양벳데기 쟁기로 밭을 갈면서 두 거웃으로 하나의 밭이랑을 만드는 밭갈이 방법.

두벳새끼·두벳첫새끼 두 번째로 낳은 짐승의 새끼.

두불 두벌. 초벌 다음에 두 번째로 하는 일.

두불검질 두벌매기. 밭을 두 번째로 매는 일.

두불장게 결혼했던 남자가 두 번째로 다시 장가가는 일.

두불콩 두불콩. 한 해에 두 번 심어 거두는 콩의 한 가지.

두서너 두서너. 그 수량이 둘이나 셋 또는 넷임을 나타내는 말.

두서넛 두서넛. 둘이나 셋 또는 넷쯤 되는 수.

두세 두세. 그 수량이 둘이나 셋임을 나타내는 말.

두쉐역 이틀갈이.

두씨앗 처첩.

두어 두어.

476

두일뢰 두이레. ①14일. ②아기가 태어난 지 14일이 되는 날.

두지 두동무니. 윷놀이에서, 두 동이 한데 포개어져 가는 말.

두칸집 이간집. 칸이 둘인 집.

두콜방에 쌍방아. 두 사람이 방앗공이로 박자를 맞추며 방아를 찧는 일. 또
　는 그런 방아.

둘리 둘이. 두 사람.

둘셋 두셋.

이대선 두대박이. 두 개의 돛대를 세운 배.

이틀 이틀

이틀날 이튿날.

이수·이수매·이쉬매 이듭. 말의 나이 두 살.

초이틀 초이틀.

초이틀날 초이튿날.

두불콩

셋

138

[기본 의미]   둘에 하나를 더한 수.

[대응 표준어]   셋

[방언 분화형]   셋·싯·(서·석·세·싀)

[문헌 어휘]   셓(《월인천강지곡》상:56)

[어휘 설명]   '셋'은 '둘에 하나를 더한 수'라는 뜻을 지닌다. 방언형 '셋'은 문헌 어휘 '셓'이 '셓〉셋'으로 'ㅎ'이 'ㅅ'으로 변화하는 과정을 거친 어형이며, 다른 방언형 '싯'은 새롭게 형성된 어형이다. 한자어 '삼(三)'도 쓰인다.

한편 단위를 나타내는 말 앞에 쓰여, 그 수량이 셋임을 나타낼 때는 '서(서 말)·석(석 되)·세(세 사람)·싀(식 뭇)'로 나타난다.

[용례]

¶ 딸 셋이 하덴 흐믄 말이 아니주. (딸 셋이 많다고 하면 말이 아니지.)

¶ 우리 어머님 오란 아들 셋 나곡 허난. 게난 식게만 열두 번, 멩질 세 번 허믄 열다섯 번. (우리 어머님 와서 아들 셋 낳고 하니까. 그러니까 제사만 열두 번, 명질 세 번 하면 열다섯 번.)

¶ 아덜은 흐나흐나흐는 게 셋을 봉간. (아들은 하나하나하는 게 셋을 얻었어.)

¶ 셋에 흔 눈*. (셋에 한 눈.)

¶ 다리 셋으론 아무거나 세와져. (다리 셋으로는 아무것이나 세워져.)

---

* '셋에 흔 눈'은 3분의 1을 나타내는 말.

¶ 돗대 셋 세와시민 삼대선, 두 개민 이대선 경 골아. (돗대 셋 세웠으면 삼대
선, 두 개면 이대선 그렇게 말해.)

¶ 다른 말은 엇고 하나, 둘, 셋 시간 재는 거주게. (다른 말은 없고 하나, 둘, 셋
시간 재는 거지.)

[관련 어휘]

사을·사흘 사흘.

사을날·사흘날 사흗날.

삼갑배 세 가닥으로 드린 참바.

삼갑신 엄짚신. 주로 상제가 신는, 총이 세 개인 짚신.

삼갑씰·식갑씰 삼겹실. 세겹실. 세 가닥의 올로 꼰 실.

삼대선 삼대선. 세대박이. 세 개의 돗대를 세운 배.

삼덕발이·세발쒜·식발쒜 삼발이. 둥근 쇠 테두리에 발이 세 개 달린 기구.

삼멩두 심방의 무구인 '신칼·산판·요령' 등을 통틀어 이르는 말.

삼반초·삼번초 그해 들어 세 번째 캐낸 우뭇가사리.

삼성제절 세 번 파도치면서 밀려오는 커다란 파도.

삼수·삼수매·삼쉬매 사릅. 말의 나이 세 살.

삼시 삼시.

삼식번 삼세번. 더도 덜도 없이 꼭 세 번.

삼수방 사방을 강조하여 이르는 말.

삼접구물 세 겹으로 된 그물.

삼춘 삼촌. ①삼촌. ②어른을 친밀하게 이르는 말.

삼칸집 삼간집.

서도테기·서두테기 소두인 식되로 석 되들이 크기의 솥.

서물·세물·식물 서무날. 서물. ①음력 11일과 26일의 물때. 주도 제주도 동쪽
지역에서 이르는 말. ②음력 12일과 27일의 물때. 주로 제주도 서쪽 지역
에서 이르는 말.

서이 셋이. 세 사람.

석지 석동무니. 윷놀이에서, 세 동이 한데 포개어져 가는 말.

세커리·세커림·세커림질·세커릿질·싀커리·싀커림·싀커림질·싀커릿질 삼거리. 세거리.

싀콜방에 세 사람이 방앗공이로 박자를 맞추며 방아를 찧는 일. 또는 그런 방아.

초사을·초사흘 초사흘.

초사을날·초사흘날 초사흗날.

넷

139

[기본 의미]   셋에 하나를 더한 수.

[대응 표준어]   넷

[방언 분화형]   넷·늿·(너·넉·늬)·(넛)

[문헌 어휘]   넿《용비어천가》58장)

[어휘 설명]   '넷'은 '셋에 하나를 더한 수'라는 뜻을 지닌다. 방언형 '넷'은 문헌 어휘 '넿'이 '넿〉넷'으로 'ㅎ'이 'ㅅ'으로 변화하는 과정을 거친 어형이며, 다른 방언형 '늿'은 새롭게 형성된 어형이다. 한자어 '사(四)'를 쓰기도 한다.

한편 단위를 나타내는 말 앞에 쓰여, 그 수량이 넷임을 나타낼 때는 '너(너 말)·넉(넉 되)·늬(늬 섬)'로 나타난다. 또 '할아버지·할머니·손자'에 연결되어서, '할아버지 4촌의'라는 뜻을 더하는 접두사로 '넛-(넛하르방, 넛할망, 넛손지)·널-(널손지)'이 쓰이기도 한다.

[용례]

¶ 관뒈로 넷이믄 흔 말. (관뒈로 넷이면 한 말.)

¶ 내일 놉 넷은 더 빌어시믄 헙디다. (내일 놉 넷은 더 빌렸으면 합디다.)

¶ 웃가락 넷으로 ᄒ는 거난 물 늬 개 다 나사 이겨. (윷가락 넷으로 하는 거니 말 네 개 다 나야 이겨.)

¶ 넷에 ᄒ나만 덜레도 한걸 흔다. (넷에 하나만 덜어도 한가한다.)

¶ 방엔 다섯도 지곡, 넷도 지곡, 셋도 지고, 둘도 지고, 경 헹 허민 옛날에 놀래 불르멍 방에 져. (방아는 다섯도 찧고, 넷도 찧고, 셋도 찧고, 둘도 찧고. 그렇게 해서 하면 옛날에 노래 부르며 방아 찧어.)

나을·나흘 나흘

나을날·나흘날 나흗날.

너닷세·너댓세 너더댓새. 네댓새. 나흘이나 닷새 가량.

너대엿 수량이 넷이나 다섯 또는 여섯임을 나타내는 말.

너댓 너더댓. 네댓.

너물·늬물 너무날. 너물. ①음력 12일과 27일의 물때. 주로 제주도 동쪽 지
   역에서 이르는 말. ②음력 13일과 28일의 물때. 주로 제주도 서쪽에서 이
   르는 말.

너이 넷이. 네 사람.

넉동베기·넉둥베기·넉둥사니 넉동내기. 네 개의 말이 다 내어야 이기기로 정한
   윷놀이.

넉지 넉동무니. 윷놀이에서, 네 개의 말이 한데 포개어져 가는 말.

널손지·넛손지 넛손자. 할아버지 4촌의 손자.

넛하르방 넛할아버지. ①할아버지 4촌 형제. ②할아버지 4촌 누이나 누나의
   남편.

넛할망 넛할머니. ①할아버지 4촌의 아내. ②할아버지 4촌 누이나 누나.

네귀·늬귀 네모.

네귀방장ᄒᆞ다·늬귀반듯ᄒᆞ다·늬귀방장ᄒᆞ다 네모반듯하다.

네벳데기 쟁기로 밭을 갈면서 네 거웃으로 하나의 밭이랑을 만드는 밭갈이
   방법.

늬거리집·늬커리집 네 채로 이루어진 집.

늬굽 네굽. 네발짐승의 네발의 굽.

늬눈이반둥겡이 네눈박이. 네눈이. 양쪽 눈 위에 흰 점이 있어 언뜻 보기에 눈
   이 넷으로 보이는 개.

늬발공산·늬발돌린거·늬발탄것 네발짐승. 발이 넷인 짐승을 통틀어 이르는 말.

늬발타다 네발짐승의 고기를 먹지 못하다.

늬커리·늬커림·늬커림질·늬커릿질 네거리. 사거리. 십자로.

늬콜방에 네 사람이 방앗공이로 박자를 맞추며 방아를 찧는 일. 또는 그런 방아.

ㅅ수·ㅅ수마·ㅅ수매·ㅅ쉬·ㅅ쉬매 나릅. 말의 나이 네 살.

초나을·초나흘 초나흘.

초나을날·초나흘날 초나흗날.

다섯

140

[기본 의미]   넷에 하나를 더한 수.

[대응 표준어]   다섯

[방언 분화형]   다섯·다슷·다솟·(닷)

[문헌 어휘]   다ᄉᆞᆺ(《용비어천가》86장)

[어휘 설명]   '다섯'은 '넷에 하나를 더한 수'를 뜻한다. 방언형 '다섯'은 문헌 어휘 '다ᄉᆞᆺ'이 '다솟〉다슷〉다섯'의 변화 과정을 거친 어형이며, 다른 방언형 '다슷'은 문헌 어휘 '다ᄉᆞᆺ'이 '다솟〉다슷'으로 변한 어형이다. 방언형 '다솟' 은 문헌 어휘 '다ᄉᆞᆺ'이 그대로 쓰인 경우다.

한편 단위를 나타내는 말 앞에 쓰여, 그 수량이 다섯임을 나타낼 때는 '닷(닷 말)'으로 나타난다.

[용례]

¶ 보난 중진애비 다섯이 온 거 아니우꽈? (보니 중신아비 다섯이 온 거 아닙니까?)

¶ 우리 다섯 가신디 우리 다섯만 먹어집네까게? (우리 다섯 갔는데 우리 다섯만 먹어집니까?)

¶ 밥 우의 떡으로 돌레떡 다섯 먹으난 막 베불러. (밥 위에 떡으로 도래떡 다섯 먹으니 아주 배불어.)

* '화단'은 '①상여에 지붕 모양으로 꾸며 둘러치는, 꽃이나 수놓은 천 따위. ②상여(喪輿).'의 뜻을 지니는데, 여기서는 '②상여'의 의미로 쓰였다.

¶ 화단* 메젠 허믄 대팻목이 둘, 들켓낭은 다섯이라. (상여 매려고 하면 장강이 둘, 연춧대는 다섯이야.)

¶ 잘허는 사름덜은 ㅇ답새, 아옵새 ㅎ여근에, 씰을 곱게 뽑은 사름덜은 ㅎ쑬 잘ㅎ는 사름덜이고. 저 다섯, 여섯 ㅎ는 사름덜은 ㅎ쑬 솜씨가 엇인 사름덜. (잘하는 사람들은 여덟새, 아홉새 해서, 실을 곱게 뽑은 사람들은 조금 잘하는 사람들이고. 저 다섯, 여섯 하는 사람들은 조금 솜씨가 없는 사람들.)

¶ 포제를 허젠 허민 흔 집의 딱 정혜영 제관이 다섯이믄 다섯, 여섯이믄 여섯 정혜영 다들 그 집의서 살아. (포제를 하려고 하면 한 집을 딱 정해서 제관이 다섯이면 다섯, 여섯이면 여섯 정해서 다들 그 집에서 살아.)

¶ 촐이 다 떨어져. 새 풀 나가면은 이 쉐를 당번식으로 강 하나두 개 질루는 사름은 다섯이고 여섯이고 느 헤나민 나 허고, 느 헤나민 나 허고 경 헹 나가. (꼴이 다 떨어져. 새 풀 나가면은 이 소를 당번식으로 가서 한두 개 기르는 사람은 다섯이고 여섯이고 너 하고 나면 나 하고, 너 하고 나면 나 하고 그렇게 해서 나가.)

[관련 어휘]

다도테기·다두테기·닷되테기 소두인 식되로 다섯 되들이 솥. 즉 두 되들이 크기의 솥.

다섯물·다슷물·다슷물 다섯무날. 다섯물. ①음력 13일과 28일의 물때. 주로 제주도 동쪽 지역에서 이르는 말. ②음력 14일과 29일의 물때. 주로 제주도 서쪽 지역에서 이르는 말.

다섯콜방에 다섯 사람이 방앗공이로 박자를 맞추며 방아를 찧는 일. 또는 그런 방아.

다솝·다습 다습. 소의 나이 다섯 살.

닷세·닷쉐 닷새.

닷세미녕·닷세토목 닷새무명. 예전에 날실을 다섯 새로 하여 짠 무명.

닷셋날·닷쉣날 닷샛날. 다섯째 날.

대여섯·대으솟 대여섯.

대엿·대욧 대엿.

대엿세·대엿쉐 대엿새.

오수·오수매·오쉬매 다습. 말의 나이 다섯 살.

초닷세·초닷쉐·초댓쉐 초닷새.

초닷셋날·초닷쉣날·초댓쉣날 초닷샛날.

[기본 의미] 다섯에 하나를 더한 수.

[대응 표준어] 여섯

[방언 분화형] 여섯·ᄋᆞᆺ·ᄋᆞᆺ·ᄋᆞᆺ·(엿·ᄋᆞᆺ)

[문헌 어휘] 여슷(《용비어천가》86장)

[어휘 설명] 'ᄋᆞᆺ'은 '다섯에 하나를 더한 수'라는 뜻을 지닌다. 방언형 'ᄋᆞᆺ, ᄋᆞᆺ, ᄋᆞᆺ'은 'ㅣ+·(아래아)' 합음인 '쌍아래아'가 쓰인 특이한 어형으로, 황윤석(黃胤錫)의 《이재유고(頤齋遺稿)》의 "'ᆢ'以方言呼六呼八之用"(방언으로 '여섯, 여덟'의 '여'를 'ᄋᆞ'를 쓴다.)라는 구절에서 'ᄋᆞᆺ, ᄋᆞᆺ'의 'ᆢ'를 확인할 수 있다. 다른 방언형 '여섯'은 문헌 어휘 '여슷'이 '여슷〉여섯'의 변화 과정을 거친 어형이다. 한자어 '육(六)'을 쓰기도 한다.

한편 단위를 나타내는 말 앞에 쓰여, 그 수량이 여섯임을 나타낼 때는 '엿(엿 되)·ᄋᆞᆺ(ᄋᆞᆺ 말)'으로 나타난다.

[용례]

❡ 뭐 자식덜이 팡팡 죽어 가니까 사기가 없어. 나가 빨리 죽어야 허는데, 나가 죽어서 절 받을 놈이 <u>ᄋᆞᆺ이</u> 죽어 버렷어. (뭐 자식들이 팡팡 죽어 가니까 사기가 없어. 내가 빨리 죽어야 하는데, 내가 죽어서 절 받을 놈이 여섯이 죽어 버렸어.)

❡ <u>ᄋᆞᆺ을</u> 꼬부리젠 허믄 흔 손으론 안 되어. (여섯을 꼬부리려고 하면 한 손으로는 안 되어.)

❡ 만으로 <u>ᄋᆞᆺ에</u> 흑교에 부쩟뎬 허여. (만으로 여섯에 학교에 붙었다고 해.)

¶ 우리 동넨 물ㄱ랑 ᄋ숫으로 쓰난게 한걸허주. (우리 동네는 연자매 여섯으로 쓰니 한가하지.)

¶ ᄋ둡세미녕이믄 좀 ᄌᆞᆷ질아*. 고급 미녕. ᄋ숫이민 이거 ᄒ끔 흙어도 ᄀ뜨고. (여덟새무명이면 좀 '좀질아'. 고급 무명. 여섯이면 이거 조금 굵어도 같고.)

¶ ᄒᆞᆫ 사름은 던지곡, ᄒᆞᆫ 사름은 내치곡 헤여 가면은 ᄋ섯이 모믈남을 때려 가면 모믈남이 이게 땅이면 이 정도 둥둥 뜹니다. (한 사람은 던지고, 한 사람은 내치고 해 가면 여섯이 메밀대를 때려 가면 메밀대가 이게 땅이면 이 정도 둥둥 뜹니다.)

¶ 식구가 우리 둘리에 아기덜 ᄋ섯 허민 ᄋ답이. 할망, 하르방이. 어떤 땐 열도 되고, 고정된 때는 아옵은 고정이지. (식구가 우리 둘에 아기들 여섯 하면 여덟. 할머니, 할아버지가. 어떤 때는 열도 되고, 고정된 때는 아홉은 고정이지.)

¶ 소 사는 건 다섯, 여섯만 돼 가믄 소 늙엇젠 허연 잘 사 가질 아녀. (소 사는 건 다섯, 여섯만 되어 가면 소 늙었다고 해서 잘 사 가지 않아.)

¶ ᄒᆞᆫ 집의 둘씩, 애기덜토 딱 둘씩만 나난 여섯, 손지가 딱 여섯뿐이고. (한 집에 둘씩, 아기들도 딱 둘씩만 낳으니까 여섯, 손자가 딱 여섯뿐이고.)

[관련 어휘]

여습·ᄋ습 여습. 소의 나이 여섯 살.

엿·ᄋᆞᆺ: 엿. 그 수량이 여섯임을 나타내는 말.

엿세·ᄋᆞᆺ쒜: 엿새.

엿셋날·ᄋᆞᆺ쒯날: 엿샛날.

육수·육수매·육쉬매: 여습. 말의 나이 여섯 살.

ᄋ숫물·ᄋ숫물: 여섯무날. 여섯물. ①음력 14일과 29일의 물때. 주로 제주도 동쪽 지역에서 이르는 말. ② 음력 15일과 30일의 물때. 주로 제주도 서

---

* '좀질다'는 '물건이 잘고 가늘다.'는 뜻을 지닌 어휘다.

쪽 지역에서 이르는 말.

옷세: 엿새. 예전에 여섯 새로 하여 짜는 천.

옷세미녕·옷쉐미녕: 엿새무명. 예전에, 날실을 여섯 새로 하여 짠 무명.

초엿쉐·초옷쉐: 초엿새.

초엿쉣날·초옷쉣날: 초엿샛날.

[기본 의미] 여섯에 하나를 더한 수.

[대응 표준어] 일곱

[방언 분화형] 일곱·(일곱)

[문헌 어휘] 닐굽(《용비어천가》89장)

[어휘 설명] '일곱'은 '여섯에 하나를 더한 수'라는 뜻을 지닌다. 방언형 '일곱'은 문헌 어휘 '닐굽'이 '닐굽〉일곱'으로 변화하여 쓰인 경우다. 한자어 '칠(七)'을 쓰기도 한다.

한편 단위를 나타내는 말 앞에 쓰여, 그 수량이 일곱임을 나타내는 말 또한 '일곱(일곱 말)'이다.

[용례]

¶ 성은 춤술이난 일곱에 흑교 가고. (형은 온살이니 일곱에 학교 가고.)

¶ 놉 일곱으론 오널 일 다 ᄆᄭᅵ지 못헌다게. (놉 일곱으로는 오늘 일 다 마치지 못한다.)

¶ 그다음은 나릅, 다습 영 헨 나가주. 다습 헨 그대로. 일곱부터 습*을 안 써. 그대로 일곱 ᄋ답 헤 불어. (그다음은 나릅, 다습 이렇게 해서 나가지. 다습 해서 그대로. 일곱부터 '습'을 안 써. 그대로 일곱 여덟 해 버려.)

¶ 효도허는 사름덜 영 보게 되믄 열에 일곱은 다 잘되어. (효도하는 사람들 이

---

* 여기서 '습'은 '아습·구릅, 열릅' 등에서의 '습' 또는 '릅'의 의미로 쓰였다. 곧 '아습·구릅, 열릅' 대신에 '아홉, 열'이라고 한다는 말이다.

렇게 보게 되면 열에 일곱은 다 잘되어.)

¶ 상제 ᄒᆞ나는 날짜가 재기 나와. 상제 여섯 <u>일곱</u> 나 가민 그 상제 전부 놓
젠 허민 힘들지. 날짜가 잘 안 나와. (상제 하나는 날짜가 재우 나와. 상제 여섯
일곱 되어 가면 그 상제 전부 놓으려고 하면 힘들지. 날짜가 잘 안 나와.)

[관련 어휘]

일고여둡·일고ᄋᆞ답·일고ᄋᆞ둡 일고여덟.

일곱물 일곱무날. 일곱물. ①음력 15일과 30일의 물때. 주로 제주도 동쪽 지
역에서 이르는 말. ②음력 16일과 초하루의 물때. 주로 제주도 서쪽 지역
에서 이르는 말.

일곱세 일곱새. 옛날에, 날실을 일곱 새로 하여 짠 천.

일곱세미녕 일곱새무명. 옛날에, 날실을 일곱 새로 하여 짠 무명.

일뤠·일웨 이레.

일뤳날 이렛날.

일뤳당 제 지내는 날이 매월 음력 7일·17일·27일인 당.

초일뤠 초이레.

초일뤳날 초이렛날.

칠성판 칠성판.

칠수·칠수매·칠쉬매 이롭. 말의 나이 일곱 살.

칠팔 칠팔.

칠팔촌 칠촌이나 팔촌 관계의 친척.

[기본 의미] 일곱에 하나를 더한 수.

[대응 표준어] 여덟

[방언 분화형] ♀답·♀들·♀듭·(♀답·♀들·♀듭)

[문헌 어휘] ♀듧《훈민정음운해》중성해 상형)

[종합 설명] '♀답'은 '일곱에 하나를 더한 수'라는 뜻을 지닌다. 방언형 '♀답'은 문헌 어휘 '♀듧'이 '♀듧〉♀듭〉♀답'의 변화 과정을 거친 어형이다. 다른 방언형 '♀듭'은 문헌 어휘 '♀듧'에서 'ㄹ'이 탈락한 어형이며, 방언형 '♀들'은 문헌 어휘 '♀듧'에서 'ㅂ'이 탈락한 형태이다. 한자어 '팔(八)'을 쓰기도 한다.

한편 단위를 나타내는 말 앞에 쓰여, 그 수량이 여덟임을 나타내는 말 또한 '♀답(♀답 되)·♀들(♀들 들)·♀듭(♀듭 말)' 등으로 나타난다.

[용례]

¶ 아이덜, ♀답이 넘어가믄 어멍이영 뎅기젠 아녀. (아이들, 여덟이 넘어가면 어머니랑 다니려고 않아.)

¶ 일곱을 채우민 칠푼이, ♀답을 채우민 팔푼이 경 글아. (일곱을 채우면 칠푼이, 여덟을 채우면 팔푼이 그렇게 말해.)

¶ 보통은 ♀답에 혹교 부쪄. (보통은 여덟에 학교 붙여.)

¶ 섯단 끗수난게, ♀답으로 못 먹어. 아옵안티 죽으난게. (섯다는 끗수니까, 여덟으로 못 먹어. 아홉한테 죽으니까.)

¶ 아덜 둘에 뜰 ♀섯, ♀듭. 팔 남매라. (아들 둘에 딸 여섯, 여덟. 팔 남매야.)

¶ 열도 앚고 ᄋᆞᄃᆞᆸ도 앚곡 불턱* 그 찌리찌리 앚읍니께. (열도 앚고 여덟도 앚
고 '불턱' 그 끼리끼리 앚습니다.)

[관련 어휘]

여드레·ᄋᆞ드레 여드레.

여드렛날·ᄋᆞ드렛날 여드렛날.

여드렛당·ᄋᆞ드렛당 제 지내는 날이 매월 음력 8일·18일·28일인 당.

여든·ᄋᆞ든 여든.

ᄋᆞ답물·ᄋᆞ둡물 여덟무날. 여덟물. ①음력 16일과 초하루의 물때. 주로 제주
도 동쪽 지역에서 이르는 말. ②음력 17일과 초이틀의 물때. 주로 제주도
서쪽 지역에서 이르는 말.

ᄋᆞ답세·ᄋᆞ둡세 여덟새.

ᄋᆞ답세미녕·ᄋᆞ둡세미녕 여덟새무명.

ᄋᆞ답아옵·ᄋᆞ둡아옵 여덟아홉.

초여드레·초ᄋᆞ드레 초여드레.

초여드렛날·초ᄋᆞ드렛날 초여드렛날.

팔수·팔수마·팔수매·팔쉬·팔쉬매 여듭. 말의 나이 여덟 살.

---

* '불턱'은 '잠녀들이 작업복인 물옷으로 갈아입거나 물질하다 뭍으로 나아 불을 쬐면서 쉬는, 돌로 둘러쌓
아 만든 시설물'을 말한다.

[기본 의미]	여덟에 하나를 더한 수.
[대응 표준어]	아홉
[방언 분화형]	아옵·아홉·(아옵·아홉)
[문헌 어휘]	아홉(《월인석보》1:32)

[어휘 설명] '아홉'은 '여덟에 하나를 더한 수'라는 뜻을 지닌다. 방언형 '아홉'은 문헌 어휘 '아홉'이 그대로 쓰인 경우고, 또 다른 방언형 '아옵'은 문헌 어휘 '아홉'이 '아홉〉아옵'으로, 'ㅎ'이 탈락한 형태다. 한자어 '구(九)'를 쓰기도 한다.

한편 단위를 나타내는 말 앞에 쓰여, 그 수량이 아홉임을 나타내는 말은 '아옵(아옵 되)·아홉(아홉 말)' 등으로 나타난다.

[용례]

¶ 우린 방상이 하근에, 동세가 육춘 동세가 아홉이라. 경헌디 아홉 밧디 강 다 큰일을 허젠 허민 나가 밥을 허민 밥 잘헷젠 허주, 밥 못헷젠 안 헤. (우린 종친이 많아서, 동서가 육촌 동서가 아홉이야. 그런데 아홉 군데 가서 다 큰일을 하려고 하면 내가 밥을 하면 밥 잘했다고 하지, 밥 못했다고 않아.)

¶ 옷가락이 가늘고 족기 때문에, 그 윤노리낭이 질깁주게. 게난 딴 낭으로 허면은 무게가 안 나가근에 멀리 안 나간뎃 헤근에 윤노리로. 열에 아홉은 윤노리로. (옻가락은 가늘고 작기 때문에, 그 윤노리나무가 질깁지요. 그러니까 딴 나무로 하면 무게가 안 나가서 멀리 안 나간다고 해서 윤노리나무로. 열에 아홉은 윤노리나무로.)

¶ 나이에 아옵이 들믄 아옵수렌 굴아. (나이에 아홉이 들면 아홉수라고 해.)

¶ 물은 칠수 팔수 허당 아옵에 끗나. (말은 이롭 여듭 하다가 아홉에 끝나.)

[관용 표현]

아홉 고리 '하고많은 사연'을 비유적으로 이르는 말.

[관련 어휘]

구수·구수마·구수매·구쉬·구쉬매 구릅. 아습. 말의 나이 아홉 살.

아옵물·아홉물 아홉무날. 아홉물. ①음력 17일과 초이틀의 물때. 주로 제주
도 동쪽 지역에서 이르는 말. ②음력 18일과 초사흘의 물때. 주로 제주도
서쪽 지역에서 이르는 말.

아옵수·아홉수 아홉수.

아흐레 아흐레.

아흐렛날 아흐렛날.

초아으레·초아흐레 초아흐레.

초아으렛날·초아흐렛날 초아흐렛날.

[기본 의미]	아홉에 하나를 더한 수.

[대응 표준어] 열·(열)

[방언 분화형] 열

[문헌 어휘] 열ㅎ(《용비어천가》18장)

[어휘 설명] 열'은 '아홉에 하나를 더한 수'라는 뜻을 지닌다. 방언형 '열'은 문헌 어휘 '열ㅎ'이 'ㅎ' 탈락 과정을 거친 어형이다. 한자어 '십(十)'을 쓰기도 한다.

한편 '단위를 나타내는 말 앞에 쓰여, 그 수량이 열임을 나타내는 말'은 '열(열 말)'로 나타난다.

[용례]

¶ 포제를 허젠 허민 제관은 최소한 열은 됩니다. 최소한 열. (포제를 하려고 하면 제관은 최소한 열은 됩니다. 최소한 열.)

¶ 이제사 열을 부듯 세어. (이제야 열을 바듯이 세어.)

¶ 수정은 열로 완성된다 보믄 좋아. (개수는 열로 완성된다 보면 좋아.)

¶ 촐 비는 건양 열이민 열, 사름 다 틀려. 일등으로 가는 사름덜은 못허는 사름 곱도 비고. (꼴 베는 건요 열이면 열, 사람 다 달라. 일등으로 가는 사람들은 못하는 사람 곱도 베고.)

¶ 믄딱 ㅎ나로 열꼬장 큰집의 강 앗아당 ㅎ단 ㅎ나ㅎ나 장만ㅎ 게 이거라. (몽땅 하나로 열까지 큰집에 가서 가져다가 하다가 하나하나 장만한 게 이거야.)

¶ 감저삣데기 그냥 밧디 넌 건 안 줏지 않으면 안 되니까 열이면 열 개 손

다 헤여사니까. 테역밧딘 글겡이로 모이민 브름에 불리는 것사게. (절간 고구마 그냥 밭에 넌 건 안 줍지 않으면 안 되니까 열이면 열 개 손 다 해야니까. 잔디밭에는 갈퀴로 모이면 바람에 불리는 것이야.)

¶ 나록은 제일 중요헌 것이 물이난 ᄒ나로 열끄지가 다 물이우다게. (벼는 제일 중요한 것이 물이니까 하나로 열까지가 다 물입니다.)

[관용 표현]
열 손 마주 부치다 '합장하다'는 의미로 쓰이는 말.

[관련 어휘]
십수·십수마·십수매·십쉬매 담불. 열릅. 말의 나이 열 살.
여남은·오남은 여남은.
열물 열무날. 열물. ①음력 18일과 초사흘의 물때. 주로 제주도 동쪽 지역에서 이르는 말. ②음력 19일과 초나흘의 물때. 주로 제주도 서쪽 지역에서 이르는 말.
열흘 열흘.
열흘날 열흘날.
초열흘 초열흘.
초열흘날 초열흘날.

동사

.ㅅㅅㄷㄹㅁㅏㄴㅇ

[기본 의미] 한 곳에서 다른 곳으로 장소를 이동하다.

[대응 표준어] 가다

[방언 분화형] 가다·글다·(카다)

[문헌 어휘] 가다(《용비어천가》2장)

[어휘 설명] '가다'는 '한 곳에서 다른 곳으로 장소를 이동하다.' 등의 뜻을 지닌다. 방언형 '가다'는 문헌 어휘 '가다'가 그대로 쓰인 경우다. '가다'가 일부 어휘와 합성어를 이룰 때는 '카다'로 나타나기도 한다. 곧 '드르카다, ᄆᆞ실카다(마을가다), 바르카다' 등이 그것으로, '드르ㅎ[野]', 'ᄆᆞᄉᆞᆶ[村]', '바르ㅎ[海]' 등에 끝소리 'ㅎ'이 있기 때문이다. 또 '가다'는 '~어 가다' 구성의 보조용언으로 쓰여서, 어떤 동작이나 상태의 변화가 차츰 진행되고 있음을 나타내기도 한다. "춤 흘치멍 먹어 가는디, 춤말 볼침이 읏어.(침 흘리며 먹어 가는데, 참말 볼품이 없어.)"에서 확인할 수 있다.

한편 '글다'가 '가다'의 뜻으로 쓰이기도 하는데, "(밥 먹으레) 글읍서·급서.", "(밥 먹으레) 글어.", "(밥 먹으레) 글라.", "(밥 먹으레) 글으심."처럼 활용한다. '가다'의 반의어는 '오다'이다.

[용례]

¶ ᄂᆞᆷ의 집의 ᄀᆞ레 빌레 가곡, ᄀᆞ레 이신 집의 왕 보까 가곡. 보끄는 거ᄁᆞ장은 좋은디 글아놔근에 체, 줌진체로 다 청. (남의 집에 맷돌 빌러 가고, 맷돌 있는 집에 와서 볶아 가고. 볶는 거까지는 좋은데 갈아놔서는 체, 가는체로 다 쳐서.

¶ 마당에 헤근에 벵 허게 돌아가멍 다 멍석, 튀어난 거 곳인 더레 가지 못

허게 멍석 페와근에 가운디서 두드려. (마당에 해서 뱅 하게 돌아가며 다 멍석, 튀어난 거 궂은 데에 가지 못하게 멍석 펴셔 가운데서 두드려.)

¶ 할머니가 ᄆ음세 좋앙 막 주곡, 막 헤난 거 닮은디 가난 끗. (할머니가 마음씨 좋아서 막 주고, 막 했던 거 같은데 가니 끝.)

¶ 가시리는 요만씩 헤근에 돌에 딱 부떵 그거 메지 못헤연 꺼끄먹* 껍데기 가전에 간 박박 긁어나서. (풀가사리는 요만씩 해서 돌에 딱 붙어서 그거 매지 못해서 '꺼끄먹' 껍데기 가져서 가서 박박 긁었었어.)

¶ 개 둘곡 헤근에 강 허민 ᄒ루 즈물앙 영 허민 꿩 ᄒ나 아니민 두 개. 그치룩 허영 집의서 먹어나고. (개 데리고 해서 가서 하면 하루 저물어서 이렇게 하면 꿩 하나 아니면 두 개. 그처럼 해서 집에서 먹었었고.)

[관용 표현]

가는 날이 장날 어떤 일을 하려고 하는데 뜻하지 않은 일이 공교롭게도 생기는 것을 비유적으로 이르는 말.

[관련 어휘]

가다오다·가당오당 가다오다.

가로가다·가르가다 따로따로 갈리어서 다른 곳으로 가다.

거두와가다 물건을 그러모아서 가져가다.

가져가다·거져가다·ᄀ져가다·아져가다·앗아가다·ᄋ져가다 가져가다.

걸려가다 마소나 돼지 따위를 줄로 붙잡아 매어서 가다.

걸어가다 걸어가다.

고견가다·고렴가다·고에가다·조문가다 조문가다. 남의 집 상사에 조의를 표하기 위하여 찾아가다.

◀ '꺼끄먹'은 '크기가 작은 전복, 곧 새끼 전복'을 말한다.

그려가다·굴겨가다 앞질러 바삐 가다.

끗어가다 끌어가다.

나가다·나고가다 나가다.

내어가다 내가다.

넘어가다¹ 건너가다.

넘어가다² 넘어가다.

넘어가다³·지나가다 지나가다.

넘어가다⁴ 지나치다.

느려가다 내려가다.

놀아가다 날아가다.

데려가다·돌아가다·돌앙가다 데려가다.

뎅겨가다·드녀가다·오라가다 다녀가다.

돌아가다 돌아가다.

둥글어가다¹ 굴러가다.

둥글어가다² 사람이 재빨리 걷지 못하고 그렁저렁 걸어가는 것을 비유적으로 이르는 말이다.

뒤뜨라가다 뒤따라가다.

드르카다 주로 들밭에 농사일을 하러 나가다.

들러가다 들어가다. ①들어서 다른 곳으로 옮기다. ②임자 모르게 물건 따위를 훔치다.

들어가다 들어가다. ①밖에서 안으로 향하여 가다. ②물체의 표면이 우묵하게 되다.

들여가다 들여가다. 밖에서 안으로 가져가다.

돌려가다·돌아가다 달려가다.

떠네려가다·떠느려가다·터나다·터네려가다 떠내려가다.

뛰여가다·튀여가다 뛰어가다.

뜨라가다·부떠가다¹·부터가다¹ 따라가다.

메와가다·모도와가다 물건을 한곳으로 모아 가다.

모다가다·모아가다·모여가다 몰려가다.

모사가다 웃어른이나 귀한 손님을 잘 모시어 가다.

몰아가다·몰앙가다 몰아가다.

무실카다·무실카다 마을가다. 이웃 마을에 놀러나 볼 일 보러 가다.

바르카다·바릇가다 해산물을 캐거나 물고기를 잡으러 바다로 나가다.

발겨가다 두 사이를 널리 벌리며 가다.

발아가다 담 위나 높고 좁은 데를 조심스럽게 가다.

부떠가다²·부터가다² 한도 이상으로 더 붙어서 가다.

설러가다 걷어가다. ①늘어놓거나 벌려놓은 것을 치우거나 모아서 가져가
　다. ②남의 물건을 몰래 훔쳐 가다.

셋질ᄒ다·지름질ᄒ다 질러가다.

심어가다·잡아가다 잡아가다.

씨집가다 시집가다.

씰금나다 실금가다. 그릇이 깨어져 실낱같이 가는 금이 생기다.

양가다·양제가다 양자가다.

오다가다·오당가당 오다가다.

오라가다 오가다.

우시가다 위요가다.

울러가다 사람이나 동물이 떼를 지어 우르르 몰려가다.

장게가다 장가가다.

조차가다 좇아가다.

종가가다 밟다. 발자국을 뒤따라가다.

죽어가다 ①숨이 아주 끊어지는 지경에 이르다. ②어려운 처지가 되다.

질카다 길을 가다.

쪼차가다 쫓아가다.

차가다 차가다.

춫아가다 찾아가다.

터가다 떠가다.

포가다 씨를 뿌릴 때 씨가 겹치어 떨어지다.

허데여가다 허덕거리며 가다.

허위여가다 ①허덕거리며 바삐 걸어가다. ②욕심 부려 물건을 훔쳐 가다.

갈르다

[기본 의미] 쪼개거나 나누어 따로따로 되게 하다.

[대응 표준어] 가르다

[방언 분화형] 가르다·갈르다

[문헌 어휘] 가ᄅ다(《월인천강지곡》상:16)

[어휘 설명] '갈르다'는 '쪼개거나 나누어 따로따로 되게 하다.'라는 뜻을 기본 의미로 하여, '물체가 공기나 물을 양옆으로 열며 움직이다, 옳고 그름을 따져서 구분하다, 승부나 등수 따위를 정하다, 양쪽으로 열어젖히다.' 등의 뜻은 지닌다. '방언형 '갈르다'는 문헌 어휘 '가ᄅ다'에서 변한 '가르다'에 'ㄹ'이 첨가되어 이루어진 형태이며, 다른 방언형 '가르다'는 문헌 어휘 '가ᄅ다'가 '가ᄅ다〉가르다'의 변화 과정을 거친 어형이다.

[용례]

¶ 열로 갈르곡 ᄒ난 냉경 놔둬수다. (열로 가르고 하나는 남겨서 놔뒀습니다.)

¶ 콩 맞ᄀ레서* 굴아근에 요즘은 기계. ᄀ레서 체로 안 치민 이것가 갈르지 못허여. (콩 '맞ᄀ레'에서 갈아서 요즘은 기계. 맷돌에서 체로 안 치면 이것을 가르지 못해.)

¶ 씨를 갈랑 씨 갈르는 무르레, 물레가 잇고. (씨를 갈라서 씨 가르는 물레, 물레가 있고.)

---

* '맞ᄀ레'는 '두 사람 이상이 함께 돌려서 가는 맷돌'을 말한다. 혼자 돌리는 맷돌은 '정ᄀ레'라 하는데, 표준어 '풀맷돌'에 대응한다.

맞그레

¶ 그 밧디 강 와가민 손지덜 막 왐쩬 헤 가믄 그거 헤근에 부께 주민 그거 영 영 다 갈란 줘나서. 부께를. (그 밭에 가서 와가면 손자들 막 온다 해 가면 그 거 해서 꽈리 주면 그거 이렇게 이렇게 다 갈라서 줬어. 꽈리를.)

¶ 우리가 영 무끄젠 새 두 개로 싹 갈랑 이디 저껭이에 접정 이디 영 영 영 헤근에 탁 허게 영 영 무꺼. (우리가 이렇게 묶으려고 띠 두 개로 싹 갈라서 여기 겨드랑이에 끼워서 여기 이렇게 이렇게 이렇게 해서 탁 하게 이렇게 이렇게 묶어.)

¶ 추렴헐 때 보믄 열두 뻬로 갈라. (추렴할 때 보면 열두 쟁기로 갈라.)

[관련 어휘]

가름[1] 거리로 구분되는 마을 안의 한 동네.

가름[2]·갈름 가르마.

갈리 갈비.

곱가르다·곱갈르다 사리를 분별하여 한계를 짓다.

몸가르다·몸갈르다 몸풀다. 아이를 낳다.

베또롱줄그치다·베똥줄끈다 삼가르다. 아이를 낳은 뒤에 탯줄을 끊다.

실렴가르다·실렴갈르다·세간가르다·세간갈르다 이혼하다.

장가르다·장갈르다·장세갈르다 된장과 간장으로 나누다.

젓가르다·젓갈르다 젖떨어지다. 어미의 젖 먹기를 그치고 따로 떨어져 나오다.

짓가르다·짓갈르다 새끼돼지나 병아리 따위를 어미 밑에서 가르다.

칸가르다·칸갈르다 칸막이하다.

튼가르다·튼갈르다 물건과 물건을 구분하다. 또는 두 사람 사이를 이간시켜 떨어지게 하다.

펜가르다·펜갈르다 편가르다.

헤갈다 헤가르다. 헤쳐 가르다.

감다

148

[기본 의미]   어떤 물체를 다른 물체에 말거나 빙 두르다.

[대응 표준어]   감다

[방언 분화형]   감다

[문헌 어휘]   감다(《월인천강지곡》상:8)

[어휘 설명]   '감다'는 '어떤 물체를 다른 물체에 말거나 빙 두르다.'는 뜻을 기본 의미로 하여, '옷을 걸치거나 입다, 시계 태엽이나 테이프 따위를 작동하도록 돌리다, 뱀 따위가 자기 스스로를 또는 다른 물체를 빙빙 두르다, 씨름을 하거나 겨룰 때에 다리를 상대편의 다리에 걸다.' 등의 뜻을 지닌다. 방언형 '감다'는 문헌 어휘 '감다'가 그대로 쓰인 경우다.

    '감다'의 반의어는 '풀다'이다.

[용례]

¶ 창신이난 깍을 속지로 허영 감곡 허여. (가죽신이니 총을 속지로 해서 감고 해.)

¶ 광목을 홍짓대에 감안 막 두드려. (광목을 홍두깨에 감아서 막 두드려.)

¶ 도레기에 줄 팽팽 감앙 삭 풀민 잘 돌아. (팽이에 줄 팽팽 감아서 삭 풀면 잘 돌아.)

¶ 씰팬 씰 감는 거. (실패는 실 감는 거.)

¶ 무신 꼬리 영 영 감앙은에게 일로 밀럭 일로 밀럭 베틀 헨에 영 헷다 영 헷다 허난 탁탁 허난 베 짜지데. (무슨 실톳 이렇게 이렇게 감아서 이리로 밀리고 이리로 밀리고 베틀 해서 이렇게 했다 이렇게 했다 하니까 탁탁 하니까 베 짜지던데.)

¶ 꼬리엔 헌 게, 그 베 짜는 씰 감아진 게 꼬리렌 헙디다게. (실톳이라고 한 게, 그 베 짜는 실 감아진 게 실톳이라고 합디다.)

[관련 어휘]

감기다 감기다. 어떤 물체가 다른 물체에 말리거나 빙 둘리다.

감돌다 감돌다.

감아들다 감아들다. 물 따위가 휘감아 들다.

감치다 감치다. 바느질감의 가장자리나 솔기를 실올이 풀리지 않게 용수철이 감긴 모양으로 감아 꿰매다.

닻감다 닻감다. 닻줄을 감아서 끌어 올리다.

신감개 신갱기. 짚신 따위의 총갱기와 뒷갱기를 통틀어 이르는 말.

휘감다 휘감다.

●●●●○   **더 생각해 보기**

동음어

감다¹ 감다. 어떤 물체를 다른 물체에 말거나 빙 두르다.
¶ 벌초 가명 호미에 험벅을 칭칭 감앙 가. (벌초 가면서 낫에 헝겊을 칭칭 감아서 가.)

감다² 감다. 조금 산뜻하게 검다.
¶ 감은쉐나 검은쉐나 거 ᄀ튼 거. 게난 감다나 검다나 그게 그거. ('감은소'나 '검은소'나 거 같은 거. 그러니까 '감다'나 '검다'나 그것이 그거.)

건너다

149

[기본 의미] 　무엇을 사이에 두고 한편에서 맞은편으로 가다.

[대응 표준어] 　건너다

[방언 분화형] 　건너다

[문헌 어휘] 　건나다《석보상절》19:27)

[어휘 설명] 　'건너다'는 '무엇을 사이에 두고 한편에서 맞은편으로 가다.'라는 뜻을 기본 의미로 하여, '한쪽에서 다른 쪽으로 옮겨가다, 끼니·당번·차례 따위를 거르다.' 등의 뜻을 지닌다. 방언형 '건너다'는 문헌 어휘 '건나다'가 '건나다〉건나다〉건너다'의 변화 과정을 거친 어형이다.

[용례]

¶ 아무 일 엇이 건너난 스망일엇저게*. (아무 일 없이 건너니 사망일었다.)

¶ 꿩은 물 건녕은 못 가. (꿩은 물 건너서는 못 가.)

¶ 어떵어떵 바로 건너사 되어. (어찌어찌 바로 건너야 되어.)

¶ 직녀가 가마귀 머리로 다릴 놘 건너나 부난 가마귀 머리 벗어졋젠 막 헤나서. (직녀가 까마귀 머리로 다리를 놔서 건넜어 버리니 까마귀 머리 벗어졌다고 막 했었어.)

---

* '스망일다'는 '좋은 운수가 생기다.', '장사에서 이익이 많이 생기다.'는 뜻을 지닌 말이다. '스망일다'의 '스망'은 《역어유해》의 "大造化 스망 만타", "造化底 스망 업다", 《한청문감》의 "討便宜 스망 브라다", "便宜 스망", 《물보》의 "利市 스망" 등에서 '스망'이 확인된다.

¶ 쉐 이제 이꺼 가지고 그 내를 건너젠 허니까 잘 안 되어. (소 이제 이끌어 가
    지고 그 내를 건너려고 하니까 잘 안 되어.)

¶ 이젠 그디 드리, 드리 놩 영 건너민 그디 가지는 디. (이제는 거기 다리, 다리
    놔서 이렇게 건너면 거기 가는 데.)

[관련 어휘]

건너펜 건너편.

건네다 건네다. 건너게 하다.

넘어가다 건너가다.

넘어뎅기다 건너다니다.

넘어오다 건너오다.

맞방 건넌방.

걷다¹

150

[기본 의미]   다리를 움직여 바닥에서 발을 번갈아 떼어 옮기다.

[대응 표준어]   걷다

[방언 분화형]   걷다·걸다

[문헌 어휘]   걷다(《월인천강지곡》상:46)

[종합 설명]   '걷다'는 '다리를 움직여 바닥에서 발을 번갈아 떼어 옮기다.'는 뜻을 기본 의미로 하여, '어떤 곳을 다리를 번갈아 움직여 위치를 옮기다, 어떠한 방향으로 나아가다, 전문직에 종사하다.' 등의 뜻을 지닌다. 방언형 '걷다'는 문헌 어휘 '걷다'가 그대로 쓰인 경우다. 다른 방언형 '걸다'는 새롭게 형성된 어형으로, '걸-+-지, 걸-+-곡' 등에서 알 수 있듯 자음 어미 앞에서도 어간 끝소리 'ㄹ'을 유지하고 있어 '걷다'와는 다른 형태임을 알 수 있다. '걷다'가 활용할 때는 '걷-, 걸-'이 어간이 되어 여기에 어미가 연결된다. 가끔 방언형 '걸다'의 활용과 겹치기도 한다.

[용례]

¶ 제마라고 네 발인디 각각 이렇게 느려 걷는 건디 보통은 두 발로 걷는 거 식으로. (제마라고 네 발인데 각각 이렇게 내려 걷는 건데 보통은 두 발로 걷는 거 식으로.)

¶ 걷도 못허는 동셍, 그냥 기어다닐 때에 이젠 업언에 동셍 키우고. (걷지도 못하는 동생, 그냥 기어다닐 때 이젠 업어서 동생 키우고.)

¶ 나도 오도바만, 걷지 못허난 탕 뎅견. 오도바를 탁 탕 아정 올래 딱 나시 민 남자가 탁 넘어가민 그날은 재수가 좋아. (나도 오토바이만, 걷지 못하니

까 타서 다녔어. 오토바이를 탁 타 가지고 오래 딱 나서면 남자가 탁 지나가면 그날
은 재수가 좋아.)

¶ 경 **걸언** 강은 앞사름 못 조친다게. (그렇게 걸어서 가서는 앞사람 못 쫓는다.)

¶ 질레 나강도 애기 하영 **걷지** 말게 허라이. (길에 나가서도 아기 많이 걷지 말
게 해라.)

¶ 이젠 잘 **걸곡말곡**. 막 둗젠 헌다. (이제는 잘 걷고말고. 마구 달리려고 한다.)

¶ 난 **걸엉**은 죽어도 아니 가켄 헷주게. 겨난 난 가메 탄 오고 아방*은 **걸언**
오고. (난 걸어서는 죽어도 아니 가겠다고 했지. 그러니까 난 가마 타서 오고 남편
은 걸어서 오고.)

[관용 표현]

걸엉 가자 표준어로 바꾸면 '걸어서 가자.'인데, 윷놀이에서 '도'가 나오기를
바랄 때 하는 말.

[관련 어휘]

걸음걸이 걸음걸이.

걸음메 걸음마.

걸음발 걸음발.

깅이발 게걸음. 게처럼 옆으로 조심스럽게 걷는 걸음.

나신걸음·나손걸음 내친걸음.

뒤컬음 뒷걸음.

뒤컬음질ᄒ다·뒤컬음ᄒ다 뒷걸음질하다.

뒤컬음치다 뒷걸음치다.

돌음걸음·돌음박질 달음박질.

맞걷다·맞컫다 마주 걸어서 중간에서 만나다.

* '아방'은 '아버지'의 뜻이나 여기서는 '남편'의 의미로 쓰였다.

산걸음 선걸음.

자국떼다·자국버리다·자국벌리다 걸음발타다. 어린아이가 처음으로 걸음발을
   하기 시작하다.

종종걸음 종종걸음.

질컬음 길걸음.

줒인걸음 잦은걸음.

헛걸음 헛걸음.

헛질걷다 외도하다.

홰걸음 활개치며 바삐 걷는 걸음.

홰걸음치다·홰걸음ᄒ다 활개치며 매우 바삐 걷다.

흔걸음 한걸음.

●●●●　**더 생각해 보기**

동음어

걷다[1] 걷다. 다리를 움직여 바닥에서 발을 번갈아 떼어 옮기다.
¶ 걷젠 ᄒ난 몸이 괴룹고, 차 타젠 ᄒ난 돈이 읏고. (걸으려고 하니 몸이 괴롭
   고, 차 타려 하니 돈이 없고.)

걷다[2] 걷다. 흩어져 있는 물건 따위를 주워서 들이다.
¶ 감저뻿데기 널엇당 비 오라 가믄 그거 걷으레 내둘아. (절간고구마 널었다
   가 비 와 가면 그거 걷으러 내달아.)

걷다[3] 걷다. 끼었던 구름이나 안개 따위가 흩어져 없어지다.
¶ 안개 ᄎᄎ 걷어갈 거여게, 걱정 말라. (안개 차차 걷어갈 거야, 걱정 마라.)

걷다[4] 직접 나서서 일을 소개하거나 알선하다.
¶ 아직도 나가 걸언 직장 뎅기게 된 걸 알지 못ᄒ는 셍이라. (아직도 내가 알
   선해서 직장 다니게 된 걸 알지 못하는 모양이야.)

걷다²

151

[기본 의미]　여러 사람에게서 돈이나 물건 따위를 받아들이다.

[대응 표준어]　걷다

[방언 분화형]　걷다

[문헌 어휘]　걷다(《능엄경언해》2:20)

[어휘 설명]　'걷다'는 '여러 사람에게서 돈이나 물건 따위를 받아들이다.'는 뜻을 기본 의미로 하여, '곡식이나 열매 따위를 따서 담거나 한데 모으다, 흩어져 있는 물건 따위를 한데 모으다.' 등의 뜻을 지닌다. 방언형 '걷다'는 문헌 어휘 '걷다'가 그대로 쓰인 경우다.

[용례]

¶ 동네서 쓸 돈이나 쓸 걷젠 걸궁허는 거난게 메 집의 들어가. (동네서 쓸 돈이나 쌀 걷으려고 걸립하는 거니까 매 집에 들어가.)

¶ 감젓줄*은 호미로 믄 걷곡 헹 감저 파. (고구마줄기는 낫으로 모두 걷고 해서 고구마 파.)

¶ 전기 엇이난 초롱 쌍 강 놔둠서 그냥 글겡이로 걷엉 이젠 느람지 아정 강 그냥 더프는 거라. (전기 없으니 초롱 켜서 가서 놔두고서 그냥 갈퀴로 걷어서 이젠이엉 가지고 가서 그냥 덮는 거야.)

¶ 보달치젠** 허믄 거시기 칙 걷엉도 허곡, 노끈 가정 강도 무끄고. ('보달치

---

* '감젓줄'은 '고구마줄기'를 말한다. 달리 '감저꿀·감저출·감젓줄·감젯줄'이라 한다.

려고' 하면 거시기 츰 걷어서도 하고, 노끈 가져 가서도 묶고.)

¶ 벌초 가믄 줄이엔 헌 줄은 믄 <u>걷어</u>. (벌초 가면 줄기라고 하는 줄기는 모두 걷어.)

¶ 지붕 두터우민 그슨새 <u>걷엉</u> 진을커 허고. (지붕 두꺼우면 썩은새 걷어서 땔감하고.)

¶ 날레*** 믄 <u>걷으난</u> 비 와라게. ('날레' 모두 걷으니 비 오더라.)

[관련 어휘]

걷어설르다·걷어치우다 걷어치우다. 흩어진 것을 거두어 치우다.

산담걷다 벌초할 때, 무덤 주위를 장방형으로 두른 담 위의 칡넝쿨, 고사리 따위의 잡풀을 베어 없애다.

설러가다 걷어가다. ①늘어놓거나 벌려놓은 것을 치우거나 모아서 가져가다. ②남의 물건을 몰래 훔쳐 가다.

설러오다 걷어오다. ①늘어놓거나 벌려놓은 것을 치우거나 모아서 가져오다. ②남의 물건을 몰래 훔쳐 오다.

제반걷다 제반하다. 제를 지낸 후 조상이나 신을 대접하기 위하여 올렸던 제물에서 조금씩 떼어 내다.

줄걷다 수박·참외·호박 등 덩굴식물의 농사가 다 끝난 뒤 그 덩굴을 걷어내다.

** '보달치다'는 '솔가리 뭉치 따위를 몇 개의 기다란 매끼로 단단하게 동여 묶어 등짐으로 하나 되게 꾸리다.' 하는 뜻이다.

*** '날레'는 '볕에 말리려고 멍석에 널어놓은 곡식'을 말한다.

걸다

[기본 의미]   벽이나 못 따위에 어떤 물체를 떨어지지 않도록 매달아 올려 놓다.

[대응 표준어]   걸다

[방언 분화형]   걸다

[문헌 어휘]   걸다(《능엄경언해》8:93)

[어휘 설명]   '걸다'는 '벽이나 못 따위에 어떤 물체를 떨어지지 않도록 매달아 올려놓다.'는 뜻을 기본 의미로 하여, '자물쇠나 문고리 따위를 채우거나 빗장을 지르다, 솥이나 냄비 따위를 이용할 수 있도록 준비하여 놓다, 돈 따위를 계약이나 내기의 담보로 삼다, 앞으로의 일에 대한 희망 따위를 품거나 기대하다, 목숨·명예 따위를 담보로 삼거나 희생할 각오를 하다, 잘못된 일에 관계하다, 전화를 하다.' 등의 뜻을 지닌다. 방언형 '걸다'는 문헌 어휘 '걸다'가 그대로 쓰인 경우다. '걸다'가 활용할 때는 '걸-, 거-'가 어간이 되어 어미와 연결된다.

[용례]

¶ 옷도 공처허게 걸지 아녀게? 멍에도 잘 아이 놔두면 베염이나 무신거 뎅겨나민 밧갈 때 그거 메왕 허민 쉐 고개가 붓어. (옷도 정결하게 걸지 않나? 멍에도 잘 아니 놔두면 뱀이나 무엇 다녀나면 밭갈 때 그거 메워서 하면 소 고개가 부어.)

¶ 상ᄆᆞ르ᄭᅡ장 걸고 축담 싸 낭 서리 걸주게. (용마루까지 걸고 축담 쌓아 놔서 서까래 걸지.)

¶ 초가집에 서리 걸엉 대나무 낭 서슬 허주, 서슬. (초가에 서까래 걸어서 대나무 놔서 산자 하지, 산자.)

¶ 문 걸언에 줌자는 셍이여. (문 걸어서 잠자는 모양이다.)

¶ 씨 헐 조코고린 난간 지둥에 걸어나서. (씨 할 조이삭은 툇마루 기둥에 걸었었어.)

¶ 요 차롱을 요레 놔둠서 요레 헤당 톡 걸민 요기가 가레기가 졸졸졸졸, 이 저 물레에서 돌려가민 가레기가 블블블블 블블블블 돌아. (요 채롱을 요리 놔두고서 요리로 해다가 톡 걸면 요기가 가락이 졸졸졸졸, 이 저 물레에서 돌려가면 가락이 발발발발 발발발발 돌아.)

¶ 징역 살악 매 맞악 허멍 걸어 난, 법에 걸어 난 헌 게. 옛날은 어떵 흔 일년 넘어가난 돈만 내놓렌 바싹 헤 가난 이젠 집을 다 폴아 비서. (징역 살고 매 맞고 하며 걸어 놔서, 법에 걸어 놔서 한 게. 옛날은 어찌 한 일년 지나가니 돈만 내놓으라고 바싹 해 가니 이젠 집을 다 팔아 버렸어.)

¶ 살당 보믄 법에 걸어진 일도 싯나. (살다 보면 법에 걸어진 일도 있다.)

[관련 어휘]

더껑중그다 닫아걸다.

맞걸다 맞걸다. 양쪽으로 걸칠 수 있도록 마주 걸다.

목걸다·아게걸다 목메다.

솟걸다·솟안지다·솟안치다·솟앚지다 솥걸다. 솥을 봇돌에 걸쳐놓다.

엇걸다 엇걸다. 서로 마주 걸다.

인정걸다 인정쓰다. 대개 무속에서, 일이 잘되기를 바라며 신에게 돈·옷 등의 재물을 바치다.

동음어

걸다¹ 걸다. 벽이나 못 따위에 어떤 물체를 떨어지지 않도록 매달아 올려놓다.
¶ 이 옷 저 공장더레 걸라. (이 옷 저 못에 걸어라.)

걸다² 걷다. 다리를 움직여 바닥에서 발을 번갈아 떼어 옮기다.
¶ 가당 지쳥 걸지 못ᄒ걸랑 차 탕 와 불라. (가다가 지쳐서 걷지 못하거든 차 타서 와 버려라.)

걸다³ 걸다. 기름지고 양분이 많다.
¶ 꿰주시 주엇뎅 굴안게 너미 걸언 죽어 불어수께. (깻묵 주었다고 말하던데 너무 걸어서 죽어버렸습니다.)

걸다⁴ 길다. 물체의 두 끝이 서로 멀다.
¶ 집줄엔 건줄* 쯔른줄 잇고. 거난 건줄, 쯔르난 쯔른줄, 경. (집줄에 '긴줄' '짧은줄' 있고. 기니까 '긴줄', 짧으니까 '쯔른줄', 그렇게.)

---

* '건줄'은 '각단으로 만들어, 초가지붕이 거센 바람에 날리지 아니하게 가로로 얽어매는 데 쓰는 기다란 줄'을 말한다. 한편 지붕을 세로로 얽어매는 데 쓰는 짧은 줄을 '쯔른줄'이라 한다. '건줄'은 둥그렇게 사리고, '쯔른줄'은 꽈배기 모양으로 사려 구분한다.

곯다

153

[기본 의미]   양에 모자라게 먹거나 굶다.

[대응 표준어]   곯다

[방언 분화형]   골르다·곯다

                   (배곯다: 베골르다·베곯다)

[문헌 어휘]   곯다(《석보상절》11:41)

[어휘 설명]   '곯다'는 '양에 모자라게 먹거나 굶다.'는 뜻을 지닌다. 방언형 '곯다'는 문헌 어휘 '곯다'가 그대로 쓰인 경우고, 방언형 '골르다'는 새로 형성된 어형이다. '곯다'는 '배[腹]'와 연결되어 합성어 '배곯다'를 형성하는데, 그 방언형은 '베골르다·베곯다'로 나타난다.

[용례]

¶ 말 안 듣는 소가 잇어. 꼭 곡석밧만 춫앙다니곡. 항상 매나 맞곡, 베를 <u>곯고</u> 다녀. 그 소는. (말 안 듣는 소가 있어. 꼭 곡식밭만 찾아다니고. 항상 매나 맞고. 배를 곯고 다녀. 그 소는.)

¶ 뭐 먹지 아녕 <u>베골르곡</u> 헹은 좀 못 잔다 헤서. (뭐 먹지 않아서 배곯고 해서는 잠 못 잔다 했어.)

¶ 아이덜은 <u>베골르지</u> 말게 허라. (아이들은 배곯지 말게 해라.)

[관련 어휘]

고프다   고프다.

베고프다   배고프다.

동음어

골르다¹ 곯다. 양에 모자라게 먹거나 굶다.
¶ 언어먹젠 멧 올래 넹기멍 온 사름게, 베를 골랑사 보내집네깡? (언어먹으
   려고 몇 오래 넘기면서 온 사람, 배를 곯게야 보낼 수 있습니까?)

골르다² 곯다. 가득 차지 아니하다.
¶ 되 골르게 주는 거 아니엔덜 굴아. (되 곯게 주는 거 아니라고들 말해.)

골르다³ 고르다. 여럿 중에서 가려내거나 뽑다.
¶ 쉔 그 형체 봥 골르는 거주. (소는 그 형체 봐서 고르는 거지.)

골르다⁴ 고르다. 울퉁불퉁한 것을 평평하게 하거나 들쭉날쭉한 것을 가지런하게 하다.
¶ 땅 펜펜허게 골라사 일허기가 좋아. (땅 편편하게 골라야 일하기가 좋아.)

골르다⁵ 고르다. 여럿이 다 높낮이·크기·양 따위의 차이가 없이 한결같다.
¶ 올힌 귤이 죽 골란 돈이 흐꼼 되쿠다. (올해는 귤이 죽 골라서 돈이 조금 되
   겠습니다.)

굴다

154

[기본 의미] 물체의 길이나 넓이·부피 따위가 본디보다 작아지다.

[대응 표준어] 줄다

[방언 분화형] 굴다·줄다

[문헌 어휘] 졸다(《월인석보》10:122)

[어휘 설명] '굴다'는 '물체의 길이나 넓이·부피 따위가 본디보다 작아지다.'는 뜻을 기본 의미로 하여, '수나 분량이 본디보다 적어지다, 힘이나 세력·실력 따위가 본디보다 못하게 되다, 재주나 능력 따위가 본디보다 못하게 되다, 살림이 어려워지거나 본디보다 못하여지다, 시간이나 기간이 짧아지다.' 등의 뜻을 지닌다. 방언형 '굴다'는 새롭게 형성된 어형이며, '줄다'는 문헌 어휘 '졸다'가 '졸다〉줄다'의 변화 과정을 거친 어형이다. 방언형 '줄다'의 쓰임이 넓은 편이다. '굴다'는 '쏠' 등 일부 어휘에 연결된다.

  '굴다, 줄다'의 반의어는 '늘다'이다.

[용례]

¶ 식구가 엇이난 쏠이 원 굴지 아녀. (식구가 없으니 쌀이 전혀 줄지 않아.)

¶ 쏠이 확확 굴어갈 때가 좋은 때. 할망 하르방만 살아봐, 쏠이 구느냐? (쌀이 확확 줄어갈 때가 좋은 때. 할머니 할아버지만 살아봐, 쌀이 주느냐?)

¶ 사름 늘믄 일 줄곡 허는 건 당연지사 아니라게? (사람 늘면 일 줄고 하는 건 당연지사 아닌가?)

¶ 이젠 일 줄언에 노는 날이 하. (이젠 일 줄어서 노는 날이 많아.)

¶ 미녕 뽈앙 옷을 멘들민 옷이 줄지 아녀. (무명 빨아서 옷을 만들면 옷이 줄지 않아.)

¶ 게옷*은 더운물에 가믄 확 줄어 불엉 못 입어. ('게옷'은 더운물에 가면 확 줄어 버려서 못 입어.)

[관련 어휘]

줄어들다 줄어들다.

줄어지다 줄어지다.

줄이다 줄이다.

●●●○ **더 생각해 보기**

동음어

굴다[1] 줄다. 수나 분량이 본디보다 적어지다.
¶ 항에 물질어 낭 오래 가믄 물이 굴어가. (항아리에 물길어 놔서 오래 가면 물이 줄어가.)

굴다[2] 굴다. 그러하게 행동하거나 대하다.
¶ 날 막 못살게 군다게. (날 아주 못살게 군다.)

굴다[3] 굶다. 가득하지 아니하고 비어 있다.
¶ 되 굴게 쳥은 죄받아. (되 굶게 줘서는 죄받아.)

---

* '게옷'은 '털실로 짠 옷'을 말한다. '게옷'의 '게(け)'는 '털'의 일본어다.

굴르다

[기본 의미]	바퀴처럼 돌면서 옮겨 가다.
[대응 표준어]	구르다
[방언 분화형]	굴르다·둥글다·둥을다
[문헌 어휘]	그울다(《석보상절》23:21)

[어휘 설명] '굴르다'는 '바퀴처럼 돌면서 옮겨 가다.'라는 뜻을 기본 의미로 하여, '어떤 대상이 하찮게 내버려지거나 널려 있다, 어떤 장소에서 누워서 뒹굴다.'는 등의 뜻을 지닌다. 방언형 '굴르다'는 문헌 어휘 '그울다'에서 온 어휘이며, 다른 방언형 '둥글다·둥을다'는 새롭게 형성된 어형이다.

[용례]

¶ 방엔 굴르게 된 거난 산의서 밀령 와. (방아는 구르게 된 거니까 산에서 밀어서 와.)

¶ 굴렁쇠는게 굴렁대 끼왕 둥그리믄 굴르게 된 거난 경 어렵진 아녀곡게. (굴렁쇠는 굴렁대 끼워서 굴리면 구르게 된 거니까 그렇게 어렵지는 않고.)

¶ 영 뱅뱅 몰아진 노끗으로 졸라메민 영 흐영 팍 둥그리민 잘 둥글어. (이렇게 뱅뱅 말아진 노끈으로 졸라매면 이렇게 해서 팍 굴리면 잘 굴러.)

¶ 물에 들민 우미도 모살에 스뭇 쉐 둥글듯 둥글어와. (물에 들면 우뭇가사리도 모래에 사뭇 소 구르듯 굴러와.)

¶ 항이 지네끼리 둥글명 지네끼리 부닥치멍 다 깨져 분 거라. (독이 저들끼리 구르며 저들끼리 부딪히면서 다 깨져 버린 거야.).

¶ 벡치기*는 벡브름에 치영근에 멀리 둥글엉은에 가는 걸 말허고, 눈치긴*

눈에 영 헹 허는 거. ('벽치기'는 바람벽에 치어서 멀리 굴러 가는 걸 말하고, 눈 치기는 눈에 이렇게 해서 하는 거.)

[관련 어휘]
궁굴리다·궁글리다·둥굴리다·둥그리다·둥글리다·둥으리다 굴리다.
누웡둥글다 뒹굴다. 누워서 이리저리 구르다.
둥글어가다 굴러가다.
둥글어뎅기다·둥글어뎅이다 굴러다니다.
둥글어오다 굴러오다.

---

*   '벡치기'는 '벽에 돈을 맞히어 돈이 튀어나가는 거리에 따라 지고 이기고 하는 놀이'를 말한다.
** '눈치기'는 '구슬 따위를 눈에 대었다가 떨어뜨려 굴러가는 거리에 따라 지고 이기고 하는 놀이'를 말한다.

동음어

둥글다¹ 구르다. 바퀴처럼 돌면서 자리를 옮기다.
¶ 테역 동산에 올랑 <u>둥글엉</u> ᄂ려오곡. (잔디 동산에 올라서 굴러서 내려오고.)

둥글다² 구르다. 물건이 하찮게 내버려지거나 널려 있다.
¶ 조팝 헤 놓으면 그 조팝만 다 돌랑 먹다 보민 감저만 남앙 <u>둥글어</u>. (조밥 해
놓으면 그 조밥만 다 돌라서 먹다 보면 고구마만 남아서 굴러.)

둥글다³ 뒹굴다. 여기저기 어지럽게 널려 구르다.
¶ 도체비신디 들런 <u>둥글단</u> 풀려나난 뭐 죽어져신가 살아져신가 정신읏어 불
언. (도깨비한테 들려서 뒹굴다가 풀려나니까 뭐 죽었는지 살았는지 정신
없어 버렸어.)

둥글다⁴ 둥글다. 원이나 공과 모양이 같거나 비슷하다.
¶ ᄆᆞᆯ방엔 <u>둥글게</u> 된 거니까 사름으로 밀령, 밀민 돌아가. (연자매는 둥글게
된 거니까 사람으로 밀려서, 밀면 돌아가.)

굽다

156

[기본 의미] 불에 익히다.

[대응 표준어] 굽다

[방언 분화형] 굽다

[문헌 어휘] 굽다(《월인석보》2:9)

[어휘 설명] '굽다'는 '불에 익히다.'를 기본 의미로 하여, '나무를 태워 숯을 만들다, 벽돌·도자기·옹기 따위의 흙으로 빚은 것이 굳도록 열을 가하다, 바닷물에 햇볕을 쬐어 소금만 남게 하다, 쇠붙이 따위가 녹을 정도로 열을 가하다.' 등의 뜻을 지닌다. 방언형 '굽다'는 문헌 어휘 '굽다'가 그대로 쓰인 경우다. '굽다'가 활용할 때는 '굽-, 구우-'가 어간이 되어 어미와 연결된다.

[용례]

▋ 물에서 나왕 막 실려왕 불에 굽곡 허민 몸이 얼럭얼럭허여. (물에서 나와서 아주 시려서 불에 굽고 하면 몸이 얼럭얼럭해.)

▋ 우린 바릇괴기 굽지 아녕 솟디 낭 쳐. (우리는 바닷고기 굽지 않고 솥에 놔서 쪄.)

▋ 고기 다 굽고 곤밥 헤당은에양 경 다 데접허젠 허민. 잘 불려주지도 아녀마씨. (고기 다 굽고 흰밥 해다가요 그렇게 다 대접하려고 하면. 잘 밟아주지도 않아요.)

▋ 물릇 건 알아맞촹 궈야 되는 거. 잘 굽지 아녀민 못 먹어. (무릇 건 알아맞혀서 구워야 되는 거. 잘 굽지 않으면 못 먹어.)

▋ 그땐 냉장고가 엇이난 고등에 근을 헷당 이젠 그거 궝 먹고. (그때는 냉장고가 없으니까 고등어 간을 했다가 이젠 그거 구워서 먹고.)

¶ 우럭이나 베땅 몰렷다가 <u>구웡</u> 가고. (우럭이나 배따서 말렸다가 구워서 가고.)

[관련 어휘]

석쇠·섭쇠[1]·적쇠[1]·접쇠[1] 석쇠. 고기 따위를 굽는 기구. 네모지거나 둥근 쇠 테
  두리에 철사나 구리 선 따위로 잘게 그물처럼 엮어 만든다.

섭쇠[2]·적쇠[2]·접쇠[2] 다리쇠. 주전자나 냄비 따위를 화로 위에 올려놓을 때 걸
  치는 기구.

숫묻다 숯을 굽다.

최우다·쵭다 불에 구웠던 바닷고기 따위를 먹기 전에 약한 불로 다시 굽다.

●●●● **더 생각해 보기**

동음어

굽다[1] 굽다. 불에 익히다.
¶ 자리도 큰 건 <u>구웡도</u> 먹어. (자리도 큰 건 구워서도 먹어.)

굽다[2] 굽다. 한쪽으로 휘다.
¶ <u>굽은</u> 일을 허젠 허믄 멧 번을 싸와사. (굽은 일을 하려고 하면 몇 번을 싸워
  야.)

그리다

[기본 의미]   연필·붓 따위로 어떤 사물의 모양을 그와 닮게 선이나 색으로
나타내다.

[대응 표준어]   그리다

[방언 분화형]   그리다·기리다

[문헌 어휘]   그리다(《용비어천가》43장)

[어휘 설명]   '그리다'는 '연필·붓 따위로 어떤 사물의 모양을 그와 닮게 선이
나 색으로 나타내다.'는 뜻을 기본 의미로 하여, '생각·현상 따위를 말이나
글·음악 등으로 나타내다, 어떤 모양을 일정하게 나타내거나 어떤 표정을
짓다, 상상하거나 회상하다.' 등의 뜻을 지닌다. 방언형 '그리다'는 문헌 어
휘 '그리다'가 그대로 쓰인 경우고, 다른 방언형 '기리다'는 문헌 어휘 '그리
다'가 '그리다>기리다'의 변화 과정을 거친 어형이다.

[용례]

¶ 우리 아덜 허는 거 보믄 그림 잘 그리곡 못 그리는 건 소질 문제라. (우리
    아들 하는 거 보면 그림 잘 그리고 못 그리는 건 소질 문제야.)

¶ 저기 무신거 혼인지* 헐 때 그런에 부쪄난 거만 잇주. (저기 무엇 혼인지 할
    때 그려서 붙였던 거만 있지.)

* '혼인지(婚姻池)'는 서귀포시 성산읍 온평리에 있는 못 이름으로, 삼성혈에서 솟아난 세 신인이 동쪽 나라
   에서 온 세 공주를 맞아서 혼례를 치렀다고 전해지는 곳이다.

¶ 남신쟁이** 하르방 숯으로 그령은에 만들민 틀림엇이 맞추와. ('나막신장이' 할아버지 숯으로 그려서 만들면 틀림없이 맞아.)

¶ 떡 동골동골허게 헹 두 개 부쩡 절벤본으로 똑 허게 누르뜨민 우의 모냥이 그려져. (떡 동골동골하게 해서 두 개 붙여서 절편판으로 꼭 하게 누르면 위에 모양이 그려져.)

[관련 어휘]

그림·기림 그림.

엥그리다·엥기리다 그리다. 낙서하다. 쓰다.

●●●● **더 생각해 보기**

동음어

그리다¹ 그리다. 연필·붓 따위로 어떤 사물의 모양을 그와 닮게 선이나 색으로 나타내다.
¶ 눈썹 그린 쪼광 거 안되엇저. (눈썹 그린 조하고는 거 안되었다.)

그리다² 그리다. 사랑하는 마음으로 간절하게 생각하다.
¶ 일본서 둘 보멍 하영 울어서. 어멍 아방 그리멍게. (일본서 달 보며 많이 울었어. 어머니 아버지 그리면서.)

** '남신쟁이'는 '나막신을 잘 만드는 사람'을 말한다.

긁다

158

[기본 의미]　손톱이나 뾰족한 기구 따위로 바닥이나 거죽을 문지르다.

[대응 표준어]　긁다

[방언 분화형]　긁다

[문헌 어휘]　긁다(《월인석보》7:18)

[어휘 설명]　'긁다'는 '손톱이나 뾰족한 기구 따위로 바닥이나 거죽을 문지르다.'라는 뜻을 기본 의미로 하여, '갈퀴 따위로 빗질하듯이 끌어들이다, 남을 헐뜯다, 남의 재물을 교활하고 악독한 방법으로 빼앗아 들이다, 뾰족하거나 날카롭고 넓은 끝으로 무엇에 붙은 것을 떼어 내거나 벗겨 없애다, 남의 감정·기분 따위를 상하게 하거나 자극하다.' 등의 뜻을 지닌다. 방언형 '긁다'는 문헌 어휘 '긁다'가 그대로 쓰인 경우다.

[용례]

¶ 조레기*에 헤삼도 잡아지면 조레기에 놓고. 그 헤삼도 구젱기영 놓면은 구젱기가 힐 때마다 그 홍창홍창허민 그 헤삼도 등아리에 그 껍데기 긁어 불민 것도 상처가 나니까 그 전복허고 거는 조레기에 놓고, 구젱기는 큰 망사리에 그자. ('조레기'에 해삼도 잡아지면 '조레기'에 놓고. 그 해삼도 소라랑 놓으면, 소라가 헬 때마다 그 홍창홍창하면 그 해삼도 등때기에 그 껍데기

---

* '조레기'는 '잠녀들이 망사리 테두리에 매달고 다니며 전복이나 오분자기, 해삼 따위를 온전하게 보관하기 위해서 따로 넣어두는, 그물로 만든 작은주머니'를 말한다. 달리 '구물수대·바르츨리·조락·좀망사리'라고 한다.

긁어 버리면 것도 상처 나니까 그 전복하고 거는 '조레기'에 넣고, 소라는 큰 망사리에 그저.)

¶ 겁덩으로 밥자 노릇헤근에 솟디 밥허민 그걸로 박박 그걸로 누렝이 잘 <u>긁으고</u>. (전복갑으로 밥주걱 노릇해서 솥에 밥하면 그걸로 박박 그걸로 누룽지 잘 긁고.)

¶ 솔입 <u>긁어당</u> 굴묵** 진곡. (솔가리 긁어다가 '굴묵' 때고.)

¶ 글겡이로 <u>긁엉</u> 흔 짐 되게 <u>긁어당은에</u> 꼭 걷어당 놔근에 무꺼. (갈퀴로 긁어서 한 짐 되게 긁어다가 칡 걷어다가 놔서 묶어.)

¶ 쥐도 <u>긁으민</u> 흔 고망 <u>긁으렌</u> 헤서. (쥐도 긁으면 한 구멍 긁으라고 했어.)

¶ 묵 젓어난 남죽 주민 숟가락으로 <u>긁엉</u> 먹엉. (묵 저었던 죽젓개 주면 숟가락으로 긁어서 먹어서.)

¶ 베적삼 입져야 등어리 안 ᄀᆞ릅녠 허여. 베가 좀 살그랑허니깐*** 등어리 <u>긁어진덴</u> 헹 그걸 입져. (베적삼 입혀야 등때기 안 가렵다고 해. 베가 좀 '살그랑하니까는' 등때기 긁어진다고 해서 그걸 입혀.)

[관용 표현]
긁어 부시럼 '공연히 건드려서 걱정거리를 만듦'의 뜻으로 쓰이는 말.

[관련 어휘]
글겡이¹ 갈퀴. 검불이나 곡식 따위를 긁어모으는 데 쓰는 기구. 한쪽 끝이 우그러진 대쪽이나 철사를 부챗살 모양으로 엮어 만든다.

글겡이² 글겅이. 말이나 소 따위의 털을 빗기는 도구.

긁어내다 긁어내다.

** '굴묵'은 '구들방에 불을 때게 만든 아궁이 및 그 바깥 공간'을 말한다. 달리 '구들묵·굴목'이라 한다.
*** '살그랑허다'는 '조금 거칠거칠하다' 정도의 뜻을 지닌 어휘다.

긁어먹다 긁어먹다.
긁어모두다 긁어모으다.
긁작긁작·긁적긁적 긁적긁적.

겁덩

글겡이[1]   글겡이[2]

기다

[기본 의미]   가슴과 배를 바닥으로 향하고 손이나 팔다리 따위를 놀려 앞으로 나아가다.

[대응 표준어]   기다

[방언 분화형]   기다

[문헌 어휘]   긔다(《월인석보》1:11)

[어휘 설명]   '기다'는 '가슴과 배를 바닥으로 향하고 손이나 팔다리 따위를 놀려 앞으로 나아가다.'라는 뜻을 기본 의미로 하여, '게나 가재·벌레·뱀 따위가 발을 놀리거나 배로 움직여 나아가다, 비유적으로 몹시 느리게 가거나 행동하다, 비유적으로 이런저런 일을 가리지 아니하고 하다.' 등의 뜻을 지닌다. 방언형 '기다'는 문헌 어휘 '긔다'가 '긔다>기다'의 변화 과정을 거친 어형이다.

[용례]

¶ 기곡 앚곡 이젠 제법이우다양. (기고 앉고 이제는 제법입니다요.)

¶ 잘 기지도 못허는 게 돈젠 흔다게. (잘 기지도 못하는 게 달려고 한다.)

¶ 애기 기난 한걸험이랑마랑 더 바빠. (아기 기니 한가하기는커녕 더 바빠.)

¶ 아는 사름이엔 팔팔 기언 나 앞더레 와라게. (아는 사람이라고 팔팔 기어서 나 앞으로 오더라.)

¶ 돈는 것도 글발이여, 기는 것도 글발이여. (닫는 것도 글발이여, 기는 것도 글발이여.)

¶ 나 김도 잘흐고 걸음도 잘 걷고 돈도 하영 벌어서. (나 기기도 잘하고 걷기도

잘 걷고 돈도 많이 벌었어.)

¶ 더럽덴 허멍 신 신은 차 독무럽으로 기영 저레 가. (더럽다고 하면서 신 신은
　채 무릎으로 기어서 저리로 가.)

[관용 표현]

기도 못ㅎ는 게 놀젱 흔다 '작고 쉬운 일도 못하면서 어렵고 힘든 일을 하려고
　한다.'는 것을 빗대어 표현하는 말.

[관련 어휘]

기어뎅기다·기어드니다 기어다니다.

●●●● **더 생각해 보기**

동음어

기다[1] 기다. 가슴과 배를 바닥으로 향하고 손이나 팔다리 따위를 놀려 앞으로 나아가다.
¶ 기영 가는 걸 포복이엔 곧는 거라이. (기어서 가는 것을 포복이라고 말하는
　거야.)

기다[2] 기다. '그러하다' 또는 '그것이다'의 뜻으로 쓰이는 말.
¶ 기여 아니여 ㅎ당 보믄 싸움이 되는 거. (기야 아니야 하다 보면 싸움이 되
　는 거.)

곧다

160

[기본 의미]   생각이나 느낌 따위를 말로 나타내다.

[대응 표준어] 말하다

[방언 분화형] 곧다·굴다·말곧다·말굴다·말ᄒ다

             (사뢰다: 숣다·술오다·술우다)

             (아뢰다: 알위다)

[문헌 어휘]   말ᄒ다(《용비어천가》22장), 굴다(《석보상절》서:4)

[어휘 설명]   '곧다'는 '생각이나 느낌 따위를 말로 나타내다.'라는 뜻을 기본 의미로 하여, '어떤 사실을 말로 알려주다, 마주 대하여 이야기하다, 무엇을 부탁하다, 타이르거나 꾸짖다, 무엇을 해 달라고 부탁하다.' 등의 뜻을 지닌다. 방언형 '곧다'는 문헌 어휘 '굴다'에서 유래한 형태이며, 다른 방언형 '굴다'는 문헌 어휘 '굴다'가 그대로 쓰인 경우다. 방언형 '말ᄒ다'는 문헌 어휘 '말ᄒ다'가 그대로 쓰인 경우고, '말곧다'와 '말굴다'는 '말'과 '곧다·굴다'가 결합하여 이루어진 합성어다. '곧다'와 '말곧다'는 자음으로 시작하는 어미 앞에서는 '곧-'·'말곧-'으로, 모음으로 시작하는 어미 앞에서는 '굴-·말굴-'이 어간이 되어 어미가 연결된다.

    한편 방언형 '술오다·술우다·숣다'는 표준어 '사뢰다', '알위다'는 '아뢰다'에 대응한다.

[용례]

¶ 그자 저 눌굽*, 눌왓**이엔 <u>곧는</u> 사름도 잇고. (그저 저 '눌굽', '눌왓'이라고 말하는 사람도 있고.)

¶ 앞의 헌 것도 굳곡 두의 헌 것도 굳곡 경 헤염수다. (앞에 한 것도 말하고 뒤에 한 것도 말하고 그렇게 하고 있습니다.)

¶ 무사 장 둥그는 법 나가 굳지 아녑디강? (왜 장 담그는 법 내가 말하지 않습디까?)

¶ 둥게여 뭐여 그건 저 여기서 별로 굳진 아녓어. (둥겨다 뭐다 그건 저 여기서 별로 말하지는 않았어.)

¶ 그만이 먹지 말렌 굴으난 다 먹어 비엇구나게. (그만큼 먹지 말라고 말하니까 다 먹어 버렸구나.)

¶ 뭐 쉐나 사름이나 말로 굴앙 안 되믄 매로 우겨사***. (뭐 소나 사람이나 말로 말해서 안 되면 매로 다스려야.)

¶ 그건 메칠에 흔번이라고 굴진 못허주게. (그건 며칠에 한번이라고 말하진 못하지.)

¶ 건 굴곡말곡 헐 일이 아니우다게. (건 말하고말고 할 일이 아닙니다.)

[관련 어휘]

구숭ᄒ다 자기에게 잘해 주지 아니한다고 흉잡아 불만을 말하다. 또는 남의 흉을 꼬집어서 들추어내어 말하다.

내쿨다 일이 되어 가는 과정을 미리 알려주다.

노다스리다·노다시리다·노애다 뇌다.

느리곧다·느리쿨다 상대방이 듣기 좋게 말하다.

마구컫다·마구쿨다 약속한 일을 할 수 없음을 미리 알려주다.

* '눌굽'은 '낟알이 붙어 있는 곡식 또는 짚이나 꼴 따위를 둥그렇게 쌓아올린 큰 더미 자리의 밑바닥'을 말한다. 보통 돌로 둥그렇게 깔아서 만든다.

** '눌왓'은 '가리를 만들기 위해서 마련한 울안 공간'을 말한다. 곧 '눌왓'의 가리 터가 '눌굽'이다. '눌왓'은 '눌[積]+밧[田]'이 '눌밧〉눌왓〉눌왓'으로의 변화 과정을 거친 어형이다.

*** '우기다'는 '힘으로 통제하고 관리하다.'는 말이다.

빈말ᄒ다 빈말하다.

소도리ᄒ다 말전주하다. 이 사람에게는 저 사람 말을, 저 사람에게는 이 사람
  말을 좋지 않게 전하다.

일컫다·일콛다 일컫다.

토패ᄒ다 토파하다. 마음에 품고 있던 사실을 다 털어 내어 말하다.

헛말ᄒ다·헛입놀리다 헛말하다.

혹식ᄒ다 아프다고 거짓으로 꾸며 말하다.

●●●● **더 생각해 보기**

동음어

ᄀᆞᆯ다[1] 말하다. 생각이나 느낌 따위를 말로 나타내다.
¶ 살멍 ᄒᆞᆯ 말 ᄆᆞᆫ <u>ᄀᆞᆯ지</u> 못헌다. (살면서 할 말 다 말하지 못한다.)

ᄀᆞᆯ다[2] 갈다. 잘게 부수기 위하여 단단한 물건에 대고 문지르거나 단단한 물건 사이에
  넣어 으깨다.
¶ 피방엔 ᄒᆞᆫ번에 <u>ᄀᆞᆯ아지는</u> 게 아니라. 푸는체로 푸멍 치곡 계속 단장허멍 짛는
  거라. (피방아는 한번에 갈아지는 게 아니야. 키로 까부르며 치고 계속 단장
  하며 찧는 거야.)

ᄀᆞᆯ다[3] 갈다. 쓰던 것을 다른 것으로 바꾸다.
¶ ᄒᆞ르에 ᄒᆞᆫ번 강 감주잔을 <u>ᄀᆞᆯ아서.</u> (하루에 한번 가서 감주잔을 갈았어.)

ᄀᆞᆯ다[4] 자동차 따위에 깔리다.
¶ 아이고, 불쌍ᄒ게 차에 <u>ᄀᆞᆯ안</u> 죽엇덴 헤라게. (아이고, 불쌍하게 차에 깔려
  죽었다고 하더라.)

까다

161

[기본 의미]   껍질 따위를 벗기다.

[대응 표준어]   까다

[방언 분화형]   까다·끄다

[문헌 어휘]   ᄢᆞ다(《법화경언해》2:116)

[어휘 설명]   '까다'는 '껍질 따위를 벗기다.'는 뜻을 기본 의미로 하여, '알을 품어 새끼가 껍질을 깨고 나오게 하다.' 등의 뜻을 지닌다. 방언형 '까다'는 문헌 어휘 'ᄢᆞ다'가 'ᄢᆞ다〉ᄭᆞ다〉끄다〉까다'의 변화 과정을 거친 어형이며, 다른 방언형 '끄다'는 문헌 어휘 'ᄢᆞ다'가 'ᄢᆞ다〉ᄭᆞ다〉끄다'의 변화 과정을 거친 어형이다.

[용례]

¶ 이 작산* 마농 혼차 ᄆᆞᆫ 까지 못헌다게. (이 '작산' 마늘 혼자 모두 까지 못한다.)

¶ 머드레콩 그거 허영 까 낳은에 콩밥, 콩순메밥**. 콩순메*** 낭 헤서 먹어.
    (대우콩 그거 해서 까 놔서 콩밥, '콩순메밥'. '콩순메' 놔서 해서 먹어.)

¶ 메역 빨아 놓고 이젠 보말 까서 그냥 낳도 먹고. (미역 빨아 넣고 이젠 고동 까서 그냥 놔서도 먹고.)

---

   *   '작산'은 '나이가 많은, 수량이나 분량이 많은, 짐작이나 생각보다 정도가 심한'이라는 뜻으로 쓰이는 말이다.

  **   '콩순메밥'은 '콩을 섞어서 지은 밥'을 말한다.

 ***   '콩순메'는 '밥에 섞어서 지을 콩'을 말한다.

¶ 목화 타오렌 허영 <u>까근에</u> 솜을 만들 씨 불라두곡 헤나서. (목화 따오라 해서 까서 솜을 만들 씨 발라두고 했었어.)

¶ 부지 봉투 <u>까젠</u> 허난에 우리 저 방상 아이덜 이거 뭐 투표함 까는 거우꽈? 뭐 까는 거우꽈? 헤낫어. (부조 봉투 까려고 하니 우리 저 종친 아이들 이거 뭐 투표함 까는 겁니까? 뭐 까는 겁니까? 했었어.)

[관련 어휘]

까지다 까지다.

께우다·껨다 까다. 알을 품어 새끼가 껍질을 깨고 나오게 하다.

불까다·불끄다 불까다. 동물의 불알을 발라 꺼내다.

불베다·불베이다·불부르다·불볼르다·불즈르다·불치다 불까다. 동물의 불알을 묶어서 잘라 내다.

꾀다

162

[기본 의미] 액체가 몹시 뜨거워져서 소리를 내면서 거품이 솟아오르다.

[대응 표준어] 끓다

[방언 분화형] 괴다·꾀다·끓다

[문헌 어휘] 긇다(《훈몽자회》하:5), 괴다(《역어유해》상:49)

[어휘 설명] '꾀다'는 '액체가 몹시 뜨거워져서 소리를 내면서 거품이 솟아오르다.'는 뜻을 기본 의미로 하여, '지나치게 뜨거워지다, 화가 나서 속이 타는 듯하다, 소화가 안 되거나 아파 뱃속에서 소리가 나다, 어떠한 감정이 강하게 솟아나다, 많이 모여 우글거리다.' 등의 뜻을 지닌다. 방언형 '꾀다'는 문헌 어휘 '괴다'가 '괴다>꾀다'로 경음화한 형태이며, 방언형 '괴다'는 문헌 어휘 '괴다'가 그대로 쓰인 경우다. 또 다른 방언형 '끓다'는 문헌 어휘 '긇다'가 '긇다>싏다>끓다'의 변화 과정을 거친 형태이다.

[용례]

¶ 물이 삭삭 꾀어 가믄 콩ㄱ를 비와 놔. 비와 놓민 소금 ᄒ꼼 놓민 두부거치 올라와. (물이 팔팔 끓어 가면 콩가루 부어 놔. 부어 놓으면 소금 조금 놓으면 두부같이 올라와.)

¶ 보릿ㄱ를이라도 시믄 그 저 물 꾀는 디레 영 주룩허게 비와 놔근에 영 허영 젓이면 그렇게 맛 좋아. 그게 호박입국*. (보릿가루라도 있으면 그 저 물

---

* '호박입국'은 '호박잎에 밀가루 따위의 가루를 넣어서 끓인 국'을 말한다.

끓는 데에 이렇게 주룩하게 부어 놔서 이렇게 해서 저으면 그렇게 맛 좋아. 그게 '호
박잎국'.)

¶ 조축도 좁쌀죽인디 그것도 저 물 <u>꾀믄</u> 놔근엥에 그것도 익을 만허민 ᄂ
물 썰어 놔. (조죽도 좁쌀죽인데 그것도 저 물 끓으면 놔서 그것도 익을 만하면 나
물 썰어 놔.)

¶ 물 팔팔 <u>꾀엉</u> ᄀ를 놔사 딱딱허지 아녀. (물 팔팔 끓어서 가루 넣어야 딱딱하
지 않아.)

¶ 좁쌀, 물 <u>꾀민</u> 좁쌀 놔. 그다음에 감저 놩 이제 밥이 다 뿔어가가민 ᄂ젱
이 우터레 확 허껑 밥을 ᄒ민 맛 좋주게. (좁쌀, 물 끓으면 좁쌀 놔. 그다음에
고구마 놔서 이제 밥이 다 뼈어가면 나깨 위로 확 흩어서 밥을 하면 맛 좋지.)

¶ ᄀ르 헤다근에 물 쪼금 맞촤 가지고 요만썩 헤엉 <u>꾀는</u> 물에 ᄒ번 들이첫
당 건져 내엉 달롸근에 송펜 만들아. (가루 해다가 물 쪼금 맞춰 가지고 요만
씩 해서 끓는 물에 한번 들이뜨렸다가 건져 내어서 다루어서 송편 만들어.)

[관련 어휘]

꾀우다·꿀리다·꿀이다 끓이다.

부끄다 끓어오르다.

ᄒ머리·ᄒ무를 한소끔. 한번 바르르 끓어오르는 모양.

동음어

괴다[1] 끓다. 액체가 몹시 뜨거워져서 소리를 내면서 거품이 솟아오르다.
¶ 밥 괴어가거들랑 불 족게 ᄒ라이. (밥 끓어가거든 불 작게 해라.)

괴다[2] 괴다. 술·간장 따위가 발효하여 거품이 일다.
¶ 술 익젠 허믄 바각ᄒ게 괴어. (술 익으려고 하면 보각하게 괴어.)

괴다[3] 괴다. 그릇에 떡 같은 것을 차곡차곡 쌓아올리다.
¶ 오편도 괴는 ᄎ례가 잇어. (오편(五編)도 괴는 차례가 있어.)

괴다[4] 괴다. 물 따위가 우묵한 곳에 모이다.
¶ 밤의 희게 보이는 딘 물 괸 디라. 불르믄 물이 튀어. (밤에 희게 보이는 데는
   물 괸 데야. 밟으면 물이 튀어.)

괴다[5] 괴다. 특별히 귀여워하고 사랑하다.
¶ 사름은 괴는 딜로 간다. (사람은 괴는 델로 간다.)

괴다[6] 꾀다. 벌레 따위가 한곳에 많이 모여들어 뒤끓다.
¶ 장에 버렝이 괴는 집인 혼나게 일어. (장에 벌레 꾀는 집은 혼나게 일어.)

끄다

163

[기본 의미]   타는 불을 타지 못하게 하다.

[대응 표준어]   *끄다*

[방언 분화형]   *끄다·끼우다·낍다*

[문헌 어휘]   *쁴다*(《월인천강지곡》상:37)

[어휘 설명]   '*끄다*'는 '타는 불을 타지 못하게 하다.'는 뜻을 기본 의미로 하여, '전기나 동력이 통하는 길을 끊다, 빚이나 급한 일 따위를 해결하다.' 등의 뜻을 지닌다. 방언형 '*끄다*'는 문헌 어휘 '*쁴다*'가 '*쁴다*〉*쓰다*〉*끄다*'의 변화 과정을 거친 어형이며, 다른 방언형인 '*끼우다·낍다*'는 새롭게 형성된 어형이다. '*끄다*'의 반의어는 '*싸다·쓰다(켜다)*'로 나타난다.

[용례]

¶ 초집게 속불* 나민 잘 *끄지* 못허여. (초가 '속불' 나면 잘 끄지 못해.)

¶ 홰 그거 저근에 잘못허당 그 홰레 부쩌 벼 놔근에 스뭇 부령 물더레 다 *끄멍* 얼먹고, 경. (홰 그거 져서 잘못하다가 그 홰에 붙어 버려 놔서 사뭇 부려서 물에 다 끄면서 언걸먹고, 그렇게.)

¶ 부갈부갈 부*끄*민 틈재운덴 불 *껑* 두껑 더껑 놔두민 밥이 되어. (부글부글 끓어오르면 뜸들인다고 불 꺼서 뚜껑 덮어 놔두면 밥이 되어.)

¶ 불 *끄*렌 막 야단헤 가난 우린 뭣도 몰르고 불 *껀* ᄀ만이 앚안. (불 끄라고 막 야단해 가니 우린 뭣도 몰르고 불 꺼서 가만히 앉아.)

---

* '속불'은 '초가지붕 안에서부터 일어난 불'을 말한다. 불 끄기가 어렵다고 한다.

막 야단해 가니 우리는 뭣도 모르고 불 꺼서 가만히 앉았어.)

¶ 불이 확 오르민 곡석이니까 기름 모냥으로 확 부트진 안허여. 경허민 고
리에 불 올랏다, 불 *끄*라, 불 *끄*라 혜영 혼쪽더레 밀어낭 그 칸 걸 뽑아내
야 되어. (불이 확 오르면 곡식이니까 기름 모양으로 확 붙진 않아. 그러면 고리에
불 올랐다, 불 꺼라, 불 꺼라 해서 한쪽으로 밀어놔서 그 탄 걸 뽑아내야 되어.)

[관련 어휘]

꺼지다 *꺼지다. 불이 사위거나 사라져 없어지다.*

●●●● **더 생각해 보기**

동음어

끼우다[1] *끄다. 타는 불을 타지 못하게 하다.*
¶ 나갈 때랑 불 *끼우라이*. (나갈 때는 불 꺼라.)

끼우다[2] *끼우다. 벌어진 사이에 무엇을 넣고 죄어서 빠지지 않게 하다.*
¶ 한다바리 잡아지믄 손가락트멍에 *끼와*. (잠자리 잡아지면 손살에 끼워.)

끌다

164

[기본 의미] 바닥에 댄 채로 잡아당기다.

[대응 표준어] 끌다

[방언 분화형] 끌다·끗다

[문헌 어휘] 그스다(《월인석보》2:35)

[종합 설명] '끌다'는 '바닥에 댄 채로 잡아당기다.'는 뜻을 기본 의미로 하여, '바퀴 달린 것을 움직이게 하다, 소나 말 따위의 짐승을 부리다, 남의 관심 따위를 쏠리게 하다, 시간이나 일을 늦추거나 미루다, 길게 빼어 늘이다.' 등의 뜻을 지닌다. 방언형 '끌다'는 문헌 어휘 '그스다'가 '그스다〉ᄉᆞ스다〉ᄉᆞ으다〉ᄉᆞ을다〉끌다'의 과정을 거친 어형이며, 방언형 '끗다'는 문헌 어휘 '그스다'가 '그스다〉ᄉᆞ스다〉ᄉᆞᆽ다〉끗다' 변화 과정을 거친 어형이다.

한편 '자리를 다른 곳으로 옮기도록 힘을 가하다.(끗다)'는 뜻의 방언형은 '끗다·끗이다'로 나타나는데, 문헌 어휘 '그스다'에서 온 어형이다. 결국 방언형 '끗다'는 표준어 '끌다'와 '끗다'에 대응하는 어휘로, 동의 관계를 이루고 있다.

[용례]

¶ 우리 앞의서 쉐 끌 듯 끗언 가난 매기*. (우리 앞에서 소 끌 듯 끌고 가니 '매기'.)

¶ 동네일 보는 사름덜이 이제 가마덜 메고 이제 몰 끌고 헹 가. (동네일 보는 사람들이 이제 가마들 메고 이제 말 끌고 해서 가.)

---

* '매기'는 '그것뿐, 그만, 끝' 등의 뜻을 나타내는 말이다.

¶ 강제로 끌어 가지고 공항 이제 그 짓는 디 간. (강제로 끌어 가지고 공항 이제 짓는 데 갔어.)

¶ 쉐 훈련 시기젠 그 뭐 으라 가지 무거운 거를 메달아사 끌고 다니는 거라. (소 훈련 시키려고 그 뭐 여러 가지 무거운 거를 매달아서 끌고 다니는 거야.)

¶ 일본서 안 오켄 허는 어멍을 개 끗 듯헨 들어완. (일본에서 아니 오겠다는 어머니를 개 끌 듯해서 들어왔어.)

¶ 목매** 헤영 그걸로 끗엉은에게 불려. 물 엇인 사름덜은. ('목마(木馬)' 해서 그걸로 끌어서 밟아. 말 없는 사람들은.)

[관련 어휘]

그슬귀·그슬퀴·끄서귀·끄세기·끄슬귀·끄슬퀴·끄실뀌·끄슬피·끄슴솔기·끄스기·끄시기

끙게. 씨앗을 뿌린 뒤에 씨앗이 흙에 덮이게 하는 농기구.

질질끌다·질질끗다 칠떡거리다. 물건이 길게 늘어져 자꾸 바닥에 닿았다 들렸다 하며 끌리다.

●●●● **더 생각해 보기**

끗다¹ 끌다. 바닥에 댄 채로 잡아당기다.
¶ 그슬퀴로 멧 번 갓다왔다 경 허믄 멘짝허게 잘 끗어진 거라. (끙게로 몇 번 왔다갔다 그렇게 하면 매끈하게 잘 끌어진 거야.)

끗다² 끗다. 자리를 다른 곳으로 옮기도록 힘을 가하다.
¶ 조 비에 끗어 불민 소끄멍 방을 벌려. (조 비에 끄어 버리면 슊으면서 방을 벌려.)

** '목매[木馬]'는 '씨 뿌린 밭을 다지는 데 쓰는, 둥근 나무토막에 굵은 나뭇가지로 여러 개의 발을 만들어 둘러 박은 농기구'를 말한다. 목마처럼 생겼다고 해서 붙은 이름이다. 달리 '남테·낭테'라고 한다.

나다

165

[기본 의미] 신체 표면이나 땅 위에 솟아나다.

[대응 표준어] 나다·되다

[방언 분화형] 나다

[문헌 어휘] 나다(《용비어천가》61장)

[어휘 설명] '나다'는 '신체 표면이나 땅 위에 솟아나다.'는 의미를 비롯하여, '길·통로·창문 따위가 생기다, 어떤 사물에 구멍·자국 따위의 형체 변화가 생기거나 작용에 이상이 일어나다, 신문·잡지 따위에 어떤 내용이 실리다, 홍수·장마 따위의 자연재해가 일어나다, 농산물이나 광물 따위가 산출되다, 인물이 배출되다, 이름이나 소문 따위가 알려지다, 생명체가 태어나다, 소리·냄새 따위가 밖으로 드러나다, 어떤 때나 시기, 상태에 이르다, 생각·기억 따위의 심리적 현상이 일다, 햇빛 따위가 나타나다, 철이나 기간을 보내다.' 등의 뜻을 지닌다. 특히 '나다'가 계절이나 달 등과 함께 쓰일 때는 '어떤 때나 시기·상태에 이르다.'는 뜻을 지닌다. 방언형 '나다'는 문헌 어휘 '나다'가 그대로 쓰인 경우다.

한편 '나다'는 '~어 나다' 구성으로 보조용언으로 쓰이기도 한다.

[용례]

¶ 이제 나난 돼지고기 헹 먹고. (이제 나니까 돼지고기 해서 먹고.)

¶ 거 십종 나민 막 아파. 허물발도 벌겅허곡. (습종 나면 아주 아파. 붉은발도 벌겋고.)

¶ 옷도 비 맞앗다가 또 뭐 벳 나민 물랏다가 허믄 쉰내가 보통 나지 아녀?

(옷도 비 맞았다가 또 뭐 볕 나면 말랐다가 하면 쉰내가 보통 나지 않아?)

¶ 겨난 상강일도 들고 <u>나고</u> 허여. 이 입춘 모냥으로. (그러니 상강도 들고 나고 해. 이 입춘 모양으로.)

¶ 야, 야, 남도 <u>낫저</u>. (야 야, 나기도 났다.)

¶ 봄 <u>나믄</u> 고사리 거끄는 사름으로 뭣 닮아. (봄 되면 고사리 꺾는 사람으로 뭣 같아.)

¶ 오월 <u>낭</u> 망종 드는 해 허믄 보리 눈곰앙* 읍지 아녀. (오월 되어서 망종 드는 해 하면 보리 눈감아서 여물지 않아.)

[관련 어휘]

거니나다 소문나다.

구역질나다·구역징나다 구역나다.

귀나다·상귀나다 귀나다.

금나다¹·금지나다·금지터지다 값나다. 금나다. 물건값이 정해져서 팔고 살 수 있게 되다.

금나다²·그믓나다 금가다. 물건이 터져서 금이 생기다.

골리나다 눈의 가시가 되다.

끄멍나다·트멍나다·틈나다 틈나다.

난년 난년.

난놈 난놈.

난드르·난케 난들.

난바당 난바다.

난바르 ①잠녀들이 배를 타고 나가 난바다에서 먹고 자며 하는 물질. ②어부들이 난바다에 나가 며칠씩 바다에서 먹고 자며 하는 고기 낚는 일.

<hr>

'눈곰다'는 '눈감다'의 뜻으로, 여기서는 '보리가 패지 않은 것'을 의미한다.

난사름 난사람.

난전·난전밧 마을에서 멀리 떨어진 들녘에 위치한 거친 밭.

날나다 잔치나 장례 등 큰일을 치를 날짜가 결정되다.

노랑내나다 고기 또는 털 따위의 단백질이 타는 냄새처럼 역겨운 냄새가 나다.

녹피다 녹나다.

도나다 씨가 떨어져 저절로 나다.

동나다 동강나다.

몸서리일다 몸서리나다.

밀려나다 밀려나다.

밀어나다 관심이 없어서 남게 되다.

벌불나다 벌불지다. 벌불이 생기다.

보람나다·본에나다 ①어떤 표적이 겉으로 드러나다. ②일을 한 뒤에 좋은 결과나 만족감이 생기다.

부에나다 부아나다.

살아나다 ①살아나다. ②어떤 것을 아끼게 되어 절약하게 되다.

상나다·영장나다·장나다 초상나다. 집안에 죽은 사람이 생기다.

성식나다 언짢아하는 성질과 감정이 나타나다.

세월나다 물건이 한때 잘 팔리다.

숭나다 ①비난이나 비웃음을 당할 만한 일이 생기다. ②옷이나 물건 따위에 흠이 생기다.

용심나다 남을 시기하는 심술궂은 마음이 나타나다.

저실나다 겨울나다.

전주리나다 옷 따위가 몹시 닳아서 해지다.

절딴나다·팡신나다 결딴나다.

지질징나다 깔밋하지 못하고 지루하여 싫증이 나다.

질나다 길나다.

쿼어나다 돼지 따위가 우리를 뛰어넘어 달아나다.

튼나다 떠오르다.

허렁나다·허왜나다 정신이 조금 이상하다.

허주나다·허쥐나다 사람의 충실하지 못한 단점이나 허점 따위가 드러나다.

헐리나다 살갗에 헌데가 생기거나 물건에 흠이 생기다.

●●●● **더 생각해 보기**

동음어

나다¹ 나다. 신체 표면이나 땅 위에 솟아나다.
¶ 확 근젠 허난 셍각 안 남쩌. (얼른 말하려고 하니 생각 안 난다.)

나다² 낳다. 배 속의 아이·새끼·알을 몸 밖으로 내놓다.
¶ 이젠 애기 나멍 살암수다. (이제는 아기 낳으면서 살고 있습니다.)

남다

[기본 의미]　다 쓰지 않거나 정해진 수준에 이르지 않아 나머지가 있게 되다.

[대응 표준어]　남다

[방언 분화형]　남다

[문헌 어휘]　남다(《석보상절》13:34)

[어휘 설명]　'남다'는 '다 쓰지 않거나 정해진 수준에 이르지 않아 나머지가 있게 되다.'는 뜻을 기본 의미로 하여, '들인 밑천이나 제 값어치보다 얻는 것이 많다. 또는 이익을 보다, 나눗셈에서 나누어 떨어지지 않고 나머지가 얼마 있게 되다, 다른 사람과 함께 떠나지 않고 있던 그대로 있다, 잊혀지지 않거나 뒤에까지 전하다, 어떤 상황의 결과로 생긴 사물이나 상태 따위가 다른 사람이나 장소에 있게 되다.' 등의 뜻을 지닌다. 방언형 '남다'는 문헌 어휘 '남다'가 그대로 쓰인 경우다.

　한편 '남다'의 반의어는 의미에 따라, '모자레다·모지레다·모즈레다(모자라다)' 또는 '밋가다·밋지다(밑지다)' 등으로 나타난다.

[용례]

¶ 집줄 남는 걸로 줄방석도 멘들곡. (집줄 남는 걸로 줄방석도 만들고.)

¶ 이젠 우리 동네 물ᄀᆞ렌 남아 신 게 엇어. (이제는 우리 동네 연자매는 남아 있는 게 없어.)

¶ 이녁네 식구덜 먹당 남을 정도로 한 사름덜은 술 담고. (이녁네 식구들 먹다가 남을 정도로 많은 사람들은 술 담고.)

¶ 뭐 개역은 보리가 남으나 안 남으나 일단 보리농사 지면은 개역덜은 흔

줄방석

번썩은 허고. (뭐 미숫가루는 보리가 남으나 안 남으나 일단 보리농사 지으면 미
숫가루들은 한번씩은 하고.)

¶ 놈 몰른 인정은 오래 남녠 굴아. (남 모른 인정은 오래 남는다고 해.)

¶ 흥꼼이라도 남게 혜사주, 부작허민 거 못써. 남는 게 좋아. (조금이라도 남
게 해야지, 부족하면 거 못써. 남는 게 좋아.)

¶ 범벅은 식은밥도 먹당 남으민 그 물에 낭 끌여근에 모믈ㅋ르 낭 젓이민
범벅게. (범벅은 식은밥도 먹다가 남으면 그 물에 놔서 끓여서 메밀가루 놔서 저으
면 범벅.)

[관련 어휘]

나머지·남저기·남제기·남지기·남체기　나머지.

남기다·냉기다　남기다.

마은남은·마흔남은　마흔남은.

설남은 서른남은.

수무남은·수물남은·쓰무남은 스무남은.

쉰남은 쉰남은.

여남은·웃남은 여남은.

예순남은 예수남은.

낫다

167

[기본 의미] 병이나 상처 따위가 고쳐져 본래대로 되다.

[대응 표준어] 낫다

[방언 분화형] 낫다

[문헌 어휘] 낫다(《언해납약증치방》)28)

[어휘 설명] '낫다'는 '병이나 상처 따위가 고쳐져 본래대로 되다.'는 뜻을 지
닌다. 방언형 '낫다'는 문헌 어휘 '낫다'가 그대로 쓰인 경우다. 이 '낫다'가
활용할 때는 '낫-'이 어간이 되어 어미와 연결된다. 곧 표준어와 달리 모음
어미 앞에서도 어간 끝소리 'ㅅ'이 탈락하지 않고 유지된다.

[용례]

¶ 우리 저 알동네 사름도 굿허영 **낫곡** 헤나서. (우리 저 아랫동네 사람도 굿해
서 낫고 했었어.)

¶ 천리허곡 허난 **낫안** 그르후제 또 베에 뎅기고 허단 돌아가션. (면례하고
하니 나아서 그 후제 또 배에 다니고 하다가 돌아가셨어.)

¶ 확 **낫앙** 팔팔 돌아뎅겨사 헐 건디, 게메 걱정이우다. (얼른 나아서 팔팔 돌
아다녀야 할 건데, 글쎄 걱정입니다.)

¶ 이젠 흐끔 **낫앗덴** 막 돌아뎅겨마씨. (이젠 조금 나았다고 막 돌아다녀요.)

¶ 어디 강 빌어? 집의서 빌주. 경 헴시민 **낫이민** 아이고, 빈 덕분에 **낫앗구
나** 경 허곡. 낫임도 허주게. (어디 가서 빌어? 집에서 빌지. 그렇게 하고 있으면
나으면 아이고, 빈 덕분에 나았구나 그렇게 하고. 낫기도 하지.)

¶ 둘럿은 초담 웃두께 나는 건 발창에다가 천평 지평이엔 쓰는 방법이 잇

어. 요샌 벵원 좋은 때난 강 약 흔 방울만 상 먹어 불민 싹 <u>낫아</u> 불고. (다래끼는 처음 읻눈시울 나는 건 발바닥에다가 천평 지펑이라고 쓰는 방법이 있어. 요샌 병원 좋은 때니까 가서 약 한 알만 사서 먹어 버리면 싹 나아 버리고.)

●●●● **더 생각해 보기**

동음어

낫다¹ 낫다. 병이나 상처 따위가 고쳐져 본래대로 되다.
¶ 메칠 빙원에 뎅기난 <u>낫아</u> 가긴 <u>낫아</u> 가는 셍이라. (며칠 병원에 다니니까 나아 가기는 나아 가는 모양이야.)

낫다² 낫다. 보다 더 좋거나 앞서 있다.
¶ 흐끔 <u>낫인</u> 사름덜은 구들 놩 살곡. 경 아녀믄 북덕방*에 살아. (조금 나은 사람들은 구들 놔서 살고. 그렇지 않으면 '북덕방'에 살아.)

---

* '북덕방'은 '구들을 놓지 아니하고 짚·검불 따위 등 북데기를 깔아 놓은 방'을 말한다.

녹다

[기본 의미] 얼음이나 얼음같이 매우 차가운 것이 열을 받아 액체가 되다.

[대응 표준어] 녹다

[방언 분화형] 녹다

[문헌 어휘] 녹다(《월인석보》1:48)

[어휘 설명] '녹다'는 '얼음이나 얼음같이 매우 차가운 것이 열을 받아 액체가 되다.'는 뜻을 기본 의미로 하여, '고체가 열기나 습기로 말미암아 제 모습을 갖고 있지 못하고 물러지거나 물처럼 되다, 추위서 굳어진 몸이나 신체 부위가 풀리다, 감정이 누그러지다, 결정체(結晶體) 따위가 액체 속에서 풀어져 섞이다, 어떤 물체나 현상 따위에 스며들거나 동화되다, 어떤 대상에 몹시 반하거나 홀리다.' 등의 뜻을 지닌다. 방언형 '녹다'는 문헌 어휘 '녹다'가 그대로 쓰인 경우다. '녹다'의 반의어는 '얼다, 얼위다(얼다)'이다.

[용례]

¶ 멜이 뺄리 녹곡 허믄 싱거운 거라. (멸치가 빨리 녹고 하면 싱거운 거야.)

¶ ᄉᆞ월에 강 봐도 눈이 다 녹지 아녕 영 쌓여 이서. (사월에 가서 봐도 눈이 다 녹지 않고 이렇게 쌓여 있어.)

¶ 유월 전의 멜첫을 허믄 멜이 녹안 먹기 좋아. (유월 전에 멸치젓을 하면 멸치가 녹아서 먹기 좋아.)

¶ 돗지름 혜근에 그 보시에다가 혜 가지고 늡삐 혜 가지고 이제 그디 가믄 늡삐가 뜨거우니까 잘잘 녹아. (돼지기름 해서 그 보시기에다가 해 가지고 무 해 가지고 이제 거기 가면 무가 뜨거우니까 잘잘 녹아.)

557

¶ 애기 아파 보라, 괴기가 착착 녹나. (아기 아파 보아라, 고기가 착착 녹는다.)

¶ 싱거우민은 빨리 녹주게. 경허민 더 놓곡 더 놓곡 허는디 근은 딱 맞추젠 허민 계랄, 계랄을 들이치민 오벡 원짜리 동전만큼 계랄이 들어가민은 장간이 딱 맞는 거. (싱거우면 빨리 녹지. 그러면 더 놓고 더 놓고 하는데 간은 딱 맞추려고 하면 달걀, 달걀을 들이뜨리면 오백 원짜리 동전만큼 달걀이 들어가면 장간이 딱 맞는 거.)

[관련 어휘]

눈녹은물 눈석임물. 쌓인 눈이 속으로 녹아서 흐르는 물.

녹이다 녹이다.

놀다

169

[기본 의미]   놀이나 재미있는 일을 하며 즐겁게 지내다.

[대응 표준어]   놀다

[방언 분화형]   놀다

[문헌 어휘]   놀다(《석보상절》6:11)

[어휘 설명]   '놀다'는 '놀이나 재미있는 일을 하며 즐겁게 지내다.'는 뜻을 기본 의미로 하여, '직업이나 일정히 하는 일이 없이 지내다, 어떤 일을 하다가 일정한 동안을 쉬다, 물자나 시설 따위를 쓰지 않다, 고정되어 있던 것이 헐거워 이리저리 움직이다, 태아가 꿈틀거리다, 이리저리 돌아다니다, 일정한 장소를 중심으로 지내다.' 등의 뜻을 지닌다. 방언형 '놀다'는 문헌 어휘 '놀다'가 그대로 쓰인 경우다. 이 '놀다'가 활용할 때는 '노-, 놀-'이 어간이 되어 어미와 연결된다.

[용례]

¶ 촐 빠끄믄 그 소곱에 들어강 놀곡 헤나서. (꼴 빼면 그 속에 들어가서 놀고 했었어.)

¶ 마당질허난게 마당서 놀지 못허게 허여. (마당질하니까 마당서 놀지 못하게 해.)

¶ 이젠 나이도 들고 허난 그냥 줌자멍 놀멍 살당 가주 헴서. (이제는 나이도 들고 하니 그냥 잠자며 놀며 살다가 가지 하고 있어.)

¶ 사름 놀앙은 못살아. (사람 놀아서는 못살아.)

¶ 베옷게, 상복도 허고. 이 남자덜 여름에 만들엉 입엉 놀레도 다니곡 헤여. (베옷, 상복도 하고. 이 남자들 여름에 만들어서 입어서 놀러도 다니고 해.)

¶ 무사 <u>노난</u> 돈이 나와 밥이 나와. (왜 노니 돈이 나와 밥이 나와.)

¶ <u>노는</u> 밧은 봄에 갈곡. 풀이 성헌 거 그냥 더프믄 걸름이 되니까. (노는 밭은 봄에 갈고. 풀이 성한 거 그냥 덮으면 거름이 되니까.)

[관용 표현]

놀당 죽은 염송에기나 기당 죽은 밧갈쉐* 표준어로 바꾸면 '놀다가 죽은 염소나 기다가 죽은 밭갈소'인데, '일한 소득이 별로 없을 때'를 비유적으로 이르는 말.

[관련 어휘]

고방갈락·고방갈레·밥홀락·흑밥·흑밥장난 소꿉놀이.

노나리판 놀음놀이판. 놀자판.

노념·놀이 놀이.

노념놀이·놀음놀이 놀음놀이.

노념ᄒ다·놀음놀이ᄒ다 놀이하다.

노는땅 농사를 지을 수 있는데도 아무것도 심지 아니하고 놀리는 땅.

노롬·노름 노름.

노롬꾼·노름꾼·노름젱이 노름꾼.

노롬패·노름패 노름패.

놀리다 놀리다. 놀게 하다.

도놀다 노닐다.

돈놀리다·돈놀이다 돈놀이하다.

등당몰탈락·몰탈락·몰툴락·몰툴래기 말놀이. 말놀음질. 말놀이.

딱지·빳장·빳지 놀이딱지.

---

* '밧갈쉐'는 '농가에서 주로 밭을 가는 데 부리는 황소'를 말한다.

숫놀다·윗놀다 윷놀다.

숫놀이·윗놀이 윷놀이.

입놀리다·입놀이다 입을 움직이다.

헛입놀리다 헛말하다.

놀레다

170

[기본 의미] 뜻밖의 일이나 무서움에 가슴이 두근거리다.

[대응 표준어] 놀라다

[방언 분화형] 노레다·놀레다

[문헌 어휘] 놀라다(《용비어천가》17장)

[종합 설명] '놀레다'는 '뜻밖의 일이나 무서움에 가슴이 두근거리다.'는 뜻을 기본 의미로 하여, '갑자기 강하게 무서움을 느끼다, 뛰어나거나 신기한 것을 보고 매우 감동하다, 어처구니가 없거나 기가 막히다, 평소와 다르게 심한 반응을 보이다.' 등의 뜻을 지닌다. 방언형 '놀레다'는 문헌 어휘 '놀라다'가 [놀레다]로 발음되는 형태이며, 다른 방언형 '노레다'는 '놀레다'에서 'ㄹ'이 탈락한 어형이다.

[용례]

¶ 식게 먹엉 가당 헤뜩헌 거 봐지믄 <u>놀레곡말곡게</u>. (제사 지내고 가다가 해뜩한 거 보이면 놀라고말고.)

¶ 깜짝 <u>놀레게</u> 허믄 톨곡지도 엇어진데 굴아. (깜짝 놀라게 하면 딸꾹질도 없어진다고 해.)

¶ 개 강강 주꺼도 <u>놀레지</u> 말렌 굴라이. (개 꽁꽁 짖어도 놀라지 말라고 말해라.)

¶ 애기덜 경기허는 건 거 <u>놀렌</u> 거주. (아기들 경기하는 건 거 놀란 거지.)

¶ 쉐도 구신 보믄 <u>놀레언</u> 도망가. (소도 귀신 보면 놀라서 도망가.)

¶ 총 팡팡 헤가난 <u>놀레엉</u> 죽어지카 부덴게 막 <u>놀레난</u>. (총 팡팡 해 가니 놀라서 죽어질까 봐 아주 놀랐어.)

[관련 어휘]

금착ㅎ다·주막ㅎ다·줌막ㅎ다·줌짝ㅎ다·줌착ㅎ다 깜짝하다. 멈칫하다. 흠칫하다.

노레다·놀레다 놀라다.

놀랍다 놀랍다.

놓다

[기본 의미]	한정된 공간으로 들게 하다.
[대응 표준어]	넣다. 놓다
[방언 분화형]	놓다
[문헌 어휘]	놓다(《용비어천가》64장)

[종합 설명] '놓다'는 '일정한 공간 속으로 들게 하다.'는 뜻을 기본 의미로 하여, '다른 것에 섞거나 타다, 어떤 범위 안에 들어 있게 하다, 불을 때다, 주되는 음식에 다른 것을 섞어 한 음식으로 만들다.' 등의 뜻을 지닌다. 방언형 '놓다'는 문헌 어휘 '놓다'가 그대로 쓰인 경우다. '놓다'가 활용할 때 어미 '-아, -안, -앙'이 연결되면 '놔, 놘, 놩' 등으로 나타난다.

[용례]

¶ 쏠 부작허믄게 감저 놓곡 좁팝 헤근에 먹어. (쌀 부족하면 고구마 놓고 조밥 해서 먹어.)

¶ 감저 모종 놓젠 허민 바당에 강 듬북 헤당 꿸앙 흑 더꺼놔근에 감저 놔. (고구마 모종 놓으려고 하면 바다에 가서 듬북 해다가 깔아서 흙 덮어놔서 고구마 놔.)

¶ 팔팔 꾀사 좁쏠 놓앙 젓어. (팔팔 끓어야 좁쌀 놓아서 저어.)

¶ 좀 세금지게 먹젠 허믄 최 하영 놓아사. (좀 새금하게 먹으려고 하면 초 많이 놓아야.)

¶ 듬북 그거 헤다근에 보릿찍 놓곡 듬북 놓곡 헤근에 도세기 똥싸멍 거 블르민 그것이 걸름 되어. (듬북 그거 해다가 보릿짚 놓고 듬북 놓고 해서 돼지가

똥싸며 거 밟으면 그것이 거름 되어.)

¶ 미역 놓고 헤근에 콩죽 쑤민 것도 엔간이 맛잇어낫어. (미역 넣고 해서 콩
죽을 쑤면 것도 엔간히 맛있었어.)

[관련 어휘]

물어놓다 물어넣다.

밀어놓다 밀어놓다.

좁아놓다 집어넣다.

●●●● **더 생각해 보기**

동음어

놓다¹ 넣다. 놓다. 한정된 공간으로 들게 하다.
¶ 궤 소곱에 잘 놓아 뒁 촛지 못허영 애가 줏아. (궤 속에 잘 넣어 두고 찾지
못해서 애가 타.)

놓다² 놓다. 손으로 무엇을 쥐거나 잡거나 누르고 있는 상태에서 손을 펴거나 힘을 빼
서 잡고 있던 물건이 손 밖으로 빠져나가게 하다.
¶ 아무거나 심엇당 놓아 불민 거뿐게. (아무것이나 잡았다가 놓아 버리면
거뿐.)

눅다

172

[기본 의미] 몸을 바닥 따위에 대고 수평 상태가 되게 하다.

[대응 표준어] 눕다

[방언 분화형] 눅다·눕다

[문헌 어휘] 눕다(《용비어천가》84장)

[어휘 설명] '눅다'는 '몸을 바닥 따위에 대고 수평 상태가 되게 하다.'는 뜻을 기본 의미로 하여, '나무나 풀 따위의 기다란 물체가 가로놓이다, 병 따위로 앓거나 하여 자리에서 일어나지 못하다.' 등의 뜻을 지닌다. 방언형 '눅다'는 새롭게 형성된 어형이며, 다른 방언형 '눕다'는 문헌 어휘 '눕다'가 그대로 쓰인 경우다. 이 방언형들이 활용할 때는 '누우-, 눅-, 눕-'이 어간이 되어 어미와 연결된다.

[용례]

¶ 남 도벌허는 하르방 들아 아젼 초기왓*디 강 눅지 아녀서? (나무 도벌하는 할아버지 데려 가지고 '초기밭'에 가서 눕지 않았어?)

¶ 멘서기가 출장을 가 불민 그 각시가 ᄆ섭덴 지허고 ᄀ치 눅겐 헤. (면서기가 출장을 가 버리면 그 각시가 무섭다고 자기하고 같이 눕자고 해.)

¶ 사름 아니 눅는 구들은 댕댕허여**. (사람 아니 눕는 방은 '댕댕해'.)

* '초기왓'은 '버섯을 재배하는 곳'을 말한다.

** '댕댕허다'는 '실내 공간이 한기를 느낄 정도로 춥다.'는 뜻이다.

¶ 씨어멍 씨아방은 큰방에 살고 우린 밧거리 방에 <u>눕고</u> 허연. (시어머니 시아버지는 큰방에 살고 우리는 바깥채 방에 눕고 했어.)

¶ 식게 때 가믄 아이덜도 파지헐 때꼬장은 <u>눕지</u> 못허게 헤여. (제사 때 가면 아이들도 파제할 때까지는 눕지 못하게 해.)

¶ 손 처메연 소낭 아래 간 ᄀᆞ만이 <u>눕다게</u>. (손 처매어서 소나무 아래 가서 가만히 눕다.)

¶ 께어난 보난 하늘 봐지는 집의 <u>넝</u> 이서. (깨어나서 보니 하늘 보이는 집에 누워 있어.)

¶ 겉눈 ᄀᆞᆷ안 <u>눤</u> 시난 나 우로 가달 넹기멍 넘어가. (겉눈 감아서 누워 있으니 내 위로 다리 넘기며 지나가.)

[관용 표현]

누운 낭에 ᄋᆞ름 ᄋᆞ느냐 표준어로 바꾸면 '누운 나무에 열매 여느냐.'인데, 가만 있으면 아무것도 이룰 수 없다.'는 것을 비유적으로 이르는 말.

[관련 어휘]

갈라지다·걸러지다 '드러눕다'를 속되게 이르는 말.

나눅다·나눕다 나가눕다. ①방 밖으로 나와 눕다. ②아랫목에서 윗목 쪽으로 옮아 눕다.

누웡둥글다 뒹굴다. 누워서 이리저리 구르다.

눅지다 누이다. 눕히다.

돌아눅다·돌아눕다 돌아눕다.

드러눅다·드러눕다 드러눕다.

몸져눅다·몸져눕다 몸져눕다.

발막아눅다·발막아눕다* 한 이부자리에 서로 발을 마주하여 눕다.

---

* 만주어 어휘집인 《동문유해》(상:27)에서는 '통각와(通脚臥)'를 '발막아눕다'로 대역하고 있다.

동음어

눅다[1] 눕다. 몸을 바닥 따위에 대고 수평 상태가 되게 하다.
¶ 아무거나 먹엉은 곧 눅지 아녀. (아무거나 먹어서는 곧 눕지 않아.)

눅다[2] 누다. 배설물을 몸 밖으로 내보내다.
¶ 학교선 똥 눅지 못허연 집꼬지 돌아와나서. (학교서는 똥 누지 못해서 집
까지 달려왔었어.)

눕다[1] 눕다. 몸을 바닥 따위에 대고 수평 상태가 되게 하다.
¶ 곱을 디 엇이난 낭 우의 올라강 눕곡. (숨을 데 없으니 나무 위에 올라가서
눕고.)

눕다[2] 누다. 배설물을 몸 밖으로 내보내다.
¶ 오좀 눕지 못허는 빙도 잇어. (오줌 누지 못하는 병도 있어.)

눌르다

[기본 의미]   어떤 물체의 전체 면이나 부분에 대하여 힘이나 무게를 가하다.

[대응 표준어]   누르다

[방언 분화형]   누뜰다·누르다·누르뜨다·누울리다·눌뜨다·눌르다

[문헌 어휘]   누르다(《능엄경언해》7:57)

[어휘 설명]   '눌르다'는 '어떤 물체의 전체 면이나 부분에 대하여 힘이나 무게를 가하다.'는 뜻을 기본 의미로 하여, '마음대로 행동하지 못하도록 힘이나 규제를 가하다, 자신의 감정이나 생각을 밖으로 드러내지 않고 참다.' 등의 뜻을 지닌다. 방언형 '눌르다'는 문헌 어휘 '누르다'에 'ㄹ'이 첨가되어 쓰인 경우고, 다른 방언형 '누르다'는 문헌 어휘 '누르다'가 그대로 쓰인 경우다. 또 다른 방언형 '누뜰다·누르뜨다·눌뜨다' 등은 강조의 뜻을 더하는 접미사 '-뜨다·-뜰다'가 연결되어 이루어진 어형이다.

[용례]

¶ 그 전의는 홀탓는디 이 중간에는 발로 눌르멍 로라가 돌아가는 거 잇주게. (그 전에는 훑았는데 이 중간에는 발로 누르면서 롤러가 돌아가는 거 있지.)

¶ 십종, 아프건 아프렌 꽉 눌르난 애옥*이 밀밀밀 나완. (습종, 아프거든 아프라고 꽉 누르니까 '애옥'이 밀밀밀 나와.)

¶ 손질 안허영 물 적져근에 그자 꼭꼭 누르뗭 물류와근에 허는 건 덜 졸아

* '애옥'은 '큰 부스럼 자리에 살이 곪아서 된 고름의 고갱이'를 말한다. 달리 '애욕'이라고도 한다.

세미

등절비

들지. (손질 않고 물 적셔서 그저 꼭꼭 눌러서 말려서 하는 건 덜 좋아들지.)

¶ 동글랑허게 허여 낳 그 세미**처룩 귄 엇어도 영 영 줍안 손으로 누르뜨는 것 ᄀ라 등절비***. (동그랗게 해 놔서 그 '세미'처럼 귀는 없어도 이렇게 이렇게 집어서 손으로 누르는 것보고 '등절비'.)

¶ 동지, 꼿 필락말락헐 때에 그걸 똑똑똑 꺼꺼 가지고 소금국에 허영 딱딱 누르떵 낫다가 그거 먹엇어. (장다리, 꽃 필듯말듯할 때에 그걸 똑똑똑 꺾어 가지고 소금물에 해서 딱딱 눌러 놨다가 그거 먹었어.)

¶ 짐치나 뭐 눌뜨는 건 먹돌****이 좋아. (김치나 뭐 누르는 건 '먹돌'이 좋아.)

¶ 아이안티 ᄀ만이 눌떵 시렌 허믄 ᄀ만이 실 거라게. (아이한테 가만히 눌러 있어라고 하면 가만히 있을 거야.)

[관련 어휘]

눌리다 눌리다.

억눌르다 억누르다.

잔줄르다·존줄루다·존질루다·존질우다 ①들뜬 마음을 진정하게 하다. ②부푼 물건을 나부죽하게 누르다.

** '세미'는 '메밀가루나 쌀가루를 반죽해서 얇게 민 다음에 반달 모양으로 떠서 그 속에 팥소를 넣어 집은 후 삶거나 찐 떡'을 말한다. 달리 '세미떡'이라 한다.

*** '등절비'는 '메밀가루나 쌀가루를 반죽해서 반달 모양으로 만들어 삶아낸 후 팥고물을 묻힌 떡'을 말한다. 달리 '등절미'라 한다.

**** '먹돌'은 '아주 딴딴하고 미끈한 검은 돌'을 말한다.

늘다

174

[기본 의미] 물체의 길이나 넓이·부피 따위가 본디보다 커지다.

[대응 표준어] 늘다

[방언 분화형] 늘다

[문헌 어휘] 늘다(《주해 천자문》)12)

[어휘 설명] '늘다'는 '물체의 길이나 넓이·부피 따위가 본디보다 커지다.'는 뜻을 기본 의미로 하여, '사물의 수효나 분량이 전보다 많게 되다, 힘이나 기운·세력 따위가 이전보다 큰 상태가 되다, 재주나 능력 따위가 나아지다, 살림이 넉넉해지다, 시간이나 기간이 길어지다.' 등의 뜻을 지닌다. 방언형 '늘다'는 문헌 어휘 '늘다'가 그대로 쓰인 경우다. 이 '늘다'가 활용할 때는 '늘-, 느-'가 어간이 되어 어미와 연결된다.

한편 '늘다'의 반의어는 '굴다·줄다(쥴다)'로 나타난다.

[용례]

¶ 놀아가난 간세만 늘곡 허영 안 되키여. (놀아가니 게으름만 늘고 해서 안 되겠다.)

¶ 세간 느난 그 늘어나는 즈미로 이때꾸장 살안. (세간살이 느니 그 늘어나는 재미로 이때까지 살았어.)

¶ 식권 헤마다 늘당 보믄 식량은 느량 부작ᄒ여. (식구는 해마다 늘다 보면 식량이 늘 부족해.)

¶ 즈근즈근즈근 호롱이*로 비어 가민 추츰추츰 노가 늘어 가주게. (자근자근자근 '호롱이'로 꼬아 가면 차츰차츰 노가 늘어 가지.)

¶ 일 늘엉 좋아헐 사름 엇나. (일 늘어서 좋아할 사람 없다.)

¶ 노는 시간이 늘언 심심헐 때가 하. (노는 시간이 늘어서 심심할 때가 많아.)

¶ 일 실프민 꾀만 는다 허여. (일 싫으면 꾀만 는다 해.)

[관련 어휘]

늘람잇게 늘어날 가망성이 있도록.

늘루다·늘리다·늘립다·늘쿠다 늘리다.

늘리우다·늘우다 늘이다.

늘어나다 늘어나다.

늘어지다 늘어지다.

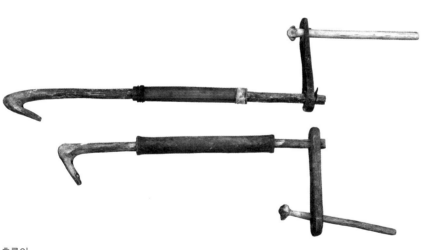

호롱이

* '호롱이'는 '줄·참바·집줄 따위를 돌려 꼬는 데 쓰는 기구'를 말한다. 달리 '줄호렝이·호렝이·회롱·회롱이'
라 한다.

[기본 의미] 사람이나 동물·식물 따위가 나이를 많이 먹다.

[대응 표준어] 늙다

[방언 분화형] 늙다

[문헌 어휘] 늙다(《용비어천가》82장)

[어휘 설명] '늙다'는 '사람이나 동물·식물 따위가 나이를 많이 먹다.'는 뜻을 기본 의미로 하여, '한창때가 지나 쇠퇴하다, 제 나이보다 더 들어 보이다, 어떤 신분이나 자격에 맞는 시기가 지나다.' 등의 뜻을 지닌다. 방언형 '늙다'는 문헌 어휘 '늙다'가 그대로 쓰인 경우다.

[용례]

¶ 막떡*은 막된 사름이나 먹곡, 늙은 사름 먹는 거여. 젊은 사름덜은 안 먹는 거. ('막떡'은 막된 사람이나 먹고, 늙은 사람 먹는 거야. 젊은 사람들은 안 먹는 거.)

¶ 늙어 가믄 세는 셈이 한다. (늙어 가면 세는 셈이 많다.)

¶ 우리도 한참 시절은 그렇게 헨 살앗어. 이젠 늙으난에 시대가 발전되엇주. (우리도 한참 시절은 그렇게 해서 살았어. 이제 늙으니까 시대가 발전되었지.)

¶ 막 늙어근에, 흔 구십 나민 허주마는 흔 육칠십에라도 죽으민 자식덜이 오민 어멍 죽엇다고 울주 안 울어져? (아주 늙어서, 한 구십 나면 하지마는 한

---

* '막떡'은 '떡을 만들 때 남은 재료를 모아 맨 마지막으로 만든 떡'을 말한다. 아이는 먹지 못하게 한다.

육칠십에라도 죽으면 자식들이 오면 어머니 죽었다고 울지 안 울게 되어?)

¶ 오는 일이난 보라, 이녁도 늙는걸. (오는 일이니까 보라, 이녁도 늙는걸.)

¶ 씨어멍네 개역 헐 정도가 안 되믄, 늙엉 경 허민 헤영 아져가사주게. (시어머니네 미숫가루 할 정도가 안 되면, 늙어서 그렇게 하면 해서 가져가야지.)

¶ 무남독녀엔 버릇엇는 거 아니고. 뭐 성질이 경허난 뭐. 메누리덜 무신 우리 늙엇젠 메누리덜안티 강 얻어먹을 것도 아니고. (무남독녀라고 버릇없는 거 아니고. 뭐 성질이 그러니까 뭐. 며느리들 무슨 우리 늙었다고 며느리들한테 가서 얻어먹을 것도 아니고.)

¶ 지금은 꿩비에기 막 너미 늙어 벳주. 막 큰 꿩 돼 벗주게. (지금은 꺼병이 아주 너무 늙어 버렸지. 아주 큰 꿩 되어 버렸지.)

[관용 표현]

늙은 쉐 콩 주엉 말덴 ᄒᆞ느냐? 표준어로 바꾸면 '늙은 소 콩주어서 싫다고 하느냐?'인데, '오히려 더 좋아함'을 비유적으로 이르는 말.

[관련 어휘]

겉늙다 겉늙다.

노동지·늙신네동지·어룬동지·하르방동지 노동지. 늦동지. 음력 11월 20일이 지나서 드는 동지.

누린새·늙은새·익은새·황모·황새 가을철에 누렇게 변한 띠를 이르는 말.

늘걱바리·늙정이·늙젱이 늙정이. '늙은이'를 속되게 이르는 말.

늙다리 늙다리.

늙신네·늙신이 늙으신네.

늙은호박 청둥호박. 늙어서 겉이 굳고 씨가 잘 여문 호박.

황내 늙은이 몸에서 나는 냄새.

질러늙다·질레늙다·질허늙다·질혜늙다 지늙다. 나이에 비해 지레 늙다.

ᄂᆞ리다

176

[기본 의미] 위에 올려져 있는 물건을 아래로 옮기다.

[대응 표준어] 내리다

[방언 분화형] 네리다·ᄂᆞ리다

[문헌 어휘] ᄂᆞ리다(《용비어천가》8장)

[종합 설명] 'ᄂᆞ리다'는 '위에 올려져 있는 물건을 아래로 옮기다.'는 뜻을 기본 의미로 하여, '눈·비·서리·이슬 따위가 오다, 어둠·안개 따위가 짙어지거나 덮여 오다, 쪘거나 부었던 살이 빠지다, 타고 있던 물체에서 밖으로 나와 어떤 지점에 이르다, 위에 있는 것을 낮은 곳 또는 아래로 끌어당기거나 늘어뜨리다, 값이나 수치·온도·성적 따위가 이전보다 떨어지거나 낮아지다.' 등의 뜻을 지닌다. 방언형 'ᄂᆞ리다'는 문헌 어휘 'ᄂᆞ리다'가 그대로 쓰인 경우며, 다른 방언형 '네리다'는 문헌 어휘 'ᄂᆞ리다'가 'ᄂᆞ리다〉ᄂᆡ리다〉네리다'의 변화 과정을 거친 어형이다.

[용례]

¶ 베 뒤로 사름 올르곡 ᄂᆞ리곡 ᄒᆞ여. (배 뒤로 사람 오르고 내리고 해.)

¶ 나 눈으로 ᄂᆞ리는 물은 어딜로나 다 흘러가리. (내 눈으로 내리는 물은 어디로나 다 흘러가리.)

¶ 오르멍 ᄂᆞ리멍 천지침 소린 자당만 들려도 내 낭군 소리. (오르며 내리며 큰기침 소리는 자다가만 들려도 내 낭군 소리.)

¶ 메주 트곡 허믄 ᄂᆞ령 장 둠아. (메주 트고 하면 내려서 장 담가.)

¶ 물은 알러레 ᄂᆞ린다. (물은 아래로 내린다.)

¶ 지금도 비 와나민 고랑창으로 물 네리고 허여. (지금도 비 오고 나면 고랑창으로 물 내리고 해.)

¶ 일로 네리는 것이 광령* 알로 헤근에 광령 저수지 옆으로 헨 이레 오는 물인디. (이리로 내리는 것이 '광령' 아래로 해서 광령저수지 옆으로 해서 여기 오는 물인데.)

[관련 어휘]

남신느리다 쥐오르다. 다리나 손에 경련이 생기어 뻣뻣해지다.

내릴톱 길이톱.

네려다보다·네려보다·느려다보다 내려보다.

네려서다·느려사다·느려스다 내려서다.

네리우다·네립다·느리우다·느립다 내리우다.

눈푸끄다 눈이 어지럽게 내리다.

느릇·느롯·느릇 내리받이.

느릇질·느롯질·느릇질 내리막길.

느려가다 내려가다.

느려앉다·느려앚다 내려앉다.

느려오다 내려오다.

느릇느리다 산꼬대하다.

느리긋다 내리긋다.

느리밀다 내리밀다.

느리스랑 내리사랑.

느리쓸다·느리씰다 내리쓸다.

느리치다[1] 내리치다.

✱ '광령'은 제주시 애월읍 광령리를 말한다.

느리치다² 내리키다. 위에 있는 것을 아래로 내려지게 하다.

뛰여네리다·튀여네리다 뛰어내리다.

멕느리다 몸의 모든 기운이나 힘이 발로 내려오다.

발부트다 뿌리내리다.

산강느리다·상강느리다 공중의 수증기가 땅의 물건 겉에 닿아서 엉기어 허옇게 되다.

성느리다 성가시어 몸에 살이 빠지다.

신느리다 신내리다. 신이 내리다.

씰어네리다·씰어느리다 쓸어내리다.

진쉬일다·진쉬지다 진딧물내리다.

늘다

177

[기본 의미] 공중에 떠서 어떤 위치에서 다른 위치로 움직이다.

[대응 표준어] 날다

[방언 분화형] 늘다

[문헌 어휘] 늘다(《용비어천가》1장)

[어휘 설명] '늘다'는 '공중에 떠서 어떤 위치에서 다른 위치로 움직이다.'는 뜻을 기본 의미로 하여, '어떤 물체가 매우 빨리 움직이다, 달아나다를 속되게 이르는 말' 등의 뜻을 지닌다. 방언형 '늘다'는 문헌 어휘 '늘다'가 그대로 쓰인 경우다. 이 '늘다'는 활용할 때 '늘-, 느-'가 어간이 되어 어미를 연결한다.

[용례]

¶ 꿩은 늘곡 허멍 앞으로만 가. 뒤컬음헐 충을 몰라. (꿩은 날고 하며 앞으로만 가. 뒷걸음할 줄을 몰라.)

¶ 꿩은 두 번만 다울리믄 더 늘지 못헌다 ᄒ여. (꿩은 두 번만 쫓으면 더 날지 못한다 해.)

¶ 똥소레긴 ᄇ름 엇어사 잘 는덴 ᄒ여. (솔개는 바람 없어야 잘 난다고 해.)

[관련 어휘]

가름치다 연이 좌우상하로 재주를 부리며 날다.

늘가기·늘개·늘개기 날개.

늘뛰다 날뛰다.

놀리다·놀립다 날리다.

놀아가다·놀아나다 날아가다.

놀아다니다·놀아뎅기다·놀아뎅이다·놀아ᄃ니다 날아다니다.

놀아들다 날아들다.

놀아오다 날아오다.

놀짐승 날짐승.

젯놀개·젯놀개기 앞날개. 새나 곤충의 앞에 있는 한 쌍의 날개.

●●●● **더 생각해 보기**

동음어

놀다¹ 날다. 공중에 떠서 어떤 위치에서 다른 위치로 움직이다.
¶ <u>느</u>는 생이 심젠 말앙 앚인 생이 심으렌 헤서. (나는 새 잡으려 말고 앉은 새 잡으라고 했어.)

놀다² 날다. 명주·베·무명 따위를 길게 늘여서 실을 만들다.
¶ 잘허는 사름은 흐르 앗앙 흔두어 필은 <u>늘주</u>. (잘하는 사람은 하루 가져서 한두어 필은 날지.)

다끄다

[기본 의미] 때·먼지·녹 따위의 더러운 것을 없애거나 윤기를 내려고 거죽을 문지르다.

[대응 표준어] 닦다

[방언 분화형] 다끄다·따끄다

[문헌 어휘] 닸다(《석보상절》9:35)

[어휘 설명] '다끄다'는 '때·먼지·녹 따위의 더러운 것을 없애거나 윤기를 내려고 거죽을 문지르다.'는 뜻을 기본 의미로 하여, '거죽의 물기를 훔치다, 길 따위를 내다, 건물 따위를 지을 터전을 평평하게 다지다, 학문이나 기술을 배우고 익히다, 품행이나 도덕을 바르게 다스려 기르다.' 등의 뜻을 지닌다. 방언형 '다끄다'는 문헌 어휘 '닸다'와 비교할 때 어간의 음절수에 차이가 있다. '까끄다-갔다(깎다)·꺼끄다-꺾다(꺾다)·나끄다-낛다(낚다)·무끄다-묶다(묶다)·보끄다-볶다(볶다)·서끄다-섔다(섞다)' 등의 어휘에서도 음절수 차이를 확인할 수 있다. 방언형 '따끄다'는 새롭게 형성된 어형이다.

[용례]

¶ 제사허는 거 보니까 놋그릇덜 내낭 제로 다끄곡 헨 제사 끗나민 이런 구덕에 놔 가지고 고팡에다 놔둬. 놔둘 디가 엇이니까. (제사하는 거 보니까 놋그릇들 내놔서 재로 닦고 해서 제사 끝나면 이런 바구니에 놔 가지고 고방에다 놔둬. 놔둘 데가 없으니까.)

¶ 굴무기낭으로 마릿널 헤 낭, 마리가 다끄민 다끌수록 지름 볼른 거보다도 더 빈찍빈찍허여. (느티나무로 마룻널 해 놔서, 마루가 닦으면 닦을수록 기름

바른 거보다도 더 반짝반짝해.)

¶ 뒤는게 보릿낭으로도 허고. 조칙 그런 거 허민 <u>다끄지</u> 못허여, 아파근에. 게난 춛단 그레 냥 놔둬. (뒤는 보릿짚으로도 하고. 조짚 그런 거 하면 닦지 못해, 아파서. 그러니 꼴단 그리 놔서 놔둬.)

¶ 무수 메영 주민게 어가라 마탕 시칠 즈를 엇이 옷에 박박 <u>다까</u> 뒁 먹어. 그게 더 맛 좋아 베어. (무 뽑아서 주면 얼른 받아서 씻을 겨를 없이 옷에 박박 닦아 두고 먹어. 그게 더 맛 좋아 보여.)

[관련 어휘]

문세다끄다 글월로 계약이나 소유 관계를 기록하다.

술다끄다 소주내리다.

코씰다 코에서 나오는 코나 콧물을 깨끗하게 닦다.

페다끄다·페따끄다 마구 두드리다.

●●●● **더 생각해 보기**

동음어

다끄다[1] 닦다. 때·먼지 녹 따위의 더러운 것을 없애거나 윤기를 내려고 거죽을 문지르다.

¶ 무사게 등피 <u>다끄</u>당 손 비곡, 등피 벌렁 욕 들곡게. (왜 등피 닦다가 손 베고, 등피 깨어서 욕 듣고.)

다끄다[2] 고다. 술 따위를 얻기 위하여 김을 내어 증류시키다.

¶ 고소리로 <u>다끈</u> 술은 독헤여. (소줏고리로 고은 술은 독해.)

닮다

179

[기본 의미] 사람 또는 사물이 서로 비슷한 생김새나 성질을 지니다.

[대응 표준어] 닮다

[방언 분화형] 닮다·답다

[문헌 어휘] 닮다(《정속언해》14)

[어휘 설명] '닮다'는 '사람 또는 사물이 서로 비슷한 생김새나 성질을 지니다.'는 뜻을 비롯하여, '어떠한 것을 본떠 그와 같아지다.'는 뜻을 지닌다. 방언형 '닮다'는 문헌 어휘 '닮다'가 그대로 쓰인 경우다. 또 다른 방언형 '답다'는 새롭게 형성된 어형으로, 접미사 '-답-'과 관련이 깊다.

[용례]

¶ 끗동, 그다음이 베알. 경허난 영 허민 베 닮지 아녀? (끝동, 그다음이 배래기. 그러니까 이렇게 하면 배 닮지 않아?)

¶ 물은 쉐 닮진 아녀근에 집 속에서 키웁지 아녕 베껏디 영 담다와근에 그레 들이몰앙 키와. (말은 소 닮지는 않아서 집 속에서 키우지 않고 밖에 이렇게 담쌓아서 그리로 들이몰아서 키워.)

¶ 애기 보멍 아방 닮곡 어멍 닮덴 굴아사 코삿헌다. (아기 보면서 아버지 닮고 어머니 닮다고 말해야 흐뭇한다.)

¶ 나 닮앙 지레 족으카 부덴 허난 경 족진 아녀. (나 닮아서 키 작을까 보다고 하니 그렇게 작지는 않아.)

¶ 아방광 아덜도 닮곡, 어멍광 뚤도 닮나. (아버지와 아들도 닮고, 어머니와 딸도 닮는다.)

[관련 어휘]

닮암직ᄒ다 그럴듯하다. 그럴싸하다.

어시닮다 짐승의 새끼 따위가 그 어미와 생김새나 성품을 그대로 닮다.

축엇이닮다·축웃이닮다 빼닮다.

●●●● **더 생각해 보기**

동음어

닮다¹ 닮다. 사람 또는 사물이 서로 비슷한 생김새나 성질을 지니다.
¶ 큰아덜은 축엇이 아방 <u>닮아수다</u>. (큰아들은 영락없이 아버지 닮았습니다.)

닮다² 같다. ('-ㄴ 거 닮다/-ㄹ 거 닮다' 형으로 쓰여) 추측이나 불확실한 단정을 나타
내는 말.
¶ 웃는 거 보난 잘못은 흔 거 <u>닮다</u>. (웃는 것 보니 잘못은 한 것 같다.)

담다

180

[기본 의미] 어떤 물건을 그릇 따위에 넣다.

[대응 표준어] 담다

[방언 분화형] 담다

[문헌 어휘] 담다(《월인천강지곡》상:2)

[어휘 설명] '담다'는 '어떤 물건을 그릇 따위에 넣다.'는 뜻을 기본 의미로 하여, '어떤 내용이나 사상을 그림·글·말·표정 따위 속에 포함하거나 반영하다, 보존이나 배포 등의 목적으로 기록하다.' 등의 뜻을 지닌다. 방언형 '담다'는 문헌 어휘 '담다'가 그대로 쓰인 경우다.

[용례]

¶ 홍세미녕*은 미녕 좋은 걸로 허영 아덜이나 풀젠 허민 홍세미녕 두 필썩 허여근에 그 홍세함에 다 담젠 거세기허주. ('홍세미녕'은 무명 좋은 걸로 해서 아들이나 팔려고 하면 '홍세미녕' 두 필씩 해서 그 예장함에 다 담으려고 거시기하지.)

¶ 바농 꽂이는 건 이녁 냥으로 멘들앙 머리꺽 끊어 분 거 헤여근에 데깍** 담앙 돌아메민 그거주. (바늘 꽂는 건 이녁 대로 만들어서 머리카락 잘라 버린 거 해서 '데깍' 담아서 달아매면 그거지.)

---

* '홍세미녕'은 '혼인날 신랑집에서 신붓집으로 보내는 함에 담는 무명'을 말한다. 아기가 태어나면 기저귀 감으로 썼다.

** '데깍'은 '꽉 찬 상태나 모양'을 이르는 말이다.

¶ 옛날은 깡통에 불 <u>담앙덜</u> 뎅이멍 놀아서. (옛날은 깡통에 불 담아서들 다니면서 놀았어.)

¶ 조코고리 ᄌ근ᄌ근 심어근에 호미로 끈엉 멩텡이에 다 <u>담앙은</u>에 져 오는 사름, 시꺼 오는 사름 허여. (조이삭 자근자근 잡아서 낫으로 끊어서 망태기에 다 담아서 져 오는 사람, 실어 오는 사람 해.)

¶ 보릿찍은 마당에 꿀아근에 기자 둑 줏어먹으렌을 허나 돼야지통에 <u>담으나</u> 허여. (보릿짚은 마당에 깔아서 그저 닭 주워먹으라고를 하나 돼지우리에 담으나 해.)

[관련 어휘]

근어담다 그러담다. 흩어져 있는 것을 한곳에 모아 담다.

줏어담다 주워담다.

처담다¹ 처담다. 마구 잔뜩 담다.

처담다² 처먹다.

퍼담다 퍼담다. 함부로 많이 담다.

●●●● **더 생각해 보기**

동음어

담다¹ 담다. 어떤 물건을 그릇 따위에 넣다.
¶ 대개 차롱에 <u>담앙</u> 앗앙 가. (대개 채롱에 담아서 가지고 가.)

담다² 담그다. 김치·간장 따위를 만드는 재료를 익거나 삭도록 그릇에 넣어 두다.
¶ 메준 장항에 <u>담주</u>, 어디 <u>담아</u>. (메주는 장독에 담그지, 어디 담가.)

닿다

[기본 의미] 어떤 물체가 다른 물체에 가까워지거나 맞붙어 그 사이에 빈틈이 없게 되다.

[대응 표준어] 닿다

[방언 분화형] 닿다

[문헌 어휘] 닿다(《훈민정음》언해본:15)

[어휘 설명] '닿다'는 '어떤 물체가 다른 물체에 가까워지거나 맞붙어 그 사이에 빈틈이 없게 되다.'라는 뜻을 기본 의미로 하여, '어떤 곳에 이르다, 소식이 전달되다, 기회·운 따위가 긍정적인 범위에 도달하다, 정확히 맞다, 서로 관련이 맺어지다.' 등의 뜻을 지닌다. 방언형 '닿다'는 문헌 어휘 '닿다'가 그대로 쓰인 경우다.

[용례]

¶ 감젓줄을 묻어두면 이제 거기에 닿는 저 열매가 부뜨는데, 저 우에나 남군*이나 거기허고 싱그는 게 틀려. (고구마줄기를 묻어두면 이제 거기에 닿는 저 열매가 붙는데, 저 위에나 '남군'이나 거기하고 심는 게 달라.)

¶ 낭에 흑 닿지 못허게 낭 우의 검질을 끌아. (나무에 흙 닿지 못하게 나무 위에 검불을 깔아.)

¶ 서리에 닿앙 신 게 도리라. (서까래에 닿아서 있는 게 도리야.)

* '남군'은 '남제주군'의 줄임말로, 1946년부터 2006년 6월말까지 제주도 남쪽 지역에 있었던 행정구역 이름이다. 동쪽으로 성산읍·표선면·남원읍과 서쪽의 안덕면·대정읍 지역을 말한다.

동음어

닿다¹ 닿다. 어떤 물체가 다른 물체에 가까워지거나 맞붙어 그 사이에 빈틈이 없게 되다.
¶ 뚜데긴 직접 안 <u>닿게</u> 헤영 널엉 몰류와. (처네는 직접 안 닿게 해서 널어서 말려.)

닿다² 땋다. 머리털이나 실같은 것을 세 가닥으로 갈라서 서로 엇걸어 짜서 한 가닥으로 만들다.
¶ 싀 가달로 헹 머리 <u>닿곡</u> 다 헤수다. (세 가닥으로 해서 머리 땋고 다 했습니다.)

닿다³ 돌을 겹겹이 포개어 쌓아올리다.
¶ 석공은 담을 <u>닿곡</u> 목쉰 집을 짓곡, 경. (석공을 담을 쌓고 목수는 집을 짓고, 그렇게.)

더끄다¹

[기본 의미]　열린 문짝·뚜껑·서랍 따위를 도로 제자리로 가게 하여 막다.

[대응 표준어]　닫다

[방언 분화형]　닫다·더끄다

[문헌 어휘]　닫다(《월인천강지곡》상:65)

[어휘 설명]　'더끄다'는 '열린 문짝·뚜껑·서랍 따위를 도로 제자리로 가게 하여 막다.'는 뜻을 비롯하여, '운영하던 것이나 영업 따위를 얼마 동안 멈추거나 아주 그만두다.' 등의 뜻을 지닌다. 방언형 '더끄다'는 새롭게 형성된 어형이고, 다른 방언형 '닫다'는 문헌 어휘 '닫다'가 그대로 쓰인 경우다. '닫다'의 반의어는 '열다, 올다'로 나타난다.

[용례]

¶ 문 더끄곡 걸장 허믄 안심이 되어. (문 닫고 빗장 하면 안심이 되어.)

¶ 이 덧문 더끄민 비 들이뻬진 아녀. (이 덧문 닫으면 비 들이치지는 않아.)

¶ 문 더껀 들어오난 곧 탕탕 문을 뚜드려. (문 닫아서 들어오니 곧 탕탕 문을 뚜드려.)

¶ 밤읜 문 탁 더껑 안으로 중그고. (밤엔 문 탁 닫아서 안으로 잠그고.)

¶ 지게문 두 개 돌아근에 영 마주 더꺼. 쌀창으로. (지게문 두 개 달아서 이렇게 마주 달아. 살창으로.)

¶ 이젠 아척의 문 연다 밤읜 문 더끈다 허는 것도 성가셔. (이젠 아침에 문 연다 밤엔 문 닫는다 하는 것도 성가셔.)

¶ 우리 마당 펜으로 뎅기기 좋게 쪼그만헌 널문 흐나 헹 흔착으로만 올앗

다 <u>더껏다</u> 허여. (우리 마당 편으로 다니기 좋게 쪼그마한 널문 하나 해서 한쪽으로만 열었다 닫았다 해.)

[관련 어휘]

더꺽눈·더께눈·덥게눈·풍체눈 거적눈. 윗눈시울이 축 처진 눈.

더껑증그다 닫아걸다. 문이나 창 따위를 닫고 잠그다.

더껫돌 이맛돌. 아궁이 앞에 가로로 걸쳐 놓는 긴 돌.

문더끄다 문닫다. 문을 닫다.

●●●● **더 생각해 보기**

동음어

더끄다¹ 닫다. 열린 문짝·뚜껑·서랍 따위를 도로 제자리로 가게 하여 막다.
¶ 문 톡 <u>더끄난</u> 찰깍 흐멍 중가져 부난 문 못 올안. (문 톡 닫으니까 찰깍 하면서 잠가져 버리니 문 못 열었어.)

더끄다² 덮다. 물건 따위가 드러나거나 보이지 않도록 넓은 천 따위를 얹어서 씌우다.
¶ 쏠항에 낭 <u>더꺼</u> 불민 좀도 안 일엉 좋아. (쌀독에 놔서 덮어 버리면 좀도 안 슬어서 좋아.)

더끄다²

[기본 의미]   물건 따위가 드러나거나 보이지 않도록 넓은 천 따위를 얹어서 씌우다.

[대응 표준어]   덮다

[방언 분화형]   더끄다·더프다

[문헌 어휘]   덮다(《구급방언해》하:62)

[어휘 설명]   '더끄다'는 '물건 따위가 드러나거나 보이지 않도록 넓은 천 따위를 얹어서 씌우다.'는 뜻을 기본 의미로 하여, '그릇 같은 것의 아가리를 뚜껑 따위로 막다, 일정한 범위나 공간을 빈틈없이 휩싸다, 펼쳐져 있는 책 따위를 닫다, 어떤 사실이나 내용 따위를 따져 드러내지 않고 그대로 두거나 숨기다, 전체적으로 포괄하여 헤아리거나 셈하다.' 등의 뜻을 지닌다. 방언형 '더끄다'는 새롭게 형성된 어형이고, 다른 방언형 '더프다'는 문헌 어휘 '덮다'와 비교할 때 음절수에 차이가 있다. 뚜껑 있는 것을 덮을 때는 '더끄다'가 쓰이고, 그외는 '더프다'가 연결된다.

[용례]

¶ 눌 눌엉 ㄴ람지 더끄곡 주젱이 씌우민 다 된 거라. (가리 가려서 이영 덮고 주저리 씌우면 다 된 거야.)

¶ 흔 꺼번에 다 더끄지 아녓당 상개판*은 내중에사 더꺼. (한꺼번에 다 덮지 않았다가 '상개판'은 나중에야 덮어.)

* '상개판'은 '맨 나중에 덮는 횡대(橫帶)'를 말한다.

¶ 관 더껀 나사믄 목신 걸로 끗이라. (관 덮어서 나서면 목수는 걸로 끝이야.)

¶ 바글바글 어느 정도 괴와근에 두께 더껑 놔둬마씨. 놔두민 흐끔 틈잘 거 아니우꽈? (바글바글 어느 정도 끓여서 뚜껑 덮어 놔둬요. 놔두면 조금 뜸들 거 아닙니까?)

¶ 바당의 강 듬북 헤당 밑에 다 끌아 놔근에 감저 낭 흑 더꺼. (바다에 가서 듬북 해다가 밑에 다 깔아 놔서 고구마 놔서 흙 덮어.)

¶ 영 헤영 날 뜨거우민 주지 열앙 영 베르쓰고, 추웜직허민 더퍼 불지. (이렇게 해서 날 뜨거우면 주저리 열어서 이렇게 벌리고, 추움직하면 덮어 버리지.)

¶ 옛날엔 잔치 때나 그럴 때 밥 푸는 건 무조건 다 멩텡이에. 멩텡이가 무시거 끌지 아녀고 더프지 아녀도 빨리 식지도 안허곡 허니까 멩텡이에 다 헷어. (옛날에는 잔치 때나 그럴 때 밥 푸는 건 무조건 다 망태기에. 망태기가 무엇 깔지 않고 덮지 않아도 빨리 식지도 않고 하니까 망태기에 다 했어.)

눌

더꺼지다 덮이다.

더퍼놓고 덮어놓고. 옳고 그름이나 형편 따위를 헤아리지 아니하고 그저.

더퍼놓다 덮어놓다. 옳고 그름이나 형편 따위를 헤아리지 아니하다.

더불다

[기본 의미] 둘 이상의 사람이 함께하다.

[대응 표준어] 더불다

[방언 분화형] 더불다

[문헌 어휘] 더블다(《석보상절》6:2)

[종합 설명] '더불다'는 '둘 이상의 사람이 함께하다.'는 뜻을 기본 의미로 하여, '무엇과 같이하다, 어떤 일이 동시에 일어나다.' 등의 뜻을 지닌다. 방언형 '더불다'는 문헌 어휘 '더블다'가 '더블다〉더불다'의 변화 과정을 거친 어형이다. 언어생활에서는 주로 '더불어' 또는 '더불엉' 형태로 많이 쓰인다.

[용례]

¶ 가족이엔 헌 게 フ치 <u>더불엉</u> 막 살아지민 얼마나 좋으랴마는. (가족이라고 한 게 같이 더불어서 아주 살아지면 얼마나 좋을까마는.)

¶ 이제 그 광산칩보단 천처(賤妻)를 그냥 헤연 <u>더불어</u> 살게 되엇어. (이제 그 광산집[光山宅]보다는 천처를 그냥 해서 더불어 살게 되었어.)

¶ 당 오백 절 오백인디 당 믿곡 절 믿곡 흐당 보민 사름 살지 못헐 땅이라. 또 <u>더불어</u> 베암을 귀신으로 위흐곡 흐니 당 귀신이 전부 베암이라. (당 오백 절 오백인데 당 믿고 절 믿고 하다 보면 사람 살지 못할 땅이야. 또 더불어 뱀을 귀신으로 위하고 하니 당 귀신이 전부 뱀이야.)

[관련 어휘]

버데 벗해서 함께.

덜다

[기본 의미] 일정한 수량이나 정도에서 얼마를 떼어 줄이거나 적게 하다.

[대응 표준어] 덜다

[방언 분화형] 덜다

[문헌 어휘] 덜다(《월인천강지곡》상:45)

[어휘 설명] '덜다'는 '일정한 수량이나 정도에서 얼마를 떼어 줄이거나 적 게 하다.'라는 뜻을 기본 의미로 하여, '그러한 행위나 상태를 적게 하다.' 등 의 뜻을 지닌다. 방언형 '덜다'는 문헌 어휘 '덜다'가 그대로 쓰인 경우다. 활 용할 때는 '덜-, 더-'가 어간이 되어 어미와 연결된다. 반의어는 '더으다·더 의다·더ᄒ다(더하다)'로 나타난다.

[용례]

¶ ᄒ썰 덜곡 ᄒ썰 덜곡 허당 보믄 나 직신 막 족아 불어. (조금 덜고 조금 덜고 하다가 보면 내 몫은 아주 적어 버려.)

¶ 할망신디 갈 거 덜엉 심방이 다 가져가 불어. (할머니한테 갈 거 덜어서 심방 이 다 가져가 버려.)

¶ 눈앞의서 되믄 던다 안 던다 굴을 필요가 웃어. (눈앞에서 되면 던다 안 던다 말할 필요가 없어.)

¶ 메누리나 ᄄᆞᆯ이나 이신 어멍들은 마중 가근에 더러 두 단이나 덜어근에 정 오곡. (며느리나 딸이나 있는 어머니들은 마중 가서 더러 두 단이나 덜어서 져 서 오고.)

¶ 칠성*, 글쎄, 거 들어본 적이 엇인 거 닮은디. 아메도 이 양촌에선 그런 게

좀 덜어. ('칠성', 글쎄, 거 들어본 적이 없는 거 같은데. 아무래도 이 양촌에선 그런 게 좀 덜어.)

¶ 밧 폴지 말고 흔 입 덜라고. 밧 흐나 푸는 돈이 얼마 가진 안허난 흔 사름 안 먹는 게 젤 유익허다는 말로 그 말 근는 거. (밭 팔지 말고 한 입 덜라고. 밭 하나 파는 돈이 얼마 가진 않으니까 한 사람 안 먹는 게 젤 유익하다는 말로 그 말 말하는 거.)

¶ 밀상외**가 경 맛이 좋아. 보릿ㄱ르 서ㄲ민 맛은 덜어도 엇이믄 또 서ㄲ곡. ('밀상외'가 그렇게 맛이 좋아. 보릿가루 섞으면 맛은 덜어도 없으면 또 섞고.)

[관련 어휘]

덜레다·덜에다 있는 상태에서 줄어들게 하거나 또는 작게 하다.

---

* '칠성'은 민간에서 집안의 부를 가져다 준다고 믿는 뱀신을 일컫는 말이다. 모시는 장소에 따라 '안칠성'과 '밧칠성'으로 나누는데, '안칠성'은 고방에 모시는 뱀신을 일컫고, '밧칠성'은 집 뒤에 모시는 뱀신을 말한다.

** '밀상외'는 밀가루로 만든 상화떡을 말한다.

데끼다

[기본 의미] 손에 든 물건을 다른 곳에 떨어지게 팔과 손목을 움직여 공중
으로 내보내다.

[대응 표준어] 던지다, 버리다

[방언 분화형] 네끼다·더지다·던지다·데끼다

[문헌 어휘] 더디다(《용비어천가》27장)

[어휘 설명] '데끼다'는 '손에 든 물건을 다른 곳에 떨어지게 팔과 손목을 움
직여 공중으로 내보내다.'라는 뜻을 기본 의미로 하여, '자기 몸을 떨어지게
하거나 뛰어들다, 어떤 행동을 상대편에게 하다, 어떤 것을 향하여 보다, 재
물이나 목숨을 아낌없이 내놓다, 가지거나 지니고 있을 필요가 없는 물건
을 내던지거나 쏟거나 하다.' 등의 뜻을 지닌다. 방언형 '데끼다'와 '네끼다'
는 새롭게 형성된 어형이며, 다른 방언형 '더지다'와 '던지다'는 문헌 어휘
'더디다'가 '더디다〉더지다〉던지다'의 변화 과정을 거친 어형이다.

[용례]

¶ 흑은 들렁도 올리곡 손으로 데끼곡 허멍도 올려. (흙은 들어서도 올리고 손
으로 던지고 하면서도 올려.)

¶ 고망더레 데껑 들어가믄 이기곡 경 아녀믄 지곡. (구멍으로 던져서 들어가
면 이기고 그렇지 않으면 지고.)

¶ 경 흠불로 끈엉 데끼진 아녀 보고. (그렇게 함부로 끊어서 던지진 않아 보고.)

¶ 어머니가 두 개 상 ᄒ나썩 물려준 거난 데껑 불지도 못헨 이제꼬장 보관
허는 거. (어머니가 두 개 사서 하나씩 물려준 거니까 버려 버리지도 못해서 이제

까지 보관하는 거.)

¶ 건 우리 어머님네 허는 방식이주. 겐디 우리 어머니네 헐 때는 콩물* 다 네껴 벗어. (건 우리 어머님네 하는 방식이지. 그런데 우리 어머니네 할 때는 콩물 다 던져 버렸어.)

¶ 곤떡**도 ᄒᆞ영 주난 쉬만 톡 털어 먹언 거죽은 혹ᄒᆞ게 네껴. (송편도 해서 주니 소만 톡 떨어서 먹고는 껍질은 홱하게 던져.)

[관용 표현]

데끼거나 맞거니 표준어로 바꾸면 '던지거나 맞거니'인데, 아귀가 잘 맞는 것을 비유적으로 이르는 말.

[관련 어휘]

내던지다 내던지다.

네낄락·데낄락 던지기. 팔매질.

들러던지다·들러데끼다·들러쏘다·들어데끼다·들어쏘다 드던지다. 박치다. 집어서 냅다 던지다.

잡아데끼다 집어던지다.

* '콩물'은 '메주콩을 삶을 때 나온 물'을 말한다.
** '곤떡'은 흰 쌀로 만든 떡을 통칭할 때 쓰는 말이다. 여기서는 '송편'의 의미로 쓰였다.

598

돋다

[기본 의미] 해나 달 따위가 하늘에 솟아오르다.

[대응 표준어] 돋다

[방언 분화형] 돋다

[문헌 어휘] 돋다(《용비어천가》101장)

[어휘 설명] '돋다'는 '해나 달 따위가 하늘에 솟아오르다.'라는 뜻을 기본 의미로 하여, '속에 생긴 것이 겉으로 나오거나 나타나다, 살갗에 어떤 것이 우툴두툴하게 내밀다, 감정이나 기색 따위가 생겨나다, 입맛이 당기다.' 등의 뜻을 지닌다. 방언형 '돋다'는 문헌 어휘 '돋다'가 그대로 쓰인 경우다.

[용례]

¶ 하르비군벗은 꺼멍허게 털이 돋아이. (털군부는 꺼멓게 털이 돋아.)

¶ 가시새 종류는 이제 요만씩 크는디 가지가 영 영 돋으멍 요 정도 크곡. (파리풀 종류는 이제 요만씩 크는데 가지가 이렇게 이렇게 돋으며 요 정도 크고.)

¶ 요초록 즈룩 돋으민 이제 물 메왕도 그거를 지고. (요처럼 자루 돋으면 이제 말 메워서 그거를 찧고.)

¶ 삼수세긴 영 줄 벋으멍 올라가는 거. 가시 돋은 거. (한삼덩굴은 이렇게 줄 벋으며 올라가는 거. 가시 돋은 거.)

¶ 흔헤는 남쪽에 모녀 이파리가 돋을 적이 잇고, 북쪽에 돋을 때가 잇고. 어른덜 말씀이 모녀 돋는 짝이 풍년이 든다고. (한해는 남쪽에 먼저 이파리가 돋을 적이 있고, 북쪽에 돋을 때가 있고. 어른들 말씀이 먼저 돋는 쪽이 풍년이 든다고.)

187

삼수세기

[관련 어휘]

곰셍이돋다·마돋다 곰팡피다. 곰피다.

귀돋다 얼굴이나 물체의 좌우에 귀가 나오다.

덧니돋다 덧니가 솟아오르다.

덧돋다 이가 제자리에 나지 아니하고 포개어 나다.

돋구다·돋우다·돋후다 돋우다.

돋아오다 ①해나 달 따위가 솟아오르다. ②새싹이 또렷이 나오다.

돋지다 돋치다. 돋아서 내밀다.

독슬사다 살갗에 도톨도톨하게 소름이 돋다.

움돋다 움돋다.

적돋다 ①닭발 같은 데에 군살이 더덕더덕 생기다. ②전복갑 따위에 해산물이 덕지덕지 생기다. ③검버섯이 생기다.

돌다

[기본 의미] 물체가 일정한 축을 중심으로 원을 그리며 움직이다.

[대응 표준어] 돌다

[방언 분화형] 돌나

[문헌 어휘] 돌다(《월인천강지곡》상:55)

[어휘 설명] '돌다'는 '물체가 일정한 축을 중심으로 원을 그리며 움직이다.' 는 뜻을 기본 의미로 하여, '일정한 범위 안에서 차례로 거쳐가며 전전하다, 기능이나 체제가 제대로 작용하다, 돈이나 물자 따위가 유통되다, 눈이나 머리 따위가 정신을 차릴 수 없도록 아찔하다, 정신에 이상이 생기다, 술이나 약의 기운이 몸속에 퍼지다, 소문이나 돌림병 따위가 퍼지다, 방향을 바꾸다.' 등의 뜻을 지닌다. 방언형 '돌다'는 문헌 어휘 '돌다'가 그대로 쓰인 경우다. 활용할 때는 '돌-, 도-'가 어간이 되어 어미와 연결된다.

[용례]

¶ 도레기에 못 박으민 잘 돌곡 안 박으민 잘 안 돌곡 경 허여. (팽이에 못 박으면 잘 돌고 안 박으면 잘 안 돌고 그렇게 해.)

¶ 고사리 거끄레도 영 돌앙 가주, 글로 안 가. (고사리 꺾으려도 이렇게 돌아서 가지, 그리로 안 가.)

¶ 채로 치지 아녀믄 도레기 돌지 아녕 죽어 불어. (채로 치지 않으면 팽이 돌지 않아서 죽어 버려.)

¶ 저 알로 영 돌앙 갈 땐 이디 질이 엇어나수다. (저 아래로 이렇게 돌아서 갈 땐 여기 길이 없었었습니다.)

¶ 검은 붕뎅이가 돌주, 파란 붕뎅이 건 <u>돌지</u> 아녑네다. (검은 콩바구미가 돌지,
  파란 콩바구미 그것은 돌지 않습니다.)

¶ 흔 서너 바쿠 <u>도난</u> 정신이 희여뜩허여. (한 서너 바퀴 도니 징신이 아뜩해.)

[관련 어휘]

가름돌다 집에 가만히 붙어 있지 못하고 동네에 나돌아 다니다.

감돌다 감돌다.

감장돌다 맴돌다.

나돌다 나돌다.

나돌아뎅기다·나돌아뎅이다 나돌아다니다.

눌아뎅기다·돌아다니다·돌아뎅기다 돌아다니다.

돌아가다 돌아가다.

돌아눅다·돌아눕다 돌아눕다.

돌아들다 돌아들다.

돌아보다 돌아보다.

돌아사다·돌아스다 돌아서다.

돌아앚다·돌아앚다·앚아돌다 돌아앉다.

돌아오다 돌아오다.

돌이 돌이. 양태·가리·바구니 등 둥근 물건의 둘레를 헤아리는 단위.

머릿짐돌다·머릿짐돌르다 정신이 어찔하여 어지러워지다.

물돌다[1] 군물돌다. 죽이나 풀 따위의 위에 물 기운이 한데 섞이지 않고 따로
  돌다.

물돌다[2] 썰물에서 밀물로 바뀌기 시작하다.

순돌다 마을 단위 사람들이 방범하기 위하여 밤에 번갈아 가면서 마을 안을
  순시하여 돌아다니다.

어염돌다·에염돌다 배돌다. 한데 어울리지 아니하고 조금 동떨어져 행동하다.

에돌다·의돌다 에돌다. 곧바로 선뜻 나아가지 아니하고 멀리 피하여 돌다.

정돌다·청돌다 회공하다. 참외 따위가 아주 농익어서 속의 청이 도려빠지다.

졸리돌다 잘못한 일이 있어서 안으로 들어오지 못하고 밖으로만 돌아다
　니다.

두다

[기본 의미]	일정한 곳에 놓다.
[대응 표준어]	두다
[방언 분화형]	두다
[문헌 어휘]	두다(《용비어천가》58장)

[어휘 설명] '두다'는 '일정한 곳에 놓다.'라는 뜻을 기본 의미로 하여, '어떤 상황이나 상태 속에 놓다, 가져가거나 데려가지 않고 남기거나 버리다, 진영 따위를 설치하다, 직책이나 조직·기구 따위를 설치하다, 중요성이나 가치 따위를 부여하다, 생각 따위를 가지다, 사용하지 않고 보관하거나 간직하다, 바둑이나 장기 따위의 놀이를 하다. 또는 그 알을 놓거나 말을 쓰다, 어떤 대상을 일정한 상태로 있게 하다.' 등의 뜻을 지닌다. 방언형 '두다'는 문헌 어휘 '두다'가 그대로 쓰인 경우다.

한편 '두다'는 '~어 두다' 구성으로, 앞말이 뜻하는 행동을 끝내고 그 결과를 유지함을 나타내기도 한다.

[용례]

¶ 쪼낀 돈이나 단추, 이제 ㄱ뜨민 그 저 바둑 두는 거 닮은 거 시믄 어디 강 봉가당이나 허나 유리 ㄱ튼 거 그런 거. (제기는 돈이나 단추, 이제 같으면 그 저 바둑 두는 거 같은 거 있으면 어디 가서 주워다가 하나 유리같은 거 그런 거.)

¶ 훈 엇이사 장기 두는 맛 안 나. (훈수 없어야 장기 두는 맛 안 나.)

¶ 메주 메들아 두민 발효가 잘 되민 잘 텃젠도 허고, 곱게 텃젠도 허곡. 궂게 텃젠. 궂게 트민 몸 궂인 사름 뎅것젠도 허곡. (메주 매달아 두면 발효가

잘 되면 잘 떴다고도 하고, 곱게 떴다고도 하고. 궂게 떴다고. 궂게 뜨면 몸 궂은 사
람 다녔다고도 하고.)

¶ 눈 하영 올 때는 가 가지고 그디 이렇게 눈을 치와 두고 그 테기를 톡톡 놓
아. (눈 많이 올 때는 가 가지고 거기 이렇게 눈을 치워 두고 그 새덫을 톡톡 놓아.)

[관련 어휘]

걸쳐두다 걸쳐두다.

그만두다·설러불다 그만두다.

놓아두다·놔두다 놓아두다.

뒤둥기다 뒤두다. 나중을 생각하여 여유를 두다.

묻어두다 묻어두다. ①물건을 깊은 곳에 감추어두다. ②겉으로 드러내지 아
니하고 마음속에 간직하다.

밋두다 능두다. 넉넉하게 여유를 두다.

앞두다 앞두다.

듣다¹

190

[기본 의미] 소리를 감각 기관을 통해 알아차리다.

[대응 표준어] 듣다

[방언 분화형] 듣다

[문헌 어휘] 듣다(《용비어천가》12장)

[어휘 설명] '듣다'는 '소리를 감각 기관을 통해 알아차리다.'라는 뜻을 기본 의미로 하여, '다른 사람의 말이나 소리에 스스로 귀 기울이다, 다른 사람의 말을 받아들여 그렇게 하다, 기계나 장치 따위가 정상적으로 움직이다, 다른 사람에게서 일정한 내용을 가진 말을 전달받다, 어떤 것을 무엇으로 이해하거나 받아들이다.' 등의 뜻을 지닌다. 방언형 '듣다'는 문헌 어휘 '듣다'가 그대로 쓰인 경우다. 활용할 때는 '듣-, 들-'이 어간이 되어 어미와 연결된다.

[용례]

¶ 밧갈쉐*라도 말 잘 안 <u>듣곡</u> 허믄 뜨려. ('밧갈쉐'라도 말 잘 안 듣고 하면 때려.)

¶ 꾀 잇는 쉔 매만 하영 맞주. 일 안 허는 거, 말 안 <u>듣는</u> 거 매 하영 맞고. (꾀 있는 손 매만 많이 맞지. 일 아니 하는 거, 말 안 듣는 거 매 많이 맞고.)

¶ 구신도 빌믄 <u>듣나</u>. (귀신도 빌면 듣는다.)

¶ 우시갓단 <u>들엇는디</u> 잔치 술맛이 ᄒ꼼 더 좋덴. (위요갔다가 들었는데 잔치 술맛이 조금 더 좋다고.)

* '밧갈쉐'는 '농가에서 주로 밭을 가는 데 부리는 황소'를 말한다.

¶ 흐꼼 말 안 <u>들으민</u> 풍체작데기** 빠근에 두드리레 뎅기믄 둘아나곡. (조금
　말 안 들으면 '풍체 작대기' 빼서 두드리러 다니면 달아나고.)
¶ 중간에 <u>들으난</u> 볼락이나 우럭이나 허민 그자 콩 낭 막 쫄르민 것도 맛 좋
　아. (중간에 들으니까 볼락이나 우럭이나 하면 그저 콩 놔서 막 조리면 것도 맛 좋
　아.)

[관련 어휘]

고장듣다·고정듣다·곧이듣다　곧이듣다.

귀넘어듣다　귀넘어듣다.

귀담앙듣다　귀담아듣다. 주의하여 잘 듣다.

넘어듣다　지내듣다. 어떤 말이나 소리를 주의하지 아니하고 예사롭게 흘려
　듣다.

알아듣다　알아듣다.

엇듣다　엇듣다.

엿듣다·엿아듣다·옛아듣다·옛앙듣다·옷아듣다　엿듣다.

줏어듣다　주워듣다.

처듣다　심한 욕이나 잔소리를 한없이 듣다.

헛듣다　헛듣다.

흘쳐듣다　흘려듣다.

** 　'풍체작데기'는 '차양을 버티게 하는, 기다란 작대기'를 말한다. 지역에 따라 '풍체작쉬'라고도 한다.

풍체작데기　풍체

풍체와 풍체작데기

동음어

듣다[1] 듣다. 소리를 감각 기관을 통해 알아차리다.
¶ 그 말은 우리 듣은 말이난 어떤 츠례진 잘 몰르곡게. (그 말은 우리 들은 말이니 어떤 차례인지는 잘 모르고.)

듣다[2] 묻다. 무엇을 밝히거나 알아내기 위하여 상대편의 대답이나 설명을 요구하는 내용으로 말하다.
¶ 어디 강 들으난 굿ㅎ여사켄 ㅎ연 굿ㅎ엿젠 ㅎ여. (어디 가서 물으니까 굿해야겠다고 해서 굿했다고 해.)

608

듣다[2] 191

[기본 의미] 무엇을 밝히거나 알아내기 위하여 상대편의 대답이나 설명을 요구하는 내용으로 말하다.

[대응 표준어] 묻다

[방언 분화형] 듣다·묻다

[문헌 어휘] 묻다(《용비어천가》62장)

[어휘 설명] '듣다'는 '무엇을 밝히거나 알아내기 위하여 상대편의 대답이나 설명을 요구하는 내용으로 말하다.'라는 뜻을 지닌다. 방언형 '듣다'는 새롭게 형성된 어형이며, 방언형 '묻다'는 문헌 어휘 '묻다'가 그대로 쓰인 경우다. 활용할 때는 '듣-, 들-'이 어간이 되어 어미가 연결된다.

[용례]

¶ 느 인생은 느가 사는 거난 느가 결정허여근에 경을 허든 정을 허든 허라. 어멍ᄀ라 듣지 말라. (너 인생은 너가 사는 거니까 너가 결정해서 그렇게를 하든 저렇게를 하든 해라. 어머니더러 묻지 마라.)

¶ 날ᄀ라 어디 감이우껜 들어라. (날더러 어디 갑니까고 묻더라.)

¶ 어디 강 들으난 옷을 만이 멘들곡 ᄒ영 잔치ᄒ믄 좋키엔 ᄀ아. (어디 가서 물으니까 옷을 많이 만들고 해서 잔치하면 좋겠다고 말해.)

¶ 어디 가수꽈? 허멍 ᄌ쫏이 들언에 가라. (어디 갔습니까? 하면서 자세히 물어서 가더라.)

¶ 들으난 ᄀ암쭈. 그 전읜 우리 염색허여 보진 아녀고. (물으니까 말하지. 그 전엔 우리 염색해 보진 않고.)

¶ 묻지 말라 갑주셍, 경 글지 아녀게? 그 정돈 나도 안단 말이주. (묻지 마라 갑자생, 그렇게 말하지 않나? 그 정돈 나도 안단 말이지.)

[관련 어휘]
들어보다 물어보다.

들다 192

[기본 의미] 밖에서 속이나 안으로 향해 가거나 오거나 하다.

[대응 표준어] 들다

[방언 분화형] 들다

[문헌 어휘] 들다(《용비어천가》50장)

[어휘 설명] '들다'는 '밖에서 속이나 안으로 향해 가거나 오거나 하다.'라는 뜻을 비롯하여, '빛·볕·물 따위가 안으로 들어오다, 마음에 아주 맞다, 어떤 조직체에 가입하여 구성원이 되다, 어떤 일에 돈·시간·노력·물자 따위가 쓰이다, 어떤 때·철이 되거나 돌아오다, 잠이 생기어 몸과 의식에 작용하다.' 등의 뜻을 지닌다. 방언형 '들다'는 문헌 어휘 '들다'가 그대로 쓰인 경우다. 활용할 때는 '들-, 드-'가 어간이 되어 어미와 연결된다.

한편 이 '들다'는 '~젠 들다' 구성의 보조동사로 쓰여, '애써 하려고 하다'는 뜻을 나타내기도 한다.

[용례]

¶ 바당물도 들곡 나곡 허듯 돈도 들곡 나곡 헌다. (바닷물도 들고 나고 하듯 돈도 들고 나고 한다.)

¶ 음력은 돌 기준헌 거니까 들엇다 낫다 허는 거고. (음력은 달 기준한 거니까 들었다 났다 하는 거고.)

¶ 고진 들언 보난 왁왁이라라. (숲엔 들어서 보니 캄캄이더라.)

¶ 뭐 실렁 가는 것도 조합에 들지 못허민 운반을 못허여. (뭐 실어 가는 것도 조합에 들지 못하면 운반을 못해.)

¶ 이제 감저가 <u>들민은</u> 그걸 쟁기로 갈아. (이제 고구마가 들면 그걸 쟁기로 갈아.)

¶ 단지늄삐는 단지치록 땅소곱에만 <u>들엉</u> 우터렌 나오지 아녀. 따시 쉐뿔 늄삐엔 헌 거는 우티레만 나오고. (조선무는 단지처럼 땅속에만 들어서 위로는 나오지 않아. 다시 왜무라고 한 거는 위로만 나오고.)

¶ 멜 <u>들엇저</u> 허민 둘아가근에 거려다근에 어떵 메리치 멘드는 체 헤근에 먹고. (멸치 들었다 하면 달려가서 떠다가 어떻게 멸치 만드는 체 해서 먹고.)

¶ 집의 <u>드난</u> 이거저거 축축허게 뒘쩌. (집에 드니 이것저것 쪽잘쪽잘하게 된다.)

[관용 표현]

드는 줄은 알곡 나는 줄은 모른다 '줄어드는 것은 곧 알게 된다.'는 것을 강조하여 이르는 말.

[관련 어휘]

골벵들다·골빙들다 골병들다.

곱들다 곱들다.

공들다 공들다.

공들이다 공들이다.

기어들다·기여들다[1] 기어들다. 기어서 또는 기는 듯한 모습으로 들어가거나 들어오다.

기여들다[2] 편편하지 못하고 안으로 우묵하게 들어가다.

귀인에들다 귀인성이 있어 마음에 들다.

ᄀ려들다·ᄒ디들다 끼어들다.

ᄀᆯ메들다·어나들다 갈마들다. 서로 번갈아들다.

꽝들다 무 따위의 뿌리 식물 살 속에 거뭇거뭇하고 딴딴한 질긴 심이 박히다.

나들다 나들다.

넉들다 몸에서 빠져나간 넋이 제자리로 돌아오다.

넉들이다 몸에서 빠져나간 넋을 제자리로 돌아오게 하다.

눌려들다·돌려들다·돌펴들다 달려들다.

눌아들다 날아들다.

담아들다·담아지다 몰려들다.

대여들다 대들다. 요구하거나 반항하느라고 맞서서 달려들다.

덤베들다·덤벼들다 덤벼들다.

데려들다·돌앙들다 함께 거느리고 들어오다.

도들다 되들다. 다시 들거나 도로 들다.

도람들다 일정한 곳에 반복하여 드나들다.

뒤들다 뒤꽂다.

뛰여들다·쿼여들다·튀여들다 뛰어들다.

맛들다 맛들다. 익어서 제맛이 생기다.

모다들다 모아들다. 여럿이 한곳으로 모여들다.

모여들다 모여들다. 여럿이 어떤 범위 안을 향하여 오다.

물들다 물밀다.

ᄆ슬들다·ᄆ슬틀다 마을가다. 이웃 마을에 놀러나 볼 일 보러 가다.

벵들다·병들다·빙들다 병들다.

불희들다 밑들다. 무·감자 따위의 뿌리가 굵게 자라다.

ᄇ름들다 바람들다. 무 따위 속살이 물기가 없이 푸석푸석하게 되다.

살려레들다·살레들다·살혜들다·솔러레들다 사레들다. 음식을 잘못 삼켜서 기관
　(氣管) 쪽으로 들어가 갑자기 기침 따위를 하는 상태가 되다.

셈들다 셈들다.

숨방귀들다·숨비다·숨비들다 숨을 죽이고 깊은 물속으로 들어가다.

숭년들다 흉년들다.

썩음들다 ①놀들다. 놀이 벼를 파먹어서 벼가 누렇게 되다. ②구새먹다. 살
　아 있는 나무 속이 저절로 썩어서 구멍이 뚫리다.

앞들다 앞들다. 앞서서 들어서다.

양제들다 양자들다.

얼들다 격심한 노동으로 인하여 육체상 크게 괴로움을 입다.

역들다 품팔다.

을러들다·을허들다 여럿이 한꺼번에 모여들다.

장게들다 장가들다.

정들다 정들다.

졸들다 마음이 활달하지 못하고 옹졸하다.

졸아들다 졸아들다.

좀들다 좀먹다.

줄어들다 줄어들다.

차들다 함께 데려 들다.

철들다 철들다.

파들다 파고들다.

펜들다·펜역들다 편들다. 역성들다.

한기들다[1](旱氣--) 가뭄이 들다.

한기들다[2](寒氣--) 추위를 느끼게 되다.

허위여들다 허덕거리며 바삐 들어오다.

훈들다 훈수들다. 훈수하다. 장기나 바둑 따위를 둘 때에 구경하던 사람이 끼어들어 수를 가르쳐 주다.

화기들다 불에 덴 자리에 독기가 생기다.

들르다

[기본 의미] 아래에 있는 것을 위로 올리다.

[대응 표준어] 들다

[방언 분화형] 드르다·들르다

[문헌 어휘] 들다(《월인천강지곡》상:27)

[어휘 설명] '들르다'는 '아래에 있는 것을 위로 올리다.'라는 뜻을 기본 의미로 하여, '손에 가지다, 설명하거나 증명하기 위하여 사실을 가져다 대다.' 등의 뜻을 지닌다. 방언형 '드르다'와 '들르다'는 문헌 어휘 '들다'와 음절수에 차이를 보인다.

[용례]

¶ 테왁* 들르곡 허영 물러레 들어. ('테왁' 들고 해서 물에 들어.)

¶ 구물을 들르민 그것에 숭어 막 담아정 잡는 거 봐낫주. (그물을 들면 그것에 숭어 막 담아져 잡는 거 봤었지.)

¶ 우리 고모님은 큰도고리서 보리 굴단에 비 와 가난에 ᄀ레 그 안네 앚진 차 오꼿 들런 정지에 들어가낫젠 허여. (우리 고모님은 큰함지박에서 보리 갈다가 비 와 가니까 맷돌 그 안에 앉힌째 우꾼 들어서 부엌에 들어갔었다고 해.)

¶ 쉐 무껑 낫당 클렁 내놓민 꼴랑지 들렁 도망가민 좇아가당 쉐 못 심어근

* '테왁'은 잠녀들이 물질할 때 몸을 의지하는 도구다. 예전에는 박을 이용하여 만들었으나 요즘은 스티로폼으로 만든다. 달리 '콕테왁·콜락테왁'이라고도 한다.

테왁과 망사리

드름돌

에 앚안 막 울어나서. (소 묶어 놨다가 풀어 내놓으면 꼬리 들어서 도망가면 쫓아가다가 소 못 잡아서 앉아서 마구 울었었어.)

¶ 들름돌 들르는 건 거 힘자랑이주, 뭐. (들돌 드는 건 거 힘자랑이지, 뭐.)

¶ 메역 헐 때 상군**덜쯤은 망사리 들르지 못헐 정도로 허주. (미역 할 때 '상군'들쯤은 망사리 들지 못할 정도로 하지.)

¶ 모멀묵 다 익으민 젓단 밥잘 들르민 그게 툭툭 떨어져근에 아예 안 부뜨민 익은 거고. 흐꼼 영 떨어지멍 이레 영 등긴 거는 설주게. (메밀묵 다 익으면 젓던 밥주석을 들면 그게 툭툭 떨어져서 이에 안 붙으면 익은 거고. 조금 이렇게 떨어지면서 이리 이렇게 늘어진 거는 설지.)

[관련 어휘]

드름돌·들름돌·듬돌 들돌. 힘자랑하기 위하여 드는, 미끈하고도 무겁고 둥그런 돌.

들름저울 들저울. 저울대를 들고 무게를 다는 저울.

곧초드르다·곧초들르다 곧추들다.

돋다

194

[기본 의미] 빨리 뛰어가다.

[대응 표준어] 닫다

[방언 분화형] 돋다

[문헌 어휘] 돋다(《석보상절》24:15)

[어휘 설명] '돋다'는 '빨리 뛰어가다.'라는 뜻을 지닌 어휘다. 방언형 '돋다'는 문헌 어휘 '돋다'가 그대로 쓰인 경우다. 이 '돋다'가 활용할 때는 '돋-, 들-'이 어간이 되어 어미와 연결된다.

[용례]

¶ 흐끔 이상허다 허믄 불문곡직흐곡 점치레 돋는 거라. (조금 이상하다 하면 불문곡직하고 점치러 닫는 거야.)

¶ 난 돋는 사름이난 들으렌 흔 팔젭주. (나는 닫는 사람이니까 달으라고 한 팔잡이지요.)

¶ 흑교 풀민 재기 들으멍 밧드레 오렌 흐민 들으멍 가곡게. (학교 풀면 재우 달으며 밭에 오라고 하면 달으며 가고.)

¶ 가당 보난 앞의 누게가 부영흐게 막 들암서. (가다가 보니까 앞에 누구가 부옇게 막 닫고 있어.)

¶ 심방깅이 잘도 하도 심지 못허여. 여기서믄 쫙허게 저기 들아. (점박이민 꽂게 잘도 많아도 잡지 못해. 여기서면 쫙하게 저기 달아.)

둘을 질 일흐다 표준어로 바꾸면 '달을 길 잃다.'인데, '갈 곳 모르다.'는 의미
  로 쓰이는 말.

둘을 쉐 눈을 보곡 찌를 쉐 뿔을 보라 표준어로 바꾸면 '달을 소 눈을 보고, 찌를
소 뿔을 보라.'인데, '하고자 하는 목표를 잘 봐야 한다.'는 것을 비유적으
로 이르는 말.

[관련 어휘]

나돋다·내돋다·내톧다 내닫다. 갑자기 밖이나 앞쪽으로 힘차게 뛰어나가다.

놀려들다·돌려들다·돌퍼들다 달려들다.

드러돋다 들이닫다. 몹시 빨리 달리다.

들이돋다 안쪽으로 빨리 달리다.

돋는몰 주마(走馬).

돋는연 잘못 만들어서 얼레를 쥐고 달려야만 조금 뜨는 연.

돌려가다·돌아가다 달려가다.

돌려오다·돌아오다 달려오다.

돌리다 달리다.

돌아나다 달아나다.

돌은걸음·돌음박질 달음박질.

돌을락·돌음제기 달리기.

차돋다 채어서 내닫다.

치돋다 치닫다. 위쪽으로 달리다.

터졍돋다·후려돋다 뒤돌아보거나 곁눈질함 없이 아주 빨리 내닫다.

둘우다

[기본 의미]　다른 사람이나 동물의 뒤에서, 그가 가는 대로 같이 가다.

[대응 표준어]　따르다

[방언 분화형]　둘오다·둘우다·딟다·또르다·똘르다

[문헌 어휘]　똘오다(《속삼강행실도》효:19)

[어휘 설명]　'둘우다'는 '다른 사람이나 동물의 뒤에서, 그가 가는 대로 같이 가다.'라는 뜻을 기본 의미로 하여, '앞선 것을 좇아 같은 수준에 이르다, 좋아하거나 존경하여 가까이 좇다, 관례·유행이나 명령·의견 따위를 그대로 실행하다, 어떤 일이 다른 일과 더불어 일어나다, 어떤 경우 사실이나 기준 따위에 의거하다.' 등의 뜻을 지닌다. 방언형 '둘우다'는 문헌 어휘 '똘오다'가 '똘오다〉똘우다〉둘우다'로 변화한 어형이고, 다른 방언형 '둘오다'는 문헌 어휘 '똘오다'의 자음군 'ㄸ'이 'ㄷ'으로 변화한 어형이다. 방언형 '또르다'는 문헌 어휘 '똘오다'가 '똘오다〉똗로다〉(쏟로다)〉또르다'의 변화 과정을 거친 어형이고, 방언형 '똘르다'는 방언형인 '또르다'에 'ㄹ'이 첨가된 어형이다.

[용례]

¶ 요번 갈 때랑 둘우지 말게 ᄒ라. (요번 갈 때는 따르지 말게 해라.)

¶ 둘완에 그 깝으로 무신 국물 잇어난 거 아니꽈? (따라서 그 값으로 무슨 국물 있었던 거 아닙니까?)

¶ 집 나살 때마다 둘랑 막 밉나. (집 나설 때마다 따라서 아주 밉다.)

¶ 아이덜은게 울멍이라도 둘운다게. (아이들은 울면서라도 따른다.)

¶ 울멍 <u>들우는</u> 애기 내불어 뒁은 못 갑주. (울며 따르는 아기 내버려 두고는 못 가
   지요.)

[관련 어휘]

뒤뜨라가다 뒤따라가다.

뒤뜨라오다 뒤따라오다.

뒤뜨르다 뒤따르다.

자국좇그다 발자국 자취를 뒤따르다.

뛰다

196

[기본 의미]　있던 자리에서 몸을 높이 솟구쳐 오르다.

[대응 표준어]　뛰다

[방언 분화형]　뛰다·퀴다

[문헌 어휘]　뛰다(《능엄경언해》8:15), 뛰다(《석보상절》3:37)

[어휘 설명]　'뛰다'는 '있던 자리에서 몸을 높이 솟구쳐 오르다.'라는 뜻을 기본 의미로 하여, '맥박이나 심장 따위가 벌떡벌떡 움직이다, 값이나 가치 따위가 갑자기 오르다, 물방울·흙 따위가 힘을 받아서 세차게 솟아올랐다가 흩어지다, 공중으로 솟아올랐다가 일정한 거리에 가서 내리다, 널에 올라 발을 굴러 공중으로 오르내리다, 빠른 속도로 나아가다.' 등의 뜻을 지닌다. 방언형 '뛰다'는 문헌 어휘 '뛰다'가 '뛰다〉뛰다'의 변화 과정을 거친 어형이며, 다른 방언형 '퀴다'는 새롭게 형성된 어형이다.

　한편 '탄력 있는 물체가 솟아오르다.'의 뜻을 지닌 어휘는 '튀다'로 나타나는데, '튀다'는 문헌 어휘 '뛰다'가 '뛰다〉튀다'의 변화 과정을 거친 어형이다.

[용례]

¶ 숭어가 그 원담 안네 왕 헐 말 엇이 <u>뛰어</u>. (숭어가 그 돌발 안에 와서 할 말 없이 뛰어.)

¶ 고무줄은 이레 이디 심고 저레 심곡 헨 두 사름이 심엉 가운디서 <u>뛰주게</u>. (고무줄은 이리 여기 잡고 저리 잡고 해서 두 사람이 잡아서 가운데서 뛰지.)

¶ 잘허는 사름은 완전 <u>뛰어도</u> ᄒ나 털어지지 아녀게 보달* 무ᄁ는 사름덜이 잇어. (잘하는 사람은 완전 뛰어도 하나 떨어지지 않게 '보달' 묶는 사람들이 있어.)

¶ 물마차에 아덜 실르고 정심 실르고 헌 게 요디끄지 뛰어온 거라. (마차에 아들 싣고 점심 싣고 한 게 요기까지 뛰어온 거야.)

¶ 물은 우두머리가 뛰지 아녀민 또꼬망에 새끼덜은 절대 안 뛰어. (말은 우두머리가 뛰지 않으면 꽁무니의 새끼들은 절대 안 뛰어.)

[관련 어휘]

놀뛰다·들러키다·들러퀴다·들럭퀴다 **날뛰다**.

놀아다니다·놀아넹기다·놀아뎅이나·놀아드니다·뛰여다니다·튀어뎅기다·튀여뎅이다·튀여드니다 **뛰어다니다**.

뛰여가다·튀여가다 **뛰어가다**.

뛰여네리다·뛰여느리다·튀여네리다·튀여느리다 **뛰어내리다**.

뛰여들다·퀴여들다·튀여들다 **뛰어들다**.

뛰여오다·튀여오다 **뛰어오다**.

뛸락·뜀재기·튈락·튐재기 **뜀박질**.

배뛸락·배칠락 **줄넘기**.

와달부리다 너무 흥분하여 미친 듯이 **날뛰다**.

●●●● **더 생각해 보기**

퀴다[1] 뛰다. 있던 자리에서 몸을 높이 솟구쳐 오르다.

¶ 머긋 쎈 도세기 하. 것 주는 거 닮으민 퀴멍 막 데가리 내밀어. (먹성 좋은 돼지 많아. 먹이 주는 거 같으면 뛰면서 마구 대가리 내밀어.)

퀴다[2] 퀴다. 음식이나 어떤 물건을 몹시 탐하다.

¶ 사름이 먹는 것에 퀴엉은 안 되어. (사람이 먹는 것에 퀴어서는 안 되어.)

∗ '보달'은 '솔가리 뭉치 따위를 몇 개의 기다란 매끼로 단단하게 동여 묶어 등짐으로 하나 되게 꾸려놓은 묶음'을 말한다.

뜨리다

197

[기본 의미] 손이나 손에 쥔 물건 따위로 아프게 치다.

[대응 표준어] 때리다

[방언 분화형] 떼리다·뜨리다

[문헌 어휘] ᄠᅳ리다(《월인천강지곡》상:28)

[어휘 설명] '뜨리다'는 '손이나 손에 쥔 물건 따위로 아프게 치다.'라는 뜻을 기본 의미로 하여, '어떤 물체가 다른 물체에 세차게 부딪치다, 다른 사람의 잘못을 말이나 글로 비판하다, 심한 충격을 주다.' 등의 뜻을 지닌다. 방언형 '뜨리다'는 문헌 어휘 'ᄠᅳ리다'가 'ᄠᅳ리다〉ᄯᅳ리다〉뜨리다' 변화 과정을 거친 어휘이며, 다른 방언형 '떼리다'는 'ᄠᅳ리다'가 'ᄠᅳ리다〉ᄯᅳ리다〉뜨리다〉떠리다〉떼리다'로 변화한 어형이다.

[용례]

¶ 뜨리젠 몽뎅일 들러 아젼에 오는 거 보멍 삥삥 돌아나 불어. (때리려고 몽둥일 들어 가지고 오는 거 보며 삥삥 달아나 버려.)

¶ 확 잡아후련에 뜨리난 쉐가 잘잘 가. (확 후려잡아서 때리니 소가 잘잘 가.)

¶ 우리 부몬 아이덜 절대 뜨리지 아년 키와서. (우리 부몬 아이들 절대 때리지 않고 키웠어.)

¶ 도세기 들어와 가민 막뎅이로 떼리지 아녀민 그 똥싸는 거 닥닥 털민 옷 더레 다 가고. (돼지 들어와 가면 막대기로 때리지 않으면 그 똥싸는 거 닥닥 떨면 옷에 다 가고.)

¶ 쉔 밧디 가근에 떼리멍 그냥 몰아놓민 밧ᄀᆞ리침*도 혼 메칠만 잘허민 질

갈곡 허여. (소는 밭에 가서 때리며 그냥 몰아놓으면 '밭가르침'도 한 며칠만 잘하면 잘 갈고 해.)

¶ 가린석**은게 쉐 뿔리 걸으렌 헹 <u>때리곡</u>, 어느 방향으로 글렌 허는 거. ('가 린석'은 소 빨리 걸으라고 해서 때리고, 어느 방향으로 가자고 하는 거.)

[관용 표현]

뜨린 놈이나 맞인 놈이나 '때린 사람이나 맞은 사람이나 모두에게 문제가 있다.' 는 의미로 쓰이는 말.

[관련 어휘]

굿ᄒ다 부모가 잘못한 자식에게, 정신을 차리게 욕을 하거나 때리는 것을 비유적으로 이르는 말이다.

베락뜨리다·베락치다 벼락치다.

볼기떼리다·잠지떼리다·잠지뜨리다·잠지치다 볼기치다.

삐얌떼리다·삐얌뜨리다 뺨때리다.

---

* '밧ᄀ리침'은 '소나 말이 밭을 갈 수 있게 가르치는 일'을 말한다.

** '가린석'은 '소를 몰거나 부리려고 좌우 뿔에 잡아매어 쟁기의 손잡이인 양지머리까지 닿는, 두 가닥의 기다란 줄'을 말한다. 달리 '굴배·부림패'라 하는데, 지역에 따라 왼쪽의 것을 '가린석', 오른쪽의 것을 '부 림패'라 하기도 한다.

동음어

뜨리다¹ 때리다. 손이나 손에 쥔 물건 따위로 아프게 치다.
¶ 베염이란 건 곧초 뜨리믄 안 되고 ㄱ로 뜨려사 죽어. (뱀이라는 것은 곧추 때리면 안 되고 가로 때려야 죽어.)

뜨리다² 타작하다. 익은 곡식의 이삭을 떨어서 낟알을 거두어들이다.
¶ 홀타 논 거 쉐나 몰로 볼리고, 도께로 뜨리는 디도 잇고. (훑아 놓은 거 소나 말로 밟고, 도리깨로 타작하는 데도 있고.)

떼리다¹ 때리다. 손이나 손에 쥔 물건 따위로 아프게 치다.
¶ 쉔 떼령은 못 고쳐, 달레사 허여. (소는 때려서는 못 고쳐, 달래야 해.)

떼리다² 타작하다. 익은 곡식의 이삭을 떨어서 낟알을 거두어들이다.
¶ 모믈낭은 떼려 가믄 모믈낭이 둥둥 뜹니다. (메밀대는 타작해 가면 메밀대 가 둥둥 뜹니다.)

뚤르다

[기본 의미] 구멍을 내다.

[대응 표준어] 뚫다

[방언 분화형] 뚤루다·뚤우다·뚧다·뚤르다·뚤우다·뚧다

[문헌 어휘] 듧다(《법화경언해》6:154), 둛다(《중간본 두시언해》5:5)

[어휘 설명] '뚤르다'는 '구멍을 내다.'라는 뜻을 기본 의미로 하여, '막힌 것을 통하게 하다, 장애물을 헤치다, 시련이나 난관 따위의 어려움을 극복하다, 깊이 연구하여 이치를 깨닫거나 통할 수 있다.' 등의 뜻을 지닌다. 방언형 '뚤르다'를 비롯하여 '뚤우다, 뚧다'는 문헌 어휘 '듧다'와 관련 있으며, 다른 방언형 '뚤루다'와 '뚤우다', '뚧다'는 문헌 어휘 '둛다'와 관련이 깊다.

[용례]

¶ 종이 브른 창이난 춤 불른 손가락으로 창 뚤르곡 허멍 장난덜 치주게. (종이 바른 창이니 침 바른 손가락으로 창 뚫고 하면서 장난들 치지.)

¶ 귀에 고망 뚤르난 머리가 안 아파. (귀에 구멍 뚫으니 머리가 안 아파.)

¶ 눅지 말렌 오메기*에 고망 뚤라. (눕지 말라고 '오메기'에 구멍 뚫어.)

---

* '오메기'는 '차좁쌀가루에 더운물을 넣어 되게 반죽한 후 가운데 구멍을 뚫어 고리 모양으로 만든 후 삶아 낸 떡'을 말한다. 사람에 따라서는 구멍 대신에 가운데를 눌러서 만들기도 한다. 달리 '오메기떡'이라 하는데, '오메기술'의 재료로 사용한다.

삶기 전 오메기

¶ 어떤 사름은 둑세기에 고망 <u>똘랑</u> 뽈아먹어. (어떤 사람은 달걀에 구멍 뚫어서
빨아먹어.)

¶ 둑도 키울 때 눌트멍에 고망 <u>똘랑</u> 들어가근에 촐 그거 뽑으레 강 보민 둑
세기도 잇곡 헤근에 그거 헹 봉가당 먹곡. (닭도 키울 때 가리틈에 구멍 뚫어
서 들어가서 꼴 그거 빼러 가서 보면 달걀도 있고 해서 그거 해서 주워다가 먹고.)

¶ 고팡에는 문 멘들지 아녕 그때는 요만은 허게 그냥 <u>똘라만</u> 놓주. (고방에
는 문 만들지 않고 그때는 요만큼 하게 그냥 뚫어만 놓지.)

¶ 쉐 질들일 땐 이제 그 돌코**엔 헤영근에 끗엉 뎅기는 돌, 둥글렁헌 돌, 무
거운 돌 그거 헤영근에 구멍 <u>뚫엉</u> 거기에 끈을 무꺼 낭 끗어 아정 그냥

** '돌코'는 '구멍 난 돌'이란 뜻으로, '소를 길들일 때 쟁기 대신 끌게 하는 돌'을 말한다.

다녀. (소 길들일 때는 이제 그 '돌코'라고 해서 끌어서 다니는 돌, 둥그런 돌, 무거운 돌 그거 해서 구멍 뚫어서 거기에 끈을 묶어 놔서 끌어 가지고 그냥 다녀.)

¶ 지달이는 땅굴 팡 살주게. 땅굴을 파면은 이놈이 들어가민 나갈 구녁을 뚫어 놔. (오소리는 땅굴 파서 살지. 땅굴을 파면 이놈이 들어가면 나갈 구멍을 뚫어 놔.)

●●●● **더 생각해 보기**

동음어

똘르다[1] 뚫다. 구멍을 내다.
¶ 엿날은 고망 똘란에 낭못을 주엇젠 허여. (옛날은 구멍 뚫어서 나무못을 박았다고 해.)

똘르다[2] 따르다. 다른 사람이나 동물의 뒤에서, 그가 가는 대로 같이 가다.
¶ 곳질은 쉐만 똘람시믄 되어. (숲길은 소만 따르고 있으면 되어.)

똘르다[3] 뜨다. 바닥에 고인 물이나 국물 따위를 조심스럽게 덜어내거나 퍼내다.
¶ 주울영 국물 똘라 불민 건지만 남지게. (기울여서 국물 떠 버리면 건더기만 남지.)

마시다

199

[기본 의미]   물이나 술 따위의 액체를 목구멍으로 넘기다.

[대응 표준어]   마시다

[방언 분화형]   마시다

[문헌 어휘]   마시다(《석보상절》 6:31)

[어휘 설명]   '마시다'는 '물이나 술 따위의 액체를 목구멍으로 넘기다.'는 뜻을 기본 의미로 하여, '공기나 냄새 따위를 입이나 코로 들이쉬다.' 등의 뜻을 지닌다. 방언형 '마시다'는 문헌 어휘 '마시다'가 그대로 쓰인 경우다. 일상 언어생활에서는 '마시다'보다는 '먹다'를 즐겨 쓰는 편이다.

[용례]

¶ 그 누렝이물을 마시기 위혜서 무쇠솟디 밥을 꼭 눌릅니다. (그 숭늉을 마시기 위해서 무쇠솥에 밥을 꼭 누릅니다.)

¶ 아방 입에 맞게 허젠 허민 술 얼마 안 난덴. 술 마시는 어른안티 맛보렌 허민 싱겁덴 허주. 술이 얼마 안 나. 독주로 빠니까. (아버지 입에 맞게 하려고 하면 술 얼마 안 난다고. 술 마시는 어른한테 맛보라고 하면 싱겁다고 하지. 술이 얼마 안 나. 독주로 내리니까.)

¶ 아이 앞의선 물도 못 마신다. (아이 앞에서는 물도 못 마신다.)

[관련 어휘]

드러마시다 들이마시다. 마구 마시다.

들이싸다·들이쓰다·들이씨다·딜이쓰다 들이켜다. 물이나 술 따위의 액체를 단숨에 마구 마시다.

물체 물을 마시다 생기는 체증.

처마시다 처마시다. 욕심 사납게 마구 마시다.

퍼마시다 퍼마시다. 욕심 사납게 마구 마시다.

후려마시다·홀터마시다 물 따위를 탐내어 마음껏 목구멍으로 넘기다.

마트다

[기본 의미]	코로 냄새를 느끼다.
[대응 표준어]	맡다
[방언 분화형]	마트다
[문헌 어휘]	맡다《석보상절》13:13
[어휘 설명]	'마트다'는 '코로 냄새를 느끼다'라는 뜻을 비롯하여, '어떤 일의 낌새를 눈치 채다.'라는 뜻을 지닌다. 방언형 '마트다'는 문헌 어휘 '맡다'와 비교할 때 음절수에 차이가 있다.

[용례]

¶ 비 오젠 허믄 도세기 주둥이로 걸름 헤갈아근에 파가믄 게오리가 나와. 거 냄새 마탕 다 헤쌍 그거 잡아먹곡. (비 오려고 하면 돼지 주둥이로 거름 헤집어서 파가면 지렁이가 나와. 거 냄새 맡아서 다 헤집어서 그거 잡아먹고.)

¶ 개 풀엉 내불민 쿵쿵 내움살 마트멍 돌아뎅겨. (개 풀어서 내버리면 쿵쿵 냄새 맡으며 돌아다녀.)

¶ 무신 냄새 마탄 우리 집의 춫아온 거라마씀. (무슨 냄새 맡아서 우리 집에 찾아온 거예요.)

¶ 어디 지달이 잇다 허믄 브름알로 가야. 지달이 놈덜이 냄새를 못 마타. (어디 오소리 있다 하면 바람아래로 가야. 오소리 놈들이 냄새를 못 맡아.)

¶ 갠 코 들렁 냄새를 마타. 걸 건내헌덴 허는 거라. (개는 코 들어서 냄새를 맡아. 걸 '건내한다고' 하는 거야.)

[관련 어휘]

건내ᄒ다 냄새를 대강 맡다.

내ᄒ다 냄새를 맡다.

●●●● **더 생각해 보기**

동음어

마트다[1] 맡다. 코로 냄새를 느끼다.

¶ 먹으렌 주난 코로 내움살 마타 봥 먹어. (먹으라고 주니까 코로 냄새 맡아
봐서 먹어.)

마트다[2] 맡다. ①책임을 지고 담당하다.

¶ 식게 아덜안티 가도 고사린 나가 마탕 허여. 고사린 나 찍이라. (제사 아들
한테 가도 고사리는 내가 맡아서 해. 고사리는 내 몫이야.)

②면허나 증명·허가·승인 따위를 얻다.

¶ 낭ᄒ는 것도 허가 마타사 ᄒ는 거. (나무하는 것도 허가 맡아야 하는 것.)

막다

201

[기본 의미]   길·통로 따위가 통하지 못하게 하다.

[대응 표준어]   막다

[방언 분화형]   막다

[문헌 어휘]   막다(《용비어천가》15장)

[어휘 설명]   '막다'는 '길·통로 따위가 통하지 못하게 하다.'라는 뜻을 기본 의미로 하여, '트여 있는 곳을 가리게 둘러싸다, 추위·햇빛 따위가 어떤 대상에 미치지 못하게 하다, 어떤 일이나 행동을 못하게 하다, 어떤 현상이 일어나지 못하게 하다, 외부의 공격이나 침입 따위에 버티어 지키다, 어떤 공간을 나누기 위하여 사이를 가리다, 병 따위의 입구를 통하지 못하게 하다.' 등의 뜻을 지닌다. 방언형 '막다'는 문헌 어휘 '막다'가 그대로 쓰인 경우다.

[용례]

¶ 숫 굴 때 불 완전이 올른 거 닮으민 그냥 웃구멍 탁 막앙 숨쉬지 못허게 허민 불도 꺼져 불어. (숯 구울 때 불 완전히 오른 거 같으면 그냥 윗구멍 탁 막아서 숨쉬지 못하게 하면 불도 꺼져 버려.)

¶ 불꽃 보이믄 막고 구녁마다 불이 보이면 막아근에 흔 삼사일 내벗당 숫을 파는 거. (불꽃 보이면 막고 구멍마다 불이 보이면 막아서 한 삼사일 내버렸다가 숯을 파는 거.)

¶ 들어오지 못허게 일로 막곡 절로 막곡 허멍 그치록 허멍도 놀고. (들어오지 못하게 이리로 막고 저리로 막고 하며 그처럼 하면서도 놀고.)

¶ 밧도* 막안 보난 못헐 일이라라. ('밧도' 막아서 보니 못할 일이더라.)

¶ 굴묵 짓어근엥에 도에 쉐똥 헤당 탁 **막아** 주민 그냥 흔 이틀 끄떡엇이 뭐 허곡. ('굴묵' 때서 입구에 소똥 해다가 탁 막아 주면 그냥 한 이틀 끄떡없이 뭐 하고.)

¶ 고치 물려근에 솟두껑에 헤근에 그거 보까근에, 입 **막앙은에** 방에에 뱃 아근에 버무려. (고추 말려서 소댕에 해서 그거 볶아서, 입 막아서 방아에 빻아서 버무려.)

¶ 물은 흔 사름 두 사름만 불리는 게 아니라. 여러 사름이 헤영 **막아도** 주고, 이레도 돌리고 허는 때문에. (말은 한 사람 두 사람만 밟는 게 아니야. 여러 사람이 해서 막아도 주고, 이리도 돌리고 하는 때문에.)

[관련 어휘]

귀마구리¹ 상주의 두건 양옆으로 귀를 막을 수 있게 기다랗게 붙인 베 조각.

귀마구리²·귀막쉬·귀막젱이 귀머거리.

귀막다 귀먹다.

ᄀᆞ는귀막다 가는귀먹다.

ᄀᆞ로막다 가로막다.

다개·마개 마개.

마구장장 사람이나 동물이 앞으로 더 나아가지 못하게 두 팔을 벌리어 막아 서는 모양.

막아사다·막아스다 막아서다.

막아지다 고지식하다.

막은방 해운에 따라 아무 일이나 해서는 탈이 생기는 방위. '튼방'과 상대적 으로 쓰이는 말.

막은창¹ 막다른골목.

막은창² 막창자.

* '밧도'는 '밭의 입구'를 말한다.

손마개 악수(握手).

시릿마개 시룻밑. 시룻번.

우막다 순치다. 식물의 발육을 좋게 하기 위하여 순을 자르다.

코마구리·코막사니·코막셍이·코막쉬·코막은젱이·코막젱이·코메기·코멩꿩이 코맹맹
이. 코머거리.

코막다 코가 막히다.

●●●● 더 생각해 보기

동음어

막다[1] 막다. 길·통로 따위가 통하지 못하게 하다.
¶ 물에 들젠 허민 씹단 껌으로 귀 <u>막아</u>. (물에 들려고 하면 씹던 껌으로 귀 막
아.)

막다[2] 먹다. 귀나 코가 막혀서 제 기능을 하지 못하게 되다.
¶ 늙어가믄게 귀도 막고 눈도 어둑고 사름 구실을 다 못허여. (늙어가면 귀도
먹고 눈도 어둡고 사람 구실을 다 못해.)

맞다

[기본 외미]   오는 사람이나 물건을 예의로 받아들이다.

[대응 표준어]   맞다

[방언 분화형]   맞다

[문헌 어휘]   맞다(《석보상절》11:13)

[어휘 설명]   '맞다'는 '오는 사람이나 물건을 예의로 받아들이다.'라는 뜻을 기본 의미로 하여, '적이나 어떤 세력에 대항하여 맞서다, 시간이 흐름에 따라 오는 어떤 때를 대하다, 자연현상에 따라 내리는 눈·비 따위의 닿음을 받다, 점수를 받다, 가족의 일원으로 예를 갖추어 데려오다.' 등의 뜻을 지닌다. 방언형 '맞다'는 문헌 어휘 '맞다'가 그대로 쓰인 경우다.

[용례]

¶ 옛날은 씨어멍이 상*들렁 강 메누리 맞나 허여. (옛날은 시어머니가 상 들고 가서 며느리 맞는다 해.)

¶ 촛아가난 기분 좋게 맞지 아녀라게. (찾아가니 기분 좋게 맞지 않더라.)

¶ 디딜팡게 비 오민 비 맞곡, 앚아둠서 들도 보곡 벨도 보곡게. (부춘돌 비 오면 비 맞고, 앉아 있으면서 달도 보고 별도 보고.)

¶ 낼 감저 놓젠 허민 오늘 저냑에 그 감저꿀 이슬 맞은 거 헤당 심으면은 죽어 불어. (내일 고구마 놓으려고 하면 오늘 저녁에 그 고구마줄기 이슬 맞은 거 해다가 심으면 죽어 버려.)

*   여기서 '상'은 '신부상'인 '새각시상'을 말한다.

¶ 우장 요령껏 짠 거 보민 비 맞으면은 그 느람지 물이 다 알러레 떨어지주 옷 소곱드레 절대 안 떨어져. (도롱이 요령껏 짠 거 보면 비 맞으면 그 이엉 물이 다 아래로 떨어지지 옷 속으로 절대 안 떨어져.)

[관련 어휘]

돌맞이 달맞이.

맞이굿 큰굿에서 초감제를 한 후, 신이 하강하는 길을 닦는 작업을 상징적인 무용으로써 신을 맞이하고 소지 올리는 과정의 의례.

불도맞이 불도맞이.

서방얻다 서방맞이하다.

시왕맞이 시왕맞이. 시왕[十王]을 맞아들여 치르는 굿의 하나.

쌀맞다 살맞다.

요왕맞이 용왕맞이. 바다를 다스리는 용왕을 맞아들여 축원하는 굿.

제맞다 제지내다.

동음어

맞다¹ 맞다. 오는 사람이나 물건을 받아들이다. 또는 자연현상에 따라 내리는 눈·비 따위의 닿음을 받다.

¶ 아픈 거 다 좋아 가당도 비 맞이믄 재통혼다. (아픈 거 다 좋아 가다가도 비 맞으면 재통한다.)

맞다² 맞다. 외부의 힘이 가해져서 몸에 해를 입다.

¶ 강은에 말 잘못 굴앗당은 매를 복삭 맞앙 와. (가서 말 잘못 말했다가는 매를 폭삭 맞고서 와.)

맞다³ 맞다. 어긋나거나 틀리지 아니하다.

¶ 세어봥 맞이믄 맞덴 굴앙 받아사 싸울 일이 엇어. (세어봐서 맞으면 맞다고 말하고 받아야 싸울 일이 없어.)

[기본 의미] 음식 따위를 입을 통하여 뱃속으로 들여보내다.

[대응 표준어] 먹다

[방언 분화형] 먹다

[문헌 어휘] 먹다(《월인천강지곡》상:44)

[어휘 설명] '먹다'는 '음식 따위를 입을 통하여 뱃속으로 들여보내다.'라는 뜻을 기본 의미로 하여, '담배나 아편 따위를 피우다, 연기나 가스 따위를 들이마시다, 어떤 마음이나 감정을 품다, 일정한 나이에 이르거나 나이를 더하다, 욕·핀잔 따위를 듣거나 당하다, 뇌물을 받아 가지다, 수익이나 이문을 차지하여 가지다, 물이나 습기 따위를 빨아들이다.' 등의 뜻을 지닌다. 방언형 '먹다'는 문헌 어휘 '먹다'가 그대로 쓰인 경우다.

한편 '먹다'는 '~어 먹다' 구성으로, 그 동사의 뜻을 강조하는 말로 쓰이기도 한다. "잘 알아먹지 못허키여.(잘 알아먹지 못하겠다.)"에서 확인할 수 있다.

[용례]

¶ 갈장귀도 이시민 아이고, 이젠 먹지도 아녀는 거. 옛날엔 갈장귀 ᄒᆞ나 먹젠 허민 ᄉᆞ뭇. (개똥참외도 있으면 아이고, 이젠 먹지도 않는 거. 옛날엔 개똥참외 하나 먹으려고 하면 사뭇.)

¶ ᄃᆞᆨ은 그자 ᄃᆞᆨ죽이나 쒕 먹곡. (닭은 그저 닭죽이나 쒀서 먹고.)

¶ 장작 다 시끄고, 밥헤 먹을 가메 다 시끄곡 헤영 장밧디 올라가. (장작 다 싣고, 밥해 먹을 가마 다 싣고 해서 장지에 올라가.)

¶ 오월 단오멩질 헤여 **먹엉** 보리 비레 가젠 허민 실펑 죽어지는 거라. (오월 단오명질 해 먹고 보리 베러 가려고 하면 싫어서 죽어지는 거야.)

¶ 옛날 우린 쏠이 엇이난 감저 **먹언** 산 거라. (옛날 우리는 쌀이 없으니 고구마 먹어서 산 거야.)

¶ 아이고, 물 질멍 **먹은** 것이 진짜로. 이제도 꿈을 보민 그 꿈을 봐집니다 게. (아이고, 물 길으며 먹은 것이 진짜로. 이제도 꿈을 보면 그 꿈을 봅니다.)

¶ 고구마나 이시믄 땅 팡 묻엇당 겨울에 뽑아내영 청 **먹음벳기**, 원. (고구마 나 있으면 땅 파서 묻었다가 겨울에 뽑아내어서 쪄 먹기밖에, 원.)

[관련 어휘]

갈리먹다 나누어 먹다.

개먹다 개먹다.

거려먹다 떠먹다.

것 먹이.

것통 먹이통.

결심먹다 결심하다.

그자먹다 거저먹다.

긁어먹다 긁어먹다.

까먹다·깡먹다 까먹다.

나먹다 객지로 돌아다니고 얻어먹으며 지내다.

더우먹다·더위먹다 더위먹다.

돗것 돼지의 먹이.

드러먹다 들이먹다. 마구 먹다.

들러먹다[1] 들어먹다. 남의 것을 자기 차지로 만들다.

들러먹다[2] 음식을 한꺼번에 한입 가득 집어넣어서 먹다.

들이먹다 들이먹다. 안쪽으로 향하여 먹어 들어가다.

돌개들러먹다·돌개먹다 월식하다.

떼여먹다·테여먹다 떼어먹다.

뜯어먹다·틑어먹다 뜯어먹다. 남의 재물 따위를 졸라서 얻거나 억지로 빼앗아 가지다.

마타먹다·받아먹다 받아먹다.

머굿·먹성 먹새. 먹성.

먹씰일·먹을일 먹쓸일. 잔치·장례와 같이 돌아보아야 할 큰일.

먹을내기·먹을락 먹을거리나 그 값을 걸고 하는 내기.

먹음 큰일 때 소비하는 음식의 양.

먹엄직ᄒ다·먹음직ᄒ다 먹음직하다.

ᄆ슴먹다·ᄆ심먹다·ᄆ음먹다 마음먹다.

몰아먹다 말아먹다.

버슬어먹다·버실어먹다·버을어먹다 벌어먹다.

벨라먹다¹·할라먹다¹·할타먹다¹ 핥아먹다. 옳지 못한 수단으로 남의 재물을 빼앗아 가지다.

벨라먹다²·볼라먹다 발라먹다.

복먹다·복물먹다 물먹다.

봉가먹다·줏어먹다 주워먹다.

부떠먹다·부터먹다 붙어먹다.

빌어먹다 빌어먹다.

빠먹다 빼먹다.

뽈아먹다 빨아먹다.

서먹다¹ 같은 장소에서 좋지 아니한 일이 반복해서 생기다.

서먹다² 먼저 만들어 먹다.

서파먹다 고구마 따위를 제 수확철보다 일찍 파내어 먹다.

소먹다 나무좀이 배의 구멍을 파 들어가다.

쉐것 소먹이.

알아먹다 알아먹다.

642

애먹다 애먹다.

얻어먹다[1] 얻어먹다.

얻어먹다[2] 봉제사를 받다.

얼먹다 언걸먹다. 얼먹다.

여먹다·일러먹다 잃어버리다.

욕먹다 욕먹다.

우려먹다 우려먹다.

윽먹다 뒤두다.

잡아먹다 잡아먹다.

졸라먹다 남이 가진 것을 달라고 보채어 조금 나눠 먹다.

좀먹다 좀먹다.

좃아먹다 쪼아먹다.

짓먹다 짓먹다.

좀아먹다 밥 따위를 물이나 국에 말아서 먹다.

집아먹다 집어먹다.

차먹다 옆에 차서 먹다.

처먹다 처먹다.

타먹다·탕먹다 따먹다.

퉁먹다 핀잔맞다. 핀잔먹다.

톤아먹다 뜯어먹다. 조각조각 떼어 내어 먹다.

파먹다 파먹다. 파내어 먹다.

퍼먹다 퍼먹다.

포먹다 앉은자리에서 여러 번 먹다.

폴아먹다 팔아먹다.

할라먹다[2]·할타먹다[2] 핥아먹다. 혀로 핥아서 먹다.

헤먹다 일을 그르치거나 잘못되다.

동음어

먹다¹ 먹다. 음식 따위를 입을 통하여 뱃속으로 들여보내다.
¶ 밥 이디서 <u>먹어근에</u> 글라. (밥 여기서 먹어서 가자.)

먹다² 들다. 칼날 따위가 물건을 잘 베다.
¶ 호미 잘 <u>먹언에</u> 오널 일은 쉬우키여. (낫 잘 들어서 오늘 일은 쉽겠다.)

[기본 의미] 　끈이나 줄 따위의 두 끝을 엇걸고 잡아당기어 풀어지지 아니하게 마디를 만들다.

[대응 표준어] 　매다

[방언 분화형] 　메다

[문헌 어휘] 　ᄆᆡ다(《월인천강지곡》상:18)

[어휘 설명] 　'메다'는 '끈이나 줄 따위의 두 끝을 엇걸고 잡아당기어 풀어지지 아니하게 마디를 만들다.'라는 뜻을 기본 의미로 하여, '끈이나 줄 따위를 어떤 물체에 단단히 묶어서 걸다, 가축을 기르다, 옷감을 짜기 위하여 날아 놓은 날실에 풀을 먹이고 고루 다듬어 말리어 감다, 달아나지 못하도록 고정된 것에 끈이나 줄 따위로 잇대어 묶다, 바닥으로 떨어지지 아니하도록 끈이나 줄 따위로 어떤 물체를 가로 걸거나 드리우다.' 등의 뜻을 지닌다. 방언형 '메다'는 문헌 어휘 'ᄆᆡ다'가 'ᄆᆡ다〉메다'로의 변화 과정을 거친 어형이다.

[용례]

¶ 집줄 메는 대ᄀᆞ라 거왕이엔 허여. (집줄 매는 대보고 연죽(椽竹)이라고 해.)

¶ 낭에 배 메영 막 밀리곡 허멍 궁글 타곡. (나무에 바 매어서 막 밀고 하며 그네 타고.)

¶ 물통 이신 디 가근에 물 멕여근에 몰앙 와근에 메어근에 출 주곡. (우물 있는 데 가서 물 먹여서 몰고 와서 매어서 꼴 주곡.)

¶ 꿩콘* 잘 안 보이게 정술로 메어. ('꿩코'는 잘 안 보이게 낚싯줄로 매어.)

집줄(진줄)

¶ 비께 가죽 벗겨서 몰렷다가 도께 <u>메는</u> 거라. 그렇게 강헌 거. (두틉상어 가
죽 벗겨서 말렸다가 도리깨 매는 거야. 그렇게 강한 거.)

¶ 집줄은게 ㄱ로로 <u>메는</u> 게 진줄**, 지스로 메는 건 쯔른줄*** 경. (집줄은 가
로로 매는 건 '진줄', 세로로 매는 건 '쯔른줄' 그렇게.)

¶ 옛날사 쉐 ᄒ나썩은 다 <u>메어</u>. (옛날에야 소 하나씩은 다 매어.)

¶ 셍멩진, 그건 <u>메지</u> 아년 것 ㄱ라 셍멩지엔. (생명주는, 그건 매지 않은 것보고
생명주라고.)

---

* '꿩코'는 '꿩을 잡기 위하여 꿩이 잘 다니는 목에 설치하는 올가미'를 말한다.
** '진줄'은 '긴 줄'의 뜻으로, '각단으로 만들어, 초가지붕이 거센 바람에 날리지 아니하게 가로로 얽어매는
데 쓰는 줄'을 말한다. '쯔른줄'과 구분하기 위해서 둥그렇게 사린다.
*** '쯔른줄'은 '짧은 줄'의 뜻으로, '각단으로 만들어, 초가지붕이 거센 바람에 날리지 아니하게 세로로 얽어
매는 데 쓰는 줄'을 말한다. '진줄'과 구분하기 위해서 꽈배기 모양으로 사린다.

걸려메다·심어메다·잡아메다 잡아매다.

돌려메다 돌라매다.

동겨메다·동여메다 동여매다.

돌마기·돌메기 매듭단추.

돌아메다 달아매다.

맞ᄆ작 옭매듭. 고를 내지 않고 마구 옭아 맨 매듭.

맞ᄆ작치다 옭매다.

목돌다 목매다.

ᄆ작 매듭.

ᄆ작단추·뭇인단추 매듭단추.

ᄆ작뭇다·ᄆ작지우다·ᄆ작집다 매듭짓다.

벌ᄆ작·속곳궤·속곳ᄆ작 벌매듭.

싸메다 싸매다.

씰ᄆ작 실매듭.

얽어메다 얽어매다.

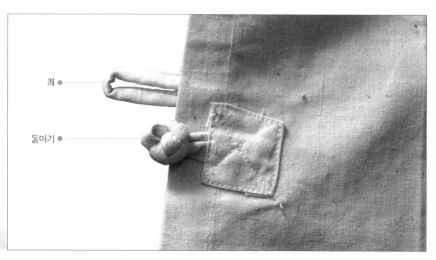

돌마기

647

저리메우다 겨리에 소 두 마리를 매다.

조지·주지 파나 달래처럼 기다란 것을 여러 가닥으로 흩어지지 아니하게 하기 위하여 고리처럼 만든 매듭.

졸라메다 졸라매다.

졸라메다 잘라매다.

차메다·처메다 처매다.

첵메다 낱장의 종이들을 모아 꿰매거나 붙여서 책을 만들다.

●●●● **더 생각해 보기**

동음어

메다[1] 매다. 끈이나 줄 따위를 어떤 물체에 단단히 묶어서 걸다.
¶ 지둥에 <u>메어둠서</u> 줄 잡앙 늘리는 연이 춤연. (기둥에 매어두고 줄 잡아서 날리는 연이 방패연.)

메다[2] 매다. 밭에 난 잡풀을 뽑다.
¶ 검질 처서<u>끄지만 메믄</u> 그다음엔 <u>메지</u> 아녀. (김 처서까지만 매면 그다음에는 매지 않아.)

메다[3] 매이다. 억제나 구속을 당하는 형편에 놓이다.
¶ 부젠 하늘에 <u>멘다</u> 헤서. (부자는 하늘에 매인다 했어.)

메다[4] 메다. 어깨에 걸치거나 올려놓다.
¶ 상여 잘못 <u>메믄</u> 어께 막 아파. (상여 잘못 메면 어깨 아주 아파.)

메다[5] 메다. 어떤 감정이 복받치는 상태가 되다.
¶ 늙당 보믄 섭섭헌 일도 하고. 가끔 목이 <u>멜</u> 때도 셔. (늙다가 보면 섭섭한 일도 많고. 가끔 목이 멜 때도 있어.)

멘들다

[기본 의미]　노력이나 기술을 들여서 목적하는 사물을 이루다.

[대응 표준어]　만들다

[방언 분화형]　만들다·멘글다·멘들다·멩글다·뭉글다

[문헌 어휘]　밍글다(《용비어천가》40장), 믄들다(《번역소학》9:7)

[어휘 설명]　'멘들다'는 '노력이나 기술을 들여서 목적하는 사물을 이루다.' 라는 뜻을 기본 의미로 하여, '새로운 상태를 이루어 내다, 무엇이 되게 하다 또는 그렇게 되게 하다, 단체 따위를 결성하다, 돈이나 일 따위를 마련하다, 꾸며내거나 일으키다.' 등의 뜻을 지닌다. 방언형 '멘들다'는 문헌 어휘 '믄들다'가 '믄들다>민들다>멘들다'의 변화 과정을 거친 어형이며, 다른 방언형 '멩글다'는 문헌 어휘 '밍글다'가 '밍글다>멩글다'의 변화 과정을 거친 어형이다.

[용례]

¶ 홍세미녕*으로 아기 옷도 <u>멘들앙</u> 입지곡, 보선도 <u>멘들곡</u>. ('홍세미녕'으로 아기 옷도 만들어서 입히고, 버선도 만들고.)

¶ 삼베로 베옷은 <u>멘들주게</u>. <u>멘들아</u> 봄은 허여도 짜는 걸 보나 무시걸 허는 건 안 봐나서. (삼베로 베옷은 만들지. 만들어 보기는 해도 짜는 걸 보거나 무엇을 하는 건 안 봤어.)

---

* '홍세미녕'은 '혼인날 신랑집에서 신붓집으로 보내는 함에 담는 무명'을 말한다. 아기가 태어나면 기저귀 감으로 썼다.

¶ 여기선 천으로 돗을 만들지, 초석으로 멘들진 아녀수다. (여기선 천으로 돛을 만들지, 초석으로 만들지는 않았습니다.)

¶ 할망 빌엉 씰 멘들안에 옷 멧 빌 헷수다. (할머니 빌려서 실 만들어서 옷 몇 벌 했습니다.)

¶ 께 멘들앙 무끄는 게 잇어. (매끼 만들어서 묶는 게 있어.)

¶ 이녁 입을 거 ᄒᆞ나, 두 불 허는 것사 감 타당 곧 들여근에 옷 멘들아 낭 들이민 더 곱주. (이녁 입을 거 하나, 두 벌 하는 것이야 감 따다가 곧 들여서 옷 만들어 놔서 들이면 더 곱지.)

¶ 소게바지는 광목에 헹 바지 멘들앙근엥에 입어. 바지가 안팟 시난게 완전 늙은 사름덜이나 입주, 안 입어. (솜바지는 광목에 해서 바지 만들어서 입어. 바지가 안팎 있으니까 완전 늙은 사람들이나 입지, 안 입어.)

[관련 어휘]

걸목ᄒ다 갓양태를 결을 때, 대오리를 얄팍하게 만들다.

관짜다·관차다·집차다 널로 주검을 넣을 관을 만들다.

제골빠다·제골ᄒ다 약재로 쓸 동물의 뼈나 과일 따위를 한약재와 함께 넣고 고아서 탕약을 만들다.

판내우다 물건 따위를 못쓰게 만들다.

모두다

[기본 의미]　한데 합치다.

[대응 표준어]　모으다

[방언 분화형]　모도다·모두다·모둡다·뫼우다·뫱다

[문헌 어휘]　뫼호다(《월인천강지곡》상:2), 모도다(《석보상절》6:9)

[어휘 설명]　‘모두다’는 ‘한데 합치다.’라는 뜻을 기본 의미로 하여, ‘특별한 물건을 구하여 갖추어 가지다, 돈이나 재물을 써 버리지 않고 쌓아 두다, 정신·의견 따위를 한곳에 집중하다, 힘·노력 따위를 한곳에 집중하다, 여러 사람을 한곳에 오게 하거나 한 단체에 들게 하다.’ 등의 뜻을 지닌다. 방언형 ‘모두다’는 문헌 어휘 ‘모도다’가 ‘모도다>모두다’의 변화 과정을 거친 어형이며, 다른 방언형 ‘모도다’는 문헌 어휘 ‘모도다’가 그대로 쓰인 경우다. 방언형 ‘뫼우다’는 문헌 어휘 ‘뫼호다’가 ‘뫼호다>뫼오다>뫼우다’의 변화 과정을 거친 어형이며, 방언형 ‘뫱다’는 ‘뫼우다’에서 유추된 어형이다.

[용례]

¶ 혼 사름은 모두곡, 혼 사름은 두이서 무끄곡 ᄒᆞ여. (한 사람은 모으고, 한 사람은 뒤에서 묶고 해.)

¶ 보리씨 걸름에 서꺼지라고 쉐로 블랑 모두와 ᄂᆞ근에 뒷날은 돗가레착* 에 그거 다 헤근에 밧디 시꺼 가. (보리씨 거름에 섞이라고 소로 밟아서 모아 놔

---

* ‘돗가레착’은 ‘돼지거름을 담아 나르는 데 쓰는 멱둥구미’를 말한다. 지역에 따라서 ‘돗갈레착·돗거름착· 돗걸름착’이라고도 한다.

서 뒷날은 '돗가레착'에 그거 다 해서 밭에 실어 가.)

¶ 감젓줄 비영 뭉텡이로 밧에염에 데껑 내불엉 허믄 비 맞고 므르고 비 맞고 므르고 허연에 것이 다 몰라시믄 <u>모두아다가</u> 집의 가져다가 눌 눌엉 촐로 주고. (고구마줄기 베어서 뭉텅이로 밭섶에 던져 내버려 하면 비 맞고 마르고 비 맞고 마르고 해서 것이 다 말랐으면 모아다가 집에 가져다가 가리 가려서 꼴로 주고.)

¶ 촐 비엉 무끄민 <u>모두와</u> 낭 밧디 눌어. (꼴 베어서 묶으면 모아 놔서 밭에 가리어.)

¶ 단을 크게 허면은 촐을 언주왕 이렇게 다리 트망에 이렇게 <u>모두왕</u> 사두엄서 께 틀엉 무꺼. (단을 크게 하면 꼴을 검어서 이렇게 다리 틈에 이렇게 모아서 있으면서 매끼 틀어서 묶어.)

¶ 뻿데기 글겡이로 영 <u>모두왕</u> 떨어진 건 손으로도 줏고. (절간고구마 갈퀴로 이렇게 모아서 빠뜨린 건 손으로도 줍고.)

[관련 어휘]

근어모도다·근어모듭다 그러모으다.

긁어모두다 긁어모으다.

모도치다 흩어진 물건 따위를 한곳으로 모으다.

안주다·언주다 검다. 흩어진 물건을 손이나 갈퀴 따위로 긁어모으다.

언주대기다 흩어져 있는 것을 힘껏 그러모으다.

물다

[기본 의미] 윗니나 아랫니 또는 양 입술 사이에 끼운 상태로 떨어지거나 빠져나가지 않도록 다소 세게 누르다.

[대응 표준어] 물다

[방언 분화형] 물다

[문헌 어휘] 믈다(《용비어천가》7장)

[어휘 설명] '물다'는 '윗니나 아랫니 또는 양 입술 사이에 끼운 상태로 떨어지거나 빠져나가지 않도록 다소 세게 누르다.'라는 뜻을 기본 의미로 하여, '이·빈대·모기 따위의 벌레가 주둥이 끝으로 살을 찌르다, 입속에 넣어 두다.' 등의 뜻은 지닌다. 방언형 '물다'는 문헌 어휘 '믈다'가 '믈다〉물다'로 변화 과정을 거친 어형이다. 활용할 때는 '물-, 무-'가 어간이 되어 어미와 연결된다.

[용례]

¶ 노인덜 산 때 통대 물곡 흐영 바지저고리 광목으로 헤영 입주게. (노인들 산 때 담배설대 물고 해서 바지저고리 광목으로 해서 입지.)

¶ 비에기도 잘 못 키와서. 비에기는 매, 매천이 뎅기당 물어 가 불곡, 족제비덜 다 죽여 불곡. (병아리도 잘 못 키웠어. 병아리는 매, 매 다니다가 물어 가 버리고, 족제비들 다 죽여 버리고.)

¶ 고사리 옷 소곱더레 찔르민, 옷 사이가 널르니까 프리가 물지 못허게 고사리 찔러. (고사리 옷 속에 지르면, 옷 사이가 너르니까 파리가 물지 못하게 고사리 질러.)

¶ 갈치 나끄젠 허민 갈치 물엉 올라오믄 그걸로 이껍으로 헹 이제 다시 ᄂ
리믄 갈치 물엉 올라와. (갈치 낚으려고 하면 갈치 물어서 올라오면 그걸로 미끼
로 해서 이제 다시 내리면 갈치 물어서 올라와.)

¶ 밧 갈다가 여기 질메 벗겨지길레 거를 잘 처메주레 가니까 바싹허게 물
어 부는 거라. 믈 사름 물어. (밭 갈다가 여기 길마 벗겨지기에 거를 잘 처매주러
가니까 바싹하게 물어 버리는 거야. 말 사람 물어.)

¶ 요샌 베미 문 사름이 ᄒ나씩 잇어도 그땐 베미 문 사름이 ᄒ나 엇어. 건
드리지 안허민 안 무난에. (요샌 뱀 문 사람이 하나씩 있어도 그때는 뱀 문 사람
이 하나 없어. 건드리지 않으면 안 무니까.)

[관련 어휘]

깨물다 깨물다.

물리다 물리다. 물게 하다.

ᄌ그물다·ᄌᄌ물다 사리물다. 악물다. 으물다.

동음어

물다¹ 물다. 윗니나 아랫니 또는 양 입술 사이에 끼운 상태로 떨어지거나 빠져나가지
않도록 다소 세게 누르다.

¶ 흔번은 이녁 물엇당 나신디 물리곡, 뜨시 나신디 물렷당 이녁 물곡 흐멍 장
난을 쳐. (한번은 이녁 물었다가 나한테 물리고, 다시 나한테 물렸다가 이
녁 물고 하며 장난을 쳐.)

물다² 물다. 갚아야 할 것을 치르거나 남에게 입힌 손실을 돈으로 갚거나 본래의 상
태로 해 주다.

¶ 이즈 물곡 물깝 물곡 흐당 보믄 돈이 남지 아녀마씀. (이자 물고 말값 물고
하다 보면 돈이 남지 않아요.)

물다³ 무르다. 굳은 것이 물렁거리게 되다.

¶ 이 수박 너미 물엉 못 먹쿠다. (이 수박 너무 물러서 못 먹겠습니다.)

밀다

208

[기본 의미]   일정한 방향으로 움직이도록 반대쪽에서 힘을 가하다.

[대응 표준어] 밀다

[방언 분화형] 밀다·밀리다

[문헌 어휘] 밀다(《능엄경언해》7:43)

[어휘 설명] '밀다'는 '일정한 방향으로 움직이도록 반대쪽에서 힘을 가하다.'라는 뜻을 기본 의미로 하여, '바닥이나 거죽의 지저분한 것을 문질러서 깎거나 닦아 내다, 허물어 옮기거나 깎아 없애다, 뒤에서 보살피고 도와주다, 바닥이 반반해지도록 연장을 누르면서 문지르다, 눌러서 얇게 펴다, 특정한 지위를 차지하도록 내세우거나 지지하다.' 등의 뜻을 지닌다. 방언형 '밀다'는 문헌 어휘 '밀다'가 그대로 쓰인 경우고, 다른 방언형 '밀리다'는 능동사로도 쓰이는 어형이다. '밀다'가 활용할 때는 '밀-, 미-'가 어간이 되어 어미와 연결된다.

[용례]

¶ 솟두껑으로 <u>밀곡</u> 허멍 구들을 멘짝허게 멘들아. (솥뚜껑으로 밀고 하며 방을 매끈하게 만들어.)

¶ 돌탑 이젠 엇어. 싹 <u>밀언에</u> 과수원덜 다 돼 부니까. (돌탑 이제는 없어. 싹 밀어서 과수원들 다 되어 버리니까.)

¶ 칼국 허젠 허민 반죽을 미레기나 펭으로 <u>밀어</u>. (칼국수 하려고 하면 반죽을 밀개나 병으로 밀어.)

¶ 문닫게 숨을 때 막 쎙짜 물에 <u>밀엉</u> 씻어 뒹 그 물 낭 숨앙 그 물을 먹읍네

께. (눈알고둥 삶을 때 마구 생짜 물에 밀어서 씻어 두고 그 물 놔서 삶아서 그 물을
먹습니다.)

¶ 은절민 지금도 허는 거. 은절미 쉬도 안 놓고 아무것도 안 놔근에 기자
떡 물앙 밀어근에 트는 거. (인절미는 지금도 하는 거. 인절미 소도 안 놓고 아무
것도 안 놔서 그저 떡 반죽해서 밀어서 뜨는 거.)

¶ 떡 미는 기계가 다 나오난. 옛날엔 안 나온 때 영 밀엉 칼로 허영 짐작혜
영 혜여. (떡 미는 기계가 다 나오니까. 옛날엔 안 나온 때 이렇게 밀어서 칼로 해서
짐작해서 해.)

[관련 어휘]

거려밀다·건밀다 **떼밀다.**

거려밀리다·건밀리다 **떼밀리다.**

내밀다 **내밀다.**

내밀심 내밀힘.

내완다 뾰족하게 내밀다.

느려밀다 내려밀다.

느리밀다 내리밀다.

드러밀다 들이밀다. 마구 밀다.

들이밀다 들이밀다. 안쪽으로 들어가게 밀다.

떠밀다·떼밀다 떠밀다.

물들다 물밀다.

미닫이·밀문 미닫이.

미레기판 밀판.

미레기·미레깃대·밀대 밀개.

밀리다 밀리다.

밀어넣다 밀어넣다.

밀어잦히다 밀어젖히다.

밀장 밀장. 밀장지. 옆으로 밀어서 여닫는 장지.

밀장두께비 밀장지를 집어넣는 공간.

밀창 미닫이창.

밀치다 밀치다.

치밀다 치밀다

동음어

밀다¹ 밀다. 일정한 방향으로 움직이도록 반대쪽에서 힘을 가하다.
¶ 낭손으로 밀엉은 좀 거칠어. (나무손으로 밀어서는 좀 거칠어.)

밀다² 갓양태를 결을 때, 자잘하게 칼금을 낸 댓개비를 밀고 당기면서 낱낱이 대오리
　를 만들다.
¶ 쌀*이나 빗대**나 다 빗대클***에서 밀어. 경 헤사 고와. ('쌀'이나 '빗대'나 다
　'빗대클'에서 밀어. 그렇게 해야 고와.)

＊ '쌀'은 '갓양태를 결을 때, 날로 쓰이는 짧은 대오리'를 말한다.
＊＊ '빗대'는 '갓양태를 결을 때, 비스듬하게 꽂는 대오리'를 말한다.
＊＊＊ '빗대클'은 '갓양태를 결을 때 '빗대'와 '쌀'의 굵기를 일정하고 곱게 다듬는 도구'를 말한다.

ᄆᄭ다

209

[기본 의미]   어떤 일이나 과정·절차 따위가 끝나다.

[대응 표준어]   마치다

[방언 분화형]   마치다·ᄆᄭ다·ᄆ치다

[문헌 어휘]   못다(《용비어천가》51장)

[어휘 설명]   'ᄆᄭ다'는 '어떤 일이나 과정·절차 따위가 끝나다.'라는 뜻을 기본 의미로 하여, '사람이 생(生)을 더 누리지 못하고 끝내다, 순서를 모두 거치다.' 등의 뜻을 지닌다. 방언형 'ᄆᄭ다'는 새롭게 형성된 어형이다. 다른 방언형 'ᄆ치다'는 문헌 어휘 '못다'가 '못다〉ᄆ치다'의 변화 과정을 거친 어형이며, 다른 방언형 '마치다'는 방언형 '못다'가 '못다〉ᄆ치다〉마치다'의 변화 과정을 거친 어형이다. 'ᄆᄭ다'가 활용할 때는 'ᄆᄭ-', 'ᄆᄭ-'가 어간이 되어 어미가 연결된다.

[용례]

¶ 혼자만 짐 시끌 땐 흔쪽에 이제 흔 도름 시꺼뒹 또 저쪽에 강 시꺼뒹 ᄆᄭ지 안헹은 트라정 쉐 들러퀴어 불어. (혼자만 짐 실을 때는 한쪽에 이제 한 두 름 실어두고 또 저쪽에 가서 실어두고 마치지 않아서는 비뚤어져서 소 날뛰어 버려.)

¶ 눌 누는 건 시작헤 놓으면 ᄆᄭ도록 누는 게 잇주. (가리 가리는 건 시작해 놓으면 마치도록 가리는 게 있지.)

¶ 벌 ᄆ작 진짜로 ᄆᄭ는 사름은 이런 디 뻣짝ᄒ게 못는디, 똥글락똥글락 아집주게. (벌매듭 진짜로 마치는 사람은 이런 데 빠듯하게 맺는데, 똥끌똥끌 여쁘지.)

¶ 초복이여 중복이여 말복이여 흔 거는 어느 때 되민 ᄆᆞ끄곡 시작ᄒᆞ곡 그런 거 생각만 헹 살앗주. (초복이다 중복이다 말복이다 한 거는 어느 때 되면 마치고 시작하고 그런 거 생각만 해서 살았지.)

¶ 삼 년에 홀 일 석 둘에 ᄆᆞ창 옵서, 경 곧는 사름도 셔. (삼 년에 할 일 석 달에 마쳐 오십시오, 그렇게 말하는 사람도 있어.)

[관련 어휘]

꼿ᄆᆞ끄다·꼿ᄆᆞ치다 끝마치다.

●●●● **더 생각해 보기**

마치다[1] 마치다. 어떤 일이나 과정·절차 따위가 끝나다.

¶ 어떤 일이든 시작ᄒᆞ면 마쳐삽주. (어떤 일이든 시작하면 마쳐야지요.)

마치다[2] 장마지다. 여러 날 비가 오다.

¶ 마치믄 곰셍이 돋아. (장마지면 곰팡이 돋아.)

ᄆᆞ르다

210

[기본 의미]   물기가 다 날아가서 없어지다.

[대응 표준어]   마르다

[방언 분화형]   ᄆᆞ르다·믈르다

[문헌 어휘]   ᄆᆞᄅᆞ다(《월인석보》2:60)

[어휘 설명]   'ᄆᆞ르다'는 '물기가 다 날아가서 없어지다.'라는 뜻을 기본 의미로 하여, '입이나 목구멍에 물기가 적어져 갈증이 나다, 살이 빠져 야위다, 물이 줄어 없어지다, 돈이나 물건 따위가 다 쓰여 없어지다, 감정이나 열정 따위가 없어지다.' 등의 뜻을 지닌다. 방언형 'ᄆᆞ르다'는 문헌 어휘 'ᄆᆞᄅᆞ다'가 'ᄆᆞᄅᆞ다〉ᄆᆞ르다'의 변화 과정을 거친 어형이며, 다른 방언형 '믈르다'는 'ᄆᆞ르다'에 'ㄹ'이 첨가되어 형성된 어형이다.

[용례]

¶ 데멍 놔두민 물 들곡 석고 ᄆᆞ르곡 허당 보믄 걸름이 되어. (더미어 놔두면 물 들고 썩고 마르고 하다 보면 거름이 되어.)

¶ 망데기*에 담으민 우 ᄆᆞ르지 말렌 돌로 지둘라사 ᄒᆞ여. ('망데기'에 담그면 위 마르지 말라고 돌로 지질러야 해.)

¶ 담베썹 바싹 ᄆᆞ르니까 삭삭 부벼근엥에 무신 종이에 기자 영 냥 영 몰아근에 기냥 피웁니께. (담뱃잎 바싹 마르니까 삭삭 비벼서 무슨 종이에 그저 이렇

---

* '망데기'는 '중두리 정도 크기의 중배가 부르지 않은 옹기'를 말한다.

게 놔서 이렇게 말아서 그냥 피웁니다.)

¶ 멍석에 널엇다가 이제 <u>무르민</u> ᄀ레에다가 골아. (멍석에 널었다가 이제 마르면 맷돌에다가 갈아.)

¶ 우잣에 고치 연 거 남뎅이차 메 불민 익도 설도 아녀. 그 <u>무른</u> 거 타다근에 솟두껑에 보깡 먹어. (터앝에 고추 연 거 줄기째 매 버리면 익지도 설지도 않아. 그 마른 거 따다가 소댕에 볶아서 먹어.)

¶ 그대로 무ᄭ는 건 아니고. ᄒ루 이틀 <u>무류와</u> 가지고, 거 <u>무라야</u> 무ᄭ주기. (그대로 묶는 건 아니고. 하루 이틀 말려 가지고, 거 말라야 묶지.)

¶ 딤베 커 ᄀ민은 노란 썹부떠 땁니다게. 경 헤근에 여펴근에 돌아맵니다, <u>무르렌</u>. (담배 커 가면 노란 잎부터 땁니다. 그렇게 해서 엮어서 달아맵니다, 마르라고.)

¶ 감물 들인 거 발렐 때 <u>무르민</u> 물 적정 널고 <u>무르민</u> 물 적정 널고. 경 헤사 막 잘 발주게. (감물 들인 거 바랠 때 마르면 물 적셔서 널고 마르면 물 적셔서 널고. 그렇게 해야 아주 잘 바래지.)

[관련 어휘]

목무르다·목몰르다 목마르다.

준준ᄒ다 살이 빠지어 비쩍 마르다.

지미지다 ①얼굴에 기미가 생기다. ②식물의 잎이 희읍스름하게 시들어 마르다.

동음어

므르다[1] 물기가 다 날아가서 없어지다.

¶ 밧을 <u>므르게</u> 갈아사 한기 덜 타. (밭을 마르게 갈아야 한기 덜 타.)

므르다[2] 마르다. 옷감 따위를 치수에 맞게 자르다.

¶ 우리 씨어머닌 말씀 최고, 바농질 최고, 옷 <u>므르는</u> 거, 그런 것도 최고라. (우리 시어머니는 말씀 최고, 바느질 최고, 옷 마르는 것, 그런 것도 최고야.)

몰르다[1] 마르다. 물기가 다 날아가서 없어지다.

¶ 보릿ㄱ를 텅 <u>몰르민</u> 그게 누룩이라. (보릿가루 떠서 마르면 그것이 누룩이야.)

몰르다[2] 마르다. 옷감 따위를 치수에 맞게 자르다.

¶ 옷 <u>몰를</u> 때도 이 바농질자로 헤나고. (옷 마를 때도 이 바느질자로 했었고.)

문직다

211

[기본 의미]   손을 대어 여기저기 주무르거나 쥐다.

[대응 표준어]   만지다

[방언 분화형]   몬지다·몬직다·몬치다·뭉직다.

[문헌 어휘]   몬지다(《월인석보》1:36)

[어휘 설명]   '몬직다'는 '손을 대어 여기저기 주무르거나 쥐다.'라는 뜻을 비롯하여, '어떤 물건이나 돈 따위를 가지다, 물건을 다루어 쓰다, 물건을 손질하다.' 등의 뜻을 지닌다. 방언형 '몬직다'는 문헌 어휘 '몬지다' 어중에 'ㄱ'이 첨가된 어형이고, 다른 방언형 '몬지다'는 문헌 어휘 '몬지다'가 그대로 쓰인 경우다. 방언형 '몬치다'와 '뭉직다'는 새롭게 형성된 어형이다.

[용례]

¶ 하르방이 손으로 몬직고 허멍 손바닥으로 슬슬 씰민 울단 아이도 안 울어. (할아버지가 손으로 만지고 하며 손바닥으로 살살 쓸면 울던 아이도 안 울어.)

¶ 물 어둑으믄 어름씰엉 몬직앙 전복을 터난. (물 어두우면 어루더듬어 만져서 전복을 땄었어.)

¶ 숫 몬직안 쐬소리 나믄 건 잘 구워진 거라. (숯 만져서 쇳소리 나면 건 잘 구워진 거야.)

¶ 집의선 무시거 몬직젠 허민 갈옷*을 대소간 입엄쭈. (집에서는 무엇 만지려고 하면 '갈옷'을 대소간 입고 있지.)

* '갈옷'은 '감물을 들인 옷을 통틀어 이르는 말'이다. 달리 '갬옷'이라고도 한다.

¶ 시리떡 헐 때 부정탄덴 허는 거는, 젊은 사름덜 몸 궂인 때 ᄆᆞ직지 못허게 허여. (시루떡 할 때 부정탄다고 하는 거는, 젊은 사람들 몸 궂은 때 만지지 못하게 해.)

¶ 그거 느량 ᄆᆞ지는 사름이 잊어 비언. 보리콩**이엔 ᄀᆞᆯ지 못혜연. (그거 늘 만지는 사람이 잊어 버렸어. '보리콩'이라고 말하지 못했어.)

¶ 갠 손으로 쓸쓸 씰멍 ᄆᆞ지민 ᄀᆞ만이 앚아. (개는 손으로 살살 쓸면서 만지면 가만히 앉아.)

[관련 어휘]

어르ᄆᆞ지다·어르ᄆᆞ직다 어루만지다.

***

** '보리콩'은 '완두콩'을 말한다.

바끄다

212

[기본 의미] 입 속에 있는 것을 입 밖으로 내보내다.

[대응 표준어] 뱉다

[방언 분화형] 바끄다·바트다

[문헌 어휘] 밭다(《초간본 두시언해》8:31)

[어휘 설명] '바끄다'는 '입 속에 있는 것을 입 밖으로 내보내다.'라는 뜻을 기본 의미로 하여, '차지하고 있던 것을 도로 내놓다, 말이나 신음 따위를 함부로 하다.' 등의 뜻을 지닌다. 방언형 '바끄다'는 새롭게 형성된 어형이며, 다른 방언형 '바트다'는 문헌 어휘 '밭다'와 비교할 때 음절수에 차이가 있다.

[용례]

¶ 방쉬헌* 거 봐지믄 춤 바끄곡 헹 돌아상 와 불어. ('방사한' 거 보이면 침 뱉고 해서 돌아서서 와 버려.)

¶ 물은 씹엉 먹는디 쉐는 먹어 낭 바끄명 새기는 따문에 안 되어. (말은 씹어서 먹는데 소는 먹어 놔서 뱉으며 새기는 때문에 안 되어.)

¶ 우리는 애기설어도 막 궂어 불민이 그냥 춤만 착착 바끄명이 잘도 궂게 설어난. (우리는 아기서도 아주 궂어 버리면 그냥 침만 착착 뱉으며 잘도 궂게 섰었어.)

---

* '방쉬허다'는 '액막이를 하거나 비밀스러운 방식이나 수단으로 사악함을 물리치다.'는 뜻을 지닌 어휘다. '방쉬허다'의 '방쉬'는 한자어 '방사(防邪)'에서 온 말이다. 달리 '방법허다'라고도 한다.

¶ 멘네 영 헹 기계레 영 낭 멕여 가멍 영 영 돌려가민 씬 안트레 바끄고 멘네, 이불허는 솜은 저 뒤터레 나가. (면화 이렇게 해서 기계에 이렇게 놔서 먹여 가면서 이렇게 이렇게 돌려가면 씬 안으로 뱉고 면화, 이불하는 솜은 저 뒤로 나가.)

¶ 질레서 돈이라도 봐지믄 춤 탁 바깡 봉가사 헌덴 허여. 뭐 춤 바끄는 게 방법인 셍이라. (길에서 돈이라도 보이면 침 탁 뱉고 주워야 한다고 해. 뭐 침 뱉는 게 비법인 모양이야.)

[관련 어휘]

도바트다 도로 뱉다.

박다

213

[기본 의미]　　두들겨 치거나 틀어서 꽂히게 하다.

[대응 표준어]　박다

[방언 분화형]　박다

[문헌 어휘]　　박다(《번역박통사》상:28)

[어휘 설명]　　'박다'는 '두들겨 치거나 틀어서 꽂히게 하다.'라는 뜻을 기본 의미로 하여, '붙이거나 끼워 넣다, 속이나 가운데에 들여 넣다, 틀이나 판에 넣어 눌러 만들다, 머리 따위를 부딪치다.' 등의 뜻을 지닌다. 방언형 '박다'는 문헌 어휘 '박다'가 그대로 쓰인 경우다.

[용례]

¶ 못 빼긴 혼 착엔 못 박곡 또 혼 착엔 못 빠곡 허게 된 거라. (장도리 한쪽엔 못 박고 또 한쪽엔 못 빼고 하게 된 거야.)

¶ 씨어멍안티 물린 거난 쒜못 박안 이제도 썸서. (시어머니한테 물린 거니까 쒜못 박아서 이제도 쓰고 있어.)

¶ 창곰*은 족게 내어. 도둑놈덜 글로 머리 질르지 못헐 거난에. 또 낭 박아 근엥에 더 촘촘허게 헤 불어. ('창곰'은 작게 내어. 도둑놈들 그리로 머리 지르지 못할 거니까. 또 나무 박아서 더 촘촘하게 해 버려.)

¶ 이렇게 숙전** 박아근에 요만이 노프게시리 혜근에 거기 양에 싱거. (이렇

---

* '창곰'은 '부엌이나 고방에 빛을 들이고 바람이 드나들게 하기 위하여 벽을 뚫어서 만든 작은 구멍'을 말한다.

게 '숙전' 박아서 요만큼 높게끔 해서 거기 양하 심어.)

¶ 소낭 헤다근에 알만 까까 불어근에 또 밋에 못 <u>박아근에</u> 둥구릴 때 다이지 안허게 꼭지에 못 <u>박아</u>. (소나무 해다가 아래만 깎아 버려서 또 밑에 못 박아서 굴릴 때 닿지 않게 꼭지에 못 박아.)

¶ 대문 널도 깨엇어. 게난 이 지럭시믄 말목으로 열 개쯤 <u>박앙</u> 다 때리지. (마루문 널도 깨었어. 그러니까 이 길이면 말목으로 열 개쯤 박아서 다 때리지.)

¶ 부섭***에 불살랑 겨을에도 이디 앚앙 뭐 멩석도 줄곡, 멕도 줄곡 허는 사름 불초기 위혜서 그 부섭을 <u>박아낫주게</u>. ('부섭'에 불살라서 겨울에도 여기 앉아서 뭐 멍석도 겯고, 멱도 겯고 하는 사람 불쬐기 위해서 그 '부섭'을 박았었지.)

[관련 어휘]

골박다 골박다. ①테두리 밖을 나가지 못하게 하다. ②허술하지 않도록 단단하게 하다.

뎅침박다 온박음질하다. 한 땀씩 잇대어 박음질을 하다.

둘러박다 ①물건을 다른 물건의 속으로 빙 둘러서 들어가게 하다. ②바느질할 때 실을 곱걸어서 치맛단 같은 데를 둘러서 꿰매다.

드러박다 들이박다. 마구 박다.

들이박다 안쪽으로 들어가게 박다.

박아지다·박히다 박히다.

알박다·알팍다 알제기다. 눈동자에 흰 점이 생기다.

절총박다·줄총박다·철총박다·총박다 흉작이든 풍작이든 간에 밭 넓이에 따라 일정한 양을 밭주인에게 주기로 계약하다.

줴박다·줴여박다·쥐여박다 쥐어박다.

처박다 처박다.

** '숙전'은 '처마 밑의 땅이 파이는 것을 방지하기 위해 처마 밑을 돌아가며 나지막하게 박아 놓은 돌'을 말한다.

*** '부섭'은 '마루방이나 부엌에 따로 박아서 불을 피우게 된 돌화로'를 말한다.

받다

214

[기본 의미]　　다른 사람이 주거나 보내오는 물건 따위를 가지다.

[대응 표준어]　　받다

[방언 분화형]　　받다

[문헌 어휘]　　받다(《용비어천가》 113장)

[어휘 설명]　'받다'는 '다른 사람이 주거나 보내오는 물건 따위를 가지다.'라는 뜻을 기본 의미로 하여, '다른 사람이 바치거나 내는 돈이나 물건을 책임 아래 맡아 두다, 점수나 학위 따위를 따다, 여러 사람에게 팔거나 대어 주기 위해 한꺼번에 많은 양의 물품을 사다, 쌀 따위를 사다, 공중에서 밑으로 떨어지거나 자기 쪽으로 향해 오는 것을 잡다, 흐르거나 쏟아지거나 하는 것을 그릇 따위에 담기게 하다.' 등의 뜻을 지닌다. 방언형 '받다'는 문헌 어휘 '받다'가 그대로 쓰인 경우다.

[용례]

¶ 빈 상은 <u>받지</u> 아년덴 굴아. (빈 상은 받지 않는다고 해.)

¶ 딱딱 헐 말은 허고 <u>받을</u> 건 <u>받고</u> 줄 건 줘야지 난 경 헤집니다게. (딱딱 할 말은 하고 받을 건 받고 줄 건 줘야지 난 그렇게 합니다.)

¶ 메쌀* 헤여 가는 거엔 허여근에 흔 되 강 <u>받아</u> 오젠 허민 돈 하영 줘야 강 <u>받아</u> 오니까 어떵 죽을 쒕 먹어. (메쌀 해서 가는 거라고 해서 한 되 가서 받아 오려고 하면 돈 많이 줘야 가서 받아 오니까 어떻게 죽을 쒀 먹어.)

＊　'메쌀'은 '제사 지낼 때 메를 짓는 쌀'을 말한다.

¶ 씨집온 후제야 대정** 나룩쓸을 <u>받앙</u> 먹어서. (시집온 후에야 '대정' 볍쌀을 받아서 먹었어.)

¶ 왜 톨깝을 안 줄 리가 잇느냐? <u>받안</u> 썻다 경 헌 거라. (왜 톳값을 안 줄 리가 있느냐? 받아서 썼다 그렇게 한 거야.)

¶ 콩이 조 이실 땐 조로 그늘치니까 잘 익지 못헷다가 조 다 비어 불면은 그땐 헷빗 잘 <u>받으난</u> 잘 익어. (콩이 조 있을 때 조로 그늘지니까 잘 익지 못했다가 조 다 베어 버리면 그때는 햇빛 잘 받으니 잘 익어.)

¶ 나가 이추룩 다 베풀어근에 순허게 헹 놔두면 우리 자식덜이 다 <u>받는</u> 거다, 경만 굴읍니게. (내가 이처럼 다 베풀어서 순하게 해서 놔두면 우리 자식들이 다 받는 거다, 그렇게만 말합니다.)

[관련 어휘]

곳인상받다 큰상받다. 특별하게 차린 큰상을 받다.

날받다 날받다. 길흉을 따져 혼례·장례·이사 따위의 날을 가리어 정하다.

다김받다·대김받다 다짐받다.

뒤받다 뒷바라지하다.

돌게받다 달게받다. 기꺼이 받다.

맞상받다 겸상하다.

몸받다 인간이 수호신으로부터 수호와 무의 권능을 이어받다.

물려받다 물려받다.

본받다 본받다.

볼받다 볼받다. 창받다. 버선의 해진 곳을 헝겊 조각을 덧대서 깁다.

성받다 성을 받아 태어나다.

** '대정'은 1416년 이후 약 5세기 동안 지금의 서귀포시 안덕면과 대정읍 지역에 있었던 제주도의 행정 구역 이름이다.

인정받다 무속에서 일이 잘되기를 바라며 바치는 돈·옷 등의 재물을 받다.
죄받다 죄받다.
창받다 창받다. 신 바닥에 가죽이나 고무 따위의 조각을 새로 대어 붙이다.
치받다 치받다.

버리다

[기본 의미]   가지거나 지닐 필요가 없는 물건을 내던지거나 쏟거나 하다.

[대응 표준어]   버리다

[방언 분화형]   버리다·브리다·(불다·비다)

[문헌 어휘]   브리다《용비어천가》54장

[어휘 설명]   '버리다'는 '가지거나 지닐 필요가 없는 물건을 내던지거나 쏟거나 하다.'라는 뜻을 기본 의미로 하여, '못된 성격이나 버릇 따위를 떼어 없애다, 종사하던 일정한 직업을 스스로 그만두고 다시는 손을 대지 아니하다, 직접 깊은 관계가 있는 사람과의 사이를 끊고 돌보지 아니하다, 품었던 생각을 스스로 잊다, 본바탕을 상하거나 더럽혀서 쓰지 못하게 망치다.' 등의 뜻을 지닌다. 방언형 '버리다'는 문헌 어휘 '브리다'가 '브리다>버리다'로의 변화 과정을 거친 어형이고, 다른 방언형 '브리다'는 문헌 어휘 '브리다'가 그대로 쓰인 경우다.

한편 '버리다'가 '~어 불다', '~어 비다' 구성일 때는 보조용언으로 쓰이기도 하는데, "나가 문 먹어 불엇저.(내가 몽땅 먹어 버렸어.)"에서 확인된다.

[용례]

¶ 옛날은 버리는 게 하나토 엇어. (옛날은 버리는 게 하나도 없어.)

¶ 바로 먹젠 허난 쉰내 나고 버리긴 아깝곡 헤서 싯어 뒁 바로 끌린 것이 국죽, 국죽 헤난 거 닮아. (바로 먹으려고 하니 쉰내 나고 버리긴 아깝고 해서 씻어 두고 바로 끓인 것이 갱죽, 갱죽 했던 거 같아.)

¶ 난바르*라는 거는 베를 타고 나가서 가족덜 버리고 삼일 먹을 거 싸고 그

디 가 가지고 밥혜 먹으멍 갈치나 솔레기를 나까 오는 거라. ('난바르'라는 거는 배를 타고 나가서 가족들 버리고 삼일 먹을 거 싸고 거기 가 가지고 밥해 먹으면서 갈치나 옥돔을 낚아 오는 거야.)

¶ 못된 버르젱인 <u>버리지</u> 못헌다. (못된 버르장인 버리지 못한다.)

¶ 저 눈도 <u>버리지</u> 못허연 놔둬시네. (저 물안경도 버리지 못해서 놔뒀네.)

¶ ᄀ레에 검피어난 ᄀ르, 그거 혜근에 물 서꺼근에 이제 탁 틔와 가지고 소주허는 디도 들어가고, 막걸리 헹 먹고 경 헤낫어. 체는 그냥 <u>ᄇ리고게</u>. (맷돌에 거피했던 가루, 그거 해서 물 섞어서 이제 탁 띄워 가지고 소주하는 데도 들어가고, 막걸리 해서 먹고 그렇게 했었어. 겨는 그냥 버리고.)

[관련 어휘]

내불다·내비다 **내버리다.**

씰어불다 **쓸어버리다.**

여불다¹·일러먹다·일러불다·잃어먹다·잃어불다 **잃어버리다.**

여불다²·이져불다·이쳐불다 **잊어버리다.**

흘쳐불다 **흘려버리다.**

---

* '난바르'는 '육지에서 멀리 떨어진 바다'의 의미다. 그러나 제주에서는 '①잠녀들이 배를 타고 나가 난바다에서 먹고 자며 하는 물질. ②어부들이 난바다에 나가 며칠씩 바다에서 먹고 자며 하는 고기 낚는 일'을 말한다. 여기서는 두 번째 의미로 쓰였다.

보끄다

[기본 의미] 음식이나 음식의 재료를 물기가 거의 없거나 적은 상태로 열을 가하여 이리저리 자주 저으면서 익히다.

[대응 표준어] 볶다

[방언 분화형] 보끄다

[문헌 어휘] 봇다(《월인석보》서:4)

[어휘 설명] '보끄다'는 '음식이나 음식의 재료를 물기가 거의 없거나 적은 상태로 열을 가하여 이리저리 자주 저으면서 익히다.'는 뜻을 기본 의미로 하여, '성가시게 굴어 사람을 괴롭히다, 머리카락을 곱슬하게 파마하다.' 등의 뜻을 지닌다. 방언형 '보끄다'는 문헌 어휘 '봇다'와 음절수에 차이가 난다.

[용례]

¶ 개역 허젠 허민 식구 하민 보리 흔 말도 <u>보끄</u>곡 말가웃도 <u>보끄</u>곡 허여. (미숫가루 하려고 하면 식구 많으면 보리 한 말도 볶고 말가웃도 볶고 해.)

¶ 왜솟이엔 헤 가지고 그건 기자 쇠로 만든 거라 부난 그냥 타 불엉 <u>보끄</u>질 못헤여. (왜솥이라고 해 가지고 그건 그저 쇠로 만든 거라 버리니까 그냥 타 버려서 볶지를 못해.)

¶ 수두리허고 먹보말은 춤지름이나 놓곡 <u>보끄</u>당 죽 쑤민 전복죽 저레 데껴 불어. (팽이고둥하고 밤고둥은 참기름이나 놓고 볶다가 죽 쑤면 전복죽 저리 던져 버려.)

¶ 지지는 건, 물 잇게 지지는 게 지지는 거고, 물 엇이 그게 <u>보끄</u>는 거. 야.

자리 보끄라 허주게. (지지는 건, 물 있게 지지는 게 지지는 거고, 물 없이 그게 볶는 거. 야, 자리돔 볶아라 하지.)

¶ 보리 보끄는 건 큰솟이 좋아. 보리가 튀지 아녀난게. (보리 볶는 것은 큰솥이 좋아. 보리가 튀지 않으니까.)

¶ 바당의 강 긍이 잡아당 삣앙 죽도 쒕 먹곡 보깡도 먹곡. 경흐믄 할망덜 독 안 아픈덴 굴아나서. (바다에 가서 게 잡아다가 빻아서 죽도 쒀서 먹고 볶아도 먹고. 그러면 할머니들 무릎 안 아프다고 말했었어.)

¶ 비 오라 가믄 보리 보깡 개역 ᄒ여사키여, 경 굴아. (비 와 가면 보리 볶아 미숫가루 해야겠다, 그렇게 말해.)

[관련 어휘]

보께다 들볶다.

보끔 볶음.

보끔질 볶음질. 보리·콩 등을 번철 따위에 놓아 볶는 일.

보다

217

[기본 의미]   눈으로 대상의 존재나 형태적 특징을 알다.

[대응 표준어]   보다

[방언 분화형]   베리다·보다

[문헌 어휘]   보다(《용비어천가》19장)

[어휘 설명]   '보다'는 '눈으로 대상의 존재나 형태적 특징을 알다.'라는 뜻을 기본 의미로 하여, '책이나 신문 따위를 읽다, 대상의 내용이나 상태를 알기 위하여 살피다, 일정한 목적 아래 만나다, 맡아서 보살피거나 지키다, 점 따위로 운수를 알아보다, 어떤 일을 맡아 하다.' 등의 뜻을 지닌다. 방언형 '보다'는 문헌 어휘 '보다'가 그대로 쓰인 경우다. 방언형 '베리다'는 새롭게 형성된 어형이다.

    한편 '보다'는 '~어 보다' 구성으로 보조용언으로 쓰이기도 하는데, "먹어 보난 맛 좋아라.(먹어 보니 맛 좋더라.)"에서 확인된다. 또 '~다 보다' 구성으로, '앞말의 사실이 뒷말의 원인' 등을 나타내기도 하는 보조용언으로 쓰이는데, "결혼사진 이사헨 뎅기단 보난 어디덜 다 가 불언 느시 춫질 못허연.(결혼사진 이사해서 다니다가 보니 어디들 다 가 버려서 끝내 찾지를 못해.)"에서 확인할 수 있다.

[용례]

¶ 메주 궂게 트는 수도 잇고 곱게 트는 수도 잇고 허니까 메주 숢을 때 몸 궂인 사름은 보지 말라 허고. (메주 궂게 뜨는 수도 있고 곱게 뜨는 수도 있고 하니까 메주 삶을 때 몸 궂은 사람은 보지 마라 하고.)

¶ 돗간* 먹는 사름 보민 일로 피 나와가민 무신 귀신이라고. ('돗간' 먹는 사람 보면 이리로 피 나오면 무슨 귀신이라고.)

¶ 선생이 드르에 강 놀자 헹근에 강 보난 선생네 보리밧 불리레 간 거라. (선생이 들에 가서 놀자 해서 가서 보니 선생네 보리밭 밟으러 간 거야.)

¶ 어멍이 아방 몰래 간 수주를 보안 오고렌 허여. (어머니가 아버지 몰래 가서 사주를 보아서 왔노라고 해.)

¶ 이제 아흔 다 되어가난 볼 건 건줌 본 거 아닌가 허염서. (이제 아흔 다 되어 가니 볼 건 거의 본 거 아닌가 하고 있어.)

¶ 우리 어린 때 밧 불리레 간 때는 그 처음 앞에 사근에 인솔허는 사름이 막뎅이 영 허영 가 가민 물덜이 그 막뎅이만 보멍 좆아 뎅겨. (우리 어릴 때 밭 밟으러 갈 때는 그 처음 앞에 서서 인솔하는 사람이 막대기 이렇게 해서 가 가면 말들이 그 막대기만 보면서 쫓아 다녀.)

¶ 벳 낭 영 베리민 눈이 ᄀ물ᄀ물허주게. (볕 나서 이렇게 보면 눈이 가물가물하지.)

[관련 어휘]

굽보다·굽털다·풍패치다 바닥보다.

꿈보다 꿈꾸다.

닐보다 택일하다.

내여다보다 내다보다.

네려다보다·네려보다·ᄂ려다보다 내려다보다.

ᄂ찹게보다·눛이보다·알르레보다 낮추보다.

돌아보다 돌아보다.

둘러보다 둘러보다.

* '돗간'은 '식용하는 돼지의 간'을 말한다.

뒤보다¹ 뒤보아주다. 남을 뒤에서 돌보아주다.

뒤보다² 뒤보다. 똥을 누다.

들어보다¹ 들어보다. 이미 들은 바가 있다.

들어보다²·물어보다 물어보다. 무엇을 밝히거나 알아내기 위하여 상대편에게 묻다.

돌아보다 달아보다. 저울로 무게를 떠보다.

막보다 막보다.

맛보다 맛보다.

망보다 망보다.

바레보다·바레여보다·베려보다·브레보다·브레여보다 바라보다.

본보다·뽄보다 본보다.

손보다 염습하다. 염하다.

숭보다 흉보다.

신수보다 음력 정월에, 한 해의 운수가 좋고 나쁨을 점치다.

실겨보다·흘겨보다 흘겨보다.

ㅅ주보다·ㅅ쥐보다 사주보다. 사주를 가지고 사람의 운수를 점치다.

쏘아보다 쏘아보다.

아시보다·아시봉그다 아우보다.

앞못보다 앞못보다. 눈이 멀다.

엇보다 엇보다.

엿보다·엿아보다·엿앙보다 엿보다.

울러러보다 우러러보다.

제보다 제지내다.

지내보다 지내보다.

쳐다보다 쳐다보다.

하시(下視)보다 하시하다.

호리(毫釐)보다 물건을 제값보다 밑으로 보거나 낮게 평가하다.

부수다

218

[기본 의미] 단단한 물체를 여러 조각이 나게 두드려 깨뜨리다.

[대응 표준어] 부수다

[방언 분화형] 부수다·부숩다·부시다

[문헌 어휘] ᄇᆞᅀᆞ다(《금강경언해》서:7)

[어휘 설명] '부수다'는 '단단한 물체를 여러 조각이 나게 두드려 깨뜨리다.'는 뜻을 비롯하여, '만들어진 물건을 두드리거나 깨뜨려 못 쓰게 만들다.' 등의 뜻을 지닌다. 방언형 '부수다'는 문헌 어휘 'ᄇᆞᅀᆞ다'가 'ᄇᆞᅀᆞ다〉부수다'의 변화 과정을 거친 어형이며, 방언형 '부숩다'는 '부수다'에 'ㅂ'이 첨가된 어형이다. 다른 방언형 '부시다' 또한 'ᄇᆞᅀᆞ다'에서 온 어형이다.

　한편 '부숩다'가 활용할 때는 '부숩-, 부수오-'가 어간이 되어 어미와 연결된다.

[용례]

¶ 그때 뭐 당 오벡 절 오벡* 부수엇다는 목사가 이서. (그때 뭐 당 오백 절 오백 부수었다는 목사가 있어.)

¶ 흑이 천 도에 가도 흑이 녹지 아녀. 겨고 그게 부수민 부서지고. (흙이 천 도에 가도 흙이 녹지 않아. 그리고 그게 부수면 부서지고.)

* '당 오벡 절 오벡'은 이형상(李衡祥)의《탐라순력도》'건포배은(巾浦拜恩)'에 나오는 이야기다. "임오년(1702) 12월 20일 신당 129곳을 불태우고, 사찰 5곳을 훼손하였다. 무격 285명이 귀농하였다.(壬午 十二月二十日 ⋯⋯ 燒火神堂 一百二十九處 破毀寺刹 五處 巫覡歸農 二百八十五名)"라 하였다.

¶ 고고리도 물방에 강 부수고. 조도 쏠 멘들젠 허민 물방에 강 지곡. (이삭도 연자맷간에 가서 부수고. 조도 쌀 만들려고 하면 연자맷간에 가서 찧고.)

¶ 연싸움허젠 허민 유리 부수완에 밥풀에 서텅 연술에 멕어. (연싸움하려고 하면 유리 부수어서 밥풀에 섞어서 연줄에 먹여.)

¶ 곰베론 벙에를 못 부수와. 경허민 철공소에 강 멘들아 오든 어떵 허든 괭이로 흐나흐나 끈어 나가. (곰방메로는 볏밥을 못 부숴. 그러면 철공소에 가서 만들어 오든 어떻게 하든 괭이로 하나하나 끊어 나가.)

¶ 굴체 앞에 차근에 그 걸름을 막 부수와근에 골로로 밧디 뿌려. (삼태기 앞에 차서 그 거름을 막 부수어서 골고루 밭에 뿌려.)

¶ 그런 항으로 장 두 개썩 담앙 놔두민 또 아방 먹엉 오랑 광질헤영 탁 부수와 불민 또 새로 담고. (그런 항아리로 장 두 개씩 담가서 놔두면 또 아버지(남편) 먹어서 와서 광질해서 탁 부수어 버리면 또 새로 담그고.)

[관련 어휘]

꿀리바수다 어떤 물건을 가루가 되게 짓빻다.

드러부수다 들이부수다.

바수다 바수다.

부수닥질ᄒ다·부수대기다·부시대기다[1] 부스러뜨리다.

부수치다·부시치다 부수뜨리다.

부스레기·부시레기 부스러기.

부시대기다[2] 쳐부수다.

부트다

219

[기본 의미] 맞닿아 떨어지지 아니하다.

[대응 표준어] 붙다

[방언 분화형] 부뜨다·부트다

[문헌 어휘] 븥다(《석보상절》9:37)

[어휘 설명] '부트다'는 '맞닿아서 떨어지지 아니하다.'라는 뜻을 기본 의미로 하여, '시험 따위에 합격하다, 불이 옮아 타기 시작하다, 어떤 일에 나서다. 또는 어떤 일에 매달리다, 시설이 딸려 있다, 조건·이유·구실 따위가 따르다, 물체와 물체 또는 사람이 서로 바짝 가까이하다, 겨루는 일 따위가 서로 어울려 시작되다, 암컷과 수컷이 교합하다.' 등의 뜻을 지닌다. 방언형 '부트다'는 문헌 어휘 '븥다'와 비교할 때 음절수에 차이가 있다. 방언형 '부뜨다'는 새롭게 형성된 어형이다.

한편 '부뜨다, 부트다'의 사동사는 각각 '부찌다, 부치다'로 나타나는데 이는 '부뜨-+-이다', '부트-+-이다' 구성이며, 그 결과 구개음화가 이루어져 '부찌다, 부치다' 형태가 된 것이다.

[용례]

¶ 콩풀은 잘 부트곡 잘 떼어지지 아녀. (콩풀은 잘 붙고 잘 떨어지지 않아.)

¶ 눈 묻으믄 발에 눈 부트지 말게 남신 신엉 뎅겨서. (눈 쌓이면 발에 눈 붙지 말게 나막신 신어서 다녔어.)

¶ 떡은 쎈불로 숢아사 안 <u>부터</u>. (떡은 단불로 삶아야 안 붙어.)

¶ 보리 헐 땐 눈썹에 불이 <u>부터도</u> 끌 ᄌ를이 엇나 허여. (보리 할 때는 눈썹에 불이 붙어도 끌 겨를이 없다 해.)

¶ ᄉ망일엉* 살 터레 <u>부트민</u> 살곡 경 아녀믄 죽는 거. (사망일어서 살 데로 붙으면 살고 그렇지 않으면 죽는 것.).

¶ 식게에 멩질ᄁ장 <u>부뜨민</u> 열두어 번은 되어. (제사에 명절까지 붙으면 열두어 번은 되어.)

¶ 송에기떡**은 영 헤영 쪼꼴락헌 게 영 <u>부뜨난</u> 경 곧는지 몰라. ('송에기떡'은 이렇게 해서 조그마한 게 이렇게 붙으니까 그렇게 말하는지 몰라.)

¶ 흑 <u>부뜨고</u> 헌 감저 방안에 놓느냐 헐 사름도 잇지마는 젤 안전허게 보관헐 수 잇는 게 사름 살 수 잇는 온도라. (흙 붙고 한 고구마 방안에 놓느냐 할 사람도 있지마는 젤 안전하게 보관할 수 있는 게 사람 살 수 있는 온도야.)

¶ 낚시에 알록달록 옷 입져야 오징어가 바짝바짝 <u>부떠</u>. (낚시에 알록달록 옷 입혀야 오징어가 바짝바짝 붙어.)

[관련 어휘]

갈라부찌다·갈라부치다 갈라붙이다.

걸부뜨다·걸부트다 낚시가 바닷속 돌무더기나 바위에 걸리다. 또는 끈덕지게 달라붙어 떨어지지 아니하다.

내다부찌다·내다부치다·내부찌다·내부치다 내붙이다.

더부뜨다·더부트다·덧부뜨다·덧부트다 덧붙다.

들러부뜨다·들러부트다 들러붙다.

---

* 'ᄉ망일다'는 '좋은 운수가 생기다.', '장사에서 이익이 많이 생기다.'는 뜻을 지닌 말이다. 'ᄉ망일다'의 'ᄉ망'은 《역어유해》의 "大造化 ᄉ망 만타", "造化底 ᄉ망 업다", 《한청문감》의 "討便宜 ᄉ망 부라다", "便宜 ᄉ망", 《물보》의 "利市 ᄉ망" 등에서 'ᄉ망'이 확인된다.

** '송에기떡'은 '구슬처럼 둥글게 만든 떡 두 개를 붙인 후 살짝 눌러서 만든 후 겅그레에서 찐 떡'을 말한다.

돌라부뜨다·돌라부트다 달라붙다.

똘라부뜨다·똘라부트다 따라붙다.

맞부뜨다·맞부트다 맞붙다. 서로 마주 닿다.

메다부찌다·메다부치다 메다붙이다.

메어부찌다·메어부치다 메어붙이다.

발부뜨다·발부트다 뿌리내리다. 옮겨 심은 식물이 뿌리를 내리어 단단하게
  붙다.

부뜸성·부틈성 붙임성.

부찌다·부치다 붙이다.

불부찌다·불부치다 불붙이다.

살부뜨다·살부트다·쌀부뜨다·쌀부트다 살(煞)이 붙다.

손부찌다·손부치다 손붙이다.

찔레부트다 뿔질하다.

포부뜨다·포부트다 맞붙다. 서로 떨어지지 아니하고 함께하다.

포부찌다·포부치다 맞붙이다.

흘레부뜨다·흘레부트다 흘레붙다.

흘레부찌다·흘레부치다 흘레붙이다.

불다

[기본 의미] 바람이 일어나서 어느 방향으로 움직이다.

[대응 표준어] 불다

[방언 분화형] 불다

[문헌 어휘] 불다(《월인천강지곡》상:37)

[어휘 설명] '불다'는 '바람이 일어나서 어느 방향으로 움직이다.'라는 뜻을 기본 의미로 하여, '유행·풍조·변화 따위가 일어나 휩쓸다, 입을 오므리고 날숨을 내어 보내어 입김을 내거나 바람을 일으키다, 관악기를 입에 대고 숨을 내쉬어 소리를 내다, 숨겼던 죄나 감추었던 비밀을 사실대로 털어놓다.' 등의 뜻을 지닌다. 방언형 '불다'는 문헌 어휘 '불다'가 그대로 쓰인 경우다.

[용례]

¶ 팔월 중 되믄 촐을 비주. 게난 팔월 중 되면은 ㅂ름도 하늬ㅂ름 <u>불곡</u>. (팔월 중 되면 꼴을 베지. 그러니까 팔월 중 되면 바람도 하늬바람 불고.)

¶ 집줄 촘촘허민 오래 가곡, ㅂ름 <u>불어도</u> 잘 둥경 무끄난 불리지 아녀. (집줄 촘촘하면 오래 가고, 바람 불어도 잘 당겨서 묶으니까 불리지 않아.)

¶ 태풍 <u>불어근에</u> 짠물 허민 콩이 ㅎ나 읏이 다 죽어 불어. (태풍 불어서 짠물 하면 콩이 하나 없이 다 죽어 버려.)

¶ 쉐똥 담더레 부지데경* 놔두민 ㅂ름 <u>불곡</u> 벳 나곡 무시거 허민 와상허게** 물라. (소똥 담에 '부지데겨서' 놔두면 바람 불고 볕 나고 무엇 하면 '와상하게' 말라.)

¶ 그때는 뭐 일기예보도 엇고 무신거도 엇이난 갓당 태풍 불엉 사름 죽어 근에 베도 흔적 엇고 사름도 흔적 엇일 때가 천지만지***고. (그때는 뭐 일기예보도 없고 무엇도 없으니까 갔다가 태풍 불어서 사람 죽어서 배도 흔적 없고 사람도 흔적 없을 때가 천지.)

¶ 하늬ᄇ름 불어사 솔썹 털어지거든. (하늬바람 불어야 솔가리 떨어지거든.)

¶ 목포서 ᄇ름 불엉 베 아니 뜨믄 ᄒ나썩 폴멍 먹어서. (목포서 바람 불어서 배 아니 뜨면 하나씩 팔면서 먹었어.)

[관련 어휘]

놀불다 ①모진 바람이 불다. ②모진 바람이 갑자기 일어나 너울이 생기다.

---

* '부지데기다'는 '무엇에 달라붙도록 냅다 잡아 던지다.'는 뜻을 지닌 어휘다.

** '와상허다'는 '물기 없이 바싹 말라서 앙상하다.'는 뜻을 지닌 어휘다.

*** '천지만지'는 '천지(天地, 대단히 많음을 비유적으로 이르는 말)'를 강조하여 이르는 말이다. '천지가 만지' 형태로 나타나기도 한다.

동음어

불다¹ 불다. 바람이 일어나서 어느 방향으로 움직이다.
¶ 그 사름마씨? ᄇᆞ름 불어도 ᄇᆞ름 안 들고 비 오라도 비 아니 들 사름입주. (그 사람요? 바람 불어도 바람 안 들고 비 와도 비 아니 들 사람입지요.)

불다² 붇다. 물에 젖어서 부피가 커지다.
¶ 밥헹 보믄 부는 쏠이 잇곡, 주는 쏠이 이서. (밥해서 보면 붇는 쌀이 있고, 주 는 쌀이 있어.)

불다³ 부르다. 먹은 것이 많아서 뱃속이 차서 가득하다.
¶ 우리 어린 때 베가 불게 먹어보진 못허고. (우리 어릴 때 배가 부르게 먹어 보진 못하고.)

불다⁴ 버리다. 앞말이 나타내는 행동이 이미 끝났음을 나타내는 말.
¶ 가단 버치난 돌아와 불엇젱 홉네다게. (가다가 부치니 돌아와 버렸다고 합 니다.)

붓다

221

[기본 의미] 살가죽이나 어떤 기관이 부풀어 오르다.

[대응 표준어] 붓다

[방언 분화형] 붓다

[문헌 어휘] 븟다(《월인석보》8:94)

[어휘 설명] '붓다'는 '살가죽이나 어떤 기관이 부풀어 오르다.'라는 뜻을 기본 의미로 하여, '성이 나서 뾰로통해지다' 등의 뜻을 지닌다. 방언형 '붓다'는 문헌 어휘 '븟다'가 '븟다〉붓다'의 변화 과정을 거친 어형이다. 방언형 '붓다'가 활용할 때는 '붓-'이 어간이 되어 어미와 연결된다.

[용례]

¶ 벌 쒸우민 <u>붓곡</u> 허주. 급헐 땐 오줌 넝 불르곡게. (벌 쏘이면 붓고 하지. 급할 땐 오줌 눠서 바르고.)

¶ <u>붓는몸살</u>*이엔 헌 게 잇주. 게믄 발 흔쪽허고 폴 흔쪽허고 손이영 막 <u>붓어</u>. ('붓는몸살'이라고 한 게 있지. 그러면 발 한쪽하고 팔 한쪽하고 손이랑 아주 부어.)

¶ 우린 지넹이 물어도 <u>붓엉</u> 막 아파. (우리는 지네 물어도 부어서 아주 아파.)

¶ 울어 나믄 눈 퉁퉁 <u>붓언</u> 나가진 못허난 집의만 잇어난. (울고 나면 눈 퉁퉁 부어서 나가진 못하니까 집에만 있었어.)

* '붓는몸살'은 '몸이 붓는 현상을 동반하는 몸살'을 말한다.

¶ 우린 잘 붓지 아녀는 체질이라. 어멍신디 물린 거주. (우리는 잘 붓지 않는 체질이야. 어머니한테 물린 거지.)

¶ 폴다리 붓으민 상외떡 잘 핀 거처럼 막 붓어. 그거 아프기 시작허민 막 멧 시간 동안은 되게 얼 먹주. (팔다리 부으면 상화떡 잘 부푼 거처럼 아주 부어. 그거 아프기 시작하면 아주 몇 시간 동안은 되게 언걸먹어.)

¶ 쉐멍에**도 잘 걸어둬사. 베염 뎅겨나민 독이, 쉐고개가 붓는 거라. 아, 베염 뎅겨난 셍이여, 영 허여. ('소멍에'도 잘 걸어둬야. 뱀 다녀 나면 독이, 소 목이 붓는 거야. 아, 뱀 다녔던 모양이야, 이렇게 해.)

[관련 어휘]

뒤붓다 발정기가 된 짐승 암컷의 생식기관이 퉁퉁하게 부어오르다.

부레미·부스럼·부스럼지·부스레미·부시럼·부시럼지·부으럼·부으럼지·부으레미 부스럼.

붓는몸살 몸이 붓는 현상을 동반하는 몸살.

쉐멍에

** '쉐멍에'는 '소를 부릴 때 소의 목에 얹는 구부러진 나무 기구'를 말한다.

비다¹

222

[기본 의미] 날이 있는 연장 따위로 무엇을 끊거나 자르거나 가르다.

[대응 표준어] 베다

[방언 분화형] 버이다·베다·비다

[문헌 어휘] 버히다(《월인석보》1:43), 뷔다(《월인석보》8:98)

[어휘 설명] '비다'는 '날이 있는 연장 따위로 무엇을 끊거나 자르거나 가르다.'라는 뜻을 기본 의미로 하여, '날이 있는 물건으로 상처를 내다.'는 뜻을 지닌다. 방언형 '비다'는 문헌 어휘 '뷔다'가 '뷔다〉비다'의 변화 과정을 거친 어형이며, 다른 방언형 '버이다'는 문헌 어휘 '버히다'가 '버히다〉버이다'의 변화 과정을 거친 어형이다. 방언형 '베다'는 문헌 어휘 '버히다'가 '버히다〉버이다〉베다'의 변화 과정을 거친 어형이다.

[용례]

¶ 우리 아이덜마씀? 아이고, 촐도 잘 비고 보리도 잘 비어수다게. (우리 아이들요? 아이고, 꼴도 잘 베고 보리도 잘 베었습니다.)

¶ 눕 빌엉 촐 비난 그거는 뭐 께나 털고. 아, 촐 빌 때는 ᄀ치 비고 무끌 때는 께 털고. (눕 빌려서 꼴 베니 그거는 뭐 매끼나 틀고. 아, 꼴 벨 때는 같이 베고 묶을 때는 매끼 틀고.)

¶ 태역촐* 호미로 비지 아녕은, 장낫이 안 되주. 동촌**덜은 거친 밧디 준둥

---

* '태역촐'은 '들판에 나는 길이가 짧은 꼴'을 통틀어 이르는 말이다.
** '동촌'은 제주시 동쪽 지역의 마을을 말한다.

우로 비는 거. ('테역촐'은 낫으로 베지 않아서는, 벌낫이 안 되지. 동촌들은 거친 밭에 잔등이 위로 베는 거.)

¶ 촐 비엉 눌어사 일년이 다 끝난 거. (꼴 베어서 가리어야 일년이 다 끝난 거.)

¶ 팔월멩질 넘어사 촐 비어. (추석 넘어야 꼴 베어.)

¶ 동지 되민 밧디 강 새 비어 와사주. 각단*** 뜨로 비어 오는 사름 엇어. (동지 되면 밭에 가서 띠 베어 와야. '각단' 따로 베어 오는 사람 없어.)

¶ 어떵 말이라. 삭삭 더운디 보리 비당 앚이민 누게 물 흔 적 주진 아녀곡 그자 앚이민 춤, 죽어 불고 싶은 셍각날 때가 하주. (어떻게 말이야. 삭삭 더운데 보리 베다가 앉으면 누구 물 한 모금 주진 않고 그저 앉으면 참, 죽어 버리고 싶은 생각날 때가 많지.)

[관련 어휘]

불베다·불베이다 불까다. 동물의 불알을 묶어서 잘라 내다.

빔질 낫질.

수리다 날이 있는 연장으로 종이 따위를 베다.

에이다 겉으로만 조금 베다.

●●●● **더 생각해 보기**

동음어

비다¹ 베다. 날이 있는 연장 따위로 무엇을 끊거나 자르거나 가르다.
¶ 콩은 빈덴 아년에 거끈덴 굴아. 호미 영 대엉 밀리민 톡톡 거꺼져. (콩은 벤다고 않고 꺾는다고 해. 낫 이렇게 대어서 밀면 톡톡 꺾어져.)

*** '각단'은 '초가지붕을 얽어매는 집줄을 드리는 데 쓰는 짧은 띠[茅]'를 말한다. 달리 '각다니'라고도 한다.

692

비다² 비다. 일정한 공간에 사람, 사물 따위가 들어 있지 아니하게 되다.

¶ 빈 허벅 정 질칼르는 거 아녀. (빈 '허벅' 져서 가로타는 거 아니야.)

비다³ 돌려서 꼬다.

¶ 집줄은, 여자덜은 비고 남잔 놓고. 멕이는 거 줄 놓는 거. (집줄은, 여자들은 꼬고, 남자는 놓고. 먹이는 거 줄 놓은 거.)

비다⁴ 버리다. 앞말이 나타내는 행동이 이미 끝났음을 나타내는 말.

¶ 강 보난 다 먹어 비언게. (가서 보니 다 먹어 버렸어.)

베다¹ 베다. 날이 있는 연장 따위로 무엇을 끊거나 자르거나 가르다.

¶ 멩심ᄒ지 아녓당은 손 베려. (명심하지 않았다가는 손 벨라.)

베다² 배다. 스며들거나 스며 나오다.

¶ 애기 베개 똠 베게 ᄒ지 말라. (아기 베개 땀 배게 하지 마라.)

베다³ 배다. 아이를 뱃속에 가지다.

¶ 여자 혼차 ᄌ식 베는 거 봅데강? (여자 혼자 자식 배는 거 봅디까?)

베다⁴ 베다. 베개 위에 머리를 얹다.

¶ 아멩이나 눅지 말앙게 베개 잘 베엉 누우라게. (아무렇게나 눕지 말고 베개 잘 베어서 눠라.)

베다⁵ 무겁다. 무게가 많다.

¶ 벤 거 잘못 들르당 허리 ᄀ무끈다. (무거운 것 잘못 들다가 허리 삔다.)

[기본 의미] 일정한 공간에 사람·사물 따위가 들어 있지 아니하게 되다.

[대응 표준어] 비다

[방언 분화형] 비다

[문헌 어휘] 뷔다(《용비어천가》67장)

[어휘 설명] '비다'는 '일정한 공간에 사람·사물 따위가 들어 있지 아니하게 되다.'라는 뜻을 기본 의미로 하여, '손에 들거나 몸에 지닌 것이 없게 되다, 일이 없거나 할 일을 끝내서 시간이 남다, 주의가 허술하고 모자라는 구석이 생기다, 진실이나 알찬 내용이 들어 있지 아니하게 되다, 지식이나 생각·판단하는 능력이 없어지다, 돈·재산 따위가 없어지다, 사람의 마음이 의지할 대상이나 보람으로 여길 만한 것이 없어 외롭고 쓸쓸하게 되다, 일정한 액수나 수량에서 얼마가 모자라게 되다.' 등의 뜻을 지닌다. 방언형 '비다'는 문헌 어휘 '뷔다'가 '뷔다〉비다'의 변화 과정을 거친 어형이다.

[용례]

¶ 봄 나 가믄 고팡 <u>비엉</u> 먹을 게 원 엇어. (봄 되어 가면 고방 비어서 먹을 게 전혀 없어.)

¶ 물애기 신 집은 사름 <u>비지</u> 말게 헤사. (갓난아기 있는 집은 사람 비지 말게 해야.)

¶ 셀 때마다 ᄒ나가 <u>비어</u>. ᄒ나가 부작허다는 말이주게. (셀 때마다 하나가 비어. 하나가 부족하다는 말이지.)

¶ <u>빈</u> 허벅* 진 사름 보민 재수 엇어. (빈 '허벅' 진 사람 보면 재수 없어.)

비우다·빕다 비우다. 비게 하다.

빈거리 공채. 사람이 살지 아니하는 빈집.

빈다리 빈털터리.

빈말 빈말.

빈말ᄒ다 빈말하다.

빈몸¹ 맨몸. 아무것도 입지 않은 몸.

빈몸² 빈몸. 아무것도 지니지 않은 홀가분한 몸.

빈몸떵어리·빈몸뗑이·빈몸뚱아리 맨몸뚱이.

빈물 맹물.

빈손 빈손.

빈입 빈입. 아무것도 넣지 않은 입.

빈젓·빈젯 빈젖. 우는 아기를 달래기 위하여 젖이 나오지 않지만 그냥 물리
  는 젖.

빈주먹 빈주먹.

빈집 빈집.

빈차 공차. 사람이나 짐을 싣지 않은 비어 있는 차.

빈터 빈터.

빈트멍·빈틈 빈틈.

---

* '허벅'은 '물 등 액체 따위를 운반하거나 보관할 때 쓰는 동이'를 말한다. 달리 '허베기·헙데기'라 한다.

비우다

[기본 의미] 액체나 가루 따위를 다른 곳에 담다.

[대응 표준어] 붓다

[방언 분화형] 부수다·부으다·비우다·빕다

[문헌 어휘] 붓다(《용비어천가》109장)

[어휘 설명] '비우다'는 '액체나 가루 따위를 다른 곳에 담다.'라는 뜻을 지닌다. 방언형 '비우다'와 '빕다'는 새로 형성된 어휘이며, 다른 방언형 '부수다'와 '부으다'는 문헌 어휘 '붓다'가 '붓다〉붓다〉부수다〉부우다'로의 변화 과정을 거친 어형이다. 일상 언어생활에서는 '부수다·부으다' 보다는 '비우다, 빕다'가 자주 쓰인다.

[용례]

¶ 마농진 장물 꾀왕 식영 비우곡 허멍 싀 번만 허믄 막 맛 좋아. (마늘장아찐 간장 끓여서 식혀서 붓고 하며 세 번만 하면 아주 맛 좋아.)

¶ 둘밤의 술잔 비우민 뭐 둘이 비쳐 가지고 뭐허는 노래가 잇주게. (달밤에 술잔 부으면 뭐 달이 비쳐 가지고 뭐하는 노래가 있지.)

¶ ᄆᆞᄆᆞᆯ크르 칸 거엔 헌 건 물에 카근에 우로 비우든지 아니민 아예 언물 낭 솟디 낭 헐 때 잇고. (메밀가루 탄 것이라고 한 것은 물에 타서 위로 붓든지 아니면 아예 찬물 놔서 솥에 놔서 할 때 있고.)

¶ 귀에 물이 들어가민 물 비왕 물 빠. (귀에 물이 들어가면 물 부어서 물 빼어.)

¶ 콩죽은 벙뎅이 안 지게 콩ᄀᆞ를 비우멍 아래 영 영 젓으멍 비와마씨. (콩죽은 덩어리 안 지게 콩가루 부으면서 아래 이렇게 이렇게 저으며 부어요.)

¶ 지름떡 헤나민 막 궂입니다게. 지름도 <u>비우젠</u> 허민 막 궂고. (기름떡 하고 나면 아주 궂습니다. 기름도 부으려고 하면 아주 궂고.)

¶ 늠삐 이추룩 썰어근엥에 영 영 소곰을 탕 그레 <u>빕곡</u> 무시거 양념은 잇어? 물 <u>비우곡</u> 헹 먹엇주. (무 이처럼 썰어서 이렇게 이렇게 소금을 타서 그리로 붓고 무엇 양념은 있어? 물 붓고 해서 먹었지.)

[관련 어휘]

드러비우다·드러빕다 들이붓다.

퍼붓다 퍼붓다.

●●●● **더 생각해 보기**

동음어

비우다¹ 붓다. 액체나 가루 따위를 다른 곳에 담다.
¶ 혼 방울도 흘치게 말게 노피 들렁 늦이 <u>비웁서</u>. (한 방울도 흘리지 말게 높이 들어서 낮이 부으십시오.)

비우다² 비우다. 자리에 없게 하다.
¶ 집 <u>비우지</u> 말렌 헤서. 집 <u>비우민</u> 구신 산덴 허멍. (집 비우지 말라고 했어. 집 비우면 귀신 산다고 하면서.)

빕다¹ 붓다. 액체나 가루 따위를 다른 곳에 담다.
¶ 잔에 조왁* 조왁 조왁 쓱 번 <u>비와</u>. (잔에 '조왁 조왁 조왁' 세 번 부어.)

빕다² 비우다. 자리에 없게 하다.
¶ 어른 엇인 때랑 집 <u>빕지</u> 말라. (어른 없을 때는 집 비우지 마라.)

---

* '조왁'은 ①주먹 따위를 갑자기 내미는 모양. ②술이나 물 따위를 조금씩 붓는 모양을 말한다. 여기서는 후자의 의미로 쓰였다.

[기본 의미] 속에 들어 있거나 끼여 있거나 박혀 있는 것을 밖으로 나오게 하다.

[대응 표준어] 빼다, 뽑다

[방언 분화형] 빠다·빼다

[문헌 어휘] 쌔혀다(《월인천강지곡》상:58), 싸다(《관서별곡》)

[어휘 설명] '빠다'는 '속에 들어 있거나 끼여 있거나 박혀 있는 것을 밖으로 나오게 하다.'라는 뜻을 기본 의미로 하여, '전체에서 일부를 제외하거나 덜어내다, 긴 형태의 물건을 뽑아내다, 일정한 공간 속에 갇혀 있는 공기나 물·바람 따위를 밖으로 나오게 하다, 때나 얼룩 따위를 물이나 약품 따위로 빨거나 씻어 없애다.' 등의 뜻을 지닌다. 방언형 '빠다'는 문헌 어휘 '싸다'가 '싸다>빠다'의 변화 과정을 거친 어형이며, 다른 방언형 '빼다'는 문헌 어휘 '쌔혀다>빼다'의 변화 과정을 거친 어형이다.

　한편 '뽑다'의 방언형은 '빠다, 뽑다' 등으로 나타난다.

[용례]

¶ 무사게, 촐뭇도 영 <u>빠믄</u> 그 소곱에도 들어강 놀고. (왜, 꼴단도 이렇게 빼면 그 속에도 들어가서 놀고.)

¶ 조칩 흔 줄 감젓줄 흔 줄 놓멍 눌을 눌어 둬. 거 <u>빠멍</u> 출 주곡. (조짚 한 줄 고구마줄기 한 줄 놓으며 가리를 가려 둬. 거 빼면서 꼴 주고.)

¶ 물총게, 물꼴랑지 <u>빠당</u> 얻어찬에 혼나서. (말총, 말꼬리 뽑다가 걷어차여 혼났어.)

¶ 호달매 오죽 베고파사 경 헤여게. 올래 방엣간에 왕 그슨셀 빠 먹어게. (호마 오죽 배고파야 그렇게 해. 오래 방앗간에 와서 썩은새를 뽑아 먹어.)

¶ 멘테 어우셍이도 막 좋주. 그 창지 빵은에 젯갈 멘들아. (명태 아가미도 아주 좋지. 그 창자 빼서 젓갈 만들어.)

¶ 멘네씨 막 피민 헤당은에 그 씨 빼주. (면화씨 많이 부풀면 해다가 그 씨 빼지.)

¶ 씨 빼는 거끄장은 알아도 그 씨 빼사 기계에 가근에 솜 만들엉 왕 이불 허는 거난에. (씨 빼는 것까지는 알아도 그 씨 빼야 기계에 가서 솜 만들어서 와서 이불 하는 거니까.)

[관련 어휘]
말빠다 여러 말을 하게 하여 속마음을 알아보다. 그 마음 속을 떠보다.
빠내다 빼내다.
빠먹다 빼먹다.
빼닫이·빼담 서랍.
속빠다·쏙빠다 뜨개질하다. 흘러보다.
술빠다 소주내리다.

동음어

빠다[1] 빼다. 뽑다. 속에 들어 있거나 끼여 있거나 박혀 있는 것을 밖으로 나오게 하다.
¶ 이 동네는 물눈 <u>빠</u> 가는 도둑이 하니까 물눈만 잘 슬펴. (이 동네는 말눈 뽑아 가는 도둑이 많으니 말눈만 잘 살펴.)

빠다[2] 뽑다. 박힌 것을 잡아당기어 빼내다.
¶ 둑도 털 <u>빵</u> 보민 막 이디 털 <u>빠민</u> 뭐 잇잖아. 게난 기시려. 꿩은 안 기시리고. (닭도 털 뽑아 보면 막 여기 털 뽑으면 뭐 있잖아. 그러니 그슬려. 꿩은 안 그슬리고.)

빠다[3] 짜다. 누르거나 비틀어서 물기나 기름 따위를 빼내다.
¶ 갯ㄴ물지름 <u>빠다근에</u> 허리 아파 가민 그것에 밥에 놔근에 먹어. (갓기름 짜다가 허리 아파 가면 그것에 밥에 놔서 먹어.)

[기본 의미]   누르거나 비틀어서 물기나 기름 따위를 빼내다.

[대응 표준어] 짜다

[방언 분화형] 빠다·짜다

[문헌 어휘]   뽓다(《법화경언해》7:119)

[어휘 설명]   '빠다'는 '누르거나 비틀어서 물기나 기름 따위를 빼내다.'라는 뜻을 기본 의미로 하여, '어떤 새로운 것을 생각해 내기 위하여 온 힘이나 정신을 기울이다, 잘 나오지 아니하거나 생기지 아니하는 것을 억지로 만들다.' 등의 뜻을 지닌다. 방언형 '빠다'는 새롭게 형성된 어형이며, 다른 방언형 '짜다'는 문헌 어휘 '뽓다'가 '뽓다〉짜다'로 변화 과정을 거친 어형이다.

[용례]

¶ 멘네씬 지름도 빠곡 또 씨로 전허곡 허여. (면화씨는 기름도 짜고 또 씨로 전하고 해.)

¶ 돔박씨로 돔박지름 빵 머리에도 불르곡, 지름으로 먹기도 허곡. 이젠 머리에 불르진 아녀. 먹음만. (동백씨로 동백기름 짜서 머리에도 바르고, 기름으로 먹기도 하고. 이제는 머리에 바르지는 않아. 먹기만.)

¶ 올힌 두 되 빠난 흔 벵 반 나와라게. (올해는 두 되 짜니 한 병 반 나오더라.)

¶ 유지름허고 콩지름은 강 빠 오는 게 아니고 그냥 그 줌진* 구를 헤영근에

---

* '줌질다'는 '물건이 잘고 가늘다.'는 말이다. 여기에서는 '가루나 알갱이 따위가 아주 보드랍다.'는 의미의 '곱다'는 뜻으로 쓰였다.

쌍 그냥 장판에 멕여. (들기름하고 콩기름은 가서 짜 오는 게 아니고 그냥 그 고운 가루 해서 싸서 그냥 장판에 먹어.)

¶ 청묵**은 쏠 물에 등갓다근엥에 푹 즈늘루민*** 잘리에 낭 막 주물룽 짱. 짜근에 그 물 쑤민 묵이 되는 거. ('청묵'은 쌀 물에 담갔다가 푹 무르면 자루에 놔서 막 주물러서 짜서. 짜서 그 물 쑤면 묵이 되는 거.)

¶ 밀풀이나, 옛날은 저 밀 굴앙은엥에 놧당 그거 짜근엥에 풀헤낫주기. (밀 풀이나, 옛날은 저 밀 갈아서 놔뒀다가 그거 짜서 풀했었지.)

** '청묵'은 '메밀쌀을 자루에 담은 후 물에 눌려서 나온 맑은 물로 쑤어서 만든 묵'을 말한다.
*** '즈늘루다'는 '물기를 머금어서 무르게 하다.'는 의미의 어휘다.

동음어

짜다¹ 짜다. 누르거나 비틀어서 물기나 기름 따위를 빼내다.
¶ 모멀쌀 물에 그냥 놀령 짜근에 그냥 그 물 냥 막 젓이멍 청묵을 쒀. (메밀쌀
물에 그냥 놀려서 짜서 그냥 그 물 넣어서 막 저으며 '청묵'을 쒀.)

짜다² 짜다. 남이 모르게 몇 사림끼리민 내통하여 약속하다.
¶ 무을에서가 전체 청년덜이 일어산 거라양. 이 사름은 헤야 된다, 이겨야 된
다 헨에 청년덜이 싹 짜 놘에. (마을에서가 전체 청년들이 일어선 거예요.
이 사람은 해야 된다, 이겨야 된다 해서 청년들이 싹 짜 놔서.)

짜다³ 짜다. 사개를 맞추어 만들다.
¶ 남신 멘들젠 ᄒᆞ민, 신 모양 이 발 모양으로 이딘 이렇게 뾸아지게 짜주게.
쫄아지게 요렇게 쫄아지게. (나막신 만들려고 하면, 신 모양 이 발 모양으
로 여긴 이렇게 뾸게 짜지. 졸아지게 요렇게 졸아지게.)

짜다⁴ 짜다. 맛이 소금 맛과 같다.
¶ 오토미메역국 너무 짜게 끌리민 맛이 웃어. (옥돔미역국 너무 짜게 끓이면
맛이 없어.)

뻘다

227

[기본 의미] 입을 대고 입속으로 당겨 들어오게 하다.

[대응 표준어] 빨다

[방언 분화형] 뻘다

[문헌 어휘] 셸다(《월인천강지곡》상:11)

[어휘 설명] '뻘다'는 '입을 대고 입속으로 당겨 들어오게 하다'라는 뜻을 기본 의미로 하여, '입안에 넣고 녹이거나 혀로 핥다, 안으로 배거나 스미어 들게 하다' 등의 뜻을 지닌다. 방언형 '뻘다'는 문헌 어휘 '셸다'가 '셸다〉뻘다'의 변화 과정을 거친 어형이다.

[용례]

¶ 약이 어디 잇어? 약 엇이난 입으로 고롬 뻘곡 허멍 고쳐. (약이 어디 있어? 약 없으니 입으로 고름 빨고 하며 고쳐.)

¶ 베고프덴 허영 손가락 뻘지 아년다. (배고프다고 해서 손가락 빨지 않는다.)

¶ 애기가 젓 족으난 메날 빈젓*만 뻘아. (아기가 젖 적으니 만날 빈젖만 빨아.)

¶ 홍시 주난에 니 엇인 할망처록 뻘안 먹어라게. (홍시 주니까 이 없는 할머니처럼 빨아서 먹더라.)

¶ 밥 먹을 땐 손ㄱ락만 뻘앗주. 각제기 그걸 몸대로 경 먹어서? (밥 먹을 땐 손가락만 빨았지. 전갱이 그걸 맘대로 그렇게 먹었어?)

---

* '빈젓'은 '우는 아기를 달래기 위하여 젖이 나오지 않지만 그냥 물리는 젖'을 말한다.

[관련 어휘]

뽈대·뽈족·뽈치 물부리.

뽈아먹다 빨아먹다.

●●●● **더 생각해 보기**

동음어

뽈다¹ 빨다. 입을 대고 입속으로 당겨 들어오게 하다.
¶ 막 큰 십종 나난 입으로 고롬 뽈안에 고첫덴 허여. (아주 큰 습종 나니까 입
으로 고름 빨아서 고쳤다고 해.)

뽈다² 빨다. 옷 따위의 물건을 물에 넣고 주물러서 때를 없애다.
¶ 뽈지 아년 메역이 오래 되어도 좋아. (빨지 않은 미역이 오래 되어도 좋아.)

사다

[기본 의미]   사람이나 동물이 발을 땅에 대고 다리를 쭉 뻗으며 몸을 곧게 하다.

[대응 표준어]   서다

[방언 분화형]   사다·스다

[문헌 어휘]   셔다(《용비어천가》28장)

[어휘 설명]   '사다'는 '사람이나 동물이 발을 땅에 대고 다리를 쭉 뻗으며 몸을 곧게 하다.'라는 뜻을 기본 의미로 하여, '처져 있던 것이 똑바로 위를 향하여 곧게 되다, 계획·결심·자신감 따위가 마음속에 이루어지다, 줄이나 주름 따위가 두드러지게 생기다, 물품을 생산하는 기계 따위가 작동이 멈추다.' 등의 뜻을 지닌다. 방언형 '사다'는 문헌 어휘 '셔다'가 '셔다>서다>사다'의 변화 과정을 거친 어형이며, 방언형 '스다'는 '사다'에 유추해서 생긴 새로운 어형이다.

한편 '서다'가 '아이가 뱃속에 생기다.'라는 뜻일 때 방언형은 '설다'로 나타난다.

[용례]

¶ 그건 흔 착 발로 사곡 헹 탈락탈락 튀멍 노는 거라. (그건 한쪽 발로 서고 해서 강동강동 뛰면서 노는 거야.)

¶ 집 멜라지지 아녀메. 사지 말앙 앚이라게. (집 무너지지 않아. 서지 말고 앉아라.)

¶ 흔 줄로 사난 지레가 젤 족아. (한 줄로 서니 키가 젤 작아.)

¶ 손 내불어도 혼자 상 어떵어떵 걸어가. (손 내버려도 혼자 서서 어찌어찌 걸어가.)

¶ 우리 할망덜토 그 시절에 굴중의* 입엇주게. 이디 영 튼 거. 허리 돌아근에 곰 딱 메영 입곡. 영 사민은 몸빼 되곡 앚을 때는 요디 이디 튼 거니까 요것만 영 버영 앚앙은에 소변 대변 눕고. (우리 할머니들도 그 시절에 '굴중의' 입었지. 여기 이렇게 튼 거. 허리 달아서 고름 딱 매어서 입고. 이렇게 서면 몸빼 되고 앉을 때는 요기 여기 튼 거니까 요것만 이렇게 벌려서 앉아서 소변 대변 누고.)

¶ 촐뭇을, 이렇게 촐을 언주왕 여즈덜이 이렇게 다리 트망에 이렇게 모두 왕 사둠서 게 틀엉 무꺼. (꼴단을, 이렇게 꼴을 검어서 여자들이 이렇게 다리 틈에 이렇게 모아 서 있으면서 매끼 꼬아서 묶어.)

[관련 어휘]

가르사다·갈라사다·갈라스다 갈라서다.

건두왁사다·건주왁사다·곤주왁사다·곤지사다·항곱사다 곤두서다.

고쩌사다·고쩌스다 ①섰던 자리에서 다른 위치로 옮겨 서다. ②난처해서 자리를 피하다.

곧초세우다 곧추세우다.

골아세우다 갈아세우다.

굿사다·비사다 빗서다.

내세우다·내세웁다·내셉다 내세우다.

네려사다·ᄂ려사다·ᄂ려스다 내려서다.

늘어사다·늘어스다 늘어서다.

눌세우다 날세우다. 연장의 날을 날카롭게 하다.

돌려세우다·돌령세우다 돌려세우다.

돌아사다·돌아스다 돌아서다.

둘러사다 둘러서다.

---

* '굴중의'는 허리에 주름이 잡히고 가랑이의 폭이 넓은 부녀들이 입는 '중의'를 말한다.

들어사다·들어ㅅ다 들어서다.

들여세우다 들여세우다.

둥사다 지키어 서다.

또로사다·또로ㅅ다·트로사다 따로서다.

마주사다·마주ㅅ다·맞사다·맞ㅅ다 맞서다.

막아사다·막아ㅅ다 막아서다.

멍얼사다·멍얼ㅅ다 멍울서다. 사람의 몸에 멍울이 생기다.

무너사다·물러사다·물러ㅅ다 물러서다.

번사다 번서다.

벌사다 벌서다.

보증사다 보증하다.

비껴사다·비껴ㅅ다 비켜서다.

살장구·살장귀 설장구.

세우다·세웁다·셉다 세우다.

아기설다·애기설다 아기서다.

앞사다·앞ㅅ다 앞서다.

앞세우다·앞셉다·앞장세우다 앞세우다.

앞장사다 앞장서다.

양세우다·양셉다·양제세우다·양제셉다 양자세우다. 양자를 정하다.

일어사다·일어ㅅ다 일어서다.

트다사다 곁에 바싹 지켜 서다.

동음어

사다¹ 서다. 사람이나 동물이 발을 땅에 대고 다리를 쭉 뻗으며 몸을 곧게 하다.
¶ 앚읍서, 삽서 ᄒ멍 사름 애를 멕여. (앉으십시오, 서십시오 하며 사람 애를
  먹여.)

사다² 사다. 값을 치르고 물건이나 권리를 자기 것으로 만들다.
¶ 집은 상 살곡, 벤 짓엉 타렌 헤서. (집은 사서 살고, 배는 지어서 타라고 했어.)

살다

[기본 의미] 생명을 지니고 있다.

[대응 표준어] 살다

[방언 분화형] 살다

[문헌 어휘] 살다(《용비어천가》3장)

[어휘 설명] '살다'는 '생명을 지니고 있다.'라는 뜻을 기본 의미로 하여, '불 따위가 타거나 비치고 있는 상태에 있다, 본래 가지고 있던 색깔이나 특징 따위가 그대로 있거나 뚜렷이 나타나다, 성질이나 기운 따위가 뚜렷이 나타나다, 마음이나 의식 속에 남아 있거나 생생하게 일어나다, 움직이던 물체가 멈추지 않고 제 기능을 하다, 어느 곳에 거주하거나 거처하다, 어떤 직분이나 신분의 생활을 하다, 어떤 사람과 결혼하여 함께 생활하다.' 등의 뜻을 지닌다. 방언형 '살다'는 문헌 어휘 '살다'가 그대로 쓰인 경우다.

[용례]

¶ 스태 땐 <u>살아도 산</u> 게 아니주게. 죽은 목심이라. (사태 때는 살아도 산 게 아니지. 죽은 목숨이야.)

¶ <u>살지</u> 말젠 혜도 새끼덜 잇어 부난 어떵헐 말이우꽈? (살지 말자고 해도 새끼들 있어 버리니 어찌할 말입니까?)

¶ 씨집간 메칠 <u>사난</u> 못 살켄 그냥 가 불언. (시집가서 며칠 사니 못 살겠다고 그냥 가 버렸어.)

¶ 이제꼬장 <u>살안</u> 보난 허망헐 때도 셔마씀. (이제까지 살아서 보니 허망할 때도 있어요.)

¶ 옛날 우리 식으로 **살렌** 허민 못 **살앙** 다 죽을 사름덜이라. (옛날 우리 식으로 살라고 하면 못 살아서 다 죽을 사람들이야.)

¶ 난 수줍고 뭐 허게 **살아나난** 그 집의 강 쫄령 못산덴. (난 수줍고 뭐 하게 살았으니까 그 집에 가서 쪼들려서 못산다고.)

¶ 우리 동네가 땅은 젤 나쁘곡, 바당은 젤 좋고. 게난 바당 하나 믿엉 **살앗덴** 허주. 옛날엔 바당에가 돈이 하영 나난. (우리 동네가 땅은 젤 나쁘고, 바다는 젤 좋고. 그러니 바다 하나 믿어서 살았다고 하지. 옛날엔 바다에서가 돈이 많이 나니까.)

¶ 누게가 ᄄᆞ로 **살렌** 헨 그디 집 상 가시닌 허멍 안 오켄. (누구가 따로 살라고 해서 거기 집 사서 갔느냐고 하면서 안 오겠다고.)

[관련 어휘]

각살렴·각살림 각살림.

귀양살다 귀양살다.

귀양살이 귀양살이.

놈의집살다 남의집살다.

단칸살렴·단칸살림 단칸살림.

도살다·되살다 되살다.

ᄯᅳᆫ사념·ᄯᅳᆫ살렴·ᄯᅳᆫ살림·튼사념·튼살렴·튼살림 딴살림.

못살다 못살다.

부떠살다·부터살다 붙어살다.

북살다 다 나아가던 부스럼 따위가 다시 곪다.

사념·살렴·살림 살림.

사념살이·살렴살이·세간살이 살림살이.

산목솜·산목숨·산목심 산목심.

산송장 산송장.

산체심다·산체잡다 사로잡다.

살렴살다 살림살이하다.

살루다·살리다 살리다.

살을메 생계(生計).

살을일 생업(生業).

살챗짐승 목숨이 붙어 있어 살게 되어 있는 짐승.

안팟살렴 안팎살림.

엇이살다·웃이살다 없이살다. 몹시 가난하게 살다.

인살이 외로운 사람끼리 서로 벗하며 사는 일.

인살이흐다 외로운 사람끼리 서로 벗하며 같이 살다.

잘살다 잘살다.

전중살다 잠녀들이 육지부로 물질 나가 빌린 돈을 다 갚을 때까지 돌아오지
   못하고 거기 살면서 물질하다.

접살다 남의 집에 가 더불어 살다.

촌살렴 경제적으로 기반이 단단한 살림살이.

●●●● **더 생각해 보기**

동음어

살다¹ 살다. 생명을 지니고 있다.
¶ 난 산 건 게염지도 못 죽여. (난 산 건 개미도 못 죽여.)

살다² 먹은 것이 소화되지 않아 그대로 있다.
¶ 말 맙서. 어제 먹은 게 살안 벤소 출입을 하영 흐여수다게. (말 마세요. 어제
   먹는 것이 살아서 변소 출입을 많이 했습니다.)

새기다

230

[기본 의미]   글씨나 형상을 파다.

[대응 표준어]   새기다

[방언 분화형]   사기다·새기다

[문헌 어휘]   사기다(《월인석보》2:49)

[어휘 설명]   '새기다'는 '글씨나 형상을 파다.'라는 뜻을 기본 의미로 하여, '잊지 아니하도록 마음속에 깊이 기억하다, 적거나 인쇄하다.' 등의 뜻을 지닌다. 방언형 '새기다'는 문헌 어휘 '사기다'가 '사기다〉새기다'의 변화 과정을 거친 어형이고, 방언형 '사기다'는 문헌 어휘 '사기다'가 그대로 쓰인 경우다.

[용례]

¶ 문패에 각시 일름도 새기곡 허영 둘아메엇젠. (문패에 각시 이름도 새기고 해서 달아매었다고.)

¶ 낭에 새경은 오래 안 가. (나무에 새겨서는 오래 안 가.)

¶ 아무 사름이나 일름 석 자 새기는 건 좋아허주게. (아무 사람이나 이름 석 자 새기는 건 좋아하지.)

¶ 글을 새기는디, 어떵게 허엿느냐면 매 응(鷹) 쩨, 부리 초(嘴) 쩨, 관 관(冠) 쩨에 허연 응초관(鷹嘴冠)이라. (글을 새기는데, 어떻게 하였느냐면 매 응 자, 부리 초 자, 관 관 자 해서 응초관이야.)

¶ 가죽보선착에 무슨 험벅덜 베롱베롱 부찌고, 무슨 글쩨 새기고, 거 썬 뎅기는 거 보니 하도 우습거든. (가죽목화짝에 무슨 헝겊들 베롱베롱 붙이고, 무슨 글자 새기고, 거 써서 다니는 거 보니 하도 우습거든.)

동음어

새기다¹ 새기다. 글씨나 형상을 파다.

¶ 우린 도장 <u>새긴덴</u> 아녕 판덴 글아. (우린 도장 새긴다라고 않고 판다라고 해.)

새기다² 새기다. 소나 양 따위의 반추동물이 먹었던 것을 게워 내어서 다시 씹다.

¶ 쉔 자꾸 촐을 <u>새경</u>. 바령팟* 흐젠 흐민 두어 시간마다, 누우민 세 번 정도는 흐룻밤 사이에 일령 세와사 되어. (소는 자꾸 꼴을 새겨서. '바령팟' 하려고 하면 두어 시간마다, 누우면 세 번 정도는 하룻밤 사이에 일으켜 세워야 되어.)

---

* '바령팟'은 '땅의 지력을 높이기 위하여, 소떼를 밭에 가두어 똥과 오줌을 누게 하는 밭'을 말한다.

서끄다

231

[기본 의미] 두 가지 이상의 것을 한데 합치다.

[대응 표준이] 섞다

[방언 분화형] 서끄다·서트다

[문헌 어휘] 썪다(《월인석보》2:49)

[어휘 설명] '서끄다'는 '두 가지 이상의 것을 한데 합치다.'라는 뜻을 기본 의미로 하여, '어떤 말이나 행동에 다른 말이나 행동을 함께 나타낸다.' 등의 뜻을 지닌다. 방언형 '서끄다'는 문헌 어휘 '썪다'와 비교할 때 음절수에 차이가 있다. 다른 방언형 '서트다'는 새롭게 형성된 어형이다.

[용례]

¶ 쉐 술지렌 촐에 ᄀᆞ를 ᄒᆞᆷ끔 서끄곡 허영 멕여. (소 살찌라고 꼴에 가루 조금 섞고 해서 먹여.)

¶ 개발시리*엔 헌 거 보리쏠에 서끄민 막 맛이 좋아. ('개발시리'라고 한 거 보리쌀에 섞으면 아주 맛이 좋아.)

¶ 보리에 쏠 서끄난 그게 반지기**. (보리에 쌀 섞으니 그게 반지기밥.)

¶ 부제칩은 보리밥에 좁쏠을 서껑 먹고. 쏠 서껑 먹는 집이 막 하지 아녀난. (부잣집은 보리밥에 좁쌀 섞어서 먹고. 쌀 섞어서 먹는 집이 아주 많지 않았어.)

* '개발시리'는 '이삭 끝이 개발같이 세 가닥으로 벌어지고, 쌀알이 거무스름한 차진 조'를 말한다.
** '반지기'는 쌀을 두 가지 섞어 지은 밥. 보통 보리쌀에 좁쌀을 섞어 짓거나 보리쌀에 흰쌀을 섞어 짓는다.

¶ 흑 든든허렌 ᄀᆞ시락 서껀 흑질헤나고. (흙 단단하라고 까끄라기 섞어서 흙질했었고.)

¶ 밥은 기자 조팝 헤영 허는 사름. 조팝 헤영 허곡, 보리쏠 서껑도 허고. (밥은 그저 조밥 해서 하는 사람. 조밥 해서 하고, 보리쌀 섞어서도 하고.)

¶ 불치허곡 모멀씨허고 서터근에 구덕에 놔둠서 영 접아놧주게. (재하고 메밀씨하고 섞어서 바구니에 놔두고서 이렇게 집어놨지.)

¶ 촐 작도로 썰엉 물 서트멍 ᄀᆞ를 버무령 주민 그 뎅가리 쎈 거라도 또각또각 다 먹어. (꼴 작두로 썰어서 물 섞으며 가루 버무려 주면 그 줄거리 센 거라도 또각또각 다 먹어.)

¶ 굴묵도 낭뿔리도 서터 가지고 때어. 경허믄 막 오래 가. ('굴묵'도 나무뿌리도 섞어 가지고 때어. 그러면 아주 오래 가.)

[관련 어휘]

뒤서끄다·뒤서트다·뒤허끄다 뒤섞다.

●●●● **더 생각해 보기**

동음어

서끄다[1] 섞다. 두 가지 이상의 것을 한데 합치다.
¶ 누룩 서꺼근엥에 뜻뜻헌 디 낭 이불 폭 더껑 놔두민 바글바글 괴주게. (누룩 섞어서 따뜻한 데 놔서 이불 폭 덮어서 놔두면 바글바글 괴지.)
¶ 잠덴 서끄는 거. (쟁기는 섞는 거.)

서끄다[2] 언동을 조심성 있게 하지 못하고 된 말 안 된 말을 늘어놓거나 어지럽게 이리저리 왔다갔다하다.
¶ 이 앞의서 서끄지 말앙 저레 가라게. (이 앞에서 '서끄지' 말고 저리 가라.)

716

설다

232

[기본 의미] 열매·밥·술 따위가 제대로 익지 아니하다.

[대응 표준어] 설다

[방언 분화형] 설다

[문헌 어휘] 설다(《선종영가집언해》상:18)

[어휘 설명] '설다'는 '열매·밥·술 따위가 제대로 익지 아니하다.', '모자라거나 깊이 들지 아니하다.' 등의 뜻을 지닌다. 방언형 '설다'는 문헌 어휘 '설다'가 그대로 쓰인 경우다. 활용할 때는 '설-, 서-'가 어간이 되어 어미가 연결된다.

[용례]

¶ 아차 허면 그 물이 설언 잘 안 끓여젓다 허면 물 선 거라고. 물 설엉은 느시 떡을 멘들 수가 엇어. (아차 하면 그 물이 설어서 잘 안 끓여졌다 하면 물 선 거라고. 물 설어서는 도무지 떡을 만들 수가 없어.)

¶ 물 족아 부난 밥 설엇저 영 허고, 또 물 하민 밥 익엇저 허고. (물 적어 버리니까 밥 설었다 이렇게 하고, 또 물 많으면 밥 익었다 하고.)

¶ 밥이 서나 익으나 허믄 좁쏠* 혼 줌 앗당 허트민 풀이 흐꼼 부틉주. (밥이 설거나 익으나 하면 '좁쌀' 한 줌 가져다가 흩으면 풀이 조금 붙읍죠.)

¶ 부정탄 사름 딱 오민은 그 영 시릿마개 막은 거이 이상허게 어딜로 터졍

* '좁쏠'은 '잘게 으깨어진 쌀'을 말한다.

짐 나와 불주게. 게민 밀 ᄀ르 카근에 또 부쪄도 짐 나곡 부쪄도 짐 나곡, 떡 졸바로 안 되엉 그쪽은 <u>설엉</u> 경 헤여. (부정탄 사람 딱 오면 그 이렇게 시룻번 막은 거 이상하게 어디로 터져서 김 나와 버리지. 그러면 밀가루 타서 또 붙여도 김 나고 붙여도 김 나고, 떡이 제대로 안 되어서 그쪽은 설어서 그렇게 해.)

¶ 우잣에 고치 연 거 남뎅이차 메 불민 익도 <u>설도</u> 아년 그 몰른 거. 그런 거 다 타다근에 솟뚜껑에 보까근에 이제 그거 방엣귀에 뻿앙 먹어. (터앝에 고추 연 거 줄기째 매어 버리면 익지도 설지도 않아서 그 마른 거. 그런 거 다 따다가 소댕에 볶아서 이제 그거 방앗공이로 빻아서 먹어.)

¶ 소금을 그 우터레 영 놓면은 괴엉은에 올르면은 그것이 콩국이 싹 뒤집어지멍 괴어. 싹 혼쪽으로 올라오멍 그치록 아무 탈도 엇어. 익엇저 <u>설엇저도</u> 안허고 영 끌엉 흔불 돌면은 이것이 국이 다 된 거라. (소금을 그 위로 이렇게 놓면 끓어서 오르면 그것이 콩국이 싹 뒤집어지면서 끓어. 싹 한쪽으로 올라오며 그처럼 아무 탈도 없어. 익었다 설었다도 않고 이렇게 끓여서 애벌 돌면은 이것이 국이 다 된 거야.)

¶ 불이 쎄어야. 그 완전 익으면은 안 부뜨는디 익도 <u>설도</u> 안헐 때 부뜨주게. 경허난 거 빨리 익게시리 불 와랑와랑 놔근에 젓어. (불이 세어야. 그 완전 익으면 안 붙는데 익지도 설지도 않을 때 붙지. 그러니까 거 빨리 익게끔 불 활활 놔서 저어.)

[관련 어휘]
살추ᄒ다·설추ᄒ다 고기 따위가 겉은 익었으나 속은 조금 덜 익은 듯하다.
선떡 선떡.
선밤 풋밤.
선밥 선밥.
선선ᄒ다 몹시 설다.
선줌 선잠.

718

동음어

설다¹ 설다. 열매·밥·술 따위가 제대로 익지 아니하다.

¶ 떡이 <u>설믄</u> 선떡 먹으믄 되곡 익으믄 익은 떡 먹곡게. (떡이 설면 선떡 먹으
면 되고 익으면 익은 떡 먹고.)

설다² 물다. 갚아야 할 것을 치르거나 남에게 입힌 손실을 돈으로 갚거나 본래의 상
태로 해 주다.

¶ 둑 잡아먹은 거 알아 부난 어떵, 대까닥 <u>설어사</u> 홀 판. (닭 잡아먹은 것 알아
버렸으니 어떻게, 재까닥 물어야 할 판.)

설다³ 서다. 아이가 뱃속에 생기다.

¶ <u>설지</u> 궂인 애기 낳기도 궂나. (서기 궂은 아기 낳기도 궂다.)

설다⁴ 설다. 익숙하지 못하다.

¶ 고향 아니믄게 다 물도 <u>설곡</u> 눗도 <u>설곡</u> 허여. (고향 아니면 다 물도 설고 낯
도 설고 해.)

세다

233

[기본 의미] 사물의 수효를 헤아리거나 꼽다.

[대응 표준어] 세다

[방언 분화형] 세다

[문헌 어휘] 혜다(《용비어천가》104장)

[어휘 설명] '세다'는 '사물의 수효를 헤아리거나 꼽다'라는 뜻을 지닌 어휘다. 방언형 '세다'는 문헌 어휘 '혜다'가 '혜다〉세다〉세다'의 변화 과정을 거친 어형이다.

[용례]

¶ 돗괴기 석 점 넉 점 낭 허단에 다섯 점으로 가단 이젠 뭐 ᄋᆞᆺ 점이여 세지 아녀. (돼지고기 석 점 넉 점 놔서 하다가 다섯 점으로 가다가 이제는 뭐 여섯 점이야 세지 않아.)

¶ 손꼬부리멍 세난 틀림엇일 거렌 헨 완 다시 세어 보난 ᄒ나가 비어. (손꼽으며 세니까 틀림없을 거라고 해서 와서 다시 세어 보니 하나가 비어.)

¶ 나이 세는 건게, 일년이민게 혼 술 허곡 또시 일년 허민 두 술 허곡. (나이 세는 건, 일년이면 한 살 하고 다시 일년 하면 두 살 하고.)

¶ 옛날 어른덜 말에 돈은 세엉 주곡 세엉 받곡 허렌 헤서. (옛날 어른들 말에 돈은 세어서 주고 세어서 받고 하라고 했어.)

¶ 어른덜은 돈을 춤 볼르멍 세어. (어른들은 돈을 침 바르면서 세어.)

¶ 쉐 열 술꺼지는 세질 못허주게. 다섯 술까지, 그 이상은 안 세어 봐서. (소 열 살까지는 세지 못하지. 다섯 살까지, 그 이상은 안 세어 봤어.)

¶ 생선죽, 문게죽, 전복죽, 꿩죽, 둑죽. 아이고, 다 못 세켜. (옥돔죽, 문어죽, 전복죽, 꿩죽, 닭죽. 아이고, 다 못 세겠어.)

[관용 표현]

셈이나 세다 '사리를 분별하다.'는 뜻으로 쓰이는 말.

[관련 어휘]

세는셈 이렇게 할까 저렇게 할까 마음속으로 궁리해 보는 속셈.

속셈 속셈.

●●●● **더 생각해 보기**

동음어

세다[1] 세다. 사물의 수효를 헤아리거나 꼽다.
¶ 얼마고 흔번 세어 봅서. (얼마인가 한번 세어 보십시오.)

세다[2] 꼽다. 첫자리에 놓거나 몇 번째로 치다.
¶ 동네 새각시 안 센덴 굴아. (동네 새색시 안 꼽는다고 해.)

세다[3] 새다. 액체 따위가 틈이나 구멍으로 조금씩 빠져나가거나 나오다.
¶ 그 지름게, 주둥이로 세게 말라. (그 기름, 주둥이로 새게 말라.)

세다[4] 세다. 머리카락이나 수염 따위의 털이 희어지다.
¶ 머리 세기 시작허믄 흔 어이에 세어 불어. (머리 세기 시작하면 한 어간에 세어 버려.)

세다[5] 쇠다. 채소 따위가 억세게 굳다.
¶ 눔삐 대 사믄 거 센 거라이. (무 대 서면 거 쇤 거야.)

쉬다

234

[기본 의미]   피로를 풀려고 몸을 편안하게 두다.

[대응 표준어]   쉬다

[방언 분화형]   쉬다

[문헌 어휘]   쉬다(《월인석보》14:81)

[어휘 설명]   '쉬다'는 '피로를 풀려고 몸을 편안하게 두다.'라는 뜻을 기본 의미로 하여, '잠을 자다, 잠시 머무르다, 물체나 물질 따위가 움직임을 멈추다, 일이나 활동을 잠시 그치거나 멈추다 또는 그렇게 하다, 결근을 하거나 결석하다, 일감이 없어서 오랫동안 일을 하지 못하거나 직장 따위를 그만두다.' 등의 뜻을 지닌다. 방언형 '쉬다'는 문헌 어휘 '쉬다'가 그대로 쓰인 경우다.

[용례]

¶ 흐끔 쉬곡 뭐허곡 허는 사이 돗 둘민 그냥 베가 잘잘 가. (조금 쉬고 뭐하고 하는 사이 돛 달면 그냥 배가 잘잘 가.)

¶ 두갓이 쉬는 세 엇이 일헤도 잘살진 못허곡게. (부부가 쉬는 새 없이 일해도 잘살진 못하고.)

¶ 여즈 어른이 넘어가단 이디 흐끔 그늘에 쉬엉 가쿠다 허여. (여자 어른이 지나가다가 여기 조금 그늘에 쉬어서 가겠습니다 해.)

¶ 목 아픈 거 벨 약이 엇어. 어떵어떵 그냥 메칠 동안 쉬믄 것도 자연적으로 좋아. (목 아픈 거 별 약이 없어. 어찌어찌 그냥 며칠 동안 쉬면 것도 자연적으로 좋아.)

¶ 집 이는 건, 올리 일어나민 내년은 쉬엇당 우멩년은 일어. (집 이는 건, 올해 이어나면 내년은 쉬었다가 명후년은 이어.)

¶ 조농사는게 이 보리 끗낭 흥꼼 쉬엇다근엥에 그 보리 갈아난 그르 또 그냥 갈아. (조농사는 이 보리 끝나서 조금 쉬었다가 그 보리 갈았던 그루 또 그냥 갈아.)

¶ 침 저물앙 맞젠 허난 서너 번 맞아진 거주. 쉬엉 맞고 쉬엉 맞고. 서너 번 맞이난 병원에도 흔번 아이 간. (침 저물도록 맞으려고 하니 서너 번 맞아진 거지. 쉬어서 맞고 쉬어서 맞고. 서너 번 맞으니까 병원에도 한번 아니 갔어.)

[관련 어휘]

쉬돌림 밭을 걸게 만들기 위하여 일정 기간 농사짓지 않는 일.

쉼팡 등에 진 짐을 잠깐 내려 쉬도록 만든 대(臺).

질수영·질수옹·질수용·질쉬염 운상할 때, 도중에 잠시 쉬면서 먹는 음식 따위.

●●●● **더 생각해 보기**

동음어

쉬다[1] 쉬다. 피로를 풀려고 몸을 편안하게 두다.
¶ 오늘은 비 오람시메 쉬렌 홉서. (오늘은 비 오고 있으니 쉬라고 하십시오.)

쉬다[2] 쉬다. 목청이 탈이 나서 소리가 맑지 못하고 흐리게 나다. 또는 숨을 들이마셨다 내보냈다 하다.
¶ 뭉아진 이 숨을 잘 쉬어지게끔 흥기 위헤 가지고 코를 이렇게 째어. (망아진 이 숨을 잘 쉬게끔 하기 위해 가지고 코를 이렇게 째어.)

쉬다[3] 쉬다. 음식 맛이 시금하게 변하다.
¶ 밥도 쉬믄 못 먹나. (밥도 쉬면 못 먹는다.)

[기본 의미]   물이나 휴지 따위로 때나 더러운 것을 없게 하다.

[대응 표준어]   씻다

[방언 분화형]   시지다·시치다·싯그다·싯다

[문헌 어휘]   싯다(《월인천강지곡》상:45)

[어휘 설명] ‘시치다’는 ‘물이나 휴지 따위로 때나 더러운 것을 없게 하다.’라는 뜻을 기본 의미로 하여, ‘누명·오해·죄과 따위에서 벗어나 다른 사람 앞에서 떳떳한 상태가 되다, 원한 따위를 풀어서 마음속에 응어리가 된 것을 없애다, 현재의 좋지 않은 상태에서 벗어나다.’ 등의 뜻을 지닌다. 방언형 ‘시지다’와 ‘시치다’, ‘싯그다’는 새롭게 형성된 어형이고, 다른 방언형 ‘싯다’는 문헌 어휘 ‘싯다’가 그대로 쓰인 경우다.

[용례]

¶ 지금은 찻장이라고 살레엔 그것도 문 내여낭 시치곡 경 허연 허는 거 봐난. (지금은 찻장이라고 ‘살레’라고 그것도 몽땅 내어놔서 씻고 그렇게 해서 하는 것 봤었어.)

¶ 감저 썰어 낭 물에 막 시치는 거라. (고구마 썰어 놔서 물에 막 씻는 거야.)

¶ 곤죽 그거 쑬 시쳐근에 둥강 낫당은에, 곧 시치멍 허면은 끌리는 디 오래 걸려. (흰죽 그거 쌀 씻어서 담가 놨다가, 곧 씻으며 하면 끓이는 데 오래 걸려.)

¶ 이 물 생전 안 받땅 생전 안 물라. 옛날 이 물로 눈 시치믄 좋뎅. (이 물 생전 안 받아서 생전 안 말라. 옛날 이 물로 눈 씻으면 좋다고.)

¶ 풋밥 헤나믄 사발엔 막 데닥데닥허믄 그거 싯어근에 소님 오믄 또 허곡

허곡 허젠 허민 더 바빳주. (팥밥 해나면 사발엔 아주 덕지덕지하면 그거 씻어서 손님 오면 또 하고 하려고 하면 더 바빴지.)

¶ 그 톨 주워당은에 싯어뒁 그 마농짐치*에 영 영 싸멍 그거 먹엉. 반찬으로. (그 톳 주워다가 씻어두고 그 달래김치에 이렇게 이렇게 싸며 그거 먹고. 반찬으로.)

¶ 깍두기는 썰어근에, 동글동글 썰엉은에 소금 절엿당 물에 확 초불 싯어 뒤근에 양념 버무령 허는 게 깍두기고. (깍두기는 썰어서, 동글동글 썰어서 소금 절였다가 물에 확 애벌 씻어두고 양념 버무려서 하는 게 깍두기고.)

¶ 곤쑬이나 싯엇주, 뭐 좁쑬 ㄱ튼 건 안 싯언 먹으난게. (흰쌀이나 씻었지, 뭐 좁쌀같은 건 안 씻어서 먹으니까.)

¶ 퍼데기ㄴ물** 바당물에 들이쳐근에 막 돌 지둘랏다근에 흔 이틀 잇당 강 죽으민 강 건져당은에 거기서 싯엉 오랑 짐치헤낫주게. ('퍼데기ㄴ물' 바닷물에 들이뜨려서 막 돌 지질러두었다가 한 이틀 있다가 가서 죽으면 가서 건져다가 거기서 씻어서 와서 김치했었지.)

[관련 어휘]

시치다·싯지다 씻기다.

---

* '마농짐치'는 마늘로 담근 김치다. '마농'은 '마늘', '파', '달래'의 방언형인데, 여기서는 '달래'의 의미로 쓰였다.
** '퍼데기ㄴ물'은 '속이 꽉 차지 않은 배추'를 말한다.

싯다¹ 씻다. 물이나 휴지 따위로 때나 더러운 것을 없게 하다.

¶ 쌀 <u>싯어난</u> 물로 그릇 시쳐도 상관은 웃어. (쌀 씻었던 물로 그릇 씻어도 상관은 없어.)

싯다² 있다. 사람이나 동물이 어느 곳에서 떠나거나 벗어나지 아니하고 머물다.

¶ 게들레기도 집이 <u>싯나.</u> (소라게도 집이 있다.)

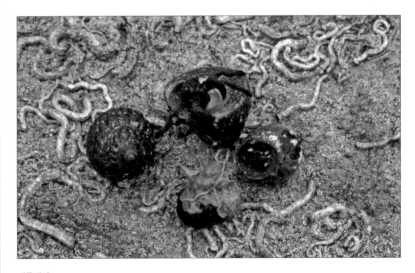

게들레기

심다

[기본 의미]   손으로 움키고 놓지 않다.

[대응 표준어] 잡다

[방언 분화형] 심다·잡다

[문헌 어휘]   잡다(《월인천강지곡》상:7)

[어휘 설명]   '심다'는 '손으로 움키고 놓지 않다.'라는 뜻을 기본 의미로 하여, '붙들어 손에 넣다.' 등의 뜻을 지닌다. 방언형 '심다'는 새롭게 형성된 어형이며, 다른 방언형 '잡다'는 문헌 어휘 '잡다'가 그대로 쓰인 경우다.

한편 '짐승을 죽이다, 들뜬 마음을 가라앉히다.' 등의 의미로 쓰일 경우 그 방언형은 '잡다'로만 나타난다.

[용례]

¶ 마당의 펭풍 청 영 심곡 허영 잔치혜난. (마당에 병풍 쳐서 이렇게 잡고 해서 잔치했었어.)

¶ 우리 씨아버지가 정월 초흐를날 놈의 집의 강 첫 순구락 심지 말렌. (우리 시아버지가 정월 초하룻날 남의 집에 가서 첫 숟가락 잡지 말라고.)

¶ 볼락 ᄒᆞ나 잡안에 이젠 괴기 나까젓젠 허영 들어오멍 나 이거 심엇노렌 허난 ᄑᆞ들락허난 물더레 털어져 불언. (볼락 하나 잡아서 이젠 고기 낚아졌다고 해서 들어오면서 내 이거 잡았노라고 하니까 파닥하니 물에 떨어져 버렸어.)

¶ 심방깅인 재영 심도 못허여. (두점박이민꽃게는 재어서 잡지도 못해.)

¶ 조코고리 톤젠 심으멍 호미로 짝 그창 영 놓곡, 영 심엉 고고리 톤는 거라. (조이삭 뜯으려고 잡으면서 낫으로 짝 끊어서 이렇게 놓고, 이렇게 잡아서 이삭

뜯는 거야.)

¶ 저 각녹 잡으레 가는데 찔레 부뜨는 걸 봣어. (저 수노루 잡으러 가는데 뿔질 붙는 걸 봤어.)

¶ 지달이 잡으렌 뎅겻는데 난 흔 머리도 잡아보들 못헷어. (오소리 잡으러는 다녔는데 난 한 마리도 잡아보질 못했어.)

¶ 족제빈 덧 낭근엥에 잡주. (족제비는 덫 놔서 잡지.)

¶ 물싸면 멜이 잇으면은 발견헌 사름이 자기만 잡젠 허지 아녕 막 들아오랑 멜 들엇저, 멜 들엇저, 다 가서 잡으라고. 경 헤연 ᄀ치 간 잡앗지. (물 써면 멸치가 있으면 발견한 사람이 자기만 잡으려고 하지 않고 막 달려와서 멸치 들었다, 멸치 들었다, 다 가서 잡으라고. 그렇게 해서 같이 가서 잡았지.)

¶ 옛날은 지름이 엇이니깐 돗지름 써. 도세기 잡으면 그거 드렌, 주렌 허여. 경도 헤나서. (옛날은 기름이 없으니까 돼지기름 써. 돼지 잡으면 그거 달라고, 주라고 해. 그렇게도 했었어.)

[관련 어휘]

골라잡다 골라잡다.

뒤출잡다·뒤치잡다 마소의 고삐를 등 뒤로 엏어 잡다.

뜨집잡다·트집잡다 트집잡다. 공연히 조그마한 흠점을 꼬집어 가지고 괴롭게 굴다.

뜨려잡다 때려잡다.

마주심다 마주잡다.

막잡다 막되다.

맞심다 맞잡다.

모잡다 모든 것을 한데 끌어 모아 처리하다.

몰무제미심다 경마잡다. 남이 탄 말의 고삐를 잡아 몰고 가다.

바르참다·바룻잡다 바다에서 주로 고둥·전복·소라 따위를 잡다.

붙심다·붙잡다 붙잡다.

산체심다·산체잡다 사로잡다.

손심다 손잡다.

숭잡다 흉잡다.

심지다 잡히다.

안주와심다·언주와심다 그러잡다.

탈잡다 탈잡다. 흠이나 잘못된 점을 꼬집어 들다.

●●●● **더 생각해 보기**

동음어

잡다[1] 잡다. 손으로 움키고 놓지 않다.
¶ 잘 잡으라, 잘 잡으라 말만 글아. (잘 잡아라, 잘 잡아라 말만 말해.)

잡다[2] 잡다. ①짐승을 죽이다.
¶ 유월 쑤무날 득덜 잡앙 먹주. (유월 스무날 닭들 잡아서 먹지.)

②들뜬 마음을 가라앉히다.
¶ ᄆᆞ음 잡앙 공부허젠 허믄 올래에 와근에 막 불러내어. (마음 잡아서 공부하
려고 하면 오래에 와서 막 불러내어.)

싱그다

237

[기본 의미]   식물의 뿌리나 씨앗을 땅속에 묻다.

[대응 표준어]   심다

[방언 분화형]   심다·싱그다

[문헌 어휘]   시므다(《석보상절》19:33), 쉼다(《석보상절》21:48)

[어휘 설명]   '싱그다'는 '식물의 뿌리나 씨앗을 땅속에 묻다.'라는 뜻을 기본
의미로 하여, '마음속에 확고하게 자리 잡게 하다, 어떤 사회에 새로운 사상
이나 문화를 뿌리박게 하다, 정하여진 틀이나 대상에 꽂아 넣다.' 등의 뜻을
지닌다. 방언형 '싱그다'는 문헌 어휘 '쉼다'가 '쉼다〉심그다〉싱그다'의 변화
과정을 거친 어형이며, 다른 방언형 '심다'는 문헌 어휘 '시므다'가 '시므다〉
심다'의 변화 과정을 거친 어형이다.

[용례]

¶ 봄에 감저 낫다근에 싱그곡 허여. (봄에 고구마 낳다가 심고 해.)

¶ 감전 저 남군*이나 거기허고 싱그는 게 우리 무을허고 틀려. (고구마는 저
'남군'이나 거기하고 심는 게 우리 마을하고 달라.)

¶ 검은콩 헤영 싱그믄 콩입도 톤앙 먹고 콩도 장만헤영 밥에 낭 먹어도 맛
싯곡. (검은콩 해서 심으면 콩잎도 뜯어서 먹고 콩도 장만해서 밥에 놔서 먹어도 맛
있고.)

---

* '남군'은 행정 단위 이름으로, 예전의 '남제주군'을 말한다. 서귀포를 기준으로, 동쪽으로 성산읍·표선면·남
원읍, 서쪽으로 중문면·안덕면·대정읍 지역을 말한다.

¶ 마농 비니루 더껑 싱그난 비에 끗어 불진 아녀. (마늘 비닐 덮어서 심으니까 비에 끌어 버리진 않아.)

¶ 천리터**에 대개 버드낭덜을 싱그지 아녀이? (면례터에 대개 버드나무들을 심지 않아?)

¶ 밧 서너 개에 감제 하영 싱건 돈 하영 벌엇젠. (밭 서너 개에 고구마 많이 심어서 돈 많이 벌었다고.)

¶ 고친 ᄒ꼼썩 이녁 먹을 것덜 싱것주. (고추는 조금씩 이녁 먹을 것들 심었지.)

¶ 양에 심으민 흑이 도망가들 안허여. 어른덜 지혜라. (양하 심으면 흙이 도망가질 않아. 어른들 지혜야.)

¶ 담베를 심엉 허면은 아침이 강 톤아다근에 여꺼, 이디서. (담배를 심어서 하면 아침에 가서 뜯어다가 엮어, 여기서.)

¶ 감저는 심는 사름덜은 지금도 심어. (고구마는 심는 사람들은 지금도 심어.)

[관련 어휘]

감저심다·감저싱그다 고구마줄기를 땅속에 묻어 심다.

메싱그다·메종심다·묘종싱그다 모종하다.

상싱그다 제사나 명절 때 제사상을 펴고 제물 따위를 진설하다.

●●●● 더 생각해 보기

심다¹ 심다. 식물의 뿌리나 씨앗을 땅속에 묻다.
¶ 인칙 귤낭 심언에 돈 하영 벌엇젠. (일찍 귤나무 심어서 돈 많이 벌었다고.)

심다² 잡다. 손으로 움켜쥐고 놓지 않다.
¶ 만축 심어근에 춤추게 ᄒ는 거 싯수다게. (메뚜기 잡아서 춤추게 하는 것 있습니다.)

** '천리터'는 '주검을 다른 데로 옮겨 버린, 무덤이 있던 자리'를 말한다.

슬다

238

[기본 의미] 불에 태워 없애다.

[대응 표준어] 사르다

[방언 분화형] 사르다·살르다·슬다

[문헌 어휘] 슬다《석보상절》11:22

[어휘 설명] '슬다'는 '불에 태워 없애다.'라는 뜻을 지닌다. 방언형 '슬다'는 문헌 어휘 '슬다'가 그대로 쓰인 경우다. 방언형 '사르다'는 문헌 어휘 '슬다'가 '슬다〉스르다〉사르다' 변천 과정을 거친 어형이며, 다른 방언형 '살르다'는 '사르다'에 'ㄹ'이 첨가된 어형이다.

[용례]

¶ 아깃봇은 터진 방으로 강 슬곡 허여. (태는 트인 방위로 가서 사르고 해.)

¶ 복옷은 슬진 아녀고 불 우로 멧 번 넹기는 걸로 숟 걸로 허여. (상복은 사르진 않고 불 위로 몇 번 넘기는 걸로 사른 걸로 해.)

¶ 옛날 댓섭 슬안 걸로 물들이는 거 봐나수다. (옛날 댓잎 살라서 걸로 물들이는 거 봤었습니다.)

¶ 청각 그것이 화상에 좋다 허여. 불에 슬앙 춤지름 서텅 그 화상에 블르민 상당이 빠르덴. (청각 그것이 화상에 좋다 해. 불에 살라서 참기름 섞어서 그 화상에 바르면 상당히 빠르다고.)

¶ 두린애기도 설사 나민 그 산디찝 슬앙은에 멕이멍 헤나수다. (어린아이도 설사 나면 그 밭볏짚 살라서 먹이며 했었습니다.)

¶ 급허게 불을 쓸 때는 검질로 와랑와랑 슬아수다. (급하게 불을 쓸 때는 검불

로 활활 살랐습니다.)

[관련 어휘]

불사르다·불살르다·불솔다 **불사르다.**

불천지·소지·속지 **소지(燒紙).** 부정(不淨)을 없애고 신에게 소원을 빌기 위하여 흰 종이를 태워 공중으로 올리는 일. 또는 그런 종이.

불천지

숢다

239

[기본 의미] 물에 넣고 끓이다.

[대응 표준어] 삶다

[방언 분화형] 숢다·슒다

[문헌 어휘] 숢다(《월인석보》23:80), 슒다(《동문유해》상:60)

[어휘 설명] '숢다'는 '물에 넣고 끓이다.'라는 뜻을 기본 의미로 하여, '달래거나 꾀어서 자기 말을 잘 듣게 만들다.' 등의 뜻을 지닌다. 방언형 '숢다'와 '슒다'는 문헌 어휘 '숢다'와 '슒다'가 각각 그대로 쓰인 경우다

[용례]

¶ 메준 날받 숢곡 날받 담곡 허여. (메주는 택일해서 삶고 택일해서 담그고 해.)

¶ 쎈불에 숢으민 빨리 익나. (단불에 삶으면 빨리 익는다.)

¶ 옛날은 먹을 게 엇이난 뭇도 숢안 먹어나고. (옛날은 먹을 게 없으니까 무릇도 삶아서 먹었었고.)

¶ 생멩주는 솟디 놔서 숢지 안헌 거난 생멩주고. (생명주는 솥에 놔서 삶지 않은 것이니까 생명주고.)

¶ 끅 걷어당 숢앙 빨민 씰 닮은 게 나와. (칡 걷어다가 삶아서 빨면 실 같은 게 나와.)

¶ 큰일 헐 때 보리쏠에 풋 낭 숢앙 풋밥 허여. (큰일 할 때 보리쌀에 팥 넣어서 삶아서 팥밥 해.)

¶ 물구음 사당은에 물 캉 그거에 옷 적정 솟디 낭 숢음을 오래 숢아사. (물감 사다가 물 타서 그거에 옷 적셔서 솥에 놔서 삶기를 오래 삶아야.)

¶ 콩 두 관되 <u>숢으민</u> 소금 흔 관되. 곫직허게 흔 관되. 그건 딱 비율이 잇언.

(콩 두 관되 삶으면 소금 한 관되. 골막하게 한 관되. 그건 딱 비율이 있어서.)

[관련 어휘]

덜숢다·두루숢다 데삶다. 푹 삶지 아니하고 덜 삶다.

불숢다 불때다. 아궁이에 땔감을 넣어 불을 붙여 타게 하다.

숨지다

240

[기본 의미]　무엇을 입에 넣어서 목구멍으로 넘기다.

[대응 표준어]　삼키다

[방언 분화형]　숨지다·숨키다

[문헌 어휘]　숨찌다(《석보상절》24:22), 숨키다(《왜어유해》상:49)

[어휘 설명]　'숨지다'는 '무엇을 입에 넣어서 목구멍으로 넘기다.'라는 뜻을 지닌 어휘다. 방언형 '숨지다'는 문헌 어휘 '숨찌다'에서 온 어형이며, 다른 방언형 '숨키다'는 문헌 어휘 '숨찌다'가 '숨찌다〉숨키다'의 변화 과정을 거친 어형이다.

[용례]

¶ 경 걸랑 여즈신디 주지 말앙 그냥 숨져 불렌 굴아. (그렇게 하거들랑 여자 한테 주지 말고 그냥 삼켜 버리라고 말해.)

¶ 미음 거려놩 숨지지 안허민 애기덜이라도 영 추례로 숟가락에 물 적정 영 입바위레 술술술술 허주. (미음 떠놔서 삼키지 않으면 아이들이라도 이렇게 차례로 숟가락에 물 적셔서 이렇게 입술에 살살살살 하지.)

¶ 하늘 베래곡, 땅 베래곡, 사름 베래여 숨질락ᄒ니까 그놈은 벌써 알아 가지고 야광주 내라고 덤벼드는 통에 혼겁을 집어먹엇단 말여. (하늘 보고, 땅 보고, 사람 보아 삼키기하니까 그놈은 벌써 알아 가지고 야광주 내라고 덤벼드는 통에 혼겁을 집어먹었단 말이야.)

¶ 구슬을 너 입더레 물린 때랑 그것을 주지 말고, 숨키도 말고 입에 똑 물엉 와서 날 도라. (구슬을 너 입에 물릴 때는 그것을 주지 말고, 삼키지도 말고 입

에 꼭 물고 와서 날 다오.)

¶ 여차여차해서 못 즌디게 ᄒᆞ니 <u>숨켜집데다</u>, 경 글아. (여차여차해서 못 견디
게 하니 삼키게 됩디다, 그렇게 말해.)

싸다[1]

241

[기본 의미] 물건을 안에 넣고 보이지 않게 씌워 가리거나 둘러 말다.

[대응 표준어] 싸다

[방언 분화형] 싸다·쓰다

[문헌 어휘] ᄡᆞ다(《석보상절》23:23)

[어휘 설명] '싸다'는 '물건을 안에 넣고 보이지 않게 씌워 가리거나 둘러 말다.'라는 뜻을 기본 의미로 하여, '어떤 물체의 주위를 가리거나 막다, 어떤 물건을 다른 곳으로 옮기기 좋게 상자나 가방 따위에 넣거나 종이나 천·끈 따위를 이용해서 꾸리다.' 등의 뜻을 지닌다. 방언형 '싸다'는 문헌 어휘 'ᄡᆞ다'가 'ᄡᆞ다〉쌋다〉싸다'의 변화 과정을 거친 어형이며, 다른 방언형 '쓰다'는 문헌 어휘 'ᄡᆞ다'가 'ᄡᆞ다〉쓰다'의 변화 과정을 거친 어형이다.

[용례]

¶ 식게 파제허믄 떡도 ᄒᆞ꼼 싸곡 허멍 반을 싸. (제사 파제하면 떡도 조금 싸고 하며 반기를 싸.)

¶ 큰일 허당 보믄 오는 사름마다 일일이 다 싸지 못허여. (큰일 하다 보면 오는 사람마다 일일이 다 싸지 못해.)

¶ 험벅으로 튼튼 싼 걸 구덕에 낭 지어. (헝겊으로 탄탄 싼 걸 바구니에 넣어서 지어.)

¶ 정심을 쌍 가게 되민 조팝에 감저 영 혜 놓곡 혜영 강 먹곡. (점심을 싸서 가게 되면 조밥에 고구마 이렇게 해서 놓고 해서 가서 먹고.)

¶ 콩입은 멜첫에 싸근엥에 먹어사 제맛이라. (콩잎은 멸치젓에 싸서 먹어야 제

맛이야.)

¶ 목장에 갈 땐 점심 <u>싸</u> 아정 가. 그땐 차가 엇인 때난 순 걸엉은에. (목장에
갈 땐 점심 싸 가지고 가. 그땐 차가 없을 때니까 순 걸어서.)

¶ 소곰 항아리에 건 녹아도 먹어지니까. 이젠 비니루 포에 잘 <u>쌍</u> 놔두민 녹
도 안허여. 짐 안 나가민. (소금 항아리에 건 녹아도 먹어지니까. 이젠 비닐 포에
잘 싸서 놔두면 녹지도 않아. 김 안 나가면.)

¶ 이제도 떡 ᄒ꼼 <u>싸고</u> 적도 갈라놓곡 혜영 반 <u>싸주게</u>. (이제도 떡 조금 싸고
적도 나눠 놓고 해서 반기 싸지.)

[관련 어휘]

담베쏨지 담배쌈지.

두르싸다 둘러싸다.

바농쌈·바농쏨 바늘쌈.

쏨¹ 쌈. 상추·배추 등으로 밥과 반찬을 싼 음식.

쏨²·쏨지 쌈지.

에와싸다·에우싸다 에워싸다.

쥃쏨 쥘쌈지. 담배를 넣어서 소매나 호주머니에 넣게 된 쌈지.

푸데쏨 보쌈. 여자를 밤에 몰래 포대나 자루를 씌워 데려와서 아내로 삼는 일.

적

동음어

싸다¹ 싸다. 물건을 안에 넣고 보이지 않게 씌워 가리거나 둘러 말다.
¶ 아척인 책보 쌍 허리에 무껑 돌아서. (아침엔 책보 싸서 허리에 묶고 달렸
  어.)

싸다² 슬다. 물고기나 벌레가 알을 깔기다.
¶ 똥푸리가 왕 쉬를 싸 붙어. (똥파리가 와서 쉬를 슬어 버려.)

싸다³ 싸다. 똥·오줌 따위를 참지 못하고 누다.
¶ 사름은 족영 먹고 족영 싸사 혼다 ᄒ여서. (사람은 적게 먹고 적게 싸야 한
  다 했어.)

싸다⁴ 써다. 밀물이나 밀린 물이 물러 나가다.
¶ 물이 싸믄게 멀리ᄁ장 강 조겡기 파곡. (물이 써면 멀리까지 가서 조개 파고.)

싸다⁵ 켜다. 성냥이나 등불의 심지 따위에 불을 붙이다.
¶ 옛날은 불 오래 싸지 못ᄒ여서. 지름이 귀허니까. (옛날은 불 오래 켜지 못했
  어. 기름이 귀하니까.)

싸다⁶ 켜다. 나무를 세로로 톱질하여 쪼개다.
¶ 톱으로 낭 싸주, 묄로 싸게. (톱으로 나무 켜지, 뭘로 켜.)

싸다⁷ 잣다. 물레에서 솜이나 털로 실을 뽑다.
¶ 물렌 이제 영 불르는 거고. 싸곡 썰 뻬곡 허는 것이 물레고. (물렌 이제 이렇
  게 바르는 거고. 잣고 썰 뽑고 하는 것이 물레고.)

싸다⁸ 싸다. 물건값이 표준보다 적다.
¶ 싼 거 똥더레 가. (싼 것 똥으로 가.)

싸다²

242

[기본 의미]   나무를 세로로 톱질하여 쪼개다.

[대응 표준어]   켜다

[방언 분화형]   싸다·쓰다

[문헌 어휘]   혀다(《월인천강지곡》상:14)

[어휘 설명]   '싸다'는 '나무를 세로로 톱질하여 쪼개다.'라는 뜻을 비롯하여, '누에고치에서 실을 뽑다.' 등의 뜻을 지닌다. 방언형 '싸다'는 문헌 어휘 '혀다'가 '혀다〉싸다'의 변화 과정을 거친 어형이며, 다른 방언형 '쓰다'는 새롭게 형성된 어형이다. 'ㅎㅎ'이 'ㅎㅎ〉ㅆ'으로의 변화는 '들이싸다·들이쓰다·들이씨다·딜이쓰다(들이켜다←드리혀다)', '싸는물·싼물·쌀물(썰물 ← 혀-+-ㄹ#물)'에서 확인된다.

[용례]

¶ 큰 낭을 싸질 못허난 자귀로 까깡 널판을 멘들앙 마리 놓민 옛날 마린 두 터와. (큰 나무를 켜질 못하니까 자귀로 깎아서 널판을 만들어서 마루 놓으면 옛날 마루는 두꺼워.)

¶ 거둔 혼차 싸도 톱이 크난 거두주. (거도는 혼자 켜도 톱이 크니까 거도지.)

¶ 반춘 썰지 못허는 거마씸. 톱으로 싸사. (파초는 썰지 못하는 거예요. 톱으로 켜야.)

¶ 굴무긴 센 낭이난 잘 싸지 못허여. (느티나무는 센 나무니 잘 켜지 못해.)

¶ 개판은 소낭 쌍 낫당 더끄곡 허여. (횡대는 소나무 켜서 났다가 덮고 해.)

¶ 소남밧 신 사름은 남ᄌᆞ덜 빌엉 거두로 싸당 흙은 남 혜당 진어*. 여청 혼

자 사는 사름은 그자 솔입 걷으멍 진주게. (소나무밭 있는 사람은 남자들 빌
려서 거도로 켜다가 굵은 나무 해다가 때어. 여자 혼자 사는 사람은 그저 솔가리 걷
으면서 때어.)

¶ 양늘베긴 흔착은 엉긴 거 싸<u>는</u> 거, 흔착은 따시 또 좀진** 거 싸<u>는</u> 거, 경.
(양날톱은 한쪽은 성긴 거 켜는 거, 한쪽은 다시 또 가는 거 켜는 거, 그렇게.)

[관련 어휘]

공그리다·동고리다·동그리다·오리다 오리다. 톱으로 좁고 길게
켜다.

양놀베기

---

* '진다'는 ①불이 꺼지지 아니하게 아궁이 따위에 연이어 장작 따위를 집어넣다. ②고구마 따위를 익히기
위하여 뜨거운 재 속에 묻어 두다. 여기서는 ①의 의미로 쓰인 경우다.

** '좀질다'는 '물건이 잘고 가늘다.'라는 뜻을 지닌 어휘다.

742

싸우다

243

[기본 의미]   말·힘·무기 따위를 가지고 이기려고 다투다.

[대응 표준어]   싸우다

[방언 분화형]   싸우다·쌉다

[문헌 어휘]   싸호다(《용비어천가》52장)

[어휘 설명]   '싸우다'는 '말·힘·무기 따위를 가지고 이기려고 다투다.'라는 뜻을 기본 의미로 하여, '기량의 우열을 가리다, 시련·어려움 따위를 이겨 내려고 애쓰다.' 등의 뜻을 지닌다. 방언형 '싸우다'는 문헌 어휘 '싸호다'가 '싸호다〉싸오다〉싸우다'의 변화 과정을 거친 어형이며, 다른 방언형 '쌉다'는 새롭게 형성된 어형이다.

[예문]

¶ 숫묻어난* 놈은 어디 손이고 몸이고 굳게 됩니다. 흑광 연기에 막 싸우 민. (숯 구웠던 놈은 어디 손이고 몸이고 굳게 됩니다. 흙과 연기에 막 싸우면.)

¶ 머리 메멍 싸우난 씨원허키여. (머리 매며 싸우니 시원하겠다.)

¶ 성제 신 사름은 フ레 굴젠 허민 싸우멍덜 보리쏠 거펑 쏠을 멘들지. (형제 있는 사람은 맷돌 갈려고 하면 싸우면서들 보리쌀 거피해서 쌀을 만들지.)

¶ 우리 싸우는 거 보멍 그만썩 헌 일에 쌉곡 헐 일은 아닌 거 닮덴 글아. (우 리 싸우는 거 보면서 그만한 일에 싸우고 할 일은 아닌 것 같다고 말해.)

---

* '숫묻다'는 '숯을 굽다.'는 뜻이다.

¶ 두갓이 <u>쌉지</u> 아녕은에 그게 가정을 이룰 수가 엇는 거라. (부부가 싸우지 않고는 그게 가정을 이룰 수가 없는 기야.)

¶ 곡석도 곡석끼리 서로 <u>쌉는</u> 셍이라. 너가 잘된다 나가 잘된다 허멍. (곡식 도 곡식끼리 서로 싸우는 모양이야. 네가 잘된다 내가 잘된다 하면서.)

¶ 건드리지 아녀민 <u>쌉지</u> 아녀믄 되는 거고. (건드리지 않으면 싸우지 않으면 되 는 거고.)

[관련 어휘]

골리싸움·연걸릴락·연싸움·연타발·연타불·연탐벌 연싸움.

두갓싸움 부부싸움.

두룽싸움·범벅싸움 패싸움.

싸움본전·싸움본천 싸움하게 된 이유나 까닭.

아귀싸움 아귀다툼.

찔레부트다 뿔질하다. 수컷 짐승끼리 서로 뿔로 받으며 싸우다.

펜싸움 편싸움.

썩다

[기본 의미] 유기물이 부패 세균에 의하여 분해됨으로써 원래의 성질을 잃어 나쁜 냄새가 나고 형체가 뭉개지는 상태가 되다.

[대응 표준어] 썩다

[방언 분화형] 석다·썩다

[문헌 어휘] 석다(《월인석보》서:24)

[어휘 설명] '썩다'는 '유기물이 부패 세균에 의하여 분해됨으로써 원래의 성질을 잃어 나쁜 냄새가 나고 형체가 뭉개지는 상태가 되다.'라는 뜻을 기본 의미로 하여, '사람 몸의 일부분이 균의 침입으로 기능을 잃고 회복하기 어려운 상태가 되다, 쇠붙이 따위가 녹이 심하게 슬어 부스러지기 쉬운 상태가 되다, 물건이나 사람 또는 사람의 재능 따위가 쓰여야 할 곳에 제대로 쓰이지 못하고 내버려진 상태에 있다, 흔할 정도로 많은 상태에 있다, 걱정이나 근심 따위로 마음이 몹시 괴로운 상태가 되다.' 등의 뜻을 지닌다. 방언형 '썩다'는 문헌 어휘 '석다'가 '석다〉썩다'의 변화 과정을 거친 어형이며, 다른 방언형 '석다'는 문헌 어휘 '석다'가 그대로 쓰인 경우다.

[용례]

¶ 물 들엉 썩곡 몰르곡 허당 보민 발효가 되어. (물 들어서 썩고 마르고 하다 보면 발효가 되어.)

¶ 온도 잘 맞으믄 안 썩고, 온도 잘 안 맞으믄 썩고. (온도 잘 맞으면 안 썩고, 온도 잘 안 맞으면 썩고.)

¶ 듬북 우티레 씨감저를 놓으면 감저 썩으카부덴 흑을 이제 ᄒ끔 더꺼 놔.

(듬북 위에 씨고구마를 놓으면 고구마 썩을까봐 흙을 이제 조금 덮어 놔.)

¶ 주지 딱 헤근에 놔두면은 하나토 안 <u>써어</u>, 감저가. (주지리 떡 해서 놔두면은 하나도 안 썩어, 고구마가.)

¶ 상강일 기준헤 가지고 상강 넘엉 감저 파면은 <u>썩넨</u> 허주게. (상강 기준해 가지고 상강 넘어서 고구마 파면 썩는다고 하지.)

¶ 담베 예피는 거. ㅋ찡ㅎ게 헹은에 ㅈ근ㅈ근 낭 딱 헤영 <u>썩은</u> ㄴ람지처럼 이치록 탁 기창 꽁꽁 눌렁 데명 놔두는 거. (담배 엮는 거. 가지런하게 해서 자근자근 놔서 딱 해서 썩은 이엉처럼 이처럼 탁 끊어서 꽁꽁 눌러서 더며 놔두는 거.)

¶ 조칩이 잘 안 <u>썩주게</u>. (조짚이 잘 안 썩지.)

[관련 어휘]

그슨새·그신새 썩은새. 지붕을 덮었던 묵은 띠.

삭다 삭다.

삭다리 삭정이.

삭달남 통째 말라죽은 큰 나무.

서그레기 썩정이. 썩어빠진 물건.

속석다·속썩다 속썩다.

속석이다·속섹이다·속썩이다·속쎅이다 속썩이다.

썩음들다 구새먹다. 놀들다. ①살아 있는 나무의 속이 저절로 썩어서 구멍이 뚫리다. ②놀(벼 뿌리를 파먹는, 작고 흰 벌레)이 벼를 파먹어서 벼가 누렇게 되다.

쎅이다 썩히다.

쏘다

[기본 의미]   활이나 총·대포 따위를 일정한 목표를 향하여 발사하다.

[대응 표준어]   쏘다

[방언 분화형]   쏘다·쏩다

[문헌 어휘]   쏘다(《훈민정음》해례본:합자해)

[어휘 설명]   '쏘다'는 '활이나 총·대포 따위를 일정한 목표를 향하여 발사하다.'라는 뜻을 기본 의미로 하여, '말이나 시선으로 상대편을 매섭게 공격하다, 벌레가 침과 같은 것으로 살을 찌르다.' 등의 뜻을 지닌다. 방언형 '쏘다'는 문헌 어휘 '쏘다'가 그대로 쓰인 경우고, '쏩다'는 새롭게 형성된 어형이다.

[용례]

¶ 벌집 이신 거 몰란 그 벌집 건드럿당 그 벌덜안티 얻어 쏘안에 홈마 죽을 뻔헤서. (벌집 있는 거 몰라서 그 벌집 건드렸다가 그 벌들한테 얻어 쏘여서 하마 죽을 뻔했어.)

¶ 소살 영 허영 늘리왕은에 숨비영, 동산으로 곱앙 가근에 고기 착 허게 쏘아근에 허민, 그 옛날에는 하도 벤자리가 바글바글허난 어떤 땐 두 개도 쏘아근에 와져. (작살 이렇게 해서 늘이어 자맥질해서, 동산으로 숨어서 가서 고기 착 하게 쏘아서 하면, 그 옛날에는 하도 벤자리가 바글바글하니까 어떤 땐 두 개도 쏴서 와.)

¶ 우린 그냥 비께, 비께 헤나서. 우리덜도 비께 다 쏘아나고. (우리는 그냥 비께, 비께 했었어. 우리들도 수염상어 다 쏘았고.)

¶ 다 모돠 놘 총 <u>쏘안</u> 죽여 불언. (다 모아 놔서 총 쏘아서 죽여 버렸어.)

¶ 고기 보면은 저 소살로 헤 가지고 그 고무 늘롸근에 <u>쏩고</u>. 그 남자들도 그걸로 주로덜 헹, 놀레 강 여름에. (고기 보면 저 작살로 해 가지고 그 고무 늘려서 쏘고. 그 남자들도 그걸로 주로들 해서, 놀러 가서 여름에.)

¶ 총으로 <u>쏩지</u> 말앙 다른 방법으로 죽이라, 경. (총으로 쏘지 말고 다른 방법으로 죽여라, 그렇게.)

¶ 괴기 <u>쏩는</u> 소살 잇지? 그런 거로 가근엥에 비께 <u>쏘아다근에</u> 가죽 벳경 동네 어른덜 다 안네여. (고기 쏘는 작살 있지? 그런 거로 가서 수염상어 쏘아다가 가죽 벗겨서 동네 어른들 다 드려.)

[관련 어휘]

두소살 미늘이 두 개인 작살.

세소살 미늘이 세 개인 작살.

소살 작살. 물고기를 쏘아 잡는 도구.

쏘아보다 쏘아보다.

쏘아부치다 쏘아붙이다.

소살

쓰다

246

[기본 의미] 어떤 일을 하는 데에 재료나 도구·수단을 이용하다.

[대응 표준어] 쓰다

[방언 분화형] 쓰다·씨다

[문헌 어휘] 쓰다(《용비어천가》77장)

[어휘 설명] '쓰다'는 '어떤 일을 하는 데에 재료나 도구·수단을 이용하다.'
라는 뜻을 기본 의미로 하여, '사람에게 일정한 돈을 주고 어떤 일을 하도록
부리다, 다른 사람에게 베풀거나 내다, 어떤 일을 하는 데 시간이나 돈을 들
이다, 몸의 일부분을 제대로 놀리거나 움직이다.' 등의 뜻을 지닌다. 방언형
'쓰다'는 문헌 어휘 '쓰다'가 '쓰다>쓰다'의 변화 과정을 거친 어형이다. 또
다른 방언형 '씨다'는 문헌 어휘 '쓰다'가 '쓰다>쓰다>씨다'로 변화 과정을
거친 어형이다.

[용례]

¶ 옥영목 그거는 조금 비싸고 뭐허니까 건 잘 안 쓰고, 우리 여기는 그자
광목허고 미녕. (옥양목 그거는 조금 비싸고 뭐하니까 건 잘 안 쓰고, 우리 여기는
그저 광목하고 무명.)

¶ 품팔이헌 집은 ᄀᆞ스락도 구경도 못허여. ᄀᆞ스락 궂어도 쓸모 잇는디 쓰
지도 못허곡. (품팔이한 집은 까끄라기도 구경도 못해. 까끄라기 궂어도 쓸모 있
는데 쓰지도 못해.)

¶ 젯국 헌 거는 요즘엔 또 쓸 때에 쓰도 안허여. 거 젯물이라 부난. (잿물 한
거는 요즘엔 또 쓸 때에 쓰지도 않아. 거 잿물이어 버리니까.)

¶ 굿허는 디 <u>쓰는</u> 거 돌레떡, 벡시리 두 가지뿐. (굿하는 데 쓰는 거 도래떡, 백
설기 두 가지뿐.)

¶ 산디쏠, 옛날에는 거 제사에나 <u>쓰곡</u>, 어디서 막 뭐헌 손님이나 오민 보리
쏠에 서껑 밥헤영 데접허곡. (밭벼쌀, 옛날에는 거 제사에나 쓰고, 어디서 아주
뭐한 손님이나 오면 보리쌀에 섞어서 밥해서 대접하고.)

¶ 바농상지에 신 거 나 처녀 때 <u>쓰단</u> 거. (반짇고리에 있는 거 나 처녀 때 쓰던
거.)

¶ 요즘은 소금이여 무신 무시거여 허주만은 조미료도 잘 안 <u>쓰주만은</u> 다
시다여 헤도 그자 장 넘은 건 아무 것도 엇어. (요즘은 소금이야 무슨 무엇이
야 하지만 조미료도 잘 안 쓰지만 다시다야 해도 그저 장 넘은 건 아무 것도 없어.)

[관련 어휘]

산쓰다·산씨다 뫼쓰다.

손쓰다·손씨다 손쓰다.

애쓰다·애씨다 애쓰다.

질허쓰다 쓸 일이 없는데도 어떤 일로 말미암아 저절로 재물을 헛되게 쓰다.

처쓰다·처씨다·퍼쓰다·퍼씨다 마구 쓰다.

쓰다¹ 쓰다. 어떤 일을 하는 데에 재료나 도구·수단을 이용하다.

¶ 먹든지 <u>쓰든지</u> 느 ᄆ음대로 ᄒ라. (먹든지 쓰든지 너 마음대로 해라.)

쓰다² 쓰다. 모자 따위를 머리에 얹어 덮다.

¶ 출령 나산 거 보난 벗은 놈이 갓 <u>쓴</u> 거 닮아. (차려서 나선 거 보니 벗은 놈이 갓 쓴 거 같아.)

쓰다³ 쓰다. 연필 등으로 획을 그어서 일정한 글자 모양을 이루어지게 하다.

¶ 불숨으멍도 부지뗑이로 들구 글을 <u>썻젠</u> ᄒ여. (불때면서도 부지깽이로 들입다 글을 썼다고 해.)

쓰다⁴ 쓰다. 맛이 쓸개 맛과 같다.

¶ <u>쓴</u> 게 약이여. (쓴 게 약이야.)

씹다

[기본 의미] 사람이나 동물이 음식 따위를 입에 넣고 윗니와 아랫니를 움직
여 잘게 자르거나 부드럽게 갈다.

[대응 표준어] 씹다

[방언 분화형] 씹다

[문헌 어휘] 십다(《월인석보》23:92)

[어휘 설명] '씹다'는 '사람이나 동물이 음식 따위를 입에 넣고 윗니와 아랫
니를 움직여 잘게 자르거나 부드럽게 갈다.'라는 뜻을 기본 의미로 하여,
'다른 사람의 행동이나 말을 의도적으로 꼬집거나 공개적으로 비난하다,
다른 사람이 한 말의 뜻을 곰곰이 여러 번 생각하다.' 등의 뜻을 지닌다. 방
언형 '씹다'는 문헌 어휘 '십다'가 '십다〉씹다'의 변화 과정을 거친 어형이다.

[용례]

¶ 입에 물엉 질강질강 **씹곡** 허멍도 목 알레레 솜지지 아녀. (입에 물어서 질
경질경 씹고 하면서도 목 아래로 삼키지 않아.)

¶ 급헌 지멍에 **씹지** 아넌 그냥 숨져. (급한 김에 씹지 않고 그냥 삼켜.)

¶ 깅이 헤다근에 보까근에 ㅂ삭ㅂ삭ㅂ삭 **씹어** 먹어집니다게. (게 해다가 볶
아서 바삭바삭바삭 씹어 먹습니다.)

¶ 둘망은 방울이 커사 톡톡 **씹는** 맛도 나고. (모자반은 공기주머니가 커야 톡톡
씹는 맛도 나고.)

¶ 그메엔 돌도 **씹나**. (그맘때는 돌도 씹는다.)

¶ 물도 **씹엉** 먹어사 좋나. (물도 씹어서 먹어야 좋다.)

¶ 아무거나 <u>씹는</u> 맛에 먹어. (아무거나 씹는 맛에 먹어.)

[관련 어휘]

게적거리다 깨죽거리다. 음식을 먹기 싫은 듯이 자꾸 되씹다.

너을다·너흘다 잘근거리다. 질깃한 물건을 가볍게 자꾸 씹다.

새기다 새기다. 소나 양 따위의 반추동물이 먹었던 것을 게워 다시 씹다.

잘강잘강 잘강잘강. 질긴 물건을 잘게 자주 씹는 모양.

질강질강 질겅질겅. 질긴 물건을 자꾸 거칠게 씹는 모양.

아물다

248

[기본 의미] 부스럼이나 상처가 다 나아 살갗이 맞붙다.

[대응 표준어] 아물다

[방언 분화형] 아물다·앙글다

새슬메다·새슬메우다·새슬물다·새슬올르다.

[문헌 어휘] 암글다(《월인석보》1:27), 아믈다(《중간본 두시언해》1:49)

[어휘 설명] '아물다'는 '부스럼이나 상처가 다 나아 살갗이 맞붙다.'라는 뜻을 기본 의미로 하여, '기억에서 잊히거나 없어지다.' 등의 뜻을 지닌다. 방언형 '아물다'는 문헌 어휘 '아믈다'가 '아믈다〉아믈다〉아물다'의 변화 과정을 거친 어형이며, 다른 방언형 '앙글다'는 문헌 어휘 '암글다'가 '암글다〉암글다〉앙글다'로 변화한 어형이다. 'ㅁ'이 'ㄱ' 앞에서 'ㅇ'으로의 변화는 '삼기다〉생기다', '잠기〉쟁기' 따위에서 확인된다.

한편 '새슬메다·새슬메우다·새슬물다·새슬올르다' 등은 '아물다'의 현상을 표현한 어휘로, '새살 메이다, 새살 물다, 새살 오르다' 등의 뜻을 지닌다.

[용례]

¶ 그냥 놔두민 새슬 나오멍 아물곡 허는 거주. (그냥 놔두면 새살 나오며 아물고 하는 거지.)

¶ 잘 아물지 아녀믄 꼼보 되는 거. (잘 아물지 않으면 곰보 되는 거.)

¶ 수술 그른 새슬 나멍 아물아 가멍 좋는 거라. (수술 자리는 새살 나며 아물어 가면서 좋는 거야.)

754

¶ 입 금허믄 빨리 아물아. (입 금하면 빨리 아물어.)

¶ 헐리 아물믄 다 좋은 거여. (헌데 아물면 다 좋은 거야.)

¶ 잘 아물안 폐적 안 나키여. (잘 아물어서 자국 안 나겠어.)

[관련 어휘]

솔입다 오래된 팽나무 따위가 줄기에 새롭게 살이 붙어서 울퉁불퉁하게 되다.

솔입다

알다

[기본 의미]　교육이나 경험·사고 행위를 통하여 사물이나 상황에 대한 정보나 지식을 갖추다.

[대응 표준어]　알다

[방언 분화형]　알다

[문헌 어휘]　알다(《용비어천가》43장)

[어휘 설명]　'알다'는 '교육이나 경험·사고 행위를 통하여 사물이나 상황에 대한 정보나 지식을 갖추다.'라는 뜻을 기본 의미로 하여, '어떠한 사실에 대해 의식이나 감각으로 깨닫거나 느끼다, 심리적 상태를 마음속으로 느끼거나 깨닫다, 사람이 어떤 일을 어떻게 할지 스스로 정하거나 판단하다, 어떤 일을 할 능력이나 소양이 있다, 다른 사람과 사귐이 있거나 안면이 있다, 어떠한 사실에 대하여 그러하다고 믿거나 생각하다.' 등의 뜻을 지닌다. 방언형 '알다'는 문헌 어휘 '알다'가 그대로 쓰인 경우다.

[용례]

¶ 문이여 뭐여 다 목시가 알지, 우린 잘 몰르고. (문이야 뭐야 다 목수가 알지, 우리는 잘 모르고.)

¶ 이디가 막 유명헌 딘디 그자 당 모신 딜로만 알고 잇으니까 문젭주. (여기가 아주 유명한 덴데 그저 당 모신 데로만 알고 있으니까 문젭지요.)

¶ 동네 사름이영 가난게 어디 곱은 디 아난 다 심어가 불언. (동네 사람이랑 가니 어디 숨은 데 아니까 다 잡아가 버렸어.)

¶ 그 어른이 알앙 잘 헤줄 테주 헨에 그만이 잇당 먹엉 도망가 부난 메기. (

(그 어른이 알아서 잘 해줄 테지 해서 가만히 있다가 먹어서 도망가 버리니 그만.)

¶ 멍에 씌운 양 잇이난 멀리 안 간 걸로 알안 굴묵에 곱은 거 심어간에 죽여 빗주게. (멍에 씌운 대로 있으니 멀리 안 간 걸로 알아서 '굴묵'에 숨은 거 잡아가서 죽여 버렸지.)

¶ 들쾌지름이 잘 절어, 흡수되영. 경 헹 민질민질혜여. 것덜은 다 잘 알아. (들기름이 잘 결어, 흡수되어서. 그렇게 해서 미끌미끌해. 것들은 다 잘 알아.)

[관련 어휘]

근메알다 무슨 일이 어떻게 되어 가는가를 알다.

늿알다 낯알다.

아는척·아는체 알은척. 알은체. 어떤 일에 관심을 가지는 듯한 태도를 보임.

알아내다 알아내다.

알아듣다 알아듣다.

알아먹다 알아먹다.

알아훌리다 알아차리다.

철알다 사리를 분간할 줄 알다.

알르다

250

[기본 의미] 병에 걸려 고통을 겪다.

[대응 표준어] 앓다

[방언 분화형] 알르다·알흐다

[문헌 어휘] 앓다(《월인석보》8:100)

[어휘 설명] '알흐다'는 '병에 걸려 고통을 겪다.'라는 뜻을 기본 의미로 하여, '마음에 근심이 있어 괴로움을 느끼다.' 등의 뜻을 지닌다. 방언형 '알르다'는 새롭게 형성된 어형이며, 다른 방언형 '알흐다'는 문헌 어휘 '앓다'와 비교할 때 음절수에 차이가 있다.

[용례]

¶ 내 멧 설 때 중병을 알랏는데 누게가 약을 경 시켜줭. 또 누겐 산 천리허렌 허곡, 누겐 집을 바꽝 살렌. (내 몇 살 때 중병을 앓았는데 누구가 약을 그렇게 시켜줘서. 또 누군 묘 면례하라고 하고, 누군 집을 바꿔서 살라고.)

¶ 옷오르는 건 것도 약이 엇어. 옷올르민 뭐 방법이 엇어. 막 알흐다가 메칠 알흐다가 좋긴 좋아낫어. (옻오르는 건 것도 약이 없어. 옻오르면 뭐 방법이 없어. 막 앓다가 며칠 앓다가 좋기는 좋았어.)

[관련 어휘]

니알림 이앓이.

베아피 배앓이.

베알흐다 생배앓다. 아무런 이유 없이 갑자기 배가 아프다.

쉐소리 심한 고통에 따르는 앓는 소리.

장석 신음.

장석ㅎ다 신음하다.

앗다

251

[기본 의미] 　빼앗거나 가로채다.

[대응 표준어] 　앗다

[방언 분화형] 　앗다

[문헌 어휘] 　앗다(《용비어천가》42장)

[어휘 설명] 　'앗다'는 '빼앗거나 가로채다.'는 뜻을 지닌 어휘다. 방언형 '앗다'는 문헌 어휘 '앗다'가 그대로 쓰인 경우다. 일상생활에서는 '빼여앗다'가 더 자주 쓰이는 편이다.

[용례]

¶ 놈의 거 앗앙 가지 말라. (남의 것 앗아 가지 마라.)

¶ 웃 놀암시믄 우리 종제기 다 앗앙 가 불언. (윷 놀고 있으면 우리 종지 다 빼앗아 가 버렸어.)

¶ 굴에기난 서로 빼어앗곡 뺏기곡 허멍 막 싸운다게. (쌍둥이니 서로 빼앗고 뺏기고 하며 막 싸운다.)

¶ 여즈덜 고무줄헴시믄 고무줄 빼어앗안 도망가나고. (여자들 고무줄놀이하고 있으면 고무줄 빼앗아서 도망갔었고.)

[관련 어휘]

빼어앗다 　빼앗다.

속여앗다·쇡여앗다·쐭여앗다 　남을 속여서 물건을 빼앗다.

졸라앗다 　남이 가진 것을 달라고 보채어 조금 나눠 갖다.

앗다¹ 앗다. 빼앗거나 가로채다.

¶ 나 손에 심은 거 앗안에 천장만장 도망가 불어. (내 손에 잡은 거 앗아서 멀리멀리 도망가 버려.)

앗다² 갖다. 손이나 몸 따위에 있게 하다

¶ 물박을 앗아다가 마당더레 메다부쩌. (물바가지를 가져다가 마당에 메다붙여.)

앚다

[기본 의미] 사람이나 동물이 윗몸을 바로 한 상태에서 엉덩이에 몸무게를 실어 다른 물건이나 바닥에 몸을 올려놓다.

[대응 표준어] 앉다

[방언 분화형] 아지다·안즈다·안지다·앉다·앚다

[문헌 어휘] 앉다(《용비어천가》7장)

[어휘 설명] '앚다'는 '사람이나 동물이 윗몸을 바로 한 상태에서 엉덩이에 몸무게를 실어 다른 물건이나 바닥에 몸을 올려놓다.'라는 뜻을 기본 의미로 하여, '새나 곤충 또는 비행기 따위가 일정한 곳에 내려 자기 몸을 다른 물건 위에 놓다, 건물이나 집 따위가 일정한 방향이나 장소에 자리를 잡다, 어떤 직위나 자리를 차지하다, 공기 중에 있던 먼지와 같은 미세한 것이 다른 물건 위에 내려 쌓이다, 배추 따위가 속이 꽉 차다, 어떤 일에 적극적으로 나서지 아니하고 수수방관하다.' 등의 뜻을 지닌다. 방언형 '앚다'는 문헌 어휘 '앉다'의 겹받침 가운데 'ㄴ'이 탈락한 어형이며, 다른 방언형 '앉다'는 문헌 어휘 '앉다'가 그대로 쓰인 경우다. 또 다른 방언형 '아지다·안즈다·안지다'는 문헌 어휘 '앉다'와 비교할 때 음절수에 차이가 있다.

[용례]

¶ 이젠 딱딱헌 바닥에 잘 앚지 못허여. (이제는 딱딱한 바닥에 잘 앉지 못해.)

¶ 베치ᄂ물 것도 속 앚는 거라. (배추나물 것도 속 앉는 거야.)

¶ ᄀ렌 그거 둘이 앚앙 ᄀ는 거라. 정ᄀ렌 혼자 앚앙 ᄀ는 거고. (맷돌은 그거 둘이 앉아서 가는 거야. 풀맷돌은 혼자 앉아서 가는 거고.)

¶ 보린게 호미로 <u>앚아근에</u> 영 영 비는 거라. (보리는 낫으로 앉아서 이렇게 이렇게 베는 거야.)

¶ 쉐꼴랑지 들렁 막 도망가민 그때 소 못 심어근에 <u>앚안</u> 막 울어나서. (소꼬리 들어서 막 도망가면 그때 소 못 잡아서 앉아서 막 울었어.)

¶ 중진을 오게 되난 다섯 사름이 완 <u>앚으난</u> 어떨 거우꽈? (중신을 오게 되니까 다섯 사람이 와서 앉으니 어떨 겁니까?)

¶ 야혹 홀 때양, 방에 책상을 낳은에 뱅허게 모여앚아근에 허민 영 영 책상 아래 발 찔러야 여라이 <u>앚을</u> 거 아니우꽈? (야학할 때요, 빙에 책상을 놔서 뱅하게 모여앉아서 하면 이렇게 이렇게 책상 아래 발 찔러야 여럿이 앉을 거 아닙니까?)

[관용 표현]

앚앙 준 빗 상 못 받나 표준어로 바꾸면 '앉아서 준 빚 서서 못 받는다.'인데, '빌려주기는 쉬우나 돌려받기는 어렵다.'는 것을 비유적으로 이르는 말.

[관련 어휘]

걸러아지다·걸러앉다·걸러앚다 걸어앉다.

걸처앉다·걸터앉다·걸터앚다 걸터앉다.

고쩌앉다·고쩌앚다·고쳐앉다·고쳐앚다 앉았던 자리에서 다른 위치로 옮기다.

곧초앉다·곧초앚다·괃작앉다·괃작앚다 곧추앉다.

꼴라앉다·꼴라앚다·꼴라지다 가라앉다.

꿀려앉다·꿀려앚다 꿇어앉다.

나앉다·나앚다 나앉다. 내앉다.

ᄂᆞ려앉다·ᄂᆞ려앚다 내려앉다.

데반안지다·데반앉다·데반앚다 대반앉다. 대반의 구실을 하다.

도사려앉다·되사려앉다·복쉬되와앉다·복쉬퇴와앉다·사려앉다·양반청앚다·양반치다 책상다리하다.

763

돌아앉다·돌아앚다¹·앚아돌다 돌아앉다.

돌아앚다²·둘러앚다 둘러앉다.

드러앉다·드러앚다 주저앉다.

들어앉다·들어앚다 다가앉다. 들어앉다.

마주앉다·마주앚다 마주앉다. 맞앉다.

모다앚다·모여앚다 모여앉다.

목앉다·목앚다 사람이나 짐승을 붙잡기 위하여 사람 따위가 잘 다니는 목에
  앉다.

무너앉다·무너앚다·물러앉다·물러앚다 물러앉다.

보징앉다·보징앚다 보증하다.

불똥앉다·불똥앚다 등화앉다. 불똥앉다.

아진베기 앉은뱅이.

아진일 앉은일.

아진자리 앉은자리.

아진장서·아진장수 앉은장사.

아진장시 앉은장수.

아진제 앉은굿.

아진추례 앉은차례.

아질널 앉을깨.

아질자리 앉을자리.

안팟잔치 앉은잔치. 신랑 신부가 서로 상대편에 오가며 잔치를 하지 아니하
  고, 어느 한편이 있는 곳에서 몰아서 하는 잔치.

앉지다·앚지다 앉히다.

앚은베기저울 앉은뱅이저울.

앚은첵상 앉은뱅이책상.

연조세앚다 어린아이가 어리광으로 거푸 무릎을 굽혔다 폈다 하다.

올라앉다·올라앚다 올라앉다.

욍겨앉다·욍겨앚다 옮아앉다.

조세앚다 어린아이들이 무릎을 폈다 구부렸다 하면서 놀다.

조촘앉다·조촘앚다·조침앉다·조침앚다 엉덩이를 들고 두 다리를 구부려 세워서
  발로 디디어 앉다.

주치려앉다·주치려앚다 엉덩이를 바닥에 대고 두 다리를 구부려 세워서 앉다.

차앉다·차앚다 차고앉다.

청앚다 음식을 할 때 그릇 밑으로 가루 따위가 가라앉거나 늘어붙다.

타앉다·타앚다 타고앉다. 탈것이나 짐승 따위에 몸을 얹고 앉다.

툿다지다·툿다앉다·툿다앚다 곁에 바싹 지켜 앉다.

흘레앚다·흘앉다·흘앚다 땅까불하다. 암탉이 혼자서 몸을 땅바닥에 대고 비비
  적거리다.

●●●●　　**더 생각해 보기**

동음어

앚다[1] 앉다. 사람이나 동물이 윗몸을 바로 한 상태에서 엉덩이에 몸무게를 실어 다른
물건이나 바닥에 몸을 올려놓다.
¶ 나 비 온 날 아니믄 앚아 본 날 엇어. (나 비 온 날 아니면 앉아 본 날 없어.)

앚다[2] 갖다. 손이나 몸 따위에 있게 하다.
¶ 이거 앚당 느네나 먹으라. (이것 갖다가 너희나 먹어라.)

앚다[3] 고이다. 괴다. 물 따위가 우묵한 곳에 모이다.
¶ 앚는 물은 안 먹어. (괸 물은 안 먹어.)

얻다

[기본 의미]   거저 주는 것을 받아 가지다.

[대응 표준어]   얻다

[방언 분화형]   얻다

[문헌 어휘]   얻다(《용비어천가》27장)

[어휘 설명]   '얻다'는 '거저 주는 것을 받아 가지다.'라는 뜻을 기본 의미로 하여, '긍정적인 태도·반응·상태 따위를 가지거나 누리게 되다, 구하거나 찾아서 가지다, 돈을 빌리다, 집이나 방 따위를 빌리다, 권리나 결과·재산 따위를 차지하거나 획득하다, 병을 앓게 되다.' 등의 뜻을 지닌다. 방언형 '얻다'는 문헌 어휘 '얻다'가 그대로 쓰인 경우다.

[용례]

¶ 제관은 괴기 크게 얻곡, 크게 주곡 허여. (제관은 고기 크게 얻고, 크게 주고 해.)

¶ 공허게 얻지 말렌 굴아라. 세상엔 공건 엇나. (공하게 얻지 말라고 말하더라. 세상엔 공것은 없다.)

¶ 물 죽은 디 들엇단 간이영 검은지름* 얻언 와서렌. (말 죽은 데 들었다가 간하고 '검은기름' 얻어서 왔었다고.)

---

* '검은지름'은 '말의 창자를 달리 이르는 말'이다. 말의 창자는 다른 동물처럼 큰창자와 작은창자 구분이 없다. 민간에서는 그 길이가 열두 발에 이른다고 한다.

¶ 아방은 각시 <u>얻으난</u> 뚜로 나강 살아 불고. (아버지는 각시 얻으니 따로 나가서 살아 버리고.)

¶ 어멍 <u>얻엉</u> 오난 뚤 성제만 난에 일본 가 불언. (어머니 얻어서 오니 딸 형제만 낳아서 일본 가 버렸어.)

¶ ᄆᆞ음씨 고운 사름이 고운 각시 <u>얻나</u>. (마음씨 고운 사람이 고운 각시 얻는다.)

[관련 어휘]

서방얻다 서방맞이하다. 서방얻다.

얻어걸리다 얻어걸리다.

얻어먹다[1] 얻어먹다.

얻어먹다[2] 봉제사를 받다.

얻지다 아내나 남편을 맞게 해 주다.

얼다

[기본 의미] 액체나 물기가 있는 물체가 찬 기운 때문에 고체 상태로 굳어
지다.

[대응 표준어] 얼다

[방언 분화형] 얼다·얼위다

[문헌 어휘] 얼다(《월인석보》9:23)

[어휘 설명] '얼다'는 '액체나 물기가 있는 물체가 찬 기운 때문에 고체 상태
로 굳어지다.'라는 뜻을 기본 의미로 하여, '추위로 인하여 신체 또는 그 일
부가 뻣뻣하여지고 감각이 없어질 만큼 아주 차가워지다, 어떤 분위기나
사람에게 위압되어 긴장하거나 흥분하여 침착한 태도를 잃고 당황하다.'
등의 뜻을 지닌다. 방언형 '얼다'는 문헌 어휘 '얼다'가 그대로 쓰인 경우고,
다른 방언형 '얼위다'는 새롭게 형성된 어형이다.

[용례]

¶ 눈 하영 왕 물 얼곡 집가지에 동곳 들리민 아이덜만 막 좋아허지. (눈 많
이 와서 물 얼고 처마에 고드름 달리면 아이들만 아주 좋아하지.)

¶ 감저 얼지 말렌 땅 팡 묻어. (고구마 얼지 말라고 땅 파서 묻어.)

¶ 시월 나민 상강 지곡 물도 얼멍 막 추워. (시월 되면 서리 내리고 물도 얼면서
아주 추워.)

¶ 소설 넘으민 물도 언덴 굴아. (소설 넘으면 물도 언다고 말해.)

¶ 얼음 얼엉 땅이 곳앙 들러진 걸 정에렌 헙니다. (얼음이 얼어서 땅이 곱아서
들뜬 걸 성에라고 합니다.)

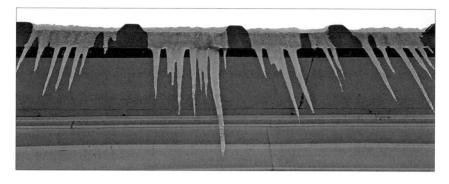

동곳

¶ 느려올 때는 옳게 그거 초신은 들르고 멘발에 올 수밖에 엇어. 거 신지
못헤. 다 <u>얼어</u> 변. (내려올 때는 옳이 그거 짚신은 들고 맨발에 올 수밖에 없어. 거
신지 못해. 다 얼어 버려서.)

¶ 흑이 <u>얼엇다</u> 뭐 헷다 허민 땅이 부꺼져 불거든. (흙이 얼었다 뭐 했다 하면 땅
이 부풀어 버리거든.)

[관련 어휘]

언기·언징 찬기. 차가운 기운.

언똥 언똥. 얼어서 딴딴하게 굳은 똥.

언물 찬물.

언비 찬비.

언브름 찬바람.

얼음 얼음.

얼음석 돌덩이처럼 덩어리진 얼음.

얼리다·얼우다 얼리다.

얼음장 얼음장.

769

얼다¹ 얼다. 액체나 물기가 있는 물체가 찬 기운 때문에 고체 상태로 굳어지다.

¶ 땅이 얼엉 보릿발* 들러지믄 잘 불라 주어사. (땅이 얼어서 '보릿발' 들뜨면 잘 밟아 주어야.)

얼다² 춥다. 대기의 온도가 낮다.

¶ 파싹 얼다게. 오널랑 나가지 말라. (몹시 춥다. 오늘은 나가지 마라.)

---

* '보릿발'은 '보리의 잔뿌리'를 말한다.

오다

[기본 의미] 어떤 사람이 말하는 사람 혹은 기준이 되는 사람이 있는 쪽으로 움직여 위치를 옮기다.

[대응 표준어] 오다

[방언 분화형] 오다

[문헌 어휘] 오다(《용비어천가》16장)

[어휘 설명] '오다'는 '어떤 사람이 말하는 사람 혹은 기준이 되는 사람이 있는 쪽으로 움직여 위치를 옮기다.'라는 뜻을 기본 의미로 하여, '수레·배·자동차·비행기 따위가 말하는 이가 있는 쪽을 향하여 운행하다, 물건이나 권리 따위가 자기에게 옮겨지다, 운수나 보람·기회 따위가 말하는 사람 쪽에 나타나다, 물체가 말하는 사람이 있는 쪽으로 기울어지다, 비·눈·서리나 추위 따위가 내리거나 닥치다, 어떤 현상이 어떤 원인에서 비롯하여 생겨나다, 어떤 경로를 통하여 말하는 사람이 있는 쪽으로 위치를 옮기다.' 등의 뜻을 지닌다. 방언형 '오다'는 문헌 어휘 '오다'가 그대로 쓰인 경우다. 이 '오다'는 '~어 오다' 구성으로 보조용언으로 쓰이기도 하고, 합성어를 이루기도 한다.

[용례]

¶ 무신 정체 엇인 말 굴으민 떡 잘 안 익넨 허멍 아이덜 오지 못허게 허고. (무슨 정체 없는 말 말하면 떡 잘 안 익는다고 하면서 아이들 오지 못하게 하고.)

¶ 이디 완 보난 씨하르버지가 둑을 멧 개 질롸십데다게. (여기 와서 보니 시할아버지가 닭을 몇 마리 기르고 있습디다.)

¶ 떡을 처근에 허민 동네 사름덜 왕 먹곡. 어려울 때난에. (떡을 쪄서 하면 동네 사람들 와서 먹고. 어려울 때니까.)

¶ 옛날 거 사레 오난 믄 폴아 불엇어. 이젠 ᄒ나토 엇어. (옛날 거 사러 오니까 모두 팔아 버렸어. 이제는 하나도 없어.)

¶ 보리 무껑 집의 시껑 오곡 허믄 안심이 되어. (보리 묶어서 집에 실어서 오고 하면 안심이 되어.)

[관련 어휘]

가다오다·가당오당 가다오다.

가오다·뎅겨오다·ᄃ녀오다 다녀오다.

가져오다·거져오다·ᄀ져오다·아져오다·앗아오다·ᄋ져오다 가져오다.

나오다 나오다.

넘어오다 건너오다.

ᄂ려오다 내려오다.

놀아오다 날아오다.

데려오다·돌아오다·돌앙오다 데려오다.

돋아오다 ①해나 달이 솟아오르다. ②새싹이 또렷이 나오다.

돌라오다 물러오다.

돌아오다 돌아오다.

뒤ᄯ라오다 뒤따라오다.

둥글어오다 ①키 작고 뚱뚱한 사람이 재빨리 걷지 못하고 그렁저렁 걸어오다. ②굴러오다.

들러오다 임자 모르게 물건을 가져오다.

들어오다 들어오다.

들여오다 들여오다.

돌려오다·돌아오다 달려오다.

뛰여오다·튀여오다 뛰어오다.

772

또라오다·부떠오다[1]·부터오다[1] 따라오다.

모다오다·모아오다·모여오다 몰려오다.

모사오다 웃어른이나 귀한 손님을 잘 모시어 오다.

몰아오다 몰아오다.

물어오다 조금씩 여러 번에 거쳐서 가져오다.

부떠오다[2]·부터오다[2] 한도 이상으로 붙어서 오다.

사오다 사 가지고 오다.

설러오다 걷어오다.

심어오다·잡아오다 잡아오다.

씨집오다 시집오다.

오다가다·오당가당 오다가다.

울러오다 사람이나 동물이 떼를 지어 우르르 몰려오다.

조차오다 좇아오다.

지나오다 지나오다.

쪼까오다·쪼차오다 쫓아오다.

촞아오다 찾아오다.

올르다

256

[기본 의미] 사람이나 동물 따위가 아래에서 위쪽으로 움직여 가다.

[대응 표준어] 오르다

[방언 분화형] 오르다·올르다

[문헌 어휘] 오른다(《용비어천가》109장)

[어휘 설명] '오르다'는 '사람이나 동물 따위가 아래에서 위쪽으로 움직여 가다.'라는 뜻을 기본 의미로 하여, '지위나 신분 따위를 얻게 되다, 탈것에 타다, 어떤 정도에 달하다, 몸 따위에 살이 많아지다, 식탁·도마 따위에 놓여지다, 남의 이야깃거리가 되다, 기록에 적히다, 값이나 수치·온도·성적 따위가 이전보다 많아지거나 높아지다.' 등의 뜻을 지닌다. 방언형 '오르다'는 문헌 어휘 '오른다'가 '오른다〉오르다'의 변화 과정을 거친 어형이며, 다른 방언형 '올르다'는 '오르다'에 'ㄹ'이 첨가되어 이루어진 어형이다.

[용례]

¶ 폭낭 우터레 올르곡 느리곡 허멍 놀아난. (팽나무 위로 오르고 내리고 하며 놀았었어.)

¶ 감낭엔 올르지 아년다. (감나무에는 오르지 않는다.)

¶ 둘리가 지붕에 올란 유지를 다 탄 느려완. (둘이가 지붕에 올라서 유자를 다 따서 내려왔어.)

¶ 멜 올르민 거 거려단 멜첫 담곡. (멸치 오르면 거 떠다가 멸치젓 담그고.)

¶ 촐 시꺼나민 촐때* 올랑 막 고셍허여. (꼴 싣고 나면 '촐때' 올라서 아주 고생해.)

¶ 조는 외로 올르곡, ᄀᆞ랏은 벌기멍 올른다 ᄒᆞ여. (조는 외로 오르고, 가라지는 벌리며 오른다 해.)

¶ 임종헌 거 코에 송인** 올른 걸로도 알주. (임종한 거 콩에 '송인' 오른 걸로도 알지.)

[관련 어휘]

괴여오르다·괴여올르다 괴어오르다.

도렝이오르다·도렝이올르다·도롱이오르다·도롱이올르다 도랑이라는 피부병에 걸리다.

도오르다·도올르다 또다시 오르다.

독오르다·독올르다 독오르다.

ᄀᆞ랏

* '촐때'는 '꼴을 거두어들일 때 몸에 붙는 꼴의 먼지'를 말한다. 달리 '촐꺼렝이'라고도 한다.
** '송인'은 '막 임종한 주검의 콧속에 거멓게 오른 독'을 말한다.

마오르다 곰팡피다. 곰피다.

물오르다·물올르다 물오르다.

비리오르다·비리올르다 비루먹다.

삼록오르다 녹슬다.

성오르다 편안하여 몸에 살이 찌다.

열오르다·열올르다 열오르다.

오동오르다·오동올르다 ①홀떡 뛰어서 오르다. ②재물이 다 쓰여서 없어지다.

오롬·오름 한번의 분화 활동으로 생선된 자그마한 화산.

오롯질·오룻질 오르막길.

올락네력·올락ㄴ력 오르락내리락.

옷오르다·옷올르다·칠오르다·칠올르다 옻오르다.

핏독오르다·핏독올르다 피맺히다.

옮다

257

[기본 의미]   어떤 곳에서 다른 곳으로 움직여 자리를 바꾸다.

[대응 표준어]   옮다

[방언 분화형]   옮다

[문헌 어휘]   옮다(《용비어천가》4장)

[어휘 설명]   '옮다'는 '어떤 곳에서 다른 곳으로 움직여 자리를 바꾸다.'라는
뜻을 비롯하여, '불길이나 소문 따위가 한 곳에서 다른 곳으로 번져 가다,
병 따위가 다른 이에게 전염되거나 다른 이에게서 전염되다.' 등의 뜻을 지
닌다. 방언형 '옮다'는 문헌 어휘 '옮다'가 그대로 쓰인 경우다. 일상생활에
서는 사동사형의 '옮기다, 윙기다'가 자주 쓰이는 편이다.

[용례]

¶ 득베기엔 헌 거 옮으믄 고찌기 어려와. 머리 믄딱 메어져 가멍. 이젠 엇
  지. (두부백선이라고 한 거 옮으면 고치기 어려워. 머리 몽땅 매어져 가면서. 이젠
  없지.)

¶ 늠뻬 갈믄 고장 피어 가믄 벌이 옮겨 불엉 잡종 된덴 헤난. (무 갈면 꽃 피
  어 가면 벌이 옮겨 버려서 잡종 된다고 했었어.)

[관련 어휘]

오목거리다 움직거리다.

오몽 거동.

오몽ᄒ다 거동하다.

옮기다·욍기다 옮기다.

욍겨앉다·욍겨잇다 옮아앉다.

울다

[기본 의미] 기쁨·슬픔 따위의 감정을 억누르지 못하거나 아픔을 참지 못하
여 눈물을 흘리다. 또는 그렇게 눈물을 흘리면서 소리를 내다.

[대응 표준어] 울다

[방언 분화형] 울다

[문헌 어휘] 울다(《용비어천가》33장)

[어휘 설명] '울다'는 '기쁨·슬픔 따위의 감정을 억누르지 못하거나 아픔을
참지 못하여 눈물을 흘리다. 또는 그렇게 눈물을 흘리면서 소리를 내다.'라
는 뜻을 기본 의미로 하여, '짐승·벌레·바람 따위가 소리를 내다, 물체가 바
람 따위에 흔들리거나 움직여 소리가 나다, (울음과 함께 쓰여) 소리를 내
면서 눈물을 흘리다.' 등의 뜻을 지닌다. 방언형 '울다'는 문헌 어휘 '울다'가
그대로 쓰인 경우다.

[용례]

¶ 판이 시작되난 웃곡 울곡 난리가 난 거라. (판이 시작되니 웃고 울고 난리가
난 거야.)

¶ 울지 말젠 헤도 이젠 ᄒ꼼만 허민 막 울어진다게. (울지 말려고 해도 이젠 조
금만 하면 막 울어진다.)

¶ 이디 들어왕 살켄 막 우난 어떵 말이우까? (여기 들어와서 살겠다고 막 우니
어째 말입니까?)

¶ 이녁 집의 가난 울언 살 말이우꽈? 따시 할망칩의 오라십주게. (이녁 집에
가니 울어서 살 말입니까? 다시 할머니 집에 왔습지요.)

¶ 애기 울엉 어떵헹 좋고 허지 말앙 흔저 젯 물리라게. (아기 울어서 어떡해서 좋고 하지 말고 어서 젖 물려라.)

¶ 장둑은 제시간 되믄 울어. 경 아녀믄 잡아먹어 불어. (수탉은 제시간 되면 울어. 그렇지 않으면 잡아먹어 버려.)

[관용 표현]

우는 사름 입 고우멍 용심난 사름 말 고우랴? 표준어로 바꾸면 '우는 사람 입 고우며 화난 사람 말 고우랴?'인데, 험한 말을 할 때 이를 비유적으로 이르는 말.

우념굿 '울음'을 비유적으로 이르는 말.

[관련 어휘]

드러울다·퍼울다 들이울다.

울리다 울리다.

울멍불멍·울멍스르멍·울멍슬르멍·울멍슬흐멍·울멍시르멍·울멍실르멍 울며불며.

울멩이 울보.

울어절이다·울어제끼다·울어제치다 어린아이가 실제로 아프지 않은데도 아픈 체하며 울어대다.

줏인독울다 닭잦추다. 자처울다. 새벽에 닭이 홰를 치며 울다.

780

동음어

울다[1]　울다. 기쁨·슬픔 따위의 감정을 억누르지 못하거나 아픔을 참지 못하여 눈물을 흘리다. 또는 그렇게 눈물을 흘리면서 소리를 내다.
¶ 훈 줌 잣당 둑 울믄 일어난 밥허곡. (한잠 잤다가 닭 울면 일어나서 밥하고.)

울다[2]　붇다. 물에 젖어서 부피가 커지다.
¶ 콩 눌 둥강 놔두민 물 울어. (콩 물 담가 놔두면 물 불어.)

울다[3]　잘되게 하거나 도움을 받는다는 뜻으로 쓰이는 말.
¶ 누겔 울엉 이 일을 ᄒ여마씸? (누구를 위하여 이 일을 합니까?)

[기본 의미]   기쁘거나 만족스럽거나 우스울 때 얼굴을 활짝 펴거나 소리를
내다.

[대응 표준어]   웃다

[방언 분화형]   웃다

[문헌 어휘]   웃다《석보상절》6:24)

[어휘 설명]   '웃다'는 '기쁘거나 만족스럽거나 우스울 때 얼굴을 활짝 펴거
나 소리를 내다.'라는 뜻을 기본 의미로 하여, '얼굴에 환한 표정을 짓거나
소리를 내어 어떤 종류의 웃음을 나타내다, 같잖게 여기어 경멸하다.' 등의
뜻을 지닌다. 방언형 '웃다'는 문헌 어휘 '웃다'가 그대로 쓰인 경우다.

[용례]

¶ 사름덜 심방 말명에 울곡 웃곡 허여. (사람들 심방 말명에 울고 웃고 해.)

¶ 허피 웃지 말라. (헤피 웃지 마라.)

¶ 나 이제꼬장 살멍 놈 웃겐 살지 아녀수다. (내 이제까지 살면서 남 웃게는 살
지 않았습니다.)

¶ 쉐 들럭퀴는 거 봥 잘도 웃어나수다. (소 날뛰는 거 봐서 잘도 웃었었습니다.)

¶ 막 웃단 보난 나 직신 엇어 불언. (막 웃다가 보니 내 깃은 없어 버렸어.)

¶ 웃엉 욕헐 사름 웃나. (웃어서 욕할 사람 없다.)

¶ 이 집의 씨집오젠 경 헤낫수다 허멍 막 웃어낫주. (이 집에 시집오려고 그렇
게 했었습니다 하며 마구 웃었었지.)

¶ 그런 말 골으민 우리 똘덜도 웃기만 헐 거라이. (그런 말 말하면 우리 딸들도

웃기만 할 거야.)

¶ 경 서창헤도 웃일 사름은 웃나게. (그렇게 창창해도 웃을 사람은 웃는다.)

[관련 어휘]

놈우세 남우세.

놈우세ᄒ다 남우세하다.

눈웃음 눈웃음.

드러웃다·퍼웃다 들이웃다.

비웃다 비웃다.

선웃음 선웃음.

우세 우세.

우숩다 우습다.

우시게 우스개.

우시겟소리 우스갯소리.

웃음거리·웃음건지 웃음거리.

웃음벨탁·웃음차자기·웃음타다기·웃음타자기 '웃음'을 낮잡아 이르는 말.

이기다

[기본 의미]   내기나 시합·싸움 따위에서 재주나 힘을 겨루어 우위를 차지하다.

[대응 표준어]   이기다

[방언 분화형]   이기다

[문헌 어휘]   이긔다(《석보상절》6:22)

[어휘 설명]   '이기다'는 '내기나 시합·싸움 따위에서 재주나 힘을 겨루어 우위를 차지하다.'라는 뜻을 기본 의미로 하여, '감정이나 욕망·흥취 따위를 억누르다, 고통이나 고난을 참고 견디어 내다.' 등의 뜻을 지닌다. 방언형 '이기다'는 문헌 어휘 '이긔다'가 '이긔다>이기다'의 변화 과정을 거친 어형이다.

[용례]

¶ 아멩헤도 이기곡 지곡 허당 보믄 불평이 나긴 나지. (아무래도 이기고 지고 하다 보면 불평이 나기는 나지.)

¶ ᄌ식 이기지 못헌다 헤서. (자식 이기지 못한다 했어.)

¶ 그 집 이길 사름이 누게 이시닌게? 절대 이기지 못헌덴. (그 집 이길 사람이 누가 있겠느냐고? 절대 이기지 못한다고.)

¶ 똑 ᄒ번 이견 술 공으로 먹어십주. (꼭 한번 이겨서 술 공으로 먹었습죠.)

¶ 요번도 이경 오믄 좋은 일 아니라게. (요번도 이겨서 오면 좋은 일 아니겠어.)

¶ 쪼끼도 하영 차민 이기는 거. 막 세멍 것도. (제기도 많이 차면 이기는 거. 막 세며 것도.)

동음어

이기다[1] 이기다. 내기나 시합·싸움 따위에서 재주나 힘을 겨루어 우위를 차지하다.
¶ 사름은 이기는 펜에 부떠. (사람은 이기는 편에 붙어.)

이기다[2] 일구다. 논밭을 만들기 위하여 땅을 파서 일으키다
¶ 테역 갈아어펑 밧 이기젠 ㅎ믄 보통 심이 든 게 아니지. (떼 갈아엎어 밭 일
구려고 하면 보통 힘이 드는 게 아니지.)

이기다[3] 이기다. 가루나 흙 따위에 물을 부어 반죽하다.
¶ フ르 잘 이경 달롸사 떡도 잘 되어. (가루 잘 이겨서 다뤄야 떡도 잘 되어.)

익다

261

[기본 의미]   열매나 씨가 여물다.

[대응 표준어]   익다

[방언 분화형]   익다

[문헌 어휘]   닉다(《월인석보》1:45)

[어휘 설명]   '익다'는 '열매나 씨가 여물다.'라는 뜻을 기본 의미로 하여, '고 기나 채소·곡식 따위의 날것이 뜨거운 열을 받아 그 성질과 맛이 달라지다, 김치·술·장 따위가 맛이 들다, 사물이나 시기 따위가 충분히 마련되거나 알맞게 되다.' 등의 뜻을 지닌다. 방언형 '익다'는 문헌 어휘 '닉다'가 '닉다〉 익다'의 변화 과정을 거친 어형이다.

[용례]

¶ 보리가 망종 넘어 가믄 <u>익엉</u> 복삭 헤불어. (보리가 망종 넘어 가면 익어서 폭 삭 해버려.)

¶ 간절민 팔월에 <u>익나</u>. (개똥참외는 팔월에 익는다.)

¶ 검질도 메곡 헤영 다 <u>익으믄</u> 비어 낭 태작허곡. (김도 매고 해서 다 익으면 베 어 놔서 타작하고.)

¶ 밧이 좋으난 부제칩의 보린 재게 <u>익곡</u> 가난헌 집의 보린 늦게 <u>익어</u>. 밧이 나쁘난. (밭이 좋으니 부잣집의 보리는 재우 익고 가난한 집의 보리는 늦게 익어. 밭이 나쁘니까.)

¶ 반은 <u>익곡</u> 반은 선 것도 오래 놔두민 허영허게 바래어. (반은 익고 반은 선 것도 오래 놔두면 허옇게 바래어.)

¶ 부정타믄 떡이 셍전 익지 아녀. (부정타면 떡이 생전 익지 않아.)

¶ 보리쑬은 잘 안 익으난 얼마간 반 이상은 익영 놔둬. (보리쌀은 잘 안 익으
니 얼마간 반 이상은 익혀서 놔둬.)

[관용 표현]

익은 음식 '이미 완성된 물건'을 비유적으로 이르는 말.

[관련 어휘]

덜익다·두루익다 데익다.

익은멩지 숙고사(熟庫紗). 숙명주(熟明紬). 삶은 명주실로 짠 명주.

익은밥 ①익은밥. 제대로 익어서 먹게 된 밥. ②진밥. 질게 지어진 밥.

●●●● **더 생각해 보기**

동음어

익다¹ 익다. 열매나 씨가 여물다.

¶ 곡석은 완전이 익은 다음에 그걸 이제 비는 겁주. (곡식은 완전히 익은 다
음에 그걸 이제 베는 거지요.)

익다² 읽다. 글이나 글자를 보고 그 음대로 소리 내어 말로써 나타내다.

¶ 글만 익으민 되는 게 아니고 그 뜻을 알아사 글맛이 셔. (글만 읽으면 되는
게 아니고 그 뜻을 알아야 글맛이 있어.)

일르다

[기본 의미]   가졌던 물건이 자신도 모르게 없어져 그것을 갖지 아니하게
되다.

[대응 표준어]   잃다

[방언 분화형]   일르다·일흐다

[문헌 어휘]   잃다(《용비어천가》18장)

[어휘 설명]   '일르다'는 '가졌던 물건이 자신도 모르게 없어져 그것을 갖지
아니하게 되다.'라는 뜻을 기본 의미로 하여, '땅이나 자리가 없어져 그것을
갖지 못하게 되거나 거기에서 살지 못하게 되다, 어떤 사람과의 관계가 끊
어지거나 헤어지게 되다, 기회나 때가 사라지다, 길을 못 찾거나 방향을 분
간 못하게 되다, 같이 있거나 같이 길을 가던 사람을 놓쳐 헤어지게 되다,
경기나 도박에서 져서 돈을 빼앗기거나 손해를 보다.' 등의 뜻을 지닌다. 방
언형 '일르다'는 새롭게 형성된 어형이며, 다른 방언형 '일흐다'는 문헌 어
휘 '잃다'와 비교할 때 음절수에 차이가 있다. 일상생활에서는 '여먹다·일
러먹다·일러불다(잃어버리다)' 등이 더 자주 쓰인다.

[용례]

¶ 지실 꿩아피 일러불카부뎬 그냥 그물도 다 치곡. (감자 꿩한테 잃어버릴까
봐 그냥 그물도 다 치고.)

¶ 수박 그거 타먹엄뗀 그 아이덜 뜨리곡 막 욕질헤 봐. 이녁 거 일르고 인
심만 일러. (수박 그거 따먹는다고 그 아이들 때리고 막 욕질해 봐. 이녁 거 잃고
인심만 잃어.)

¶ 거기 들어갓당은 까딱허당 질 일러. (거기 들어갔다가는 까딱하다가 길 잃어.)

¶ 윳놀이혜근에 돈만 자꾸 일름만 허여. 하영 일르민 섭섭헐 테주, 뭐. (윷놀이해서 돈만 자꾸 잃기만 해. 많이 잃으면 섭섭할 테지, 뭐.)

¶ 우리 메누리도 꿩알 줍지 맙서예, 꿩알 줍지 맙서, 경. 경 헤영 꿩의 가심, 매의 가심 아픈덴. 매의 가심 헌덴 허난 사름도 애기 일흐민 가심 아프는 걸. (우리 며느리도 꿩알 줍지 마세요, 꿩알 줍지 마세요, 그렇게. 그렇게 해서 꿩의 가슴, 매의 가슴 아픈다고. 매의 가슴 한다고 하니 사람도 아기 잃으면 가슴 아프는 걸.)

¶ 뻥이치기*도 일흐는 놈은 만날 일흐고. ('뻥이치기'도 잃는 놈은 만날 잃고.)

[관련 어휘]

여먹다·여불다·일러먹다·일러불다·잃어먹다·잃어불다 잃어버리다.

---

* '뻥이치기'는 '삘기를 가지고 노는 놀이'를 말한다. 달리 '빵이치기'라고도 한다.

동음어

일르다¹ 잃다. 가졌던 물건이 자신도 모르게 없어져 그것을 갖지 아니하게 되다.
¶ 노리괴기 혼 점 먹젠 ㅎ당 지 괴기 열 점 <u>일른다</u> 허는 말이 잇어. (노루고기
한 점 먹으려고 하다가 자기 고기 열 점 잃는다 하는 말이 있어.)

일르다² 뒤집어엎다. 박힌 것을 일으켜 뒤집어 놓다.
¶ 돌 <u>일렁</u> 보민 깅이 바글바글헤나신디 이젠 하영 못 봐. (돌 뒤집어엎어 보
면 게가 바글바글했었는데 이제는 많이 못 봐.)

일르다³ 뜨다. 무거운 물건을 위로 들어 올리다.
¶ 괭이나 들어사주, 삽으론 돌 잘 <u>일르지</u> 못허여. (괭이나 들어야지, 삽으로
는 돌 잘 뜨지 못해.)

일르다⁴ 이르다. 무엇이라고 말하다.
¶ 아이덜이나 <u>일러</u> 불켄 허주, 어른덜은 그런 말 안 써. (아이들이나 일러 버
리겠다고 하지, 어른들은 그런 말 안 써.)

일르다⁵ 이르다. 대중이나 기준을 잡은 때보다 앞서거나 빠르다.
¶ 이제 가믄 너미 <u>일러</u>. (이제 가면 너무 일러.)

입다

263

[기본 의미] 옷을 몸에 꿰거나 두르다.

[대응 표준어] 입다

[방언 분화형] 입다

[문헌 어휘] 닙다(《월인천강지곡》상:57)

[어휘 설명] '입다'는 '옷을 몸에 꿰거나 두르다.'라는 뜻을 기본 의미로 하여, '받거나 당하다.' 등의 뜻을 지닌다. 방언형 '입다'는 문헌 어휘 '닙다'가 '닙다〉입다'의 변화 과정을 거친 어형이다.

[용례]

¶ 콩 풀앙 옷도 사 입곡 세간도 장만허곡 헤난. (콩 팔아서 옷도 사 입고 세간도 장만하고 했었어.)

¶ 이젠 고무옷* 입으난 물속에 오래 살아. (이제는 '고무옷' 입으니 물속에 오래 살아.)

¶ 옛 어른 말이 먹지 실픈 음식은 못 먹지만은 입지 실픈 옷은 입어사 헌덴. (옛 어른 말이 먹기 싫은 음식은 못 먹지만 입기 싫은 옷은 입어야 한다고.)

¶ 멩질 먹젠** 허믄 옷 풀헤근에 다 다려근에 입엉 제지내곡. (명질 지내려고 하면 옷 풀해서 다 다려 입어서 제지내고.)

¶ 옛날 물질사게, 그냥 속곳 영 허영 입곡, 우원 적삼. (옛날 물질이야, 그냥 속

* '고무옷'은 '잠녀들이 물질할 때 입는, 고무로 만든 옷'을 말한다.

** '멩질 먹다'는 '명질 때 차례를 지내고 음복하다.'는 뜻으로 쓰이는 표현이다.

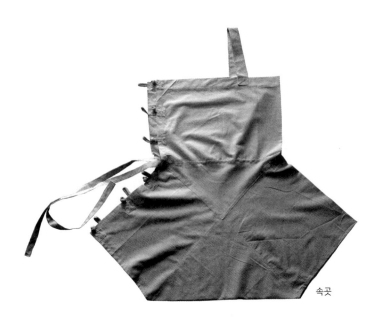

속곳

곳 이렇게 해서 입고, 위엔 적삼.)

¶ 멩지 허민 셍멩지허곡 익은멩지 되는 거주. 옷 허민게 셍멩진 대소간 겨울엔 못 입지게. (명주 하면 생명주하고 숙명주 되는 거지. 옷 하면 생명주는 대소간 겨울에 못 입지.)

[관련 어휘]

골아입다　갈아입다.

골아입지다　갈아입히다.

끼와입다[1]　껴입다. 몸에 맞지 않는 옷을 억지로 입다.

끼와입다[2]·주겨입다·포입다　껴입다. 옷 입은 위에 다른 옷을 겹쳐서 입다.

복입다　복입다. 상을 당하여 복제를 입다.

솔입다　오래된 팽나무 따위가 줄기에 울퉁불퉁하게 새롭게 살이 붙다.

입성　입성. '옷'을 속되게 이르는 말.

입지다　입히다.

추려입다·출려입다　차려입다.

792

잇다

264

[기본 의미]   두 끝을 맞대어 붙이다.

[대응 표준어]   잇다

[방언 분화형]   잇다

[문헌 어휘]   닛다(《용비어천가》44장)

[어휘 설명]   '잇다'는 '두 끝을 맞대어 붙이다.'라는 뜻을 기본 의미로 하여, '끊어지지 않게 계속하다, 많은 사람이나 물체가 줄을 이루어 서다, 뒤를 잇달다.' 등의 뜻을 지닌다. 방언형 '잇다'는 문헌 어휘 '닛다'가 '닛다〉잇다'의 변화 과정을 거친 어형이다. 방언형 '잇다'가 활용할 때는 어간 '잇-'이 모음 어미 앞에서도 어간 끝소리 'ㅅ'을 유지한다.

[용례]

¶ 집가진 잇지 아년다, 경 곧아. (처마는 잇지 않는다, 그렇게 말해.)

¶ 잇언 보난 너미 걸언 이젠 즐라내야 헐 판이라. (이어서 보니 너무 길어서 이젠 잘라내야 할 판이야.)

¶ 쫄르믄 잇엉 써사주, 어떵은 어떵게? (짧으면 이어서 써야지, 어떻게는 어떻게?)

¶ 집줄 쫄르믄 거 못 써. 집줄은 잇엉은 안 쓰난게. (집줄 짧으면 거 못 써. 집줄은 이어서는 안 쓰니까.)

¶ 쯘른 집줄 잇으난 방석 멘들아지는 거. (짧은 집줄 이으니 방석 만들어지는 거.)

¶ 고무줄 무꺼명 잇어근에 고무줄ᄒ고. (고무줄 묶고 이어서 고무줄놀이하고.)

동음어

잇다¹ 잇다. 두 끝을 맞대어 붙이다.
¶ 중간에 씰 <u>잇이멍은</u> 바농질 아녀. (중간에 실 이으면서는 바느질 않아.)

잇다² 있다. 사람이나 동물이 어느 곳에서 떠나거나 벗어나지 아니하고 머물다.
¶ 늠삐 썰어 낭 ㄱ찌헌 범벅도 <u>잇어이</u>. (무 썰어 놔서 같이한 범벅도 있어.)

율다

265

[기본 의미] 닫히거나 잠긴 것을 트거나 벗기다.

[대응 표준어] 열다

[방언 분화형] 열다·율다

[문헌 어휘] 열다(《용비어천기》3상)

[어휘 설명] '율다'는 '닫히거나 잠긴 것을 트거나 벗기다.'라는 뜻을 기본 의미로 하여, '모임이나 회의 따위를 시작하다, 사업이나 경영 따위의 운영을 시작하다, 새로운 기틀을 마련하다, 자기의 마음을 다른 사람에게 터놓거나 다른 사람의 마음을 받아들이다, 다른 사람에게 어떤 일에 대하여 터놓거나 이야기를 시작하다.' 등의 뜻을 지닌다. 방언형 '율다'는 새롭게 형성된 어형이며, 다른 방언형 '열다'는 문헌 어휘 '열다'가 그대로 쓰인 경우다.

[용례]

¶ 감저구뎅인* 손 찔러 봥 둣둣허믄 주젱이 율곡, 추윌 어둑어 가믄 더끄곡 경. (고구마 구덩인 손 찔러 봐서 따뜻하면 주저리 열고, 추워서 어두워 가면 덮고 그렇게.)

¶ 대문은 중그지 아녀도 고팡문은 율지 못허게 똑 통쒜로 중가. (마루문은 잠그지 않아도 고방문은 열지 못하게 꼭 자물쇠로 잠가.)

¶ 솟 율안 봔 밥 엇이믄 굶곡게. 밥 엇인디 어떵 말이라. (솥 열어 봐서 밥 없으면 굶고. 밥 없는데 어째 말이야.)

* '감저구뎅이'는 '고구마를 보관하기 위하여 파 놓은 구덩이'를 말한다.

¶ 더꺼줘야 뿔리 괴어. 영 울앙 보민 이만이 올라와 잇어. (덮어줘야 빨리 괴어. 이렇게 열어서 보면 이만큼 올라와 있어.)

¶ 노는 날 엇이 메날 문 욘덴 글아라. (노는 날 없이 만날 문 연다고 하더라.)

[관련 어휘]

게철·게철쒜·쒯대·열쒜·울쒜 열쇠.

베옥이다 닫치거나 덮인 것을 약간 틈나게 열다.

열리다·울리다 열리다. 닫히거나 잠긴 것이 트이거나 벗겨지다.

●●●● **더 생각해 보기**

울다[1] 열다. 닫히거나 잠긴 것을 트거나 벗기다.

¶ 문 울라게, 들어가게. (문 열어라, 들어가게.)

울다[2] 열매가 맺히다.

¶ 으름 하영 울지 못허게 꼿을 타 불어사 허여. (열매 많이 열지 못하게 꽃을 따 버려야 해.)

울다[3] 익힌 고둥이나 소라의 살을 바늘 따위로 돌려서 꺼내다.

¶ 숢은 구젱긴 울앙 먹어. (삶은 소라는 꺼내서 먹어.)

796

자다

[기본 의미]   생리적인 요구에 따라 눈이 감기면서 한동안 의식 활동이 쉬는
상태가 되다.

[대응 표준어]   자다

[방언 분화형]   자다

[문헌 어휘]   자다(《용비어천가》67장)

[어휘 설명]   '자다'는 '생리적인 요구에 따라 눈이 감기면서 한동안 의식 활동이 쉬는 상태가 되다.'라는 뜻을 기본 의미로 하여, '바람이나 물결 따위가 잠잠해지다, 소란하거나 설레던 분위기가 가라앉아 조용해지다, 부풀었던 것이 무엇에 눌려서 납작한 상태가 되다, 물건이 용도대로 쓰이지 못하고 묻혀 있다.' 등의 뜻을 지닌다. 방언형 '자다'는 문헌 어휘 '자다'가 그대로 쓰인 경우다.

[용례]

¶ 흔 칸은 쉐 메곡, 가운딘 사름 드나들곡, 또 이 칸은 아이덜 줌이나 자곡.
(한 칸은 소 매고, 가운데는 사람 드나들고, 또 이 칸은 아이들 잠이나 자고.)

¶ 커 가난 놈의 집의 강 자지 못허게 허여. (커 가니 남의 집에 가서 자지 못하게 해.)

¶ 흔잠 잔 일어난 보난 아무도 엇어. (한잠 자서 일어나서 보니 아무도 없어.)

¶ 야, 그만 장 밥 먹으라, 경 곧곡. (야, 그만 자고 밥 먹어라, 그렇게 말하고.)

¶ 이건 어른이 사는 방이난 허는디 족은방은 뚤덜이 자난 반창이주기. (이건 어른이 사는 방이니 하는데 작은방은 딸들이 자니까 반창이지.)

자는 벌집 거시듯 표준어로 바꾸면 '자는 벌집 건드리듯'인데, 가만 두면 아무
탈이 없을 것인데 공연히 건드려 문제를 일으킴을 비유적으로 이르는 말.

굴쿠리·좀꾸레기·좀무쳉이·좀무충이·좀충이·좀푸데 잠꾸러기.

나비좀 나비잠. 갓난아이가 두 팔을 머리 위로 벌리고 자는 잠.

낮좀 낮잠.

눈부찌다·눈부치다·좀부찌다·좀부치다 잠깐 잠을 자다.

늦좀 늦잠.

두번차좀·두좀 두잠. 누에가 두 번째 자는 잠.

돈좀 단잠.

밤좀 밤잠.

베록좀 노루잠. 깊이 들지 못하고 자꾸 놀라 깨는 잠.

봄좀 봄잠.

선좀 선잠.

선좀자다 깊이 들지 못하거나 흡족하지 못하게 잠을 자다.

어스름좀·어시름좀 초저녁잠.

여시좀 겉잠.

자단입 잔입. 자고 일어나서 아직 아무것도 먹지 아니한 입.

좀 잠.

좀귀 잠귀.

좀비 잠비. 잠자라고 오는 비.

좀심벡 잠 겨루기.

좀자다 잠자다.

좀자리 잠자리. 누워서 잠을 자는 곳.

좀절 잠결.

좀제우다·좀젭다 잠재우다.

처자다·퍼자다 한껏 잠을 자다.

첫좀¹ 첫잠. 막 곤하게 든 잠.

첫좀²·흔좀¹ 첫잠. 누에가 뽕을 먹기 시작한 후 처음으로 자는 잠.

홍게좀·흥게좀 귀잠. 아주 깊은 든 잠.

흔좀² 한잠. ①깊이 든 잠. ②잠시 자는 잠.

자라다

[기본 의미]   생물체가 세포의 증식으로 부분적으로 또는 전체적으로 점점
                커지다.

[대응 표준어] 자라다

[방언 분화형] 자라다·ᄌᆞ라다

[문헌 어휘]   ᄌᆞ라다(《석보상절》6:11)

[어휘 설명]   '자라다'는 '생물체가 세포의 증식으로 부분적으로 또는 전체적
으로 점점 커지다.'라는 뜻을 기본 의미로 하여, '생물이 생장하거나 성숙하
여지다, 세력이나 역량 따위가 커지거나 높아지다, 수준이나 능력 따위가
높아지거나 발전하다.' 등의 뜻을 지닌다. 방언형 '자라다'는 문헌 어휘 'ᄌᆞ
라다'가 'ᄌᆞ라다〉자라다'의 변화 과정을 거친 어형이며, 방언형 'ᄌᆞ라다'는
문헌 어휘 'ᄌᆞ라다'가 그대로 쓰인 경우다.

[용례]

¶ 초복 전의 헌 곡석은 잘 자라곡 초복 넘으민 잘 자라질 못허여. (초복 전에
  한 곡식은 잘 자라고, 초복 넘으면 잘 자라질 못해.)

¶ 질게 자라지 못허난 자연적으로 죽어 부는 거라. (길게 자라지 못하니 자연
  적으로 죽어 버리는 거야.)

¶ 어멍 엇이 할망 손에 자란 귀험 천험을 잘 몰라. (어머니 없이 할머니 손에
  자라서 귀함 천함을 잘 몰라.)

¶ 피영 조영 ᄀᆞ치 자랑은 ᄀᆞ치 익어. (피하고 조하고 같이 자라서는 같이 익어.)

[관련 어휘]
웃자라다 웃자라다.

욱다 어린아이가 지능적, 육체적으로 자라다.

자울다

268

[기본 의미]   비스듬하게 한쪽이 낮아지거나 비뚤어지다.

[대응 표준어]   기울다

[방언 분화형]   자울다·주울다·중울다·지울다

[문헌 어휘]   기울다(《석보상절》9:27)

[어휘 설명]   '자울다'는 '비스듬하게 한쪽이 낮아지거나 비뚤어지다.'라는 뜻을 기본 의미로 하여, '마음이나 생각 따위가 어느 한쪽으로 쏠리다, 해나 달 따위가 저물다, 형세가 이전보다 못하여지다, 다른 것에 견주어 그것보다 못하다.' 등의 뜻을 지닌다. 방언형 '자울다'를 비롯하여 '주울다·중울다'는 새롭게 형성된 어형이며, 다른 방언형 '지울다'는 문헌 어휘 '기울다'가 '기울다〉지울다'의 변화 과정을 거친 어형이다.

[용례]

¶ 쉐짐 시끈차 하도 들러퀴민 오랑 확 벗엉 질메 <u>자울아정</u> 또 시끄곡 허여, 거 다 부령. (소짐 실은째 하도 날뛰면 배댓끈 확 벗어서 길마 기울어져서 또 싣고 해, 거 다 부려서.)

¶ 짐은 벤 디로 <u>자울아</u>. (짐은 무거운 데로 기울어.)

¶ 조 단으로 무꺼근에 지민 사름 영 헹 지민 흔착더레 <u>자울아져</u>. (조 단으로 묶어서 지면 사람 이렇게 해서 지면 한쪽으로 기울어져.)

¶ 이젠 집도 흐끔 <u>기울어지고</u>. 쉐물 엇이 믄 폴아 변. (이제는 집도 조금 기울어지고. 소말 없이 몽땅 팔아 버렸어.)

귀갸울이다·귀자울이다·귀주울이다·귀중울이다·귀지울이다 귀기울이다. 귀를 기울
   이다.

기울이다·자울이다·주울이다·중울이다·지울이다 기울이다.

자울어지다·지울어지다 기울어지다.

저물다

269

[기본 의미]   해가 져서 어두워지다.

[대응 표준어]   저물다

[방언 분화형]   저물다·정글다·즈물다

구물다

[문헌 어휘]   져믈다(《석보상절》3:34), 졈글다(《내훈》1:29)

[어휘 설명]   '저물다'는 '해가 져서 어두워지다.'라는 뜻을 기본 의미로 하여, '어떠한 일이 날이 어두워질 때까지 늦어지게 되다.' 등의 뜻을 지닌다. 방언형 '저물다'는 문헌 어휘 '져믈다'가 '져믈다〉저물다'의 변화 과정을 거친 어형이며, 다른 방언형 '정글다'는 문헌 어휘 '졈글다'가 '졈글다〉정글다〉정글다'로, 'ㅁ'이 'ㄱ' 앞에서 'ㅇ'으로의 변화 과정을 거친 결과다. 방언형 '즈물다'는 역파생에 의해 형성된 어형이다.

한편 '저물다'가 '계절이나 한 해가 거의 다 지나게 되다.'는 의미로 쓰일 경우 그 방언형은 '구물다'로 나타난다. "일 년이 구물어도 촛아오는 양 엇다.(일 년이 저물어도 찾아오는 양 없다.)"에서 이를 확인할 수 있다. 이 '구물다'는 《계림유사》 "暮曰占稼或言古沒"의 '古沒'에까지 소급할 수 있다. '저물다'가 '날[日]'과 관련 있으면 '저물다'로, '달[月]' 또는 '연(年)'과 관련 있으면 '구물다'로 나타난다.

[용례]

¶ 그땐 젊은 때난 저물아도, 그냥 그땐 차가 엇어 놓난 걸어 가지고 집의 오는 거라. (그때는 젊을 때니 저물어도, 그냥 그때는 차가 없어 놓으니 걸어 가지

고 집에 오는 거야.)

¶ 미싱에 앚이민 흐루 저물앙 일어사도 아녀. (재봉틀에 앉으면 하루 저물도록 일어서지도 않아.)

¶ 목장 흐루 종일 거 돌아봐 아정 오젱 허민 어떤 땐 날이 다 저물아 불어. (목장 하루 종일 거 돌아봐 가지고 오려고 하면 어떤 때는 날이 다 저물어 버려.)

¶ 돌아가멍 멩질허연 먹으민 다 저물아. (돌아가면서 명질해 먹으면 다 저물어.)

¶ 일 한 집은 날이 빨리 저문다 헤서. (일 많은 집은 날이 빨리 저문다 했어.)

¶ 시월 구물엉은에 흐기 시작흐믄 새 비어 옵주. (시월 저물어서 하기 시작하면 띠 베어 옵지요.)

¶ 흔 일 엇이 올히도 다 구물엇지. (한 일 없이 올해도 다 저물었다.)

¶ 어욱이 팔월 구물엉 구월 초승 나민 미비젱이*렌 헌 거 나오주게. (억새가 팔월 저물어 구월 초승 되면 '미비젱이'라고 한 거 나오지.)

[관련 어휘]

구뭄 그믐.

구뭄날 그믐날.

구뭄돌 그믐달.

구뭄물찌 음력 그믐이 들어 있는 물때.

구뭄밤 그믐밤.

구뭄초싱 그믐초승.

섣돌구뭄 섣달그믐.

즈물녁 저물녘.

* '미비젱이'는 '새품'을 말한다. 달리 '미꾸젱이·미삐젱이·미우젱이'라고도 한다.

젖다

270

[기본 의미] 물이 배어 축축하게 되다.

[대응 표준어] 젖다

[방언 분화형] 젖다

[문헌 어휘] 젖다(《월인천강지곡》상:16)

[어휘 설명] '젖다'는 '물이 배어 축축하게 되다.'라는 뜻을 기본 의미로 하여, '어떤 영향을 받아 몸에 배다, 어떤 심정에 잠기다, 감각에 익다, 하늘이 어떤 빛깔을 띤 상태가 되다.' 등의 뜻을 지닌다. 방언형 '젖다'는 문헌 어휘 '젖다'가 그대로 쓰인 경우다.

[용례]

¶ 몰똥이나 쉐똥도 비 맞이민 젖곡 허난 그런 거 안 줏어. (말똥이나 소똥도 비 맞으면 젖고 하니 그런 거 안 주워.)

¶ 우장 둘러씨민 옷 젖지 아녀. (도롱이 둘러쓰면 옷 젖지 않아.)

¶ 듬북 져 나믄 옷 다 젖엉 못 입어. (듬북 져 나면 옷 다 젖어서 못 입어.)

¶ 촐 비 맞게 내불엇당은 촐 젖언 싸와져. (꼴 비 맞게 내버렸다가는 꼴 젖어서 싸워.)

¶ 어린 때사게 오줌 막 젖인 것도 그냥 널어근에 물류왕은에 그럭저럭허멍 입지곡. (어릴 때야 오줌 막 젖은 것도 그냥 널어서 말려서 그럭저럭하며 입히고.)

¶ 넘어가는비 맞아도 옷 젖나 허여. (여우비 맞아도 옷 젖는다 해.)

젖인밧 땅과 견주어 물질하는 바다를 상대적으로 이르는 말.

젖인일 바다에서 하는 일.

271

주다

[기본 의미]   물건 따위를 남에게 건네어 가지거나 누리게 하다.

[대응 표준어]   주다

[방언 분화형]   주다

[문헌 어휘]   주다(《용비어천가》20장)

[어휘 설명]   '주다'는 '물건 따위를 남에게 건네어 가지거나 누리게 하다.'라는 뜻을 기본 의미로 하여, '남에게 어떤 자격이나 권리·점수 따위를 가지게 하다, 좋지 아니한 영향을 미치게 하다, 실이나 줄 따위를 풀리는 쪽으로 더 풀어내다, 시선이나 몸짓 따위를 어떤 곳으로 향하다, 주사나 침 따위를 놓다, 속력이나 힘 따위를 가하다, 다른 사람에게 정이나 마음을 베풀거나 터놓다.' 등의 뜻을 지닌다. 방언형 '주다'는 문헌 어휘 '주다'가 그대로 쓰인 경우다. 이 '주다'는 '~어 주다' 구성으로, 그러한 행동이 다른 사람의 행위에 영향을 미침을 나타내기도 한다. "꾸어 주곡 꾸어 오는 게 이웃 스춘이주.(꾸어 주고 꾸어 오는 게 이웃 사촌이지.)" 등에서 확인된다.

[용례]

¶ 메역 깝은 이디선 얼마 안 <u>주난</u> 가정간 풀아근에 쓰곡. (미역 값은 여기서는 얼마 안 주니 가져가서 팔아서 쓰고.)

¶ 헤슴 돈 안 줄 때난 토렴도 헤영 먹고 숢앙도 먹고. 요센 돈 <u>주는</u> 때문에 잡는 사름도 안 먹어. (해삼 돈 안 줄 때니 토렴도 해서 먹고 삶아도 먹고. 요새는 돈 주는 때문에 잡는 사람도 안 먹어.)

¶ <u>주엉</u> 말덴 허는 사름 엇나. (주어서 싫다고 하는 사람 없다.)

¶ 간 때마다 졸락졸락 주민 막 성가셔. (갈 때마다 졸딱졸딱 주면 아주 성가셔.)

¶ 유체 강 비민 돈 얼마씩 주멍 빌엉 헷수다게. (유채 가서 베면 돈 얼마씩 주면서 빌려서 했습니다.)

¶ 집은이 문전이 직허여 주곡, 조왕이 직허여 준덴 허여. (집은 문전신이 지켜 주고, 조왕신이 지켜 준다고 해.)

[관용 표현]

준 숭은 싯곡 안 준 숭은 웃나 표준어로 바꾸면 '준 흉은 있고, 아니 준 흉은 없다.'인데, '주려거든 좋을 것을 주어라.'고 하는 의미로 쓰이는 말.

[관련 어휘]

갈라주다·눈놔주다 나누어 주다.

거들버주다·거들어주다 거들어주다.

건져주다 건져주다.

귀주다 귀기울이다. 귀를 기울이다.

꾸어주다·꿔와주다 남에게 돈 따위를 빌려 주다.

낙인주다·낙인지르다·낙인찍다·낵인주다·낵인지르다·낵인찍다 낙인찍다.

내여주다 내주다.

놓아주다·놔주다 놓아주다.

닷주다 닻주다. 닻줄을 풀어서 닻을 물속으로 내리다.

돌려주다 돌려주다.

뒤보다 뒤보아주다. 뒤를 보아주다.

못주다 못주다. 벌어진 것을 튼튼하게 고정하려고 못을 박다.

물려주다 물려주다.

물어주다 물어주다.

받아주다 음식 따위의 자기 몫을 다른 사람에게 나누어 주다.

베와주다 배워주다.

부쪄주다·부쳐주다 덤으로 더 얹혀서 주다.

빗주다 빚지다. 변리를 받기로 하고 돈 따위를 꾸어 주다.

설러주다 이것저것 물건들을 거두어 건네주다.

세주다·출세내다·출세하다 세주다.

속주다·쏙주다 속주다. 마음속에 있는 것을 숨김없이 드러내 보이다.

수둠주다 북돋우다. 오이·호박 따위의 밑동에 흙은 모아 올리다.

시동주다·시둥주다 농작물에 똥거름을 주다.

짓주다 깃주다.

추어주다 추어주다.

침주다 침주다.

테견주다·테경주다·텍견주다 퇴김주다. 연날리기에서 통줄을 주어서 연의 머리를 그루박게 하다.

죽다

[기본 의미] 생명이 없어지거나 끊어지다.

[대응 표준어] 죽다

[방언 분화형] 죽다

[문헌 어휘] 죽다(《용비어천가》22장)

[어휘 설명] '죽다'는 '생명이 없어지거나 끊어지다.'라는 뜻을 기본 의미로 하여, '불 따위가 타거나 비치지 아니한 상태에 있다, 본래 가지고 있던 색깔이나 특징 따위가 변하여 드러나지 아니하다, 성질이나 기운 따위가 꺾이다, 마음이나 의식 속에 남아 있지 못하고 잊히다, 움직이던 물체가 멈추어 제 기능을 하지 못하다, 상대편에게 으름장을 놓거나 상대편을 위협하는 말, 있는 힘을 다한다는 뜻을 이르는 말.' 등의 뜻을 지닌다. 방언형 '죽다'는 문헌 어휘 '죽다'가 그대로 쓰인 경우다. 이 '죽다'는 '~어 죽다' 구성으로, 감정이나 상태의 정도가 심하여 극에 달함을 나타내기도 하는데, "커 가난 막 미완에 죽어지키여게.(커 가니까 아주 미워서 죽겠어.)"에서 확인된다.

[용례]

¶ 사름이 죽곡 살곡 허는 건 다 운명. (사람이 죽고 살고 하는 건 다 운명.)

¶ 산에 갓단 죽으난 죽은혼ᄉ허고, 우리 씨아지방덜 양제허연 제사허곡 헤염수다게. (산에 갔다가 죽으니 사혼하고, 우리 시아주버니들 양자해서 제사하고 하고 있습니다.)

¶ 꿩코* 낭 다음날 강 보믄 꿩이 죽언 잇어. ('꿩코' 놔서 다음날 가서 보면 꿩이 죽어서 있어.)

¶ 사름 죽엉 묻어 불민 거 뿐이라. (사람 죽어서 묻어 버리면 거 뿐이야.)

¶ 족제비든 꿩이든 그디 들어가믄 다 죽어. (족제비든 꿩이든 거기 들어가면 다 죽어.)

¶ 보리 다 담아 들이난 곧 씨러졍 죽어짐직허난 탁 뒈싸져 분 거라. (보리 다 담아 들이니 곧 쓰러져서 죽어짐직하니까 탁 거꾸러져 버린 거야.)

¶ 새옷은 풀 죽지 아녀믄 버닥졍 입지 궂어. (새옷은 풀 죽지 않으면 뻣뻣해서 입기 궂어.)

[관용 표현]

죽은 애기 코 곱나 '잃어버린 것이 더 귀하게 여기게 됨'을 비유적으로 이르는 말.

죽을 똥을 싸다 '어떤 일에 몹시 힘을 들이는 것'을 비유적으로 이르는 말.

[관련 어휘]

기죽다·서죽다 기죽다.

미죽다 담력이 없어 다른 사람 앞에 나설 용기가 부족하다.

몰라죽다 애간장이 말라서 죽다.

숨죽다 숨죽다. 배추·부추 등 채소 따위가 소금에 절여져 싱싱한 기운을 잃다.

젓먹은심·젓먹은힘·젯먹은심·젯먹은힘·좃먹은심·좃먹은힘·죽을심·죽을힘 죽을힘.

주게미 주검.

주게미옷·주기미옷 죽은 아이에게 입히는 옷.

죽곰살곰·죽금살금 죽기살기. 죽기 아니면 살기.

죽바미 들에서 죽은 마소 따위.

죽사니 죽어서 저승에 못 가고 중간에서 떠돌아다니며 원한을 푼다는, 죽은

---

* '꿩코'는 '꿩을 잡기 위하여 꿩이 잘 다니는 목에 설치하는 올가미'를 말한다.

사람의 영혼.

죽어가는소리·죽어지는소리 죽는소리.

죽어망엣거·죽어망엣것 절로 죽을 듯이 너무나 약해 보이는 사람이나 짐승 따
위를 업신여겨 이르는 말.

죽은녘 이미 작업이 끝난 쪽. 또는 기능이 뛰어난 사람이 일하는 쪽.

죽은물 죽은물. 비가 내려서 고인물을 생수와 비교하여 이르는 말.

죽을락살락 죽을둥살둥. 있는 힘을 다하여 죽을지 살지 가리지 않고 마구 덤
비는 꼴.

죽을코 죽을고. 막다른 고비나 골목. 또는 더는 어찌할 수 없게 된 어려운 처
지나 지경.

죽이다 죽이다.

죽자살자·죽저살저 죽자사자. 죽어도 좋고 살아도 좋다는 생각으로, 기를 쓰고.

질러죽다·질로죽다·질허죽다·질헤죽다 질러죽다. 제명보다 일찍 죽다.

좃아죽다·좃앙죽다 몹시 애가 타서 죽다.

타지다 '죽다'를 달리 이르는 말.

파흐다·패흐다 '죽다'를 높여 이르는 말.

푸리똥·푸리찜·푸리춤·푸리침 주근깨.

줍다

[기본 의미]　떨어지거나 해어진 곳에 다른 조각을 대거나 또는 그대로 꿰매다.

[대응 표준어]　깁다

[방언 분화형]　줍다

[문헌 어휘]　깁다(《능엄경언해》5:82)

[어휘 설명]　'줍다'는 '떨어지거나 해어진 곳에 다른 조각을 대거나 또는 그대로 꿰매다.'라는 뜻을 기본 의미로 하여, '글이나 책에서 내용의 부족한 점을 보충하다.' 등의 뜻을 지닌다. 방언형 '줍다'는 새롭게 생긴 어형이다. 이 '줍다'가 활용할 때는 '줍-, 주우-'가 어간이 되어 어미와 연결된다.

[용례]

¶ 영 줍아근에 이 앞이랑 두에데강이 들어갈 만이만 줍고 그다음에 줍지 말앙 둑지레 탁 더꺼지게 흐민 것이 후양. (이렇게 집어서 이 앞은 뒤통수 들어갈 만큼만 깁고 그다음에 깁지 말고 어깨로 탁 덮어지게 하면 것이 휘양.)

¶ 뎅침이엔 헌 거는 미싱으로 헌 거처룩 그거 줍는 건 뎅침. (온땀침이라고 한 거는 재봉틀로 한 것처럼 그거 깁는 건 온땀침.)

¶ 옛날은 옷 다 주원 입어서. 이젠 주운 옷 입은 사람 못 봐. (옛날은 옷 다 기워 입었어. 이젠 기운 옷 입은 사람 못 봐.)

¶ 험벅이나 천쪼가리 데껴 불지 아녕 거 바농상지에 낫당 옷덜 헐믄 그거 대멍 줍주게. (헝겊이나 천조각 던져 버리지 않고 거 반짇고리에 놨다가 옷들 헐면 그거 대며 깁지.)

¶ 수양중의*, 것도 중원디 요영 욜으로 질게 흔 폭 줍질 안허영 그레 단추

둘앙 오줌 눌 때, 그럴 때 베르씨민 눕게. ('수양중의', 것도 중인데 요렇게 옆으로 길게 한 폭 깁지 않고 그리로 단추 달아서 오줌 눌 때, 그런 때 빌리면 누게.)

[관련 어휘]
잣다·줏다 잣다. ①멱둥구미 따위의 헐어 떨어진 데를 겯다. ②옷 따위의 해진 데를 딴 헝겊을 대어서 깁다.

---

* '수양중의'는 '여자들이 속바지로 입는, 옆이 트인 중의'를 말한다. 달리 '푸는체중의'라고도 한다.

지나다

274

[기본 의미] 시간이 흘러 그 시기에서 벗어나다.

[대응 표준어] 지나다

[방언 분화형] 지나다

[문헌 어휘] 디나다(《용비어천가》48장)

[어휘 설명] '지나다'는 '시간이 흘러 그 시기에서 벗어나다.'라는 뜻을 기본
의미로 하여, '어디를 거치어 가거나 오거나 하다, 어떤 한도나 정도가 벗어
나거나 넘다, 어떤 일을 그냥 넘겨 버리다.' 등의 뜻을 지닌다. 방언형 '지나
다'는 문헌 어휘 '디나다'가 '디나다〉지나다'로 변화 과정을 거친 어형이다.

[용례]

¶ 지금 지나지 아녀수다. 칠월 나사 칠팔월 나사 미우젱이 빠는 거주게. (지
  금 지나지 않았습니다. 칠월 되어야 칠팔월 되어야 새품 뽑는 거지.)

¶ 청명 지나민 밧을 강 초불갈주. 초불갈앗당 망종 혼 이십 일 전의 산딜
  갈주. (청명 지나면 밭을 가서 애벌갈이하지. 애벌갈이했다가 망종 한 이십 일 전에
  밭벼를 갈지.)

¶ 보리 수확은게 단오 지나사, 단오 되어사 보리는. (보리 수확은 단오 지나야,
  단오 되어야 보리는.)

¶ 식게 지나 나민 그 제삿상에 올렷단 거 느려왕 먹곡, 경. (제사 지내 나면 그
  제사상에 올렸던 거 내려서 먹고, 그렇게.)

¶ 검질메레 갓다왕 영 지청 눠시민 서리로 베미 막 지나. 베미 가도 베미
  지나감댄 굴으멍 넝 줌자나서. (김매러 다녀와서 이렇게 지쳐서 눴으면 서까래

로 뱀 막 지나. 뱀 가도 뱀 지나간다고 말하며 눠서 잠잤었어.)

[관련 어휘]
넘어가다¹·지나가다 지나가다.
넘어가다² 지나치다.
넘어뎅기다 건너다니다. 지나다니다.
넘어듣다 지내듣다.
넘어오다·지나오다 지나오다.
넘은ᄀ슬·넘은ᄀ실·지난ᄀ슬·지난ᄀ실 지난가을.
넘은겨을·넘은저슬·넘은저실·넘은저을·지난겨을·지난저슬·지난저실·지난저을 지난
    겨울.
넘은날·지난날 지난날.
넘은돌·지난돌 지난달.
넘은밤·지난밤 지난밤.
넘은봄·지난봄 지난봄.
넘은여름·지난여름 지난여름.
넘은일 이미 지나버린 일.
넘은헤·지난헤 지난해.
뛰넹기다·띠넹기다 시기가 지나다.
제맞다·제보다·제지나다 제지내다.
지내다 지내다.
지내보다 지내보다.

[기본 의미]   해·달 따위가 서쪽으로 넘어가다.

[대응 표준어]   지다

[방언 분화형]   지다

[문헌 어휘]   디다(《용비어천가》22장)

[어휘 설명]   '지다'는 '해나 달이 서쪽으로 넘어가다.'라는 뜻을 기본 의미로 하여, '꽃이나 잎, 씨 따위가 시들거나 마르거나 하여 떨어지다, 묻었거나 붙어 있던 것이 닦이거나 씻겨 없어지다, 태아가 뱃속에서 죽다.' 등의 뜻을 지닌다. 방언형 '지다'는 문헌 어휘 '디다'가 '디다>지다'의 변화 과정을 거친 어형이다.

[용례]

¶ 헤 지곡 들 뜨곡 허멍 날광 들이 가는 거라. (해 지고 달 뜨고 하며 날과 달이 가는 거야.)

¶ 헤 질 때꼬장 밧디 잇당 오는 사름이라. (해 질 때까지 밭에 있다가 오는 사람이야.)

¶ 검질씨 지게 말렌 암만 굴아도 소용엇어. (김씨 지게 말라고 아무리 말해도 소용없어.)

¶ 먹물은 잘 지지 아녀. (먹물은 잘 지지 않아)

[관련 어휘]

지스렝이·지시렝이·지지렝이 둘치. 생리적으로 새끼를 낳지 못하는 짐승의 암컷.

지스렁물·지스렝이물 둘암말.

지스렝이개 둘암캐.

지스렝이돗 둘암돼지.

지스렝이쉐 둘암소.

지우다 지우다.

●●●● **더 생각해 보기**

동음어

지다[1] 지다. 해·달 따위가 서쪽으로 넘어가다.
¶ 지는 헤가 곱나. (지는 해가 곱다.)

지다[2] 맺히다. 생기어 매달리게 되다.
¶ 봉지가 진다 봉지가 진다 허는 놀레가 이서. (봉우리가 맺힌다 봉우리가 맺힌다 하는 노래가 있어.)

지다[3] 지다. 장마 따위가 계속되다.
¶ 마가 지믄 하간 디가 축축허여. (장마가 지면 온갖 데가 축축해.)

지다[4] 지다. 물건을 짊어서 등에 얹다.
¶ 사름이 지어 오는 건 스무 뭇 지믄 되어. (사람이 지어 오는 것은 스무 뭇 지면 되어.)

지다[5] 지다. 시합이나 싸움에서 상대에게 꺾이다.
¶ 그 사름광은 지는 게 이기는 거여. (그 사람과는 지는 게 이기는 거야.)

지다[6] 섰던 것이 옆으로 쓰러지다.
¶ 낭은 지난 골고리 썩엄쪄. (나무는 쓰러지니 골고루 썩고 있다.)

지다²

[기본 의미]	물건을 짊어서 등에 얹다.
[대응 표준어]	지다
[방언 분화형]	지다
[문헌 어휘]	지다(《월인석보》21:102)
[어휘 설명]	'지다'는 '물건을 짊어서 등에 얹다.'라는 뜻을 기본 의미로 하여,

'신세나 은혜를 입다, 책임이나 의무를 맡다, 빌린 돈을 갚아야 할 의무가 있다.' 등의 뜻을 지닌다. 방언형 '지다'는 문헌 어휘 '지다'가 그대로 쓰인 경우다.

[용례]

¶ 걸름양, 쉐질메 양펜의 네 개 시끄곡 지곡 헹은에 밧디 강 부려. (거름요, 소길마 양편에 네 개 싣고 지고 해서 밭에 가서 부려.)

¶ 아이덜 짐 무겁게 지지 말게 허라게. (아이들 짐 무겁게 지지 말게 해라.)

¶ 이젠 등에 아무거라도 져사 잘 걸어져. 늙엇뎬 말이주. (이젠 등에 아무것이라도 져야 잘 걸을 수 있어. 늙었다는 말이지.)

¶ 푸지게*로 돌 지엉 날를 거. 경 헌에 성담을 다 싼. ('푸지게'로 돌 지어서 나를 거. 그렇게 해서 성담을 다 쌓았어.)

¶ 빈 허벅 정 질카르지 아년다. (빈 허벅 져서 가로타지 않는다.)

¶ 짐은 등에만 지어. 머리에 올려놓진 아녀고**. (짐은 등에만 지어. 머리에 올려놓지는 않고.)

* '푸지게'는 '돌 따위를 운반하기 위하여 짚이나 띠로 등받이를 만들고 밀삐만 단 지게'를 말한다.

곯짐 덧짐. 웃짐. 한 짐이 되기에는 분량이 적어 진 짐 위에 더 얹는 짐.

곱세짐 등뼈가 휠 정도의 아주 무거운 짐.

낭짐 나뭇짐.

등짐 등짐.

무지게 물동이를 질 때 옷 젖는 것을 막기 위하여 껴입는 누벼 만든 등받이.

물지게 물지게.

바지게 바지게.

북짐 부피에 비하여 가벼운 짐.

쉐짐 소등에 얹은 짐.

지게 지게.

지겟짐 지게로만 지는 짐.

질배·질패·짐패 짐바.

짊다 짊다.

짐 짐.

짐꾼·짐충 짐꾼.

짐바리 짐바리.

짐철복ᄒ다 짐을 싸서 동여 묶다.

춘짐 부피에 비하여 무거운 짐.

포데깃짐·폿짐 봇짐.

푸지게 돌 따위를 운반하기 위하여 짚이나 띠로 등받이를 만들고 밀삐만 단
　　지게.

**　** 제주도는 바람이 세기 때문에 짐을 머리에 이지 않고 등에 지는 특징을 말한 것이다. 김정(金淨)의《제주
　　풍토록》(1520)에 "짐은 등에 지지 머리에 이지는 않는다.(負而不戴)", 이건(李健)의《제주풍토기》
　　(1628)에 "섬의 여인들은 물동이를 머리에 이지 않고 등에 진다.(島中女人之汲水者不戴於頭而負於
　　背)"는 기록이 나온다.

⦿⦿⦿⦿ **더 생각해 보기**

지계와 바지게

- ㉠ **지겟낭·지겟부출**: 지게 몸체를 이루는, 지겟가지가 있는 두 짝의 나무.
- ㉡ **지겟가지**: 지겟가지. 지게 몸체에서 뒤쪽으로 갈라져 뻗어 나간 가지.
- ㉢ **탕겟낭·펭게틀목·펭겟낭**: 탕개목. 탕갯줄을 비비 튼 다음 풀리지 않도록 질러 놓는 나무.
- ㉣ **지게탕게**: 지게 몸체를 이루는 두 개의 '지겟낭(㉠)'을 동인 줄을 고정시키는 탕개.
- ㉤ **지겟등테·지겟바드렝이**: 지겟등태. 짐을 질 때 등이 배기지 않도록 짚 따위로 엮어서 지게에 댄 물건.

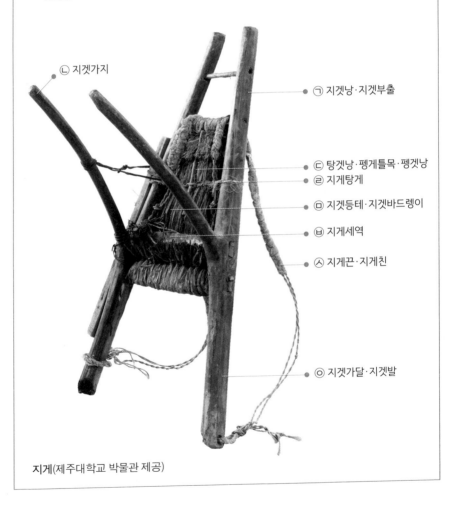

지게(제주대학교 박물관 제공)

822

ⓗ **지게세역**: (지게)세장. 두 짝의 '지겟낭(㉠)'이 함께 짜이도록 가로질러 박은 나무.

ⓢ **지게끈·지게친**: 밀삐. 지게에 매여 있는, 지게를 지는 끈.

ⓞ **지겟가달·지겟발**: 동발. 지겟다리. 지게 몸체를 이루는 '지겟낭(㉠)'의 맨 아랫부분에 있는 양쪽 다리.

ⓩ **바작**: 발채. 짐을 싣기 위하여 대 따위로 조가비 모양으로 걸어서 지게에 얹는 물건.

ⓩ **지게작데기·지게작쉬**: 지겟작대기. 지게를 버티어 세우는, 알구지가 있는 긴 막대기.

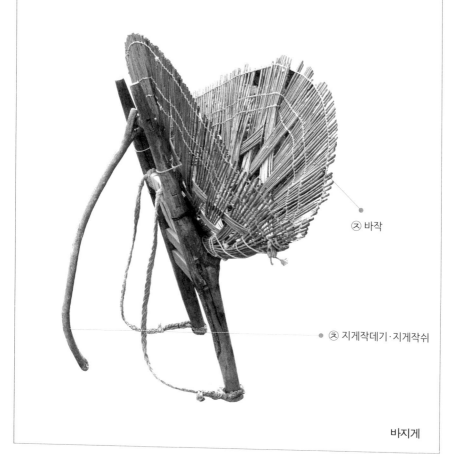

ⓩ 바작

ⓩ 지게작데기·지게작쉬

바지게

[기본 의미] 끝이 뾰족하거나 날카로운 것으로 물체의 겉면이 뚫어지거나 쑥 들어가도록 세차게 들이밀다.

[대응 표준어] 찌르다

[방언 분화형] 지르다·질르다·찌르다·찔르다

[문헌 어휘] 디르다(《초간본 두시언해》15:10), 디르다(《삼강행실도》열:18), 삐르다 (《월인석보》22:49)

[어휘 설명] '찔르다'는 '끝이 뾰족하거나 날카로운 것으로 물체의 겉면이 뚫어지거나 쑥 들어가도록 세차게 들이밀다.'라는 뜻을 기본 의미로 하여, '틈이나 사이에 무엇을 꽂아 넣다, 무슨 일에 밑천을 들이다, 감정 따위를 세게 자극하다, 후각을 세게 자극하다.' 등의 뜻을 지닌다. 방언형 '질르다' 와 '찔르다'는 '지르다'와 '찌르다'에 'ㄹ'이 첨가되어 형성된 어형이며, 방언형 '지르다'는 문헌 어휘 '디르다'가 '디르다>디르다>지르다'로 변화한 어형이다. 다른 방언형 '찌르다'는 문헌 어휘 '삐르다'가 '삐르다>찌르다'로 변화한 결과다.

[용례]

¶ 바농으로 콕콕 <u>찔르곡</u> 허난 체가 느려간 살아나고. (바늘로 콕콕 찌르고 하니 체가 내려가서 살았고.)

¶ 그 쉐로 갈아도 지프게 <u>찔렁</u> 잘 갈아주는 사름 잇고, 우로만 빌빌빌빌 가는 사름 잇주게. (그 소로 갈아도 깊게 찔러서 잘 갈아주는 사람 있고, 위로만 빌빌빌빌 가는 사람 있지.)

¶ 고기 석 점, 수에 혼 점 영 꼭 꿰영 그 밥그릇더레 꼭 찔러근에 허난 간단은 허지게. (고기 석 점, 순대 한 점 이렇게 꼭 꿰어서 그 밥그릇에 꼭 찔러서 하니까 간단은 하지.)

¶ 좁씨 삐여근에 거 끄시게, 걸로 끗어 놔근에 물 헤근에 게나제나 막뎅이영 찔러 보멍 볼라. (좁씨 뿌려서 거 끙게, 걸로 끗어 놔서 말 해서 그러나저러나 막대기 이렇게 찔러 보면서 밟아.)

¶ 고사리 꺼꺼당 옷 소곱더레 찔르민 옷 사이가 널르니까 그 프리가 물지 못허여. (고사리 꺾어다가 옷 속에 찌르면 옷 사이가 너르니까 그 파리가 물지 못해.)

[관용 표현]

찌르도 빼도 못ᄒ다 이러지도 저러지도 못하는 난처한 처지를 비유적으로 이르는 말.

[관련 어휘]

가시지르다·가시질르다·가시찌르다·가시찔르다 맞찌르다.

찔레·찔레기·찔레질 뿔질. 수컷 짐승끼리 서로 뿔로 찌르며 받는 짓.

찔레부트다 뿔질하다. 수컷 짐승끼리 서로 뿔로 찌르고 받으며 싸우다.

차다¹

278

[기본 의미] 일정한 공간에 더 들어갈 수 없이 가득하게 되다.

[대응 표준어] 차다

[방언 분화형] 차다·츠다

[문헌 어휘] 츠다(《월인천강지곡》상:56)

[어휘 설명] '차다'는 '일정한 공간에 더 들어갈 수 없이 가득하게 되다.'라는 뜻을 기본 의미로 하여, '감정이나 기운 따위가 가득하게 되다, 어떤 대상이 마음에 흡족하다, 어떤 높이나 한도에 이르는 상태가 되다, 정한 수량·나이·기간 따위가 다 되다, 빛이나 냄새 또는 물기 따위가 퍼지게 되다.' 등의 뜻을 지닌다. 방언형 '차다'는 문헌 어휘 '츠다'가 '츠다〉차다'의 변화 과정을 거친 어형이며, 다른 방언형 '츠다'는 문헌 어휘 '츠다'가 그대로 쓰인 경우다.

[용례]

¶ 그거믄 흔 되 차당도 남으키여. (그거면 한 되 차다가도 남겠다.)

¶ 지세물항*이엔 혜근에 허벅으로 열두 번을 질어다 놔야 그 항이 꽉 차는 이만헌 항이라. ('지세물항'이라고 해서 물동이로 열두 번을 길어다 놔야 그 항아리가 꽉 차는 이만큼한 항아리야.)

* '지세물항'은 '검은색을 띠는 진흙으로 만든 물독'이다. '검은굴'에서 구워낸 기와 색깔의 물독을 말한다. '검은굴'은 '진회색 질그릇을 굽는 가마'다. 반면, '갈색 질그릇을 굽는 가마'를 '노린굴'이라고 한다.

¶ 수두린 여름에가 알이 막 꽉 차. (팽이고둥은 여름에가 알이 아주 꽉 차.)

¶ 우장은 새로 영 짜진 거난 온종일 살아도 습기도 안 차고 좋아. (도롱이는 따로 이렇게 짠 것이니까 온종일 살아도 습기도 안 차고 좋아.)

¶ 눌 눌 딘 습기 차지 말렌 돌을 끌아. (가리 가릴 데는 습기 차지 말라고 돌을 깔아.)

¶ 베추 잘 보관헌다고 헨에 굴에 저장헌 거라. 거기도 습기가 창 저장이 안 돼 가지고 쓰레기가 되어 불 정도가 되언. (배추 잘 보관한다고 해서 굴에 저장한 거야. 거기도 습기가 차서 저장이 안 되어 가지고 쓰레기가 되어 버릴 정도가 되었어.)

[관련 어휘]

나차다 듬직하다. 나이가 어지간히 많다.

누기차다 비습하다. 습기가 많다.

목차다 어떤 물건이 혼자 감당하기에는 너무나 많거나 크다.

무기차다·무기츠다 들거나 저울질하기에 무거워 무게가 있다.

비우차다·비우츠다·비위차다·비위츠다 담차다.

숨차다·숨츠다 숨차다.

쉬차다 마소가 힘이 세고 나이가 많다.

아늠차다·아름차다 아름차다.

앞차다·앞츠다 앞차다.

어긔차다·어긔츠다 어기차다.

읏뭇차다 야무지다.

춘말 입찬말.

춘살렴 경제적으로 기반이 단단한 살림살이.

지세물항

촌설·촌술·촘살·촘설·촘슬 온살. 한 해가 시작된 지 얼마 되지 않아 태어나 거의 일년을 채운 나이.

촌신 몸이 온전한 사람.

촌일·촘일 하루 종일 걸리는 일. 또는 그런 일감.

●●●● **더 생각해 보기**

동음어

차다¹ 차다. 일정한 공간에 더 들어갈 수 없이 가득하게 되다.
¶ 눈 하영 온 땐 눈이 독무럽꼬장 <u>차</u>. (눈 많이 온 때는 눈이 무릎까지 차.)

차다² 차다. 발로 내어 지르거나 받아 올리다.
¶ 공 <u>차당</u> 잘못 <u>차믄</u> 고무신이 벗어져 불어. (공 차다가 잘못 차면 고무신이 벗겨져 버려.)

차다³ 짜다. 씨와 날로 걸어서 천 따위를 만들다.
¶ 익숙은 사름은 흐루에 열댓 자는 <u>차</u>. (익숙한 사람은 하루에 열댓 자는 짜.)

차다⁴ 차다. 몸의 한 부분에 달아매거나 끼워서 지니다.
¶ 옷 벗인 놈이 칼 <u>찬다고</u> 허여. (옷 벗은 놈이 칼 찬다고 해.)

차다⁵ 짜다. 맛이 소금 맛과 같다.
¶ 너무 <u>차게</u> 먹지 말라. (너무 짜게 먹지 마라.)

828

차다²

279

[기본 의미]　발로 내어 지르거나 받아 올리다.

[대응 표준어]　차다

[방언 분화형]　차다

[문헌 어휘]　츠다(《두시언해》20:2)

[어휘 설명]　'차다'는 '발로 내어 지르거나 받아 올리다.'라는 뜻을 기본 의미로 하여, '발을 힘껏 뻗어 사람을 치다, 혀끝을 입천장 앞쪽에 붙였다가 떼어 소리를 내다, 날쌔게 빼앗거나 움켜 가지다, 자기에게 베풀어지거나 차례가 오는 것을 받아들이지 않다.' 등의 뜻을 지닌다. 방언형 '차다'는 문헌 어휘 '츠다'가 '츠다〉차다'의 변화 과정을 거친 어형이다.

[용례]

¶ 부에난덴 돌 차민 지 발만 아프주, 머. (부아난다고 돌 차면 제 발만 아프지, 뭐.)

¶ 쪼낀 하영 찬 사름이 이기주게. (제기는 많이 찬 사람이 이기지.)

¶ 불리기 지치곡 허민 물꽁지 영 허민 발로 차곡 뒷발질헤여. (밟기 지치고 하면 말꼬리 이렇게 하면 발로 차고 뒷발질해.)

¶ 몽둥이로 재게 가렌 두드려 가난 부에나난 차실 테주. (몽둥이로 재우 가라고 두드려 가니 부아나서 찼을 테지.)

¶ 물이 페라왕 ᄒᆞ끔 ᄒᆞ믄 사름도 뒤돌아사멍 차. (말이 페로워서 조금 하면 사람도 뒤돌아서며 차.)

걷어차다 걷어차다.

깡통차기·통기망기·통여망여 통차기. 돌멩이를 넣고 주둥이를 찌그러뜨린 깡
통을 발로 차며 노는 놀이.

들으신다 들이차다. 마구 차다.

발차다 ①걸을 때 길바닥의 돌부리 따위에 발이 걸리다. ②상황이 급해 빨
리 걷는 것을 비유적으로 이르는 말.

세츠다 혀차다.

쪼끼차기·쪼끼찰락 제기차기.

추다

280

[기본 의미]   춤 동작을 보이다.

[대응 표준어]   추다

[방언 분화형]   추다

[문헌 어휘]   츠다(《월인석보》1:44)

[어휘 설명]   '추다'는 '춤 동작을 보이다.'라는 뜻을 지닌 어휘다. 방언형 '추다'는 문헌 어휘 '츠다'가 '츠다〉추다'의 변화 과정을 거친 어형이다.

[용례]

¶ 허벅장단*에 춤 추고말고. 춤 잘 추지. ('허벅장단'에 춤 추고말고. 춤 잘 추지.)

¶ ᄆ을 사름덜이 출려 가지고 춤도 추곡게, 북 장귀 두드리멍 노는 게 결궁이주. (마을 사람들이 차려 가지고 춤도 추고, 북 장구 두드리며 노는 게 걸립이지.)

¶ 우리 애기아방 춤 잘 추난에 다른 ᄆ을서도 초청 와. (우리 아이아버지 춤 잘 추니 다른 마을에서도 초청 와.)

¶ 좁씨가 박세기서 달락달락 춤만 추는구나. (좁씨가 바가지에서 달락달락 춤만 추는구나.)

¶ 아무 일에나 나상 추는 사름은 벨로라. 나상 추믄 놈이나 웃주. (아무 일에나 나서서 추는 사람은 별로야. 나서서 추면 남이나 웃지.)

---

* '허벅장단'은 '물을 길어 다니는 동이를 악기처럼 사용하는 장단'이다. '허벅'을 이용하여, 박자를 음률적으로 느리게도 하고 빠르게도 한다. 지역에 따라 '허베기장단'이라 한다.

¶ 심방말축도 영 심으민 꼬닥꼬닥허멍 춤을 <u>춰</u>. (방아깨비도 이렇게 잡으면 꼬
    닥꼬닥하며 춤을 춰.)

[관련 어휘]
가달춤·갈레춤 아이들이 고무줄놀이·줄넘기 등 여러 놀이에서 다리를 높이
    쳐들며 뛰노는 일.
도람춤·도랑춤 무속에서, 빙글빙글 돌며 추는 춤. 도는 동작이 많고 격하게
    춤을 춘다.
춤 춤.
춤추다 춤추다.

치다

281

[기본 의미]   뜨거운 김으로 익히거나 데우다.

[대응 표준어]   찌다

[방언 분화형]   치다

[문헌 어휘]   삐다(《능엄경언해》1:3)

[어휘 설명]   '찌다'는 '뜨거운 김으로 익히거나 데우다.'라는 뜻을 지닌다. 방언형 '치다'는 문헌 어휘 '삐다'가 '삐다〉치다'의 변화 과정을 거친 어형이다. 어두자음군의 변화는 표준어에서는 '빡〉짝', '뾔다〉쬐다', '뜰다〉떨다'처럼 된소리로 바뀌는데 반해 방언형에서는 '빡〉착', '뾔다〉초다', '뜰다〉털다'처럼 거센소리로 바뀐다.

[용례]

¶ 겨을내낭 그거 파멍 낮의는 감저 <u>치멍</u> 먹고. (겨우내 그거 파며 낮에는 고구마 찌며 먹고.)

¶ 노랑헌 좁쌀에 감저 헹 버무령 낭 떡을 <u>치민</u> 그렇게 맛 좋을 수가 엇어. (노란 좁쌀에 고구마 해서 버무려 놔서 떡을 찌면 그렇게 맛 좋을 수가 없어.)

¶ 감저 소들령 <u>청</u> 짐치 ᄒ나만 시믄 무장 먹어져. (고구마 시들려서 쪄서 김치 하나만 있으면 무진장 먹어져.)

¶ 궂기젠 헨산디 떡을 <u>치난</u> 오꼿 설어 불언. (궂히려고 해서인지 떡을 찌니 그만 설어 버렸어.)

¶ 사발시린* 사발에 낭 뽄 허여근에 준준헌 사발에 낭 <u>치는</u> 거. ('사발시리'는 사발에 놔서 본 해서 자잘한 사발에 놔서 찌는 거.)

¶ 떡 칠 땐 숭이 하. (떡 찔 때는 흉이 많아.)

[관련 어휘]
산메치다 사람의 길흉을 알아보기 위하여 '멧그릇'에 씻은 쌀을 담아 메를 찌다.
초불치다 애벌찌다. 음식물을 첫 번으로 대강 찌다.
친떡·침떡 시루떡.

●●●● **더 생각해 보기**

동음어

치다¹ 찌다. 뜨거운 김으로 익히거나 데우다.
¶ 식게 때 세미떡** 흑곡 은절미 흑곡 설귀떡 쳐 놓곡 경흐여. (제사 때 '세미
떡' 하고 인절미 하고 백설기 쪄 놓고 그렇게 해.)

치다² 찍다. 어떤 대상을 촬영기로 비추어 그 모양을 옮기다.
¶ 잇날 으라 사름을 사진 쳔 도베를 헷어. (옛날 여러 사람을 사진 찍어서 도
배를 했어.)

침떡

---

*   '사발시리'는 '사발에 쌀가루를 넣어서 쪄낸 떡'을 말한다.
**   '세미떡'은 '메밀가루나 쌀가루를 반죽해서 얇게 민 다음에 반달 모양으로 떠서 그 속에 팥소를 넣어 집
      은 후 삶거나 찐 떡'을 말한다. 달리 '세미'라고도 한다.

치다³ 치다. 그물 같은 것을 펴서 벌여 놓다, 병풍 같은 것을 둘러 세우다, 대님을 두르다.

¶ 마당의 펭풍 청 결혼식 헷어. (마당에 병풍 쳐서 결혼식 했어.)

치다⁴ 치다. 소리를 내려고 두드리다, 일부러 기세부려 꾸짖다, 장난을 기세부려 하다, 손발·날개·꼬리를 공중이나 물에서 세차게 흔들다.

¶ 정말 큰소리 치당은 큰코다처. (정말 큰소리 치다가는 큰코다처.)

치다⁵ ①치다. 손님을 대접하다. ②전보를 놓다.

¶ 엿날은 군인 간 아덜신디도 전보 청 연락ㅎ여나서. 그게 관보라. (옛날은 군대 간 아들한테도 전보 쳐서 연락했었어. 그게 관보야.)

치다⁶ 치다. 가루 따위롤 체로 흔들어서 곱게 만든다.

¶ 속돌 방에에 뺏앙 ᄀ는체로 치명 그 ᄀ르 혜근에 놋그릇을 다까낫어. (속돌 방아에 빻아서 가는체로 치며 그 가루 해서 놋그릇을 닦았었어.)

치다⁷ 치다. 깨끗하게 하거나 나쁜 것을 없애 곱게 다듬다.

¶ 새치기***가 새 치는 거. ('새치기'가 띠 치는 거.)

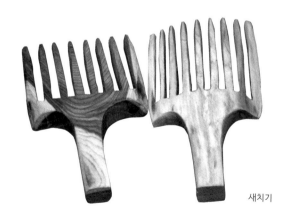

새치기

*** '새치기'는 '띠에 섞인 차풀 따위의 잡것을 훑어내는 도구'를 말한다. 달리 '좀치기'라 한다.

282

칫다

[기본 의미] 물체를 잡아당기어 가르다.

[대응 표준어] 찢다

[방언 분화형] ᄇ리다·찌지다·찢다·치지다·칫다

[문헌 어휘] ᄣᅳᆺ다(《석보상절》6:32), ᄇ리다(《삼강행실도》효:31)

[어휘 설명] '칫다'는 '물체를 잡아당기어 가르다.'라는 뜻을 지닌 어휘다. 방언형 '칫다'는 문헌 어휘 'ᄣᅳᆺ다'가 'ᄣᅳᆺ다〉ᄦᅳᆮ다〉칫다'의 변화 과정을 거친 어형이다. 다른 방언형 '찢다'는 문헌 어휘 'ᄣᅳᆺ다'가 'ᄣᅳᆺ다〉ᄦᅳᆮ다〉찢다'의 변화 과정을 거친 어형이며, 또 다른 방언형 '찌지다'와 '치지다'는 각각 '찢다'와 '칫다'에서 온 어휘이다. 다른 방언형 'ᄇ리다'는 문헌 어휘 'ᄇ리다'가 그대로 쓰인 경우다.

[용례]

¶ 짐치도 칼로 썬 거는 맛읏어도 손으로 <u>칫어사</u> 맛이 셔. 이 손이 양념이라. (김치도 칼로 썬 거는 맛없어도 손으로 찢어야 맛이 있어. 이 손이 양념이야.)

¶ 부에나난 종이 확 빼여 앗안 박박 <u>칫언</u> 데껴 불어. (부아나니까 종이 확 빼어 가지고 박박 찢어서 던져 버려.)

¶ 칼 대영 썰민 맛엇뎅 허멍 손으로 복복 <u>찢어근에</u> 그 물 팔팔 꾀는 물에 호박입 놔마씨. 무신 모멀ᄀ르 시민 더 좋고마씨. (칼 대서 썰면 맛없다고 하며 손으로 박박 찢어서 그 물 팔팔 끓는 물에 호박잎 넣어요. 무슨 메밀가루 있으면 더 좋고요.)

¶ 득 허영 숨아근에 허민 문딱* 숨아지민 그 <u>찢어</u> 놔근에 식구가 다 ᄂᆞ눵

먹엇주. (닭 해서 삶아서 하면 '문딱' 삶아지면 그 찢어 놔서 식구가 다 나눠 먹었지.)

¶ 먹을 것도 엇고 벤 고프고 허난 어머니 모르게 마농지 슬째기 앗앙 <u>찢엉</u>도 먹곡 헤난. (먹을 것도 없고 배는 고프고 하니 어머니 모르게 마늘장아찌 살짝 가져서 찢어도 먹고 했었어.)

¶ 분배되는 게 상당이 어려와. 뭐 꿩도 이제 그 각으로 다 <u>찢엉</u> 흐나씩 테우곡 허주게. (분배되는 게 상당히 어려워. 뭐 꿩도 이제 그 각으로 다 찢어서 하나씩 태우고 하지.)

¶ 그 꿩고기 막 숨안 <u>찢인</u> 거 엿에 놔난 흔 시간쯤 딸린 게 꿩엿. (그 꿩고기 막 삶아서 찢은 거 엿에 놔서 한 시간쯤 달인 게 꿩엿.)

¶ 마우뎅 허멍 입은 치메 벗언에 북북 <u>브려</u> 불어. (싫습니다고 하면서 입은 치마 벗어서 박박 찢어 버려.)

[관련 어휘]
브려지다·찢어지다·칮어지다 찢어지다.

> #### ●●●● 더 생각해 보기
>
> 동음어
>
> 브리다¹ 찢다. 물체를 잡아당기어 가르다.
> ¶ 옷은 씰밥으로 잘 <u>브려져</u>. (옷은 실밥으로 잘 찢어져.)
>
> 브리다² 버리다. 가지거나 지닐 필요가 없는 물건을 내던지거나 쏟거나 하다.
> ¶ 이젠 착착 질레다가 쓰레길 <u>브려</u> 불어. (이젠 착착 길에다가 쓰레길 버려 버려.)

* '문딱'은 '고기 따위가 잘 삶아진 모양을 나타내는 말'이다. 달리 '문짝'이라고도 한다.

춤다

[기본 의미]   웃음·울음·아픔 따위를 억누르고 견디다.

[대응 표준어]   참다

[방언 분화형]   춤다

[문헌 어휘]   춤다(《석보상절》6:9)

[어휘 설명]   '춤다'는 '웃음·울음·아픔 따위를 억누르고 견디다.'라는 뜻을
비롯하여, '하고 싶은 충동이나 생각이 나는 것을 억누르고 밖으로 드러나
지 아니하게 하다, 어떤 기회나 때를 견디어 기다리다.' 등의 뜻을 지닌다.
방언형 '춤다'는 문헌 어휘 '춤다'가 그대로 쓰인 경우다.

[용례]

¶ 춤곡 춤곡 허멍 살암쭈. 춤지 아녀믄 못 살아. (참고 참고 하며 살고 있지. 참
　지 않으면 못 살아.)

¶ 춤안 보난 그게 약이라라. (참아서 보니 그게 약이더라.)

¶ 우리처록 춤앙 살지 말라. (우리처럼 참아서 살지 마라.)

¶ 춤을 인 자가 최고여. (참을 인(忍) 자가 최고야.)

¶ 된장이 엇이난게 장항에서 익을 동안도 못 춤거든게. (된장이 없으니까 장
　독에서 익을 동안도 못 참거든.)

[관련 어휘]

춤다못ᄒ다 참다못하다.

춤다못ᄒ영 참다못해.

춫다

[기본 의미] 현재 주변에 없는 것을 얻거나 사람을 만나려고 여기저기를 뒤지거나 살피다.

[대응 표준어] 찾다

[방언 분화형] 찾다·춫다

[문헌 어휘] 춫다(《석보상절》6:19)

[어휘 설명] '춫다'는 '현재 주변에 없는 것을 얻거나 사람을 만나려고 여기저기를 뒤지거나 살피다.'라는 뜻을 기본 의미로 하여, '모르는 것을 알아내고 밝혀내려고 애쓰다, 잃거나 빼앗기거나 맡기거나 빌려 주었던 것을 돌려받아 가지게 되다, 어떤 사람을 만나거나 어떤 곳을 보러 그와 관련된 장소로 옮겨 가다, 어떤 것을 구하다, 원상태를 회복하다.' 등의 뜻을 지닌다. 방언형 '춫다'는 문헌 어휘 '춫다'가 그대로 쓰인 경우고, 방언형 '찾다'는 문헌 어휘 '춫다'가 '춫다〉찾다'의 변화 과정을 거친 어형이다.

[용례]

¶ 메주 숢젠 허믄 개날 둑날 춫곡 헤여. (메주 삶으려고 하면 개날 닭날 찾고 해.)

¶ 이젠 아프민 약 먹고 병원 가곡 허지 심방 잘 춫진 아녀. (이제는 아프면 약 먹고 병원 가고 하지 심방 잘 찾지는 않아.)

¶ 일러분 쉐 춫젠 허민 애먹어. 춫안 오난 거 봉근 거 닮아. (잃어버린 소 찾으려고 하면 애먹어. 찾아서 오니까 거 주운 거 같아.)

¶ 준준헌 조겡이새끼* 바당에 뿌령 놔두민 어떵어떵허연 여 춫앙 살아오란 여에 오랑 부트는 셍이라. (자잘한 새끼 전복 바다에 뿌려서 놔두면 어찌어

찌해서 여 찾아서 살아와서 여에 와서 붙는 모양이야.)

¶ 이젠 붉바리 씨도 못 봐. <u>촛는</u> 사름도 엇곡게. (이제는 붉바리 씨도 못 봐. 찾는 사람도 없고.)

[관련 어휘]

수톳촛다 암퇘지가 발정하여 수퇘지를 찾다.

촛아가다 찾아가다.

촛아오다 찾아오다.

촛앙다니다·촛앙뎅기다 찾아다니다.

* '조겡이새끼'는 '새끼 전복'을 말한다.

카다

285

[기본 의미]　불씨나 높은 열로 불이 붙어서 번지거나 불꽃이 일어나다.

[대응 표준어]　타다

[방언 분화형]　카다·쿠다·타다

[문헌 어휘]　트다《능엄경언해》9:108)

[어휘 설명]　'카다'는 '불씨나 높은 열로 불이 붙어서 번지거나 불꽃이 일어나다.'라는 뜻을 기본 의미로 하여, '피부가 햇볕을 오래 쬐어 검은색으로 변하다, 뜨거운 열을 받아 검은색으로 변할 정도로 지나치게 익다, 물기가 없어 바싹 마르다.' 등의 뜻을 지닌다. 방언형 '카다'와 '쿠다'는 새롭게 형성된 어형이고, 다른 방언형 '타다'는 문헌 어휘 '트다'가 '트다〉타다'의 변화 과정을 거친 어형이다.

[용례]

¶ 방에 놓민 문 카 불엉 낭이 엇주. (방화 놓으면 몽땅 타 버려서 나무가 없지.)

¶ 냉중에 낭에 불 들아정 와랑와랑허민 돌 탁 막아. 경허민 그 안네서 낭이 다 카. 그게 숫. (나중에 나무에 불 달려서 와랑와랑하면 입구를 탁 막아. 그러면 그 안에서 나무가 다 타. 그게 숯.)

¶ 두들펭*인디 항아리 닮게 멘든 거. 불에 가도 아이 카곡 벌러지지 안허곡 허는 펭이 잇주게. ('두들병'인데 항아리 같게 만든 거. 불에 가도 아니 타고 깨어지지 않고 하는 병이 있지.)

* '두들펭'은 '두 병의 분량을 담을 수 있는 병'을 말한다. 달리 '두벵들이·두펭들이'라고도 한다.

¶ ㅎ쓸 아랫 건 노릿노릿 카게시리 불숨앙 ㅎ민 밥이 경 맛 좋아마씨. (조금
아래 건 노릇노릇 타게끔 불때어 하면 밥이 그렇게 맛 좋아요.)

¶ 불 쎄사 카는 거주, 약헌 불엔 잘 카지 아녀. (불 세야 타는 거지, 약한 불에는
잘 타지 않아.)

[관련 어휘]

똥끗타다 똥끝타다. 애를 몹시 쓸 때에 뱃속이 깔깔해져서 똥자루가 굳어지
고 빛이 까맣게 되다.

불카다 불타다.

불케우다·불켑다·불테우다 불태우다.

속타다 속타다.

애브뜨다·애줏추다 애태우다.

애줏다·애카다·애타다 애타다.

┌───┐

●●●● **더 생각해 보기**

동음어

카다¹ 타다. ①불씨나 높은 열로 불이 붙어서 번지거나 불꽃이 일어나다.
¶ 보릿낭은 팡팡 똥꿰멍 카. (보릿짚은 팡팡 방귀뀌며 타.)

②뜨거운 열을 받아 검은색으로 변할 정도로 지나치게 익다.
¶ 자린 물 ㅂ뜨게 지져사 카듯ㅎ연 뻬차 씹어져. (자리돔은 물 받게 지져야 타
듯해서 뼈째 씹어져.)

카다² 타다. 다량의 액체에 소량의 액체나 가루 따위를 넣어 섞다.
¶ 아기 나면은 메칠 동안은 모멀ㄱ르 캉 멕여. (아기 낳으면 며칠 동안은 메
밀가루 타서 먹여.)

└───┘

타다¹　타다. ①불씨나 높은 열로 불이 붙어서 번지거나 불꽃이 일어나다.

¶ 바룻괴긴 타게 구우민 맛이 엇어. (바닷고기는 타게 구우면 맛이 없어.)

②마음이 몹시 달다.

¶ 지금쯤은 똥끗이 탐실 거여게. (지금쯤은 똥끝이 타고 있을 거야.)

타다²　타다. 다량의 액체에 소량의 액체나 가루 따위를 넣어 섞다.

¶ 개역에 ᄀ를사탕 탕덜 먹어. (미숫가루에 설탕 타서들 먹어.)

타다³　따디. 붙어 있는 것을 잡아떼다.

¶ 머드레콩이나 풋도 뎅기멍 타야마씀. (대우콩이나 팥도 다니며 타야해요.)

타다⁴　타다. 갈라서 나눠주는 것을 받다.

¶ 반 타단 집의도 앗앙 가라. (반기 타다가 집에도 가지고 가라.)

타다⁵　타다. 탈것이나 짐승의 등 따위에 올라앉다.

¶ 호렝이 등에 탓덴 허는 말 하영 들어나서. (호랑이 등에 탔다고 하는 말 많이 들었었어.)

케다

[기본 의미]   땅속에 묻힌 광물이나 식물 따위의 자연 생산물을 파서 꺼내다.

[대응 표준어]   캐다

[방언 분화형]   케다

[문헌 어휘]   키다(《월인석보》1:52)

[어휘 설명]   '케다'는 '땅속에 묻힌 광물이나 식물 따위의 자연 생산물을 파서 꺼내다.'라는 뜻을 기본 의미로 하여, '드러나지 아니한 사실을 밝혀내다.' 등의 뜻을 지닌다. 방언형 '케다'는 문헌 어휘 '키다'가 '키다〉케다'의 변화 과정을 거친 어형이다.

[용례]

¶ 우잣 엇고 뭐 허는 사름은 늠삐도 엇엉 가시리*꼬장 강 풀ㄴ물 케어당 무수 요만썩 헌 거 헤당 막 솖앙 먹고. (터알 없고 뭐 하는 사람은 무도 없어서 가시리까지 가서 열무 캐어다가 무 요만씩 한 거 해다가 막 삶아서 먹고.)

¶ 고사리 엇이믄 꿩마농이나 속도 케곡 헤영 오곡. (고사리 없으면 달래나 쑥도 캐고 해서 오고.)

¶ 남밧**디 약 치레 가오민 우선은 양에 케여다근엥 그걸로 된장에 찍으멍이라도 밥 먹읍네께. (나무밭에 약 치러 다녀오면 우선은 양하 캐어다가 그걸로 된장에 찍으면서라도 밥 먹습니다.)

* '가시리'는 '서귀포시 표선면 가시리'를 말한다.
** '남밧'은 '나무밭'의 뜻이나 여기서는 귤을 심은 밭, 즉 귤나무 과수원을 의미한다.

¶ 감저 다 케영은에 감저꿀 소나 물 주젠 그거 눌엉 놔둔 거 혼 짐썩 정 와
사 밥 먹어나서. (고구마 다 캐서 고구마줄기 소나 말 주려고 그거 가려 놔둔 거
한 짐씩 져서 와야 밥 먹었었어.)

¶ 빌레 케젠 허민 함마 이서사 되고. (너럭바위 캐려고 하면 해머 있어야 되고.)

¶ 오라, 마농*** 케레 가게 허영 마농 케레 가곡. 오라, 고사리 꺼끄레 가게
헤영 고사리 꺼끄레 가곡. (와라, 달래 캐러 가자 해서 달래 캐러 가고. 와라, 고
사리 꺾으러 가자 해서 고사리 꺾으러 가고.)

●●●● **더 생각해 보기**

동음어

케다¹ 캐다. 땅속에 묻힌 광물이나 식물 따위의 자연 생산물을 파서 꺼내다.
¶ 속도 케당 떡 헹 먹곡게. (쑥도 캐다가 떡 해서 먹고.)

케다² 트다. 너무 마르거나 춥거나 하여 틈이 생겨서 갈라지다.
¶ 베 험벅으로 밀어사 손도 케지 아녀고 발도 케지 아녀. (베 헝겊으로 밀어
야 손도 트지 않고 발도 트지 않아.)

케다³ 패다. 곡식의 이삭 따위가 나오다.
¶ 드레가 허영허게 잘 켄 건 소게도 막 곱고, 또로 케지 아녕 우리가 벨랑 혼
건 소게도 궂어. (다래가 하얗게 잘 팬 건 솜도 아주 곱고, 따로 패지 않아서
우리가 벌려서 한 건 솜도 궂어.)

*** '마농'은 '마늘'의 뜻이나, 여기서는 '달래'의 의미로 쓰였다.

타다

287

[기본 의미] 붙어 있는 것을 잡아떼다.

[대응 표준어] 따다

[방언 분화형] 따다·뜨다·타다·트다

[문헌 어휘] ᄣᅡ다(《월인천강지곡》상:36)

[어휘 설명] '타다'는 '붙어 있는 것을 잡아떼다.'라는 뜻을 기본 의미로 하여, '글이나 말 따위에서 필요한 부분을 뽑아 취하다, 노름·내기·경기 따위에서 이겨 돈이나 상품 따위를 얻다, 물체의 한 부분을 떼어 내다, 점수나 자격 따위를 얻다.' 등의 뜻을 지닌다. 방언형 '타다'와 '트다'는 문헌 어휘 'ᄣᅡ다'가 'ᄣᅡ다〉트다〉타다'의 변화 과정을 거친 어형이며, 다른 방언형 '따다'와 '뜨다'는 문헌 어휘 'ᄣᅡ다'가 'ᄣᅡ다〉뜨다〉따다'의 변화 과정을 거쳐 형성된 어형이다.

[용례]

¶ 감 타다근에 딱딱 뱃앙 젭질아근에 영 페와놔근에 그 물 낭 놀려. (감 따다가 딱딱 빻아서 짜서 이렇게 펴놓아서 그 물 놔서 놀려.)

¶ 흔 번에 익지 아녀난 익으민 익은 것만 탕, 선 거 놔두민 선 거 익으민 또 그 너른 밧디 거 타젠 허민 막 애먹어. (한번에 익지 않으니까 익으면 익은 것만 따서, 선 거 놔두면 선 거 익으면 또 그 너른 밭에 거 따려고 하면 아주 애먹어.)

¶ 볼레 타 먹으레 초신 신어근에 강 흐를에 끗낭* 오민 어멍안티 맬 조그만이 맞아. (보리수 따 먹으러 짚신 신어서 가서 하루에 끝나서 오면 어머니한테 맬 조그만큼 맞아.)

¶ 그냥 오지 못허영 놈의 댕유지**라도 타곡 헹 와나서. (그냥 오지 못하고 남
  의 '당유자'라도 따고 해서 왔었어.)
¶ 쿳가시낭 간절미***, 팔월 나믄 익어. 거 하영 탄 먹어나서. (꾸지뽕나무 열
  매, 팔월 되면 익어. 거 많이 따서 먹었어.)

[관련 어휘]

타먹다·탕먹다 따먹다. ①과일 따위를 뜯거나 떨어뜨려서 먹다. ②놀이에서
  이겨 자기 것으로 하다.

  * '끗낭'은 '끝나서'의 뜻이나, 여기서는 '헐려서'의 의미로 쓰였다.
 ** '댕유지'는 '거죽이 우툴두툴한 아주 큰 유자의 한 가지'다. 각종 제(祭)나 약재에 이용된다.
*** '간절미'는 구지뽕나무의 열매 이름이다. 지역에 따라서 '간질귀·간절귀·쿳가시으름·쿳가시으름'이라
     고도 한다.

847

파다

288

[기본 의미]   구멍이나 구덩이를 만들다.

[대응 표준어]   파다

[방언 분화형]   파다·프다

[문헌 어휘]   프다(《월인천강지곡》상:22)

[어휘 설명]   '파다'는 '구멍이나 구덩이를 만들다.'라는 뜻을 기본 의미로 하여, '그림이나 글씨를 새기다, 어떤 것을 알아내거나 밝히기 위하여 몹시 노력하다, 드러나 있지 아니한 것을 긁어 떼어 내다, 문서나 서류 따위에서 어떤 부분을 삭제하다.' 등의 뜻을 지닌다. 방언형 '파다'는 문헌 어휘 '프다'가 '프다〉파다' 변화 과정을 거친 어형이며, 다른 방언형 '프다'는 문헌 어휘 '프다'가 그대로 쓰인 경우다.

[용례]

¶ 진토굿*은 그 사름덜 강 땅 <u>파곡</u>, 요센 기계로 <u>파난</u> 허주만은 삽으로 다 허지 아녀수과게? ('진토굿'은 그 사람들 가서 땅 파고, 요새는 기계로 파니 하지만 삽으로 다 하지 않았습니까?)

¶ 물이 귀허니까 ㅅ방에 통을 <u>파서</u> 그 물을 먹는 거지. (물이 귀하니까 사방에 물통을 파서 그 물을 먹는 거지.)

¶ 꿩마농은 불휘차 <u>파당</u> 짐치 멘들앙 먹어. (달래는 뿌리째 파다가 김치 만들어서 먹어.)

* '진토굿'은 '무덤의 봉분을 쌓을 때 가운데로 두두룩하게 모아 올린 흙'을 말한다.

¶ 감전 줄 걷어뒁 손으로 파는 사름도 잇고, 쉐로 갈아근에 줏는 사름도 잇곡. (고구마는 줄기 걷어두고 손으로 파는 사람도 있고, 소로 갈아서 줍는 사람도 있고.)

¶ 득 솖앙 먹던 거, 남은 걸 마당 팡 묻어 벼, 방법으로. (닭 삶아서 먹던 거, 남은 걸 마당 파서 묻어 버려, 비법으로.)

¶ 발에 맞촤근에 남신 파는 사름이 왕 다 식구에 파. (발에 맞춰서 나막신 파는 사람이 와서 다 식구에 파.)

¶ 벨벨 놈의 기계가 다 나와수다게. 더덕도 기계로만 팝니께. (별별 놈의 기계가 다 나왔습니다. 더덕도 기계로만 팝니다.)

[관련 어휘]

개광파다 묘를 쓸 때에 방향을 바로잡아 관(棺) 넣을 자리인 광중을 파다.

긍파다 닭 따위가 발톱으로 땅을 긁어 파다.

땅파다 땅파다.

오비어ᄑ다·오의어ᄑ다 오비어파다. 오비어서 깊이 파다.

옴파다·옴푸다·옴ᄑ다·옹파다·옹ᄑ다 옴파다.

파내다 파내다.

파먹다 파먹다. ①흙이나 땅 따위를 파서 얻는 것으로 먹고살다. ②겉에서부터 안쪽으로 움푹하게 먹어 들어가다.

파지다 파이다. 패다.

호파다 제적하다. 호적 따위에서 이름을 지우다.

흠파내다 뒤져서 꺼내거나 파내다.

흠파다·흠ᄑ다·훙ᄑ다 흠파다.

흠파지다 홈패다.

[기본 의미]   묶이거나 감기거나 얽히거나 합쳐진 것 따위를 그렇지 아니한
본디 상태로 되게 하다.

[대응 표준어]   풀다

[방언 분화형]   풀다

[문헌 어휘]   플다(《월인천강지곡》상:27)

[어휘 설명]   '풀다'는 '묶이거나 감기거나 얽히거나 합쳐진 것 따위를 그렇
지 아니한 본디 상태로 되게 하다.'라는 뜻을 기본 의미로 하여, '어떤 감정
이나 분노 따위를 누그러뜨리다, 마음에 맺혀 있거나 품고 있는 것을 이루
다, 모르거나 복잡한 문제 따위를 알아내거나 해결하다, 금지되거나 제한
된 것을 할 수 있도록 터놓다, 피로나 독기 따위를 없어지게 하다, 콧물을
밖으로 나오게 하다, 어려운 것을 알기 쉽게 바꾸다, 긴장된 분위기나 표정
따위를 부드럽게 하다, 액체에 다른 액체나 가루 따위를 섞다.' 등의 뜻을
지닌다. 방언형 '풀다'는 문헌 어휘 '플다'가 '플다〉풀다'의 변화 과정을 거친
어형이다.

[용례]

¶ 산딘 풀지 아녕 단차 낭 마주 낭 뜨려. 건 소독 ᄀ린덴 허주기. (밭벼는 풀
지 않고 단째 놔서 마주 놔서 때려. 건 새쾌기 갈긴다고 하지.)

¶ 뭇에 께 풀엉 요 소곱 영 페와낭 뜨리주. (뭇에 매끼 풀어서 요 속 이렇게 펴놔
서 때리지.)

¶ 촐도 앞디레 안 낭 안터레만 께 풀멍 들러네껑 내불면은 자기네가 뎅기

멍 촛앙 먹고. (꼴도 앞에 안 나서 안으로만 매끼 풀면서 드던져서 내버리면 자기

네가 다니면서 찾아서 먹고.)

¶ 가고 보난 머리 풀언에 니 잡암서렌. (가서 보니 머리 풀어서 이 잡고 있더

라고.)

¶ 술이 좋은 거라. 술 먹으멍 쌉고 술 먹으멍 풀곡. (술이 좋은 거야. 술 마시면

서 싸우고 술 마시면서 풀고.)

[관련 어휘]

귀양풀다·귀양풀이ᄒ다 귀양풀이하다.

귀양풀이 귀양풀이.

돔풀어놓다 술을 담가 놓은 것에 다시 두 번 술밑을 해 놓다.

몸가르다·몸갈르다 몸풀다.

본풀이 본풀이. 심방이 신의 근본 내력을 풀어 해설하는 일.

석풀다 굿하다.

성주풀이 성주풀이.

원풀다 원풀다.

코풀다 코풀다.

풀어놓다 풀어놓다.

풀어지다 풀어지다.

피다

[기본 의미] 꽃봉오리 따위가 벌어지다.

[대응 표준어] 패다·피다

[방언 분화형] 피다

[문헌 어휘] 프다(《석보상절》11:2)

[어휘 설명] '피다'는 '꽃봉오리 따위가 벌어지다.'라는 뜻을 기본 의미로 하여, '곡식의 이삭 따위가 나오다, 연탄이나 숯 따위에 불이 일어나 스스로 타다, 사람이 살이 오르고 혈색이 좋아지다, 구름이나 연기 따위가 커지다, 웃음이나 미소 따위가 겉으로 나타나다, 곰팡이·버짐·검버섯 따위가 생겨서 나타나다, 액체가 종이나 천에 묻어 퍼지다.' 등의 뜻을 지닌다. 방언형 '피다'는 문헌 어휘 '프다'가 '프다〉픠다〉피다'의 변화 과정을 거친 어형이다.

[용례]

¶ 꽃 피기 전의 동지 똑똑똑 꺼꺼당 동지짐치* 헹 먹곡. (꽃 피기 전에 장다리 똑똑똑 꺾어다가 '동지김치' 해서 먹고.)

¶ 스월 나믄 꽃 피언에 막 보기 좋나. (사월 되면 꽃 피어서 아주 보기 좋다.)

¶ 조코고리가 피믄 영 끗겡이 까릿까릿** 영 헹, 개발ㄱ찌 영 허주. (조이삭이 패면 이렇게 끄트머리가 '까릿까릿' 이렇게 해서, 개발처럼 이렇게 하지.)

---

* '동지짐치'는 '배추에서 돋아난 아주 연한 장다리로 담근 김치'를 말한다. 달리 '동지짐끼·동짐치'라 하는데, '동지짐치'는 봄에 담그는데 주로 멸치젓으로 간을 한다. 풋내를 없애고 발효를 돕기 위하여 보릿가루로 풀을 쒀 넣거나 보리밥을 넣기도 한다.

** '까릿까릿'은 '잎 따위가 손가락을 벌린 것처럼 여러 갈래로 갈라진 모양'을 이르는 말이다.

¶ 보리 이제 피엉 노릿노릿헤 가믄 대우리도 노릿노릿 익어. (보리 이제 패어서 노릇노릇해 가면 귀리도 노릇노릇 익어.)

¶ 산디 다 피민 피도 핀다 허여. (밭벼 다 패면 피도 팬다 해.)

[관련 어휘]

고말피다 화상을 입다.

곰셍이돋다·곰셍이피다·곰팍피다·곰펭이피다·마돋다·마묻다·마오르다·마피다 곰피다. 곰팡피다. 곰팡이가 생기다.

곤사다·곤피다 간피다.

녹피다 녹나다.

똥피다 똥 기운이 몸에 돌다.

●●●● **더 생각해 보기**

동음어

피다[1] 피다. 꽃봉오리 따위가 벌어지다.

¶ 삼수월에 꽃이 피곡 낭썹도 번성되고. (삼사월에 꽃이 피고 나뭇잎도 번성하고.)

피다[2] 부풀다. 살가죽이 붓거나 부르터 오르다.

¶ 늘고등에 잘못 먹엇당은 두드레기가 몸에 막 피어. (날고등어 잘못 먹었다가는 두드러기가 몸에 막 부풀어.)

853

허다

[기본 의미] 사람이나 동물·물체 따위가 행동이나 작용을 이루다.

[대응 표준어] 하다

[방언 분화형] 허다·ᄒᆞ다

[문헌 어휘] ᄒᆞ다(《석보상절》6:2)

[어휘 설명] '허다'는 '사람이나 동물·물체 따위가 행동이나 작용을 이루다.'라는 뜻을 기본 의미로 하여, '사건이나 문제 따위를 처리하다, 특정한 대상을 어떤 특성이나 자격을 가지는 것으로 만들거나 삼다, 이르거나 말하다, 어떤 방식으로 행위를 이루다.' 등의 뜻을 지닌다. 방언형 '허다'는 문헌 어휘 'ᄒᆞ다'가 'ᄒᆞ다〉허다'의 변화 과정을 거친 어형이며, 다른 방언형 'ᄒᆞ다'는 문헌 어휘 'ᄒᆞ다'가 그대로 쓰인 경우다. 일상 생활에서는 'ᄒᆞ다'보다는 '허다'가 빈번하게 쓰인다.

한편 '허다'는 '~게 허다' 등으로 쓰여서 보조 동사, '~기는 허다' 등의 구성으로 보조 형용사로도 쓰인다. 또 '허다', 'ᄒᆞ다'는 접미사 '-허-', '-ᄒᆞ-'로도 쓰인다.

[용례]

¶ 허곡 또 허곡 허당 보믄 다 끗나. (하고 또 하고 하다 보면 다 끝나.)

¶ 그 사름 허지 말렌 헌 일은 무녀 허영 나산다. (그 사람 하지 말라고 한 일은 먼저 해서 나선다.

¶ 잘 ᄀᆞ르치젠 허난 쉐가 고생허는 거. (잘 가르치려고 하니까 소가 고생하는 거.)

¶ 나가 일을 <u>허연</u> 번 돈은 확확 쓰지 못허여. (내가 일을 해서 번 돈은 확확 쓰지 못해.)

¶ ᄇ름 들어가지 말렌 막 불라. 그다음 새 <u>허영</u> ᄂ람지 여평 둘러. (바람 들어가지 말라고 마구 밟아. 그다음 띠 해서 이엉 엮어서 둘러.)

¶ 아이난게 울당 웃당 경 <u>헌다게</u>. (아이니까 울다가 웃다가 그렇게 한다.)

[관용 표현]

ᄒ도 못훌 놈이 좀방이 벗나 표준어로 바꾸면 '하지도 못할 놈이 잠방이 벗는다.' 인데, 실력도 자신도 없으면서 그 일을 하려고 덤비는 사람을 빈정거리며 하는 말.

[관련 어휘]

혜졉직ᄒ다·ᄒ염직ᄒ다 하얌직하다. 하염직하다. ①할 만하다. ②할 만한 가치가 있다.

ᄒ다못헤영 하다못해.

허트다

292

[기본 의미]   한데 모여 있던 것을 따로따로 떨어지게 하다.

[대응 표준어]   흩다

[방언 분화형]   허끄다·허치다·허트다·흐트다

[문헌 어휘]   흩다(《월인석보》10:81)

[어휘 설명]   '허트다'는 '한데 모여 있던 것을 따로따로 떨어지게 하다.'라는 뜻을 기본 의미로 하여, '마구 흩어지게 뿌리다.' 등의 뜻을 지닌다. 방언형 '허트다·흐트다'는 문헌 어휘 '흩다'와 비교할 때 음절수에 차이가 있다. 다른 방언형 '허끄다·허치다'는 새롭게 형성된 어형이다.

[용례]

¶ 걸름 허텅 걸름밧허곡*. (거름 흩어서 '걸름밧하고'.)

¶ 좁씨 이레저레 골로로 삐엉 허트곡 허영 막 볼려. (좁씨 이리저리 골고루 뿌려서 흩고 해서 마구 밟아.)

¶ 애낌으로 고치ᄀᆞ를 하영 허트지 말렌 굴아져. (아낌으로 고춧가루 많이 흩뿌리지 말라고 말해져.)

¶ 콩ᄀᆞ를 허트믄 그게 쉬라. (콩가루 흩으면 그게 고물이야.)

¶ 아무 ᄀᆞ를이나 허턴 보믄 보기도 좋곡 맛도 좋아. (아무 가루나 흩어서 보면 보기도 좋고 맛도 좋아.)

---

* '걸름밧허다'는 '밭갈이하기 전에 밭에다 거름을 골고루 널어놓다.'는 말이다.

¶ 맛 좋으렌 콩ᄀ를 허튼다게. (맛 좋으라고 콩가루 흩는다.)

[관련 어휘]

삐어지다·허꺼지다·허터지다·헐어지다·흐터지다 흩어지다.

허끄다 흩뜨리다.

●●●● **더 생각해 보기**

동음어

허끄다¹ 흩다. 한데 모여 있던 것을 따로따로 떨어지게 하다.
¶ 떡 우터레 콩ᄀ를 술술 허꺼. (떡 위에 콩가루 살살 흩어.)

허끄다² 섞다. 두 가지 이상의 것을 한데 합치다.
¶ 쏠에 모살 허끄는 사름 죄 받을 사름. (쌀에 모래 섞는 사람 죄 받을 사람.)

허끄다³ 흩뜨리다. 흩어지게 하다.
¶ 화토팬 잘 허껑 테와줘사. (화투짝은 잘 흩뜨려서 태워줘야.)

헐다

293

[기본 의미] 몸에 부스럼이나 상처 따위가 나서 짓무르다.

[대응 표준어] 헐다

[방언 분화형] 헐다

[문헌 어휘] 헐다(《석보상절》19:16)

[어휘 설명] '헐다'는 '몸에 부스럼이나 상처 따위가 나서 짓무르다.'라는 뜻을 기본 의미로 하여, '물건이 오래되거나 많이 써서 낡아지다.' 등의 뜻을 지닌다. 방언형 '헐다'는 문헌 어휘 '헐다'가 그대로 쓰인 경우다.

[용례]

¶ 입안 헐엉은 밥 먹지 막 어려와. (입안 헐어서는 밥 먹기 아주 어려워.)

¶ 막 열 와싹 나나민 입안 헐어. (막 열 와싹 나나면 입안 헐어.)

¶ 엿날은 옷도 헐곡 허믄 주웡 입어나서. (옛날은 옷도 헐고 하면 기워서 입었었어.)

¶ 빨리 헐지 말렌 험벅 덧데영 신어. (빨리 헐지 말라고 헝겊 덧대어서 신어.)

¶ 모든 건 주로 신구간*에 허여. 뭐 문ㄱ뜬 거 헐면 고찌는 거나 무시거나 다 무숭무해라고. (모든 건 주로 '신구간'에 해. 뭐 문같은 거 헐면 고치는 거나 무엇이나 다 무흉무해라고.)

¶ 보선도 헐민 보선볼 받앙 신어나서. (버선도 헐면 버선볼 받아서 신었었어.)

---

* '신구간'은 '대한 후 5일부터 입춘 전 3일까지의 기간'을 말한다. 이 기간에는 이사·집수리·변소 고치기 등 손질하는 역사를 해야 연중 흉이 없고 해가 없다는 속신이 생겼다. 원래는 입춘을 앞두고 집안 정리를 하며 새봄맞이의 다짐을 하는 뜻 깊은 시기다.

¶ 보공사 막 <u>헐게</u> 입은 옷은 안 놔. 아덜폴 때 입어난 본견 그런 거나 놓
주. (보공이야 아주 헐게 입은 옷은 안 놔. 아들 장가보낼 때 입었던 본견 그런 거
나 넣지.)

[관련 어휘]

헌 헌. 오래되어서 낡은.

헌거·헌것 헌것. 오래되어서 낡은 물건.

헌당 넝마. 닳아서 헤어진 옷 따위를 이르는 말.

헌물체·헌톨마기 헌털뱅이. '헌것'을 속되게 이르는 말.

헌헌ᄒ다 더할 나위 없이 헐다.

헐리 헌데. 살갗이 헐어서 상한 자리.

헐리나다 살갗에 헌데가 생기거나 물건에 흠이 생기다.

헐파리 남루한 옷차림.

헐파리ᄒ다 옷차림을 남루하게 하다.

●●●● **더 생각해 보기**

동음어

헐다[1] 헐다. 몸에 부스럼이나 상처 따위가 나서 짓무르다.
¶ 입안 <u>헐믄</u> 막 성가셔. (입안 헐면 아주 성가셔.)

헐다[2] 헐다. 쌓아 놓은 물건을 무너뜨리다.
¶ 잘 올령 놔두민 <u>헐어</u> 불곡, 올령 놔두민 <u>헐어</u> 불곡 허멍 놀암서. (잘 올려 놔
두면 헐어 버리고, 올려 놔두면 헐어 버리고 하며 놀고 있어.)

휘다

294

[기본 의미] 꼿꼿하던 물체가 구부러지다. 또는 그 물체를 구부리다.

[대응 표준어] 휘다

[방언 분화형] 휘다

[문헌 어휘] 휘다(《역어유해》하:48)

[어휘 설명] '휘다'는 '꼿꼿하던 물체가 구부러지다. 또는 그 물체를 구부리다.'라는 뜻을 비롯하여, '남의 의지를 꺾어 뜻을 굽히게 하다' 등의 뜻을 지닌다. 방언형 '휘다'는 문헌 어휘 '휘다'가 그대로 쓰인 경우다.

[용례]

¶ 소낭은 휘지 아년데 굴아. (소나무는 휘지 않는다고 해.)

¶ 어떤 낭은 벳만 맞아가믄 영 휘어 불어. 게난 그게 좋지 아녀덴 헌 거. (어떤 나무는 볕만 맞으면 이렇게 휘어 버려. 그러니 그게 좋지 않다고 한 거.)

¶ 알러레 영 휘와진 건 활등이*. (아래로 이렇게 휘어진 건 '활등이'.)

¶ 어질연대 두 개 잡앙 영 휘왕 ㅋ찡헤사 잘 까까진 거라. (귓달 두 개 잡아서 이렇게 휘어서 나란해야 잘 깎인 거야.)

¶ 잔 심은 폴 안터레 휜덴 ㅎ여. (잔 잡은 팔 안으로 휜다고 해.)

---

* '활등이'는 '등뼈가 활처럼 우묵하게 휘어 들어간 말'을 뜻한다. 달리 '화등이'라 한다.

휘와지다 휘어지다.

휘우다·휩다 꼿꼿하던 물체를 구부러지게 하다.

●●●● **더 생각해 보기**

동음어

휘다[1] 휘다. 꼿꼿하던 물체가 구부러지다. 또는 그 물체를 구부리다.
¶ 곱은도린 이 풀처록 영 휘아지난 곱은도리라. (우미량(牛尾樑)은 이 팔처
  럼 이렇게 휘어지니 '곱은도리'야)

휘다[2] 헤다. 잘난 체하며 마음대로 행하다.
¶ 영 휘지 말앙 저레 가라게. (이렇게 헤지 말고 저리 가라.)

휘다[3] 헤다. 물속에 몸을 뜨게 하고 팔다리를 놀려 물을 헤치고 앞으로 나아가다.
¶ 이젠 오리발 안 허민 휘지도 못허여. (이젠 오리발 안 하면 헤지도 못해.)

흔글다

[기본 의미] 사람이나 동물 등이 몸의 일부나 전체, 또는 손에 잡은 물체 따위를 좌우·앞뒤·상하로 자꾸 움직이게 하다.

[대응 표준어] 흔들다

[방언 분화형] 흔글다·흔들다

[문헌 어휘] 흔들다(《번역노걸대》상:4)

[어휘 설명] '흔글다'는 '사람이나 동물 등이 몸의 일부나 전체, 또는 손에 잡은 물체 따위를 좌우·앞뒤·상하로 자꾸 움직이게 하다.'라는 뜻을 기본 의미로 하여, '큰 소리나 충격이 물체를 울리게 하다, 조용하던 곳이나 물체에 커다란 움직임이나 큰 충격이 일게 하다, 어떤 일이나 말이 사람의 마음을 동요하게 하거나 약한 상태가 되게 하다.' 등의 뜻을 지닌다. 방언형 '흔글다'는 새롭게 형성된 어형이며, 다른 방언형 '흔들다'는 문헌 어휘 '흔들다'가 그대로 쓰인 경우다.

[용례]

¶ 애기구덕* 발로 흔글곡 허명 손으론 다른 일을 허여. ('애기구덕' 발로 흔들고 하면서 손으로는 다른 일을 해.)

¶ 아기 흔글엉 눅전 재우젠 허민 어떵 허여? 자랑자랑허주게. (아기 흔들어서 눕혀서 재우려고 하면 어떻게 해? 자랑자랑하지.)

* '애기구덕'은 '아기를 눕혀 재우는 대오리로 엮어 만든 장방형의 요람'을 말한다.

¶ 동싱덜광은 업게 허엿주게. 흔글어 주고 업엉 뎅기곡, 놀 어간이 어디 셔게? (동생들과는 업저지 했지. 흔들어 주고 업어서 다니고, 놀 어간이 어디 있어?)

¶ 아긴 담어염** 굴체에 낭 흔글당 그늘친 디 잽곡. (아기는 '담어염' 삼태기에 나서 흔들다가 그늘진 데 재우고.)

¶ 잘 다려사 조가 흔글어 불지 안헌덴. 조남뎅이 나가민 흔글어 불지 안헌덴 씨 삐어 낭 막 탱탱 다려. (잘 다져야 조가 흔들어 버리지 않는다고. 조대 나가면 흔들어 버리지 않는다고 씨 뿌려 놔서 막 탱탱 다져.)

¶ 잘못허연에 흔글지도 아녀는 니 빳닥에 죽게 고생혜나서 세. (잘못해서 흔들지도 않은 이 뺐다가 죽게 고생했었어.)

¶ 니 흔글엉은 아무거나 씹도 못허여. (이 흔들어서는 아무거나 씹지도 못해.)

[관련 어휘]

공글공글·공끌공끌·흔글만글·흔글흔글·흔글락흔글락·흔들흔들·흔들락흔들락 흔들흔들.

뒤흔들다 뒤흔들다.

손치다 ①손사래를 치다. ②손을 흔들다.

심엉흔글다·심엉흔들다 잡아흔들다.

훈들다 좀 무거운 물건을 손에 잡고 이리저리 흔들다.

흔갈흔갈 흔드적흔드적.

흔글락거리다 흔드적거리다.

** '담어염'은 '쌓은 담의 가장자리나 옆'을 말한다.

흘르다

296

[기본 의미]   시간이나 세월이 지나가다.

[대응 표준어]   흐르다

[방언 분화형]   흐르다·흘르다

[문헌 어휘]   흐르다(《월인천강지곡》상:68)

[어휘 설명]   '흘르다'는 '시간이나 세월이 지나가다.'라는 뜻을 기본 의미로 하여, '액체 따위가 높은 데서 낮은 데로 움직여 내리다, 걸치거나 두른 것이 미끄러지거나 처지다, 어떤 한 방향으로 치우쳐 쏠리다, 공중이나 물 위에 떠서 미끄러지듯이 움직이다, 기운이나 상태 따위가 겉으로 드러나다, 윤기·광택 따위가 번지르르하게 나다, 빛·소리·향기 따위가 점차 부드럽게 퍼지다.' 등의 뜻을 지닌다. 방언형 '흘르다'는 문헌 어휘 '흐르다'에 'ㄹ'이 첨가된 어형이며, 다른 방언형 '흐르다'는 문헌 어휘 '흐르다'가 그대로 쓰인 경우다.

[용례]

¶ 사태 때 기억은 시간이 오래 흘러도 원 잊어불지 아녀. (사태 때 기억은 시간이 오래 흘러도 전혀 잊어버리지 않아.)

¶ 가운디로 물이 흘르는 따문에 자연적으로 집을 못 짓어서. (가운데로 물이 흘르는 때문에 자연적으로 집을 못 지었어.)

¶ 고운 물 흘르곡 헐 땐 은어가 하나서. (깨끗한 물 흐르고 할 때는 은어가 많았어.)

¶ 우로 강 막아 부난 이젠 물 흘르지 아녀곡. (위로 가서 막아 버리니 이제는 물

흐르지 않고.)

¶ 늬귀방장허게 판에 그 알로 물 <u>흘르게</u> 다 정비혜서. (네모반듯하게 파서 그
아래로 물 흐르게 다 정비했어.)

¶ 범선이난게 그 물 조류에 <u>흘러</u> 뎅기는 거. (범선이니까 그 물 조류에 흘러 다
니는 거.)

[관련 어휘]

내창터지다·내치다·내터지다·시위ᄒ다 시위하다.

창창ᄒ다 눌발이 매우 거세게 돌거나 흐르다.

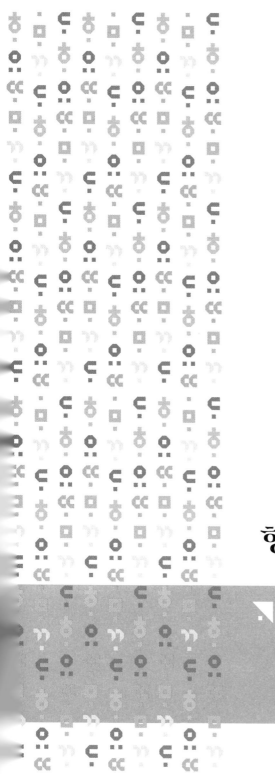

형용사

걸다

297

[기본 의미] 흙이나 거름 따위가 기름지고 양분이 많다.

[대응 표준어] 걸다

[방언 분화형] 걸다

[문헌 어휘] 걸다(《구급방언해》하:13)

[어휘 설명] '걸다'는 '흙이나 거름 따위가 기름지고 양분이 많다.'라는 뜻을 기본 의미로 하여, '액체 따위가 내용물이 많고 진하다, 음식 따위가 가짓수가 많고 푸짐하다, 말씨나 솜씨가 거리낌이 없고 푸지다, 푸짐하고 배부르다.' 등의 뜻을 지닌다. 방언형 '걸다'는 문헌 어휘 '걸다'가 그대로 쓰인 경우다. '걸다'가 활용할 때는 '걸-, 거-'가 어간이 되어 어미가 연결된다.

[용례]

¶ 밧 걸지 아녀믄 용시가 씨원치 아녈 건 당연지사. (밭 걸지 않으면 농사가 시원하지 않을 건 당연지사.)

¶ 밧 걸믄 소출도 하영 나. (밭 걸면 소출도 많이 나.)

¶ 걸름콩* 갈아나믄 밧이 걸언 좋아. ('거름콩' 갈아나면 밭이 걸어서 좋아.)

¶ 너미 걸엉은 보리가 자빠져 불어. (너무 걸어서는 보리가 쓰러져 버려.)

¶ 듬북걸름**이 더 걸어. (듬북거름이 더 걸어.)

---

* '걸름콩'은 '거름으로 사용하기 위하여 재배하는 콩'을 말한다.

** '듬북걸름'은 '듬북 따위의 바다풀로 만든 거름'을 말한다.

거름·걸름 거름.

거름착·걸름착 거름을 담아 나르는 데 쓰는 멱둥구미.

걸름기 거름기.

걸름밧 밭갈이하기 전에 거름을 골고루 널어놓은 밭.

걸름밧ᄒ다 밭갈이하기 전에 밭에다 거름을 골고루 널어놓다.

걸름콩 거름으로 사용하기 위하여 재배하는 콩.

돗가레·돗갈레·돗거름·돗걸름 돼지거름.

돗가레착·돗갈레착·돗기름착·돗걸름착 돼지거름을 담아 나르는 데 쓰는 멱둥구미.

듬북거름·듬북걸름 듬북 따위의 바다풀로 만든 거름.

똥걸름 똥거름.

불치걸름·제거름·제걸름 재거름.

쉐거름·쉐걸름 소두엄.

오좀걸름·오줌거름·오줌걸름 오줌을 썩혀 만든 거름.

웃걸름 웃거름.

입걸다·입걸싸다 ①이것저것 가리지 아니하고 아무것이나 잘 먹다. ②말을 함부로 하다.

입메걸다 이것저것 가리지 아니하고 아무것이나 잘 먹다.

진걸름 외양간에서 쳐낸 거름을 돼지우리에 집어넣어 돼지거름과 한데 섞어 썩힌 거름.

콩걸름 콩거름. 거름으로 쓰려고 심은 콩을 갈아엎어 만든 거름.

검다

[기본 의미] 숯이나 먹의 빛깔과 같이 어둡고 짙다.

[대응 표준어] 검다

[방언 분화형] 검다

[문헌 어휘] 검다(《석보상절》19:6)

[어휘 설명] '검다'는 '숯이나 먹의 빛깔과 같이 어둡고 짙다.'라는 뜻을 기본 의미로 하여, '속이 엉큼하고 흉측하거나 정체를 알기 어렵다, 침울하고 암담하다.' 등의 뜻을 지닌다. 방언형 '검다'는 문헌 어휘 '검다'가 그대로 쓰인 경우다.

[용례]

¶ 바독은 검곡 희곡 헌 게 쌉는 거라. (바둑은 검고 희고 한 게 싸우는 거야.)

¶ 젯국을 놓민 고사리가 검어져. (잿물을 놓으면 고사리가 검어져.)

¶ 개부껜* 검은 섹깔도 잇고 빨간 섹깔도 잇곡 경. ('개부께'는 검은 색깔도 있고 빨간 색깔도 있고 그렇게.)

¶ 멜첫을 하영 놓민 짐치가 검어. (멸치젓을 많이 놓으면 김치가 검어.)

¶ 가마귄 검나. (까마귀는 검다.)

[관련 어휘]

가막창신 검정가죽신.

* '개부께'는 '꽈리의 한 종류'를 말한다.

멜첫

가막탈낭·검은탈낭　검은딸기.

가슬왓　검은그루. 가을걷이를 한 뒤 새해 봄까지 갈지 아니한 밭.

거멍ᄒ다　거멓다.

거무릉ᄒ다·거므스름ᄒ다·검스름ᄒ다·검스릉ᄒ다　거무스름하다.

거무툭툭ᄒ다　거무데데하다.

거뭇거뭇·거뭇거뭇　거뭇거뭇.

검뎅이·그실먹·지실먹　검댕.

검둥개　검둥개.

검붉다　검붉다.

검숭ᄒ다　검숭하다.

검실검실　검실검실.

검은곡디　후두부 연수의 바로 윗자리.

검은공즈·검은동즈·검은알　검은자위.

검은굴　진회색 질그릇을 굽는 가마.

검은꽤 검은깨. 검정깨.

검은돗 털빛이 검은 돼지.

검은독 검은닭.

검은물·검정빗 검은빛.

검은보리 보리의 한 품종. 보리 색깔이 거메서 붙은 이름.

검은쉐 검정소.

검은제낭 검은재나무.

검은조 검은데기. 쌀알이 검은 차조의 한 가지.

검은지름 말의 창자를 달리 이르는 말.

검은콩 검은콩.

검은풋 검은팟.

검은호상 멱목(幎目). 명주로 만들어 주검의 머리와 얼굴을 맨 마지막으로 씌우는 가리개. 안감은 붉은명주, 겉감은 검은명주로 만든다.

검푸리다 검푸르다.

셍엿 검은엿.

손검다 손거칠다.

검은호상

곧다

299

[기본 의미] 굽거나 비뚤어지지 아니하고 똑바르다.

[대응 표준어] 곧다

[방언 분화형] 곧다·곧작ᄒ다·괃작ᄒ다·굳작ᄒ다

[문헌 어휘] 곧다(《석보상절》19:7)

[어휘 설명] '곧다'는 '굽거나 비뚤어지지 아니하고 똑바르다.'라는 뜻을 기본 의미로 하여, '마음이나 뜻이 흔들림 없이 바르다.' 등의 뜻을 지닌다. 방언형 '곧다'는 문헌 어휘 '곧다'가 그대로 쓰인 경우고, 다른 방언형인 '곧작ᄒ다·괃작ᄒ다·굳작ᄒ다' 등은 새롭게 형성된 어형이다. 일상생활에서는 '곧작ᄒ다·괃작ᄒ다·굳작ᄒ다'가 더 많이 쓰인다.

[용례]

¶ 소살도 ᄒ나짜린 영 곧작헌 거난 여기 비늘 돋지주게. (작살도 하나짜리는 이렇게 곧은 거니까 여기 미늘 돋게 하지.)

¶ 새비낭 영 굳작허게 순 나온 거 똑똑 거껑 것도 먹곡. (찔레나무 이렇게 곧게 순 나온 거 똑똑 꺾어서 것도 먹고.)

¶ 남술은 국자가 아니주. 틀려. 남술은 그냥 굳작ᄒ여. (죽젓개는 국자가 아니지. 달라. 죽젓개는 그냥 곧아.)

¶ 영 보믄 마릿귀클도 굳작ᄒ게 안 놔. 건 끼우는 거난 딱 물리게 놔. (이렇게 보면 마룻귀틀도 곧게 안 놔. 건 끼우는 거니까 딱 물리게 놔.)

¶ 다간죽낭이 우리 목장에 괃작허게덜 낭 잇어. (예덕나무가 우리 목장에 곧게 들 나서 있어.)

곧은 낭이 가운디 산다 표준어로 바꾸면 '곧은 나무가 가운데 선다.'인데, 훌륭한 사람을 기둥으로 내세우게 된다는 말.

[관련 어휘]

곧은질·곧작흔질 곧은길.

곧은하늬 북풍.

곧작[1]·괃작[1]·굳작[1] 곧장.

곧작[2]·곧초·괃작[2]·굳작[2] 곧추.

곧초세우다 곧추세우다.

곧초앉다·곧초앚다·괃작앉다·괃작앚다 곧추앉다.

곧추드르다·곧추들르다 곧추들다.

동고개 곧은목. 살이 쪄 옆으로나 뒤로 잘 돌아가지 않는 목.

목곧다 목곧다.

다간죽낭

곱다

300

[기본 의미] 모양·생김새·행동거지 따위가 산뜻하고 아름답다.

[대응 표준어] 곱다

[방언 분화형] 곱다

[문헌 어휘] 곱다(《월인천강지곡》상:18)

[어휘 설명] '곱다'는 '모양·생김새·행동거지 따위가 산뜻하고 아름답다.'라는 뜻을 기본 의미로 하여, '색깔이 밝고 산뜻하여 보기 좋은 상태에 있다, 소리가 듣기에 맑고 부드럽다, 만져 보는 느낌이 거칠지 아니하고 보드랍다, 상냥하고 순하다, 편안하고 순탄하다.' 등의 뜻을 지닌다. 방언형 '곱다'는 문헌 어휘 '곱다'가 그대로 쓰인 경우다. 이 '곱다'는 활용할 때 '곱-, 고우-'가 어간이 되어 어미와 연결된다.

한편 '곱다'에서 유래한 접두사 '곤-'이 있다.

[용례]

¶ 속지 허영 감곡, 그냥 춤 창신이나 바로 엇이 곱게 멘들안 허난. (소지 해서 감고, 그냥 참 가죽신이나 바로 없이 곱게 만들어서 하니.)

¶ 깍신* 고와. 노랑헹 곱주, 뭐. ('깍신' 고와. 노래서 곱지, 뭐.)

¶ 갈옷** 고운 물에 뺄아야 곱지. 물 굿이 뺄앙은 거물거물거물 궂어. ('갈옷' 고운 물에 빨아야 곱지. 물 궂게 빨아서는 거뭇거뭇거뭇 궂어.)

---

  * '깍신'은 '일일이 총을 내어서 삼은 짚신'을 말한다.
 ** '갈옷'은 '감물을 들인 옷을 통틀어 이르는 말'이다. 달리 '감옷'이라고도 한다.

¶ 얼굴 고우민 고운 깝을 헌다. (얼굴 고우면 고운 값을 한다.)

¶ 옛날은 불레도 엇이난 치지 키왕 그 물 들이민 노랑허민 그게 고왕, 그게 고운 옷으로 베옷을 멘들앙 입곡. (옛날은 물감도 없으니 치자 키워서 그 물 들 이면 노래면 그게 고와서, 그게 고운 옷으로 베옷을 만들어서 입고.)

¶ 고운 사름은 어디가 고와도 곱나. (고운 사람은 어디가 고와도 곱다.)

[관용 표현]

고운 사름은 멕 써도 곱나 표준어로 바꾸면 '고운 사람은 맥 써도 곱다.'인데, '어 떻게 하든 본색을 드러나게 마련이라는 뜻'을 비유적으로 이르는 말.

[관련 어휘]

곤곤ᄒ다 곱디곱다.

곤떡 ①송편. ②흰떡.

곤밥 ①쌀밥. ②흰밥.

곤쏠 흰쌀.

곤아장 고운 색시.

곤애기 낳은 지 얼마 되지 않은 아기를 곱고 아깝게 여겨 일컫는 말.

곱닥ᄒ다·곱드락ᄒ다·곱들락ᄒ다 곱다랗다.

손곱다 ①일 다루는 솜씨가 꼼꼼하고 익숙하다. ②도둑질하는 버릇이 없다.

동음어

곱다[1] 곱다. 모양·생김새·행동거지 따위가 산뜻하고 아름답다.
¶ 커 가난 막 곱다. (커 가니 아주 곱다.)

곱다[2] 곰삭다. 곡식이나 나뭇가지 따위가 오래되거나 썩어서 부서지기 쉬운 상태가 되다.
¶ 보리 곱아 불민 비지 어려와. (보리 곰삭아 버리면 베기 어려워.)

곱다[3] 숨다. 보이지 아니하게 몸을 감추다.
¶ 산으로 곱으레 올라가 부난 심지 못흔 거주. (산으로 숨으러 올라가 버리니 잡지 못한 거지.)

곱다[4] 곱다. 손가락이나 발가락이 얼어서 감각이 없고 놀리기가 어렵다.
¶ 손이 곱으믄 아무 일도 못허여. (손이 곱으면 아무 일도 못해.)

곱다[5] 곱다. 한쪽으로 휘어져 있다.
¶ 곱은도린 곱은 낭으로 허여. (우미량(牛尾樑)은 곱은 나무로 해.)

301

굳다

[기본 의미]   무른 물질이 단단하다.

[대응 표준어]   굳다

[방언 분화형]   굳다

[문헌 어휘]   굳다(《용비어천가》19장)

[어휘 설명]   '굳다'는 '무른 물질이 단단하다.'라는 뜻을 기본 의미로 하여, '흔들리거나 바뀌지 아니할 만큼 힘이나 뜻이 강하다, 재물을 아끼고 지키는 성질이 있다.' 등의 뜻을 지닌다. 방언형 '굳다'는 문헌 어휘 '굳다'가 그대로 쓰인 경우다.

[용례]

¶ 청묵*은 트랑지게** 굳곡 허믄 그때 칼로 똑똑 썰어. ('청묵'은 '트랑지게' 굳고 하면 그때 칼로 똑똑 썰어.)

¶ 꿩빙에기 깨왕 굳지 아녈 때 흔 이삼백 메다씩 늘 때 거 헹 아이덜 멕여. (꺼병이 까서 굳지 않을 때 한 이삼백 미터씩 날 때 거 해서 아이들 먹여.)

¶ 모멀은 요것이 원처 연허고 부드러운 거난 그자 쒀 가지고 그릇에 헹 영 놔두민 이젠 것이 굳으민 묵 파는 거처록 갈르민 모멀묵이 되어. (메밀은 요것이 원체 연하고 부드러운 거니 그저 쒀 가지고 그릇에 해서 이렇게 놔두면 이제는 것이 굳으면 묵 파는 것처럼 가르면 메밀묵이 되어.)

*   '청묵'은 '메밀쌀을 자루에 담은 후 물에 놀려서 나온 맑은 물로 쑤어서 만든 묵'을 말한다.
** '트랑지다'는 '두부·묵·우무처럼 조금 굳고 단단하다.'는 뜻을 지닌 어휘다.

¶ 콩풀 그걸 혼번만 멕이는 게 아니고 멧 번 멕여 두민 이젠 굳어근엥에.
아, 거 좋은 거주. (콩댐 그걸 한번만 먹이는 게 아니고 몇 번 먹여 두면 이제는 굳
어서. 아, 거 좋은 거지.)

¶ 누에 영 뱅동그락헨 그 고치 되민 그 고치가 굳으민 믄 손으로 따. (누에
이렇게 동그라서 그 고치 되면 그 고치가 굳으면 몽땅 손으로 따.)

¶ 콕도 꽝꽝허게 굳어사 테왁*** 앗아 뎅김도 든든허여. (박도 딴딴하게 굳어
야 '테왁' 가져 다니기도 단단해.)

[관련 어휘]

굳어지다 굳어지다.

굳은거·굳은것 고정되거나 변함이 없는 일이나 사물.

굳은대·메운대 굳은대.

굳은솔 굳은살.

*** '테왁'은 잠녀들이 물질할 때 몸을 의지하는 도구. 예전에는 박을 이용하여 만들었으나 요즘은 스티로폼
으로 만든다. 달리 '콕테왁·콜락테왁'이라고도 한다.

굽다

302

[기본 의미]   곧지 아니하고 어느 한쪽으로 휘어져 있다.

[대응 표준어]   굽다

[방언 분화형]   굽다

[문헌 어휘]   굽다(《월인천강지곡》상:7)

[어휘 설명]   '굽다'는 '곧지 아니하고 어느 한쪽으로 휘어져 있다.'는 뜻을 지닌다. 방언형 '굽다'는 문헌 어휘 '굽다'가 그대로 쓰인 경우다.

     한편 이 '굽다'는 동사로 쓰이기도 한다.

[용례]

¶ 오라방 나신디 굽으렌 허민 그 우의 올라상 궤 우의 엿을 앗아내엉 혼자만 먹어. 먹어 보렌 말도 아녀고. (오빠 나한테 굽으라고 하면 그 위에 올라서서 궤 위의 엿을 가져내어서 혼자만 먹어. 먹어 보라고 말도 않고.)

¶ 이젠 등 굽언에 일 하영 못허여. (이젠 등 굽어서 일 많이 못해.)

¶ 산디검질 싀불꼬장 메는디 노파 불민 싀불 멜 땐 살살살살 굽엉도 멧닥 앚앙도 멧닥 허멍 허는 거. (밭벼김 세벌까지 매는데 높아 버리면 세벌 맬 때는 살살살살 굽어서도 맸다가 앉아서도 맸다가 하면서 하는 거.)

¶ 하래빈 등 굽나. (할아버지는 등 굽는다.)

¶ 풀은 안터레 굽나 허여. (팔은 안으로 굽는다 해.)

[관련 어휘]

곱세 꼽추.

곱세짐 등뼈가 휠 정도의 아주 무거운 짐.

곱소리·곱수리 등뼈가 우뚝 솟아 등이 고부라진 말.

곱은다리·곱은데기 고팽이.

곱은쇠 '호미'를 달리 이르는 말.

곱은자·곱자 ①곱자. ②옥자.

곱은질 고부랑길.

곱은포 추넌 부분에서 서리 끝을 고정시키는 보.

곱이 굽이. 휘어서 구부러진 곳.

곱이지다 굽이지다.

굽실거리다 굽실거리다.

굽어들다 굽어들다.

굽어솔피다 굽어살피다.

굽억일억 거푸 허리를 굽혔다 일으켰다 하는 모양.

등곱세·등곱쟁이·등굽세 곱사등이.

●●●● **더 생각해 보기**

동음어

굽다[1] 굽다. 곧지 아니하고 어느 한쪽으로 휘어져 있다.
¶ 굽엇닥 일어삿닥 굽엇닥 일어삿닥 ᄒ여봐, 심들지 아녀크냐?
(굽었다 일어섰다 굽었다 일어섰다 하며 앞서 나가려고 해봐, 힘들지 않
겠냐?)

굽다[2] 굽다. 불에 익히다.
¶ 갈친 술 지픈 딜로 도막을 내엉 구웡 먹어도 그만이라. (갈치는 살 깊은 데
로 도막을 내어서 구워서 먹어도 그만이야.)

궂다

303

[기본 의미] 날씨가 나쁘다.

[대응 표준어] 궂다

[방언 분화형] 궂다

[문헌 어휘] 궂다(《석보상절》19:23)

[어휘 설명] '궂다'는 '날씨가 나쁘다.'라는 뜻을 기본 의미로 하여, '언짢고 나쁘다, 맛이 달지 않다, 마음속이 곱지 못하다, 심하고 거칠다, 사주나 팔자가 사나워 좋지 아니하다.' 등의 뜻을 지닌다. 방언형 '궂다'는 문헌 어휘 '궂다'가 그대로 쓰인 경우다.

[용례]

¶ 오널은 날이 너미 궂언 일 못허쿠다, 경. (오늘은 날이 너무 궂어서 일 못하겠습니다, 그렇게.)

¶ 너미 노프민 올라가지 궂지 아녑니까게. 우리도 궂고 아이덜토 궂곡게. (너무 높으면 올라가기 궂지 않습니까. 우리도 궂고 아이들도 궂고.)

¶ 버릇 궂인 아기가 착험은 허는 거양. (버릇 궂은 아기가 착하기는 하는 거예요.)

¶ 메주 숢거나 장 둠을 땐 베염날이 젤 궂넨 헙니다. (메주 삶거나 장 담글 때는 뱀날이 젤 궂다고 합니다.)

¶ 우린양 좋은믄 좋덴 근곡, 궂이믄 궂덴 굴아마씨. (우리는요 좋으면 좋다고 말하고, 궂으면 궂다고 말해요.)

¶ 법 엇이 살 사름이엔 굴읍네다게. 절대 말 궂게 아녀곡 허난에. (법 없이 살 사람이라고 말합니다. 절대 말 궂게 않고 하니까.)

¶ 디뎌 분 쉐똥은 보기 궂나. (디뎌 버린 소똥은 보기 궂다.)

[관련 어휘]

궂어지다 등지다.

궂이 언짢거나 나쁘게.

궂인날 궂은날. 큰일을 치르기에 좋지 않은 날이라고 믿어 꺼리는 날.

궂인내 좋지 않은 냄새.

궂인말 궂은말.

궂인물 구정물.

궂인물통·궂인물항 구정물을 한데 모아 두는 항아리.

궂인비 궂은비.

궂인사발 상사발.

궂인소리 궂은소리. 사람이 죽었다는 소리.

궂인쌀 궂은쌀.

궂인일 궂은일.

궂인지름 고래나 가오리 등에서 얻은 기름을 통틀어 일컫는 말.

바레기궂다·베레기궂다·보레기궂다 꼴사나워서 보기에 흉하다.

볼쌍궂다 볼썽사납다.

손궂다 손거칠다.

심설궂다·심술궂다·심웃궂다 심술궂다.

수주궂다·수쥐궂다 사주팔자가 사납다.

앙살롭다 앙살궂다.

우친날 궂은날. 비나 눈이 와서 날씨가 좋지 않은 흐린날.

운수궂다·운쉬궂다 수사납다.

팔즈궂다 팔자가 좋지 못하다.

ᄀᆞ트다

304

[기본 의미]   서로 다르지 않고 하나이다.

[대응 표준어]   같다

[방언 분화형]   ᄀᆞ뜨다·ᄀᆞ트다

　　　　　　　닮다·답다

[문헌 어휘]   ᄀᆞᇀ다(《훈민정음언해본》:3)

[어휘 설명]   'ᄀᆞ트다'는 '서로 다르지 않고 하나이다.'라는 뜻을 기본 의미로 하여, '다른 것과 비교하여 그것과 다르지 않다, 그런 부류에 속한다는 뜻을 나타내는 말' 등의 뜻을 지닌다. 방언형 'ᄀᆞ뜨다·ᄀᆞ트다'는 문헌 어휘 'ᄀᆞᇀ다'와 비교할 때 음절수에 차이가 있다.

　　한편 'ᄀᆞ트다'는 '-ㄴ/-ㄹ 거/것' 뒤에 쓰여 추측이나 불확실한 단정을 나타내기도 하는데, "닐 비 올 거 ᄀᆞ트다." 등에서 확인된다. 이때 '-ㄴ/-ㄹ 거/것 ᄀᆞ트다'는 '-ㄴ/-ㄹ 거/것 닮다/답다'로 나타나기도 한다. "닐 비 올 거 닮다."가 그런 경우다.

[용례]

¶ 이 동네 초집은 구조도 다 ᄀᆞ트곡 짓는 방법도 다 ᄀᆞ타. (이 동네 초가는 구조도 다 같고 짓는 방법도 다 같아.)

¶ 밥주리허고 폿자리*는 ᄀᆞ트지 아녀주만 폿자리는 쩨끌락헌 거. (잠자리하

---

* '폿자리'는 '아주 작은 매미의 한 종류'를 말한다. 지역에 따라서는 '폿재열'이라고도 한다.

고 '풋자리'는 같지 않지마는 '풋자리'는 자그마한 거.)

¶ 자리젓이나 멜젓이나 ᄀᆞ트난 ᄒᆞᆫ 말에 소곰 저 반싱** 하나. (자리젓이나 멸
  치젓이나 같으니까 한 말에 소금 반 되 하나.)

¶ 늘낭내***광 핏낸 ᄀᆞ트뎬 ᄒᆞ여. ('늘낭내'와 피비린내는 같다고 해.)

¶ 쌍둥이난 성질도 ᄀᆞ타. (쌍둥이니 성질도 같아.)

[관련 어휘]

ᄀᆞ뜬깝에·ᄀᆞ튼깝에·ᄀᆞ튼값에 같은값에.

ᄀᆞ뜬또래·ᄀᆞ튼또래 동년배.

ᄀᆞ찌·ᄀᆞ치 같이.

ᄀᆞ찌ᄒᆞ다·ᄀᆞ치ᄒᆞ다 같이하다.

꼭ᄀᆞ뜨다·꼭ᄀᆞ트다·똑ᄀᆞ뜨다·똑ᄀᆞ트다 똑같다.

꼭ᄀᆞ찌·꼭ᄀᆞ치·똑ᄀᆞ찌·똑ᄀᆞ치 똑같이.

역쥐ᄀᆞ트다·옥쥐ᄀᆞ트다 사람이 처세하여 행동하는 것이 꾀가 많은 쥐와 같다.

** '반싱'은 '반 되들이 그릇'을 말한다.
*** '늘낭내'는 '날나무 냄새'의 뜻으로, '생나무를 톱질할 때 나는 비릿한 냄새'를 말한다.

[기본 의미] 면이나 바닥 따위의 면적이 크다.

[대응 표준어] 넓다

[방언 분화형] 넓다·넙다

[문헌 어휘] 넙다(《용비어천가》56장)

[어휘 설명] '넙다'는 '면이나 바닥 따위의 면적이 크다.'라는 뜻을 기본 의미로 하여, '너비가 길다, 마음 쓰는 것이 크고 너그럽다, 내용이나 범위 따위가 널리 미치다.' 등의 뜻을 지닌다. 방언형 '넙다'는 문헌 어휘 '넙다'가 그대로 쓰인 경우고, 다른 방언형 '넓다'는 문헌 어휘 '넙다'에 'ㄹ'이 첨가되어 이루어진 어형이다.

　　한편 '너르다(공간이 두루 다 넓다.)'의 방언형은 '너르다, 널르다'로 나타난다.

[용례]

¶ 넙은 걸 혜서 이레 꼽아 놔서 이것이 약혀서 쩨여지카 부덴 양철로 이레 뗑겨당 못을 딱 박주게. (넓은 걸 해서 이리 꽂아 놔서 이것이 약해서 째어질까 봐서 양철로 이리 땅겨다가 못을 딱 박지.)

¶ 풍체는 이건 넙게 안 허는 거난. (차양은 이건 넓게 아니 하는 거니까.)

¶ 미녕은 ᄒ끔 줌질곡 폭도 넙고. (무명은 조금 가늘고 폭도 넓고.)

¶ 굴중의* 입을 때는 치마 안 입곡. 굴중읜 이디가 이만이 넓어. ('굴중의' 입을 때는 치마 안 입고. '굴중의'는 여기가 이만큼 넓어.)

¶ 천이 요만씩헌 건디 이젠 ᄋ라 폭을 혜사 넙을 거 아니라게? (천이 요만큼

씩한 건데 이제는 여러 폭을 해야 넓을 거 아닌가?)

[관련 어휘]

너러기·너레기·너비 넓이.

너불너불·너펄너펄·너풀너풀·넙식넙삭·넙작넙작 넓적넓적.

넘피·넙패 넓패.

넓적다리·흔다리 넓적다리.

넙곽·넙메역·넙피 넓미역.

넙삭ᄒ다·넙작ᄒ다 넓적하다.

넙시근ᄒ다 넓적스름하다.

넙주룩ᄒ다 넓죽스름하다.

넙죽넙죽ᄒ다 넓죽넓죽하다.

넙죽ᄒ다 넓죽하다.

넙치 채반상(-盤相). 채반같이 둥글넓적하게 생긴 얼굴이나 얼굴이 그러한
사람을 놀림조로 이르는 말.

---

* '굴중의'는 '허리에 주름이 잡히고 가랑이의 폭이 넓은 부녀들이 입는 중의'를 말한다.

노프다

[기본 의미]	아래에서 위까지의 길이가 길다.
[대응 표준어]	높다
[방언 분화형]	노프다
[문헌 어휘]	높다(《용비어천가》48장)

[어휘 설명] '노프다'는 '아래에서 위까지의 길이가 길다.'라는 뜻을 기본 의미로 하여, '아래에서부터 위까지 벌어진 사이가 크다, 수치로 나타낼 수 있는 온도·습도·압력 따위가 기준치보다 위에 있다, 품질·수준·능력·가치 따위가 보통보다 위에 있다, 값이나 비율 따위가 보통보다 위에 있다, 지위나 신분 따위가 보통보다 위에 있다, 이름이나 명성 따위가 널리 알려진 상태에 있다, 기세 따위가 힘차고 대단한 상태에 있다.' 등의 뜻을 지닌다. 방언형 '노프다'는 문헌 어휘 '높다'와 비교할 때 음절수에 차이가 있다.

[용례]

¶ 수톳 춧일 땐 상당히 사나와. 게믄 노픈 담도 뭐 필요가 엇어. (수퇘지 찾을 때는 상당히 사나워. 그러면 높은 담도 뭐 필요가 없어.)

¶ 과수원덜 허멍 담덜 노프게 허고 방풍낭 노프게 허난에 콩 흐꼼씩 가난에 그 콩이 된 거라. (과수원들 하며 담들 높게 하고 방풍나무 높게 허니까 콩 조금씩 가니까 그 콩이 된 거야.)

¶ 산디왓디 검질은 세 번 이상은 못 맵니다. 저 노팡. 산디가 노파 비영. 경 허곡 산디는 흐쏠 양반이라서. (밭벼밭에 김은 세 번 이상은 못 맵니다. 저 높아서. 밭벼가 높아 버려서. 그리고 밭벼는 조금 양반이어서.)

¶ 옛날 대추낭은 노파난 셍이라. ᄒᆞᆯ 허민 대추낭에 연 걸리듯 경 허주. (옛날 대추나무는 높았던 모양이야. 조금 하면 대추나무에 연 걸리듯 그렇게 하지.)

¶ 이것가 마당이민 요만은 노프게 ᄒᆞᆫ에 대문허고 ᄀᆞ찡ᄒᆞ게 ᄒᆞᆫ에 쭉 허게 난간이 잇어낫어. (이것이 마당이면 요만큼 높게 해서 마루문하고 가지런하게 해서 쭉 하게 툇마루가 있었었어.)

¶ 젯상도 노픈 거 다리 이만이 노프게 ᄒᆞ영 알상 영 놓고. (제상도 높은 거 다리 이만큼 높게 해서 향안(香案) 이렇게 놓고.)

[관련 어휘]

노파지다 높아지다.

노피 높이.

높지겡이 높지거니.

높지랑ᄒᆞ다 높다랗다.

높직이 높직이.

높직ᄒᆞ다 높직하다.

누리다

307

[기본 의미]   황금이나 놋쇠의 빛깔과 같이 다소 밝고 탁하다.

[대응 표준어] 누르다

[방언 분화형] 누리다

[문헌 어휘]   누르다《석보상절》19:6

[어휘 설명]   '누리다'는 '황금이나 놋쇠의 빛깔과 같이 다소 밝고 탁하다.'라
는 뜻을 지닌 어휘이다. 방언형 '누리다'는 문헌 어휘 '누르다'가 '누르다〉누리
다'의 변화 과정을 거친 어형이다.

한편 '누렁이'를 '노랑개·노린개'나 '누렁소'를 '노랑쉐·노린쉐'라 하는
것으로 보면 '누리다'와 '노리다'의 구분은 불분명해 보인다.

[용례]

¶ 물웬 익으닥지 누려. 그게 노각이라. 보통은 씨 헐 걸로 놔둬. (물외는 익을
수록 누러. 그게 노각이야. 보통은 씨 할 걸로 놔둬.)

¶ 놋그릇 녹 잘 피어. 녹피엉은 못써. 누린 것에 푸린 게 서꺼지믄게 보기
가 안 좋지게. (놋그릇 녹 잘 피어. 녹나서는 못써. 누른 것에 푸른 게 섞이면 보기
가 안 좋지.)

¶ 마농지시 듬는 거는 입사귀 뜯어. 그 입사귀 없으니까 다 먹엇어. 누리룽
헤도. (마늘장아찌 담그는 거는 잎사귀 뜯어. 그 잎사귀 없으니까 다 먹었어. 누르
무레해도.)

마농지시

[관련 어휘]

노랑개·노린개·황개 **누렁이.**

노랑쉐·노린쉐 **누렁소.**

노립조고롱ᄒ다 **누르퉁퉁하다.**

누렁ᄒ다 **누렇다.**

누름이 **누름적.** 밀가루 반죽에 부추·양파·김치 따위를 넣어 지진 음식.

누룹스름ᄒ다·누리스름ᄒ다 **누르스름하다.**

누리룽ᄒ다 **누르무레하다.**

누린물 **누렁물.**

누린새·익은새·황모·황새 가을철 누렇게 변한 띠를 '청새'와 비교하여 이르는 말.

누릿누릿 **누릇누릇.**

늦다

[기본 의미] 기준이 되는 때보다 뒤져 있다.

[대응 표준어] 늦다

[방언 분화형] 늦다

[문헌 어휘] 늦다(《능엄경언해》4:64)

[어휘 설명] '늦다'는 '기준이 되는 때보다 뒤져 있다.'라는 뜻을 기본 의미로 하여, '시간이 알맞을 때를 지나 있다. 또는 시기가 한창인 때를 지나 있다, 곡조·동작 따위의 속도가 느리다, 잡아맨 끈이나 줄 따위가 늘어져 헐겁다.' 등의 뜻을 지닌다. 방언형 '늦다'는 문헌 어휘 '늦다'가 그대로 쓰인 경우다.

[용례]

¶ 그땐 어려운 때난게 막 늦언에 흑교에 다녓수다. (그때는 어려운 때니까 아주 늦어서 학교에 다녔습니다.)

¶ 봄에 일찍 가는 게 잇고, 좀 늦엉 가는 게 잇고. (봄에 일찍 가는 게 있고, 좀 늦어서 가는 게 있고.)

¶ 수확이 늦게 갈수록 족아. (수확이 늦게 갈수록 적어.)

¶ 스월은 나민 늦인 메역이고. 이삼월에 영등굿 곧 넘으민 메역 헙니다게. (사월은 되면 늦은 미역이고. 이삼월에 영등굿 곧 넘으면 미역 합니다.)

¶ 이디선 쳉명이 되믄은 물은 나가는디 소는 흔 이십일 간 늦어마씀. 나가는 시간이. (여기선 청명이 되면 말은 나가는데 소는 한 이십일 간 늦어요. 나가는 시간이.)

느지감치·느지겡이 느지감치.

느지막ᄒ다 느지막하다.

느직ᄒ다 느직하다.

늦되다 늦되다.

늦인돌·늦인돗 가래톳.

늦인마 늦장마.

늦인봄 늦봄.

늦줌 늦잠.

늦추다 늦추다.

늦하늬ᄇᆞ름 서북풍.

●●●● **더 생각해 보기**

동음어

늦다[1] 늦다. 기준이 되는 때보다 뒤져 있다.

¶ 저거 보라, 세경바레멍 나보담 늦게 걸어오는 거. (저거 보아라, 한눈팔며 나보다 늦게 걸어오는 것.)

늦다[2] 늦다. 정해진 때보다 지나다.

¶ 집의서 어떵어떵허당 보난 늦엇수다게. (집에서 어떠어떠하다 보니 늦었습니다.)

늦다[3] 느슨하다. 잡아맨 끈이나 줄 따위가 늘어져 헐겁다.

¶ 흘게 늦엉은 못 써. (흘게 느슨해서는 못 써.)

늦다

[기본 의미]	아래에서 위까지의 높이가 기준이 되는 대상이나 보통 정도에 미치지 못하는 상태에 있다.
[대응 표준어]	낮다.
[방언 분화형]	ᄂ잡다·ᄂ찹다·늦다
[문헌 어휘]	늦다《유합》하:48)
[어휘 설명]	'늦다'는 '아래에서 위까지의 높이가 기준이 되는 대상이나 보통 정도에 미치지 못하는 상태에 있다.'라는 뜻을 기본 의미로 하여, '높낮이로 잴 수 있는 수치나 정도가 기준이 되는 대상이나 보통 정도에 미치지 못하는 상태에 있다, 품위·능력·품질 따위가 바라는 기준보다 못하거나 보통 정도에 미치지 못하는 상태에 있다, 지위나 계급 따위가 기준이 되는 대상이나 보통 정도에 미치지 못하는 상태에 있다.' 등의 뜻을 지닌다. 방언형 '늦다'는 문헌 어휘 '늦다'가 그대로 쓰인 경우다. 다른 방언형인 'ᄂ잡다'는 '늦-+-압다' 구성으로 이루어진 어휘이며, 다른 방언형 'ᄂ찹다'는 새로 생긴 어형이다.

[용례]

¶ 밧이 늦앙 베랑 흑이 엇은 밧은 산디가 좋지 안허여. (밭이 낮아서 별로 흙이 없는 밭은 밭벼가 좋지 않아.)

¶ 눌이 늦아와사 그 ᄂ람지 소곱에 아이덜이 들어가고 허주. (가리가 낮아야 그 이엉 속에 아이들이 들어가고 하지.)

¶ 국죽은 ᄒ쑬 저 ᄒ쑬 등급이 늦은 죽, 국죽이. (갱죽은 조금 저 조금 등급이

낮은 죽, 갱죽이.)

¶ 엣날 늦인 사름, 그런 사름이 물 영 잡고 경 헤난. (옛날 낮은 사람, 그런 사람
이 말 이렇게 잡고 그렇게 했었어.)

[관련 어휘]

느지건이·느지갱이·느직이　나직이.

느직느직　나직나직.

느직ㅎ다　나직하다.

느짐칙ㅎ다　나지막하다.

느찹게보다·늦이보다·알르레보다　낮추보다.

느초다·느추다　낮추다.

늦게네기다·늦이네기다　나지리여기다. 남을 자기보다 훨씬 낮은 양으로 업신
여기다.

다르다

310

[기본 의미]   비교가 되는 두 대상이 서로 같지 아니하다.

[대응 표준어]   다르다

[방언 분화형]   다르다·달르다·뜰리다·뜨나다·틀리다·트나다

[문헌 어휘]   다ᄅᆞ다(《용비어천가》24장)

[어휘 설명]   '다르다'는 '비교가 되는 두 대상이 서로 같지 아니하다.'라는 뜻을 기본 의미로 하여, '보통의 것보다 두드러진 데가 있다.' 등의 뜻을 지닌다. 방언형 '다르다'는 문헌 어휘 '다ᄅᆞ다'가 '다르다〉다르다'의 변화 과정을 거친 어형이며, 다른 방언형인 '달르다'는 '다르다'에 'ㄹ'이 첨가된 어형이다. 다른 방언형 '뜰리다·틀리다·뜨나다·트나다' 등은 '다르게 하다.'라는 의미 특성이 중첩되어 '다르다'의 뜻으로 쓰이고 있는 어형들이다. 일상의 언어생활에서는 '다르다'보다는 '틀리다'가 빈번하게 쓰인다.

[용례]

¶ 옷도 남좌여우로 남녀 구분허영 다르게 멘들아난 건디 이젠 ᄒ나로 돼분 거지. (옷도 남좌여우로 남녀 구분해서 다르게 만들었던 건데 이제는 하나로 돼 버린 거지.)

¶ 솟 앚지는 건 집에 ᄄᆞ라 틀려. (솥 거는 건 집에 따라 달라.)

¶ 뭇 크긴 사름에 틀려 가지고. 또 무끔에도 틀리고. (뭇 크기는 사람에 달라 가지고. 또 묶기에도 다르고.)

¶ 바지저고린 틀리지 아년. 남자 거나 여ᄌ 거나 ᄀ타. (바지저고리는 다르지 않았어. 남자 거나 여자 거나 같아.)

¶ 달구소리도 두 가지라. 봉분 쌓을 때 허는 달구소리가 틀리곡. (달구소리
도 두 가지야. 봉분 쌓을 때 하는 달구소리가 다르고.)

¶ 사름마다 보는 눈이 틀리다는 거지. (사람마다 보는 눈이 다르다는 거지.)

¶ 보끄는 거 허고 지지는 거 틀리주게. 바짝 허게시리 보까내는 거고, 지지
는 건 물이 잇어. (볶는 거 하고 지지는 거 다르지. 바짝 하게끔 볶아내는 거고, 지
지는 건 물이 있어.)

[관련 어휘]

베다르다·베달르다 배다르다.

벨다르다 별다르다.

벨위에 별달리.

┌───┐
●●●● **더 생각해 보기**

틀리다¹ 다르다. 비교가 되는 두 대상이 서로 같지 아니하다.

¶ 따른 디서 온 사름 말 틀리덴 우린 막 웃주게. (다른 데서 온 사람 말 다르다
고 우리는 막 웃지.)

틀리다² 틀리다. 셈이나 사실 따위가 그르게 되거나 어긋나다.

¶ 어떤 사름은 부러 흐나 아니믄 두 자쯤 틀리게 썽 가, 예장을. (어떤 사람은
부러 하나 아니면 두 자쯤 틀리게 써서 가, 예장을.)
└───┘

더럽다

[기본 의미]   때나 찌꺼기 따위가 있어 지저분하다.

[대응 표준어]   더럽다

[방언 분화형]   더럽다·덜럽다·덜룹다

[문헌 어휘]   더럽다(《석보상절》13:33)

[종합 설명]   '더럽다'는 '때나 찌꺼기 따위가 있어 지저분하다.'라는 뜻을 기본 의미로 하여, '언행이 순수하지 못하거나 인색하다, 못마땅하거나 불쾌하다, 순조롭지 않거나 고약하다, 어떤 정도가 심하거나 지나치다.' 등의 뜻을 지닌다. 방언형 '더럽다'는 문헌 어휘 '더럽다'가 그대로 쓰인 경우고, 다른 방언형 '덜럽다'는 '더럽다'에 'ㄹ'이 첨가된 어형이다. '덜럽다'는 '덜룹다'로 나타나기도 한다. 이 '더럽다'가 활용할 때는 '더럽-', '더러우-'가 어간이 되어 어미가 연결된다.

[용례]

¶ 야야, 더럽곡 에록ᄒ다야. 나 그거 안 먹으키여. (야야, 더럽고 추접하다. 나 그거 안 먹겠다.)

¶ 갈옷 고운 물에 뽈아사. 물 굿게 뽈앙은 거물거물거물. 또 더럽게 입지 말아야 허곡. ('갈옷' 고운 물에 빨아야. 물 굿게 빨아서는 거뭇거뭇거뭇. 또 더럽게 입지 말아야 하고.)

¶ 아무 똥고망이나 똥고망은 다 더럽나. (아무 똥구멍이나 똥구멍은 다 더럽다.)

¶ 연필도 비께 가죽 헤근에 뻬빠처록 영 영 밀리고, 상도 더러우믄 걸로 밀곡. (연필도 수염상어 가죽 해서 사포처럼 이렇게 이렇게 밀리고, 상도 더러우면

걸로 밀고.)

¶ 어린애기덜 감기 낫녠 허멍 상충 사멍덜 멕여낫저게. 우린 추접허영 안
멕여, 더러왕. 거 헤당 프는 사름 막 하. (어린아이들 감기 낫는다고 하며 상충
(桑蟲) 사면서들 먹였어. 우린 추접해서 안 먹여, 더러워서. 거 해다가 파는 사람
아주 많아.)

¶ 풋터는벵, 거 곧지 말라. 그런 더러운 거 곧지 말라. (학질, 거 말하지 마라.
그런 더러운 거 말하지 마라.)

[관련 어휘]

버물다 더러워지다.

버뭄 더러움.

에록ᄒ다·엘록ᄒ다 추접스럽고 더럽다.

추잡ᄒ다 추잡하다.

추저분ᄒ다 추저분하다. 더럽고 지저분하다.

추접스럽다·추접시럽다 추접스럽다.

추접ᄒ다 추접하다. 더럽고 지저분하다.

덥다

312

[기본 의미]   대기의 온도가 높다.

[대응 표준어]   덥다

[방언 분화형]   덥다

[문헌 어휘]   덥다(《석보상절》6:46)

[어휘 설명]   '덥다'는 '대기의 온도가 높다.'라는 뜻을 기본 의미로 하여, '사물의 온도가 높다, 약제에 사람의 몸을 따뜻하게 하는 성질이 있다.' 등의 뜻을 지닌다. 방언형 '덥다'는 문헌 어휘 '덥다'가 그대로 쓰인 경우다. 이 '덥다'가 활용할 때는 '덥-', '더우-'가 어간이 되어 어미가 연결된다.

[용례]

¶ 유월은 너미 <u>덥곡</u>, 칠월 보름 넘어가민 둘밤인 얼어. (유월은 너무 덥고, 칠월 보름 넘어가면 달밤엔 추워.)

¶ 삿갓에 <u>덥지</u> 말렌 종이 불라. (삿갓에 덥지 말라고 종이 발라.)

¶ 둠쑥ᄒ게* 출려시믄 오늘은 막 <u>덥게</u> 출렷저 경 ᄀᆞᆯ곡. ('둠쑥하게' 차렸으면 오늘은 아주 덥게 차렸다 그렇게 말하고.)

¶ 여름에 밧디 강 왕 <u>더우민</u> 개역 카근에 ᄒᆞᆫ 사발 싹 먹으민 아이고, 씨원ᄒᆞ다 경 ᄒᆞ곡. (여름에 밭에 갔다 와서 더우면 미숫가루 타서 한 사발 싹 먹으면

---

* '둠쑥ᄒ다'는 ①비구름이 낮게 드리워 금방이라도 비가 올 듯이 흐리다. ②옷을 많이 껴입은 상태이다. ③일정한 공간에 가득 차다. 등의 뜻을 지닌 어휘다. 여기서는 ②의 뜻으로 쓰였다. '둠쑥ᄒ다'는 달리 '좀쑥ᄒ다'라 한다.

아이고, 시원하다 그렇게 하고.)

¶ 울담 좋아가믄 더웡 안 좋아. (울담 좋아가면 더워서 안 좋아.)

¶ 똠떼기 병이라? 더원 똠떼기 남쩌, 영 허영 좋아 불주. (땀띠 병이야? 더워서 땀띠 난다, 이렇게 해서 좋아 버리지.)

[관용 표현]

더운죽에 푸리 놀아들 듯 '덤벙거리다가 곤경에 빠지는 것'을 비유적으로 이르는 말.

[관련 어휘]

더우·더워 더위.

더우먹다·더워먹다 더위먹다.

더운물·돗은물·돗인물 더운물.

더운밥·뜨신밥 더운밥.

더운점심·더운정심·더운징심 더운점심.

더운죽 더운죽.

더위타다·더위트다 더위타다.

뎁히다 덥히다.

불더위 불더위.

불벳더위 불볕더위.

첫더위·쳇더위 첫더위.

한더위 한더위.

두리다

313

[기본 의미]   나이가 적다.

[대응 표준어]   어리다

[방언 분화형]   두리다·어리다

[문헌 어휘]   어리다(《소학언해(선조본)》4:16)

[어휘 설명]   '두리다'는 '나이가 적다.'라는 뜻을 기본 의미로 하여, '나이가 비교 대상보다 적다, 동물이나 식물 따위가 난 지 얼마 안 되어 작고 여리다, 생각이 모자라거나 경험이 적거나 수준이 낮다.' 등의 뜻을 지닌다. 방언형 '두리다'는 새롭게 형성된 어형이며, 다른 방언형 '어리다'는 문헌 어휘 '어리다'가 그대로 쓰인 경우다.

[용례]

¶ 물탈락, 우리 두린 때 남ㅈ덜만 헤난. 남자아이덜만. 여즌 아녀곡게. (말놀음질, 우리 어릴 땐 남자들만 했었어. 남자아이들만. 여자는 아니하고.)

¶ 우린 사삼사건 때는 두리난 느려가 불고, 왜정 땐 곱으레 가나고. (우린 사삼사건 때는 어리니까 내려가 버리고, 왜정 땐 숨으러 갔었고.)

¶ 애기덜은 막 두리고, 남편은 죽어 불곡 어떵 말이우꽈? (아기들은 아주 어리고, 남편은 죽어 버리고 어째 말입니까?)

¶ 막둥이로 컨 경 두린다게. (막내둥이로 커서 그렇게 어리다.)

[관련 어휘]

두린것·어린것   어린것.

두린아기·두린아이·두린아히·두린애기·어린아기·어린아이·어린애기·얼아이·얼애기
어린아이.

어린설 선살. 앰한나이. 한 해를 얼마 남기지 않고 태어나서 그 해를 한 살로
헤아리는 나이.

어린소견·어린쉐견 어린소견.

어린양 어리광.

어린어린 아주 어린.

●●●● **더 생각해 보기**

동음어

두리다¹ 어리다. 나이가 적다.
¶ 두린 때 다 경 헌다. 욕허지 말라. (어릴 때 다 그렇게 한다. 욕하지 마라.)

두리다² 미치다. 정신에 이상이 생겨 말과 행동이 보통 사람과는 다르게 되다.
¶ 어떵 말허는 게 두린 사름 닮다. (어찌 말하는 게 미친 사람 같다.)

들다

314

[기본 의미] 맛이 꿀이나 설탕 맛과 같다.

[대응 표준어] 달다

[방언 분화형] 들다·들ᄒ다

[문헌 어휘] 들다(《월인석보》1:42)

[어휘 설명] '들다'는 '맛이 꿀이나 설탕 맛과 같다.'라는 뜻을 기본 의미로 하여, '입맛이 당기도록 맛이 있다, 흡족하여 기분이 좋다, 마땅하여 기껍다.' 등의 뜻을 지닌다. 방언형 '들다'는 문헌 어휘 '들다'가 그대로 쓰인 경우고, 다른 방언형인 '들ᄒ다'는 새롭게 형성된 어형이다.

[용례]

¶ 사까린 그거 헤근에 허면 ᄒ꼼 들주게. (사카린 그거 해서 하면 조금 달지.)

¶ 경 들지 아녀난 나 입맛엔 딱 맞아. (그렇게 달지 않으니 내 입맛에는 딱 맞아.)

¶ 우리 동네 물은 막 들아. (우리 동네 물은 아주 달아.)

¶ 물릇에 넙패 낭 ᇝᇝ아가민 이게 들아. 든디 하영 먹으민 목 아파. (무릇에 넓패 놔서 삶아가면 이게 달아. 단데 많이 먹으면 목 아파.)

¶ 들게 먹젠 ᄒ민 가당오당 흐린조팝 헹 먹주. (달게 먹으려고 하면 가다오다 차조밥 해서 먹지.)

¶ 골 놓으민 들허주. 흐린좁쌀허곡 허면은. (엿기름 놓으면 달지. 차좁쌀하고 하면.)

¶ 입구미 떨어지믄 들곡 씨곡 몰르는 거란게. (구미 떨어지면 달고 쓰고 모르는 것이던데.)

둔내 단내.

둔맛 단맛.

둔물 ①단물. ②민물.

둔술 단술.

둔줌 단잠.

둘착지근ᄒ다 달착지근하다.

둘코롬ᄒ다·둘크름ᄒ다·둘ᄒ다 달코롬하다.

둘콤ᄒ다·둘큼ᄒ다 달콤하다.

●●●● **더 생각해 보기**

동음어

둘다¹ 달다. 맛이 꿀이나 설탕의 맛과 같다.
¶ 이 수박 막 둘아마씸. (이 수박 아주 달아요.)

둘다² 달다. 물건을 일정한 곳에 걸거나 매어 놓다.
¶ 씰곰* 둘곡 ᄒ영 흔 사을 입져. ('씰곰' 달고 해서 한 사흘 입혀.)

둘다³ 달다. 저울로 무게를 헤아리다.
¶ 무사 거 보믄 모르크라? 둘아 보나마나 흔 칭은 넘은켜. (왜 그것 보면 모르
  겠어? 달아 보나마나 한 칭은 넘겠어.)

둘다⁴ 데리다. 아랫사람이나 동물 따위를 자기 몸 가까이 있게 하다.
¶ 일본서 아덜 요만썩 헐 때 둘안 오랏주. (일본서 아들 요만큼씩 할 때 데리
  고 왔지.)

---

* '씰곰'은 '깃저고리에 다는 무명실로 만든 옷고름'을 말한다.

멀다

315

[기본 의미]   거리가 많이 떨어져 있다.

[대응 표준어]   멀다

[방언 분화형]   멀다

[문헌 어휘]   멀다《용비어천가》47장)

[어휘 설명]   '멀다'는 '거리가 많이 떨어져 있다.'라는 뜻을 기본 의미로 하여, '어떤 기준점에 모자라다, 서로의 사이가 다정하지 않고 서먹서먹하다, 시간적으로 사이가 길거나 오래다, 촌수가 매우 뜨다.' 등의 뜻을 지닌다. 방언형 '멀다'는 문헌 어휘 '멀다'가 그대로 쓰인 경우다. 이 '멀다'가 활용할 때 어간은 '멀-, 머-'가 되어 어미가 연결된다.

[용례]

¶ 물맞는 딘 이디서 막 멀주게. 강 밤 자멍 물맞아. (물맞는 데는 여기서 아주 멀지. 가서 밤 자면서 물맞아.)

¶ 고사리 꺼끄는 딘 멀어. 이젠 멀리 가사 허여. (고사리 꺾는 덴 멀어. 이젠 멀리 가야 해.)

¶ 그디 강 곱으민 멀엉 못 촛이카부덴 곱앗단 다 죽엇어. (거기 가서 숨으면 멀어서 못 찾을까봐 숨었다가 다 죽었어.)

¶ 터베라 부난 너미 멀겐 못 나가주게. (떼라 버리니까 너무 멀게는 못 나가지.)

¶ 우린 워낙 거리가 멀고, 또 그런 사름도 엇고 허니까 습격도 흔번 안 들고. (우리는 워낙 거리가 멀고, 또 그런 사람도 없고 하니까 습격도 한번 안 들고.)

¶ 가지 실픈 질은 막 먼덴 허여. (가기 싫은 길은 아주 멀다고 해.)

¶ 두건, 전읜 촌수 <u>멀어도</u> 다 줘. 이젠 먼 사름 ᄇ딘 사름 엇이 조문 온 사름은 다 줘. (두건, 전에는 촌수 멀어도 다 줘. 이제는 먼 사람 가까운 사람 없이 조문 온 사람은 다 줘.)

[관련 어휘]

먼먼ᄒ다 머나멀다.

먼먼혼 먼먼.

먼바당 난바다. 먼바다.

먼발·먼발치 먼발치.

먼올래 집에서 큰길 가까이까지 나 있는 골목길.

멀리 멀리.

멀리ᄒ다 멀리하다.

멀찌겡이·멀찍이 멀찍이.

멀찍ᄒ다 멀찍하다.

천상바라기·천상바레기·헤바라기 먼산바라기.

천장만장 멀리멀리.

동음어

멀다¹ 멀다. 거리가 많이 떨어져 있다.
¶ 흐꿈 <u>멀어도</u> 물이 막 씨원ᄒᆞ여. (조금 멀어도 물이 아주 시원해.)

멀다² 멀다. 시력이나 청력 따위를 잃다.
¶ 눈 <u>멀어</u> 삼 년, 귀 막아 삼 년, 말 몰라 삼 년을 살아사. (눈 멀어 삼 년, 귀 먹어 삼 년, 말 몰라 삼 년을 살아야.)

멀다³ 허물다. 쌓이거나 짜이거나 지어져 있는 것을 헐어서 무너지게 하다.
¶ 통싯담* 족은 걸로 다우니까 성질 사나운 건 다 <u>멀어</u> 불어. ('통싯담' 작은 걸로 쌓으니까 성질 사나운 건 다 허물어 버려.)

---

* '통싯담'은 '돼지우리를 둘러쌓은 담. 또는 그 울타리'를 말한다. 달리 '톳통담'이라고도 한다.

멥다

316

[기본 의미]　고추나 겨자와 같이 맛이 알알하다.

[대응 표준어]　맵다

[방언 분화형]　메웁다·멥다

[문헌 어휘]　밉다(《석보상절》6:30)

[어휘 설명]　'멥다'는 '고추나 겨자와 같이 맛이 알알하다.'라는 뜻을 기본 의미로 하여, '성미가 사납고 독하다, 날씨가 몹시 춥다, 연기 따위가 눈이나 코를 아리게 하다, 결기가 있고 야무지다.' 등의 뜻을 지닌다. 방언형 '멥다'는 문헌 어휘 '밉다'가 '밉다〉멥다'의 변화 과정을 거친 어형이고, 다른 방언형 '메웁다'는 '멥다'에서 유추된 새로운 어형이다. 이 '멥다'가 활용할 때는 '멥-', '메우-'가 어간이 되어 어미가 연결된다.

[용례]

¶ 마농 셍차 때는 멥고 맛이 엇어. (마늘 생채 때는 맵고 맛이 없어.)

¶ 우린 고치장 안 둠아, 메와근에. 안 메운 거 사당 먹어. (우리는 고추장 안 담가, 매워서. 안 매운 거 사다가 먹어.)

¶ 고치フ르를 하영 낭 벌겅허게 헌 짐친 메왕도 못 먹을 거 닮아. (고춧가루를 많이 놔서 벌겋게 한 김치는 매워서도 못 먹을 거 같아.)

¶ 독올른 고치가 멥나 헤서. (독오른 고추가 맵다 했어.)

¶ 갯ᄂ물짐치, 그건 코가 씽허게 막 메웁나. 건 메웁는 맛으로 먹는 거. (갓김치, 그건 코가 씽하게 아주 맵다. 건 매운 맛으로 먹는 거.)

메우룽ᄒ다·메주랑ᄒ다·멥지근ᄒ다·멥지랑ᄒ다·멥지롱ᄒ다 매옴하다.

메운대 굳은대.

메운맛 매운맛.

●●●● **더 생각해 보기**

동음어

멥다¹ 맵다. 고추나 겨자와 같이 맛이 알알하다.

¶ 메운 것도 먹어사 허여. (매운 것도 먹어야 해.)

멥다² 메우다. 말이나 소의 목에 멍에를 얹어서 매다.

¶ 쉐질메 영 멥젠 허민 가운디 쉐질메 사이에 쐬 영 오그렁 메와. (소길마 메우려고 하면 가운데 소길마 사이에 쇠 이렇게 오그려서 메워.)

멥다³ 메우다. 뚫려 있거나 비어 있는 곳을 막거나 채우다.

¶ 파낸 고망게 돌로 메우민 남곡, 흑으로 메우민 부작ᄒ여. (파낸 구멍 돌로 메우면 남고, 흙으로 메우면 부족해.)

멥다⁴ 냅다. 연기로 인해 눈이나 목구멍이 쓰라린 느낌이 있다.

¶ 늘낭은 불숨으민 메왕은엥에 지침도 헤지곡 눈물도 나곡, 경. (날나무는 불 때면 내워서 기침도 하게 되고 눈물도 나고, 그렇게.)

[기본 의미]	무게가 나가는 정도가 크다.
[대응 표준어]	무겁다
[방언 분화형]	무겁다·베다
[문헌 어휘]	므겁다《석보상절》6:5)

[어휘 설명] '무겁다'는 '무게가 나가는 정도가 크다.'라는 뜻을 기본 의미로 하여, '비중이나 책임 따위가 크거나 중대하다, 죄과 따위가 심하고 크다, 힘이 빠져서 움직이기 힘들다, 움직임이 느리고 둔하다, 분위기 따위가 어둡고 답답하다.' 등의 뜻을 지닌다. 방언형 '무겁다'는 문헌 어휘 '므겁다'가 '므겁다〉무겁다'의 변화 과정을 거친 어형이며, 다른 방언형 '베다'는 새롭게 형성된 어형이다. 이 '무겁다'가 활용할 때는 '무겁-, 무거우-'가 어간이 되어 어미가 연결된다.

[용례]

¶ 여름 장마지믄 예펜 궁둥이덜 슬진덴 허곡. 앚앙 하도 개역 굴아나난에 궁둥이가 무겁게 슬져서. (여름 장마지면 여편네 궁둥이들 살찐다고 하고. 앉아서 하도 미숫가루 갈았었으니까 궁둥이가 무겁게 살쪄서.)

¶ 불치 출구덕에 하나 솜빡 담으민 무겁곡 반씩 담으민 뚜러멩은에 막 놓는 거라. (재 '출구덕'에 하나 가득 담으면 무겁고 반씩 담으면 둘러메서 막 놓는 거야.)

¶ 맞ᄀ렌* 혼자도 허는디 무겁주, 무거와. ('맞ᄀ레'는 혼자도 하는데 무겁지, 무거워.)

¶ 남신 곧 헌 때 무겁주마는 팡 놔두민 남이 몰르민 안 무거워. (나막신 곧 할

때 무겁지마는 파서 놔두면 나무가 마르면 안 무거워.)

¶ 거 <u>무거운</u> 낭 헨에 고지서 짊언 그냥 와낫젠 허민 다덜 그 말 들엉 겁낭덜. (거 무거운 나무 해서 숲에서 짊어서 그냥 왔었다고 하면 다들 그 말 들어서 겁나서들.)

[관련 어휘]

도끈ᄒ다·드끈ᄒ다 묵직하다.

무게·무기 무게.

무기차다·무기ᄎ다 들거나 저울질하기에 무거워 무게가 있다.

무직ᄒ다 무겁직하다.

벤벤ᄒ다 무겁디무겁다.

* '맞ᄀ레'는 '두 사람 이상이 함께 돌려서 가는 맷돌'을 말한다. 혼자 돌리는 맷돌을 '정ᄀ레'라 하는데, 표준어 '풀맷돌'에 대응한다.

912

무끼다

[기본 의미] 칼이나 송곳 따위의 끝이나 날이 날카롭지 못하다.

[대응 표준어] 무디다

[방언 분화형] 무끼다

[문헌 어휘] 무듸다(《석보상절》11:6)

[어휘 설명] '무끼다'는 '칼이나 송곳 따위의 끝이나 날이 날카롭지 못하다.'라는 뜻을 기본 의미로 하여, '느끼고 깨닫는 힘이나 표현하는 힘이 부족하고 둔하다, 세련된 맛이 없고 투박하다.' 등의 뜻을 지닌다. 방언형 '무끼다'는 문헌 어휘 '무듸다'와 상관없이 새롭게 형성된 어형이다.

[용례]

¶ 아무거나 무끼곡 ㄴ실곡 허는 건 씨는 사름에 메어. (아무거나 무디고 날카롭고 하는 건 쓰는 사람에 매어.)

¶ 콩은 호미로 안 거껑 검질매는 굴겡이로 똑똑 거꺼낫어. 호미 무낀덴. (콩은 낫으로 안 꺾어서 김매는 호미로 똑똑 꺾었었어. 낫 무딘다고.)

¶ 호미 눅정 ᄀ는 거는 ᄒ를에 흔 두세 번만 허민 호미 무껴 불어. (낫 눕혀서 가는 거는 하루에 한 두세 번만 하면 낫 무디어 버려.)

¶ 일 실픈 깐에 호미 무껸 못 비켄 굴아. (일 싫은 깐에 낫 무디어서 못 베겠다고 말해.)

¶ 무낀 칼이나 호미도 신돌에 굴민 늘이 나는 거난, 게난 신돌에 굴아. (무딘 칼이나 낫도 숫돌에 갈면 날이 나는 거니까, 그러니까 숫돌에 갈아.)

¶ ᄒ쓸 비엉 무끼민 굴아 줍센 허영 굴앙 또 출 비곡. (조금 베어서 무디면 갈아 주세요 해서 갈아서 또 꼴 베고.)

물르다

[기본 의미]   여리고 단단하지 아니하다.

[대응 표준어]   무르다

[방언 분화형]   무르다·물르다

[문헌 어휘]   므르다(《능엄경언해》8:102)

[어휘 설명]   '물르다'는 '여리고 단단하지 아니하다.'라는 뜻을 기본 의미로
하여, '마음이 여리거나 힘이 약하다.' 등의 뜻을 지닌다. 방언형 '물르다'는
'무르다'에 'ㄹ'이 첨가된 어형이며, 다른 방언형 '무르다'는 문헌 어휘 '므르
다'가 '므르다>무르다'의 변화 과정을 거친 어형이다.

[용례]

¶ 된장 지정 먹음도 건지기 전의. 막 <u>물르지</u> 안헌 때에. (된장 지져서 먹기도
   건지기 전에. 아주 무르지 않은 때에.)

¶ 모멀ㅋ를 너무 되게 물민 딱딱허곡, ㅎ쏠 <u>물르게</u> 물면 숟가락으로도 허
   곡 손으로도 허곡. (메밀가루 너무 되게 말면 딱딱하고, 조금 무르게 말면 숟가락
   으로도 하고 손으로도 하고.)

¶ 빌령 입지다 보민 겨드렝이가 이디가 <u>물러</u>. <u>물르민</u> 베옷 헌 거 놔두민
   ㅎ쏠 보슬져. (빌려서 입히다 보면 겨드랑이가 여기가 물러. 무르면 베옷 헌 거 놔
   두면 조금 보슬해져.)

¶ 아기 이디 <u>물르민</u> 볼르는 거. 거 보난 ㄱ르분. (아기 여기 무르면 바르는 거.
   거 보니 가루분.)

¶ ㅎ쏠 물린다는 건 <u>물러</u>, <u>물르다</u> 허는 거주. (조금 쫄린다는 건 물러, 무르다 하는 거지.)

[관련 어휘]

게작ᄒ다 밥 따위에 물기가 많아 단단하지 않고 무르다.

뒤물르다 뒤무르다.

멜랑멜랑·물락물락·물랑물랑 물렁물렁.

무랑ᄒ다·물락ᄒ다·물랑ᄒ다·밀싹ᄒ다 물렁하다.

밀락ᄒ다 물컹하다.

●●●● **더 생각해 보기**

동음어

물르다[1] 무르다. 여리고 단단하지 아니하다.
¶ 반죽 물렁은 못 써. (반죽 물러서는 못 써.)

물르다[2] 무르다. 사거나 바꾼 물건을 원래 임자에게 도로 주고 돈이나 물건을 되찾다.
¶ 싀 번꺼지랑은 물러 주라. (세 번까지는 물러 주어라.)

맑다

320

[기본 의미] 잡스럽고 탁한 것이 섞이지 아니하다.

[대응 표준어] 맑다

[방언 분화형] 맑다

[문헌 어휘] 맑다(《석보상절》9:4)

[어휘 설명] '맑다'는 '잡스럽고 탁한 것이 섞이지 아니하다.'라는 뜻을 기본 의미로 하여, '구름이나 안개가 끼지 아니하여 날씨가 깨끗하다, 바다가 잔잔하다, 소리 따위가 가볍고 또랑또랑하여 듣기에 상쾌하다, 때묻지 않고 순수하다, 밝고 환하다.' 등의 뜻을 지닌다. 방언형 '맑다'는 문헌 어휘 '맑다'가 그대로 쓰인 경우다.

[용례]

¶ 이 문전 데접허는 것도 깨끗헌 <u>맑은</u> 떡으로 헤영 허주. 모멀은 검지 아녀 우까? 떡 허민 검기 때문에 안 허여. (이 문전 대접하는 것도 깨끗한 맑은 떡으로 해서 하지. 메밀은 검지 않습니까? 떡 하면 검기 때문에 안 해.)

¶ 그땐 법이 <u>맑지</u> 못헌 때주게. (그때는 법이 맑지 못한 때지.)

¶ <u>맑으난</u> 청주주. <u>맑지</u> 아년 건 탁베기. (맑으니 청주지. 맑지 않은 건 탁주.)

¶ 괴기 엇인 물이 <u>맑나</u> 허여. (고기 없는 물이 맑다 해.)

¶ 영 돌 허민 오분자기고 전복 새끼고 댓 개썩 문쳐. 이젠 암만 강 문쳐도 엇어. 경 바당이 <u>맑아</u>*. (이렇게 돌 하면 오분자기고 전복 새끼고 댓 개씩 만

* '여기서 '맑다'는 '채취해야 할 해산물이 없어 깨끗하다.'는 의미로 쓰였다.

져. 이제는 아무리 가서 만져도 없어. 그렇게 바다가 맑아.)

¶ 눈 속으로 싯그민 눈이 막 묽아. (물안경 쑥으로 씻으면 물안경이 아주 맑아.)

[관련 어휘]

묽은뼈 무릎뼈. 종지뼈.

바르다

321

[기본 의미]   겉으로 보기에 비뚤어지거나 굽은 데가 없다.

[대응 표준어]   바르다

[방언 분화형]   바르다 · 발르다

[문헌 어휘]   바른다(《월인석보》서:18)

[어휘 설명]   '바르다'는 '겉으로 보기에 비뚤어지거나 굽은 데가 없다.'라는 뜻을 기본 의미로 하여, '말이나 행동 따위가 사회적인 규범이나 사리에 어긋나지 아니하고 들어맞다, 그늘이 지지 아니하고 햇볕이 잘 들어 따뜻하다.' 등의 뜻을 지닌다. 방언형 '바르다'는 문헌 어휘 '바른다'가 '바른다〉바르다'의 변화 과정을 거친 어형이며, 다른 방언형 '발르다'는 '바르다'에 'ㄹ'이 첨가되어 이루어진 어형이다.

[용례]

¶ 영장낫저 헹 강 보민 이 다리도 오그라지고 할망을 <u>바르게</u> 놓앙 영 손을 보젠* 허민 이놈으 다리 안 페와져. (초상났다 해서 가서 보면 이 다리도 오그라지고 할머니를 바르게 놓아서 이렇게 손을 보려고 하면 이놈의 다리 안 펴져.)

¶ 고지 <u>바르게시리</u> 밧 가는 사름이 밧갈아치**라. (이랑 바르게끔 밭 가는 사람이 '밭갈아치'야.)

---

*   여기서 '손을 보다'는 '염습(殮襲)하다'의 뜻으로 쓰였다.

**   '밧갈아치'는 '밭갈이를 전문적으로 하는 사람'을 말한다.

¶ 광목도 무사 튿어사게 올이 <u>발르긴</u> 허주게. (광목도 왜 뜯어야 올이 바르기는 하지.)

¶ 사름은 ᄆᆞ음이 <u>발라사</u> 냉중이 좋넨 헤서. (사람은 마음이 발라야 나중이 좋다고 했어.)

¶ 눈은 <u>발르곡</u> 그믓은 튼라지곡. (눈은 바르고 금은 비뚤어지고.)

[관련 어휘]

민바르다·민발르다 면바르다.

발루다·발우다·발위다 발루다.

벳바르다·벳발르다 볕바르다.

양기바르다·양지바르다·양지발르다 양지바르다.

입바르다 입바르다.

졸바르다 똑바르다.

붉다

[기본 의미]   색깔이 핏빛이나 익은 고추의 빛과 같다.

[대응 표준어]   붉다

[방언 분화형]   붉다

[문헌 어휘]   븕다(《용비어천가》7장)

[어휘 설명]   '붉다'는 '색깔이 핏빛이나 익은 고추의 빛과 같다.'라는 뜻을 지닌다. 방언형 '붉다'는 문헌 어휘 '븕다'가 '븕다>붉다'의 변화 과정을 거친 어형이다.

[용례]

¶ 저 딸 손지가 코도 붉곡 허난 무신 큰벵이 나신가 헤나서. (저 딸 손자가 코도 붉고 하니 무슨 큰병이 났는가 했었어.)

¶ 검으민 검은쉐 붉으민 황쉐. (검으면 검정소 붉으면 황소.)

¶ 개발시린* 낭이 막 붉어. ('개발시리'는 줄기가 아주 붉어.)

¶ 깅인 붉나. 붉으민 대추여. (게는 붉다. 붉으면 대추다.)

¶ 누룩은 붉은 게 좋은 거마씨. 붉은고팡이가 나사. (누룩은 붉은 게 좋은 거요. 붉은곰팡이가 나야.)

¶ 짓 붉게 허젠 허믄 미녕에 붉은물 들영 짓 허곡. (깃 붉게 하려고 하면 무명에 붉은물 들여서 깃 하고.)

---

* '개발시리'는 '이삭 끝이 개발같이 세 가닥으로 벌어지고, 쌀알이 거무스름한 차진 조'를 말한다.

검붉다 검붉다.

붉바리 붉바리.

붉세 동틀 무렵.

붉은게염지 불개미.

붉은곰셍이·붉은곰팡이 붉은곰팡이.

붉은물 붉은물. 붉은색 물감.

붉은볼락 도화볼락. 뿔놈.

붉은시리 쌀알이 붉은 조의 한 가지.

붉은알 노른자위.

붉은풋 붉은팥.

붉은헤돋이·헤돋이붉음 아침놀.

붉은헤지기·헤지기붉음 저녁노을.

붉은흑 붉은흙. 석간주. 산화철을 많이 함유하여 빛이 붉은 흙.

허물발 붉은발. 부스럼의 독기로 그 언저리에 붉게 나타나는 핏줄.

붉다

[기본 의미] 불빛 따위가 환하다.

[대응 표준어] 밝다

[방언 분화형] 붉다

[문헌 어휘] 붉다(《용비어천가》71장)

[어휘 설명] '붉다'는 '불빛 따위가 환하다.'라는 뜻을 기본 의미로 하여, '빛깔의 느낌이 환하고 산뜻하다, 눈이 잘 보이거나 귀가 잘 들리다, 생각이나 태도가 분명하고 바르다, 분위기·표정 따위가 환하고 좋아 보이거나 그렇게 느껴지다, 긍정적이고 좋은 상태에 있다, 어떤 일에 대하여 막히는 데 없이 잘 알다.' 등의 뜻을 지닌다. 방언형 '붉다'는 문헌 어휘 '붉다'가 그대로 쓰인 경우다.

한편 '붉다'는 동사로도 쓰이는데, '밤이 지나고 환해지며 새날이 오다.'는 뜻을 지닌다.

[용례]

¶ 멧 시에사 헤신딘 몰르고. 하여튼 붉으난 강 헤실 거라. (몇 시에야 했는지는 모르고. 하여튼 밝으니까 가서 했을 거야.)

¶ 전기 엇인 디 가믄 둘도 붉아. (전기 없는 데 가면 달도 밝아.)

¶ 정월 멩질날 아칙의 붉기 전의 모밀국쉬 허영 올려. (정월 명질날 아침에 밝기 전에 메밀국수 해서 올려.)

¶ 쉐 잘 멕이젠 놈의 촐왓디 들어강 붉도록 튿다상* 쉐 멕영 주인 몰르게 나와야주. (소 잘 먹이려고 남의 꼴밭에 들어가서 밝도록 '튿다서서' 소 먹여서 주

인 모르게 나와야지.)

¶ 영 붉아 가민 내널엉** 이젠 들아만 내벼도 몰르는 거 내널엇당 어둑어 가민 다 멩텡이에 담으멍 들여놓곡. (이렇게 밝아 가면 '내널어서' 이젠 달아만 내버려도 마르는 거 '내널었다가' 어두워 가면 다 망태기에 담으면서 들여놓고.)

¶ 아척의 붉으민 그 쉐를 몰앙 들에 나가서 아무 풀이나 먹게 허고. (아침에 밝으면 그 소를 몰아서 들에 나가서 아무 풀이나 먹게 하고.)

[관련 어휘]

헤뜩ᄒ다 빛이 잠깐 비치어 언뜻 밝다.

헤지근ᄒ다 해읍스름하다.

* '튼다사다'는 '곁에 바싹 지켜 서다.'는 뜻을 지닌 어휘다.
** '내널다'는 '빨래나 곡식 따위를 말리기 위하여 집안에서 밖으로 꺼내 널다.'는 뜻을 지닌 어휘다.

923

시다

[기본 의미]   맛이 식초나 설익은 살구 맛과 같다.

[대응 표준어]   시다

[방언 분화형]   시다

[문헌 어휘]   싀다(《용비어천가》4장)

[어휘 설명]   '시다'는 '맛이 식초나 설익은 살구 맛과 같다.'라는 뜻을 기본 의미로 하여, '뼈마디 따위가 삐었을 때처럼 거북하게 저리다, 강한 빛을 받아 눈이 부시어 습벅습벅 찔리는 듯하다.' 등의 뜻을 지닌다. 방언형 '시다'는 문헌 어휘 '싀다'가 '싀다>시다'의 변화 과정을 거친 어형이다.

[용례]

¶ 갯ᄂᆞ물김치 시지 안헤시민 앗다당 베우켜마는. 갯ᄂᆞ물김치 막 오랜 거 잇어. (갓김치 시지 않았으면 갖다가 보이겠다마는. 갓김치 아주 오랜 거 있어.)

¶ 아무 짐치나 시영은 먹지 궂어. (아무 김치나 시어서는 먹기 궂어.)

¶ 시언 꼴싱그리는 거 보라. (시어서 찌푸리는 거 봐라.)

¶ 자리물회* 빙초산 낭 시게 먹어사 제맛이 나. ('자리물회'는 빙초산 놔서 시게 먹어야 제맛이 나.)

[관용 표현]

신 거 촛다 '입덧하다'를 비유적으로 이르는 말.

*   '자리물회'는 '잘게 썬 자리돔에 갖은 양념과 미나리 따위를 넣고 함께 버무려 식초와 물을 부어서 만든 음식'을 말한다.

[관련 어휘]

세금세금 새금새금.

세금지다·세금ᄒ다 새금하다.

세우롱ᄒ다·세우룽ᄒ다 새큼하다.

세코롬ᄒ다 새그무레하다.

세큼지다·세큼ᄒ다 새콤하다.

시구룽ᄒ다·시우룽ᄒ다 음식맛이 좀 신 듯한 데가 있다.

시금지다 시금하다.

시금트랑ᄒ다·시금트릉ᄒ다 시그무레하다.

시우롱ᄒ다·시우룽ᄒ다 시큼하다.

시큼두롱ᄒ다 시큼한 맛이 있는 듯하다.

시큼돌큼ᄒ다 새콤달콤하다.

신맛 신맛.

신물 신물.

●●●● **더 생각해 보기**

동음어

시다[1] 시다. 맛이 식초나 설익은 살구 맛과 같다.
¶ 여름철엔 시게 먹어사 좋나. (여름철에 시게 먹어야 좋다.)

시다[2] 있다.
①사람이나 동물이 어느 곳에서 떠나거나 벗어나지 아니하고 머물다.
¶ 아시 셔? (아우 있어?)

②재산이 많아 부유한 상태이다.
¶ 셔도 걱정, 엇어도 걱정. (있어도 걱정, 없어도 걱정.)

실프다

325

[기본 의미]　마음에 들지 아니하다.

[대응 표준어]　싫다

[방언 분화형]　말다·슬프다·실프다

[문헌 어휘]　슳ᄒ다(《석보상절》21:17), 말다(《월인석보》8:78)

[어휘 설명]　'실프다'는 '마음에 들지 아니하다.'라는 뜻을 지닌 어휘다. 방언형 '실프다'는 문헌 어휘 '슳ᄒ다'에 접미사 '-브다'가 연결되어 '슳ᄒ-+-브다〉슬ᄑ다〉슬프다〉실프다'의 변화 과정을 거친 어형이며, 다른 방언형 '슬프다'는 문헌 어휘 '슳ᄒ다'와 접미사 '-브다'가 연결되어 이루어진 형태이다. 또 다른 방언형 '말다'는 문헌 어휘 '말다'가 그대로 쓰인 경우다.

[용례]

¶ 단오 멩질 헤여 먹엉 보리 비레 가젠 허민 완전 실펑 죽어지는 거라. (단오 명절 해 먹고 보리 베러 가려고 하면 완전 싫어서 죽어지는 거야.)

¶ 베도 불렁 실픈디 보리 비레 글렌 허영 안 가믄 언어맞일 거고. (배도 불러서 싫은데 보리 베러 가자고 해서 안 가면 얻어맞을 거고.)

¶ 모멀죽, 입 실픈 때 젤 그거 쉬운 거. (메밀죽, 입 싫은 때 젤 그거 쉬운 거.)

¶ 밥 먹기 실프민 모멀쏠 사당 보글보글허게 흔머리 괴민 그게 죽이난게. (밥 먹기 싫으면 메밀쌀 사다가 보글보글하게 한소끔 끓으면 그게 죽이니까.)

¶ 허는 일도 멘날 허당 보믄 실퍼. (하는 일도 만날 하다가 보면 싫어.)

¶ 저승도 말다 이승도 말다 ᄒ여. (저승도 싫다 이승도 싫다 해.)

¶ 먹으렌 주난 난 마우덴 ᄒᆞᆼ멍 ᄂᆞ시 마트지 아녀. (먹으라고 주니까 난 싫습니다고 하며 끝내 받지 않아.)

[관련 어휘]
실러ᄒᆞ다 싫어하다.

쎄다

326

[기본 의미] 힘이 많다.

[대응 표준어] 세다

[방언 분화형] 쎄다·씨다

[문헌 어휘] 세다(《월인천강지곡》상:15)

[어휘 설명] '쎄다'는 '힘이 많다.'라는 뜻을 기본 의미로 하여, '밀고 나가는 기세 따위가 강하다, 물·불·바람 따위의 기운이 크거나 빠르다, 능력이나 수준 따위의 정도가 높거나 심하다, 사물의 감촉이 딱딱하고 뻣뻣하다, 운수나 터 따위가 나쁘다.' 등의 뜻을 지닌다. 방언형 '쎄다'는 문헌 어휘 '세다'가 '세다〉쎄다'의 변화 과정을 거친 어형이며, 방언형 '씨다'는 새롭게 형성된 어형이다.

[용례]

¶ 통뻬가 힘이 더 쎈덴 굴아. (통뼈가 힘이 더 세다고 말해.)

¶ 자리 거릴 때 바당 쎄어도 안 되고. (자리돔 뜰 때 바다 세어도 안 되고.)

¶ 너미 쎄게 허믄 멩지가 혼쪽으로 그 씰이 미어지기 때문에 술술 털어근에 줄에 영 영 널어근에 반쯤 몰라가믄 이제 홍짓대에 감앙 마께로 두드리는 거라. (너무 세게 하면 명주가 한쪽으로 그 실이 미어지기 때문에 살살 떨어서 줄에 이렇게 이렇게 널어서 반쯤 말라가면 이제 홍두깨에 감아서 방망이로 두드리는 거야.)

¶ 괴기 먹은 사름 못 갑니다. 막 쎈 본향*이엔 헹은에. (고기 먹은 사람 못 갑니다. 아주 센 '본향'이라고 해서.)

¶ 돌킹이는 오몽도 못허영 끔짝끔짝허고. 이 껍다리가 더드럭더드럭헌 게 막 쎄어. 깅이발이 기냥 그 아강발이 기냥 딱딱허여. (부채게는 거동도 못해서 꿈쩍꿈쩍하고. 이 껍데기가 우둘투둘한 게 아주 세어. 게발이 그냥 그 집게발이 그냥 딱딱해.)

¶ 우럭이 가시가 쎄주. (우럭이 가시가 세지.)

[관련 어휘]

걱세다 걱세다.

벅세다·뻑세다 억세다.

심쎄다·힘쎄다 힘세다.

어긋지다 아귀세다.

터세다·터쎄다 그 터에서 여러 가지 좋지 않은 일이 자주 생기는 경향이 있다.

돌킹이

* '본향'은 '마을의 여러 가지 일을 맡아 지키는 신'을 말한다. 달리 '본향토지관·본향할망'이라고도 한다.

동음어

쎄다[1] 세다. ①힘이 많다.

¶ 동네마다 보믄 쎈 사름이 잇어. 게난 놈의 동네 강 홈부로 허지 못허는 거.
(동네마다 보면 센 사람이 있어. 그러니 남의 동네 가서 함부로 하지 못하
는 거.)

②사물의 감촉이 딱딱하고 뻣뻣하다.

¶ 쎈 낭 흐믄 춤낭이난에 걸로 멘들아사 오래가. (센 나무 하면 참나무니까
그것으로 만들어야 오래가.)

쎄다[2] 싸다. 비탈진 정도가 급하다.

¶ 물매가 쎄민 못 걸어. (지붕물매가 싸면 못 걸어.)

쓰다

327

[기본 의미]   혀로 느끼는 맛이 한약이나 소태·씀바귀의 맛과 같다.

[대응 표준어]   쓰다

[방언 분화형]   쓰다·씨다

[문헌 어휘]   쁘다(《월인석보》2:25)

[어휘 설명]   '쓰다'는 '혀로 느끼는 맛이 한약이나 소태·씀바귀의 맛과 같다.'라는 뜻을 기본 의미로 하여, '달갑지 않고 싫거나 괴롭다, 몸이 좋지 않아서 입맛이 없다.' 등의 뜻을 지닌다. 방언형 '쓰다'는 문헌 어휘 '쁘다'가 '쁘다〉쓰다'의 변화 과정을 거친 어형이며, 다른 방언형인 '씨다'는 문헌 어휘 '쁘다'가 '쁘다〉쓰다〉씨다'의 변화를 거친 어형이다.

[용례]

¶ 그땐 먹을 거 싯만 허믄 쓰곡 둘곡은 상관엇어난. (그때는 먹을 거 있기만 하면 쓰고 달고는 상관없었어.)

¶ 문닫게 경 쓰지 아녕 맛잇어. (눈알고둥 그렇게 쓰지 않아서 맛있어.)

¶ 먹으민 쓰는 건 씬데기라. (먹으면 쓴 건 눈알고둥이야.)

¶ 입에 쓰난 약이 되는 거. (입에 쓰니까 약이 되는 거.)

¶ 막물 물윈 잘못 먹으민 막 써. (끝물 물외는 잘못 먹으면 아주 써.)

¶ 꿩마농이라도 헤 오믄 숢앙 물에 둥가사 헤여. 경 아녀믄 써. 쓰난게 보끌 땐 춤지름 흐꼼 놓고. (달래라도 해 오면 삶아서 물에 담가야 해. 그렇게 않으면 써. 쓰니까 볶을 땐 참기름 조금 놓고.)

¶ 소금은 싯엉 보깡은에 상은 둠는디, 세난 잘못헷당 장 쓰기도 허주게. 소

931

금 잘못 만낭. (소금은 씻어서 볶아서 장을 담그는데, 그러니까 잘못했다가 장 쓰기도 하지. 소금 잘못 만나서.)

¶ 고뿔 오래 허단 보난 무신걸 먹어도 입에 <u>쓰다게</u>. (감기 오래 하다가 보니 무엇을 먹어도 입에 쓰다.)

[관련 어휘]

쓴맛 쓴맛.

쓴부루케 ①민들레. ②씀바귀.

쓴쓴ᄒ다·씬씬ᄒ다 쓰디쓰다.

씁쓰롱ᄒ다·씨우룽ᄒ다 씁쓰레하다. 씁쓰름하다.

씬부루 쓴맛이 나는 상추의 한 종류.

칼칼 쓰디쓴 맛의 느낌을 나타내는 말.

●●●● **더 생각해 보기**

동음어

쓰다¹ 쓰다. 혀로 느끼는 맛이 한약이나 소태·씀바귀의 맛과 같다.

¶ <u>쓴</u> 게 약이여. (쓴 게 약이야.)

쓰다² 쓰다. 모자 따위를 머리에 얹어서 덮다.

¶ 출령 나산 거 보난 벗은 놈이 갓 <u>쓴</u> 거 닮아. (차려서 나선 거 보니 벗은 놈이 갓 쓴 거 같아.)

쓰다³ 쓰다. 연필 따위로 획을 그어 일정한 글자의 모양을 이루다.

¶ 불숨으멍도 부지뗑이로 들구 글을 <u>썻젠</u> ᄒ여. (불때면서도 부지깽이로 들입다 글을 썼다고 해.)

쓰다⁴ 쓰다. 어떤 일을 하는 데 도구나 수단으로 이용하다.

¶ 먹든지 <u>쓰든지</u> 느 ᄆ음대로 ᄒ라게. (먹든지 쓰든지 너 마음대로 해라.)

얄룹다

[기본 의미] 　두께가 두껍지 아니하다.

[대응 표준어] 　얇다

[방언 분화형] 　얄루다·얄룹다·얇다

[문헌 어휘] 　(엷다)(《용비어천가》30장)

[어휘 설명] 　'얄룹다'는 '두께가 두껍지 아니하다.'라는 뜻을 기본 의미로 하여, '묽고 연하다, 좁거나 가볍다.'의 뜻을 지닌다. 방언형 '얄루다'와 '얄룹다'는 새롭게 형성된 어형이며, 다른 방언형 '얇다'는 문헌 어휘 '엷다'와 관련이 깊다.

[용례]

¶ 옛날 방돌은 춤 요즘ㄱ치록 <u>얄룬</u> 게 아니고 두꺼운 걸로 헷단 말이여. (옛날 방돌은 참 요즘같이 얇은 게 아니고 두꺼운 걸로 했단 말이야.)

¶ 이건 소게이불이고, <u>얄룬</u> 이불은 옛날은 꼴레이불 서낫주게. (이건 솜이불이고, 얇은 이불은 옛날은 누비이불 있었지.)

¶ 물짐치, 무수 짝짝 <u>얄룹게</u> 가까근에 소금 ㅎ쑬 절엇다근에 물 낳 놔두민 ㅎ꼼 새코롬허민 그것이 물짐치라. (물김치, 무 짝짝 얇게 깎아서 소금 조금 절였다가 물 놔서 놔두면 조금 새그무레하면 그것이 물김치야.)

¶ 꼴레이불 요 정도 두꺼와. 이보담도 <u>얄롸</u>. (누비이불 요 정도 두꺼워. 이보다도 얇아.)

¶ 골 사당 버무령 놔두민 괴엉 오래 딸리민 엿이 되고 <u>얄루민</u> 감지가 되고. (엿기름 사다가 버무려서 놔두면 괴어서 오래 달이면 엿이 되고 얇으면 감주가 되고.)

[관련 어휘]

얄루랑ᄒ다·얄루룽ᄒ다·얄브랑ᄒ다 얄브스름하다.

얄루렝이 얄브스름히.

얄룬얄룬ᄒ다 얇디얇다.

얍주룩ᄒ다·얍지랑ᄒ다·얍지롱ᄒ다·얍지룽ᄒ다 얄찍하다.

934

어둑다

[기본 의미]　빛이 없어 밝지 아니하다.

[대응 표준어]　어둡다

[방언 분화형]　어둑다·어둡다

[문헌 어휘]　어듭다(《용비어천가》30장)

[어휘 설명]　'어둡다'는 '빛이 없어 밝지 아니하다.'라는 뜻을 기본 의미로 하여, '빛깔의 느낌이 무겁고 침침하다, 분위기나 표정·성격 따위가 침울하고 무겁다, 희망이 없이 참담하고 막막하다, 사람이나 사회가 깨지 못하다, 눈이 잘 보이지 아니하거나 귀가 잘 들리지 아니하다, 어떤 분야에 대하여 잘 알지 못하다.' 등의 뜻을 지닌다. 방언형 '어둑다'는 새롭게 형성된 어형이며, 다른 방언형 '어둡다'는 문헌 어휘 '어듭다'가 '어듭다〉어둡다'의 변화 과정을 거친 어형이다.

[용례]

¶ 밤읜 어둑으난에 집의 강 재왓단 아침에 데려와십주. (밤에는 어두우니까 집에 가서 재웠다가 아침에 데려왔습죠.)

¶ 메주 붉아 가민 내널엇당* 어둑어 가민 다 멩텡이 담으멍 들여놓곡. (메주 밝아 가면 '내널었다가' 어두워 가면 다 망태기에 담으면서 들여놓고.)

¶ 조왕** 어둑지 말렌 초라도 싸. (부엌 어둡지 말라고 초라도 켜.)

---

*　'내널다'는 '빨래나 곡식·메주 따위를 말리기 위하여 집안에서 밖으로 꺼내 널다.'는 뜻을 지닌 어휘다.

**　'조왕'은 '부엌을 관장하는 신'을 말하는데, 여기서는 '조왕이 있는 부엌'의 뜻으로 쓰였다.

¶ 전기 엇인 때난 막 어둑엉 나뎅기지도 못헤나서. (전기 없을 때니까 아주 어
  두워시 나다니지도 못했었어.)
¶ 수건 걸쳐둠서 뚬 나가민 따끄멍 헷주. 경 아녀민 눈 어둑앙 못헙니께.
  (수건 걸쳐두고서 땀 나가면 닦으면서 했지. 그렇게 않으면 눈 어두워서 못합니다.)

[관련 어휘]
그슨대·그슨새·그신새 어둑서니. 컴컴한 밤 지상에 한없이 큰 형상으로 나타
  나서 사람을 해친다는 헛것.
어둑ᄒ다·어득ᄒ다 어둑하다.
어둑칙칙ᄒ다·어둑침침ᄒ다·어둠침침ᄒ다 어둠침침하다.
어득어득 어둑어둑.
어들어들ᄒ다 날이 저물면서 물건이 보일락말락할 정도로 조금 어둡다.

얼다

[기본 의미]　대기의 온도가 낮다.

[대응 표준어]　춥다

[방언 분화형]　얼다·을다·춥다

[문헌 어휘]　칩다(《월인석보》9:23)

[어휘 설명]　'얼다'는 '대기의 온도가 낮다.'라는 뜻을 기본 의미로 하여, '몸이 떨리고 움츠러들 만큼 찬 느낌이 있다.' 등의 뜻을 지닌다. 방언형 '얼다'와 '을다'는 새롭게 형성된 어형이며, 다른 방언형 '춥다'는 문헌 어휘 '칩다'가 '칩다〉춥다'의 변화 과정을 거친 어형이다.

[용례]

¶ 상강지곡* 허믄 막 얼주게, 얼어. ('상강지고' 하면 아주 춥지, 추워.)

¶ 물적삼** 그거 입곡 경 헤근에 허면 얼어근에 거 삼월들에 그 미역 허채도 막 얼어, 추웡. ('물적삼' 그거 입고 그렇게 해서 하면 추워서 거 삼월에 그 미역 허채도 아주 추워, 추워서.)

¶ 막 추워근에 프리가 엇어져 벼야주. 프리 이실 때 허면 메주 헤영 놔두면은 그 메주 냄새가 나. 프리덜 왕은에 쉬싸 부는 따문에. (아주 추워서 파리가 없어져 버려야지. 파리 있을 때 하면 메주 해서 놔두면은 그 메주 냄새가 나. 파

---

*　'상강지다'는 '공중의 수증기가 땅의 물건 곁에 닿아서 엉기어 허옇게 되다.'라는 뜻을 지닌 어휘다. 달리 '산강ᄂ리다, 산강지다, 상강ᄂ리다'라 한다.

**　'물적삼'은 '잠녀들이 물질할 때 입는 적삼'을 말한다.

리들 와서 쉬슬어 버리는 때문에.)

¶ 우린 추웡은 못살아. (우리는 추워서는 못살아.)

¶ 불곽 낭 뎅기당 검질 흐꼼 헹 불살롸 추왕. 아침인 춥고 낮 돼가민 안 춥주게. (성냥 놔서 다니다가 검불 조금 해서 불살라서 쬐어서. 아침엔 춥고 낮 되어 가면 안 춥지.)

[관련 어휘]

곡차다 손발이 시릴 정도로 춥다.

댕댕ᄒ다 실내 공간이 한기를 느낄 정도로 춥다.

시리다·실리다·실이다·실히다 시리다.

실렵다·차겹다 차갑다.

츠다 차다[冷].

938

엇다

[기본 의미]   사람·동물·물체 따위가 실제로 존재하지 않는 상태이다.

[대응 표준어]   없다

[방언 분화형]   없다·엇다·읎다·웃다

[문헌 어휘]   없다(《용비어천가》111장)

[어휘 설명]   '엇다'는 '사람·동물·물체 따위가 실제로 존재하지 않는 상태이다.'라는 뜻을 기본 의미로 하여, '어떤 일이나 현상이나 증상 따위가 생겨나타나지 않은 상태이다, 어떤 것이 많지 않은 상태이다, 재물이 넉넉하지 못하여 가난하다, 어떤 일이 가능하지 아니하다, 사람이나 사물 또는 어떤 사실이나 현상 따위가 어떤 곳에 자리나 공간을 차지하고 존재하지 않은 상태이다, 사람이나 동물이 어느 곳에 머무르거나 살지 않은 상태이다, 매우 드물다, 어떤 물체를 소유하고 있지 않거나 자격이나 능력 따위를 갖추고 있지 않은 상태이다, 일정한 관계를 가진 사람이 존재하지 않은 상태이다, 상하·좌우·위계 따위가 구별되지 않은 상태이다.' 등의 뜻을 지닌다. 방언형 '엇다'는 문헌 어휘 '없다'의 어간에서 'ㅂ'이 탈락한 어형이며, 다른 방언형 '없다'는 문헌 어휘 '없다'가 그대로 쓰인 경우다. 또 다른 방언형 '읎다'는 문헌 어휘 '없다'가 '없다〉읎다'의 변화 과정을 거친 어형이며, 방언형 '웃다'는 '읎다'의 어간에서 'ㅂ'이 탈락한 어형이다.

[용례]

¶ 건 다른 이름은 엇고. (건 다른 이름은 없고.)

¶ 옛날 풍습 요즘은 남아 잇는 것이 벨로 엇수다. (옛날 풍습 요즘은 남아 있는

것이 별로 없습니다.)

¶ 고등혹교에 갓단에 돈 엇언에 중퇴헤연에 열일곱 살에 부산 나갓수다.
(고등학교에 갔다가 돈 없어서 중퇴해서 열일곱 살에 부산 나갔습니다.)

¶ 공출허렌 허믄 족게 내젠 다 묻어뒁 이것벳기 엇덴 허곡. (공출하라고 하면
적게 내려고 다 묻어두고 이것밖에 없다고 하고.)

¶ 결혼헤영 곧 일본 간 편지도 안 오고 소식이 엇이난 그냥 아방* 만난에
살고. (결혼해서 곧 일본 가서 편지도 안 오고 소식이 없으니까 그냥 남편 만나서
살고.)

¶ 사름 물 엇엉은 못 산덴 헤서. (사람 물 없어서는 못 산다고 했어.)

¶ 몸짐 둧은 사름 욕심 엇나 헤서. (체온 따스운 사람 욕심 없다 했어.)

[관련 어휘]

거딱엇다·거딱웃다·끄떡엇다·끄떡웃다 끄떡없다.

그신엇다·그신웃다·기신엇다·기신웃다 기신없다.

ᄀ딱엇다·ᄀ딱웃다·ᄁ딱엇다·ᄁ딱웃다 까딱없다.

ᄀ딱엇이·ᄀ딱웃이·ᄁ딱엇이·ᄁ딱웃이 까딱없이.

난듸엇다·난듸웃다 난데없다.

난듸엇이·난듸웃이 난데없이.

능청엇다·능청웃다 능청맞다.

대공엇다·대공웃다 대공무사하다.

뒷손엇다·뒷손웃다 뒷손없다.

드리엇다·드리웃다 드리없다.

뜰림엇다·뜰림웃다·틀림엇다·틀림웃다 틀림없다.

맛엇다·맛웃다 맛없다.

* '아방'은 '아버지'의 뜻이나 여기서는 '남편'의 의미로 쓰였다.

멕엇다·멕웃다 맥없다.

멘목엇다·멘목웃다 낯없다. 면목없다.

버릇엇다·버릇웃다 버릇없다.

본듸엇다·본듸웃다 본데없다.

볼침엇다·볼침웃다 볼품없다.

볼침엇이·볼침웃이 볼품없이.

분시엇다·분시웃다·분쉬웃다·분쉬엇다 분수없다.

분절엇다 사물에 대해서 요량할 지혜가 없다.

상엇다·상웃다 상없다.

셈엇다·셈웃다 사물을 분별하거나 일이 진행되는 형편이나 판국을 헤아릴
슬기가 없다.

시름엇다·시름웃다 시름없다.

실엇다·실웃다 실없다.

쓸데가리엇이·쓸데기엇이·쓸데기웃이·쓸데엇이·쓸데웃이·씰데엇이·씰데웃이 쓸데없이.

씰데엇다·씰데웃다 쓸데없다.

아랫멕웃다 아랫도리에 힘이 조금도 없다.

어림엇다·어림웃다 어림없다.

어이읎다·어이엇다·어이웃다 어이없다.

엇어지다·웃어지다 없어지다.

엇이·웃이 없이.

엇이살다·웃이살다 없이살다. 몹시 가난하게 살다.

엇이대기다·엇이대다·엇이ᄒ다·읎이ᄒ다·웃이대기다·웃이대다·웃이ᄒ다 없이하다.

염치엇다·염치웃다·욤치엇다·욤치웃다 염치없다.

영락엇다·영락웃다·축엇다·축웃다 영락없다.

읇애다 없애다.

일없다·일엇다·일웃다 일없다.

제미엇다·제미웃다·ᄌ미엇다·ᄌ미웃다 재미없다.

정신엇다·정신웃다 정신없다.

종엇다·종읎다·종웃다 종없다. 종작없다.

중정엇다·중정웃다 속마음에 품은 감정이나 생각이 없다.

중정엇이·중정웃이 속마음에 품은 감정이나 생각이 없이.

철엇다·철웃다 철없다.

철엇이·철웃이 철없이.

푸접엇다·푸접웃다 푸접스럽다. 푸접없다.

흐량엇다·흐량읎다·흐량웃다 한량없다.

흐엇다·흐읎다·흐웃다 한없다.

흐엇이·흐웃이 한없이.

●●●● **더 생각해 보기**

동음어

엇다[1] 없다. 사람·동물·물체 따위가 실제로 존재하지 않는 상태이다.
¶ 허젠만 허민 못헐 일이 <u>엇나</u>. (하려고만 하면 못할 일이 없다.)

엇다[2] 아니. 아랫사람이나 대등한 관계에 있는 사람의 묻는 말에 부정하여 대답할 때
　　　쓰는 말.
¶ 밥 먹읍데강? <u>엇다</u>, 아직 안 먹엇저. (진지 드셨습니까? 아니, 아직 안 먹었
　　　다.)

옥다

[기본 의미] 인쪽으로 조금 오그라지다.

[대응 표준어] 옥다

[방언 분화형] 옥다

[문헌 어휘] 옥다(《해동가요》:103), 욱여드다(凹進,《역어유해》보:17)

[어휘 설명] '옥다'는 '끝부분이 안쪽으로 조금 오그라지다.'라는 뜻을 지닌
어휘다. 방언형 '옥다'는 문헌 어휘 '욱다'가 '욱다〉옥다'의 변화 과정을 거친
어형이다.

[용례]

¶ 니 영 안터레 <u>옥은</u> 사름 욕심 쎈덴 글아. (이 이렇게 안으로 옥은 사람 욕심 세
다고 말해.)

[관련 어휘]

벋어진니·벋은니 버드렁니.

오금니·옥니 옥니.

옥자귀 옥자귀.

옥회계 옥셈.

이르다

[기본 의미]   대중이나 기준을 잡은 때보다 앞서거나 빠르다.

[대응 표준어]   이르다

[방언 분화형]   이르다·일르다

[문헌 어휘]   이르다(《법화경언해》2:235)

[어휘 설명]   '이르다'는 '대중이나 기준을 잡은 때보다 앞서거나 빠르다.'라는 뜻을 지닌 어휘다. 방언형 '이르다'는 문헌 어휘 '이르다'가 그대로 쓰인 경우고, 다른 방언형 '일르다'는 '이르다'에 'ㄹ'이 첨가된 어형이다.

[용례]

¶ 이른 이도 복, 늦인 이도 복. (이른 이도 복, 늦은 이도 복.)

¶ 이제 가믄 너미 일렁은엥에 아무도 엇이키여이. (이제 가면 너무 일러서 아무도 없겠다.)

¶ 콩입 먹젠 ᄒᆞ믄 지금은 일럿주게. (콩잎 먹으려고 하면 지금은 일렀지.)

¶ 수박은 늦고, ᄎᆞ외가 ᄒᆞ끔 일러. (수박은 늦고, 참외가 조금 일러.)

¶ 아직 하지는 일르곡게. (아직 하지(夏至)는 이르고.)

¶ 우린 늦게 절혼헷주마는 이르게 헌 사름도 하. (우리는 늦게 결혼했지마는 이르게 한 사람도 많아.)

콩입

●●●● **더 생각해 보기**

동음어

이르다[1] 이르다. 대중이나 기준을 잡은 때보다 앞서거나 빠르다.
¶ 너미 이르게 와진 셍이여. (너무 이르게 온 모양이야.)

이르다[2] 이르다. 무어라고 말하다.
¶ 굳지 말렌 허주 이르지 말렌은 안 헤 보고. (말하지 말라고 하지 이르지 말
라고는 아니 해 보고.)

이르다[3] 이르다. 어떤 장소나 시간에 닿다.
¶ 다 죽을 때 이르렁 착허믄 무신 소용이 잇어게. (다 죽을 때 이르러 착하면
무슨 소용이 있어.)

이르다[4] 뜨다. 무거운 물건을 위로 들어 올리다
¶ 삽으로 이르지 못허믄 못팽이 들어사. (삽으로 뜨지 못하면 곡괭이 들어야.)

잇다

334

[기본 의미] 사람·동물·물체 따위가 실제로 존재하는 상태이다.

[대응 표준어] 있다

[방언 분화형] 시다·싯다·이시다·잇다

[문헌 어휘] 잇다(《용비어천가》37장), 이시다(《석보상절》6:5), 시다(《초간본 두시
언해》23:4)

[어휘 설명] '잇다'는 '사람·동물·물체 따위가 실제로 존재하는 상태이다.'
라는 뜻을 기본 의미로 하여, '어떤 사실이나 현상이 현실로 존재하는 상태
이다, 어떤 일이 이루어지거나 벌어질 계획이다, 재물이 넉넉하거나 많다,
사람이나 사물 또는 어떤 사실이나 현상 따위가 어떤 곳에 자리나 공간을
차지하고 존재하는 상태이다, 어떤 물체를 소유하거나 자격이나 능력 따위
를 가진 상태이다, 사람이 어떤 지위나 역할로 존재하는 상태이다, 이유나
가능성 따위로 성립된 상태이다.' 등의 뜻을 지닌다. 방언형 '시다·이시다·
잇다'는 문헌 어휘 '시다·이시다·잇다'가 그대로 쓰인 경우고, 다른 방언형
'싯다'는 새롭게 형성된 어형이다.

[용례]

¶ 쉐 질롸 가지고 그 쉐로 밧 산 사름도 잇어. (소 키워 가지고 그 소로 밭 산 사
람도 있어.)

¶ 아무거나 막 잘 크는 밧이 잇어예. (아무거나 아주 잘 크는 밭이 있어요.)

¶ 감저 써는 기계가 잇엇주. (고구마 써는 기계가 있었지.)

¶ 이짝은 쉐 먹고 이짝은 사름 먹는 통이 잇는디, 아이고, 밤의 그디 물질

레 가젠 허민 막 무섭고. (이쪽은 소 먹고 이쪽은 사람 먹는 통이 있는데, 아이고, 밤에 거기 물길러 가려고 하면 아주 무섭고.)

¶ 무사 톨깝 안 줄 리가 잇느냐? 받안 썻다 경 헌 거라. (왜 톳값을 안 줄 리가 있느냐? 받아서 썼다 그렇게 한 거야.)

¶ 돈은게 잇당도 엇고 엇당도 잇나. (돈은 있다가도 없고 없다가도 있다.)

[관련 어휘]

ᄀ만싯다·ᄀ만잇다　가만있다.

ᄀ만싯자·ᄀ만잇자　가만있자.

맛싯다·맛잇다　맛있다.

멋싯다　멋있다.

제미지다·ᄌ미지다　재미있다.

동음어

잇다¹ 있다. 사람·동물·물체 따위가 실제로 존재하는 상태이다.

¶ 장아찌 허는 마농 <u>잇지</u> 아녀냐게? 그걸로 피가 나도록 막 문데겨. (장아찌
　하는 마늘 있지 않니? 그걸로 피가 나도록 막 문대어.)

잇다² 잇다. 두 끝을 맞대어 붙이다.

¶ 집가지 <u>잇지</u> 아년덴 헤서. (처마 잇지 않는다고 했어.)

싯다¹ 있다. 사람·동물·물체 따위가 실제로 존재하는 상태이다.

¶ 게들레기도 집이 <u>싯나</u>. (소라게도 집이 있다.)

싯다² 씻다. 물이나 휴지 따위로 때나 더러운 것을 없게 하다.

¶ 쏠 <u>싯어난</u> 물로 그릇도 시쳐도 상관은 엇어. (쌀 씻었던 물로 그릇도 씻어
　도 상관은 없어.)

시다¹ 있다. 사람·동물·물체 따위가 실제로 존재하는 상태이다.

¶ 정낭* 보멍 사름 <u>시냐</u>, 엇이냐 안덴 허주. ('정낭' 보며 사람 있는가, 없는가
　안다고 하지.)

시다² 시다. 맛이 식초나 설익은 살구와 같다.

¶ 아이고, 이거 너미 <u>시엉</u> 못 먹으키여. (아이고, 이거 너무 시어서 못 먹겠다.)

---

* '정낭'은 '길에서 집으로 들어오는 길목 양편에 세운 정주목에 대문 대신 가로 걸치는 나무 막대기'를 말한
다. 달리 '정·정남·정살낭·정술낭·징·징낭'이라고도 한다.

족다

[기본 의미] 길이·넓이·부피 따위가 비교 대상이나 보통보다 덜하다.

[대응 표준어] 작다

[방언 분화형] 작다·족다

[문헌 어휘] 쟉다(《석보상절》24:8), 죠곰(《속삼강행실도》중간본, 효:35)

[어휘 설명] '족다'는 '길이·넓이·부피 따위가 비교 대상이나 보통보다 덜하다.'라는 뜻을 기본 의미로 하여, '정하여진 크기에 모자라서 맞지 아니하다, 일의 규모·범위·정도·중요성 따위가 비교 대상이나 보통 수준에 미치지 못하다, 사람됨이나 생각 따위가 좁고 보잘것없다, 소리가 낮거나 약하다, 돈의 액수가 적거나 단위가 낮다.' 등의 뜻을 지닌다. 방언형 '족다'는 '조금'의 옛말인 '죠곰(죡+-옴)'의 '죡-'과 관련이 있으며, 다른 방언형 '작다'는 문헌 어휘 '쟉다'가 '쟉다〉작다'의 변화 과정을 거친 어형이다.

[용례]

¶ 창곰*은 크게 안 내어서 족게 내어서 문은 안 들앗어. ('창곰'은 크게 안 내어서 작게 내어서 문은 안 달았어.)

¶ 젤 족은 솟이 동솟. (젤 작은 솥이 옹달솥.)

¶ 지달이가 훨씬 크주. 족은 족아. (오소리가 훨씬 크지. 족제비는 작아.)

¶ 집이 크민 줄이 더 늘어나고 족으민 좁아지고 경 허는 거. (집이 크면 줄이

---

* '창곰'은 '부엌이나 고방에 빛을 들이고 바람이 드나들게 하기 위하여 벽을 뚫어서 만든 작은 구멍'을 말한다.

더 늘어나고 작으면 좁아지고 그렇게 하는 거.)

¶ 눈 <u>족앙</u> 다 못 보느냐게? 걱정 말라. (눈 작아서 다 못 보느냐? 걱정 마라.)

[관용 표현]

족아도 아지망 표준어로 바꾸면 '작아도 아주머니' 인데, '키나 몸집이 작아도 야무짐'을 비유적으로 이를 때 쓰는 말.

족은 괴기가 가시 쎈다 표준어로 바꾸면 '작은 고기가 가시 세다.' 인데, '키나 몸집이 작아도 야무짐'을 비유적으로 표현할 때 쓰는 말.

[관련 어휘]

소문·제창문·족은대문·족은문·호령문·호령창 마루문과 큰방 사이의 마루문 옆에 따로 낸 작은 널문.

젠젠ᄒ다·존존ᄒ다·졸졸ᄒ다 자잘하다. 작디작다.

족세눈·족은눈 잠녀가 물질할 때 쓰는, 작은 알이 둘인 물안경.

족아지다 작아지다.

족은가지 친족의 근본에서 작은할아버지로부터 갈라져 나온 갈래.

족은각시·족은마누라 작은마누라.

족은구들 안방. 집 안채의 부엌에 딸린 방.

족은년·족은뚤 작은딸.

족은놈·족은소나의·족은아덜·족은아돌 작은아들.

족은누이 작은누이.

족은동세 작은동서.

족은뚤 작은딸.

족은마노라·족은마누라·족은한집 홍역.

족은방 작은방.

족은메누리 작은며느리.

족은사오·족은사우·족은사위 작은사위.

족은삼방·족은상방 찻방.

족은상제 상중에 있는 막내아들인 상제.

족은샛복 작은사폭.

족은성 작은형.

족은아바지·족은아방 작은아버지.

족은아시 작은아우.

족은아이 작은아이.

족은어머니·족은어멍 작은어머니.

족은일 소변. '소변'을 대변에 비유하여 이르는 말.

족은자 자치기 놀이를 할 때 쓰는, 길이가 짧은 자.

족은집 작은집.

족은처남 작은처남.

족재열 아주 작은 매미의 한 가지.

소문(가운데)과 대문(오른쪽)

즌떡·흑은떡 절편·솔편·벨떡 따위의 크기가 작은 떡을 이르는 말.

즌베설·즌베술 작은창자.

줄다 잘다.

쩨끄만흐다·쩨끌락흐다·쪼끄만흐다·쪼끌락흐다·헤끄만흐다·헤끌락흐다·흐꼬만흐다·흐

끄만흐다·흐끌락흐다 쪼끄마하다.

쪼고만흐다·쪼그만흐다 쪼그마하다.

●●●● **더 생각해 보기**

동음어

족다¹ 작다. 길이·넓이·부피 따위가 비교 대상이나 보통보다 덜하다.
¶ 우잣 <u>족앙도</u> 아이 되어. (울안 작아도 아니 되어.)

족다² 적다. 수효나 분량·정도가 일정한 기준에 미치지 못하다.
¶ 허당 보믄 골로로 그자 하도 아녀고 <u>족도</u> 아녀고 그자 경 되어서마씀. (하
다 보면 골고루 그저 많지도 않고 적지도 않고 그저 그렇게 되었어요.)

좁다

336

[기본 의미] 면이나 바닥 따위의 면적이 작다.

[대응 표준어] 좁다

[방언 분화형] 좁다

[문헌 어휘] 좁다(《석보상절》19:7)

[어휘 설명] '좁다'는 '면이나 바닥 따위의 면적이 작다.'라는 뜻을 기본 의미로 하여, '마음 쓰는 것이 너그럽지 못하고 옹졸하다, 내용이나 범위 따위가 널리 미치지 아니하다.' 등의 뜻을 지닌다. 방언형 '좁다'는 문헌 어휘 '좁다'가 그대로 쓰인 경우다.

[용례]

¶ 존 방*이 너미 널르민 수확이 덜 날 거곡, 너미 좁으민 도장되엉은에 안 좋을 거고 허난 적당한 거리를 낭 소까. (조는 방이 너무 너르면 수확이 덜 날 거고, 너무 좁으면 도장(徒長)되어서 안 좋을 거고 하니 적당한 거리를 놔서 솎아.)

¶ 상복, 뺄아지게 요딘 넙고 요렌 좁곡. 게난 잘 아녀믄 막 숭나**. (상복, 빨게 요기는 넓고 요기는 좁고. 그러니까 잘 않으면 아주 흉나.)

¶ 정진 좁안에 흥꼼 불편허키여게. (부엌은 좁아서 조금 불편하겠어.)

   * '방'은 '조 따위의 식물이 자라는 간격'을 말한다.

  ** '숭나다'는 '옷이나 물건 따위에 흠이 생기다.'는 뜻을 지닌 어휘다.

 *** '닷세미녕, 엿세미녕'은 각각 무명의 종류로, 숫자가 높을수록 고운 무명이다. '닷세미녕〉엿세미녕〉일곱세미녕〉여덥세미녕' 순으로 올이 촘촘하고 곱다. 여기서 '세(새)'는 피륙의 날을 세는 단위로, 한 '세(새)'는 날실 여든 올을 말한다.

¶ 닷세미녕***은 <u>좁주게</u>. 엿세미녕이엔 허믄 ᄒᆞ끔 넙고. (닷새무명은 좁지. 엿
　새무명이라고 하면 조금 넓고.)

[관용 표현]

좁은 입으로 ᄀᆞᆯ은 말 널른 치메깍으로 못 막나 표준어로 바꾸면 '좁은 입으로 한 말
　너른 치맛자락으로 못 막는다.'인데, '말을 할 때는 미리 생각하고 하라.'
　는 뜻으로 쓰이는 말.

[관련 어휘]

비좁다 비좁다.

좁작ᄒᆞ다·쫍작ᄒᆞ다 좁다랗다. 좁직하다.

좁아지다 좁아지다.

[기본 의미] 대상의 성질이나 내용 따위가 훌륭하여 만족할 만하다.

[대응 표준어] 좋다

[방언 분화형] 좋다

[문헌 어휘] 둏다(《월인천강지곡》상:44)

[어휘 설명] '좋다'는 '대상의 성질이나 내용 따위가 훌륭하여 만족할 만하다.'라는 뜻을 기본 의미로 하여, '성품이나 인격 따위가 원만하거나 선하다, 말씨나 태도 따위가 상대의 기분을 언짢게 하지 아니할 만큼 부드럽다, 신체적 조건이나 건강 상태가 정상보다 나은 상태에 있다, 사람이 염치가 없거나 체면을 가리지 않다, 넉넉하고 푸지다, 날짜나 기회 따위가 상서롭다, 어떤 일이나 대상이 마음에 들다, 어떤 일을 하기가 쉽거나 편하다, 어떤 것이 다른 것보다 낫다, 서로 친하여 잘 어울리다.' 등의 뜻을 지닌다. 방언형 '좋다'는 문헌 어휘 '둏다'가 '둏다〉죻다〉좋다'의 변화 과정을 거친 어형이다.

[용례]

¶ 이 콩 우리 사름은 먹지 못헤도 짐승신딘 좋은 거. (이 콩 우리 사람은 먹지 못해도 짐승에겐 좋은 거.)

¶ 문닫겐 황달 잇인 사름도 좋고, 당뇨 잇인 사름도 좋고. (눈알고둥은 황달 있는 사람도 좋고, 당뇨 있는 사람도 좋고.)

¶ 떡은 보기 좋게 올리는 거라. (떡은 보기 좋게 올리는 거야.)

¶ 신사라, 질기나마나 건 마찬가진데 허기가 좋주. (뉴질랜드삼, 질기나마나

신사라

건 마찬가진데 하기가 좋지.)

¶ 살기가 좋아 가고 허난에 그 삼베 フ뜬 거는 수의. 저싱 갈 때 입엉 갈 거.
(살기가 좋아 가고 하니 그 삼베 같은 거는 수의. 저승 갈 때 입어서 갈 거.)

¶ 보리밧은 튼튼헤사 좋나고 헤서 볼려낫고. (보리밭은 탄탄해야 좋다고 해서
밟았었고.)

[관련 어휘]

꼴좋다 꼴좋다.

머세좋다·머셍이좋다·머의좋다·머정좋다·머젱이좋다·머희좋다 무슨 일에 있어서
재수가 좋다.

수덕좋다 무슨 일을 할 때에, 힘들이지 아니하여도 손대는 대로 잘 맞아 나
오는 운수가 좋다.

ㅅ이좋다 사이좋다.

열좋다 열째다. 행동이나 눈치가 매우 재빠르고 날쌔다.

의좋다 의좋다.

입메좋다 이것저것 가리지 아니하고 아무것이나 잘 먹다.

좋아ᄒ다 좋아하다.

좋은날[1] ①형편이 좋은 날. ②혼인이나 환갑 따위의 좋은 일이 있는 날. ③큰 일을 치르기에 알맞은 날이라고 믿어 선택한 날.

좋은날[2] 마른날. 비나 눈이 내리지 않아 갠 날.

지트다

[기본 의미] 빛깔을 나타내는 물질이 많이 들어 있어 보통 정도보다 빛깔이
강하다.

[대응 표준어] 짙다

[방언 분화형] 지트다

[문헌 어휘] 딭다《석보상절》3:17)

[어휘 설명] '지트다'는 '빛깔을 나타내는 물질이 많이 들어 있어 보통 정도
보다 빛깔이 강하다.'라는 뜻을 기본 의미로 하여, '털 따위가 일정한 공간
이나 범위에 많이 들어 있어 보통 정도보다 빛깔이 강하다, 그림자나 어둠
같은 것이 아주 뚜렷하거나 빛깔에 아주 검은색이 있다, 안개나 연기 따위
가 자욱하다, 액체 속에 어떤 물질이 많이 들어 있어 진하다, 드러나는 기
미·경향·느낌 따위가 보통 정도보다 뚜렷하다.' 등의 뜻을 지닌다. 방언형
'지트다'는 문헌 어휘 '딭다(〉짙다)'와 비교할 때 음절수에 차이가 난다.

[용례]
¶ 손제주 신 사름이 눈썹이 지터. (손재주 있는 사람이 눈썹이 짙어.)
¶ 옷 색깔이 지튼 남색이라라. (옷 색깔이 짙은 남색이더라.)

지프다

[기본 의미]　겉에서 속까지의 거리가 멀다.

[대응 표준어]　깊다

[방언 분화형]　지프다

[문헌 어휘]　깊다(《용비어천가》2장)

[어휘 설명]　'지프다'는 '겉에서 속까지의 거리가 멀다.'라는 뜻을 기본 의미로 하여, '생각이 듬쑥하고 신중하다.' 등의 뜻을 지닌다. 방언형 '지프다'는 문헌 어휘 '깊다'와 비교할 때 음절수에 차이가 난다. 또 '깊다'의 'ㄱ'이 'ㅣ' 모음 앞에서 구개음 'ㅈ'으로 변하여 '지프다'가 되었다.

[용례]

¶ 똥깅인* 지픈 디도 엇어. 굿디만 잇주. ('똥깅이'는 깊은 데도 없어. 가에만 있지.)

¶ 물 지프곡 야픈 건 넘어가 봐사 안다. (물 깊고 얕은 건 건너가 봐야 안다.)

¶ 쒜로 갈아도 지프게 찔렁 잘 갈아주는 사름 잇고, 우로만 빌빌빌빌 가는 사름 잇주게. (소로 갈아도 깊게 찔러서 잘 갈아주는 사람 있고, 위로만 빌빌빌빌** 가는 사람 있지.)

¶ 암천복은 납작허곡 수천복은 움막허곡 경헤여. 수첨복이 막 술도 지프주. (암컷 전복은 납작하고 수컷 전복은 우묵하고 그래. 수컷 전복이 아주 살도 깊지.)

---

*　'똥깅이'는 '등딱지가 물렁물렁한 게'를 말한다.

**　'빌빌빌빌'은 '가볍고 재우 움직이는 모양'을 이르는 말이다.

¶ 눈 온 때는 눈이 지펑 쉐도 죽고 물도 통절앙*** 죽어 붑니다. (눈 온 때는 눈이 깊어시 소도 죽고 말도 발굽 절어서 죽어 버립니다.)

[관련 어휘]
지픈지픈ᄒ다 깊디깊다.
지피 깊이.
짚숙ᄒ다 깊숙하다.

●●●● **더 생각해 보기**

동음어

지프다[1] 깊다. 겉에서 속까지의 거리가 멀다.
¶ 산이 노팡 못 옵데강? 물이 지펑 못 옵데강? (산이 높아서 못 옵디까? 물이 깊어서 못 옵디까?)

지프다[2] 짚다. ①바닥이나 벽, 지팡이 따위에 몸을 의지하다.
¶ 주랑 지펑 가는 하르방 누겝디가? (지팡이 짚고 가는 할아버지 누굽디까?)

②여럿 중에 하나를 꼭 집어 가리키다.
¶ 눈금앙 강 손으로 지프는 게 지 각시라. (눈감고 가서 손으로 짚는 게 제 각시야.)

*** '통절다'는 '발이 눈에 빠져 나오지 못하다.'는 뜻을 지닌 어휘다.

질다

340

[기본 의미]   잇닿아 있는 물체의 두 끝이 서로 멀다.

[대응 표준어]   길다

[방언 분화형]   걸다·길다·질다

[문헌 어휘]   길다(《월인천강지곡》상:60)

[어휘 설명]   '질다'는 '잇닿아 있는 물체의 두 끝이 서로 멀다.'라는 뜻을 기본 의미로 하여, '이어지는 시간상의 한 때에서 다른 때까지의 동안이 오래다, 글이나 말 따위의 분량이 많다, 소리·한숨 따위가 오래 계속되다.' 등의 뜻을 지닌다. 방언형 '질다'는 문헌 어휘 '길다'가 '길다〉질다'로 구개음화한 어형이며, 다른 방언형 '길다'는 문헌 어휘 '길다'가 그대로 쓰인 경우고, 또 다른 방언형 '걸다'는 새롭게 형성된 어형이다.

[용례]

¶ 올래가 질민 먼올래*, ᄇᆞ딘 디듬 ᄇᆞ딘올래. 도로허고 가찹고 멀고 헌 차이. (오래가 길면 '먼올래', 밭은 데면 'ᄇᆞ딘올래'. 도로하고 가깝고 멀고 한 차이.)

¶ 수양중의**도 중읜디 요영 읖으로 질게 ᄒᆞᆫ 폭 주질 안허영 경 허여근에 그레 단추 들앙은에. 경허민 영 베르씨민 눕게. ('수양중의'도 중의인데 요렇게 옆으로 길게 한 폭 깁지를 않아서 그렇게 해서 그리로 단추 달아서. 그러면 이렇게 벌리면 누게.)

*   '먼올래'는 '집에서 큰길 가까이까지 나 있는 골목길'을, 'ᄇᆞ딘올래'는 '바로 집 앞으로 이어진 짧은 골목길'을 말한다.

**   '수양중의'는 '여자들이 속바지로 입는, 옆이 트인 중의'를 말한다.

¶ 우리 집은 밧도 하고 올래도 막 질언, 게난 일이 하. (우리 집은 밭도 많고 오래도 아주 길어서, 그러니 일이 많아.)

¶ 봇디적삼은 다른 옷에 비헹은 스메가 흐끔 질어. 질게 허민 손 디물앗닥 걷엇닥 허주게. (배냇저고리는 다른 옷에 비해서는 소매가 조금 길어. 길게 하면 손 집어넣었다가 걷었다가 하지.)

¶ 집줄 흐끔 질어사 거왕에 무끄기 막 좋아. (집줄 조금 길어야 연죽(椽竹)에 묶기 아주 좋아.)

[관련 어휘]

진말 긴말.

진진·진진훈 기나긴. 긴긴.

진진밤 긴긴밤.

진진헤 긴긴해.

진진흐다 기나길다·길디길다.

질닥흐다·질담흐다 기다랗다.

질딱흐다·질찍흐다 길찍하다.

질쩍질쩍·질찍질찍 길쭉길쭉.

질쭉흐다 길쭉하다.

질차다·휘차다 길차다. 칠칠하다.

●●●● **더 생각해 보기**

동음어

질다¹ 길다. 잇닿아 있는 물체의 두 끝이 서로 멀다.
¶ 목이 질어사 숨이 질어. (목이 길어야 숨이 길어.)

질다² 긴다. 바가지 따위로 물을 떠내다.

¶ 물 씨원허렌 그때그때 주전지로 질어당 먹어. (물 시원하라고 그때그때 주전자로 길어다 먹어.)

질다³ 길다. 머리카락·손톱 따위가 자라다.

¶ 느 손콥은 재기도 질엄쩌이. (네 손톱은 빨리도 긴다.)

질다⁴ 질다. 물기가 많다.

¶ 비 하영 오믄 땅이 질엉 초신 못 신어. (비 많이 오면 땅이 질어서 짚신 못 신어.)

지붕

㉠ 거왕·멩두암·뱅두암   ㉡ 서리   ㉢ 집줄   ㉣ 펭고데·펭고디   ㉤ 발   ㉥ 지붕

㉠ **거왕·멩두암·뱅두암**: 연죽(椽竹). 집줄을 매기 위하여 서까래 아래 가로로 설치한 대나무나 쇠줄 따위.
㉡ **서리**: 서까래.
㉢ **집줄**: 지줄. 지붕이 날아가지 않도록 초가지붕을 정(井) 자 모양으로 묶는 데 쓰는 줄. 짧은 띠인 '각단'으로 꼬아 만든다.
㉣ **펭고데·펭고디**: 평고대. 처마 끝에 가로로 박은 오리목.
㉤ **발**: 발비. 알매가 새지 않게 지붕 가장자리로 돌아가며 산자 위에 덧까는 발.
㉥ **지붕**: 지붕.

줄다

[기본 의미] 알곡이나 과일·모래 따위의 둥근 물건이나 글씨 따위의 크기
가 작다.

[대응 표준어] 잘다

[방언 분화형] 줄다

[문헌 어휘] 줄다(《간이벽온방언해》5)

[어휘 설명] '줄다'는 '알곡이나 과일·모래 따위의 둥근 물건이나 글씨 따위
의 크기가 작다.'라는 뜻을 기본 의미로 하여, '일이 작고 소소하다, 세밀하
고 자세하다, 생각이나 성질이 대담하지 못하고 좀스럽다.' 등의 뜻을 지닌
다. 방언형 '줄다'는 문헌 어휘 '줄다'가 그대로 쓰인 경우다.

[용례]

¶ 방울이 줄믄 덜 촛주게. 못 푸난게. (알이 잘면 덜 찾지. 못 파니까.)

¶ 방울 줄안에 데껴 분 게 더 하우다. (알 잘아서 버려 버린 게 더 많습니다.)

¶ 줒이믄 크기가 줄아. (배면 크기가 잘아.)

¶ 조팟은 똑 방 벌여사 되어. 경 안 허민 줄앙 안 되어. (조밭은 꼭 방 벌려야
되어. 그렇게 안 하면 잘아서 안 되어.)

¶ 핀 알이 좁쌀보단 훨씬 줄지. (피는 알이 좁쌀보다는 훨씬 잘지.)

¶ 송펜은 줄고 영 동글락허게 영 흐영. 세미떡*은 영 헹 흐민 큽니다게. (송

---

* '세미떡'은 '메밀가루나 쌀가루를 반죽해서 얇게 민 다음에 반달 모양으로 떠서 그 속에 팥소 따위를 넣어
집은 후 삶거나 찐 떡'을 말한다.

편을 잘고 이렇게 동그랗게 이렇게 해서. '세미떡'은 이렇게 해서 하면 큽니다.)

¶ 그 사름은 너미 즐앙 동네서도 알아주질 아넙니다. (그 사람은 너무 잘아서 동네에서도 알아주질 않습니다.)

[관련 어휘]

사스레기 잔물결.

세염졸다·셈졸다 사물을 분별하거나 일이 진행되는 형편이나 판국을 헤아릴 슬기가 매우 자잘하다.

젠젠ᄒ다·즌즌ᄒ다·졸졸ᄒ다 자잘하다. 작디작다.

즌가시 잔가시.

즌가지 잔가지.

즌걱정 잔걱정.

즌고기·즌괴기 잔고기.

즌고망·즌구녁 잔구멍.

즌꾀 잔꾀.

즌다니·즌당이·즌소리 잔소리.

즌돈 거스름돈. 잔돈.

즌돌 잔돌.

즌발 ①잔발. 무 따위의 굵은 뿌리에 덧붙은 잘고 가는 뿌리. ②삼태불. 콩나물 따위의 뿌리에 난 잔뿌리.

즌벵·즌빙 잔병.

즌불희·즌뿌리 잔뿌리.

즌세염·즌셈 잔셈.

즌일 잔일.

즌정 잔정.

즌줄 잔줄.

즌지침 잔기침.

존존ᄒ다 자잘하다.

존풀 잔풀.

졸마롱ᄒ다·졸바롱ᄒ다·좀지롱ᄒ다 자질구레하다. 모두가 고루고루 가늘거나
　잘다.

동음어

줄다¹ 잘다. 알곡이나 과일·모래 따위의 둥근 물건이나 글씨 따위의 크기가 작다.

¶ 눕삐짐치도 눕삐를 <u>줄게</u> 썰지 아녕은에 주먹만이 썰엉은에 허여. (무김치
도 무를 잘게 썰지 않고 주먹만큼 썰어서 해.)

줄다² 겯다. 댓개비 따위로 씨와 날이 서로 어긋매끼게 엮어 짜다.

¶ ᄀ는대구덕**은 막 살을 ᄀ늘게 ᄀ늘게 헤서 <u>줄기</u> 때문에 ᄀ는대구덕. ('ᄀ
는대구덕'은 아주 살을 가늘게 가늘게 해서 겯기 때문에 'ᄀ는대구덕'.)

ᄀ는대구덕

** 'ᄀ는대구덕'은 '이대의 아주 가늘고 긴 대오리로 촘촘하게 엮어 만든 바구니'를 말한다.

짜다

[기본 의미]	소금과 같은 맛이 있다.
[대응 표준어]	짜다
[방언 분화형]	짜다·쯔다·차다·츠다
[문헌 어휘]	뽄다(《월인석보》1:23)
[어휘 설명]	'짜다'는 '소금 맛과 같다'라는 뜻을 기본 의미로 하여, '인색하

다' 등의 뜻을 지닌다. 방언형 '짜다'는 문헌 어휘 '뽄다'가 '뽄다〉쯔다〉쯔다〉
짜다'의 변화 과정을 거친 어형이며, 방언형 '쯔다'는 문헌 어휘 '뽄다'가 '뽄

넙패와 패

다〉ᄊᆞ다〉짜다'의 변화 과정을 거친 어형이다. 다른 방언형 '츠다'는 문헌 어휘 '쯔다'가 'ᄡᅳ다〉츠다'의 변화 과정을 거친 어형이며, 방언형 '차다'는 문헌 어휘 '쯔다'가 'ᄡᅳ다〉츠다〉차다'의 과정을 거쳐 이루어진 어형이다.

[용례]

¶ 넙패는 바당 거난 짜주게. (넓패는 바다 거니까 짜지.)

¶ 자리는 짜난에 소금 쪼끔만 놔도 간이 되어. (자리돔은 짜니까 소금 조금만 놔도 간이 되어.)

¶ 그자 장물만 버무령 짬만 허민 먹엇지. (그저 간장만 버무려서 짜기만 하면 먹었지.)

¶ 그 콩을 놓곡 소금 다 놓고 허민 짜근에 못 먹어. (그 콩을 놓고 소금 다 놓고 하면 짜서 못 먹어.)

¶ 된장 풀어놩 짜민 물 더 놓고 헤영 싱거우민 장 더 놔근에 ᄀᆞ 맞추민 넹국이주게. (된장 풀어놔서 짜면 물 더 놓고 해서 싱거우면 장 더 놔서 간 맞추면 냉국이지.)

[관련 어휘]

겍지근ᄒᆞ다·겝지근ᄒᆞ다·츱지근ᄒᆞ다 짭짤하다.

짠맛·쩐맛·찬맛·촌맛 짠맛.

찝지근ᄒᆞ다·쯥지근ᄒᆞ다 찝찌레하다. 찝찌름하다.

쯘물·촌물¹ 짠물.

쯥지랑ᄒᆞ다·쯥지롱ᄒᆞ다·츱지근ᄒᆞ다·츱지랑ᄒᆞ다·츱지롱ᄒᆞ다 짭짜래하다.

촌물² 바닷물.

촐레 밥에 딸리어서 먹는 장·젓 따위의 짠 반찬.

동음어

짜다¹ 짜다. 소금과 같은 맛이 있다.
¶ 국 짜게 끌리믄 맛이 엇어. (국 짜게 끓이면 맛이 없어.)

짜다² 짜다. 누르거나 비틀어서 물기나 기름 따위를 빼내다.
¶ 허물은 애옥* 짜 불믄 좋아 불어. (종기는 '애옥' 짜 버리면 좋아 버려.)

짜다³ 짜다. 실이나 끈 따위를 씨와 날로 걸어서 천 따위를 만들다.
¶ 신 짜는 신클이엔 헌 게 잇어. (신 짜는 신틀이라고 한 게 있어.)

---

* '애옥'은 '큰 부스럼 자리에 살이 곪아서 된 고름의 고갱이'를 말한다. 달리 '애욕'이라고도 한다.

쪼랍다

[기본 의미]   설익은 감의 맛처럼 거세고 텁텁한 맛이 있다.

[대응 표준어]   떫다

[방언 분화형]   쪼랍다·초랍다

[문헌 어휘]   뻡다《석보상절》19:20)

[어휘 설명]   '쪼랍다'는 '설익은 감의 맛처럼 거세고 텁텁한 맛이 있다.'라는
뜻을 기본 의미로 하여, '하는 짓이나 말이 덜되고 못마땅하다.' 등의 뜻을
지닌다. 방언형 '쪼랍다·초랍다'는 새롭게 형성된 어형들이다.

[용례]

¶ 든감 말고 쪼라운 감, 풋감* 헤당은에 마께로 두드령 물들여. (단감 말고 떫
   은 감, '풋감' 해다가 방망이로 두드려서 물들여.)

¶ 핀 으라 번 물 안 골민 좀 쪼라와. (피는 여러 번 물 안 갈면 좀 떫어.)

¶ 푸린감은 쪼라왕 못 먹어. 소곰물에 우려사 먹어. (풋감은 떫어서 못 먹어.
   소금물에 우려야 먹어.)

¶ 감은 쪼랍나. (감은 떫다.)

[관련 어휘]

우린감·울른감·짐칫감   우린감. 침감. 소금물에 담가서 떫은맛을 없앤 감.

조락지다·쪼락지다·초락지다   떨떠름하다.

* '풋감'은 '아주 작은 토종 감의 한 가지'다. 주로 즙을 짜 '갈옷'을 만드는 데 소용된다.

크다

[기본 의미] 사람이나 사물의 외형적 길이·넓이·높이·부피 따위가 보통 정
도를 넘다.

[대응 표준어] 크다

[방언 분화형] 크다

[문헌 어휘] 크다(《용비어천가》27장)

[어휘 설명] '크다'는 '사람이나 사물의 외형적 길이·넓이·높이·부피 따위
가 보통 정도를 넘다.'라는 뜻을 기본 의미로 하여, '신·옷 따위가 맞아야 할
치수 이상으로 되어 있다, 일의 규모·범위·정도·힘 따위가 대단하거나 강
하다, 사람의 됨됨이가 뛰어나고 훌륭하다, 소리가 귀에 거슬릴 정도로 강
하다, 돈의 액수나 단위가 높다, 생각의 범위나 도량이 넓다, 동식물이 몸의
길이가 자라다, 사람이 자라서 어른이 되다, 수준이나 지위 따위가 높은 상
태가 되다.' 등의 뜻을 지닌다. 방언형 '크다'는 문헌 어휘 '크다'가 그대로 쓰
인 경우다.

[용례]

¶ 낭 멕이는 쉐가 <u>큰다</u> 헤서. (놔서 먹이는 소가 큰다 했어.)

¶ 요디는 뒷난간*이라고 헤 가지고 족게 나가는 디도 잇고 <u>크게</u> 나가는 디
도 잇고. (요기는 '뒷난간'이라고 해 가지고 작게 나가는 데도 있고 크게 나가는 데
도 있고.)

* '뒷난간'은 '집 뒤쪽에 설치된 툇마루'를 말한다.

¶ 집줄**은 집에 뜨랑 틀리니까. 집이 크민 하영 들어가고. (집줄은 집에 따라 다르니까. 집이 크면 많이 들어가고.)

¶ 거든 혼자 썰어도 톱이 크난 거두주. (거도는 혼자 켜도 톱이 크니까 거도지.)

¶ 막 좋은 밧은 조가 이만썩 크고. (아주 좋은 밭은 조가 이만큼씩 크고.)

¶ 큰어머니도 두 분. 팔 남매 크단 보니까양 막 고셍허멍 살아수다. (큰어머니도 두 분. 팔 남매 크다가 보니까요 아주 고생하며 살았습니다.)

[관용 표현]

큰쉐 ㅇ물 말뎅 ㅎ느냐 표준어로 바꾸면 '큰소 여물 말다고 하느냐'인데, '큰소가 여물을 더 좋아하는 것'을 비유적으로 이르는 말.

큰쉐 큰쉐 ㅎ멍 촐 아니 준다 표준어로 바꾸면 '큰소 큰소 하면서 꼴 아니 준다.'인데, '먹을 것을 아이에게만 주고 어른들은 돌보지 아니하는 것'을 비유적으로 이르는 말.

[관련 어휘]

굿인상 큰상.

굿인상받다 큰상받다.

대톱·맞톱 큰톱.

상아덜·큰아덜·큰아둘 큰아들.

왕돌·왕석 큰돌.

왕소새 큰기름새.

츤지침 큰기침. 위엄을 보이거나 제정신을 가다듬기 위하여 일부러 꾸며 하는 기침.

큰가지 친족의 근본에서 맏아들로 갈라져 나온 갈래.

큰각시 큰마누라.

** '집줄'은 지붕이 날아가지 않도록 정(井) 자 모양으로 묶는 데 쓰는 줄. 짧은 띠인 '각단'으로 꼬아 만든다.

큰구들 큰방.

큰굿 큰굿.

큰낭ᄒ다·큰체ᄒ다 젠체하여 거만한 행세를 하다.

큰년·큰똘 큰딸.

큰놈·큰소나의·큰아돌 큰아들.

큰누이 큰누이.

큰돈 큰돈.

큰동세 큰동서.

큰메누리 큰며느리.

큰물 큰물.

큰ᄆ슴·큰ᄆ심·큰ᄆ음 큰마음.

큰베설·큰베솔·훍은베설·훍은베솔 큰창자. 돼지 따위의 대장.

큰ᄇ름·큰ᄇ룸 큰바람.

큰사름 큰사람.

큰사오·큰사우·큰사위 큰사위.

큰소리 큰소리.

큰손지 큰손자.

큰솟 큰솥.

큰쉐 큰소.

큰식게·큰제ᄉ 큰제사.

큰심방 큰굿을 할 수 있을 정도로 그 기능이 뛰어난 심방.

큰아바지·큰아방 큰아버지.

큰어머니·큰어멍 큰어머니.

큰옷 큰옷. ① 예식 때에 겉에 입는 도포와 같은 웃옷. ②대렴 때 마지막으
  로 입히는 옷.

큰일 큰일.

큰일나다 큰일나다.

큰일집·큰일칩 잔치·초상 따위의 큰일이 있는 집.

큰자 자치기 놀이를 할 때 손에 쥐는, 길이가 긴 자.

큰저울 큰저울.

큰조케 큰조카.

큰질 큰길.

큰집 큰집.

큰처남 큰처남.

큰코다치다 큰코다치다.

큰큰ᄒ다 크나크다.

큰항 큰항아리.

큼직ᄒ다 큼직하다.

●●●● 더 생각해 보기

동음어

크다¹ 크다. 사람이나 사물의 외형적 길이·넓이·높이, 부피 따위가 보통 정도를 넘다.
¶ 이만이 큰 건 못 봐난. (이만큼 큰 건 못 봤었어.)

크다² 잠그다. 물속에 물체를 넣거나 가라앉게 하다.
¶ 쏠 물에 컷당 무으뜨믄 건정 방에에 강 뺏이믄 쏠ᄀ르 되는 거. (쌀 물에 잠
   갔다가 불면 건져서 방아에 가서 빻으면 쌀가루 되는 것.)

크다³ 크다. 동식물이 몸의 길이가 자라다.
¶ 그 낭 잘도 컴쩌. (그 나무 잘도 큰다.)

975

[기본 의미]   맑은 가을 하늘이나 깊은 바다·풀의 빛깔과 같이 밝고 선명하다.

[대응 표준어]   푸르다

[방언 분화형]   푸리다

[문헌 어휘]   프르다(《월인석보》1:22)

[어휘 설명]   '푸리다'는 '맑은 가을 하늘이나 깊은 바다·풀의 빛깔과 같이 밝고 선명하다.'라는 뜻을 기본 의미로 하여, '곡식이나 열매 따위가 아직 덜 익은 상태에 있다, 서늘한 느낌이 있다.' 등의 뜻을 지닌다. 방언형 '푸리다'는 문헌 어휘 '프르다'가 '프르다>푸르다>푸리다'의 변화 과정을 거친 어형이다.

[용례]

¶ 놋그릇에 녹피엉은 못 써. 누린 것에 <u>푸린</u> 거 서꺼지믄게 보기가 안 좋지게. (놋그릇에 녹나서는 못 써. 누른 것에 푸른 거 섞이면 보기가 안 좋지.)

¶ 잔디 헤다근에 거 케당. 겨울에는 잔디 믈라 버리거든. 풀이 엇이 저 <u>푸리지</u> 아년 하얀 떼, 거 져당 불때고. (잔디 해다가 거 캐다가. 겨울에는 잔디 말라 버리거든. 풀이 없이 저 푸르지 않아서 하얀 때, 거 져다가 불때고.)

¶ 풀도 새 ᄆᆞ심 허믄 <u>푸린다</u>. (풀도 새 마음 하면 푸르다.)

[관련 어휘]

검푸리다 검푸르다.

푸리룽ᄒ다·피렁ᄒ다 푸르무레하다.

푸리스룽ᄒ다·푸립시구룽ᄒ다 푸르스름하다.

푸리감 풋감.

푸린물 푸른물. 푸른색 물감.

푸린콩 푸르대콩. 푸른콩.

푸릿푸릿 푸릇푸릇.

ᄑ릿ᄑ릿 파릇파릇.

하다

[기본 의미] 수효나 분량·정도 따위가 일정한 기준을 넘다.

[대응 표준어] 많다

[방언 분화형] 만ᄒ다·하다

[문헌 어휘] 만ᄒ다(《용비어천가》123장), 하다(《용비어천가》2장)

[어휘 설명] '하다'는 '수효나 분량·정도 따위가 일정한 기준을 넘다.'라는 뜻을 기본 의미로 하여, '일정 수준보다 더하다.' 등의 뜻을 지닌다. 방언형 '하다'와 '만ᄒ다'는 각각 문헌 어휘 '하다'와 '만ᄒ다'가 그대로 쓰인 경우다.

[용례]

¶ 아무거라도 주믄 하곡 족곡 타령홀 일은 아니여. (아무거라도 주면 많고 적고 타령할 일은 아니다.)

¶ 보리쏠 혼 되 받아오민 그 식구 한 딘 메틀 먹어? 흐루도 못 먹주. (보리쌀 한 되 받아오면 그 식구 많은 데는 며칠 먹어? 하루도 못 먹지.)

¶ 이젠 물망도 경 하지 아녀. (이제는 모자반도 그렇게 많지 않아.)

¶ ᄀ시락 막 하는 따문에 도께질헤사 ᄀ시락 다 털어지주게. (까끄라기 아주 많은 때문에 도리깨질해야 까끄라기 다 떨어지지.)

¶ 돈 만흔 사름 걱정도 한다 헤서. (돈 많은 사람 걱정도 많다 했어.)

[관련 어휘]

나하다 듬직하다. 나이가 제법 많다.

만이·만히·하영·해 많이.

978

미삭미삭 모아 쌓은 물건이 지나칠 정도로 아주 많은 모양.

미삭ᄒ다 물건이 지나칠 정도로 하고많다.

실강ᄒ다 자잘한 물건이 한 곳에 많다.

하고만ᄒ다 하고많다.

한한ᄒ다 하고하다.

●●●● **더 생각해 보기**

동음어

하다[1] 많다. 수효나 분량·정도 따위가 일정한 기준을 넘다.
¶ 그런 거 이디저디 하수다. (그런 거 여기저기 많습니다.)

하다[2] 부디. 아무리 하더라도. 조금도.
¶ 하다 미안ᄒ게 생각 맙서. (조금도 미안하게 생각 마십시오.)

훍다

[기본 의미]   물체의 지름이 보통의 경우를 넘어 길다.

[대응 표준어]   굵다

[방언 분화형]   굵다·슬지다·훍다

[문헌 어휘]   굵다(《석보상절》6:31), 슬지다(《능엄경언해》6:97), 훍다(《계림유사》大曰黑根)

[어휘 설명]   '훍다'는 '물체의 지름이 보통의 경우를 넘어 길다.'라는 뜻을 기본 의미로 하여, '빗방울 따위의 부피가 크다, 글씨의 획이 더 뚜렷하고 커지다, 생각·행동 따위의 폭이 넓고 크다, 소리의 울림이 크다, 사이가 넓고 성기다.' 등의 뜻을 지닌다. 방언형 '훍다'는 《계림유사》의 "大曰黑根"까지 소급할 수 있는 어형이며, 다른 방언형 '굵다'는 문헌 어휘 '굵다'가 그대로 쓰인 경우다. 다른 방언형 '슬지다'는 문헌 어휘 '슬지다'의 뜻이 '훍다'의 의미와 중첩되어서 '굵다'의 뜻으로 쓰이는 경우다.

[용례]

¶ 뭐 フ레에 근 땐 이게 저 줍진 거 훍은 거 나오주게. (뭐 맷돌에 갈 때는 이게 저 자잘한 거 굵은 거 나오지.)

¶ 갈친 훍곡 헌 フ실갈치*가 맛 좋아. (갈치는 굵고 한 가을갈치가 맛 좋아.)

¶ 조팝 홀 때 이제 주로 감저 훍게 썰민 감저 믄저 놓고 줄게 썰민 フ찌 놓곡게. (조밥 할 때 이제 주로 고구마 굵게 썰면 고구마 먼저 놓고, 잘게 썰면 같이 놓고.)

* 'フ실갈치'는 '가을철에 잡히는 갈치'를 말한다.

눕삐

¶ 눕삐는 이제ᄀ찌 홁지도 안허여. 꼭 지레기가 요만썩 허여. (무는 이제같
이 굵지도 않아. 꼭 길이가 요만큼씩 해.)

¶ 조가이 가름팟**디 막 좋은 디 고고리가 이만썩 홁주게. 지러기가 이
만썩 허여. (조가 '가름밭'에 아주 좋은 데 이삭이 이만큼씩 굵지. 길이가 이만
큼씩 해.)

¶ 아무 곡석이나 물 하영 먹은 게 으물 홁나 허여. (아무 곡식이나 물 많이 먹
은 게 여물 굵다 해.)

[관련 어휘]

독지다·둑지다·홁지근ᄒ다·홁직ᄒ다 **굵직하다.**

부러기·부럭지 **굵기.**

** '가름팟'은 '마을 안에 있는 밭'을 말한다. 지역에 따라 '거리왓, 이네왓'이라고도 한다.

솔진씰·왕씰·훍은씰 굵은실.

야드락지다 물건이 표준보다 훨씬 굵다.

훍은대체 굵은체.

훍은소곰 굵은소금.

훍은훍은ᄒ다 굵디굵다.

훍지랑ᄒ다 굵다랗다.

●●●● **더 생각해 보기**

동음어

훍다¹ 굵다. 물체의 지름이 보통의 경우를 넘어 길다.
¶ 훍은 낭은 지동 허곡, ᄒ꼼 준 낭은 서리 허곡. (굵은 나무는 기둥 하고 조금
  자잘한 나무는 서까래 하고.)

훍다² 크다. 사람이나 사물의 외형적 길이·넓이·높이·부피 따위가 보통 정도를 넘다.
¶ 이젠 글씨 훍은 게 씨원헹 좋아. (이젠 글씨 큰 게 시원해서 좋아.)

솔지다¹ 굵다. 물체의 지름이 보통의 경우를 넘어 길다.
¶ 거왕은 대나 솔진 쒜줄이 좋아. (연죽(椽竹)은 대나 굵은 쇠줄이 좋아.)

솔지다² 살지다. 살이 많고 튼실하다.
¶ 다간 낭 솔지민 다 황소라. (두습 나서 살지면 다 황소야.)

흐리다

348

[기본 의미] 기억력이나 판단력 따위가 분명하지 아니하다.

[대응 표준어] 흐리다

[방언 분화형] 흐리다

[문헌 어휘] 흐리다(《석보상절》23:19)

[어휘 설명] '흐리다'는 '기억력이나 판단력 따위가 분명하지 아니하다.'라는 뜻을 비롯하여, '분명하지 아니하고 어렴풋하다, 셈 따위를 확실히 하지 못하다, 하늘에 구름이나 안개 따위가 끼어 햇빛이 밝지 못하다, 불빛이 밝게 비치지 못하다.' 등의 뜻을 지닌다. 방언형 '흐리다'는 문헌 어휘 '흐리다'가 그대로 쓰인 경우다.

[용례]

¶ 그 하르방 막 헛말ᄒᆞ는 거 보난 이젠 정신이 흐려 분 셍이라. (그 할아버지 아주 헛소리하는 거 보니까 이젠 정신이 흐려 버린 모양이야.)

¶ ᄒᆞ쓸만 추우나 날이 흐령 제라ᄒᆞ게 밧디 강 일 못허게 되민 낭 강 져당 진곡. (조금만 추우나 날이 흐려서 제대로 밭에 가서 일 못하게 되면 나무 가서 져다가 때고.)

¶ 물질갓단에 물 알 와왁허곡 날도 어떵 흐리곡 허난 그냥 와 불언. (물질갔다가 물 아래 캄캄하고 날도 어찌 흐리고 하니 그냥 와 버렸어.)

돔쑥ᄒ다 비구름이 낮게 드리워 금방이라도 비가 올 듯이 흐리다.

홀망ᄒ다 흐리멍덩하다.

●●●● **더 생각해 보기**

동음어

흐리다[1] 흐리다. 기억력이나 판단력 따위가 분명하지 아니하다.

¶ 이젠 정신이 왔다갓다허여. 정신이 <u>흐린</u> 거주게. (이젠 정신이 왔다갔다해. 정신이 흐린 거지.)

흐리다[2] 차지다. 반죽이나 밥·떡 따위가 끈기가 많다.

¶ 찹쑬떡 막 <u>흐린</u> 거 먹당 니 털어지는 수가 잇어. (찹쌀떡 아주 차진 거 먹다가 이 떨어지는 수가 있어.)

희다

349

[기본 의미] 눈이나 우유의 빛깔과 같이 밝고 선명하다.

[대응 표준어] 희다

[방언 분화형] 희다

[문헌 어휘] 히다(《용비어천가》50장)

[어휘 설명] '희다'는 '눈이나 우유의 빛깔과 같이 밝고 선명하다.'라는 뜻을 기본 의미로 하여, '사물이 밝고 깨끗하다, 속은 비어 보잘것없으나 겉은 그 럴듯하고 호화롭다.' 등의 뜻을 지닌다. 방언형 '희다'는 문헌 어휘 '히다'가 '히다〉희다'의 변화 과정을 거친 어형이다.

[용례]

¶ 좁쌀떡 우에 쏠ㄱ르 얹엉. 영 보민 이쪽은 희고, 이쪽 저 좁쌀떡이난 검 고. (좁쌀떡 위에 쌀가루 얹어서. 이렇게 보면 이쪽은 희고, 이쪽 저 좁쌀떡이니까 검고.)

¶ 그건 수뭇 검도 안허고 희도 안헌 건게. (그것은 사뭇 검지도 않고 희지도 않 은 거네.)

¶ 왜밀*이 토종보다 희주게. ('왜밀'이 토종보다 희지.)

¶ 멧 번 뺄곡 널곡 허당 보믄 미녕 색깔이 조금 희어. (몇 번 빨고 널고 하다 보 면 무명 색깔이 조금 희어.)

¶ 흰콩은 희어도 굵어. (흰콩은 희어도 굵어.)

* '왜밀'은 '쌀알이 굵고 가루도 흰 개량종의 밀'을 말한다.

¶ 모신 죽으민 안 놓는 거. 모시 놓민 ㅈ손 머리 흰덴 헤나서. (모시는 죽으면 안 놓는 거. 모시 놓으면 자손 머리 흰다고 했었어.)

[관련 어휘]

거자랑 흰소리. 터무니없이 자랑으로 떠벌리거나 거드럭거리며 허풍을 떠 는 말.

곤쑬·흰쑬 흰쌀.

곤떡 흰떡.

곤밥 흰밥.

곤죽·흰죽 흰죽.

번흐밧 흰그릇.

센머리 흰머리.

하양ᄒ다 하얗다.

허영ᄒ다·헤양ᄒ다·헤영ᄒ다 허옇다.

헤또록ᄒ다·헤뚜룩ᄒ다·희뚜룩ᄒ다 희끄무레하다. 희읍스름하다.

헤뜩 해뜩. 다른 빛깔 속에 하얀 빛깔이 섞여 얼비치는 모양.

헤뜩ᄒ다 해뜩하다. 다른 빛깔 속에 흰 빛깔이 군데군데 뒤섞이어 있다.

헤뜩헤뜩 해뜩해뜩.

희뜩 희뜩. 다른 빛깔 속에 흰 빛깔이 섞이어 얼비치는 모양.

희뜩희뜩 희뜩희뜩.

흰공ᄌ·흰동ᄌ·흰알 흰자위.

흰덕시리 조 품종의 하나.

흰도야지·흰돗 흰돼지.

흰돌와리 조 품종의 하나.

흰독 흰닭.

흰모살·흰몰레 흰모래.

흰풋 흰팥.

986

찾아보기

992

1012

1018

ㅋ

ㅌ

제주어 기초어휘 활용 사전

-우리가 알아야 할 토박이 제주어

2021년 11월 15일 초판 1쇄 발행
ISBN 979-11-90482-82-0(01710)

지은이	강영봉 김순자
펴낸곳	한그루
출판등록	제6510000251002008000003호
펴낸이	김영훈
편집인	김지희
디자인	나무늘보 부건영 이지은
마케팅	강지인

주소	제주특별자치도 제주시 복지로1길 21
전화	064-723-7580
전송	064-753-7580
전자우편	onetreebook@daum.net
누리방	onetreebook.com
페이스북	www.facebook.com/1treebooks
인스타그램	www.instagram.com/onetree_books

ⓒ 강영봉 김순자, 2021

저작권법에 따라 보호를 받는 저작물입니다.
어떤 형태로든 저자 허락과 출판사 동의 없이 무단 전재와 복제를 금합니다.
잘못된 책은 구입하신 곳에서 교환해 드립니다.
한국출판문화산업진흥원 '2021년 지역출판산업활성화 지원 사업' 예산을
지원받아 제작한 것입니다.

값 60,000원